Kohlhammer

Beiträge zur Wissenschaft
vom Alten und Neuen Testament
Neunte Folge

Herausgegeben von
Walter Dietrich und Horst Balz
Heft 18 · (Der ganzen Sammlung Heft 178)

Verlag W. Kohlhammer

Carsten Jochum-Bortfeld

Die Verachteten stehen auf

Widersprüche und Gegenentwürfe
des Markusevangeliums
zu den Menschenbildern seiner Zeit

Verlag W. Kohlhammer

Alle Rechte vorbehalten
© 2008 W. Kohlhammer GmbH Stuttgart
Reproduktionsvorlage: Andrea Siebert, Neuendettelsau
Gesamtherstellung:
W. Kohlhammer Druckerei GmbH + Co. KG, Stuttgart
Printed in Germany

ISBN 978-3-17-020162-0

Inhaltsverzeichnis

Ein Wort des Dankes 9

1 Neutestamentliche Anthropologie – eine Problemanzeige 11

2 Menschenbilder als gesellschaftliche Konstruktion – zur Methode der Studie 24

2.1 Max Weber und die handlungskoordinierende Funktion von Weltbildern 24
2.2 Pierre Bourdieu – die Prägung der Menschen durch den Habitus 27
2.3 Menschenbilder als Konstruktionen gesellschaftlicher Gruppen 30
2.4 Kulturanthropologie und Neues Testament 33
2.5 Aufbau der Studie 35

3 Die Handlungsfähigkeit von Menschen – zum Handlungsbegriff bei Jürgen Habermas und Hannah Arendt . 37

4 Konstruktionen von Menschenbildern in der hellenistisch-römischen Gesellschaft 45

4.1 Herrschaft und Besitz in antiken Gesellschaften 45
4.2 Herrschaft und Wertvorstellungen in antiken Gesellschaften 47
4.3 Plato – die Hierarchie der natürlichen Anlagen 51
4.4 Aristoteles – der Mensch und sein politisches Wesen 55
4.5 Die Kyniker 59
4.6 Ciceros Konstruktionen vom Menschen in der Krise der römischen Republik 64
    4.6.1 De re publica 65
    4.6.2 De officiis 69
4.7 Leitbilder und kulturelle Entwicklung unter dem Prinzipat des Augustus 74
4.8 Konstruktionen vom Menschen im Prinzipat nach Augustus 80
    4.8.1 Seneca und das Leitbild des stoischen Weisen 81
    4.8.1.1 Die römische Stoa im Kontext der hellenistischen Kultur 81
    4.8.1.2 Seneca und die Stoa 82
    4.8.2 Tacitus – die Wiederbelebung römischer Leitbilder 89
    4.8.2.1 Die Intention des Werkes 89
    4.8.2.2 Die Konstruktion von Männlichkeit bei Tacitus 92

5	Die Kehrseite antiker Menschenbilder	94
5.1	Sklaverei in der Antike	94
5.2	Die Bewertung Freigelassener durch die römische Gesellschaft	97
5.3	Menschen als Clienten	100
5.4	Arme und arbeitende Menschen – das Gegenteil eines tugendhaften Menschen	104
5.5	Menschen in der Arena	107
5.6	Rom und die Anderen	110
5.7	Antike Judenfeindschaft	118
6	Gesellschaftliche Konstruktionen von Weiblichkeit in der Antike	124
6.1	Die „natürliche Unterordnung" der Frauen unter die Männer	124
6.2	Zur politischen, rechtlichen und wirtschaftlichen Stellung von Frauen	129
6.3	Gesellschaftlich normierte Leitbilder für Frauen	133
6.4	Frauen in der römischen Religion	136
6.5	Gesellschaftliche Agitation gegen Frauen	137
6.6	Frauen aus der Unterschicht	140
6.7	Frauenbilder im antiken Judentum	141
7	Gesellschaftliche Bewertungen von Kindern in der Antike	154
8	Gesellschaftliche Konstruktionen von Menschenbildern in der Antike und ihre Kehrseite – eine Zusammenfassung	157
9	Die Widersprüche und Gegenentwürfe des Markusevangeliums – Menschen stehen für ihre Anerkennung auf	164
9.1	Zum historischen Ort des Markusevangeliums	165
9.2	Eine Frau bricht aus ihrer Krankheit aus – Mk 5,21–34	171
9.3	Eine Frau erstreitet die Heilung ihres Kindes – Mk 7,24–30	178
9.4	Ein Bettler steht auf – Mk 10,46–52	183
9.5	Eine Frau salbt Jesus – Mk 14,3–9	187
9.6	Eine Witwe gibt alles, was sie zum Leben hat – Mk 12, 41–44	193
9.7	Menschen finden bei Jesus Anerkennung – eine Zusammenfassung	195
10	Nachfolge – Selbststigmatisierung als Handlungsgewinn	198
10.1	Nachfolge als Verzicht? – Der soziale Status der Nachfolgegemeinschaft Jesu	199
10.2	Ziele der Nachfolge	203

10.3	Nachfolge als Selbststigmatisierung	210
	10.3.1 Das Konzept der Selbststigmatisierung	210
	10.3.2 Selbststigmatisierung im Markusevangelium	212
	10.3.2.1 Zu den Konflikten mit jüdischen Gruppierungen	212
	10.3.2.2 Konflikte um den Sabbat	215
	10.3.2.3 Der Konflikt um das Verständnis von Reinheit	218
	10.3.2.4 Zum Verständnis von Sündenvergebung	221
	10.3.2.5 Jesus und der Tempel	222
	10.3.2.6 Der Weg ans Kreuz als forensische Selbststigmatisierung	224
	10.3.2.7 Nachfolge als Konformität mit Jesus	225
10.4	Das Bleiben in der Nachfolge – das Markusevangelium als Erzählung von der Nachfolge	230
10.5	Nachfolge im Markusevangelium – Zusammenfassung	237
11	Das befreiende Handeln Jesu	239
11.1	Exorzismen im Markusevangelium	239
	11.1.1 Die ἐξουσία Jesu	239
	11.1.2 Die Heilung des Besessenen in Gerasa	241
	11.1.3 Ein kranker Junge steht wieder auf – Mk 9,14–29	245
11.2	Sündenvergebung durch Jesus – Mk 2,1–12	248
11.3	Ein Mann erlangt seine Handlungsfähigkeit wieder – Mk 3,1–5	252
11.4	Jesu Zuwendung zu den Niedrigsten der Gesellschaft im Markusevangelium	256
12	Der Menschensohn im Markusevangelium	264
12.1	Der Menschensohn im Gegenüber zur Herrschaft der Menschen	264
12.2	Die Deutung des Todes Christi im Markusevangelium	267
	12.2.1 Mk 10,45: „sein Leben zu geben als Lösegeld" – Christi Tod als solidarisches Handeln für die Menschen	267
	12.2.2 „für die Vielen" (Mk 10,45) – Jesus Christus als leidender Gerechter	269
12.3	Der Menschensohn handelt für die Menschen	273
12.4	Die theologische Bedeutung des Menschensohnes im Markusevangelium	275
12.5	Die Bedeutung der Auferstehung im Markusevangelium	277
13	Die theologische Einbettung der Menschenbilder im Markusevangelium – Schöpfung und Tora	286
13.1	Schöpfung im Markusevangelium	286
	13.1.1 Wider die patriarchale Ehe – Mk 10,1–12	286

	13.1.2	Der Mensch als kommunikationsfähiges Wesen – Mk 7,31–37	288
	13.1.3	Der Sabbat und die Schöpfung – Mk 2,27	291
13.2	Die Tora im Markusevangelium		292

14 Die Gegenentwürfe des Markusevangeliums – Ergebnisse der Untersuchung ... 295

14.1 Die Christologie des Markusevangeliums als Antwort auf die Lebenswirklichkeit von Menschen ... 295

14.2 Das Markusevangelium und die Menschenbilder in der Schöpfungstheologie und der Tora ... 301

15 Literaturverzeichnis ... 312

15.1 Quellen ... 312
    15.1.1 Bibel ... 312
    15.1.2 Antike jüdische Quellen ... 312
    15.1.3 Antike nichtjüdische Quellen ... 313
15.2 Sekundärliteratur ... 316

Stellenregister ... 333

Ein Wort des Dankes

Die vorliegende Studie ist die überarbeitete Fassung der im Jahr 2006 von der Evangelisch-theologischen Fakultät der Ruhruniversität Bochum angenommenen Habilitationsschrift.

Der Weg von den ersten Ideen zur Anthropologie im Markusevangelium bis zur Herstellung der Druckfassung ist lang gewesen. Viele Menschen haben diesen Weg begleitet und mich auf ihm beraten, unterstützt und bestärkt.

Mein Dank gilt zunächst Prof. Dr. Klaus Wengst. Nach meiner Dissertation half er bei der Grundsteinlegung der vorliegenden Arbeit. Seine kritischen Anmerkungen und Nachfragen zu meinen Planungen und Zwischenergebnissen wiesen dem Projekt den Weg. Sein konstruktives Gutachten zu Habilitationsschrift ist mir bei der Überarbeitung der Studie sehr hilfreich gewesen.

Prof. Dr. Peter Wick möchte ich für die Erstellung des zweiten Gutachtens danken, das mir wichtige Anregungen für die Überarbeitung bot.

Ein weiterer Dank gilt den Kollegen vom Institut für Evangelische Theologie an der Universität Hildesheim: Prof. Dr. Dr. Werner Brändle und Prof. Dr. Martin Schreiner unterstützten das Habilitationsprojekt nach Kräften. So manches aufmunternde Wort bei einer Tasse Tee oder Kaffee war eine wertvolle Wegzehrung.

Prof. Dr. Horst Balz danke ich nicht nur für auf die Aufnahme in die Reihe BWANT, sondern auch für zahlreiche Hinweise und kritische Anfragen im Hinblick auf die Überarbeitung der Studie.

Herrn Jürgen Schneider und Herrn Florian Specker vom Kohlhammer Verlag danke ich für die freundliche Begleitung des Projektes.

Frau Cornelia Ginz danke ich für ihre wichtige Mitarbeit bei Erstellung der Endfassung des Textes.

Die Evangelisch-lutherische Landeskirche Hannovers hat mit einem namhaften Betrag die Drucklegung der Arbeit finanziell unterstützt. Dafür möchte ich danken.

Die Idee zu dieser Arbeit geht u. a. auf einen Gottesdienst an den Ufern des Titisees zurück. Dass diese Idee nicht einfach verflog, sondern sich entwickelte und Gestalt annahm, verdanke insbesondere meiner Frau Katja Jochum. Sie ist in diesen Jahren die zentrale theologische Gesprächspartnerin und Wegbegleiterin gewesen. Aber nicht nur das: Mit ihr kann ich – neben all der Theologie – die Buntheit und Schönheit des Lebens erfahren und teilen. Ihr möchte ich diese Arbeit widmen.

Borgeln, 13. Januar 2008   *Carsten Jochum-Bortfeld*

Für Katja

1 Neutestamentliche Anthropologie – eine Problemanzeige

„So bedeutet denn ... die in den Wundergeschichten berichtete Hilfe Jesu stets ‚Vergebung der Sünde', d. h. Befreiung aus der Gefangenschaft im selbstgerichteten Gefängnis des Ich, Befreiung aus dem Dasein des Todes (Röm 7,24)."[1]

Mit diesen Worten umschreibt Schmithals in seiner Kommentierung von Mk 2,1–12 die theologische Intention des Wunderhandelns Jesu im Markusevangelium. Damit trifft er eine maßgebliche Aussage über die Rollenverteilung in den Wundererzählungen, die weit reichende Konsequenzen für die Anthropologie im Markusevangelium hat: Der Mensch kann sich aus seiner selbstverschuldeten Situation allein nicht befreien. Er ist voll und ganz auf das befreiende und erlösende Handeln Jesu angewiesen.

Dass Jesus Menschen, die sich nicht mehr zu helfen wissen, durch seine Taten Hilfe bringt, ist unbestritten. Aber werden im Markusevangelium die Menschen, denen Jesus hilft, stets als Sünder angesehen? Werden sie – in Anlehnung an die von Schmithals zitierte Aussage von Kierkegaard[2] – zu Sündern gemacht? Sind die Wundergeschichten wirklich „Ausdruck des mit dem Begriff ‚Vergebung der Sünden' umschriebenen Heilsgeschehens"?[3]

Dass in allen Wundergeschichten im Markusevangelium bis auf Mk 2,1–12 das Thema Sünde/Sünden nicht reflektiert wird, sollte doch zunächst auffallen. Gravierender ist jedoch die Art und Weise, in der von den Menschen in den Wundergeschichten erzählt wird:
- Die Syrophönizierin (Mk 7,24–30) wird nicht als sündig charakterisiert, vielmehr setzt sie sich gegen Jesus in einem Streitgespräch durch und erstreitet die Heilung ihrer Tochter.
- Der blinde Bettler Bartimäus (10,46–52) und die Frau, die unter den körperlichen und sozialen Folgen des Blutflusses leidet (5,24–34), lassen sich nicht von Menschen zurückdrängen und setzen sich gegen äußere Widerstände durch. Auch hier ist von Sünde nicht die Rede.

Diese Menschen sind nicht in einem selbstgerichteten Gefängnis des Ichs gefangen. Das Markusevangelium erzählt von ihnen als Personen, die selbstständig handeln und sich gegen Widerstände durchsetzen können. Diese Handlungsfähigkeit wird

---

[1] Schmithals, Markus, 158.
[2] „Was willst du denn in Gottes Haus? Ist es Armut oder Krankheit oder andre Widerwärtigkeit, kurz eine beliebige irdische Not und Verlassenheit: Davon wird in Gottes Haus nicht gesprochen, wenigstens nicht zuerst ... statt daß man Teilnahme hat in deinem irdischen Jammer und eifrig ist, ihm abzuhelfen wird ein noch stärker drückend Gewicht dir auferlegt, wirst du zum Sünder gemacht" (Sören Kierkegaard, Christliche Reden 1848). Zitiert nach Schmithals, Markus, 158.
[3] Ebd., 158f.

vom Erzähler nicht kritisch hinterfragt oder negativ bewertet, sondern vielmehr wertgeschätzt und geachtet. Steht den Menschen nur der passive und empfangende Part in den Geschichten zu oder werden sie als Agierende und Kommunzierende dargestellt? Diese Frage bildet den Ausgangspunkt für meine Beschäftigung mit der Anthropologie im Markusevangelium.

Die Diskussion um die Anthropologie des Neuen Testaments im 20. Jh. ist nachhaltig von Rudolf Bultmann und dessen existentialer Interpretation des Neuen Testaments geprägt worden.[4] Er steckte in seinen Forschungen ein Themengebiet ab, das die Forschungslandschaft auch dort bestimmte, wo seine Nähe zur Existenzphilosophie nicht geteilt wurde. In guter reformatorischer Tradition stellte Bultmann den Menschen, der von sich aus das Heil für sein Leben nicht erlangen kann, in das Zentrum seiner anthropologischen Überlegungen. Dies soll im Folgenden kurz entfaltet werden, bevor auf neuere Arbeiten zur Anthropologie in der synoptischen Tradition eingegangen wird.

Der Ansatzpunkt von Bultmanns Anthropologie zeigt sich in dem klassischen Satz: „Will man von Gott reden, so muß man offenbar von sich selbst reden."[5] Bultmanns zentrales Thema ist die existentielle Bedeutung theologischer Aussagen für den jeweiligen Menschen.[6] Diese Fokussierung auf den einzelnen Menschen verbindet Bultmann mit Heidegger. Von ihm erhält der Exeget entscheidende Anregungen. Es geht um die Frage des Selbstverständnisses des Menschen.[7] Bultmann übernimmt von Heidegger den Begriff der Existenz, der ihm hilft, das Wesen des Menschen besser analysieren zu können.[8] Existieren – das meint „die spezifisch menschliche Weise zu sein."[9] Die menschliche Existenz ist im Gegensatz zu den Tieren ein Sein-Können.[10] Der Mensch ist in seinem Sein z. B. nicht durch Instinkte festgelegt, vielmehr ist der Mensch offen für die Zukunft, offen für neue Begegnungen.[11] Der Mensch hat nicht seine Existenz, er ist sie, d. h.: In seinem Handeln muss der Mensch die Möglichkeiten seines Wesens immer wieder leben, was immer wieder neue Entscheidungen vom Menschen fordert. Die Eigentlichkeit des Menschen – so einer der zentralen Begriff Heideggers – besteht darin existieren zu können. Die Uneigentlichkeit bedeutet, dass der Mensch die Möglichkeiten seiner Existenz

---

[4] Schmithals' Kommentar zum Markusevangelium und die darin vertretende Anthropologie sind dafür ein wichtiges Beispiel.
[5] Bultmann, Sinn, 28.
[6] Vgl. ebd., 26.
[7] Vgl. Schmithals, Theologie, 65.
[8] Es ging Bultmann um die formale Analyse der Existenz. Bultmann nahm an, dass Heideggers Ansatz die menschliche Existenz in angemessener Weise beschreibt. Er wehrt sich damit gegen den Vorwurf, dass er unkritisch philosophische Ansätze in die Theologie transferiert. Vgl. Bultmann, Problem, 194.
[9] Bultmann, Wissenschaft, 107.
[10] Vgl. Schmithals, Theologie, 52.
[11] Vgl. ebd., 65.

1 Neutestamentliche Anthropologie

nicht ergreift, sich an die sichtbare Welt preisgibt und von ihr bestimmen lässt.[12] Bultmann übernimmt diese Begrifflichkeiten, füllt sie aber theologisch, wobei für ihn Uneigentlichkeit Sünde bedeutet. Der Mensch verliert das Leben, da er sich statt für das von Gott angebotene Heil für die Dinge der Welt und ihre falschen Sicherheiten entscheidet.[13]

Heideggers Philosophie (und damit auch Bultmanns Theologie) ist klar von Problemen seiner Zeit geprägt. Sein Verständnis von Existenz ist eine Zeitdiagnose. Heideggers Existenzphilosophie, die er in „Sein und Zeit" entwickelte, ist eingebunden in die krisenhafte Stimmung nach dem 1. Weltkrieg. Der Sinn der Existenz drohte in den gesellschaftlichen und kulturellen Umbrüchen seit 1914 abhanden zu kommen. In dieser Krise bestand die Gefahr, dass der Einzelne und seine Existenz verloren ging.[14]

Bultmann teilt Elemente dieser Zeitdiagnose, was man an seiner Kritik des Menschenbildes der liberalen Theologie sehen kann: „Wir sind gewohnt, den Menschen als ein Individuum der Gattung ‚Mensch' anzusehen, ausgestattet mit bestimmten Anlagen, deren Entwicklung das Menschheitsideal in ihm zur Verwirklichung bringt, freilich individuell in jedem einzeln geformt. ... All das ist der Verkündigung Jesu gänzlich fremd. Es fehlt ihr jeder Begriff eines menschlichen Ideals, jeder Gedanke einer Entwicklung menschlicher Anlagen, jede Vorstellung eines Wertvollen im Menschen als solchen, jeder moderne Begriff der Seele."[15] Die eigene Existenz gerät im Streben nach diesen Idealen aus dem Blick. Solch normative Menschenbilder bestimmen den Menschen fremd. Das, was den Menschen ausmacht – seine Entscheidung im Hier und Jetzt – wird überlagert von fremden Wertvorstellungen. Auch naturwissenschaftliche Menschenbilder bzw. Weltbilder – als Weltanschauung verstanden – bringen den Menschen weg von den Fragen seiner eigenen Existenz: „Darin liegt ja die Sehnsucht des Menschen nach einer so genannten Weltanschauung begründet, daß er sich angesichts der Rätsel von Schicksal und Tod auf sie zurückziehen kann".[16] Statt durch die Erschütterung der Existenz sich von der Weltanschauung frei zu machen und so zum eigentlichen Leben zu gelangen, suchen Menschen ihr Heil in Weltanschauungen. Bultmanns anthropologischer Ansatz kritisiert dies.

---

[12] Helferich, Philosophie, 402 formuliert das Problem, mit dem Heidegger sich auseinandersetzt, folgendermaßen: „Hast du eigentlich dein Sein als deiniges? Nüchterner: Ist dein Leben überhaupt dein Leben?"

[13] Vgl. u. a. Bultmann, Theologie, 239ff. 249ff.

[14] Vgl. Helferich, Philosophie, 400. Safranski, Meister, 183ff verortet die Behandlung der Angst in „Sein und Zeit" in die Krisenzeit der zwanziger Jahre, wo Krisenliteratur und Heilsversprechen Hochkonjunktur hatten. Gumbrecht, Tod stellt Bezüge zwischen Heideggers Arbeiten und der Todesfaszination seiner Gegenwart her.

[15] Bultmann, Jesus, 39. Vgl. Schmithals, Theologie, 57f.

[16] Bultmann, Sinn, 31.

Heidegger macht die je eigene Existenz zum Thema seiner Philosophie. Bultmann geht es darum, nicht einfach objektive Heilstatsachen theologisch zu reproduzieren, sondern den Bezug theologischer Aussagen zur eigenen Existenz aufzuzeigen.[17] Ein Beispiel: Freiheit im theologischen Sinne muss deswegen für Bultmann so gedeutet werden, dass es die Freiheit für die je eigene Existenz ist.[18]

Bultmann geht es in seinen anthropologischen Studien um den Menschen, der sich in die Situation der Entscheidung gestellt sieht. Er hat die Möglichkeit das Heil in Christus zu ergreifen oder das Leben zu verlieren, wenn er in der Welt verhaftet bleibt.[19] Diese Situation ist für Bultmann gewissermaßen zeitlos. Vor ihr steht der moderne Mensch, sie ist aber auch in den Texten des Neuen Testaments zu finden.

Bultmann versteht den Menschen von dieser Entscheidungssituation her. Ohne dass das Christusereignis eine neue Daseinsmöglichkeit eröffnet hätte, könnte der Mensch nicht existieren. Er würde sich an die Welt verlieren. Der Mensch auf sich allein gestellt muss in der Situation der Entscheidung – das ist für Bultmann eine der zentralen Aussagen des Neuen Testaments – scheitern. Bultmann reformuliert damit im Zuge seiner existentialen Interpretation des Neuen Testaments die Rechtfertigungslehre Luthers unter den Bedingungen des 20. Jh.[20] Im 2. Hauptteil seiner Theologie des Neuen Testaments thematisiert Bultmann den Menschen vor und unter der Offenbarung der πίστις. Er setzt damit beim sündigen Menschen an. Für ihn geht es darum zu zeigen, wie die Offenbarung Christi die menschliche Existenz verändert. Dieser Ansatz Bultmanns ist für die weitere Diskussion innerhalb der neutestamentlichen Wissenschaft zunächst prägend gewesen.[21]

Anthropologische Studien zum Neuen Testament haben über lange Zeit den Menschen, der sein Leben verfehlt (also den sündigen Menschen), als zentrales Thema gehabt. Rückt der Mensch in den Blickpunkt der neutestamentlichen Forschung, so wird beim gestörten Gottesverhältnis des Menschen angesetzt. Damit haben viele Exegeten, auch wenn sie sich z. T. von Bultmanns Existenzverständnis abgegrenzt haben,[22] einen zentralen Punkt Bultmanns übernommen. Neutestamentliche Forschung befindet sich hier klar in der Spur reformatorischer Theolo-

---

[17] Vgl. Ittel, Philosophie, 93f.
[18] Es geht Bultmann um die Bedeutung des Christus-Ereignisses für den je Einzelnen in seiner Gegenwart. „Jesus Christus ist eschatologisches Ereignis, nicht als ein Faktum der Vergangenheit, sondern als der jeweils hier und jetzt in der Verkündigung Anredende." (Bultmann, Eschatologie, 180.) Der Einzelne ist daher zur eigenen Entscheidung aufgerufen, wie er dieser Anrede begegnen will.
[19] Vgl. Bultmann, Anthropologie, 208.
[20] „Aber da unser Tun auch immer etwas fertig bringt, birgt es in sich die Versuchung, daß wir uns aus dem Getanen verstehen und uns am Getanen festhalten. ... Wir stecken alle in solchem Verständnis unser selbst und können uns aus diesem Verfallensein an die Vergangenheit, an den Tod, nicht durch eine Anstrengung von uns befreien. ... Wir wären nur frei, wenn wir unser Werk vergessen könnten, wenn wir rein aus dem Gehorsam kommen können, zu solchem reinen Hören auf Gottes Anspruch im Jetzt." Bultmann, Frage, 223f.
[21] Vgl. Schnelle, Forschungsbericht, 2674–2684.
[22] So Schnelle, Anthropologie, 8ff.

gie. Mit seiner Kritik am Menschenbild der liberalen Theologie hatte Bultmann den zentralen Gehalt der Rechtfertigungslehre wieder in die Diskussion um die neutestamentliche Anthropologie eingebracht. Bultmann geht es zwar nicht wie Luther um das theologische Verständnis der Bußpraxis und die Heilsmittlerrolle der Kirche. Er setzt aber den Gedanken der religiös motivierten Leistungen in Beziehung zum modernen Leistungsdenken. Der Mensch des beginnenden 20. Jh. will sich nicht mehr unbedingt Verdienste bei Gott erwerben, vielmehr will er sich und sein Leben selbst erschaffen.[23] Und daran scheitert er in den Augen Bultmanns.

Neutestamentliche Anthropologie ist nachhaltig durch die Auseinandersetzung um die Anthropologie des Paulus bestimmt worden. Auch dies geht auf Bultmanns Arbeiten zurück. Neben der johanneischen Theologie nimmt eben die Theologie des Paulus bei ihm einen breiten Raum ein. Dies zeigt sich schon früh in seiner Auseinandersetzung mit dem Problem der neutestamentlichen Wunder. Bultmann versteht die Wunder der synoptischen Tradition von Paulus her: Er wendet sich gegen die Versuche der neutestamentlichen Forschung, die Historizität der Wunder nachzuweisen oder die Wunder als Beweise der Macht Gottes zu verstehen. In solchen Versuchen werde Gott der Welt und ihren Strukturen angeglichen. Gott wird gleichsam ein Teil der Welt. Am vergebenden Handeln Gottes macht Bultmann deutlich, wie in der Sicht des Neuen Testaments ein Wunder zu verstehen ist. Für Bultmann ist Vergebung ein Wunder. Dass den Menschen ohne eigene Leistung Vergebung zuteil wird und dass ihnen durch Gottes Handeln die Zukunft eröffnet wird, läuft dem normalen Weltgeschehen zuwider,[24] das in den Augen Bultmanns nachhaltig durch den Leistungsgedanken geprägt ist.[25] Die Wundergeschichten werden zu Trägerinnen eines bestimmten Glaubensverständnisses. Die Vergebung befreit den Menschen von seinem Leistungsstreben und eröffnet ihm so die Zukunft, wodurch er die Möglichkeit hat, im Hier und Jetzt nach Gottes Anspruch zu leben und nicht erneut der Welt zu verfallen.[26] Diesen Gedanken entwickelt Bultmann vom paulinischen Verständnis der Vergebung.[27] Das besondere theologische Profil der synoptischen Evangelien zum Verständnis der Wundertradition kommt hier nicht in den Blick.

Wie sehr die Diskussion um die neutestamentliche Anthropologie von der paulinischen Theologie bestimmt ist, zeigt die geringe Anzahl von Studien zur Anthro-

---

[23] Bultmann geht es um „das Selbst-verfügen-Wollen des Menschen" (Schnelle, Anthropologie, 208) und um das Selbstverständnis des Menschen, das auf Leistung aufbaut (vgl. Bultmann, Frage, 222).

[24] Vgl. ebd., 224: „Ist Gottes Wunder die Vergebung, d. h. hebt Gott im Wunder unser Verständnis, unser Selbst als der Leistenden und so immer der Vergangenheit Verfallenen auf, so hebt er damit auch den Charakter der Welt als der uns verfügbaren Arbeitswelt auf."

[25] Vgl. ebd., 222: „Aber das ist im Grunde die Sünde der Welt überhaupt: sich und Gott aus Leistung und Werk verstehen."

[26] Vgl. ebd., 224f.

[27] In der Argumentation spielt Röm 6,12–13 eine zentrale Rolle: „Ist uns die Sünde vergeben, so bedeutet das, daß wir Freiheit haben für die Zukunft, daß wir Gottes Anspruch wirklich hören und uns ihm zur Verfügung stellen können (Röm. 6,12ff)." Ebd., 224.

pologie in der synoptischen Tradition.²⁸ Die dazu vorliegenden Arbeiten sind in ihrer Anlage von der Diskussion um die paulinische Anthropologie geprägt.

Taeger schließt sich in seiner Studie zum Menschenbild bei Lukas in seinem methodischen Vorgehen dem vorherrschenden Forschungstrend an. Er analysiert das Menschenbild anhand der anthropologischen Hauptbegriffe wie καρδία und ψυχή, womit er methodisch in der Tradition von Bultmann und Conzelmann steht.²⁹ Im Mittelpunkt seiner Arbeit steht der Prozess vom vorgläubigen zum gläubigen Menschen.³⁰ Auch diese Gegenüberstellung ist durch die Anlage der paulinischen Anthropologie bei Bultmann geprägt. Die Differenz des lukanischen Menschenbildes zum paulinischen wird von Taeger zwar herausgearbeitet,³¹ allerdings bleibt der Mensch derjenige, der im Hinblick auf sein Gottesverhältnis unvollkommen ist. Darauf liegt der Fokus der Arbeit Taegers.

Schnelle thematisiert innerhalb seiner „Neutestamentlichen Anthropologie" das Bild des Menschen in der Verkündigung Jesu.³² Gemäß seinem Ansatz geht es Schnelle um eine theologische Anthropologie, was für ihn bedeutet „auf erkenntnispräjudizierende Systemanleihen aus anderen Wissenschaften"³³ zu verzichten. Neutestamentliche Anthropologie entnimmt die Begrifflichkeiten, mit denen sie arbeitet, ihrer Textbasis: dem Neuen Testament.

Schnelle setzt bei der Geschöpflichkeit des Menschen an. Der Mensch steht in den Augen Jesu in einem Verhältnis zu seinem Schöpfer. Er soll in seinem Leben dem Willen des Schöpfers entsprechen. Wo dies nicht der Fall sein kann, geht es in Jesu Verkündigung um die Restitution des Schöpferwillens.³⁴

Der Wille Gottes ist das Zentrum der Botschaft Jesu: Der Mensch wird mit Gottes Willen, seinen Geboten und Weisungen, konfrontiert.³⁵ Dabei erfährt er, dass er diesem Willen gar nicht entsprechen kann. „Angesichts des Willens Gottes erkennt sich der Mensch als Sünder. Im Versagen wird seine Gerichtsverfallenheit offenkundig. Aus dem Versagen heraus kann der Mensch aber auch zu Gott umkehren. Somit ermöglicht erst das Erbarmen Gottes gegenüber dem Menschen das Ende des Richtens unter den Menschen."³⁶ Nach Schnelle ist der Mensch in der synoptischen Tradition Sünder, der einzig und allein auf Gottes Gnade angewiesen ist.³⁷ Sie er-

---

²⁸ Vgl. Schnelle, Forschungsüberblick, 2705f.
²⁹ Vgl. Taeger, Mensch, 19ff. Beide entwickeln in ihren Theologien des Neuen Testaments die Theologie des Paulus anhand der anthropologischen Hauptbegriffe.
³⁰ Vgl. ebd., 100ff.220ff.
³¹ Bei Lukas ist der Mensch ein corrigendus und nicht wie bei Paulus ein salvandus. Vgl. ebd., 227.
³² Anthropologie, 13ff.
³³ Ebd., 11.
³⁴ Vgl. ebd., 16ff. Schnelle verweist hier u. a. auf die Sabbatkonflikte in der synoptischen Tradition (Mk 2,23–28).
³⁵ Vgl. ebd., 22ff.
³⁶ Ebd., 26f.
³⁷ Vgl. ebd., 28ff.

1 Neutestamentliche Anthropologie

fährt er in den Worten und Taten Jesu.[38] Jesu Botschaft vom Reich Gottes ruft den Sünder zur Umkehr (Mk 1,15) und verheißt Gottes Vergebung (Mt 18,21–35; Lk 15,14ff). „Der Mensch darf entdecken, daß sein Leben nur gelingen kann, wenn er sich selbst als Geschöpf versteht, den Willen des Schöpfers beachtet, die eigene Gerichtsverfallenheit akzeptiert und Gottes Güte für sich gelten läßt. Nicht in der eigenmächtigen Gestaltung des menschlichen Lebens, in grenzenloser Unabhängigkeit sieht Jesus das Ziel und den Sinn menschlicher Existenz, sondern der Mensch ist bei sich selbst, wenn er bei Gott ist."[39]

Die von Schnelle vorgezeichnete Perspektive wird von Wischmeyer aufgenommen, auch wenn sie zunächst anders ansetzt. Im ersten Teil ihrer Studie konzentriert sie sich auf Lebensäußerungen von Menschen (Herkunft, Geschlecht, soziale Stellung usw.) und auf Aussagen über den Menschen. Hier ist eine deutliche Nähe zu kulturanthropologischen Ansätzen feststellbar.[40]

Unter der Überschrift „Wie verstehen die neutestamentlichen Schriften den Menschen?" kommt Wischmeyer auf die zentralen anthropologischen Aussagen zu sprechen. Sie setzt – vergleichbar mit Schnelle – bei der Geschöpflichkeit des Menschen an:[41] Die Menschen stehen vor Gott, der für sie Heil in jeglicher Hinsicht bedeutet. Das Verhältnis der Menschen zu Gott ist jedoch dadurch gekennzeichnet, dass sie sich im Gegenüber zu ihm als Sünder erfahren. Von Gott erfahren sie jedoch bedingungslose Annahme.[42] Konkret wird sein gnädiges Erbarmen in Jesu Handeln an den „Sündern und Zöllnern" (Lk 7,33).

In ihrem Handeln werden die Menschen auf das kommende Reich Gottes ausgerichtet: Jesus ruft mit Blick auf das Reich Gottes zur Umkehr auf. Der Umkehrruf wird in der Nachfolge sichtbar.[43] Dieser Ruf eröffnet Handlungsräume für die Menschen. Als Geschöpfe Gottes sind sie in der Lage, Gottes Willen zu tun.

Wischmeyer hebt hervor, dass neutestamentliche Anthropologie vom Christusereignis ausgehen muss.[44] Die Auferstehung Christi als Neuschöpfung eröffnet den Menschen eine Perspektive über den Tod hinaus. Christus stiftet Gemeinschaft mit den Menschen, die sie in Taufe und Herrenmahl erfahren können. In Bezug auf die Anthropologie heißt das für Wischmeyer: „Das Neue Testament spricht vom geschaffenen Menschen ausschließlich unter dem Vorzeichen des sündigen und in Christus erlösten Menschen. Beide Vorzeichen sind wichtig. Der sündige Mensch ist der irdische Mensch, aus dem Paradies vertrieben, der Arbeit, den Schmerzen

---

[38] Vgl. ebd., 30ff.
[39] Ebd., 43.
[40] Vgl. bei Frevel/Wischmeyer, Menschsein, 80 (im Folgenden zitiert als Wischmeyer, Menschsein) den Hinweis auf Malina, Kultur.
[41] Vgl. ebd., 85.
[42] Vgl. ebd., 86f. Wischmeyer verweist in diesem Zusammenhang insbesondere auf Lk. 15,11–32.
[43] Vgl. ebd., 87f.
[44] Vgl. ebd., 110: „Die Auferstehung Jesu Christi ist das Grunddatum neutestamentlicher Anthropologie."

und dem Tod anheimgegeben (Gen 3). Es ist der Mensch, der aus der Gottesgemeinschaft gefallen ist und weder durch Leben nach der Tora noch durch Befolgen der ‚natürlichen' Gesetze die Gottesgemeinschaft ... wiederherstellen kann."[45]

Das Neue Testament spricht vom Menschen als Sünder, der der Vergebung durch Gott bedarf. Der Mensch ist in seiner ganzen Existenz auf Gott in Christus angewiesen. Dies ist eine der zentralen Aussagen der neutestamentlichen Anthropologie.[46]

Schnelles und Wischmeyers Ansätze haben im sündigen Menschen, dem Geschöpf Gottes, das in der Begegnung mit dem Willen Gottes versagt und aus der Gottesbeziehung fällt, ihr zentrales Thema. Der Mensch wird hier von seinem – gestörten – Gottesverhältnis her gedeutet.[47] Von diesem Defizit her wird das Menschenbild konstruiert.

Gnilka setzt innerhalb seiner „Theologie des Neuen Testaments" bei der physischen und psychischen Verfasstheit der Menschen innerhalb ihrer jeweiligen Lebenssituation an.[48] Menschliches Leben ist geprägt von massivem Elend, unter dem die Menschen leiden.[49] Von Jesus erwarten sie Heil. Gnilka unterscheidet sich insofern von Schnelle und Wischmeyer, als er nicht nur von einem Leiden unter der Sünde spricht, sondern die realen Nöte des Alltags in das Menschenbild mit einbezieht.

Des Weiteren sind die Menschen in der Sicht des Mk in Sünde und Schuld verstrickt. Dies setzt Mk 2,1–12, wo der Begriff ‚Sünde' explizit auftaucht, voraus. In 8,38 ist vom sündigen Geschlecht die Rede. Der Umkehrruf Jesu stellt das Gnadenangebot Jesu dar, das sich im Nachfolgeruf konkretisiert. Dass Jesus Menschen in die Nachfolge ruft, zeigt nach Gnilka, dass die Menschen „als jene gesehen werden können, die dem Geforderten zu entsprechen versuchen".[50]

Dem Handeln wird hier besondere Aufmerksamkeit geschenkt. Gnilka betont, dass die Jüngerschaft sich „ganz der Gnade Gottes verdankt", da sie trotz ihres Scheiterns in der Nachfolge Jesu Jünger bleiben können. Der Auferstandene ruft sie erneut in die Nachfolge und zeigt so Gottes Gnade (16,7). Die Unterweisungen Jesu innerhalb des Evangeliums gelten der nachösterlichen Gemeinschaft, die Jesus nachfolgt. Dass die Nachfolgenden unterwiesen werden, setzt voraus, dass sie der Lehre Folge leisten können.

---

[45] Ebd.
[46] Vgl. ebd., 112f.
[47] Ganz im Sinne traditioneller anthropologischer Ansätze, bei denen neben ‚Gott' auch das ‚Tier' oder die ‚Maschine' als Bezugspunkt der menschlichen Selbstauslegung fungiert. Vgl. Ricken, Menschen, 154.
[48] Gnilka stellt innerhalb seines Kapitels zur Theologie des Mk explizit Überlegungen zum Menschenbild im Mk an.
[49] Gnilka, Theologie, 165f verweist hier auf die Heilungsgeschichten, die Summarien (1,33f; 3,10f; 6,55f) und die Bedrohung Krieg, Hungersnöte und globale Katastrophen (vgl. 13,7ff).
[50] Theologie, 169.

1 Neutestamentliche Anthropologie

Gnilka sieht in seinen Ausführungen zum Menschenbild die Bedeutung, die menschliche Aktivität innerhalb des Mk hat. Er führt dies auch in Bezug auf den Glaubensbegriff weiter. Glauben ist Vertrauen und umschreibt die menschliche Haltung und Handlung, die sich ganz auf Gott ausrichtet (5,34; 10,52).[51] Dieser Aspekt des Menschenbildes im Mk wird in dieser Arbeit stärker beleuchtet werden.

Einen Neuansatz innerhalb der neutestamentlichen Forschung hat Eckard Reinmuth mit seiner „Anthropologie im Neuen Testament" gemacht. Er verortet sein Nachdenken über neutestamentliche Anthropologie innerhalb der bedrängenden naturwissenschaftlichen und philosophischen Fragen zu Beginn des 21. Jh. Diese begreift er als Herausforderungen, denen sich theologisches Denken über den Menschen zu stellen hat.[52] Naturwissenschaftliche Entwicklungen, insbesondere auf dem Feld der Gentechnik, haben die Vorstellungen davon, was der Mensch ist, revolutioniert und infrage gestellt. Genau an dieser Stelle beginnt die anthropologische Reflexion, an der sich auch die Theologie beteiligt. „Die Frage nach dem Menschen gehört zum Menschsein. Sie begleitet uns von Anfang an; sie ist Bestandteil unserer Erinnerung. Was ist der Mensch, so richtet Ps 8 sein fragendes Erstaunen an Gott: Was ist der Mensch, dass du seiner gedenkst! Die Fraglichkeit des Menschen als Frage an Gott – das ist die Grunddimension theologischen Nachdenkens über den Menschen."[53]

Der Bezugspunkt Reinmuths ist die Fraglichkeit menschlicher Existenz in den Umbrüchen seiner Gegenwart. Dabei verortet er die Erforschung der Anthropologie des Neuen Testaments innerhalb philosophischer Diskurse der Gegenwart, von denen er Impulse aufnimmt.[54] Das eigene theologische Nachdenken über den Menschen versteht Reinmuth so als in eine bestimmte Situation, mit ihren Fragestellungen und Problemen, eingebunden. Unabhängig von ihr kann keine anthropologische Reflexion betrieben werden.

Die neutestamentlichen Texte sieht Reinmuth ebenfalls als Ausdruck des Nachdenkens über den Menschen in einem bestimmten Kontext, das unter besonderen Voraussetzungen geschieht. Die Frage, was der Mensch ist, wird nicht mit Hilfe fester dogmatischer Kategorien beantwortet. „Menschsein gerät im Neuen Testament im Zuge der vielfältigen Interpretationen der Geschichte Jesu Christi in den Blick."[55] Reinmuth geht nicht von einem einheitlichen Verständnis des Christus-Ereignisses aus. Für ihn besteht das Neue Testament aus einer Vielzahl von Interpretationen der Geschichte Jesu Christi. Damit ist notwendiger Weise auch ein vielfältiges Reflektieren über den Menschen innerhalb des Neuen Testaments ver-

---

[51] Vgl. ebd., 169f.
[52] Vgl. Reinmuth, Anthropologie, 1–8.
[53] Ebd., 8.
[54] Vgl. ebd., 15ff. Einen wichtigen Impuls stellen die Arbeiten Emmanuel Levinas dar, in denen Menschen vom Anderen her gedacht werden (vgl. ebd., 15–22).
[55] Ebd., 40.

bunden. Die Frage, was der Mensch ist, ist implizit eine christologische Frage und muss – so Reinmuth – von der Christologie beantwortet werden: „Neutestamentliche Anthropologie hat folglich zu beobachten, wie in der Interpretation der Jesus-Christus-Geschichte Menschsein im Neuen Testament reflektiert wird."[56] Christologie und Anthropologie werden hier eng aufeinander bezogen. Dies zeigt sich auch bei Reinmuths Darstellung der Anthropologie des Mk. Ein wichtiges Thema des Mk ist nach Reinmuth, „wie die ursprüngliche Bestimmung des Menschen an ihr Ziel kommt."[57] Jesus Christus erlöst die Menschen, so dass sie ihr schöpfungsgemäßes Menschsein leben können. Die Wirklichkeit menschlichen Lebens (die Erfahrungen von Scheitern und Versagen, der menschliche Versuch, sie des göttlichen Heils zu vergewissern)[58] werden im Mk im Licht der Bestimmung des Menschen gesehen. In der Geschichte Jesu Christi wird erzählt, wie diese Wirklichkeit überwunden wird. Zentraler Aspekt ist hier, dass die Menschen sich rückhaltlos an Gottes Willen, so wie Jesus ihn verkündet, ausliefern (Mk 1,15).[59] Bemerkenswert an Reinmuths Ansatz ist, dass er die schöpfungstheologische Perspektive der Anthropologie stark macht.

Dieser kurze Blick in die Forschungsgeschichte wirft einige Probleme auf: Bultmanns Frage, wie der Mensch seine eigene Existenz leben kann, ist eine Frage, die in der Umbruchzeit des frühen 20. Jh. verortet ist. Ebenso hat Luthers Frage nach dem gerechten Gott[60] und die Bestimmung des Menschen als simul iustus et peccator[61] ihren Ursprung in der frühen Neuzeit und greift zurück auf spätmittelalterliche Gottesbilder.[62] Problematisch wird es jedoch, wenn die anthropologischen Fragestellungen des Mk, die im Kontext der Kriegswirren nach dem Jüdischen Krieg und der Verfolgungssituation aufkamen, von Fragen, die in anderen historischen Zusammenhängen verortet sind, überlagert und verdrängt werden.[63] Die Exegese muss damit rechnen, dass die Menschen im 1. Jh. n. Chr. von ganz anderen Fragen getrieben wurden als die Menschen des ausgehenden Mittelalters. Eine Kirche, die mit der Androhung göttlicher Strafen die Menschen gefügig machte und die eine weltpolitische Größe darstellte, gab es im 1. Jh. n. Chr. nicht. Die Menschen in den frühen christlichen Gemeinden im syrischen Raum litten unter gewaltsamen Verfolgungen und mussten mit dem Tode rechnen. Entscheidungen über ihre Existenz lagen nicht allein in ihrer Verfügungsgewalt.

---

[56] Ebd., 42.
[57] Ebd., 74.
[58] Vgl. ebd., 92.97ff.
[59] Vgl. ebd., 98.
[60] Vgl. Lohse, Theologie, 46f.
[61] WA 2,497. Vgl. Lohse, Theologie, 278–80.
[62] Hiermit soll jedoch nicht gesagt werden, dass bestimmte theologische Fragen nur in ihrem Ursprungskontext relevant sind.
[63] Wichtig an Reinmuths Ansatz ist, dass er in der Einleitung die Situation seiner Forschungen reflektiert. Den historischen und soziokulturellen Ort neutestamentlicher Anthropologie nimmt er jedoch zu wenig in den Blick.

1 Neutestamentliche Anthropologie

Bei der Untersuchung neutestamentlicher Anthropologie muss darauf geachtet werden, dass Menschen nicht nur für sich allein leben, sondern dass sie in gesellschaftliche Zusammenhänge eingebunden sind und von diesen auch bestimmt werden können. Menschen haben die Entscheidung über ihre Existenz nicht ausschließlich in ihrer Hand. Die Existenzphilosophie Heideggers, auf die Bultmann sich stützt, zeichnet ein verkürztes Bild vom Menschen und gaukelt Menschen zum Teil eine Entscheidungsfähigkeit vor, die sie realiter nicht haben. Die Aussage, dass der Mensch vor der Gefahr steht, sich in der Welt zu verlieren, sieht von leidvollen Erfahrungen, die aus ungerechten gesellschaftlichen Strukturen entstehen, ab. Menschen stehen nicht nur vor der Gefahr, ein uneigentliches Leben zu führen, sondern ihre physische Existenz ganz und gar zu verlieren. Menschen können sich nicht nur falsch entscheiden, sie sind auch Opfer. Auch in einer derartigen Situation suchen Menschen nach Heil.

Neutestamentliche Wissenschaft kann hier weiterhin in methodischer Hinsicht von der Historischen Anthropologie lernen.[64] Die Historische Anthropologie hat mit neueren Ansätzen der Anthropologie gemein, dass es nicht mehr darum geht, den wahren Kern des Menschen herauszuarbeiten.[65] Das Interesse an einer abstrakten Umschreibung dessen, was ein Mensch ist bzw. sein soll, scheint erloschen. Vielmehr hat die Einsicht in die Kulturwissenschaften Einzug gehalten, dass anthropologische Aussagen von ihrem jeweiligen kulturellen Kontext beeinflusst werden.[66] Objektive Aussagen über das Wesen des Menschen sind gar nicht möglich, da sich dieses ‚Wesen' von Kontext zu Kontext ändert. Damit wird aber auch gesagt, dass die Aussagen über Menschen, über ihre Lebensformen und Weltdeutungen, prinzipiell vielfältig sein können. Die Historische Anthropologie hat diese Vielzahl zum Forschungsgegenstand: Sie „zielt ... darauf, menschliche Lebens-, Ausdrucks- und Darstellungsformen zu beschreiben, Gemeinsamkeiten und Differenzen herauszuarbeiten, Ähnlichkeiten und Unterschiede in Einstellungen und Deutungen, Imaginationen und Handlungen zu analysieren und so ihre Vielfalt und Komplexität zu erforschen."[67] Dadurch wird der Blick für Fremdes geöffnet und der traditionelle Ethnozentrismus[68] in Frage gestellt.[69]

Historische Anthropologie verhilft, die Vielfalt anderer und fremder Aussagen über die Menschen in ihrer Kulturbedingtheit wahrzunehmen, gleichzeitig fordert

---

[64] Vgl. als Überblick über diese Disziplin Wulf, Anthropologie, 105ff.
[65] Vgl. Wulf, Menschen, 13; Ricken, Menschen, 153. Die Frage nach dem Wesen des Menschen war die zentrale Perspektive der philosophischen Anthropologien im 20. Jh.
[66] Vgl. Ricken, Menschen, 154: „So wie explizite Anthropologien ... daher immer auf sie konstituierende kulturelle Lebensformen (und deren historische Genese) verweisen, können diese ihrerseits nicht ohne Rückbezug auf ihre implizite anthropologische Struktur aufgenommen und erläutert werden." Genau diese Einsicht fehlt einem theologischen Ansatz, wie Schnelle ihn vorgelegt hat.
[67] Wulf, Menschen, 13.
[68] Nichts anderes ist die Verabsolutierung eines anthropologischen Ansatzes, der von einem europäisch geprägten Rechtfertigungsgedanken ausgeht.
[69] Vgl. Wehler, Kulturgeschichte, 137.

sie dazu auf, den kulturellen Kontext etablierter anthropologischer Ansätze wahrzunehmen und zu berücksichtigen, um so nicht Gefahr zu laufen, ihn zu verabsolutieren. Für die neutestamentliche Exegese heißt das: Anthropologische Aussagen in neutestamentlichen Texten müssen im Zusammenhang der antiken Kultur analysiert werden. Neutestamentliche Menschenbilder stehen im Kontext der römisch-hellenistischen und der jüdischen Kultur und werden dadurch nachhaltig bestimmt. Damit kann methodisch reflektiert werden, inwieweit bisherige Fragestellungen neutestamentlicher Anthropologie überhaupt innerhalb der Vorstellungswelt der jeweiligen Texte stehen.[70]

Gemeinsamer Nenner der hier vorgestellten anthropologischen Untersuchungen zum Neuen Testament ist die defizitäre Konstruktion des Menschen: Der Mensch ist Sünder. Das ist mit Blick auf Gen 3f und zahlreiche andere alttestamentliche Texte eine gesamtbiblische Tradition, allerdings wird bei der Verabsolutierung dieses Ansatzes die Sicht auf die biblischen Texte verengt. Hier findet häufig eine dogmatische Verengung der Anthropologie statt.

Bei der Studie Wischmeyers fällt ein Bruch zwischen ihrer kulturanthropologischen Herangehensweise und den Grundzügen der neutestamentlichen Anthropologie auf. Die Fülle menschlicher Lebensäußerungen, die Wischmeyer selbst präsentiert, wird theologisch nicht ausgewertet.[71] Und genau diese Fülle, auf die ich schon verwiesen habe, beinhaltet Aussagen über den Menschen, die innerhalb der defizitären Konstruktion überhaupt nicht zur Sprache kommen: Das Markusevangelium erzählt positiv von Menschen, die selbstständig handeln und sich gegen Widerstände durchsetzen können (5,24–34; 7,24–30; 10,46–52; 14,3–9)

In diesen Geschichten werden die Menschen als handelnd und kommunizierend begriffen, ohne dass ihre gestörte Gottesbeziehung thematisiert wird. Eine exegetische Untersuchung zu anthropologischen Themen im Mk muss die Breite und Vielfalt menschlicher Lebensäußerungen wahrnehmen und analysieren.[72] Gnilkas Ausführungen zum Menschenbild im Mk weisen im Hinblick auf Jesu Ruf in die Nachfolge und auf das Vertrauen, das Menschen in Jesus setzen, schon in diese Richtung. Dass Menschen aktiv handeln können, wird im Mk positiv gesehen.

Auf welch unterschiedliche Art und Weise menschliches Handeln im Mk zur Sprache kommt, das müssen die folgenden exegetischen Untersuchungen zeigen. Auch hier wird die Exegese von der Historischen Anthropologie wertvolle An-

---

[70] Genau dieser Punkt ist in Reinmuths Neuansatz nur begrenzt berücksichtigt. Die von Reinmuth formulierten Herausforderungen und Anstöße (vgl. Anthropologie, 1–44) greifen nicht auf die Vorstellungswelt der antiken Kulturen zurück.
[71] Diese Grundzüge hätte man getrost auch ohne die kulturanthropologischen Beobachtungen formulieren können.
[72] Mittmann-Richter berücksichtigt diese Vielfalt bei ihren Aussagen zur mk. Anthropologie überhaupt nicht. Sie versteht Menschen – genau in der Linie der oben dargestellten Ansätze – als Wesen, die in steter Trennung von Gott leben und der Erlösung durch ihn bedürfen. Vgl. Dämonen, 495–502. Andere Aussagen über Menschen haben in ihren Ausführungen keinen Platz.

regungen aufnehmen. Diese Arbeit wird einen Schwerpunkt auf die Handlungs- und Kommunikationsfähigkeit von Menschen legen.[73] Damit werden der Impuls der analytischen Sprachphilosophie und deren Rezeption in den Arbeiten von Habermas aufgenommen, dass die Bedingungen der Wahrnehmung von Wirklichkeit und des sozialen Handelns immer sprachlich vermittelt sind. Sprechen wird in dieser philosophischen Tradition nicht vom Handeln getrennt, sondern als Handlung verstanden.[74] Sprache und Handlung weisen auf einen basalen Bereich menschlichen Lebens hin. Wie Menschen sich verstehen oder wie sie andere sehen, das drückt sich nachhaltig in Kommunikation und sozialen Handlungen aus.

Auf einen weiteren Aspekt muss hier noch einmal hingewiesen werden: Die Ansätze von Schnelle und Wischmeyer stellen die gestörte Gottesbeziehung klar in den Vordergrund: Sünde wird stark individualistisch verstanden und so extrem verkürzt. Menschen leiden nicht nur an *ihrer* gestörten Gottesbeziehung, sondern unter dem Handeln anderer Menschen. Menschen werden von anderen unterdrückt, gepeinigt und getötet. Anders gesagt: In der Bibel ist nicht nur von Kain die Rede, sondern auch von Abel. Menschen als Opfer sind im Blick vieler biblischer Texte. Auch dies muss eine anthropologische Untersuchung thematisieren. Fragen von sozialer Ungerechtigkeit und politischer Unterdrückung haben bei der Analyse von Menschenbildern eine zentrale Bedeutung.

---

[73] Ohne damit – quasi durch die Hintertür – wieder vom eigentlichen Wesen des Menschen zu reden.
[74] Vgl. dazu Kap. 3.

2 Menschenbilder als gesellschaftliche Konstruktionen – zur Methode der Studie

2.1 Max Weber und die handlungskoordinierende Funktion von Weltbildern

Menschenbilder im Kontext des frühen Christentums und der hellenistisch-römischen Gesellschaft sind das Thema dieser Arbeit. Bei der Analyse dieser Menschenbilder soll der aktuellen Methodendiskussion in der Sozial- bzw. Gesellschaftsgeschichte Rechnung getragen werden. Sozialgeschichtliche Fragestellungen sollen um kulturgeschichtliche ergänzt werden. Wehler erkennt selbstkritisch, dass die neuere Sozialgeschichte „kulturelle Traditionen … in ihrer wirklichkeitsprägenden Kraft unterschätzt"[1] hat. Die „doppelte Konstituierung der Realität" – so Wehler[2] – sowohl durch die gesellschaftlichen Faktoren wie Wirtschaft, Politik, soziale Ungleichheit und Kultur[3] als auch durch die Sinndeutungen der geschichtlichen Individuen wurde lange Zeit nicht ernst genommen.

Die wirklichkeitsverändernde Bedeutung von Weltbildern ist ein zentrales Thema historischer Forschung. Max Weber hat im Rahmen seiner Analyse der religiösen Grundlagen des Kapitalismus[4] dies nachdrücklich gezeigt. Webers Interesse an der weltgeschichtlichen Bedeutung geistiger Strömungen verband ihn mit einigen Wissenschaftlern seiner Zeit,[5] gleichzeitig trennte es ihn von beherrschenden Forschungsströmungen. Weber lehnte sowohl geschichtsphilosophische Ansätze in der Nachfolge Hegels ab als auch den historischen Materialismus der marxschen Tradition.[6] Er wandte sich damit gegen eine Sicht der Geschichte, die ausschließlich von einer Prägung der Historie durch überindividuelle Faktoren ausgeht. Das Denken Webers ist von einer hohen Wertschätzung des Individuums gekennzeichnet, dem die Verantwortung für sein Handeln zukommt, welche es nicht an den Gang der geschichtlichen Entwicklung o. ä. abtreten darf.[7] Webers Position charakterisiert Mommsen folgendermaßen: „Kraft seiner Fähigkeit, geistig zur Welt Stellung zu nehmen und zwischen verschiedenen höchsten Werten zu wählen, überragt das Individuum – jedenfalls potentialiter – die empirische Welt."[8]

---

[1] Kulturgeschichte, 145.
[2] Ebd.
[3] So auch die Analyseachsen Wehlers in seiner „Deutschen Gesellschaftsgeschichte": Gesellschaftsgeschichte Bd. 1, 6ff.
[4] Die protestantische Ethik und der Geist des Kapitalismus, zuerst 1904/05.
[5] Vgl. Schöllgen, Weber, 45–60.
[6] Vgl. Mommsen, Weber, 102ff.
[7] Wie Mommsen, Weber, 104 treffend feststellt, zeigt sich hier eine deutliche Nähe zu Nietzsche.
[8] Ebd., 107.

2.1 Max Weber

Innerhalb seiner Forschungen zur weltverändernden Kraft von Religionen zeigt Weber, dass Religion eben nicht zum ideologischen Überbau der Gesellschaft gehört – so die Position von Marx –, sondern dass sie ein eigenständiger wirkmächtiger Faktor ist.[9] Im Protestantismus sah Weber eine der zentralen kulturellen Ursachen für die Entstehung des Kapitalismus. Mit seiner Studie von 1904/05 fragte Weber eben nicht nach den technologischen und wirtschaftlichen Bedingungen einer umwälzenden historischen Entwicklung, sondern nach den geistigen Voraussetzungen. Nicht die historischen Details der weberschen These sind von Belang, sondern – wie Wehler hervorhebt – „Webers allgemeines methodisches Paradigma"[10], nämlich danach zu fragen, welchen Anteil Weltbilder an historischen Prozessen und Umwälzungen haben. In Bezug auf Religionen und deren historische Bedeutung ist sogar vom Primat der Weltbilder zu sprechen. Weber ging es darum zu zeigen, dass bestimmte geschichtliche Entwicklungen nicht nur von politischen und wirtschaftlichen Interessen, sondern gerade auch von religiösen Weltbildern beeinflusst und gesteuert werden. In den Studien zur Wirtschaftethik der Weltreligionen untersucht Weber genauer die Bedeutung der Erlösungsvorstellungen der Religionen.[11] Ihnen kommt zwar innerhalb einer bestimmten gesellschaftlichen Situation eine bestimmte Funktion zu, aber Gestalt und Inhalt dieser Vorstellungen speisen sich – so Weber – aus religiösen Quellen. Webers klassische Formulierung zur Bedeutung von religiösen Weltbildern lautet: „Interessen (materielle und ideelle), nicht: Ideen, beherrschen unmittelbar das Handeln des Menschen. Aber: die ‚Weltbilder', welche durch Ideen geschaffen wurden, haben sehr oft als Weichensteller die Bahnen bestimmt, in denen die Dynamik der Interessen das Handeln fortbewegte. Nach dem Weltbild richtete es sich ja: ‚wovon' und ‚wozu' man ‚erlöst' sein wollte – und nicht zu vergessen – konnte."[12]

Kippenberg sieht in der Problematisierung des Sinns der Welt die entscheidende Voraussetzung dafür, dass religiöse Weltbilder eine derartige Steuerkapazität für menschliches Handeln haben können.[13] Für die Entwicklung von Religionen war es nach Weber[14] von zentraler Bedeutung, dass die Welt im Angesicht eines Gottes, der der Inbegriff des Guten ist, als sinnlos und unerklärbar erfahren wird. Diese Erfahrung treibt die Entwicklung der Religionen voran, indem die einzelnen Religionen versuchen, dieses Sinn-Problem zu bearbeiten. Die Auseinandersetzung mit der Sinnfrage befördert die Herausbildung religiöser Weltbilder, die Handlungen steuern und die Möglichkeit bieten, innerhalb des vom Weltbild gesetzten Rahmens die Erfahrungen mit dem Sinn-Problem zu thematisieren. Durch die Herausbil-

---

[9] Vgl. ebd., 113.
[10] Kulturgeschichte, 97.
[11] Vgl. Gesammelte Aufsätze zur Religionssoziologie Bd. I–III; vgl. Schluchter, Religion, 120.
[12] Vgl. Ethik, 252.
[13] Vgl. Erlösungsreligionen, 35f.
[14] Vgl. Weber, Politik, 554. Weber nimmt hier Ergebnisse von Troeltsch, Art. Erlösung, 481ff auf.

dung von religiösen Weltbildern findet Sinnstiftung statt. An den Weltbildern wird das Weltverhältnis der Träger des Weltbildes deutlich: Wie verstehen sich die Handelnden in der Welt? Welche Bedeutung kommt ihrem Leben zu? Welche Aufgabe haben sie in der Welt?

Solche Sinnsysteme, wie es religiöse Weltbilder sind, können menschliche Handlungen bestimmen und koordinieren. Eine Handlung ist nach Weber ein menschliches Verhalten, dem der oder die Handelnde selbst einen Sinn zumisst.[15] Der oder die Handelnde will mit seinem bzw. ihrem Verhalten etwas ausdrücken, dem Verhalten wird eine Bedeutung zugesprochen. Orientiert sich das Handeln am Verhalten anderer, nennt es Weber soziales Handeln.[16] Durch Sinnsysteme oder Weltbilder entstehen überindividuelle Handlungsorientierungen. Diese Systeme geben die Bedeutung des Handelns vor, wodurch auch die Handlungen derjenigen, die zu einem bestimmten System gehören, in einem gewissen Umfang normiert werden: Das, was mit der Zusammenkunft des römischen Senats ausgedrückt werden sollte, mussten die Senatoren nicht erst zu Beginn einer jeden Sitzung aushandeln, ebenso wenig die Verfahrensregeln.

Anhand religiöser Weltbilder konnte Weber zeigen, dass Sinngebungssysteme soziales Handeln koordinieren bzw. bestimmen. Solche Systeme müssen nicht explizit religiöse Weltbilder sein. Im Rahmen dieser Arbeit muss jedoch davon ausgegangen werden, dass Sitten, Traditionen, Normen und Werte einer Gesellschaft – also das, was die Handlungen in einer Gesellschaft koordiniert[17] – in der Antike immer eine religiöse Komponente hatten.

Die Sinnkonstruktionen der hellenistisch-römischen Gesellschaft sollen hier genauer beleuchtet werden. Dabei geht es um Koordinierung von sozialem Handeln und um die Frage des Weltverhältnisses der Akteure.

Träger von Weltbildern und Sinnkonstruktionen sind nach Weber bestimmte soziale Gruppen.[18] Die Gestalt von Weltbildern wird somit durch die gesellschaftliche Stellung der jeweiligen Trägergruppe beeinflusst.[19] Solche Trägergruppen zeichnen sich nicht allein durch eine vergleichbare ökonomische oder politische Situation aus, vielmehr eint sie eine besondere gemeinsame Art der Lebensführung. Weber spricht hier von „ständischer Lage".[20] Für diese ist ein bestimmtes Verständnis von Ehre kennzeichnend. Einer bestimmten Gruppe in der Gesellschaft wird auf Grund einer gemeinsamen Eigenschaft von der übrigen Gesellschaft Ehrerbietung entgegengebracht: Ärzten wegen ihre Fähigkeiten Menschen zu heilen, Offizieren,

---

[15] Vgl. Wirtschaft und Gesellschaft, 1.
[16] Vgl. ebd., 11.
[17] Habermas spricht hier in seiner „Theorie des kommunikativen Handelns" von Lebenswelt. Vgl. Theorie II, 171ff.
[18] Vgl. Weber, Wirtschaft, 285–314; Kippenberg, Erlösungsreligionen, 37ff.
[19] Kippenberg, Erlösungsreligionen, 38 spricht hier in Anschluss an Weber von der Klassenbedingtheit der Religion. Vgl. Weber, Wirtschaft und Gesellschaft, 285–314.
[20] Wirtschaft, 179f; zu Stand und Klasse vgl. ebd., 531–540.

die einen Krieg gewonnen haben, oder Anwälten, die rhetorisch geschickt vor Gericht agieren. Eine solche Gruppe hebt sich durch die Ehre, die man ihr entgegenbringt, von den anderen ab. Die Zugehörigkeit zu ihr – Weber spricht hier von Stand – ist weiterhin an eine Lebensführung gebunden, die der Ehre entspricht. Sie findet darin ihren Ausdruck. Die Mitglieder eines Standes müssen in ihrem Tun und Handeln sich der Zugehörigkeit als würdig erweisen. In vielen Fällen bilden nicht materielle Ressourcen die Bedingung, um zu einer bestimmten Statusgruppe zu gehören. Vielmehr erlangt man erst durch die Zugehörigkeit zur Statusgruppe den Zugang zu herausgehobenen politischen und ökonomischen Sonderstellungen. Das Entscheidende ist die gemeinsam geteilte Vorstellung von Ehre und die einheitliche von dieser Vorstellung von Ehre geprägte Lebensführung.

Solche Statusgruppen grenzen sich von der übrigen Gesellschaft ab. Sie werten ihren ständischen Lebensstil gegen den von anderen auf. Dazu gehört – wie Weber präzise herausstellt – die Abwertung von bestimmten Arbeitsformen und -feldern, die für einen bestimmten Stand als unwürdig angesehen werden.[21] Ständische Gruppen grenzen sich durch die Regulierung der Sozialbeziehungen ab, geheiratet wird z. B. innerhalb eines Standes. Statusgruppen reproduzieren sich selbst, wenn Kinder im Sinne der Ehrvorstellungen der Gruppe erzogen werden. Diejenigen, die in ständische Gruppen hineingeboren werden, wachsen in deren Geist auf und übernehmen die ständischen Wertvorstellungen. Abstammung kann so zu einem Kriterium werden, um zu einer Statusgruppe zu gehören.

Statusgruppen sind Träger von bestimmten Sinnsystemen, die über diese Gruppen hinaus wirksam sind. Die Lebensführung z. B. kann von der restlichen Gesellschaft bewundert und in Ansätzen nachgeahmt werden, auch wenn es für sie unmöglich ist, in die Gruppe aufgenommen zu werden. Die Abqualifizierung anderer Lebensformen und die Regulierung des Zugangs zu ökonomischen und politischen Ressourcen führen zur Bildung von Hierarchien in der Gesellschaft. Nicht allein die ungleiche Verteilung von politischer und ökonomischer Macht führt zur Ungleichheit in der Gesellschaft. Weltbilder, die in Statusgruppen ihre Träger haben, prägen ebenso nachhaltig das Bild und die Struktur einer Gesellschaft.

2.2 Pierre Bourdieu – die Prägung der Menschen durch den Habitus

Pierre Bourdieu knüpft in seinen soziologischen Studien in vielerlei Hinsicht an diese Überlegungen Webers an.[22] Dabei ist vor allem der Habitus-Begriff von Bourdieu für diese Studie von Interesse. Er präzisiert Webers Ausführungen zur ständischen Lage und zu Statusgruppen und führt sie produktiv weiter.

---

[21] Vgl. ebd., 537.
[22] Vgl. Wehler, Kulturgeschichte, 18ff.

Bourdieu fragt danach, wie gesellschaftliches Handeln von Menschen bestimmt wird. Dabei kommt er zu dem Schluss, dass Menschen in ihrem Denken, Fühlen und Handeln gesellschaftlich geprägt werden. „Systeme der dauerhaften Dispositionen", die Handlungen erzeugen und strukturieren, bezeichnet Bourdieu als Habitusformen.[23] Bourdieu nennt den Habitus „ein Produktionsprinzip von Praktiken".[24]

Die Charakterisierung des Habitus als „Handlungs-, Wahrnehmungs- und Denkmatrix"[25] ermöglicht ein differenziertes Verständnis des Habitusbegriffs:[26]
1. Die alltägliche Wahrnehmung der Menschen wird durch ihre gesellschaftliche Prägung strukturiert.
2. Wie Menschen ihre Welt verstehen und sie interpretieren, hängt ebenfalls von ihrem Habitus ab. Dazu gehören ethische Normen zur Beurteilung von gesellschaftlichen Handlungen ebenso wie ästhetische Maßstäbe, die die Akteure nicht erst selbst hervorbringen, sondern bereits in der Gesellschaft als allgemein anerkannt und erprobt vorfinden.
3. Der gesellschaftlich geprägte Habitus hält Handlungsschemata für Menschen bereit, auf die sie in ihrem Tun und Handeln immer wieder zurückgreifen.

Dabei muss beachtet werden, dass der Rückgriff auf Handlungsschemata oder allgemein anerkannte ästhetische Urteile nicht bewusst abläuft. Das Handeln wird durch die Gewohnheit bestimmt.

Der Habitus-Begriff kann im Zusammenhang von gesellschaftlichen Schichtungen Erklärungsmuster dafür bieten, wie es zu Machtstrukturen und Hierarchien in der Gesellschaft kommt. Für Bourdieu liegt ein zentraler Grund für das Entstehen solcher gesellschaftlichen Unterschiede im Handeln von bestimmten Gruppen, die sich u. a. durch ihren gemeinsamen Habitus auszeichnen.[27] Bourdieu versteht Webers Statusgruppen als Distinktionsklassen. Für die Beschreibung und die Analyse von Distinktionsklassen unterscheidet Wehler vier Ebenen:[28]
1. Klassen können unterschieden werden im Hinblick auf *Konsumverhalten und Geschmack* (u. a. Mode, Kunst, Nahrung). Dabei kann man feststellen, dass gesellschaftliche Klassen z. B. ein spezifisches Konsumverhalten haben, das sie von anderen unterscheidet.
2. Distinktionsklassen ist ein bestimmter Lebensstil eigen. Bourdieu spricht hier vom *Klassenhabitus*.
3. Unterschiedliche Lebensstile stehen natürlich in einem engen Zusammenhang mit den differierenden *materiellen Lebensbedingungen*.

---

[23] Theorie, 165.
[24] Antworten, 397.
[25] Bourdieu, Theorie, 169. Vgl. Joas/Knöbl, Sozialtheorie, 533f.
[26] Vgl. Schwingel, Bourdieu, 60f.
[27] Genau diese Fragehaltung unterscheidet Bourdieu von Weber. Vgl. Wehler, Kulturgeschichte, 35.
[28] Vgl. ebd., 36f.

2.2 Pierre Bourdieu

4. Distinktionsklassen heben sich des Weiteren durch die Verfügungsgewalt über sog. materielles, soziales und kulturelles Kapital hervor.

Das Stichwort „Kapital" verweist auf einen letzten zentralen Begriff Bourdieus. Kapital versteht Bourdieu nicht ausschließlich im marxschen Sinne. Er weitet die Bedeutung dieses Begriffes aus. Damit kann er zeigen, dass nicht nur die ökonomische Basis gesellschaftliches Handeln prägt, sondern dass auch z. B. der Zugang zu Bildung, Wissen, gesellschaftlichen Netzwerken und die soziale Abstammung nachhaltig gesellschaftliche Prozesse prägen.[29] Der Begriff „Kapital" mag problematisch sein,[30] Wehler betont jedoch zu Recht die Perspektiven eröffnenden Differenzierungen, die Bourdieu hier vornimmt.[31]

Neben dem sog. ökonomischen Kapital spricht Bourdieu von sozialem Kapital, den sozialen Netzwerken, in denen Menschen tätig sind (Berufsverbände, Freundschaft) und den Abstammungsverhältnissen. Kulturelles Kapital zielt auf Bildung, Wissen und Geschmack ab.[32] Bourdieu differenziert hier objektives (Bücher, Kunstwerke etc.), internalisiertes (ästhetische Urteile als Teil des Habitus) und institutionalisiertes (Bildungstitel etc.) kulturelles Kapital.[33] Durch Bourdieus Unterscheidungen rücken bestimmte Aspekte menschlichen Zusammenlebens genauer in das Blickfeld der Analyse gesellschaftlicher Prozesse. Die Rolle und Bedeutsamkeit z. B. der Verfügung über Bildungsressourcen für das Entstehen und die Reproduktion gesellschaftlicher Unterschiede kann so erst erkannt und gewichtet werden.[34]

Inwieweit soziales und kulturelles Kapital zur Herrschaftslegitimierung eingesetzt werden können, zeigt Bourdieu mit dem Begriff des symbolischen Kapitals. Der Besitz von sozialem und kulturellem Kapital führt – gerade in traditionellen Gesellschaften – zu gesellschaftlicher Anerkennung und Wertschätzung. Dies ist eine wichtige Voraussetzung zur Ausübung von Macht und Herrschaft: Herrschaft basiert nicht allein auf ökonomischer und physischer Macht, sondern gerade auf der Anerkennung ihrer Legitimität.[35] Gelingt es einem Herrscher seine Handlungsweisen mittels des kulturellen Kapitals als legitim darzustellen, wird ihm gesellschaftliche Anerkennung zuteil. Wehler hebt hervor, dass in instabilen politischen Situationen symbolisches Kapital zur Sicherung und Festigung von Herrschaft verwandt wird. Gerade die Verfügung über kulturelle Ressourcen und Handlungsmöglichkeiten erlaubt es, dass eine Distinktionsklasse symbolisches Kapital zur Gestaltung von Herrschaft einsetzen kann.[36] Denen, die keinen oder schlechten Zugang zu

---

[29] Zur Kritik Bourdieus am eingeschränkten Kapital-Begriff von Marx vgl. Bourdieu, Theorie, 344f.
[30] Zur Kritik vgl. ebd., 40f.
[31] Vgl. Kulturgeschichte, 27.
[32] Vgl. Bourdieu, Kapital.
[33] Vgl. Bourdieu, Mechanismen, 54.57; Schwingel, Bourdieu, 86ff.
[34] Vgl. Joas/Knöbl, Sozialtheorie, 537ff.
[35] Vgl. Schwingel, Bourdieu, 116; Joas/Knöbl, Sozialtheorie, 553f.
[36] Die Handlungstheorie Bourdieus zeichnet sich dadurch aus, dass Bourdieu nach dem Moment, das das Handeln eines Akteurs bewegt, fragt. Vgl. Joas/Knöbl, Sozialtheorie, 525ff. Es liegt im Inte-

diesen Ressourcen haben, stehen auch nicht diese Handlungsmöglichkeiten offen. Gleichzeitig bedeutet die Verfügungsgewalt über kulturelle und soziale Ressourcen die Möglichkeit, die unterschiedlichen Formen des Habitus in der Gesellschaft zu prägen und zu reproduzieren.[37] Der Habitus, der das soziale Handeln von Menschen entscheidend beeinflusst, ist seinerseits selbst das Produkt einer gesellschaftlichen Entwicklung. Habitus und gesellschaftliche Strukturen bedingen sich somit gegenseitig.[38] Der Habitus prägt das soziale Handeln von Menschen, welches sich in der Gestalt gesellschaftlicher Strukturen niederschlägt. Gleichzeitig beeinflussen diese Strukturen die verschiedenen Formen des Habitus. Hier zeigt sich noch einmal deutlich, warum Bourdieu Habitusformen als „strukturierte und strukturierende Strukturen" bezeichnet.[39] Die Betonung der wechselseitigen Beeinflussung verhindert, eine Seite zu schnell als primäre Ursache einer Entwicklung zu bewerten.

2.3 Menschenbilder als Konstruktionen gesellschaftlicher Gruppen

Am Habitus-Begriff von Bourdieu kann gezeigt werden, dass die Denkschemata, nach denen Menschen z. B. normative oder ästhetische Urteile fällen, nicht erst von den Akteuren in der jeweiligen Situation hervorgebracht werden. Die Handelnden greifen auf Bekanntes und Bewährtes zurück. Die Beurteilungsmaßstäbe verdanken sich der geschichtlichen und gesellschaftlichen Entwicklung. Sie sind Produkte eines Prozesses. Indem diese Maßstäbe in immer wieder neuen Entscheidungen aktualisiert werden, prägen sie ihrerseits die Gesellschaft und ihre Strukturen. Gesellschaftliche Wirklichkeit, so wie sie Menschen tagtäglich erleben, ist das Produkt gesellschaftlichen Handelns. Oder in Anlehnung an Berger und Luckmann: Die erfahrene Wirklichkeit ist gesellschaftlich konstruiert. Wie Menschen ihren Alltag in einer Gesellschaft erleben, wie sie Geschehnisse bewerten, sich für Handlungen entscheiden usw., hängt in großem Maße von dem ab, was Menschen in ihrer Gesellschaft als handlungsleitend vorfinden. Dass bestimmte Lebensweisen gesellschaftlich missbilligt werden, ist nicht Ausdruck eines ehernen Naturgesetzes, sondern verdankt sich den geschichtlich gewordenen, d. h. von Menschen gemachten, Wertvorstellungen. Denk- und Handlungsschemata sind Konstruktionen, die in der Gesellschaft in den verschiedenen Habitusformen präsent sind und die durch soziales Handeln jeweils reproduziert werden.

---

resse der Herrschenden, die Kapitalsorten, über die sie verfügen, zu sichern und in ihrem Interesse (Herrschaftserhaltung) einzusetzen. Handeln ist für Bourdieu zweckgerichtet, in ihm drückt sich das Interesse des Handelnden aus. Vgl. Bourdieu, Vernunft, 167f; Joas/Knöbl, Sozialtheorie, 542ff.

[37] Vgl. Schwingel, Bourdieu, 75.
[38] „Als Produkt der Geschichte produziert der Habitus individuelle und kollektive Praktiken, also Geschichte, nach den von der Geschichte erzeugten Schemata." Bourdieu, Sinn, 100. Vgl. ders., Meditationen, 189; Schwingel, Bourdieu, 75.
[39] Vgl. Theorie, 165.

2.3 Menschenbilder als Konstruktionen gesellschaftlicher Gruppen

In Bezug auf das Selbstverständnis von Statusgruppen bzw. Distinktionsklassen kann man davon sprechen, dass genau dieses Selbstverständnis eine gesellschaftliche Konstruktion ist. Die Lebensführung, die für eine Statusgruppe konstitutiv ist, die Auffassung von Ehre, die Frage, wer aufgenommen wird und wer nicht usw., sind Konstruktionen der Gesellschaft. Dazu gehören auch bestimmte Bilder von Menschen. In diesen Bildern zeigt sich häufig sehr präzise das Selbstverständnis einer Statusgruppe. Sie geben Auskunft darüber, was nach den Wertvorstellungen dieser Gruppe einen Menschen zum Menschen macht. Sie zeugen von Bewertungen der unterschiedlichen menschlichen Lebensformen. Vorstellungen vom Wesen des Menschen sind von den Habitusformen geprägt, sie existieren nicht unabhängig von ihnen. Solche Prägungen herauszuarbeiten, ist Thema dieser Studie. Inwieweit zeigen sich in den Bildern vom Menschen die Handlungs- und Denkschemata von Statusgruppen in antiken Gesellschaften? Unterstützen die von Statusgruppen konstruierten Vorstellungen vom Menschen gesellschaftliche Hierarchien? Gehören Konstruktionen vom Menschen zum symbolischen Kapital einer Gesellschaft, mit deren Hilfe Herrschaft legitimiert werden kann? Welches Interesse wird mit diesen Menschenbildern verfolgt? Konstruktionen vom Menschen sollen im Rahmen antiker Weltbilder und Sinndeutungen untersucht werden. Es geht darum zu zeigen, inwieweit sie gebraucht werden, um soziales Handeln zu koordinieren.

Neutestamentliche Texte entstammen der Kultur des östlichen Teils des römischen Weltreiches. Im Rahmen dieser Arbeit werde ich herausarbeiten, inwieweit die Texte des Mk von den kulturellen Vorstellungen der dortigen Gesellschaft beeinflusst sind. In Bezug auf Bilder vom Menschen heißt das: Sind diese Konstruktionen vom Menschen im Mk auffindbar, und wie geht der Evangelist mit diesen Konstruktionen um? In diesem Zusammenhang wird es auch danach zu fragen sein, wie sich das Mk zur jüdischen Tradition verhält.

Die exegetische Untersuchung wird zeigen, dass das Mk sich von bestimmten Menschenbildern der antiken Gesellschaften abgrenzt. Dazu gehören vor allem die Menschenbilder der griechisch-römischen Gesellschaft, aber auch die aus den stark patriarchal geprägten Strömungen des antiken Judentums. Im Rahmen seiner religiösen Traditionen, die insbesondere aus dem Judentum stammen, nimmt der Evangelist eine eigene Konstruktion vor. Er setzt sich von Habitusformen seiner Umwelt ab. Aber genau diese Konstruktionsleistung des Mk kann mit dem Habituskonzept selbst kaum noch sachgemäß analysiert werden. Hier zeigt sich der Teil des Menschen, der nicht vom Habitus bestimmt wird. Die Frage, wie etwas Neues oder Anderes entsteht, vermag die Vorstellung vom Habitus nicht recht zu beantworten.[40] Hier zeigt sich, mit welcher Berechtigung Weber die Hochachtung vor dem handelnden Individuum vertritt.

Der in dieser Studie eingeschlagene Weg, Konstruktionen vom Menschen als

---

[40] Zu diesem Kritikpunkt vgl. Wehler, Kulturgeschichte, 43f. Anders Joas/Knöbl, Sozialtheorie, 544f.

gesellschaftliche Produkte zu untersuchen, kann auch als Beitrag zur Gender-Forschung gesehen werden und verdankt sich z. T. diesem Ansatz. Ein zentraler Ansatzpunkt der Gender-Forschung ist es, Geschlecht (Gender) als soziale und kulturelle Konstruktion zu verstehen.[41] Klassisch ist hier die Formulierung de Beauvoirs: „Man kommt nicht als Frau zur Welt, man wird es."[42] Das soziokulturelle Geschlecht (Gender) wird in der Forschung vom biologischen (Sex) unterschieden. In welchem Verhältnis Sex und Gender stehen, ist umstritten: Butler bestreitet die Differenz von Sex und Gender und versteht Sex als Dimension des soziokulturellen Geschlechts.[43] Diese Richtung innerhalb der Gender-Forschung unterscheidet sich von dem hier gewählten Weg der Gesellschafts- bzw. Sozialgeschichte durch ihre wissenschaftstheoretische Grundlage. Butler u. a. beziehen sich auf konstruktivistische oder dekonstruktivistische Ansätze, die sich vom Programm der Gesellschaftsgeschichte unterscheiden.[44] Ganz gleich, wie der Ansatz von Butler zu bewerten ist – ein wesentliches Ergebnis der Gender-Forschung ist, dass die Zweigeschlechtlichkeit ein soziales Ordnungsmuster darstellt.[45] Mit der Zuschreibung von Geschlechterrollen sind gesellschaftliche Erwartungen an Frauen bzw. Männer verbunden. Den jeweiligen Geschlechterrollen werden von Seiten der Gesellschaft bestimmte Handlungsräume bzw. -muster zugewiesen, an denen sich das Handeln zu orientieren hat, wenn Frauen bzw. Männer die Erwartungen der Gesellschaft erfüllen wollen. Gender zeigt somit die gesellschaftliche Prägung des Verhaltens von Frauen und Männern, eine Prägung, die durch die Festschreibung von Geschlechterrollen erreicht wird. Diese Arbeit will Männer- und Frauenrollen innerhalb der antiken Gesellschaft untersuchen, um zu sehen, inwieweit die handelnden Personen im Mk innerhalb der Grenzen dieser Rolle agieren oder ob sie die Schranken der Rollen durchbrechen. Dies geschieht allerdings im Rahmen einer sozialgeschichtlichen Analyse der Geschlechterrollen.[46]

Gesellschafts- und Sozialgeschichte versucht die Analyse von Weltbildern und Sinndeutungen in den Kontext der Untersuchung gesellschaftlicher Strukturen zu stellen. Dabei greife ich auf Wehlers Konzept von Gesellschaftsgeschichte zurück. Wehler macht drei Dimensionen aus, die Gesellschaft formieren: Herrschaft, Wirtschaft und Kultur.[47] Dabei geht er von einer prinzipiellen Gleichrangigkeit aller drei

---

[41] Vgl. z. B. den Titel des Sammelbandes von Pasero/Braun: Wahrnehmung und Herstellung von Geschlecht. Zur Theoriediskussion der Gender-Forschung vgl. von Braun, Geschichte und Stephan, Geschichte.
[42] Geschlecht, 334.
[43] So die Kernthese ihres Buches „Unbehagen der Geschlechter". Zur Diskussion um Butlers These vgl. u. a. Stephan, Gender.
[44] Zur Diskussion in der Geschichtstheorie vgl. Goertz, Geschichte, 55–82.
[45] Vgl. dazu Pasero, Wahrnehmung.
[46] Dabei sind Arbeiten, wie die von Späth zu Geschlechterkonstruktionen bei Tacitus, in der Späth auf Foucault aufbaut, bereichernd, da sie wichtige Beobachtungen machen und interessante Ergebnisse liefern.
[47] Vgl. Gesellschaftsgeschichte, 6ff.

Dimensionen aus. Diese Basisdimensionen bedingen sich in einem wechselseitigen Verhältnis.

Wirtschaft meint nach Wehler diejenigen „Tätigkeiten ..., die Menschen ‚im Stoffwechsel mit der Natur' zur Gewinnung ihres materiellen Lebensunterhalts betreiben."[48]

Politische *Herrschaft* „bezeichnet ... sozial strukturierte und das heißt stets: organisierte und normierte Macht, die ... Herrschaftsträgern von unterschiedlicher Legitimationsbasis aus die Chance zur Durchsetzung ihres Willens oder Auftrages eröffnet, vielleicht sogar gewährleistet."[49]

Kultur umfasst für Wehler die Erfassung und die Deutungen von Wirklichkeit durch Menschen, wobei diese Deutungen zumeist in symbolischer Form fassbar sind. Deutungen von Wirklichkeit liegen in geistigen Traditionen vor, in Werten und Normen, in Ideologien und künstlerischen Ausdruckformen, sei es in Texten oder Bildern.[50] Kultur bildet somit den Rahmen für alle Kommunikationsprozesse.

Über diese Basisdimensionen hinaus geht Wehler auf eine weitere Dimension ein, die im Bereich der Herrschaft, der Wirtschaft und Kultur zu finden ist: die *soziale Ungleichheit*.[51] Ungleichheit kann auf die unterschiedliche wirtschaftliche Situation von Menschen zurückgeführt werden, auf ungleiche Machtverteilung oder auf „kulturelle Entwürfe der Weltdeutung".[52] Vom Ansatz dieser Arbeit soll ein Schwerpunkt auf der kulturellen Deutung sozialer Ungleichheit liegen.

2.4 *Kulturanthropologie und Neues Testament*

Die Deutung neutestamentlicher Texte in Bezug auf ihren kulturellen Hintergrund ist eine recht junge Fragestellung innerhalb der neutestamentlichen Wissenschaft. In seinem Forschungsüberblick stellt W. Stegemann einen Perspektivenwechsel innerhalb der neutestamentlichen Wissenschaft fest.[53] Es geht nicht mehr allein darum, auf der Basis historisch-philologischer Arbeit zu erläutern, was der damalige Autor seiner Hörer- oder Leserschaft sagen wollte, und in einem zweiten Schritt das theologisch Relevante herauszustellen. Kulturanthropologischen Ansätzen[54] innerhalb der Exegese geht es demgegenüber darum, das Besondere des kulturellen Umfeldes des Neuen Testaments zu analysieren, um so die Fremdheit dieser Kultur im Gegenüber zur modernen klar zu erkennen. Dadurch soll eine vorschnelle Her-

---

[48] Ebd., 10 mit Zitat Marx, Kapital, 192.
[49] Ebd.
[50] Vgl. ebd.
[51] Vgl. ebd., 11.125ff.
[52] Ebd.
[53] Vgl. Kulturanthropologie, 31f.
[54] Zum Begriff und zur Geschichte der Kulturanthropologie vgl. Schlesier, Kulturanthropologie; Wulf, Anthropologie, 105ff.

stellung der Gleichzeitigkeit von frühchristlicher Zeit und Gegenwart verhindert werden. Auch hier steht – wie bei der Historischen Anthropologie – das Interesse an verschiedenartigen kulturellen Deutungsmustern im Vordergrund.

Malina ist einer der prominenten Vertreter der kulturanthropologischen Exegese,[55] der im Rahmen seiner Forschungen einige interessante Beobachtungen zu Vorstellungen vom Menschen im 1. Jh. gemacht hat. Grundlegend für Malinas Arbeit ist die Vorstellung einer mediterranen Kultur, deren Muster über Jahrhunderte erhalten geblieben sind.[56] Von daher kann Malina auch anthropologische Studien aus der Neuzeit und Moderne für die Analyse des kulturellen Hintergrundes des Neuen Testaments heranziehen. Wesentliches Merkmal der mediterranen Kultur ist das Denken und Handeln in den Kategorien von Ehre und Schande.[57] Dies hat für das Bild der Persönlichkeit im 1. Jh. nachhaltige Folgen. Der Mensch versteht sich nicht als eigenständiges Individuum. Er ist jemand, der sich selbst „nur mit den Augen anderer sieht."[58] D.h.: Das Selbstbild eines Menschen „darf sich nicht von dem Bild unterscheiden, das wichtige andere Personen seiner Gruppe ... von ihm haben und dies auch ausdrücken."[59] Das Gewissen versteht Malina deswegen auch als „‚Mit-Wissen', ein Wissen, das man mit anderen teilt."[60] Malina wendet sich hier gegen eine Übertragung eines neuzeitlichen Gewissensbegriffs auf biblische Texte.[61] Die Persönlichkeit eines Menschen im 1. Jh. war also geprägt von der verinnerlichten öffentlichen Meinung. Diesen Persönlichkeitstyp bezeichnet Malina – im Unterschied zur neuzeitlichen individualistischen Persönlichkeit – mit dem Begriff dyadische Persönlichkeit.[62] Der Mensch ist in eine soziale Gruppe eingebettet. Sein Selbstbild wird von dieser Gruppe maßgeblich konstruiert und geprägt.[63] Das Verhalten von solch sozial eingebetteten Personen ist durch das gesellschaftliche Reglement standardisiert. Personen verhalten sich beinahe stereotyp. Einzelne Personen sind somit immer auch Repräsentanten einer Gruppe.[64] Die Sicht ins Innere der Personen wird vermieden. Sie ist nicht von Interesse.[65] Stattdessen thematisieren biblische Texte die Bereiche des menschlichen Wesens, mit denen der Mensch

---

[55] Forschungsüberblicke: Stegemann, Kulturanthropologie; Strecker, Theologie, 13–23.
[56] Malina baut hier auf der gerade im französischen Raum etablierten Mentalitätengeschichte auf, die sich vor allem mit Ausbildung von Gesellschaft und Kultur in langen Zeiträumen beschäftigt. W. Stegemann verweist in seinem Vorwort zur deutschen Ausgabe von Malinas Studie auf Fernand Braudel, einen wichtigen Vertreter der französischen Mentalitätengeschichte. Auf ihn geht das Konzept der longue durée zurück. Vgl. Daniel, Kulturgeschichte, 211–232; Goertz, Umgang, 173ff.
[57] Vgl. Malina, Welt, 4–66.
[58] Ebd., 67.
[59] Ebd.
[60] Ebd.
[61] Das Gewissen kann im 19. Jh. als das religiöse Zentrum des Menschen verstanden werden. Vgl. Weyer, Gewissen, 228.
[62] Vgl. ebd., 69.
[63] Vgl. ebd., 71.
[64] Vgl. ebd., 74.
[65] Malina nennt dies ein nicht-introspektives Persönlichkeitsmodell. Vgl. ebd., 76.

in Interaktion zur Umwelt tritt: den Bereich des emotional durchdrungenen Denkens, den Bereich des die Persönlichkeit ausdrückenden Sprechens und den Bereich des zielgerichteten Handelns.[66]

Der Ansatz Malinas ist von Belang, da er die Bedeutung der Kultur für die Auslegung biblischer Texte erfasst. Zu hinterfragen sind jedoch folgende Punkte:

Die Annahme einer konstanten mediterranen Kultur ist problematisch. Kritikpunkt an der mentalitätsgeschichtlich orientierten Geschichtsschreibung ist, dass sie Umbrüche und Diskontinuitäten in geschichtlichen Entwicklungen nicht angemessen zu Kenntnis nimmt.[67] Malinas Hinweis auf die Bedeutung von Scham und Ehre für das Menschenbild sind wichtig, nur ist es problematisch, dass er keine Quellen aus dem Umfeld des Neuen Testaments zu Rate zieht und seine Annahme an den Begrifflichkeiten und Denkschemata antiker Texte verifiziert. Hier setzt Malina selbst eine Gleichzeitigkeit voraus, die zumindest fraglich ist. Der Hinweis auf die Studien von Gilmore und Pitt-Rivers muss durch eine Analyse der römisch-hellenistischen Kultur und deren Begrifflichkeiten ergänzt werden.

Die Feststellung, dass das Verhalten der Menschen durch die gesellschaftliche Erwartungshaltung normiert wurde, ist treffend, daraus jedoch den Schluss zu ziehen, dass das Innere des Menschen im Neuen Testament ohne Belang ist,[68] halte ich für überzogen. Innerhalb der biblischen Tradition gibt es genügend handelnde Personen, die gerade aus den normierten Handlungsräumen ausbrechen. Dies muss bei der Analyse von biblischen Menschenbildern berücksichtigt werden. Das von Malina dargebotene dyadische Personenkonzept und das so genannte Drei-Bereiche-Modell greifen hier zu kurz. Innerhalb dieser von Malina vorgeschlagenen Theorie wird nicht darüber reflektiert, dass Menschen selbstständig und ohne Rücksicht auf den Gruppenkonsens handeln können.[69] Der Ansatz Malinas bietet keine Möglichkeit, das Handeln z. B. der syrophönizischen Frau und des Bartimäus analytisch zu erfassen. Das Augenmerk dieser Arbeit wird auf dem Handeln von Menschen liegen, das eben nicht den gesellschaftlichen Erwartungen entspricht.

2.5 Aufbau der Studie

Innerhalb dieser Arbeit sollen in Kap. 4–6 gesellschaftlich konstruierte Menschenbilder der römisch-hellenistischen Gesellschaft dargestellt werden. Dabei wird es zuerst darum gehen, Idealvorstellungen vom Menschen, wie sie innerhalb der

---

[66] Vgl. ebd., 79f.
[67] Vgl. Wehler, Kulturgeschichte, 43f.
[68] Vgl. Malina, Welt, 75f.
[69] Wie bei der Kritik an dem Ansatz der Mentalitätengeschichte muss es darum gehen, Brüche und Veränderungen wahrzunehmen und zu erfassen. Zur Notwendigkeit, historische Diskontinuitäten zu analysieren, vgl. Wehler, Kulturgeschichte, 44.

Oberschicht vertreten wurden, zu bearbeiten. In einem zweiten Schritt wird dann die Kehrseite dieser Idealbilder beleuchtet: Wenn der männliche Aristokrat die Verwirklichung des Menschen ist, wie wird dann der Bettler oder die Sklavin bewertet?

In Kap. 8–11 ist die Auseinandersetzung des Markusevangelisten mit diesen Konstruktionen das zentrale Thema. Dabei gilt es zu zeigen, dass der Evangelist die Grenzen und Restriktionen der gesellschaftlich anerkannten Menschenbilder auf- und durchbricht, in dem er selbst Menschenbilder konstruiert. Welches die theologischen Hauptpfeiler seiner Konstruktionen sind, das steht in Kap. 12–14 zur Diskussion.[70]

Die markinischen Konstruktionen haben – das sei hier schon vorweggenommen – zum Ziel, die Menschen in den Gemeinden von den Menschenbildern der Herrschenden zu befreien. Der kritische Umgang mit versklavenden Elementen der antiken Kultur und der Entwurf eines anderen Leitbildes vom Menschen ist der Ausdruck des als Befreiungsbewegung zu verstehenden frühen Christentums.[71] Eine sozialgeschichtlich orientierte Exegese will neben der Analyse der gesellschaftlichen Wirklichkeit, in der die Texte beheimatet sind, auch die Befreiungserfahrungen von Menschen zur Sprache zu bringen.[72]

Sozialgeschichtliche Bibelauslegung kann sich meiner Meinung nach gut in der Zielformulierung Wehlers zu seiner „Deutschen Gesellschaftsgeschichte" wiederfinden. In den Augen Wehlers vermag „die historische Analyse größere Klarheit über unsere Herkunft und über den Weg vor uns (zu CJB) verschaffen."[73] Die Analyse von Menschenbildern wird den kritischen Umgang mit Herrschaft und Unterdrückung im frühen Christentum zutage bringen. Die Infragestellung von Herrschaft ist somit ein erster Schritt auf dem Weg in diese Zukunft, ein erster Schritt zum Widerspruch und zur Erarbeitung eigener Menschenbilder.

---

[70] Die Studie nimmt damit einen Impuls von Leutzsch auf, der Konstruktionen von Männlichkeit im Neuen Testament vor dem Hintergrund der römisch-hellenistischen Gesellschaft untersucht hat. Vgl. Leutzsch, Konstruktionen.
[71] Zur Charakterisierung der Jesusbewegung und des frühen Christentums als Befreiungsbewegung vgl. L. Schottroff, Schwestern, 23–27.
[72] Vgl. die programmatischen Ausführungen von L. Schottroff, Schwestern, 75ff zur sozialgeschichtlichen Bibelauslegung.
[73] Wehler, Gesellschaftsgeschichte, 20.

3 Die Handlungsfähigkeit von Menschen – zum Handlungsbegriff bei Jürgen Habermas und Hannah Arendt

Im Zentrum dieser Arbeit stehen kommunizierende und handelnde Menschen. Die theoretische Grundlegung für eine Analyse von Handlungs- und Kommunikationsprozessen ist durch die Arbeiten von Jürgen Habermas im Zusammenhang seiner „Theorie des kommunikativen Handelns" geleistet worden. Die Ergebnisse Habermas' dienen in dieser Studie als Analyseinstrument kommunikativer Prozesse. Die Theorie des kommunikativen Handelns ist für diese Arbeit von Belang, da sie grundlegend das Problem der Handlungskoordinierung und die Bedingungen von Kommunikation untersucht. Die Gestalt und die Bedingungen von Handlungs- und Kommunikationsprozessen können auf der Basis der Theorie von Habermas genauer in den Blick genommen und analysiert werden. Dabei wird auch deutlich werden, wie innerhalb dieser Prozesse Menschenbilder von den Kommunizierenden konstruiert und gefestigt werden. Es geht darum zu zeigen, wie innerhalb von Interaktionen Wertschätzung oder Missachtung geäußert werden.

Habermas geht in seinen Arbeiten von der Sprechakttheorie aus, in der der Handlungscharakter von Sprache herausgearbeitet wurde: In und mit Kommunikationsprozessen handeln Menschen aneinander. Des Weiteren hat Habermas gezeigt, dass die Teilnahme an Diskursen die Anerkennung von Regeln voraussetzt. Die Partizipation an kommunikativen Prozessen lebt von bestimmten Voraussetzungen, Diskurse sind an bestimmte Regeln gebunden, ohne die sie nicht funktionieren. Diese Diskursregeln dienen Habermas später zur Begründung seiner Moraltheorie. Die Art und Weise der Kommunikation ist nicht wertfrei, sondern zutiefst mit bestimmten Wertvorstellungen aufgeladen. Dies hat auch Auswirkungen auf die Konstruktion der Bilder von Menschen: Die Einschätzung und Bewertung eines Gegenübers zeigt sich darin, wie man mit ihm kommuniziert. Habermas hat in diesem Zusammenhang unter dem Stichwort der Intersubjektivität darauf aufmerksam gemacht, dass die Herausbildung der Identität ein gesellschaftlicher Prozess ist und auf gegenseitiger Anerkennung beruht. Der Mensch wird also in seinem Inneren von den kommunikativen Handlungsbezügen, in denen er steht, geprägt.

Anhand von Kommunikationsprozessen können bestimmte Werte herausgearbeitet werden, die für die verschiedenen Konstruktionen und Bilder von Menschen prägend sind. Die Arbeiten von Habermas schärfen somit den Blick für Wertvorstellungen und -maßstäbe, die mit Kommunikation verbunden sind.

Zunächst werden einige Aspekte der Arbeiten Habermas', die für diese Studie wichtig sind, genauer in den Blick genommen, und zwar der Handlungscharakter von Sprache, die verschiedenen Handlungstypen (Klassifizierungen von Handlungen), die Konsenstheorie der Wahrheit, die Voraussetzungen für das kommunikative Handeln (ideale Sprechsituation) und das Stichwort Intersubjektivität.

Habermas' Theorie des kommunikativen Handelns wäre ohne die sprachphilosophischen Untersuchungen zum Handlungscharakter von Sprache nicht denkbar.[1] Der Grundgedanke der Sprechakttheorie ist der, dass Menschen, wenn sie sprechen, eine Handlung vollziehen. Beim Sprechen werden nicht nur Feststellungen gemacht, sondern auch Handlungen getätigt. Da Sprache somit Handlungscharakter hat – und das ist für Habermas entscheidend –, ist durch das Vollziehen von Sprechakten Handlungskoordinierung möglich. Durch Kommunikation stimmen Menschen z. B. ihre Handlungen ab, tauschen sich über ihre Einstellungen und Wertmaßstäbe aus, tragen Konflikte aus und bearbeiten sie.

Zur Annäherung an die Theorie des kommunikativen Handelns gilt zunächst die Einteilung von verschiedenen Handlungstypen bei Habermas zu beachten. Bei der Erarbeitung des Begriffs des kommunikativen Handelns stellt Habermas diesen in Bezug zu anderen Handlungstypen und grenzt ihn von diesen ab.[2] Er spricht 1.) von zielgerichtetem bzw. strategischem Handeln, 2.) vom normativen und 3.) vom dramaturgischen Handeln. Zielgerichtetes Handeln stellt das eigene Tun unter ein bestimmtes Ziel, das es zu erreichen gilt. Alle Handlungsoptionen und das Kommunikationsverhalten werden vom Erreichen dieses Ziels bestimmt. Beim normativen Handeln liegt der Schwerpunkt auf den Werten, die das Handeln von Gruppen und deren Angehörigen prägen. Handeln läuft hier normenkonform ab. Dramaturgisches Handeln bezieht sich auf die Selbstdarstellung eines Individuums vor einer Gruppe o. ä. Beim kommunikativen Handeln sollen die Handlungen nicht durch das eigene Interesse oder durch die Wiederholung bereits anerkannter Normen koordiniert werden, sondern durch das Erzielen eines gemeinsamen Einverständnisses.[3] Dabei richten die verschiedenen Aktoren, die eine Einigung erreichen wollen, Geltungsansprüche aneinander. Handlungen, die sich auf andere beziehen, beinhalten immer Geltungsansprüche. „Wenn ich etwas behaupte, erhebe ich den Anspruch, daß die Aussage, die ich behaupte, wahr ist."[4] Die Behauptung, dass die gemachte Aussage wahr ist, ist der Geltungsanspruch des kommunikativen Aktes. Handlungen zielen somit auf die Anerkennung von Geltungsansprüchen ab.

Habermas unterscheidet folgende vier Formen von Geltungsansprüchen:[5]
1. Wahrheit: Die in einem Sprechakt gemachte Aussage ist wahr.
2. Richtigkeit: Die gemachte Aussage ist in Bezug auf ihren normativen Kontext richtig bzw. ist mit ihm konform.

---

[1] Vgl. McCarthy, Kritik, 312. Vgl. hier die grundlegenden Anstöße und Arbeiten zur Sprechakttheorie von Wittgenstein, Untersuchungen; Austin, Theorie; Searle, Sprechakte.
[2] Vgl. Theorie I, 129ff.
[3] Vgl. ebd., 148.
[4] Habermas, Vorstudien, 129.
[5] Vgl. ebd., 137ff; ders. Theorie I, 148f.

3. Wahrhaftigkeit/Aufrichtigkeit: Die gemachte Aussage ist vom Sprecher so gemeint, wie sie gesagt wurde.
4. Verständigung/Verständlichkeit: Die gemachte Aussage kann von den übrigen Kommunikationsteilnehmern verstanden werden.

Habermas hebt hervor, dass diese Geltungsansprüche reziprok anerkannt werden müssen, wenn Aktoren mittels Kommunikation ihre Handlung koordinieren wollen. Das heißt nicht, dass gemachte Aussagen in jedem Fall wahr oder normenkonform sein müssen. Ob dieses wirklich der Fall ist, kann Gegenstand der kommunikativen Verständigungsbemühungen sein.[6] Aber wenn man mit einem Gegenüber seine Handlungen abstimmen will, dann muss ihm prinzipiell erst einmal zugebilligt werden, dass er wahre und normenkonforme Geltungsansprüche erheben kann. Der Geltungsanspruch der Verständlichkeit ist eine unabdingbare Voraussetzung für den Beginn eines Diskurses, während sich der Anspruch der Wahrhaftigkeit erst im Laufe des Diskurses zeigt.[7]

Mit den Geltungsansprüchen werden Weltbezüge hergestellt:[8] Der Anspruch der Wahrheit bezieht sich auf die objektive Welt (die Welt der Dinge, über die wahre Aussagen gemacht werden können), der Anspruch der Richtigkeit auf die soziale Welt (die Welt der durch Normen zu regelnden interpersonalen Beziehungen) und die subjektive Welt (die subjektive Situation des Sprechers, soweit diese zugänglich ist). Verständigung läuft also darauf hinaus, die differierenden Weltbezüge zur Kenntnis zu nehmen und sie in Einklang zu bringen.

Hier zeigt sich auch Habermas' Verständnis von Wahrheit. Er vertritt eine „Konsenstheorie der Wahrheit". Wahrheit ist nicht etwas absolut Gegebenes. Wahrheit muss für Habermas durch Erfahrung fundiert und in einem Diskurs einlösbar sein. Die Bedingung von Wahrheit ist hier die potentielle Zustimmung aller.[9] Es geht bei Habermas nicht um das semantische Verständnis von Wahrheit, sondern um die pragmatische Bedeutung von Wahrheit: Wenn man etwas für wahr erklärt, dann fordert man die Zustimmung aller.[10] Die Zustimmung aller basiert jedoch darauf, dass Wahrheit im Diskurs rational einlösbar ist.

In einem Diskurs sich über Geltungsansprüche verständigen zu wollen, setzt ein bestimmtes Leitbild des Rahmens voraus, in dem der Diskurs stattfinden soll.[11]

---

[6] Habermas, Vorstudien, 139 qualifiziert diese beiden Geltungsansprüche auch als diskursiv.
[7] Hier geht es darum, ob die Vielzahl der gemachten Aussagen in sich stimmig ist oder ob die Aussagen mit dem bisherigen Handeln des Aktoren übereinstimmen.
[8] Vgl. Habermas, Theorie I, 149f.
[9] Vgl. Habermas, Vorstudien, 109.
[10] Vgl. McCarthy, Kritik, 344.
[11] „Nach den Worten Habermas ist der Diskurs jene ‚eigentümlich irreale Form' der Kommunikation, in der sich die Teilnehmer dem ‚zwanglosen Zwang des besseren Arguments' fügen; in der Absicht zu einem Einverständnis über die Geltung oder Nichtgeltung problematischer Ansprüche zu gelangen." McCarthy, Kritik, 331 mit Zitaten Habermas, Praxis, 25f. Vgl. Joas/Knöbl, Sozialtheorie, 328.

Dieser Rahmen beinhaltet die Bedingungen für das Gelingen von Kommunikation. Habermas nennt diesen Rahmen „ideale Sprechsituation".[12] Sie zeichnet sich durch vier Bedingungen aus. Diese Bedingungen sind auch entscheidend für die Unterscheidung eines wahren Konsenses von einem falschem. In der idealen Sprechsituation haben die Teilnehmerinnen und Teilnehmer die gleiche Chance, Diskurse zu eröffnen und geäußerte Meinungen zu hinterfragen. Ebenso besteht Chancengleichheit bei der Äußerung von repräsentativen und regulativen Sprechakten.[13] Im Prinzip geht es um Chancengleichheit bei der Eröffnung von Diskursen und Beteiligung an Diskursen. Die ideale Sprechsituation macht deutlich, wann ein Konsens ein falscher ist. Dies ist der Fall, wenn der Konsens erzwungen wurde und Möglichkeiten eines oder mehrerer Subjekte geschmälert oder unterdrückt wurden. Die Kommunikation soll frei sein von allen Einflüssen, die die Beziehungen der Teilnehmenden ins Ungleichgewicht bringen, z. B. wenn jemand Macht über andere ausübt.[14] Die Kriterien der idealen Sprechsituation sind für Habermas später die Kennzeichen rationaler Verständigungsprozesse, der kommunikativen Rationalität.[15]

In seinem Aufsatz „Wahrheitstheorien" von 1972[16] hatte Habermas der idealen Sprechsituation einen utopischen Charakter beigemessen.[17] Es geht um die gegenseitige Anerkennung von Menschen als vernünftig Handelnde. Die ideale Sprechsituation (oder später der Begriff der kommunikativen Vernunft) wird hier aber auch zum kritischen Maßstab für gesellschaftliche Strukturen und Prozesse. Wenn klar ist, unter welchen Bedingungen vernünftige Kommunikation möglich ist, wird umso deutlicher, wo dies nicht der Fall ist, wo z. B. einzelne Subjekte ihre Interessen auf Kosten anderer durchsetzen, oder wo die Geltungsansprüche der anderen nicht akzeptiert werden.

Die Vorstellung von der idealen Sprechsituation zeigt, wie der Einzelne auf die Anerkennung von Anderen angewiesen ist, um als handelndes Subjekt gelten zu können. Habermas hat im Anschluss an seine Theorie des kommunikativen Handelns den Begriff der Intersubjektivität herausgearbeitet. Dabei geht es um die Entstehung der Subjektivität durch kommunikative Prozesse. Die Individuierung ge-

---

[12] Habermas, Vorstudien, 174. Zum Folgenden vgl. ebd., 177f; McCarthy, Kritik, 347f.
[13] Repräsentative Sprechakte sind Akte, bei denen Gefühle, Einstellungen Absichten usw. von den handelnden Personen geäußert werden, um so die subjektive Welt im Diskurs darzustellen. Regulative Sprechakte sind Handlungen, bei denen auf Normen zurückgegriffen wird: Äußerung von Ablehnung oder Widerstand gegen eine Handlung, Zulassen von Handlungen usw. Vgl. Habermas, Vorstudien, 177f; McCarthy, Kritik, 324.
[14] Vgl. McCarthy, Kritik, 350.
[15] Vgl. u. a. Theorie I, 197ff.
[16] In: Vorstudien, 127–182.
[17] Vgl. ders., Vorstudien, 181. Habermas spricht hier von der idealen Sprechsituation als „Vorschein" einer ihrerseits idealen Lebensform. Später hat er den utopischen Charakter so nicht mehr aufrechterhalten. Vgl. ders., Neue Unübersichtlichkeit, 161.

schieht durch Vergesellschaftung.[18] Hauptquelle für Habermas' Überlegungen sind die Arbeiten von Mead.[19]

Mead geht von der Überlegung aus, dass der Mensch sich nur im Umgang mit anderen seiner selbst bewusst wird: In der Reaktion des Gegenübers auf meine Handlung, erkenne ich mich. Indem der Andere auf meine Handlung, auf mich, reagiert, kann ich sehen, wie ich auf andere wirke. Diese Wirkung gibt Auskunft über das Selbst. Das „Ich" kann sich also nicht direkt erkennen, sondern nur das „Mich".[20] Der Andere und die Begegnung mit ihm werden zur Voraussetzung dafür, dass man sich seiner bewusst wird.

Im Hinblick auf das soziale Handeln fungiert das „Mich" als soziale Selbstkontrolle:[21] In der Reaktion von Anderen auf mein Handeln erfahre ich, ob mein Handeln ihren Erwartungen an mich entspricht. Das „Mich" signalisiert, ob das Handeln normenkonform ist oder nicht. Es kann daher als „generalized other', d. h. als die in die Person gleichsam eingewanderten normativ generalisierten Verhaltenserwartungen der sozialen Umgebung"[22] verstanden werden. Das „Mich" reflektiert Lebensformen und Institutionen einer bestimmten Gesellschaft. Die Anerkennung durch den generalized other befördert, dass das „Ich" sich selbst als handlungsfähiges Subjekt erfährt.[23] Auch hier ermöglicht die Begegnung und Auseinandersetzung mit Anderen erst das Selbstbewusstsein, hier als handelndes Subjekt. Autonom wird ein Subjekt, wenn diese Anerkennung als handelndes Subjekt vorausgesetzt werden kann und nicht erst oder immer wieder neu unter Beweis gestellt werden muss.

Honneth hat in Auseinandersetzung mit Mead „Muster intersubjektiver Anerkennung" herausgearbeitet, und zwar Liebe, Recht und Solidarität.[24] Liebe meint die gegenseitige affektive Anerkennung, Recht die gegenseitige Anerkennung als Rechtssubjekte und Solidarität die gegenseitige soziale Wertschätzung. Durch diese Anerkennungsmuster werden das Selbstvertrauen, die Selbstachtung und die Selbstschätzung einer Person gestärkt. Formen der Missachtung hingegen bedrohen die Person, entziehen ihr rechtlichen Schutz, physische und psychische Integrität und die gesellschaftliche Achtung.[25]

Intersubjektive Prozesse haben somit massive Auswirkungen auf die Verfasstheit und den Selbstwert einer Person. Ob ein Mensch sich als handlungs- und kommunikationsfähig einschätzt, hängt von der Anerkennung Anderer ab. Das Problem der Geltungsansprüche, die erhoben werden können, wird hier noch einmal ver-

---

[18] Habermas, Denken, 209 wendet sich hier gegen monologische Ansätze über die Entstehung des menschlichen Selbstbewusstseins.
[19] Vgl. vor allem Mead, Geist.
[20] Das „Mich" ist hier Erinnerungsbild des Egos.
[21] Habermas, Denken, 219.
[22] Ebd.
[23] Auch wenn hierbei zunächst nur eine normenkonforme Identität entsteht.
[24] Vgl. Honneth, Anerkennung, 148ff.
[25] Vgl. ebd., 212ff.

schärft: Bei der Intersubjektivität des Subjektes geht es darum, ob sich ein Subjekt überhaupt in der Lage sieht, Geltungsansprüche zu erheben.[26]

Die ideale Sprechsituation kennzeichnet Habermas durch die Chancengleichheit bei der Eröffnung von Diskursen. Die Initiierung von kommunikativen Handlungen ist ein wesentliches Merkmal der idealen Sprechsituation. Dieser Aspekt soll durch Hannah Arendts Handlungsbegriff vertieft werden. „Handeln und etwas Neues Anfangen" ist für Arendt „dasselbe".[27]

Arendts Handlungsbegriff wird nachhaltig vom Begriff der Natalität und des Anfangs bestimmt.[28] Wichtige Quelle für Arendt ist Augustinus: „(Initium) (…) ut esset, creatus est homo, ante quem nullus fuit."[29] Der Mensch selbst wird von Augustinus als neuer Anfang in der Schöpfung charakterisiert. „Weil er (der Mensch, CJB) ein Anfang ist, kann der Mensch etwas Neues anfangen, also frei sein".[30] Der Mensch steht somit für das Neuanfangen in der Schöpfung. „Mit der Erschaffung des Menschen erschien das Prinzip des Anfangs, das bei der Schöpfung der Welt noch gleichsam in der Hand Gottes und damit außerhalb der Welt verblieb, in der Welt selbst und wird ihr immanent bleiben, solange es Menschen gibt".[31] Mit der Geburt eines jeden Menschen wird dieses Prinzip des Anfangs in der Schöpfung noch einmal aktualisiert. Jeder Mensch kommt in der Geburt „als ein einzigartig Neues"[32] in die Welt. Die Geburt begründet die Einzigartigkeit eines jeden Menschen. Der Mensch ist erst durch die Geburt als Individuum auf und in der Welt. Vor ihm gab es ihn nicht, auch nach ihm wird es ihn nicht geben. Die Geburt macht ihn unverwechselbar. Arendt leitet aus dem Faktum der Natalität des Menschen Aussagen über die Individualität des Menschen und – wie noch zu zeigen ist – über seine Freiheit ab.

Die Geburt kann Arendt auch als „Anfang des Anfangs"[33] umschreiben. Dieser erste Anfang im Leben eines Menschen wird im Handeln und Sprechen als zweite – kommunikative – Geburt wiederholt. Indem der Mensch sich handelnd in die Geschehnisse der Welt einbringt, wiederholt er den ersten Anfang der Geburt. Die Geburt aktualisiert sich in den immer wieder neuen Anfängen, die Menschen im Handeln vollziehen.[34] Arendt konstruiert ihr Bild vom Menschen von der Geburt her.[35]

---

[26] Genau hier ist der Anknüpfungspunkt zu den neutestamentlichen Texten im Kontext der hellenistisch-römischen Gesellschaft. Es stellt sich die Frage, wer in der Gesellschaft des Imperium Romanum überhaupt als handlungsfähiges Subjekt anerkannt wurde und wer nicht. Dies wird Thema der Kap. 4–7 sein.
[27] Arendt, Vita activa, 215.
[28] Vgl. Brunkhorst, Arendt, 134ff.
[29] Augustinus, civ. 12, 230 nach Arendt, Vergangenheit, 220. Vgl. auch dies., Vita activa, 215f.
[30] Arendt, Vergangenheit, 220.
[31] Dies., Vita activa, 216.
[32] Ebd., 217. Vgl. dies, Leben, 342f.
[33] Vita activa, 216.
[34] Vgl. Brunkhorst, Arendt, 135.
[35] Moltmann-Wendel, Natalität, 288 sieht hier eine Kritik an der philosophischen Tradition, das Leben unter dem Aspekt der Sterblichkeit zu betrachten. Vgl. Arendt, Leben, 343.

3 Die Handlungsfähigkeit von Menschen

Sie sieht den Menschen als ein Wesen mit der Möglichkeit immer wieder neu anzufangen.

Arendt bezieht sich in ihren Arbeiten zum Handlungsbegriff nicht nur auf Augustinus sondern auch auf Kant. Mit Kant arbeitet sie die Spontaneität menschlichen Handelns heraus. Der Mensch kann relativ zu den Umständen, in die hinein er geboren wurde, absolut spontan handeln. Dieses Handeln kann dann als absolut angesehen werden, wenn das Handeln einzig und allein auf den Willen des Menschen zurückgeht und damit die Handlung ebenso hätte unterbleiben können.[36] Spontaneität wird für Arendt zum Wesensmerkmal menschlichen Handelns. Im spontanen Handeln aktualisiert sich gewissermaßen die Unvorhersehbarkeit des ersten Anfangs der Geburt. „Es liegt in der Natur eines jeden Anfangs, daß er, von dem Gewesenen und Geschehenen her gesehen, schlechterdings unerwartet und unberechenbar in die Welt bricht."[37] Von dieser Grundlage her verknüpft Arendt Freiheit und Handeln auf das Engste. Freiheit begreift Arendt als Handlungsfreiheit. Sie wehrt damit einen unkonkreten Freiheitsbegriff – wie die Vorstellung von der inneren Freiheit – ab. „Freisein beginnt überhaupt erst mit dem Handeln."[38] Nicht-Handeln-Können ist von daher Unfreiheit.

Von der Spontaneität des menschlichen Handelns ausgehend umschreibt sie das Handeln theologisch. Zum einen ist für sie das Handeln eine innerzeitliche Schöpfung, da es etwas Unvorhergesehenes schafft.[39] Dieses Unerwartete und Unberechenbare bezeichnet Arendt auch als Wunder:[40] „..., jeder neue Anfang wird zum Wunder, wenn er gesehen und erfahren wird vom Standpunkt der Prozesse, die er notwendigerweise unterbricht".[41]

Handeln ist für Arendt wesentlich die Freiheit des „Anfangenkönnens".[42] Im politischen Raum zielt dieses Verständnis darauf ab, dass menschliches Handeln in seiner Spontaneität gesellschaftliche Automatismen unterbricht. Im Handeln bricht das Neue und Unerwartete in die menschliche Welt ein. Tyrannis ist für Arendt dann der Versuch, „die Möglichkeit des Wunders"[43] aus den gesellschaftlichen Handlungszusammenhängen zu verbannen. Arendt verfällt in ihren Arbeiten auch nicht der Vorstellung vom einsam handelnden Subjekt. Handeln ist immer auf die „Hilfe der anderen" angewiesen.[44]

---

[36] Vgl. Brunkhorst, Arendt, 118f; Kant, Kritik, 430f.
[37] Arendt, Vita activa, 216.
[38] Dies., Vergangenheit, 216. Ebd., 206: „Solange man handelt, ist man frei, nicht vorher und nicht nachher, weil Handeln und Freisein ein und dasselbe sind." Vgl. Brunkhorst, Arendt, 120f.
[39] Vgl. Brunkhorst, Arendt, 118f.
[40] Vgl. Vergangenheit, 221.
[41] Ebd., 221f.
[42] Ebd., 224.
[43] Ebd., 223.
[44] Ebd., 224. Auch ihr Machtbegriff ist klar kommunikativ geprägt. Vgl. z. B. dies., Macht, 45. Dazu Habermas, Profile, 228ff.

Die Arbeiten von Habermas und Arendt beinhalten für diese Studie wichtige Impulse. Habermas macht deutlich, dass die Subjektivität des Individuums sich durch die Interaktion mit Anderen herausbildet. Handlungsprozesse zwischen Menschen können deutlich machen, welches Bild sie voneinander haben. In solchen Prozessen werden Anerkennung oder Missachtung geäußert. Wie Interaktionen ablaufen und wie sie von den Teilnehmenden gestaltet werden – all das kann ein Hinweis auf Konstruktionen von Menschenbildern sein. Dieser Ansatz soll für die Arbeit an antiken Texten nutzbar gemacht werden. Wie äußern sich antike Autoren wie Aristoteles, Cicero, Seneca oder Tacitus über Angehörige ihrer gesellschaftlichen Schicht, gegenüber Frauen, gegenüber Menschen niedriger sozialer Schichten? Welche Bewertungen werden hier deutlich? Wo kommt Wertschätzung, wo Missachtung zum Tragen? Welche Wertmaßstäbe legen sie an? Hier geht es darum, nach den Idealvorstellungen vom Menschen innerhalb der hellenistisch-römischen Gesellschaft zu fragen: Welche Formen menschlichen Lebens sind akzeptiert und geachtet, welche werden abgelehnt? Wem wird die Kompetenz zum Handeln zugesprochen, wem abgesprochen?

Auf vergleichbare Weise sollen Texte des Markusevangeliums analysiert werden. Es geht darum zu fragen, inwieweit in den kommunikativen Prozessen der Geschichten des Evangeliums gesellschaftlich konstruierte Menschenbilder thematisiert werden. Dabei wird das Augenmerk zum einen darauf gelegt, wie Jesus mit den Verachteten der Gesellschaft umgeht, ob und inwieweit er ihnen Anerkennung und Wertschätzung entgegenbringt. Zum anderen – und hier kommt Arendts Handlungsbegriff zum Tragen – soll herausgearbeitet werden, wie innerhalb des Mk gerade die, denen nach gesellschaftlich konstruierten Menschenbildern keine Handlungskompetenz zugeschrieben wird, als Handelnde geschildert werden. Die Verachteten sind die, die aus der Passivität ausbrechen und die Möglichkeit, einen Anfang zu machen, wahrnehmen. Es wird zu zeigen sein, dass gerade dies in den Erzählungen hervorgehoben und anerkannt wird. Menschen, die man bisher nicht als Handelnde achtete, werden als Handelnde anerkannt.

4 Konstruktionen von Menschenbildern in der hellenistisch-römischen Gesellschaft

Veyne hat in Bezug auf die römische Gesellschaft des Kaiserreichs die These aufgestellt, dass die „vollständige Verwirklichung des Menschentums"[1] nur den männlichen Angehörigen der Aristokratie möglich war. Nach dieser These Veynes wären Angehörige der Unterschicht in den Augen der Aristokraten nur eine mindere Form von Menschen, ihnen würde so das volle Menschsein abgesprochen.

In diesem Kapitel werde ich zeigen, wie antike Konstruktionen vom Menschen maßgeblich von den Wertvorstellungen der jeweiligen Oberschicht bestimmt und geprägt wurden. Dabei wird deutlich werden, wie berechtigt die These Veynes ist.

Zuvor muss jedoch ein Blick auf den Zusammenhang von Besitz und politischer Herrschaft und die Bedeutung von Ansehen und Ehre in antiken Gesellschaften geworfen werden.

4.1 Herrschaft und Besitz in antiken Gesellschaften

Die Möglichkeit zur politischen Einflussnahme und Partizipation an der Herrschaft richtete sich in antiken Gesellschaften nach dem Vermögen und dem Besitz des Einzelnen. Die Bürger eines Gemeinwesens waren gemäß ihrem Vermögen in Zensusklassen eingeteilt.[2] Jeder einzelnen Zensusklasse wurden bestimmte politische Handlungsräume eröffnet. Dabei hatten die oberen Zensusklassen mehr Einflussmöglichkeiten und Handlungsoptionen als die unteren: Bestimmte politische Führungsämter standen z. B. nur den oberen Klassen offen, die unteren Zensusklassen hatten – trotz ihrer großen Anzahl an Angehörigen – auf der Volksversammlung nicht mehr Stimmen als die oberen. Vermögen und Besitz entschieden über das Stimmpotential im Gemeinwesen.

Die Regierung des Staates und die politischen Geschäfte lagen somit in den Händen der besitzenden Klasse. Die Gründe für diese Entwicklung liegen z. T. im Dunkeln. Eines ist jedoch klar: Politische Tätigkeit erforderte in der Antike – solange es noch keine bezahlten Berufspolitiker gab – wirtschaftliche Autarkie.[3] Die eigene wirtschaftliche Basis musste es einem erlauben Politik zu treiben, mit der man je-

---

[1] Veyne, Gesellschaft, 49.
[2] Vgl. zum timokratischen System in Athen Bleicken, Demokratie, 25ff. Zum Zensussystem in Rom vgl. Schneider, Rom, 262ff. In Bezug auf Athen stellt die Einführung der Zensusklassen durch Solon 594 v. Chr. eine Ausweitung der politischen Partizipationsmöglichkeiten für vermögende Athener dar, die in der Zeit der Herrschaft der Adelsgeschlechter von der Politik ausgeschlossen waren. Vgl. Bleicken, Demokratie, 19ff.
[3] Vgl. Weber, Wirtschaft, 170; Veyne, Brot, 107f.

doch (zunächst) kein Geld verdienen konnte. Somit blieb lange Zeit ein Großteil der Bevölkerung von politischen Handlungsfeldern ausgeschlossen. Sie konnten es sich schlicht nicht leisten, ihr Tagewerk zugunsten einer Tätigkeit im Staat zu vernachlässigen.[4]

Die Herrschaft der Besitzenden basierte jedoch nicht allein auf der Tatsache ihres Vermögens, vielmehr kommt hinzu, dass ihre politische Vorrangstellung von der Masse der Bevölkerung gestützt wurde. Finley weist mit Nachdruck auf die andauernde Akzeptanz der politischen Institutionen und der regierenden Schicht durch die Bevölkerung hin.[5] Die Herrschaft der Vermögenden muss – so Finleys Schlussfolgerung – zum Nutzen der Mehrheit gewesen sein, und zwar vor allem in Zeiten von Krisen. Gerade bei Subsistenzkrisen wurde die gesellschaftliche Anerkennung diese Herrschaft auf die Probe gestellt. Die Reicheren waren aufgefordert den Ärmeren zur Seite zu stehen, ihr Besitz musste im Dienst des Gemeinwesens eingesetzt werden.

Hier liegen die Wurzeln für Patronagen und das Leiturgienwesen. Besitzende, die für das Wohl von Bedürftigen und Notleidenden eintraten (z. B. als Rechtsbeistand in Prozessen oder durch die Verteilung von Lebensmitteln bei Versorgungsengpässen), schufen sich so einen Kreis von Menschen, die ihre hervorgehobene politische Stellung nicht nur hinnahmen, sondern sie ausdrücklich billigten und unterstützen.[6] Sie traten als Patrone für Ärmere auf, die so zur Clientel der Reichen wurden.

In Athen und anderen griechischen Städten wurden öffentliche Ausgaben für Bauprojekte etc. von den Vermögenden getragen, den sog. Leiturgien (öffentliche Dienstleistungen). Mit der Übernahme von politischen Ämtern entstand die Verpflichtung, mit dem eigenen Geld öffentliche Ausgaben zu finanzieren.[7]

Die Finanzierung öffentlicher Ausgaben durch einzelne Wohlhabende stellte in den Augen der Bevölkerung unter Beweis, dass diese Menschen gewillt und in der Lage waren, das Gemeinwesen gut zu verwalten. Von daher erwiesen sich die einzelnen timokratischen Systeme in der Antike als außerordentlich stabil. Moore verweist darauf, dass „ein sehr hoher Grad an Ungleichheit nicht nur akzeptabel, sondern als sehr wünschenswert angesehen werden kann, solange er zum Gemeinwohl ... beiträgt."[8]

---

[4] So erklärt sich auch die Einführung von Diäten im demokratischen Athen. Der gezahlte Lohn für die Arbeit in den Gremien der Polis ermöglichte die Beteiligung breiterer Bevölkerungsteile an der Politik. Das athenische System bildete jedoch eine Ausnahme in der antiken Welt.
[5] Finley, Leben, 37.
[6] Zum antiken Clientelwesen vgl. Lintott, Cliens.
[7] Zu den Leiturgien in Athen vgl. Bleicken, Demokratie, 297ff. In den hellenistischen Städten des römischen Reiches wurde dieses System der Finanzierung der öffentlichen Haushalte bis weit in die Kaiserzeit fortgesetzt. Allerdings fanden sich mit der Zeit immer weniger Reiche, die bereit waren öffentliche Ämter zu übernehmen. Vgl. Bleicken, Sozialgeschichte II, 178–180.
[8] Moore, Ungerechtigkeit, 69.

4.2 Herrschaft und Wertvorstellungen in antiken Gesellschaften

Dass den Besitzenden nicht allein auf Grund ihrer materiellen Stellung die Herrschaft zugestanden wurde, sondern dass ihre Kompetenz zur Führung der Regierungsgeschäfte insbesondere in Krisenzeiten unter Beweis gestellt werden musste, macht auf ein weiteres Phänomen antiker Gesellschaften aufmerksam: Die Übernahme von politischen Aufgaben und Ämtern war an bestimmte Wertvorstellungen gebunden.

Angehörige der Oberschicht, die ihre Fähigkeit bei Aufgaben für das Gemeinwesen unter Beweis gestellt hatten, genossen gesellschaftliches Ansehen (Prestige). Ihre Führungsrolle wurde akzeptiert. Gleichzeitig wurden ihnen damit bestimmte Eigenschaften zugeschrieben: Ein Richter, der Bestechungen widerstand, galt als gerecht, der Feldherr, der die Stadt siegreich verteidigte, als tapfer, der Reiche, der Arme in der Not unterstützte, als fürsorglich. Arbeit im Dienste des Gemeinwesens wurde zum Ort, an dem Angehörige der Oberschicht zeigen konnten, dass sie nach besonderen Wertmaßstäben lebten und diese Maßstäbe in ihrem Handeln für den Staat zur Geltung kamen. Sie erwiesen sich so als Menschen mit besonderen Qualitäten.[9] Gleichzeitig wurde damit die Erfüllung bestimmter Wertmaßstäbe zur Voraussetzung, politische Aufgaben und Ämter übernehmen zu können. In Hinblick auf Weber kann man hier davon ausgehen, dass diejenigen, die in der Antike politische Aufgaben wahrnahmen, eine Statusgruppe bildeten.

In seinem Aufsatz zum bürgerlichen Selbstverständnis in der hellenistischen Polis stellt Gehrke die Polis als eine Gemeinschaft ehrenhafter Bürger dar:[10] Bürger einer Polis zu sein, war eine Ehre. Gleichzeitig erwarben sich die Bürger durch bestimmtes Handeln Ehre und Ansehen, das dem Ansehen der Stadt zugute kam. Das Verhältnis zwischen Bürger und Gemeinwesen bezeichnet Gehrke als reziprok: Die Bürger müssen sich ihrem Status in ihrem Handeln für die Stadt würdig erweisen. Solch verdienstvolles Handeln wird von der Polis mit Ehrungen bedacht. Dass jemand Bürger ist, manifestiert sich in seinem Eintreten für das Gemeinwesen. Der Status als Bürger kann nicht unabhängig vom Handeln gedacht werden.[11]

Die Ehrungen – in Form von Inschriften – zeigen so das Bild des Idealbürgers: Geehrt wurden diejenigen, die für die Stadt eintraten, sei es in politischen Ämtern oder als Wohltäter. Herausragendes Betätigungsfeld ist dabei auch der Einsatz für die Freiheit der Stadt.[12] Das Verhalten des zu Ehrenden musste der Würde der Stadt entsprechen, ebenso sollte er sich den Mitbürgern gegenüber loyal verhalten haben.[13]

---

[9] Gerade Ciceros Schrift „De officiis" zeigt beispielhaft, wie öffentliche Aufgaben zum Ort für moralisch integres und tugendhaftes Leben sind. Im folgenden Kapitel werde ich dieses genauer ausführen.
[10] Vgl. Gehrke, Selbstverständnis, 231.
[11] Vgl. ebd., 228.
[12] Vgl. ebd., 228.
[13] Vgl. den Ehrbeschluss für Moischon von Priene aus dem Jahr 129 v. Chr. in ebd., 229.

Solche Ehrungen wurden an zentralen Plätzen der Stadt aufgestellt und repräsentierten so öffentlich das Ansehen der geehrten Person. Wer sein Ansehen steigern wollte und nach solchen Ehrungen trachtete, der musste sich in den Dienst des Gemeinwesens stellen. So standen die Bürger einer Stadt auch in einem Konkurrenzkampf um Ehre und Ansehen. Dies ist Ausdruck der agonalen Kultur Griechenlands. Das öffentliche Leben wurde bestimmt vom Wettkampf der Bürger um die Ehre.[14] Ehre kann hier als der Wert verstanden werden, den ein Mensch in seinen eigenen Augen hat, oder den ihm eine Gruppe zuschreibt.[15] Lloyd-Jones hat gezeigt, wie sehr die geistige Welt der Werke Homers vom Begriff der Ehre geprägt ist.[16] Sowohl die Götter als auch die Menschen in den homerischen Epen streben nach Ehre. Vor allem im Krieg um Troja spielt sie eine große Rolle. Um die Griechen zum Kampf zu bewegen, appelliert Agamemnon an das Schamgefühl der Kämpfer (z. B. Il. 4, 244). Achill zieht sich von der Schlacht zurück, als Agamemnon seine Ehre verletzt hat (1,146–173). Der Stellenwert der Ehre in den Werken Homers für die griechisch-römische Kultur ist recht hoch zu veranschlagen.

Ein weiteres prominentes Beispiel, das die Bedeutung der Ehre zeigt, ist die Gefallenenrede des Perikles bei Thukydides.[17] Ein Grundzug der Rede ist, dass die Ehre der Stadt und die der Toten in einem Wechselverhältnis stehen. Es ist eine Ehre für Athen zu sterben, gleichzeitig speist sich die Ehre der Stadt aus den Taten dieser Männer (2,42,2). Ihr Mut und ihre Scham treiben sie zu tapferen Taten an (2,43,1f). Ihr Tod hat sie – so Perikles – dem Vorwurf der Feigheit entzogen. Mit den Gefallenen können die Überlebenden nun nicht mehr um die Ehre wetteifern (2,45,2).

Sogar bei Plato und Aristoteles, die in ihren philosophischen Werken zu traditionellen Moralvorstellungen eher auf Distanz gehen, ist die Bedeutung der Ehre erkennbar.[18] Das Streben nach Ehre wird in das Konzept des guten Lebens integriert.

Von diesem Wettkampf um Ehre und öffentliche Anerkennung waren allerdings diejenigen ausgeschlossen, die nicht Bürger der Stadt waren oder deren Besitz zu klein war, um als z. B. Euerget aufzutreten.

Die Wohlhabenden in einer Polis wurden im Ephebeion und auf dem Gymnasion auf ihre Rolle als politisch tätige Bürger vorbereitet:[19] Dort lernten die Heranwachsenden ehrenhaftes Handeln für die Stadt. Gleichzeitig wurden sie in Wettkämpfen an Konkurrenzsituationen herangeführt. Der Drang zu siegen, der Wille, erster zu sein, wurde hier kultiviert und für die Tätigkeit in der Politik kanalisiert. Die jungen Männer traten für den Dienst am Gemeinwesen in Konkurrenz zueinander.

---

[14] Lloyd-Jones, Ehre, 1 warnt davor, das antike Griechenland als so genannte shame-culture im Gegensatz zu einer guilt-culture zu verstehen.
[15] Vgl. Malina, Welt, 42f; Burmeister, Ehre, 5 spricht in Bezug auf Ehre von Selbstachtung (als innerer Ehre) und Anerkennung (als äußerer Ehre).
[16] Vgl. Ehre, 2ff.
[17] Vgl. ebd., 12f.
[18] Vgl. ebd., 21ff.
[19] Vgl. Gehrke, Selbstverständnis, 232.242ff

4.2 Herrschaft und Wertvorstellungen in antiken Gesellschaften

Der Wettstreit um Anerkennung wurde hier institutionalisiert. Gleichzeitig wurden Eigenschaften trainiert, die das öffentliche Auftreten betrafen: εὐταξία, φιλοπονία und εὐεξία. Gehrke betont, dass die Erziehung der zukünftigen herrschenden Schicht so massiv der sozialen Kontrolle unterlag.[20] Egoisten ohne Sinn für das Gemeinwesen wären zum Schaden der Polis gewesen.

Weitere gesellschaftliche Ort, wo Männer in Konkurrenzsituation zueinander traten, waren der Rat der Stadt und die Volksversammlung.[21] Hier konnten Angehörige des Rates ihre Qualitäten zeigen. Auch Prozesse waren Orte, wo man Ehre und Ansehen steigern konnte. Die Polis als Rechtsgemeinschaft war massiv von Konkurrenz um Ehre und Anerkennung geprägt. Hiervon waren jedoch wieder weite Teile der Bevölkerung ausgeschlossen.

Die Unterschiede in der Gesellschaft in Bezug auf Ehre und Status wurden bei vielen öffentlichen Anlässen in Szene gesetzt und damit verfestigt. Gesellschaftliche Hierarchien traten bei religiösen Prozessionen oder Feiern in der Gliederung des Festzuges oder der Sitzordnung zutage. Solche Feiern und Prozessionen waren für das gesellschaftliche Leben der Stadt und für ihre Identität von großer Wichtigkeit: Die Religion musste für den Erhalt des öffentlichen Wohls gepflegt werden. Bei Begräbnissen von prominenten Bürgern gedachte man deren Verdienste für das Gemeinwesen, so wurden diese Männer und ihr Handeln öffentlich als beispielhaft hingestellt. Gemeinsames Feiern insgesamt stellte die soziale Einheit der Bürgerschaft dar. Die Polis als Kultgemeinschaft war somit zutiefst von der Vorstellung von Ehre geprägt, Ehre, die allerdings nicht jeder erlangen konnte. Die Kultgemeinschaft inszenierte Vorstellungen vom idealen Bürger, in dem diejenigen, die diesem Ideal entsprachen, besonders hervor- und herausgehoben wurden. Statusunterschiede gehörten so zur Identität der Polis und des Bürgers. Wenige überragten in Bezug auf Ehre und Anerkennung viele. Die Masse der Bevölkerung war gar nicht in der Lage, dem Ideal des Bürgers überhaupt nahe zu kommen. Dafür fehlten zumeist die materiellen Voraussetzungen.

Die Vorstellung vom idealen Bürger ist durch und durch elitär geprägt. Um ein ἀνὴρ καλὸς καὶ ἀγαθός zu werden, musste man Zugang zu den gesellschaftlichen Räumen und Orten haben, wo man sich als solcher auszeichnen und präsentieren konnte. Dieser Zugang blieb vielen verschlossen. Dieses kulturelle Kapital konnte die Mehrheit der Bevölkerung nicht erlangen. Viele konnten eben nicht zu einem ausgezeichneten und moralisch integeren Mann werden.

Die römische Nobilität der republikanischen Zeit war wie die Oberschicht in griechisch-hellenistischen Städten von Ehr- und Prestigebewusstsein geprägt. Allerdings zeigte die Oberschicht in Rom eine deutlichere Geschlossenheit als die in der griechischen Welt. Eine ausgeprägte Sozialkontrolle und stärkere Kooperation

---

[20] Vgl. ebd., 243f
[21] Vgl. ebd., 242.

in der Oberschicht prägte deren Erscheinungsbild und die soziale Kommunikation.[22]

Bleicken weist darauf hin, dass die römische Aristokratie im Gegensatz zum Adel des europäischen Mittelalters kein Geblütsadel war. Bei der Nobilität handelte es sich auch nicht um eine in sich abgeschlossene Gruppe, die keine Außenstehenden aufnahm. Sie war vielmehr eine in bestimmten Grenzen offene Gruppe, die bereit war „neue Männer", wie Cato d. Ä. und Cicero es waren, aufzunehmen.

Was die römische Nobilität in erster Linie auszeichnete, waren neben der Fürsorge gegenüber ihren Clienten,[23] die politischen Leistungen für das Gemeinwesen. Wer zur Nobilität gehörte, hatte selbst – oder seine Familie – mit innenpolitischen und militärischen Tätigkeiten oder bei der Verwaltung der Provinzen Verdienste um den Staat erworben.[24] Das Volk erkannte die Führungsschicht an, weil sie erfolgreich die Regierungsgeschäfte führte. „Die Autorität des Nobilis reflektierte also den Erfolg Roms in der Welt".[25]

Begriffe wie virtus, fortitudo, iustitia, honos, gloria und bonus vir umschreiben ein Handeln, das dem eines Aristokraten entspricht. Sie zeugen von der Leistung für die res publica und zeigen die patriotische Gesinnung.

Die Nobilität unterlag spätestens ab dem 2. Jh. v. Chr. einer starken sozialen Kontrolle.[26] Gesetze regelten die Ämterlaufbahn der Nobilität (leges annales), Wahlbestechung wurde massiv bekämpft, ebenso wurde die private Lebensführung von Senatoren in Bezug auf Luxus etc. reglementiert (leges sumptuariae). Des Weiteren gab es eine Behörde – die Censur –, die über Amts- und Lebensführung wachte. Ein Leben entsprechend bestimmter Moral- und Ehrvorstellungen wurde als exklusiver Lebensstil verstanden, der nur den Angehörigen der Nobilität zustand. Die Nobilität verstand sich nicht nur als eine politisch führende, sondern auch als moralisch leitende Statusgruppe.[27]

Insgesamt war die Nobilität eine recht einheitliche Gruppe, Unterschiede innerhalb der Gruppe galten als Unterschiede in Bezug auf die erworbene dignitas.[28]

Die römischen Aristokraten konnten ihre Konkurrenz untereinander ab dem 2. Jh. in rechtlich einigermaßen klar geregelten Räumen ausleben. Man hatte nach den gewaltigen Eroberungen im Zuge des 2. Punischen Krieges die Gefahr eines Egoismus, gepaart mit großer militärischer Machtfülle, erkannt. Bleckmann verweist in seiner Studie zur Nobilität auf die massive Konkurrenz innerhalb dieser Gruppe

---

[22] Vgl. Gehrke, Kulturepoche, 475f.
[23] Vgl. Bleicken, Nobilität, 475.
[24] Vgl. ebd., 476f.
[25] Ebd., 477. Vgl. Hölkeskamp, Senatus, 27, der die Zusammenhang von Erfolg und Leistung der Nobilität und dem Anspruch von gesellschaftlicher Anerkennung herausstellt.
[26] Bleicken, Republik, 57f.
[27] Vgl. Hölkeskamp, Senatus, 42.
[28] Vgl. Bleicken, Nobilität, 479ff.

während des 1. Punischen Krieges hin.[29] Hier konnte sie aber noch als positive Kraft gesehen werden. Viele Amtsinhaber und Truppenoffiziere trieb das Konkurrenzdenken an: Man wollte dem Vorgänger im Kommando in Bezug auf den Erfolg zumindest gleichkommen.[30] Als der gesellschaftliche und rechtliche Rahmen diesen Konkurrenzkampf jedoch nicht mehr begrenzen konnte, brach das System zusammen: Caesar entfesselte nach eigener Darstellung den Krieg gegen Pompeius, um seine Ehre zu verteidigen (civ. 1,3-9). Die eigene Ehre wurde über das Wohl des Staates gestellt.[31]

Klar ist jedoch, dass der Mann der Unterschicht kaum ein vir bonus werden konnte. Er war nie in der Lage, ein erfolgreiches Kommando zu führen oder sich bei der Verwaltung einer Provinz hervorzutun. Er war lediglich das Werkzeug, mit dem sich die Aristokraten ihre Verdienste im Krieg erwerben konnten.

Vor diesem Hintergrund möchte ich die These Veynes noch weiter ausführen: Ein ehrenhaftes und gesellschaftlich anerkanntes Leben ist in der Antike nur für Menschen aus den oberen gesellschaftlichen Schichten möglich gewesen. Daran – und das werde ich im Folgenden zeigen – ist innerhalb der hellenistisch-römischen Kultur das ideale Menschsein gebunden. Basis für die Untersuchung bilden u. a. wichtige staatsphilosophische Schriften der hellenistischen und römischen Zeit und Werke von Historikern, die mit ihren Schriften ihrer eigenen Zeit Orientierung gaben.[32]

4.3 Plato – die Hierarchie der natürlichen Anlagen

Die philosophischen Schriften Platos zum Wesen des Staates gehören in eine Zeit des Umbruchs. Die athenische Demokratie war im Peleponnesischen Krieg (431–404 v. Chr.) in eine Krise geraten.[33] Die staatliche Ordnung und das soziale Gefüge der Polis waren im Zuge des langen Krieges zerrüttet. Das beinahe grenzenlose Machtstreben Athens, das sich u.a. in der wahnwitzigen Aktion des Feldzuges auf Sizilien gegen Syrakus (415 v. Chr.) zeigte, hatte Athen bis an den Rand des Abgrundes geführt. In den Krisenzeiten hatte das demokratische System sich als instabil und nicht tragfähig erwiesen. Einzelne Bürger nutzten die Krise des Staates nach der endgültigen Niederlage gegen Sparta (404 v. Chr.) aus und errichteten die so genannte Herrschaft der 30 Tyrannen.

---

[29] Bleckmann, Nobilität.
[30] Vgl. ebd., 237f.
[31] Vgl. Grant, Klassiker, 164f; Meier, Caesar, 12ff. Dahlheim spricht in seiner neuen Caesar-Biografie im Untertitel auch von der „Ehre des Kriegers".
[32] Für das Thema dieser Arbeit wäre es sehr interessant gewesen, gesellschaftlich konstruierte Menschenbilder anhand von Plastiken und anderen Werken darstellender Kunst zu analysieren. Dies konnte in dieser Arbeit nicht geleistet werden.
[33] Vgl. Bleicken, Demokratie, 78ff.

Die Herrschaft der Volksversammlung ist für viele griechische Literaten und Denker der Grund für die Machtpolitik Athens gewesen.[34] Zu ihnen gehörten Plato und später Aristoteles. Sie nahmen eine skeptische bis ablehnende Haltung zum demokratischen Athen ein. Staatsphilosophische Schriften in der Zeit der Krise der Polisgesellschaft versuchten dem Staat eine neue tragfähige Grundlage zu geben. Dabei meinte man aus der Fehlentwicklung der athenischen Staatsform die Lehre ziehen zu können, dass eine Demokratie nach Athener Vorbild der falsche Weg sei. Insgesamt steuerten die Entwürfe auf die Herrschaft weniger Bürger zu.

Für Plato stellten sich die politischen, sozialen und kulturellen Verhältnisse insgesamt so brüchig dar, dass er mit Hilfe seines philosophischen Studiums Antworten auf die Krise seiner Gegenwart suchte. Ein schmerzhaftes Ereignis, das die Erfahrung der Krise in der Biographie Platos bündelte, war die Hinrichtung seines philosophischen Lehrers Sokrates: Eine Gesellschaft, die einen Weisen wie Sokrates umbrachte, stand nicht mehr auf einem sicheren Fundament.[35]

In diesem Kontext denkt Plato über das Wesen der Polis nach. Der Ursprung der Polis liegt in dem Bedürfnis nach einem zufriedenen Leben.[36] Denn – so die grundlegende Überlegung Platos – ein Leben, in dem jeder für sich allein lebt (rep. 370a), ist ein Leben auf sehr niedrigem Niveau. Die Arbeitsteilung in einer menschlichen Gemeinschaft, in der jeder seine besonderen Fähigkeiten und Kenntnisse zum Nutzen für die Anderen und für sich selbst einbringt, ermöglicht ein zufriedenes Leben auf einer wenn auch bescheidenen materiellen Basis.[37] Als Fortentwicklung dieser Urpolis wird eine zweite Polis entworfen, die von einem deutlich üppigeren Leben geprägt ist. Unbegrenztes Streben nach Dingen wird jedoch zur Gefahr des Staates. Das unersättliche Streben ist ein Grund für Kriege zwischen den Menschen (373d-e). Damit die Polis hieran nicht zugrunde geht, bedarf sie – so Plato – einer Gruppe von Menschen, die dieses Streben eindämmt und auf die Einhaltung der Gesetze achtet: die Wächter oder Hüter, eine Kaste von Kriegern. Auf diese Aufgabe wird die Gruppe der Krieger durch eine besondere Erziehung vorbereitet. In der Erziehung geht es darum, die menschlichen Anlagen, die für die bestimmte Aufgabe notwendig sind, auszubilden und zu schulen.[38] Die Gruppe der Wächter zeichnet sich besonders durch Tapferkeit und Willensstärke aus, damit sie in der Lage ist, den Staat zu verteidigen. Um zum Wohl aller zu erkennen, wer den Staat schaden will, ist ein gewisses Maß an philosophischer Bildung von Nöten: Sie müssen erkennen können, wer Freund oder Feind, was gut und was schlecht ist (377e–383c). Die

---

[34] Zur Expedition nach Sizilien der Athener vgl. Thukydides 6–7.
[35] Vgl. Böckenförde, Staatsphilosophie, 70ff; Zehnpfennig, Plato, 16ff.
[36] Vgl. Böckenförde, Staatsphilosophie, 84ff.
[37] Vgl. Zehnpfennig, Platon, 97f. Diese Form eines Staats ist es, die Glaukon als einen „Schweinestaat" bezeichnet, da hier keine anspruchsvolle Kultur zu finden sei (372d).
[38] Vgl. Zehnpfennig, Plato, 100f. Sie betont, dass es nicht um Vermittlung von Kenntnissen geht, sondern um das Ausbilden von bestimmten Anlagen. Wer diese Anlagen nicht hat, gehört nicht zur Gruppe der Wächter.

4.3 Plato – die Hierarchie der natürlichen Anlagen

Erziehung dient dazu, dass die Hüter ihre Aufgabe zum Wohle der Polis wahrnehmen und ihre Macht nicht zum eigenen Vorteil missbrauchen.[39]

Von daher muss die materielle Basis für diese Gruppe sichergestellt sein. Dies ist die Aufgabe des Volkes, der wirtschaftenden Gruppe. Die Wirtschaft Treibenden müssen über soviel Besitz verfügen, dass sie sich und die Hüter und Regierenden gut versorgen können (416e). Ihre natürliche Anlage – die Begehrlichkeit – dient dazu, Güter für die Versorgung der Stadt zu produzieren. Die Anlage des Strebens nach mehr ist zum einen die Basis dafür, dass der Staat versorgt werden kann. Zum anderen liegt in ihr aber auch der Grund, warum Menschen sich untereinander verfeinden, wenn nämlich die Gier nach mehr überhand nimmt.

Politisches Handeln stellt sich hier dar als Eindämmen und Beheben der Schäden für die Gemeinschaft, die durch den Abfall vom ursprünglichen und natürlichen Zustand der Urpolis eingetreten sind.[40]

Aus der Kriegerkaste werden diejenigen ausgewählt, die für die Regierung der Polis am besten geeignet sind (412b–414b). Zu Herrschenden und Regierenden können also nur die gehören, die als die Besten der Wächter auf Grund ihrer Weisheit und philosophischer Einsicht zur Überwachung der Krieger und zur Gesetzgebung befähigt sind. Auch für die Regierenden sieht Plato eine ausführliche Erziehung vor, in der es darum geht die Erkenntnisfähigkeit zu schulen. Plato geht hier von der Vorstellung aus, dass die Regierenden von der Vernunft geleitet werden, wodurch der Machtmissbrauch verhindert wird (vgl. u. a. 423e; 535a–538a).

Die ideale Polis gliedert sich in den Stand der Wirtschaftenden, der Krieger und der Regierenden. Die Zugehörigkeit zu den einzelnen Gruppen wird durch die Anlagen der Menschen bestimmt, die dann im Hinblick auf ihre gesellschaftliche Aufgabe in der jeweiligen Gruppe ausgebildet werden sollen.[41] Jede Gruppe hat für die Polis ein wichtige Aufgabe, der sie nachgehen muss. „Das Seinige tun" (τὰ αὑτοῦ πράττειν.) – das ist für Plato Gerechtigkeit (433a).[42] So wird in den Augen Platos auch die Spaltung der Polis in Arme und Reiche verhindert, die die Polis nachhaltig schädigt. Die einzelnen Gruppen sind aufeinander bezogen, wodurch die Einheit des Staates erreicht wird.

Die Einheit des Staates wird durch die Harmonie der Eigenschaften und Handlungsweisen der drei Gruppen gewährleistet: Begehrlichkeit, Tapferkeit und Weisheit. Ein derartiger Staat ist gerecht.[43]

Die Polis, die von diesen drei Handlungsweisen bestimmt ist, ist – so Plato (435aff) – ein Abbild der menschlichen Seele. Nach Plato besteht die Seele des Men-

---

[39] Von daher verweigert Plato dieser Gruppe eigenen Besitz, der nur dazu führen würde, dass die Wächter nach noch mehr Besitz streben (416e).
[40] Vgl. Zehnpfennig, Plato, 99ff.
[41] Vgl. ebd., 101.
[42] Vgl. ebd., 105f.
[43] Vgl. Böckenförde, Staatsphilosophie, 77ff.85ff; Kuhn, Plato, 35f.

schen aus den drei Teilen Begierde, Wille und Denken. Die drei Teile bestimmen in je unterschiedlicher Art und Weise das menschliche Handeln. Für Plato stellt sich nun dem Menschen die Aufgabe, die Seelenteile in das richtige Verhältnis zueinander zu setzen. Jeder Teil hat für das Leben eine wichtige Aufgabe. Dem Denken, dem Gebrauch der Vernunft, kommt allerdings die bedeutendste Aufgabe zu, nämlich die Gestaltung und Überwachung der Harmonie zwischen den Seelenteilen. Die Begehrlichkeit zeichnet die Wirtschaftenden im Staat aus, die Tapferkeit die Wächter. Hier zeigt sich die für die anthropologischen Modelle der griechisch-römischen Antike so prägende Vorstellung vom Menschen als vernunftbegabtes Lebewesen (vgl. u. a. Alkmaion VS 24B1a). Die Vernunft macht den Menschen aus. Im „Phaidon" wird die Vorstellung von der Seele noch einmal weiterentwickelt. Es geht hier um die Unsterblichkeit der Seele. Ziel des menschlichen Lebens soll es sein, die Seele von den Fesseln der Leiblichkeit freizumachen, um so zur Wahrheit zu gelangen.[44] Die beiden Seelenteile, die sich auf den Körper beziehen – die Begierde und der Wille –, werden so klar dem Denken untergeordnet. Das Denken richtet auf das Gute aus, während Begierde und Wille mit dem Leiblichen verhaftet sind.[45] Die Harmonie der Seelenteile ist „das einzige der Natur der Seele gemäße".[46] Die Überordnung der Vernunft wird hier von der Natur (φύσις) her begründet. Die Natur hat eine normative Funktion. Der Staat verfehlt sein Ziel, wenn Handlungsweisen und Eigenschaften der drei Gruppen sich nicht in Harmonie zueinander befinden.[47] Die Oligarchie oder Demokratie ist ein Zeichen dafür, dass die Begehrlichkeit die Vernunft außer Kraft gesetzt hat (vgl. rep. 550c-d; 551d).

Der Philosoph – nach Platos Ideal der wahre Herrscher – regiert durch seine geschulte Vernunft den Staat so wie die Vernunft die Seele (und damit den Körper) regiert. Der Staat steht somit unter der Regierung der Vernunft. Die vernünftigen Menschen stehen über den weniger vernünftigen Menschen und regieren sie – zum Vorteil aller.

Diese Hierarchie im Staat ist statisch. Wenn Plato unter Gerechtigkeit versteht, dass jeder das Seinige tut – also gemäß seiner Veranlagung handelt und lebt –, dann ist das Überschreiten des eigenen Handlungsbereichs Ungerechtigkeit. Genau dies geschieht nach Plato in der Demokratie, wenn diejenigen, deren Aufgabe eigentlich die Versorgung der Menschen im Staat ist, die Polis regieren. Die Wahl der Inhaber von politischen Ämtern durch Los, so wie es in Athen zum Teil der Fall war,[48] ist für Plato unvorstellbar. Für ihn geht es im Staat um die Auswahl der Geeignetsten

---

[44] Vgl. Zehnpfenning, Platon, 143f. In Phaid. 70c4-72e2 formuliert Platon den ersten Beweisgang zur Unsterblichkeit der Seele.
[45] In Phaid. 65b-66a spricht Plato davon, dass nur die Seele die Wahrheit erfassen wird. Der Leib verwirrt die Seele und ist ein Hindernis (66b-67b). Deswegen kann die Seele erst durch die Beherrschung des Leibes zur Erkenntnis kommen. Vgl. Helferich, Philosophie, 32.
[46] Böckenförde, Staatsphilosophie, 81 mit Verweis Plat. Gorg. 504c-d.
[47] Vgl. ebd., 89ff.
[48] Vgl. zum Verfahren der Losung Bleicken, Demokratie, 312ff.

für die Regierung. Wer der Geeignetste ist – darüber entscheidet die Vernunft und nicht die Wahl durch die Volksversammlung oder ein Losverfahren. Der Staat zeichnet sich für Plato durch eine natürlich begründete Ungleichheit aus. Nicht jeder ist durch seine natürlichen Anlagen zum Wächter oder Herrscher bestimmt. Damit stehen Wenige über Vielen und bestimmen deren Geschicke. Die Polis soll – so das Ziel Platos – eine Aristokratie sein: Die Besten regieren.[49] Der Mehrheit spricht Plato Kompetenz zu einem vernünftigen Handeln zum Wohle des Staates ab.

4.4 Aristoteles – der Mensch und sein politisches Wesen

Im Rahmen seine Ethik und der politischen Schriften entwickelt Aristoteles seine Anthropologie in politischer Perspektive. Aristoteles' „Nikomachische Ethik" und seine „Politik" reflektieren die Krise der griechischen Stadtstaaten in einer Zeit, als das Ende der klassischen Polisgesellschaft durch die Ausbreitung der makedonischen Herrschaft bereits eingeläutet war. In seiner kritischen Haltung – gerade in Bezug auf die athenische Demokratie – blickt auch Aristoteles auf die Katastrophe im Peloponnesischen Krieg zurück. Aristoteles sang in seiner „Politik" kein Loblied auf die Athener Demokratie. In diesem Kontext dachte Aristoteles als Wissenschaftler (und nicht einfach als politischer Berater oder verhinderter Politiker) über die vollkommenste Form des menschlichen Lebens nach. Erst von hier aus reflektiert Aristoteles darüber, wie die vollkommene Form der Polis beschaffen sein muss.[50] Dabei entwickelte er ein Leitbild vom Menschen.

Was die vollkommenste Form menschlichen Lebens ist, entscheidet sich nach Aristoteles an der Frage nach dem guten Leben. Sie ist das Leitziel menschlichen Handelns.[51] Die Antwort auf die Frage ist nach Aristoteles die εὐδαιμονία (eth. Nic. 1095a18), das Glück. Diese Aussage des Aristoteles basiert auf seiner Handlungstheorie, nach der menschliches Handeln ein „Streben-nach" ist.[52] Wonach der Mensch strebt, das hängt daran, wodurch seine Entscheidungen beeinflusst und getroffen werden. Wird der Mensch durch seine Leidenschaften bestimmt, durch Affekte und Begierden gesteuert, versklavt er sich gewissermaßen. Erst wenn er der Vernunft folgt, kann er das Glück erreichen. Damit wird deutlich, dass Aristoteles den Menschen als rationales Lebewesen versteht. Die Seele des Menschen unterscheidet sich von pflanzlichen und tierischen Seelentypen durch den Logos, der die Seele bestimmt (1097b 26–33).[53]

---

[49] Vgl. Böckenförde, Staatsphilosophie, 85.
[50] Vgl. Helferich, Geschichte, 49; Weber-Schäfer, Aristoteles, 46f.
[51] Höffe, Aristoteles, 221 versteht dieses Leitziel als Moralprinzip.
[52] Vgl. ebd., 202ff.
[53] Vgl. Weber-Schäfer, Aristoteles, 51.

Das Glück hat in der Argumentation der Ethik sowohl inklusiven als auch dominanten Charakter. Was Glück konkret für jeden einzelnen Mensch genau bedeutet, ist vielfältig. Gleichzeitig wird an diesem Begriff klar, was überhaupt ein Ziel für ein glückliches Leben sein kann. Das Glück hat bei Aristoteles die Funktion, über die Tauglichkeit von Zielen zu entscheiden.[54] Des Weiteren ist Glück etwas, das sich selbst genug ist (1097b6). Zum wahren Glück kann man nichts hinzutun, damit es noch mehr Glück ist. Autarkie wird so zum Kennzeichen einer glücklichen Lebensform.

Ein glückliches Leben zu führen, ist denn auch für Aristoteles etwas, was den Menschen auszeichnet, ein ἔργον ἀνθρώπου (1097b24f). Im glücklichen Leben verwirklicht sich der Mensch damit – so Höffe[55] – selbst. Höffe betont, dass Selbstverwirklichung bei Aristoteles nichts Subjektives ist. Er versteht es objektiv, denn der Mensch kann sein Selbst nur verwirklichen, wenn er gemäß seiner von der Vernunft bestimmten Natur lebt. Die den Menschen ausmachende Lebensweise ist eine Tätigkeit der Seele, die sich im Gebrauch der Vernunft zeigt (1098a8f).[56] Unter Vernunft versteht Aristoteles die dienende Vernunft und die wesentliche Vernunft. Letztere zeigt sich in einem Leben, das sich der Wissenschaft widmet, erstere in einem Leben gemäß den Tugenden. Die Tugenden sind natürliche Anlagen des Menschen, die jedoch ausgebildet und geschult werden müssen, wie z. B. die Gerechtigkeit. Ort dafür ist das politische Leben.[57]

Was unter εὐδαιμονία konkret zu verstehen ist, das entwickelt Aristoteles in der Ethik anhand verschiedener Lebensformen. Dabei zielt er darauf ab, dass das Streben nach der εὐδαιμονία mit der Frage nach der wahren Form politischer Tätigkeit eng verknüpft ist.

Die unterschiedlichen Lebensformen, die er in der Ethik diskutiert, sind das genussorientierte, das gewinnorientierte, das politische und das theoretische Leben (1095b14ff).[58] Die Lebensformen, die auf Genuss oder Gewinn aus sind, verabsolutieren diese Ziele, wodurch das Streben danach den Menschen versklavt, denn der Drang, mehr haben zu wollen, hört nicht auf. Statt ein glückliches Leben zu führen, jagt der Mensch dem Genuss bzw. dem Gewinn nach. Beide sind sich nicht selbst genug.

Für Aristoteles bieten nur das politische und das theoretische Leben die Möglichkeit, die εὐδαιμονία zu erreichen, wobei er dem theoretischen Leben den Vorrang einräumt. Diese Lebensform ist vor allem dadurch gekennzeichnet, dass die theoretische Beschäftigung und das Wissen nicht auf Anwendung ausgerichtet sind.[59] Das

---

[54] Vgl. Höffe, Aristoteles, 228.
[55] Vgl. ebd., 229.Vgl. auch R. Müller, Humanismus, 161.
[56] Weber-Schäfer, Aristoteles, 50f u. ö. spricht davon, dass der Mensch im Gebrauch der Vernunft gemäß seiner Natur lebt und so sein Wesen immer wieder neu aktualisiert.
[57] Vgl. Höffe, Aristoteles, 231ff.
[58] Vgl. ebd., 222ff.
[59] Vgl. ebd., 241ff.

4.4 Aristoteles – der Mensch und sein politisches Wesen

Wissen ist im wahrsten Sinne zwecklos. Die Beschäftigung damit geschieht um ihrer selbst. Im Hinblick darauf ist sich die reine Beschäftigung mit dem Wissen selbst genug (Autarkie). Eine solche Lebensform ist nach Aristoteles für den Menschen die glückseligste. Hier ist er „am meisten Mensch" (1178a7).

Eine solche autarke Lebensform, die ihr höchstes Glück in der Beschäftigung mit den Wissenschaften findet, kann allerdings nicht ohne die Polis auskommen. Die theoretische Lebensform reicht zwar über die Formen des politischen Lebens hinaus, allerdings vollzieht sie sich nicht in der Abkehr von der Polis.

Hier kommt Aristoteles Bestimmung des Menschen als ζῷον πολιτικόν (pol. 1253a2f) zum Tragen.[60] Der Mensch ist – so die grundlegende Erkenntnis Aristoteles' – sich selbst nicht genug. Er bedarf, um leben zu können, der Mitmenschen. Aristoteles hat hier die gesellschaftliche Arbeitsteilung, die menschliche Fortpflanzung und die menschliche Hilfsbedürftigkeit im Blick. Der Mensch kann nicht allein alles zum Leben Notwendige herstellen, ebenso kann er sich nicht allein fortpflanzen. Kinder bedürfen der Erziehung, um lebensfähig zu werden. Soziales Leben entspricht der Natur des Menschen. Die Polis und ihr Recht werden so von der Natur her begründet.[61] All das, was dieses Zusammenleben in Bezug auf seine Zielsetzung regelt, ist das von der Natur aus Rechte.[62] „Die Polis und das Polisrecht sind deshalb ‚von Natur', weil in der verfaßten, in Ordnungen ausgeformten Polis der Freie sein aktuales Menschsein hat, seine Natur ihre Wirklichkeit und Vollendung findet."[63]

Die von Aristoteles geschilderten Lebensverhältnisse sind allerdings von Grund auf hierarchisch geprägt: Der Herr steht über dem Sklaven, der Mann über der Frau und den Kindern. Diese Über- bzw. Unterordnung ist nach Aristoteles in Vernunftdefiziten begründet. Es gibt Menschen, die nur durch die Unterordnung unter andere überleben können, da ihre Vernunft für eine eigenständige Lebensführung zu gering ist. Arbeitsteilige Lebensformen schaffen somit erst die Voraussetzung für ein Leben, das sich ganz der Wissenschaft hingibt, oder ein tugendhaftes Leben, das ganz im Dienste der Polis steht.

Nun kommt keiner im Leben ohne die notwendigen Dinge wie Nahrung und Kleidung aus (pol. 1328b). Irgendwer muss sie produzieren. Dafür sind eben diejenigen da, die von Natur aus zum Dienen und Gehorchen bestimmt sind: die Sklaven. Die Sklaven sind „Werkzeuge" für das tugendhafte Leben der freien Bürger.

Aristoteles verficht hier den Gedanken der naturgemäßen Sklaverei: Aus der Natur entnimmt er Verhältnisse der Über- und Unterordnung und überträgt sie auf

---

[60] Vgl. ebd., 250ff; R. Müller, Humanismus, 163ff.
[61] Vgl. Böckenförde, Staatsphilosophie, 105f.
[62] Vgl. ebd., 107f.
[63] Ebd.

das menschliche Miteinander (1254a34–1255a1):[64] So wie die Seele den Leib regiert, herrscht der Bürger über sein Haus, seine Kinder, seine Frau, seine Sklaven. Die Seele regiert den Leib auf Grund der Vernunft. Es gibt nach Aristoteles Menschen, die nur in der Lage sind, Versorgungstätigkeiten für den Freien durchzuführen. Er betont hier, dass gerade ihr Körper – im Gegensatz zu ihrer Seele – zum Beschaffen des Notwendigen von der Natur (φύσις) besonders gut ausgestattet ist (1254b25ff). Zu mehr reicht in den Augen des Aristoteles ihre Vernunft nicht aus.

Ein tugendhaftes bzw. glückliches Leben ist nach Aristoteles für den Menschen nur möglich, wenn er frei von sklavischer Arbeit ist (1277a26–35).[65] Sklave zu sein bedeutet für Aristoteles, von der Arbeit seiner Hände zu leben (1277a36–1277b1; 1278a10f). Ein tugendhafter Bürger ist frei von der Arbeit für die Notwendigkeiten des Lebens (1278a7–13): Wer als Tagelöhner sein Dasein fristet, kann sich nicht um die Tugend kümmern. Er führt somit ein unglückliches Leben.

Hier zeigt sich, dass Aristoteles – trotz seiner Überlegungen zur Ökonomie als Wissenschaft – keine differenzierte Vorstellung von menschlicher Arbeit entwickelt hat. Tätigkeiten von Handwerkern etc. werden lediglich als herstellende Verrichtungen angesehen.[66] Das Handeln des Bürgers in Politik und Wissenschaft kann sich demgegenüber, da es von der Notwendigkeit zur Produktion befreit ist, auf die εὐδαιμονία ausrichten.

In seinen Überlegungen zur idealen Polis zeigt sich Aristoteles' politische Anthropologie noch einmal deutlich. Höffe charakterisiert Aristoteles' Staatsbegriff mit dem Ausdruck „Herrschaft von Freien über Freie",[67] womit er allerdings die Herrschaft in der Polis nicht mit der Herrschaft über das Haus gleichsetzen will. In der Polis geht es um das Zusammenleben von Menschen, die im Hinblick auf ihre Vernunft gleich sind. Der Begriff der Herrschaft ist jedoch grundlegend, da Herrschaftsfreiheit als Chaos verstanden wird (1302b27–31).

Den aristotelischen Freiheitsbegriff hat Höffe folgendermaßen umschrieben:[68] Ein Freier handelt nicht auf Grund äußeren Zwanges, sondern auf der Basis überlegter Entscheidungen. Die Freiheit ist rechtlich und ökonomisch abgesichert: Gesetze stellen einen Schutz gegen die Einschränkung der Freiheit dar. Ein freier Staat ist in der Lage, sich selbstständig Gesetze zu geben (αὐτονομία). Der Besitz ermöglicht das Ausleben der Freiheit und bewahrt vor Lebensformen, in denen ein Leben ohne Zwang nicht möglich ist (z. B. in Lohnverhältnissen).

---

[64] R. Müller, Humanismus, 164 hebt hervor, dass nach Aristoteles soziale Beziehungen hier biologisch begründet werden. Bei der Erläuterung des Menschen als ζῷον πολιτικόν geht Aristoteles über diese rein biologische Begründungsebene hinaus.
[65] Vgl. R. Müller, Humanismus, 170.
[66] Aristoteles trennt scharf zwischen Herstellen von Gütern und dem Handeln, das auf das Glück ausgerichtet ist. Vgl. Arendt, Vita activa, 22f; Höffe, Aristoteles, 204.
[67] Aristoteles, 267.
[68] Vgl. ebd., 268ff.

Herrschaft ereignet sich in der Ausübung der Regierung und der öffentlichen Gewalten, wobei hier die Herrschaft mit Blick auf die Freiheit beschränkt wird.[69] Die Freien kommen jeweils in die Position, durch öffentliche Ämter und in der Volksversammlung die Herrschaft aktiv mitzugestalten und zu bestimmen. Ebenso müssen sie sich den Gesetzen der Polis unterordnen. Dies tun sie, da die Regierung sich am Wohl aller orientiert, aus freien Stücken. Sie entscheiden sich aus Vernunftgründen für die Unterordnung, da ein Leben nach den Gesetzen für sie von Vorteil ist.

Die athenische Demokratie des 5. Jh. lehnt Aristoteles scharf ab, da hier die Masse der Armen in der Volksversammlung die Politik bestimmen konnte, wozu sie auf Grund der mangelnden Vernunft nicht in der Lage sei.[70]

Aristoteles zielt auf eine Staatsform ab, in der oligarchische und demokratische Züge gemischt sind (1295a25–1296b12). Bürger in der Polis sind diejenigen, die sich auf der Basis ihres Besitzes den politischen Geschäften widmen können. Aristoteles denkt hier nicht an sehr reiche Bürger, denn eine ungleiche Verteilung von Besitz führt zu Spannungen: Der Staat treibt entweder in die radikale Demokratie, da die Armen den Besitz der Reichen unter sich neu aufteilen wollen, oder in die Despotie, wenn die Reichen ihre Macht missbrauchen. Aristoteles favorisiert den mittleren Besitzstand: Solche Bürger streben nicht nach dem Besitz anderer, sondern sichern ihr Eigentum. Sie sind am Fortbestand des Staates interessiert.

Diese Staatsvorstellung beinhaltet aber auch, dass viele in der Polis Lebende keine Bürger sind, wie z. B. Frauen, Sklaven, Arbeiter und Ausländer. Der Staat des Aristoteles baut darauf, dass eine große Zahl von Menschen die Bürger durch ihre Tätigkeit versorgt, ohne selbst politische Rechte zu haben.[71] Dies entspricht ihrer Natur und muss deswegen nicht verändert werden.

4.5 Die Kyniker

Innerhalb der Epoche des Niedergangs der griechischen Polis entwickelte sich auch eine philosophische Strömung, die mit dieser Krise anders umging – die Kyniker. Der Kynismus[72] ist eine philosophische Bewegung, die ab dem 5. Jh. auftaucht.[73] Kernpunkt ihrer Philosophie ist die Vorstellung eines Lebens, das sich von materiellen Gütern abwendet und im Einklang mit der Natur gestaltet wird.

---

[69] Aristoteles unterscheidet die öffentlichen Gewalten in die beratende, die ausführende und die richtende Instanz (pol. 1297b35ff).
[70] Vgl. Höffe, Aristoteles, 277f.
[71] Höffe, Aristoteles, 274 verweist hier auf 1329b40ff: Das Land ist unter den Bürgern verteilt. Es wird allerdings von Sklaven und Arbeitern bewirtschaftet.
[72] Κυνισμός meint wörtlich die „Hundigkeit".
[73] Ihre Gründung wird dem Philosophen Antisthenes zugeschrieben.

Ein besonderes Kennzeichen der Kyniker ist ihre soziale Herkunft. Sie entstammen der Unterschicht, was nachhaltige Auswirkungen auf ihre Philosophie hat.[74] Auch die kynische Philosophie setzt wie andere philosophische Traditionen bei dem Verhältnis von Physis und Nomos an. Ihr Grundanliegen liegt jedoch quer zu den Maßstäbe setzenden philosophischen Schulen. Stellten sich bei Heraklit Nomos und Physis noch als Einheit dar,[75] so begriffen Vertreter der Sophistik sie als Antithese. Nomos meinte hier nicht mehr das Recht, das sich aus der Natur herleitet, sondern allein von Menschen gemachte Sitten, Meinungen und Gesetze.[76] Dem stand die Natur gegenüber. „Natur wird zum Emanzipationsbegriff, der das von Menschen Gesetzte und Tradierte als denaturierte Gebilde partikulärer Herrschaftsinteressen … entlarvt."[77] Demokratie oder Oligarchie konnten so als Herrschaftsformen wider die Natur qualifiziert werden. Bereits bei Plato und Aristoteles fand der Versuch statt, die Antithese zu überwinden. Plato verankerte das Ziel des guten Lebens in der Ontologie. „Die Frage nach dem Guten endet im Gedanken der ‚Ordnung und schönen Gliederung des Seins'".[78]

Der Rückgriff auf die Natur hat bei den Kynikern einen dezidiert gesellschaftskritischen und subversiven Charakter. Sie stellen Ordnungen und Formen menschlichen Zusammenlebens in grundsätzlicher Weise in Frage. Der von Menschen gemachte Nomos wird von der Natur her kritisiert. Den kynischen Philosophen ging es – vergleichbar mit den späteren Stoikern – um ein Leben gemäß der Natur. Dies war ihr programmatisches Leitbild. Bedeutete dieses Leitbild für die Stoa, der Weltvernunft zu folgen, so wollten kynische Philosophen, sich von der menschlichen Kultur abwenden, um so dem damit zwangsläufig verbundenen Elend zu entkommen.

Um die philosophische Programmatik der kynischen Bewegung zu verdeutlichen, wird häufig auf die Anekdote vom Orakel an Diogenes von Sinope verwiesen (Diog. Laert. 6,20–21): Diogenes wird von den Handwerkern der Münzstätte, die er beaufsichtigt, genötigt, Münzen zu fälschen. Unsicher, was er tun soll, wendet er sich an das Orakel des Gottes Apollon, das ihm die Tat erlaubt: Er darf die Münzen umprägen (παραχαράττειν τὸ νόμισμα).[79] Das Umprägen der Münzen wird mittlerweile allgemein metaphorisch verstanden. Diogenes machte sich nicht der Falschmünzerei schuldig. Die Münze, „eine künstliche Institution …, über die die Polis oder der Staat eifersüchtig wachen"[80], steht für die von Menschen gemachte Ordnung des

---

[74] Zur sozialen Herkunft der Kyniker vgl. R. Müller, Entdeckung, 220.
[75] Vgl. Forschner, Ethik, 11.
[76] Vgl. ebd., 13ff; Heinimann, Nomos, 110–162.
[77] Forschner, Ethik, 13.
[78] Ebd., 18. Vgl. Plat. Gorg. 504a. Aristoteles führte seine Ethik nicht auf eine kosmische Ordnung zurück, allerdings hat die Natur in der Ethik bei ihm durch die Adaption der hippokratischen Naturvorstellung eine zentrale Rolle.
[79] Vgl. Niehues-Pröbsting, Kynismus, 55f.
[80] Brandt, Philosophie, 162.

4.5 Die Kyniker

Gemeinwesens. Eine Münze war in der Antike der metallene Repräsentant des Staates. Sie war das Sinnbild staatlicher Ordnungen und Gesetze. Dieses prägte Diogenes um. Von Menschen gemachte Wertvorstellungen beraubte er ihres Wertes.

An dieser Anekdote wird die tiefgehende Distanz des Kynismus zum Nomos, zur menschlichen Kultur insgesamt, deutlich. Kynische Philosophen wandten sich von dem, was allgemein als Errungenschaften der menschlichen Kultur galt, ab und der Natur, der Physis, zu. Damit standen Kyniker in einem tiefgehenden Gegensatz zu einer zentralen Position stoischer Philosophie. Stoiker wussten sich zu einem unbedingten Einsatz für das Gemeinwesen verpflichtet, Kyniker gingen zum Staat auf Distanz.

Diese Grundhaltung gegenüber menschlicher Kultur prägte das Leben und Handeln kynischer Philosophen tief greifend. R. Müller betont, dass die kynische Bewegung eine „Wende im philosophischen Leben der Antike"[81] darstellte: Kynikern ging es nicht so sehr um eine theoretische Begründung der Moral, sondern um eine konsequente und radikale Umsetzung der Moral in den Alltag.

Ein Begriff, an dem diese Radikalität deutlich gemacht werden kann, ist der der Autarkie. Plato stand der Autarkie sehr kritisch gegenüber, ihm ging es in seinem staatstheoretischen Entwurf darum zu zeigen, dass die Bürger einer Polis in ihrem Leben aufeinander angewiesen sind. Sie sollten gerade nicht autark leben. Aristoteles verstand unter einer autarken Lebensform, die philosophische Beschäftigung mit dem reinen Wissen.[82] Im Kynismus ging es jedoch um Selbstgenügsamkeit und Selbsterhaltung.

Die Philosophie nach Sokrates sah sich vor das Problem gestellt, dass die Polis, die menschliche Gesellschaft, den Weisen, der nach dem Weg zu einem guten Leben sucht, nach dem Leben trachtet. Der Philosoph, der Menschen in Bezug auf das Leben unterrichten will, verliert sein Leben. Die Philosophie stand vor dem Problem, wie das Leben in einer solchen Situation zu erhalten ist.[83] Plato entwirft die Vorstellung von der Unsterblichkeit der Seele, wodurch das irdische Ergehen an Bedeutung verliert, die Stoa spricht später vom Leben im Einklang mit dem Schicksal. Kynische Philosophen hingegen geht es um das Prinzip des Überlebens.[84] Auf das Problem der Polis angewandt heißt das: Trennung von den Aufgaben des Staates und Rückzug aus der Politik, um nicht Opfer derselben zu werden. Grundsätzlich entwickelt sich daraus eine tiefe Distanz zu menschlicher Kultur, die nicht als hilfreich, sondern als schädlich bewertet wird. (Diog. Laert. 6,104f). Die Hinwendung zur Natur dient nun dazu zu zeigen, was der Mensch wirklich zum Leben benötigt. Dies kann am Beispiel der Maus gezeigt werden: „So wie die Maus durch

---
[81] R. Müller, Entdeckung, 220.
[82] Vgl. Kap 4.3. und 4.4.
[83] Vgl. Niehues-Pröbsting, Kynismus, 159ff.
[84] Vgl. ebd., 172f.

die Dunkelheit läuft und ihren Durchschlupf findet, so kann der Kyniker unter dem Schicksal hindurchschlüpfen."[85] Kynische Philosophie versucht herauszustellen, dass menschliches Leiden seine Ursachen auch in der Abhängigkeit von äußeren Dingen hat. Ein Leben, das auf Ruhm und Ehre in der Polis aus ist, steht in Gefahr, Opfer einer politischen Intrige o.ä. zu werden. Dem Streben nach gesellschaftlicher Anerkennung darf das eigene Überleben nicht geopfert werden. Kynische Philosophie sieht das Leben eines Menschen, genauer: das Überleben, als einen zentralen Wert an, der das Leben und Handeln bestimmt. Menschsein hat für Kyniker im Wesentlichen mit Überleben zu tun. Ehre und gesellschaftliche Anerkennung sind für den Kynismus keine handlungsleitenden Vorstellungen. Von solchen Einflüssen sollen sich Menschen fern halten. Sie sollen autark leben, ohne auf Dinge aus zu sein, die nicht zu einem Leben im Einklang mit der Natur gehören, Dinge, die nicht zum reinen Überleben gehören.

In diesem Zusammenhang sind kynische Einstellungen zum Tod von Bedeutung. In einer bei Cicero überlieferten Diogenes-Anekdote (Tusc. 1,104) setzt sich der Kyniker auf seine ihm eigene Art mit der Frage auseinander, wie er beerdigt werden wolle. Er wollte mitten auf dem Feld beerdigt werden. Auf den Einwurf, ob er nicht befürchte von Vögeln und anderen Tieren gefressen zu werden, erwiderte Diogenes, dass man ihm einen Stock zur Seite legen solle, damit er die Tiere verjagen könne: „Wegjagen! rief der andere, wenn du tot bist, hast du ja keine Empfindungen!' ‚Nun denn, was liegt mir daran' erwiderte er, ‚ob mich die Vögel fressen oder nicht?'"[86] Diogenes karikiert hier u. a. zeitgenössische und für die Antike typische Beerdigungsbräuche, die darauf abzielten, die Ehre des Verstorbenen (und damit seiner Nachfahren) zu präsentieren und so auch zu steigern. Diogenes macht die Unsinnigkeit dieser ganzen Handlungen deutlich: „Nun denn, was liegt mir daran." Der ganze Pomp nützt den Menschen nicht mehr. Vielmehr steht die Beschäftigung damit zu Lebzeiten einem Leben gemäß der Natur im Wege.

Die kynische Kritik an zeitgenössischen Kulturtheorien verdeutlicht weitere zentrale Aspekte des kynisch geprägten Menschenbildes. Dass Kyniker als Leitbild für menschliches Handeln ein Tier nehmen, zeigt deutlich die Abneigung kynischer Philosophie gegenüber gängigen Kulturtheorien. In der 6. Rede Dions von Prusa wird der Vergleich mit den Tieren noch weiter geführt. Dion stellt hier Diogenes von Sinopes Position zu den Kulturtheorien dar. Im Gegensatz zu Tieren – so Diogenes – wären Menschen auf Grund ihrer kulturellen Errungenschaften verweichlicht (6,22f): Feuer, nach dem Prometheus-Mythos das zentrale Element menschlicher Kultur, medizinische Errungenschaften und menschliche Bauten hätten dem Menschen nicht genützt, sondern nur geschadet. Tiere hingegen würden es schaffen, mit dem, was ihnen die Natur bereitstellt, zu überleben. Die Tiere werden hier

---

[85] Ebd., 194.
[86] Zitiert nach ebd., 174.

4.5 Die Kyniker

von Diogenes über den Prometheus gestellt, der den Menschen etwas gebracht hat, was ihnen nicht hilft, sondern schadet. Die Strafe der Götter für Prometheus wird dann auch als Reaktion darauf verstanden, dass dieser den Menschen etwas Schädliches gegeben hat (6,25).

Auch den sozialen Zusammenschluss von Menschen zu politischen Gebilden kritisiert Diogenes scharf: Während Plato und Aristoteles hier noch den wesentlichen Aspekt des Menschseins sehen, so ist die Polis für Diogenes der Ort des Unrechts, der menschliches Leben zunichte macht. Die Polis war für die griechische und auch die hellenistische Kultur der Inbegriff ihres Selbstverständnisses. Die Polis diente mit ihren Institutionen dem Wohl menschlichen Lebens, hier war wahrhaft menschliches Leben überhaupt erst möglich. Diogenes bewertet die Polis ganz anders (6,31): Sie ist der Ort des Unrechts, an dem menschliches Leben zu Schaden kam. Mit politischen Gebilden wie der Polis verband Diogenes zwangsläufig politische Intrigen, Rivalitätskämpfe und sogar Kriege. All das mindert in den Augen des Kynikers menschliche Lebensqualität oder zerstört das Leben sogar ganz. Nur abseits dieser Dinge kann ein Leben frei von aller Sorge sein.

Die Ablehnung der Polis-Welt zeigt sich auch in der Diogenes zugeschriebenen Selbstbezeichnung des „Weltenbürgers" (Diog. Laert. 6,63). Hiermit ist keinesfalls ein antiker Kosmopolitismus im Kontext des Alexanderreiches gemeint, vielmehr zeigt sich hier die „Verneinung der Polisidee"[87]. Die Polis ist nicht mehr der soziale Bezugspunkt, über den sich Diogenes definieren will. Er ist im Kosmos, in der Natur zuhause. Die Natur ist grundlegend für seine Identität.

Kultur ist nicht etwas, was Menschen zum Überleben bräuchten. Hier formuliert der Kynismus einen klaren Widerspruch zur sog. Mängeltheorie, nach der Kultur die Mängel der Menschen aufwiegt.[88] Die ersten Menschen erhielten ihr Leben ohne Feuer, Häuser und Kleidung (6,28).

Aus dieser Distanz zur menschlichen Kultur und deren Produkten ergibt sich in der kynischen Bewegung eine bestimmte Lebensform, die mit Autarkie charakterisiert wird. Körper und Geist sollten durch Anstrengungen und ausdauernde Übungen für ein Leben gemäß der Natur ausgebildet werden.[89] Kyniker richteten sich in ihrer Lebensgestaltung an anderen Maßstäben aus, als es die Mehrheit ihrer Zeit tat. Was für einen Menschen gut ist, was ihn als Menschen ausmacht – diese Fragen beantworteten kynische Philosophen anders als die maßgeblichen Philosophen der beginnenden hellenistischen Epoche. Dabei betonen sie ihre Fähigkeit zum eigenständigen Handeln. Nicht von den Ehrvorstellungen der griechischen Polis lassen sie sich bestimmen. Das Leben gemäß der Natur war die Maxime ihres Handelns, die sie häufig mit den gesellschaftlich anerkannten Handlungsmustern in Konflikt brachte.

---

[87] Ebd., 189.
[88] Vgl. u.a. R. Müller, Entdeckung, 73ff.
[89] Vgl. ebd., 221.

Kynische Philosophie rief massiven Widerspruch seitens der führenden philosophischen Schulen hervor. Insgesamt wurde diese Richtung als Störung und als Gefahr menschlicher Gesellschaft verstanden. In der Prinzipatszeit z. B. wurde kynische Philosophie unter Auslassung der kulturkritischen Gedanken rezipiert. Aus den radikalen Kritikern der menschlichen Gesellschaft wurden Vertreter der stoischen Moral.[90]

4.6 Ciceros Konstruktionen vom Menschen in der Krise der römischen Republik

Seit den Reformversuchen der Gracchen war die Krise der römischen Republik mit Händen greifbar. Die althergebrachten politischen Institutionen waren ausgehöhlt und begannen zu zerfallen. Einzelne Personen aus der Oberschicht rückten gestützt auf umfangreiche Heeresclientel in den Vordergrund und bestimmten die Geschicke des Staates. Sie konnten mit ihrer außerordentlichen Machtfülle nicht in das bestehende politische System integriert werden.[91]

Innerhalb der senatorischen Führungsschicht orientierte sich das Krisenmanagement an den alten Institutionen und den überlieferten Werten. Diese traditionellen Werte – häufig als mos maiorum bezeichnet – wurden in der Krise von den Vertretern der Senatsrepublik immer wieder aufs Neue bemüht. Diese althergebrachten Wertvorstellungen sollten dabei helfen, das Gemeinwesen aus der Krise zu führen.

Dabei wurde gern und häufig die Argumentationsfigur des moralischen Zerfalls bemüht. Die gesellschaftlichen Prozesse des 1. und 2. Jh. v. Chr. wurden im Lichte der idealisierten Normen und Traditionen der Frühzeit der Republik bewertet. Von daher musste die politische und gesellschaftliche Entwicklung als Verfall der alten römischen Sitten gedeutet werden.[92]

Cicero war innerhalb der Krise der prominenteste Vertreter und Befürworter der traditionellen Moral. In seinen staatstheoretischen und philosophischen Schriften empfahl er sie als den entscheidenden Weg zur Bewältigung der Krise. Hier werden die Vorstellungen der römischen Oberschicht vom richtigen Menschsein besonders deutlich.

---

[90] Vgl. Niehues-Pröbsting, Kynismus, 229–239.
[91] Zur Krise der römischen Republik und ihren einzelnen Faktoren vgl. insgesamt Christ, Krise und ders., Kaiserzeit, 27ff.
[92] Vgl. Christ, Kaiserzeit, 35.

4.6.1 De re publica

Seine Schrift „De re publica" (entstanden 54–51 v. Chr.) ist gestaltet als eine Unterredung über den besten Staat.[93] Dabei sind die Fragen nach der besten Verfassung und nach der Überlegenheit des römischen Staates die wichtigen Themen von „De re publica". Cicero selbst hat den optimus civis/den besten Bürger als das zentrale Thema der Schrift gesehen (ad Q. fr. 3,5,1).[94]

Die Schrift ist ganz in platonischer Tradition stehend dialogisch gestaltet. Hauptfigur ist Scipio Aemilianus, er diskutiert hier – so die Fiktion des Cicero – kurz nach den ersten Reformversuchen der Gracchen mit anderen wichtigen Personen seiner Zeit die Frage des besten Staates. Die Wahl dieser Hauptfigur war nicht zufällig, galt er doch in den Krisenzeiten der Republik als der Politiker, der den Staat verteidigte.[95] Scipio war neben Cato d. Ä. eine der Identifikationsfiguren der römischen Oberschicht im 1. Jh. v. Chr.

Im ersten Buch stellt Scipio – ganz im klassischen Sinne – die reinen Verfassungsformen und deren Entartungen dar. Dabei erweist sich die Mischverfassung, wie sie sich in Rom gebildet hat, als die bestmögliche Staatsform (vgl. rep. 1,65–71). Für unsere Thematik sind die Schilderung der Entartung der Demokratie und die Vorzüge der Herrschaft der Aristokraten und der Demokratie entscheidend.

In einer reinen Demokratie – so befürchtet Cicero – kommt es zum Missbrauch der Freiheit, wodurch die bestehende gesellschaftliche Ordnung nachhaltig geschädigt wird, „so daß notwendig in einem Gemeinwesen solcher Art alles voller Freiheit ist, derart, dass auch jedes Privathaus von Herrschaft frei ist …, daß schließlich der Vater den Sohn fürchtet, der Sohn den Vater nicht mehr ansieht, jegliche Ehrfurcht verschwunden ist, …; daher kommt es, daß auch Sklaven sich freier aufführen, die Frauen dasselbe Recht haben wie die Männer" (1,67).

Die Auflösung der bestehenden Ordnung – d. h. der Unterordnung der Sklaven unter die Freien, der Söhne unter die Väter und der Frauen unter die Männer – führt – so Ciceros Befürchtung – in die totale Rechtlosigkeit.[96]

Die Leitung des Staates[97] – und das ist nach Meinung Ciceros das wichtige aristokratische Element der besten Verfassung – gehört in die Hände derer, die dazu auf Grund persönlicher Fähigkeiten besonders qualifiziert sind, und zwar nicht allein

---

[93] Vgl. Einführung, 293ff.
[94] Vgl. Fuhrmann, Cicero, 161.
[95] Vgl. ebd. Scipio beendete den Krieg gegen Karthago endgültig mit der Zerstörung der Stadt. Auf dem spanischen Kriegsschauplatz konnte er durch die Eroberung Numantias die bis dahin erfolglosen Feldzüge zu einem Ende bringen.
[96] „worauf sie (die Bürger, CJB) beginnen, auch die Gesetze zu mißachten, daß sie überhaupt ohne einen Herren seien." (1,67)
[97] Vgl. zum Folgenden Gugg, Cicero, 76f.

auf der Basis von Reichtum,[98] sondern wegen ihrer besonderen Qualitäten: „Wenn aber vollkommene Tüchtigkeit das Gemeinwesen lenkt, was kann es da vortrefflicheres geben?" (1,52) Nur Männer mit solch vollkommener Tüchtigkeit (vera virtute), deren Leben Vorbildcharakter hat, sind geeignet für die Lenkung des Staates. Da aber nur wenige Menschen solche Qualitäten haben, sind eben nur wenige – und nicht die Masse des Volkes – zur Politik bestimmt. Die Herrschaft der Tüchtigsten ist immer eine Herrschaft der Wenigen.

Das Volk erkennt – so Cicero – diese Überlegenheit der Wenigen an und vertraut dem tüchtigen und tugendhaften Handeln (vgl. 1,51). Dies drückt sich in den Wahlen zu den politischen Ämtern aus. Die Volksversammlung vergibt durch die Wahlen die Ämter. Dies ist das entscheidende demokratische Element der Verfassung, das Cicero als Voraussetzung der aristokratischen Herrschaft sieht. Die Rückbindung an den Volkswillen ist konstitutives Element des Staates.

Der Grad der politischen Mitbestimmung und Mitarbeit im Staat richtet sich jedoch klar nach der dignitas eines jeden. Dignitas meint die Eignung und Bereitschaft zur politischen Verantwortung und zum politischen Handeln.[99]

Politik wird hier zu einem elitären Betätigungsfeld. Damit wendet sich Cicero gegen Vorstellungen, die von einer Gleichheit aller im Gemeinwesen ausgehen. Die Differenzierungen innerhalb einer Gesellschaft – die Unterscheidung zwischen denen, die für politische Ämter würdig sind, und denen, die dafür nicht befähigt sind – hält Cicero für naturgegeben (1,51). Dass die Schwachen und Niedrigen den Besten gehorchen, ist von der Natur so eingerichtet. Ein Verstoß gegen dieses Naturgesetz schadet dem Gemeinwesen und ist somit ungerecht.[100]

In Notzeiten hält Cicero die Alleinherrschaft besonders befähigter Personen für gerechtfertigt, wenn allein dies die Not und Krise abwenden kann. Diese Alleinherrschaft darf jedoch nur solange andauern, bis die Krise beseitigt ist (vgl. 1,63).

Im 2. Buch setzt Cicero sich mit der Frage nach der Überlegenheit des römischen Staates auseinander. Er greift hier auf eine Position Cato d. Ä. zurück, der nicht im einzelnen Staatsmann den Grund für die Größe Roms sucht, sondern die Überlegenheit Roms durch die vielen Generationen begabter und tüchtiger Politiker gewahrt sieht (vgl. 2,2-3). Die Aristokraten in ihrer Gesamtheit sind somit die Schöpfer des Staates.[101]

Cicero untermauert die Meinung Catos, indem er anhand historischer Beispielerzählungen die Funktionsfähigkeit der römischen Mischverfassung darstellt. Magistrate, Senat und Volksversammlung arbeiten in einem ausgewogenen Ver-

---

[98] „Denn Reichtum, Name, Macht ohne Weisheit und Maß im Leben und der Beherrschung der anderen sind voll Schändlichkeit und frechen Stolzes, und keine Form des Staates ist hässlicher als jene, in der die Mächtigsten für die Besten gelten." (1,52)
[99] Vgl. Gugg, Cicero, 76. Ebenso Pöschl, Würde, 13, der unter dignitas die Würde versteht, ein politisches Amt übernehmen zu können.
[100] Vgl. I,43, wo Cicero die Gleichheit als ungerecht bezeichnet.
[101] Vgl. Blösel, mos, 81.

4.6 Ciceros Konstruktionen vom Menschen

hältnis zusammen. Die römische Geschichte erweist sich in Ciceros Darstellung als zielstrebiger Prozess von der Monarchie zur res publica.[102]

Der Blick in die Geschichte Roms eröffnet nach Meinung Ciceros dem Betrachter Beispiele (exempla) dafür, wie es in einem funktionierendem Staat zugeht bzw. zugehen soll. In den exempla bietet Cicero Vorbilder aus der Vergangenheit, die zur Lösung gegenwärtiger Konflikte (d. h. der Krise des römischen Staates) dienen. Die exempla wollen zur Nachahmung animieren.[103]

Der römische Staat hat in seiner Geschichte Persönlichkeiten hervorgebracht, die ihn nachhaltig positiv geprägt haben. In der gegenwärtigen Krise bieten diese Persönlichkeiten Orientierungshilfen, die die jetzigen Akteure auf der politischen Bühne nur für sich in Anspruch nehmen müssten.

Thema des 3.[104] und 4. Buches sind die besondere Qualität und Überlegenheit der römischen Wertvorstellungen. In der Laelius-Rede zum Ende des 3. Buches spricht Cicero davon, dass das Gemeinwesen ewig sein könnte, „wenn man nach den ererbten Einrichtungen und Sitten leben würde (3,41)."[105]

Im Pröomium des 3. Buches greift Cicero auf die stoische Auffassung zurück, dass der Mensch ein von Natur aus vernunftbegabtes Wesen ist.[106] Die Vernunft ermöglicht es den Menschen, Gemeinschaften zu bilden und zu gestalten. Die Vernunft, die den Menschen auszeichnet, ist auch die Grundlage des Rechts: „Wenn eben diese Vernunft im Denken des Menschen fest verwurzelt und vervollkommnet ist, ist sie das Gesetz" (leg. 1,6,18). Die Vernunft – so Böckenförde[107] – repräsentiert als natürliche Anlage des Menschen das Gesetz. Ein Gesetz, das der Natur der Vernunft entspricht, fördert und erhält das natürliche Zusammenleben von Menschen.[108] Cicero rückt hier den Weisen in den Mittelpunkt seiner Betrachtung, der „nicht nur die Gemeinschaft zusammenführen, sondern auch die kulturschaffenden Kräfte freisetzen" konnte.[109] Der Weise wird zum Leitbild des vernunftbegabten Staatsmannes.

Im 4. Buch will Cicero die Vernünftigkeit der natürlichen Ordnungen aufzeigen. Damit wird das Recht der Natur noch aus einem anderen Blickwinkel thematisiert. Die Ordnungen der Natur dienen dem Wohl der Menschen. Der Wechsel von Tag und Nacht ermöglicht es den Menschen sich von der Arbeit zu erholen, die Abfolge der Jahreszeiten garantiert das Wachsen der Feldfrüchte und bildet so die Grund-

---

[102] Vgl. Fuhrmann, Cicero, 164.
[103] Diese Bedeutung der exempla zeigt sich auch in den Briefen Ciceros. Vgl. Oppermann, Funktion.
[104] Das 3. Buch bietet wichtige Gedanken Ciceros, allerdings sind gerade diese wegen der schlechten Textüberlieferung schwer zu rekonstruieren.
[105] Vgl. Gugg, Cicero, 84.
[106] Vgl. Gugg, Cicero, 86; Müller, Entdeckung, 368. Zur Stoa vgl. Kap. 4.7.1.2.
[107] Vgl. Staatsphilosophie, 156.
[108] Und dies ist für Cicero weltweit gültig. Vgl. rep. 3,22,32.
[109] Müller, Entdeckung, 368. Vgl. Böckenförde, Staatsphilosophie, 157.

lage der Ernährung der Menschen.[110] Der Nützlichkeit der Ordnungen der Natur entsprechen nun – so Cicero – die Ordnungen in der Gesellschaft. Es sind Ordnungen zu einem glücklichen und gelingenden Leben (4,3).[111] Cicero kämpft hier vehement für die Aufrechterhaltung der hierarchischen Ordnung. Ihre Auflösung zerstört die lebensschaffenden Grundlagen der Gemeinschaft. Cicero hat hier vor allem die Familie im Blick: Die Frau ist dem Mann untergeordnet, sie kann nicht die gleichen gesellschaftlichen Aufgaben wie der Mann wahrnehmen: „Wie groß wird das Unglück jener Stadt sein, in der die Frauen die Pflichten der Männer mit Beschlag belegen." (4,5, vgl. Laktanz ep. 33,5)[112] Ebenso wendet sich Cicero gegen jede Art von Gütergemeinschaft. Die ungleiche Verteilung von Besitz und Ressourcen ist Ausdruck der natürlichen Ordnung zum Wohle der Menschen und ihres Gemeinwesens. Damit entspricht sie der Vernunft.

Im 5. Buch thematisiert Cicero genauer die Tugenden des Staatsmannes. In Anlehnung an den Philosophenherrscher Platos geht es Cicero um den wahrhaft gebildeten Staatsmann, der das Gemeinwesen zum Wohle aller lenkt und gestaltet.[113] In diesem Zusammenhang geht Cicero auf die Bedeutung der alten römischen Sitte ein: „Sitte und Männer von alter Art bauen römische Macht auf', diesen Vers scheint mir jener sowohl der Kürze nach als wegen seiner Wahrheit wie aus einem Orakel verkündet zu haben. Denn weder die Männer, wenn nicht der Staat diese Gesittung besessen hätte, noch die Gesittung, wenn diese Männer nicht an der Spitze gestanden hätten, hätten ein so gewaltiges und so weit herrschendes Gemeinwesen zu gründen oder so lange zu halten vermocht. Daher hat vor unserer Zeit die ererbte Sitte selber überragende Männer herangezogen, und die hervorragenden Männer haben die alte Sitte und die Einrichtungen festgehalten." (5,1, zitiert nach Aug. civ. 2,21) Diese Männer – so Ciceros Zeitdiagnose und Klage über den Zustand der politischen Klasse – fehlen nun dem römischen Staat, so dass die althergebrachten Sitten in Vergessenheit geraten sind – zum Schaden des Gemeinwesens.

Cicero greift in seiner Schrift auf die seiner Meinung nach alten römischen Wertvorstellungen der res publica zurück. Die Teilnehmer des Gesprächs über den besten Staat zeichnen sich in den Augen Ciceros durch ihren besonderen Einsatz für den Staat aus. Mit Hilfe der Geschichte des römischen Staates – anhand von herausragenden Männern und den traditionellen Wertvorstellungen – entwirft Cicero für die römische Nobilität in der Krise des Staates ein Leitbild.[114]

Ein Blick in das Gesamtwerk des Cicero zeigt, wie stark er vom mos maiorum

---

[110] Vgl. Pöschl, Staat, 150.
[111] Vgl. auch leg 1,22–33.35.
[112] Die Rekonstruktion des Gedankenganges bei Cicero geschieht durch den Laktanz-Text.
[113] Vgl. Pöschl, Staat, 140.
[114] Vgl. Gugg, Cicero, 86. Dabei muss man fragen, ob Cicero überhaupt noch ein Chance zur Rettung des Gemeinwesens sieht: „Durch unsere Fehler nämlich, ... halten wir das Gemeinwesen dem Worte nach fest, haben es in Wirklichkeit aber längst verloren." (5,1)

4.6 Ciceros Konstruktionen vom Menschen

beeinflusst ist. Schon in der ersten Rede gegen Verres (Verr. 1 2,4,79) entwickelt Cicero sein Verständnis des mos maiorum.[115] Hier versteht Cicero ihn im Sinne einer imitatio maiorum. In der Rede gegen Verres geht Cicero gegen einen der Verteidiger und Unterstützer des Verres – Cornelius Scipio Nascia – vor, einem Nachkommen des Cornelius Scipio Aemilianus. In seiner Verteidigung des Verres, der dem Staat geschadet und sich selbst schamlos bereichert hat, erweise sich Nascia seines ruhmreichen Vorfahrens als unwürdig. Er schädige das Andenken an diesen großen Römer.

Cicero hingegen erwählt sich Aemilianus als geistigen Ahnen und will sich seiner würdig erweisen. Er will das Andenken an Aemilianus bewahren und ihn so gegen seine eigene Familie in Schutz nehmen. Was als Familientradition begann,[116] baut Cicero in seinen Schriften zu einem sittlichen Fundament für die res publica aus. Die Ahnen sind mit ihren Taten für alle viri forti und boni cives vorbildhafte Beispiele für würdiges und richtiges politisches Handeln. Blösel betont, dass dies gerade für homines novi, zu denen Cicero gehörte, von Belang war. Sie konnten ihre fehlende Familientradition durch die Ausrichtung auf die großen Ahnen des römischen Volkes kompensieren.[117] Hier findet allerdings keine Demokratisierung der Werte der alten Nobilität statt, sondern lediglich eine Ausweitung. Die ruhmreichen Vorfahren werden zu Vorfahren des ganzen Volkes. Dies dient der Verteidigung des status quo gegen die Bestrebungen der popularen Gruppierung innerhalb der römischen Oberschicht, die der plebs mehr Gewicht im Staate geben will, wie es seit den Reformversuchen der Gracchen der Fall war.[118]

Cicero hat bei seinen Schriften einzig und allein Angehörige der Oberschicht im Blick – nobiles und aus dem Ritterstand Aufstrebende. Sie allein haben die Fähigkeiten zur Arbeit im Staat und für die Sorge um das Gemeinwohl. Damit setzt Cicero diese Gruppe klar von der plebs ab. Der Unterschied zwischen dem Volk und den nobiles ist nach Cicero zu wahren. Wenn Unwürdige, d. h. Unfähige, an das Ruder des Staatsschiffs dürfen, so bedeutet dies den Untergang des Gemeinwesens.

4.6.2 De officiis

Diese elitäre und exklusive Ausrichtung setzt sich in Ciceros letztem großen Werk „De officiis" fort. „De officiis" ist nach der Ermordung Caesars im Herbst 44 v. Chr. verfasst worden. Cicero richtet sich an die Jugend der Oberschicht, deren Zukunft die Leitung der res publica ist. Cicero selbst scheint nach dem Ende der Diktatur Caesars die Möglichkeit einer – wenn auch eingeschränkten – Restitution des alten

---

[115] Vgl. Blösel, mos, 70ff.
[116] Die Erinnerung und Nachahmung der Ahnen vgl. Blösel, mos, 70.
[117] Vgl. ebd., 68f.
[118] Vgl. ebd., 79ff.

Staatswesens zu sehen. Dies soll in einem Bündnis der alten Kräfte mit Gaius Octavius gegen Marcus Antonius gelingen.[119] Die Jugend, für die er nun schreibt, könnte also im neuen ‚alten' Gemeinwesen eine Zukunft haben.

„De officiis" ist eine Weiterinterpretation der Schrift περὶ τοῦ καθήκοντος von Panaitios (off. 1,6).[120] Cicero zeigt sich in „De officiis" als Interpret der stoischen Philosophie. Die Pflichten, die Cicero hier behandelt, resultieren aus der Natur des Menschen.[121]

Selbsterhaltung, Fortpflanzung, Gemeinschaftsbildung, Erkenntnisdrang und das Erfassen und Erkennen der Dinge stellen die Natur des Menschen dar (1,11–14). Damit sind alle Menschen prinzipiell vernunftbegabt.

Thema des 1. Buches ist das honestum, das Ehrenhafte. Ein Leben, das sich nach dem honestum ausrichtet, ist – so die Grundthese Ciceros – ein vernünftiges Leben. Das honestum wird zum Maßstab pflichtgemäßen Handelns (vgl. fin. 5,69). Menschen, die pflichtgemäß handeln, bewegen sich auf das Ehrenhafte zu. Das honestum hat somit ideellen und theoretischen Charakter.[122] In seinem Werk differenziert er den Begriff des honestum weiter aus, wobei im Zusammenhang dieser Arbeit der Fokus auf die Begriffe der iustitia und des decorum gelegt werden soll.

Iustitia ist für ihn die größte Tugend des bonus vir (1,20). Sie dient der Bewahrung des Gemeinwesens. Gerechtigkeit meint für Cicero, den anderen nicht zu schaden. Wie es aussehen soll, den anderen nicht zu schaden, das erläutert er prägnant. An erster Stelle (1,21) steht für Cicero die Wahrung des Privateigentums, das für ihn eine wichtige Grundlage für das Leben eines Menschen darstellt. Das Ziel gerechten Handelns ist die Festigung der gesellschaftlichen Bindungen, d. h. der Bindungen innerhalb der Oberschicht. Somit ist eine Konkretion der Gerechtigkeit die Gegenseitigkeit (1,22). Cicero betont unter Bezugnahme auf stoische Philosophie, dass die Menschen füreinander da sein sollen. Sie sollen einander nützen mit ihren je unterschiedlichen Fähigkeiten und Anlagen. Cicero beschreibt das Verhältnis zwischen Menschen mit dem Geben und Nehmen von Leistungen (1,22: mutatione officiorum, dando accipiendo).

Dass die Beziehungen, die auf Gegenseitigkeit aufbauen, funktionsfähig sind und bleiben, hängt von der Verlässlichkeit der Interaktionspartner ab. So bezeichnet Cicero die Verlässlichkeit (fides) als Fundament der Gerechtigkeit (1,23). Bindungen zerbrechen, wenn Zusagen nicht eingehalten werden.

Ausdruck der Ungerechtigkeit ist es für Cicero, wenn sich im Gemeinwesen Einzelne über Gebühr auf Kosten des Ganzen profilieren und ihre gesellschaftliche

---

[119] Vgl. Fuhrmann, Cicero, 258ff.
[120] Vgl. ebd., 260. Panaitios (185–110 v. Chr.) war Philosophielehrer in Rom und Berater Scipio d. J. Er gehörte zu den griechischen Gelehrten, die die römische Oberschicht mit der griechischen Philosophie in Kontakt brachten. Panaitios gehört zu den Vertretern der sog. mittleren Stoa.
[121] Vgl. ebd. Zur sog. Oikeosis-Lehre der Stoa vgl. Kap. 4.7.1.2.
[122] Vgl. Nachwort, 427.

4.6 Ciceros Konstruktionen vom Menschen

Stellung besonders herausstellen wollen (1,26). Cicero denkt hierbei insbesondere an den Kampf um militärische Kommandos, die dazu führten, dass ein einziger Mann – Caesar –, auf seine Legionen gestützt, die alleinige Macht im Staate erringen konnte. Die Konzentration auf den eigenen Vorteil zerstörte den gesellschaftlichen Zusammenhalt. Die Ausgeglichenheit zwischen Geben und Nehmen war außer Kraft gesetzt.

Als eine weitere Konkretion der Gerechtigkeit versteht Cicero die Wohltätigkeit (beneficium) (1,42). Dabei weist er sofort auf die Gefahren von wohltätigem Handeln hin, da nämlich Männer wie Caesar mittels Hilfeleistungen und Wohltaten sich Gefolgsleute erkauften (1,43).[123]

Wohltaten sollten nach Cicero nur würdigen Menschen gegenüber erbracht werden, d. h. Menschen, die für das Gemeinwesen wichtig sind, die ihre Fähigkeiten zum Wohle des Staates einsetzen. Cicero spricht klar von Vorteilen, die sich aus den wohltätigen Handlungen ergeben. In Bezug auf das Prinzip der Gegenseitigkeit erwartet Cicero ganz eindeutig, dass derjenige, der jemandem hilft, eine Gegengabe erwarten darf. Gegenseitigkeit versteht Cicero als ausgeglichene Reziprozität.

Unter Wohltätigkeit darf man nicht ein karitatives Handeln verstehen, sondern ein Handeln, das auf den Zusammenhalt der Oberschicht zielt. Hilfestellung wurde gerade aufsteigenden jungen Männern aus dem Ritterstand, wie Cicero einer war, zuteil. Beneficia dienten somit der Förderung des politischen Nachwuchses. Man unterstützte Männer in ihrer politischen Karriere, damit sie in ihren Ämtern zum Wohle der res publica handelten. In den Augen Ciceros werden Wohltaten dem Gemeinwesen gegenüber geleistet (1,57). Die Wohltat ist so eine Tugend des Staatsmannes.[124]

Neben der Gerechtigkeit betrachtet Cicero das Schickliche als Teilbereich des Ehrenhaften genauer. „Cicero versteht darunter die Erscheinungsweise des Sittlichen, dessen dem Mitmenschen zugekehrte Seite, den Anstand. Was sich jeweils gehört, bemißt sich nach der Natur des Menschen, die sich insbesondere dadurch auszeichnet, daß der Vernunft die Herrschaft über die Triebe und Affekte zukommt."[125] Es geht Cicero um ein Leben entsprechend der Natur des Menschen, die individuell sehr unterschiedlich ist (1,107–109).[126]

Konkret meint Cicero hier ein Leben entsprechend dem gesellschaftlichen Umfeld und der Stellung, in die man hineingeboren worden ist. Wird jemand in eine ehrenvolle Familie hineingeboren, so ist er der Würde der Familie verpflichtet. Das Handeln hat sich hier an den Vorfahren zu orientieren (1,121f).[127] Des Weiteren

---

[123] Besonders, da das verteilte Geld von ermordeten Gegnern stammte.
[124] Vgl. Fuhrmann, Cicero, 259.
[125] Ebd.
[126] Vgl. ebd.
[127] Cicero erinnert hier an Scipio d. J., der seinem Ahnen, dem Sieger über Hannibal und Karthago, nacheiferte (1,122).

zeigt sich Schicklichkeit, wenn Staatsmänner ihren Aufgaben im Gemeinwesen im Sinne der Allgemeinheit nachkommen, wenn sie also erkennen, was die anderen, die ihnen die Aufgaben übertragen haben, von ihnen erwarten (1,124).

Das Schickliche zeigt sich auch im Körperlichen (1,126). Cicero fordert hier eine Aufmerksamkeit für die Bewegung und Haltung des Körpers ein. Er versteht darunter die Achtsamkeit für Schönheit, Sinn für Ordnung und ein dem Anlass angemessenes Auftreten.[128] Dabei geht es Cicero vor allem um das Vermeiden von zügellosem und anzüglichem Auftreten, das er u. a. den Kynikern vorwirft (1,128).

Ein Verhalten, das der Natur nicht entspricht, bezeichnet Cicero als weibisch oder unmännlich (1,129). Cicero konkretisiert das einem Mann entsprechende und würdige Auftreten: Das Äußere soll Gesundheit und Abhärtung ausstrahlen, ebenso ist auf die Kleidung zu achten. Kriterium ist dabei das rechte Maß (mediocritas optima est), die Ausgeglichenheit und innere Stetigkeit (constantia) (1,130). Die innere Ausgeglichenheit soll sich äußerlich zeigen.[129] Übertriebene Hast ist ebenso zu meiden wie zur Schau gestellte Lässigkeit. Ziel ist es, „daß die Seelenbewegungen nicht im Widerspruch zur Natur stehen." (1,131). Einer der Orte, an dem die Würde und Schicklichkeit des Mannes unter Beweis gestellt werden kann und muss, ist die öffentliche Rede, sei es vor Gericht oder dem Senat (1,132).

Vor diesem Hintergrund bewertet Cicero verschiedene Berufe und Tätigkeiten als des freien Mannes unwürdig. Hierzu zählen Berufe, die gesellschaftlich missbilligt werden wie Zöllner, Geldverleiher oder Zwischenhändler für eingeführte Waren. Die Ablehnung dürfte darin begründet sein, dass diese Tätigkeiten nur darauf abzielen, von Anderen Geld zu bekommen, ohne dafür eine angemessene Leistung zu erbringen. Zwischenhandel ist für Cicero eine Form der Lüge.[130]

Handwerkliche Tätigkeiten, die mit Dreck und Schmutz zu tun haben, sind eines Freien absolut unwürdig.[131] Insgesamt hält Cicero Arbeitsverhältnisse auf Lohnbasis für inakzeptabel (1,150). Dagegen lobt Cicero – ganz im altrömischen Stil – die Tätigkeit in der Landwirtschaft. Nichts sei eines freien Mannes würdiger als der Ackerbau (1,151). Er begründet dies nicht weiter, sondern verweist auf Cato d. Ä., das Urbild des ehrenhaften römischen Staatsmannes.

Das 2. Buch thematisiert das Verhältnis von Nutzen und pflichtgemäßem bzw.

---

[128] 1,126: „Zunächst scheint schon die Natur viel Sorge auf unseren Körper verwendet zu haben. Denn sie hat unser Gesicht und die übrige Erscheinung, soweit sie ehrenvolles Aussehen hat, sichtbar vor Augen gestellt, die Körperteile aber, die, zur natürlichen Notdurft gegeben, ein unschönes Aussehen haben sollten, verdeckte und verbarg sie."

[129] So warnt Cicero auch davor, Leidenschaften über Gebühr äußerlich zu zeigen (1,136).

[130] Dem Händler, der im großen Stil Waren einführt und sie den Menschen ohne Gewinnsucht zur Verfügung stellt, bringt Cicero jedoch Wertschätzung entgegen (1,151).

[131] Der locus classicus der Haltung der römischen Nobilität zur handwerklichen Arbeit: „Alle Handwerker befassen sich mit einer schmutzigen Tätigkeit, denn eine Werkstätte kann nichts Edles an sich haben. Am wenigsten kann man die Fertigkeiten gutheißen, die Dienerinnen von Genüssen sind: ‚Fischhändler, Metzger, Köche, Geflügelhändler und Fischer' wie Terenz sagt. Füge, wenn es gefällt, hier hinzu: Salbenhändler, Tänzer und die ganze Zunft der Schausänger." (1,150).

4.6 Ciceros Konstruktionen vom Menschen

ehrenhaftem Handeln. Cicero beharrt hier auf der Einheit der Dinge und erörtert, dass pflichtgemäßes und ehrenhaftes Handeln unbedingt nützlich ist. Die Arbeit und der Einsatz für die res publica, für die vernünftige Gemeinschaft von Menschen, tragen zum Wohl der Gemeinschaft und des Einzelnen bei. Es ist förderlich und ehrenvoll zugleich. Er wehrt damit die Auffassung ab, dass privater und gemeinschaftlicher Nutzen auseinander klaffen.[132]

Wie das konkret aussehen kann, zeigt Ciceros Haltung zum Privateigentum. Er wehrt sich gegen jegliche Tendenz der Angleichung von Besitzverhältnissen. Der Schutz des Eigentums ist ein klares Ziel des Staates (2,73). Historischer Kontext sind die immer neuen Versuche populärer Politiker, Gesetze zur Verteilung von Grund und Boden an ärmere Bevölkerungsschichten zu verabschieden.[133] Eine derartige Verteidigung des Besitzes hat natürlich den Hintergrund, dass in den Augen Ciceros ein Angehöriger der römischen Nobilität einen ausreichend großen Besitz haben muss, damit er sich den Staatsgeschäften und anderen ehrenhaften Aufgaben widmen kann, ohne dabei an den Verdienst des Lebensunterhalts denken zu müssen. Cicero sieht sehr klar, dass der Besitz Basis der politischen Stellung ist.

In Ciceros Schrift zeigt sich deutlich, dass es ihm um ein exklusives Ethos der römischen Nobilität geht. Ehrenvolles und pflichtgemäßes Handeln ist nur im Dienst für die res publica möglich. Dieser Aufgabe können nur Angehörige der Oberschicht oder Männer, die durch Protektion an die Oberschicht herangeführt werden, nachkommen. Nur sie können Subjekte eines ehrenvollen und pflichtgemäßen Lebens sein.

Dieses exklusive Ethos wird begleitet von einem statischen Verständnis von Gesellschaft. Cicero trennt strikt zwischen Nobilität und plebs. Eine Aufweichung des Unterschiedes oder ein Verschieben der Grenzen ist für ihn unvorstellbar. Dies zeigt sich eindeutig an dem von ihm geforderten Festschreiben der wirtschaftlichen Unterschiede in der Gesellschaft.

Den Angehörigen des Volkes spricht Cicero zwar nicht das Menschsein ab,[134] aber ehrenvolles Handeln, von dem Cicero in „De officiis" spricht, liegt nicht im Bereich ihrer Möglichkeiten. Im Gegenteil: Sie und ihre Berufe werden von Cicero als unehrenhaft bewertet. Mit ihren Fähigkeiten und ihrer Vernunft können sie keinen eigenständigen Beitrag zur Entwicklung des Staates und der Kultur liefern. R. Müller betont zwar mit Blick auf 2,16, dass Cicero klar erkennt, dass Politiker ohne Unterstützung des Volkes keine Taten vollbringen könnten,[135] allerdings werden hier die Angehörigen des Volkes nicht als gleichberechtigte Mitarbeiter gesehen. Sie sind lediglich Handlanger, denen Cicero – wie 1,150 zeigt – in hohem

---

[132] Vgl. Fuhrmann, Cicero, 259f.
[133] Cicero erwähnt hier die Initiative des Volkstribuns Lucius M. Phillipus von 101 v. Chr.
[134] Schließlich betont er in „De re publica" das demokratische Element des römischen Staates: Das Volk wählt in der Volksversammlung die Magistrate.
[135] Vgl. Kultur, 342f.

Maße Verachtung entgegenbringt. Frauen – auch dies ist in „De officiis" klar zu sehen – bleibt die Sphäre des Ehrenhaften und Würdevollen verschlossen.

4.7 Leitbilder und kulturelle Entwicklung unter dem Prinzipat des Augustus

Die Vision des Cicero, die res publica auf den Werten der Vorfahren neu zu gründen, war von Beginn an zum Scheitern verurteilt. Der römische Staat steuerte auf eine Monarchie – in welcher Form auch immer – zu. Die Machtfülle der einzelnen Generäle war zu groß. Sie konnten nicht mehr in das institutionelle Gefüge des alten Staates eingepasst werden – es sei denn, sie entließen ihre Armee, was keiner tat.

Mit der Niederlage des Marcus Antonius bei Actium (31 v. Chr.) hatte sich schlussendlich Gaius Octavius durchgesetzt. Er war nun faktisch der erste Mann im Staat. Der Aufbau und die Festigung seiner Macht bedeuteten jedoch nicht das Ende der alten römischen Gesellschaft mit ihren Wert- und Moralvorstellungen, sondern einen einschneidenden Umbau mit starken restaurativen Tendenzen.

Augustus baute kein Königtum hellenistischer Prägung auf, wie es sein Onkel Gaius Julius Caesar wohl vorhatte.[136] Vielmehr richtete er von Beginn an sein Augenmerk darauf, sich und seine Position im Staat in die alte Verfassung zu integrieren.[137] Er wollte nicht gegen die res publica regieren, sondern mit ihr. Dabei knüpfte er auf verschiedene Weise an das politische Denken und die Kultur der Republik an und nahm sie für seine Zwecke in den Dienst.

Im Folgenden soll gezeigt werden, dass auch unter dem Prinzipat des Augustus und seiner Nachfolger die führende Schicht in der Gesellschaft immer noch an bestimmten Wertvorstellungen orientiert war und dass sie von der Gesellschaft auch an diesen Werten gemessen wurde. Gerade der Historiker Tacitus zeigt, wie lebendig diese Werte zu Beginn des 2. Jh. noch waren.

„Nach offiziellem Verständnis war der Prinzipat eine im Recht verfaßte Ordnung, welche die jahrhundertealten Institutionen der römischen res publica fortsetzte oder, wie man es genauer formulierte, sie nach den Wirren eines über 20 Jahre andauernden Bürgerkrieges ‚wiederherstellte'."[138] So lautet eine allgemeine und treffliche Charakterisierung der rechtlichen Einbindung der Herrschaft des Augustus.

Der Staatsakt im Januar 27 v. Chr. stellte den Auftakt zur rechtlichen Fundierung der Regierung des Augustus dar. Augustus gab – nach vorheriger Herstellung des Rechtsfriedens – seine Sondergewalten an den Senat zurück. Damit war u. a. auch

---

[136] Vgl. zum Einzelnen u.a. Christ, Kaiserzeit, 86.
[137] Wobei er sie natürlich aushöhlte.
[138] Bleicken, Augustus, 372. Grundlegend zu diesem Thema: Vgl. ebd., 297–390; Christ, Kaiserzeit, 86–104, Dahlheim, Kaiserzeit, 1–13.

die Rücknahme von einzelnen Maßnahmen aus der Zeit des Triumvirats verbunden. Dadurch wurden formal die Befugnisse des Senats, des wichtigsten Organs des alten Staates, wieder anerkannt. In diesem Zusammenhang spricht man von res publica restituta.[139]

Gleichzeitig übernahm Augustus ein langfristiges imperium proconsulare in den wichtigen Provinzen des Landes, in denen Legionen standen. Augustus blieb somit alleiniger Oberbefehlshaber über die Legionstruppen Roms.

Nach der Niederlegung des Konsulats 23 v. Chr. erhielt er die tribunizische Gewalt, d. h. die Leitung des Senats, die Vollmacht für Gesetzesinitiativen und das ius auxilii, das ihn berechtigte von Staats wegen Hilfe für jedermann zu leisten. Die tribunicia potestas bekam er auf Lebenszeit. Augustus betont in seinen res gestae, dass seine Herrschaft in der Tradition der alten Gesellschaft stehe (res gestae 6,34).[140] Seine Amtsgewalt (potestas) soll seiner Meinung nach nicht größer gewesen sein als die anderer im Staat. Allerdings hebt er seine besondere auctoritas hervor.

Bedenkt man jedoch seine Machtfülle als alleiniger Oberkommandeur der Truppen, so ist dies – und damit das gesamte Projekt der res republica restituta – ein klarer Etikettenschwindel. Bleicken betont, dass die Regierungsform der Herrschaft des Augustus trotz der Einbindung in die alte Gesellschaft eine Monarchie darstellt. Die Tatsache, dass Augustus seine Herrschaft auf diesem Umweg rechtlich verankerte, zeigt jedoch, wie nötig es seiner Meinung nach war, damit die Herrschaft Bestand hatte.

Die Reorganisation des Reiches nach dem langjährigen Bürgerkrieg bedurfte einer großen Anzahl von Menschen, die in der Lage waren, Aufgaben in der Verwaltung und dem Militär zu übernehmen. Augustus arrangierte sich mit der alten Senatsaristokratie – soweit sie den Bürgerkrieg überlebt hatte – und den Rittern. Diese Gruppen verfügten über die notwendige Erfahrung, an der Reichsregierung mitzuarbeiten. Eine Regierung gegen sie kam für Augustus nicht infrage. Die alten staatstragenden Gruppen wurden so in den neuen Staat eingebunden. Damit erhielten sie gleichzeitig wichtige Befugnisse und Kompetenzen im Staat.[141]

Ein Problem stellte jedoch die nach dem Bürgerkrieg arg reduzierte Schicht der Senatoren dar. Teile der alten Nobilität waren ausgerottet.[142] Der Senatorenstand musste im Prinzip neu konstituiert werden.[143] Der Kaiser steuerte und kontrollierte die Zusammensetzung des Senats. Er erhob Männer in den Senatorenstand und entfernte sie wieder daraus. Die Erhebung in den Senatorenstand war an ein Mindestvermögen von 1 Million Sesterzen gebunden. Allerdings griff der Princeps finanzschwachen Wunschkandidaten bereitwillig unter die Arme.

---

[139] Vgl. Bleicken, Augustus, 331.
[140] Vgl. Bleicken, Augustus, 331f.351ff; Christ, Kaiserzeit, 88.
[141] Die allerdings im Princeps ihre Grenze fanden.
[142] Vgl. Bleicken, Sozialgeschichte I, 279.
[143] Vgl. ebd., 284.

Wichtig war jedoch, dass die Neukonstituierung des Senatorenstandes mit der Wiederherstellung alter römischer Werte verbunden war.[144] Dies zeigt sich bei verschiedenen Gesetzen, die Augustus in Bezug auf die Lebensführung der Senatoren erlassen hatte.

Hier ist zunächst einmal das Gesetz gegen aufwendige Lebensführung zu nennen (lex Iulia sumptuaria).[145] Das Gesetz richtete sich gegen in den Augen des Kaisers übertriebene und aufwändige Kleidungsmoden und zu prunkvolle Feste.

Die Ehegesetze (lex Iulia de maritandis ordinibus, lex Iulia de adulteriis coercendis)[146] sollten einen rechtlichen Rahmen für kinderreiche Familien der Nobilität schaffen. Kinderlose Ehen wurden mit rechtlichen Sanktionen belegt. Ledige Senatoren wurden zur Ehe gezwungen. Ebenso wurde Ehebruch strafrechtlich verfolgt. Zum einen ging es natürlich darum, dass die biologische Basis der Senatorenschicht in Rom gesichert werden sollte. Zum anderen sollte sich die Nobilität durch eine besondere Lebensführung vor dem Volk auszeichnen. Sittliche Lebensführung – das war eine Aufgabe für die Oberschicht.

Das Laufbahndenken der alten Republik – der cursus honorum – blieb als Standesnorm erhalten.[147] Die Senatoren waren weiterhin bestrebt, möglichst hohe Staatsämter innezuhaben. War die Ausübung eines solchen Staatsamtes die Erfüllung der Pflichten gegenüber dem Gemeinwesen, so war jetzt der Princeps der Adressat der Pflichterfüllung. In diesem Sinne kann von dem Entstehen einer Dienstaristokratie gesprochen werden.

Die Ämterlaufbahn in Verbindung mit der Fürsprache und der Unterstützung durch den Kaiser erlaubte auch denen den gesellschaftlichen Aufstieg, die noch nicht in der Oberschicht etabliert waren.

Augustus sicherte den Oberen in Rom ihre herausgehobene gesellschaftliche Stellung. Sie mussten im neuen Staat mitarbeiten, d. h. ihm zu Diensten sein. Den Treuen winkte der Aufstieg, so dass die Konkurrenz innerhalb der Nobilität nicht mehr vor der Volksversammlung und im Senat ausgetragen wurde, sondern vor dem Thron des Princeps.

Augustus wertete in seiner Regierungszeit den Ritterstand massiv auf. Angehörige des Ritterstandes mussten frei geboren und unbescholten sein. Des Weiteren mussten sie ein Vermögen von 400 000 Sesterzen aufweisen. Die Ritter bildeten die neue Schicht von Verwaltungsfachleuten. Sie alle durchliefen eine militärische Laufbahn, so dass für die Ritter gerade der militärische Ehrenkodex wichtig war.

---

[144] Vgl. ebd., 288.
[145] Vgl. Bleicken, Augustus, 483.
[146] Vgl. ebd., 484–494.
[147] Vgl. ebd., 480.

4.7 Leitbilder und kulturelle Entwicklung unter dem Prinzipat des Augustus

Entgegen dem Trend zur Hinwendung zu Mysterienreligionen und philosophischen Strömungen, die das Individuum in den Mittelpunkt stellten,[148] kam es unter Augustus zur Restauration alter römischer religiöser Traditionen und Kulte.[149] Die alte Religion wurde wieder aufgerichtet. Der Niedergang des Staates wurde als Folge der Vernachlässigung der religiösen Pflichten gegenüber den römischen Göttern gedeutet. In der alten römischen Religion hatten die Angehörigen der Oberschicht wichtige Aufgaben inne. Die religiöse Restaurationspolitik wies der Nobilität eine für den Erhalt des Staates wichtige Funktion zu.

In der Literatur der augusteischen Zeit wird die Restauration alter Traditionen und Wertvorstellungen besonders gut greifbar. In der Aeneis gibt Vergil dem Prinzipat des Augustus ein mythisches Fundament. Aeneas wird zum Ahnherr des Augustus. Er gründet in Italien das neue Troja und erfüllt so den Auftrag der Götter. Seine Treue gegenüber seinen Ahnen und die Folgsamkeit gegenüber dem göttlichen Willen machen ihn zum Prototypen der augusteischen Wertvorstellungen.[150]

Die Bedeutung der Frühzeit Roms für die Herrschaft des Augustus lässt sich an der Darstellung des Schildes, den – geschmiedet von Vulcan – Aeneas von Venus bekommt (Aen 8,608ff), veranschaulichen (8,630–728). Auf dem Schild sind Ereignisse und Begebenheiten der römischen Geschichte gezeigt, auf die sich die besonderen Qualitäten des römischen Volkes gründen.[151]

Die Darstellung des Schildes beginnt bei Romulus, dem mythischen Gründer Roms (630–641). Der Ort, an dem Romulus und Remus von der Wölfin gesäugt werden, ist die Höhle des Mars. Dies verweist auf die enge Bindung Mars' an Rom. Mars bietet den Urahnen Roms Schutz. Der Gott Mars war der Garant der Herrschaft Roms über die Welt. Die Ara Pacis Augustae stellt den Mars als Ahnherrn Roms dar. Ebenso ist Mars während der Prinzipatszeit Schutzgott des Kaisers auf seinen Feldzügen.[152]

Die Schilderung fährt dann mit dem Freiheitskampf Roms gegen die Könige und äußeren Feinde fort (642–651). Der Kampf der Nachfahren Aeneas' für die Freiheit Roms wird hier besonders hervorgehoben (648). Die Eroberung Roms und die Verteidigung des Capitols durch Manlius ist das nächste Motiv (652–662). Neben dem Kampf für Rom sind auch alte römische Kulte auf dem Schild zu sehen, wie z. B. die Luperci.[153] Damit wird an das alte römische Königsfest Lupercalia erinnert. Der Ort des Festes – der Lupercal – ist nach dem Mythos der Ort, an dem Romulus und Remus von der Wölfin gesäugt wurden. Das Fest, das bereits unter Caesar wie-

---

[148] Vgl. zur Zuspitzung auf das Individuum in der Philosophie der hellenistischen Epoche Hossenfelder, Stoa, 32f; zu den Mysterienkulten vgl. Kloft, Mysterienkulte, 96–101.
[149] Vgl. Christ, Kaiserzeit, 158ff. Augustus brüstet sich in res gestae 20 der Wiedereinweihung von 82 Tempeln.
[150] Vgl. Bleicken, Augustus, 521f.
[151] Vgl. Binder, Aeneas, 190–202.
[152] Vgl. Ley, Mars.
[153] Vgl. Baudy, Lupercalia.

der aktiviert wurde, diente der mythischen Fundierung der Herrschaft des Augustus. Die Darstellung der Matronen (665) erinnert an das Weihegeschenk der römischen Frauen für Apollon nach dem Sieg über die Stadt Veii.[154] Frauen hatten ihren Goldschmuck für dieses Geschenk hingegeben. Sie gaben ihren Besitz zum Wohle des Staates hin. Damit werden sie und ihr Handeln zu einem Beispiel für wahrhafte römische Frömmigkeit. Diese Frömmigkeit soll für die Erneuerung des Staates nach dem Bürgerkrieg beispielhaft sein.

Mit der Darstellung des Catilina (667–668) präsentiert Vergil den Antityp des Römers.[155] Er ist der Umstürzler der Ordnung Roms und somit der Feind der Concordia im Staat. Auf dem Schild sieht Aeneas den Catilinia im Tartarus, in der Unterwelt. Dorthin hat Zeus die Titanen verbannt. Die Qualen des Catilina erinnern an die Strafen, die über Prometheus, den Prototyp des Aufbegehrers gegen die göttliche Ordnung, verhängt wurden (vgl. u. a. Ovid carm. 2,13,37ff).[156] Neben der Art der Strafen verweist auch der Ort ("der nackte Fels") auf Prometheus, der an einen Fels gekettet täglich von einem Adler gequält wurde. Die Tartarusstrafen verweisen auch auf Aen. 6,621f. Dort werden diese Strafen Marcus Antonius wegen seiner Bestechlichkeit angedroht. Der geschlagene Erzrivale des Augustus wird so mit Catilina auf eine Stufe gestellt. Sie beide sind in der römischen Geschichte die herausragenden Negativbeispiele für ein Leben gegen die Ordnung. Die Aeneis propagiert damit ein Leben nach den römischen Ordnungen, die unter der Obhut und richtenden Gewalt der Götter stehen. Demgegenüber ist es beinahe erstaunlich, dass Cato Uticensis (8,670), dem Gegner und Mörder Caesars, in der Aeneis mit einer besonderen Hochachtung begegnet wird. Als Selbstmörder[157] dürfte er eigentlich nicht in das Elysium einziehen. Doch Vergil stellt es hier so dar, dass Cato sich dort befindet. Vergil schildert Cato als den Typ des Politikers, der das Recht wahrt. Iura dare (8,670) meint neben der Pflege und Wahrung des Rechts das Prinzip der Gerechtigkeit als Richtschnur politischen Handelns. Dies ist ein Hinweis darauf, dass unter Augustus die Rechtssicherheit im Reich wieder hergestellt wurde und dass seine Regierung vom Prinzip der Gerechtigkeit geleitet wird.[158]

Die Gegenüberstellung von Cato und Catilina zeigt deutlich, wie Vergil den Konflikt zwischen Marcus Antonius und Gaius Octavius bewertet. Der Letztere ist der Verteidiger des Rechts und der Ordnung, während Antonius diese zerstören wollte.[159] Die Schlacht von Actium (671–713) stilisiert Vergil als Krieg der Götter.

---

[154] Die etruskischen Stadt Veii war das ganze 5. Jh. über die Hauptkonkurrentin Roms im Tibergebiet. Die Eroberung der Stadt 396 bildete quasi den Beginn des Weges Roms zur Großmacht in Italien. Vgl. Bringmann, Republik, 35f.
[155] Vgl. Binder, Aeneas, 202f
[156] Vgl. ebd., 205ff.
[157] Cato nahm sich nach der Niederlage bei Munda gegen die Truppen Caesars in Utica das Leben. Vgl. Christ, Krise, 378; Stein-Hölkeskamp, Cato, 304f.
[158] Vgl. Binder, Aeneas, 210.
[159] Vgl. ebd., 211f.

4.7 Leitbilder und kulturelle Entwicklung unter dem Prinzipat des Augustus 79

Apollo selbst greift entscheidend für Augustus in den Kampf ein (704ff). Kleopatra wird hier als Isis (696) gezeichnet.[160] Der römische Gott siegt über die Göttin des Ostens.

Augustus selbst wird von Vergil als frommer Römer geschildert. Die Heimatgötter begleiten ihn in die Schlacht, ebenso das Volk und seine Vorfahren (679). Nicht für die persönliche Würde, sondern für das Wohl Roms und in Übereinstimmung mit den Gründern Roms und denen, die es groß gemacht haben, zieht Augustus in den Krieg. Die Beschreibung des Schildes läuft auf die Triumphszene nach Actium zu (714–728). Augustus empfängt am Apollo-Tempel auf dem Palatin die Geschenke der Völker der Welt. Augustus ist der von den Göttern gewollte Herrscher, der in der Stunde seines Sieges die alte Religion pflegt und fördert (8,715–719).

Am Schild des Vulcan lässt sich pointiert die Intention des Vergil zeigen. Er bietet eine Geschichtsschau von der Frühzeit Roms bis Augustus. Augustus vollendet das, was die Helden der Frühzeit begonnen haben. Er steht in ihrer Tradition: Ihn zeichnet in noch größerem Maße aus, was die Vorfahren auszeichnete. Durch den Rückbezug auf bestimmte Ereignisse der Geschichte Roms entwirft Vergil das Leitbild eines Lebens, das sich nach den alten römischen Werten und der alten römischen Religiosität ausrichtet. Dies soll das Fundament der neuen Gesellschaft werden. Augustus lebt im besonderen Maße nach diesem Leitbild: Mutig zieht er in den Krieg, um das Werk der Vorfahren gegen den Ansturm aus dem Osten zu verteidigen. Dabei vertraut er auf die römischen Götter, die ihm auch beistehen. Damit wird er zum idealen Menschen seiner Zeit.

Eine vergleichbare Rückbesinnung auf die römischen Werte findet sich in den so genannten Römeroden des Horaz.[161] In seinen Gedichten ruft Horaz zur Rückkehr zur Sitte der Väter auf. Der Abfall von den Werten der Väter und der traditionellen Religion ist die Ursache für die leidvolle Situation des römischen Staates. Deshalb preist Horaz die Wiederherstellung der Tempel durch Augustus (carm. 3,6,1–8.17–20). Die Weltherrschaft ist – so Horaz – Ausdruck des göttlichen Willens. Bleiben die Römer bei der väterlichen Sitte und der tradierten Religion, so wird diese Herrschaft Bestand haben (3,3,41–56). Als weiteres Bespiel wäre noch kurz Livius und sein Werk „Ab urbe condita" zu nennen. Auch er sieht in der Hinwendung zur Geschichte Roms die Gelegenheit, Beispiele für vorbildhaftes Verhalten und Leben zu finden. Die Beschäftigung mit der Vergangenheit dient dazu, für die eigene Gegenwart zu lernen (Liv. praef. 10). Die Vorbilder der Vergangenheit waren natürlich Männer, die nach den römischen Tugenden lebten.[162]

---

[160] Vgl. Bleicken, Augustus, 749.
[161] Vgl. Kienast, Augustus, 285f.
[162] Vgl. Bleicken, Augustus, 520; Christ, Geschichte, 141f; Grant, Klassiker, 196.

Es bleibt jedoch festzuhalten, dass diese literarischen Werke nicht einfach Hofliteratur waren, sondern insgesamt das kulturelle Klima der Zeit widerspiegeln.[163] Augustus nutzte diesen Zeitgeist für seine Politik aus. „Das Zeitbewußtsein entsprach nicht völlig der offiziösen Weltsicht, fiel aber doch zu einem nicht geringen Teil mit ihr zusammen. Augustus benötigte keine Propaganda – im modernen Sinne – zur Verbreitung seiner politischen Ideen, betrieb keine Gehirnwäsche, um ältere Gedanken auszutreiben und dafür andere an ihre Stelle zu setzen, und er hat die römische Welt nicht in der von ihm gewünschten Weise total politisiert. Aber die Intensität, mit der er vorhandene Strömungen betonte und auf seine Person ausrichtete, anderes abdeckte, bewirkte letztlich eine Vereinheitlichung der politischen Ideenwelt, die in ihrer Massivität und Unausweichlichkeit zu einem allgemeinen Kodex der politischen Moral und des politischen Verhaltens führte, dessen Sinn sich durch die Allgemeinheit, die Austauschbarkeit und Unerreichbarkeit der propagierten Verhaltensweisen allmählich zu entleeren begann."[164]

4.8 Konstruktionen vom Menschen im Prinzipat nach Augustus

Trotz aller restaurativen Bemühungen entwickelte sich die römische Gesellschaft des Kaiserreichs von der alten res publica weg. Die Bündelung der Macht in der Hand eines Mannes bedeutete eine tief greifende Veränderung, die für das Gefüge der Gesellschaft und das kulturelle Klima nicht folgenlos bleiben konnte. Wie bereits gesagt, befanden sich die Senatoren in Konkurrenz um die Gunst des Kaisers. Das Wohlwollen des Kaisers entschied über das Wohl und Wehe politischer Laufbahnen (und häufig genug auch über das Leben einzelner Angehöriger der Oberschicht). Dies hatte zur Folge, dass die angestammten Familien der Nobilität nahezu bedeutungslos wurden und immer mehr gesellschaftliche Aufsteiger an Bedeutung gewannen. Bemerkenswert ist jedoch, dass das senatorische Standesbewusstsein erhalten blieb.[165] Die römische Nobilität sah sich auf Grund der Machtkonzentration in der Gestalt des Kaisers vor die Frage und das Problem gestellt: Wie verhalte ich mich gegenüber dem Kaiser?[166] Wie diese Frage beantwortet wurde, zeigen auf je unterschiedliche Art und Weise die Werke von Seneca und Tacitus.

Die Frage nach dem richtigen und angemessenen Verhalten gegenüber dem Princeps nahm die Forderung Ciceros an seine Zeitgenossen, sich für das Gemein-

---

[163] Vgl. Kienast, Augustus, 297ff. So taucht neben skeptischen Bemerkungen bei Livius sogar in der Aeneis Kritik an Caesars Haltung gegenüber Catilina auf: Caesar forderte für Catilina eine harte Bestrafung anstatt sich milde zu zeigen (8,668f). Vgl. Binder, Aeneas, 206.
[164] Bleicken, Augustus, 538f.
[165] Vgl. dazu Eck, Elite.
[166] Vgl. zur Charakterisierung des geistigen Klimas Fuhrmann, Seneca, 62f.

4.8 Konstruktionen vom Menschen im Prinzipat nach Augustus

wesen zu engagieren, auf. Für den Staat zu arbeiten, das war auch im Kaiserreich ein bleibendes Ziel für die Nobilität. Da die Arbeit für den Staat jedoch gleichbedeutend mit dem Dienst für den Kaiser war, stellte sich für den römischen Senator folgendes Problem: Diene ich dem Staat oder versuche ich mich beim Kaiser beliebt zu machen? Arbeite ich für den Staat oder bin ich nur ausführendes und austauschbares Organ der kaiserlichen Macht?

Die Freiheit des Einzelnen und die Macht des Kaisers gerieten miteinander in Konflikt. Die Einzelnen fanden in der Macht des Princeps ihre unverrückbare Grenze.

4.8.1 Seneca und das Leitbild des stoischen Weisen

4.8.1.1 Die römische Stoa im Kontext der hellenistischen Kultur

Seneca reinterpretierte in seinen Werken die stoische Philosophie unter den Bedingungen des Prinzipats. Er war wie Cicero ein homo novus. Aus der Provinz kommend gelangte er an die Spitze des römischen Reiches. Die Nähe zur Macht bedeutete jedoch sein Ende.

Sein Leben und politischer Aufstieg spiegeln das wechselvolle Leben der römischen Oberschicht im Prinzipat wider.[167] Gleich zu Beginn der Karriere wird Seneca verbannt. Die Laufbahn scheint, bevor sie überhaupt begonnen hat, beendet zu sein. An der Spitze des Reiches, als Erzieher Neros und Regierungschef neben Sextus Afranius Burrus, macht ihn Nero zum Werkzeug seiner skrupellosen Machtpolitik und lässt ihn seine Mutter aus dem Weg räumen. Jene Frau, die Seneca erst an die Macht gebracht hat, muss er beseitigen lassen. Seneca selbst wird dann von Nero aus seinen Machtpositionen gedrängt und schlussendlich in den Tod getrieben.

Wie soll man mit den Unwägbarkeiten und Wechselfällen des Lebens umgehen? Das Leben wird als unsicher erfahren, man fühlt sich ausgeliefert an die Mächte, die den Lauf der Welt bestimmen. Die Stoa hat den Menschen im Blick, der versucht, im unsicheren Feld der Politik Boden unter die Füße zu bekommen bzw. Boden unter den Füßen zu behalten.

Die Philosophie der Stoa ist – wie andere philosophische Richtungen des Hellenismus – unter vergleichbaren Bedingungen entstanden: Die vertrauten politischen Systeme der einzelnen Polis waren zusammengebrochen. Großreiche mit unüberschaubarem Ausmaß bestimmten nun das politische Geschehen.[168] Das ‚politische Programm' der Polis – Selbstbestimmung des Gemeinwesens durch seine Bürger – war durch die einzelnen Diadochenherrscher zerstört worden. Sie bestimmten jetzt die Geschicke der Menschen.[169] Dabei bildeten die Diadochen Formen einer abso-

---

[167] Zur Biographie Senecas vgl. Fuhrmann, Seneca.
[168] Gegen Hossenfelder, Stoa, 25ff, der diese Erklärung des Hellenismus ablehnt.
[169] Zu dieser Charakterisierung der gesellschaftlichen Voraussetzung der hellenistischen Kultur vgl. Gehrke, Hellenismus, 71–73.

luten und religiös überhöhten Herrschaft heraus. Der König wurde der Sphäre des Menschlichen entrückt, was die Situation der Fremdbestimmung noch verschärfte.[170] Zu den politischen Veränderungen kamen die kriegerischen Konflikte zwischen den Nachfolgern Alexanders um sein Erbe, die massive wirtschaftliche und soziale Nöte nach sich zogen. Gehrke charakterisiert das Grundgefühl der Epoche mit den Worten „Ausgeliefert- und Geworfensein".[171]

Gleichzeitig entgrenzt sich im Zuge der Eroberungen Alexanders der Wahrnehmungshorizont. Der östliche Mittelmeerraum bis weit nach Persien und Ägypten hinein wird durch die griechische Kultur geprägt. Diese Entgrenzung trägt dazu bei, dass das Individuum die Räume, die sein Leben beeinflussen und bestimmen, nicht mehr überschauen kann.

Hossenfelder meint, dass die Epoche des Hellenismus durch ein einheitliches Problembewusstsein gekennzeichnet ist.[172] Das Individuum ist nun nicht mehr das politische Wesen,[173] es geht vielmehr um das Streben des Individuums nach Glück. Dabei rückt die praktische Philosophie in den Mittelpunkt der philosophischen Diskussionen.

Das römische Weltreich hatte den Raum, den es zu überblicken und geistig zu durchdringen galt, weiter entgrenzt. Die Situation verschärfte sich somit noch einmal.

Für die römische Nobilität war das Problem des Ausgeliefertseins jedoch relativ neu. Sie machte die Erfahrung der absoluten Herrschaft erst im Bürgerkrieg und unter dem Prinzipat des Augustus und seiner Nachfolger. Die Wirren des Bürgerkrieges mit seinen zahllosen Proskriptionen und die Unwägbarkeiten der kaiserlichen Herrschaft (z. B. in Bezug auf Prozesse wegen Majestätsbeleidigung)[174] lassen das Leben als schicksalhaft erscheinen. In dieser geistigen Situation wenden sich zahlreiche Angehörige der Oberschicht der Stoa zu und interpretieren sie in der ihnen gewissermaßen aufgegebenen Situation.

4.8.1.2 Seneca und die Stoa

Der Natur folgend leben/ἀκολούθως τῇ φύσει ζῆν (SVF 3,4)[175] – diese Formel Chrysipps kennzeichnet die stoische Philosophie grundlegend und benennt das Thema dieser philosophischen Richtung. Es geht um den Zusammenhang von Lebensfüh-

---

[170] Vgl. Gehrke, Hellenismus, 46ff.
[171] Ebd., 72: „Man fühlte sich als Opfer des Geschehens, passiv durchaus im Leidenssinn."
[172] Vgl. Antike, 32ff.
[173] So noch Aristoteles.
[174] Seit der lex Iulia de maiestate – von Augustus erlassen – konnten Beleidigungen und Schmähungen gegen den Kaiser rechtlich verfolgt werden. Dieses Gesetz wurde zum Instrument, um oppositionelle Senatoren aus dem Wege zu räumen. Vgl. Christ, Kaiserzeit, 187ff.
[175] Vgl. Forschner, Ethik, 9; Hossenfelder, Stoa, 45.

4.8 Konstruktionen vom Menschen im Prinzipat nach Augustus

rung und Natur. Die stoische Philosophie erarbeitete eine naturphilosophische Grundlegung der Ethik.[176] Im Einklang mit der Natur leben – das meint eine Begründung der Lebensführung aus der Natur. Die Stoa versuchte der Lebensführung eine tragfähige Grundlage zu geben, als das Polissystem seine normative Kraft verloren hatte. Nicht mehr die Polis, sondern die Natur war jetzt der Bezugsrahmen der Ethik.[177]

Die Stoa knüpfte an philosophische Diskurse über das Verhältnis von Physis und Nomos an,[178] wobei für die Stoa gerade Platos Ansatz, die Frage nach dem Gutem ontologisch zu beantworten, von Bedeutung gewesen ist: Getreu ihrem Ziel, dass der Mensch im Einklang mit der Natur leben soll, setzt die Stoa innerhalb der Ethik bei der Natur des Menschen an. Dabei beobachteten stoische Philosophen beim Menschen einen Grundtrieb, den er mit anderen Lebewesen gemeinsam hat. Der Grundtrieb des Menschen ist es, sich selbst zu erhalten (DL 7, 85f, Sen. epist. 41,8; 121,17).[179] Der Mensch ist von der Natur dazu geschaffen, für sich selbst zu sorgen. Dies ist der Ansatz der sog. Oikeosis-Lehre der Stoa.[180] Der Mensch lebt nach dem, was ihm eigen ist, was zu seinem Wesen als Menschen gehört.

Zur Selbsterhaltung gehört für die Stoa auch die Sicherung der Art, die Zeugung von Nachkommenschaft (Cic. fin. 3,19.62.).[181] Für Cicero impliziert dieser Trieb auch den Aspekt, mit anderen Menschen in Gemeinschaft zu leben (fin. 3, 20.65; ebenso Epikt. 3, 3,5).[182]

Der Trieb des Menschen zur Selbsterhaltung unterscheidet ihn zunächst wenig von den Tieren, die durch einen vergleichbaren Trieb gekennzeichnet sind. Es ist der Logos, die Vernunft, die den Menschen insbesondere auszeichnet. „Mit dem Logos ist zunächst eine spezifische Fähigkeit gemeint, die dem Menschen ... von Natur aus keimhaft mitgegeben ist und an deren Entfaltung er ein naturwüchsiges Interesse hat."[183] Forschner macht darauf aufmerksam, dass trotz der natürlichen Gabe der Vernunft nicht alle Menschen gemäß der Vernunft handeln.[184] Der Mensch wird nicht einfach durch die natürliche Vernunft getrieben. Vielmehr gilt, dass der Mensch in seinen Entscheidungen und Handlungen diese Vernunft gebraucht. Er muss eine Handlung als gut oder falsch beurteilen können. Vernunft ist

---

[176] Vgl. zusammenfassend Böckenförde, Staatsphilosophie, 132f: Die Ethik baut in der Stoa auf Logik und Physik auf.
[177] Vgl. ebd., 128f. Zu vergleichbaren Problematik bei den Kynikern vgl. Kap. 4.5.
[178] Vgl. Forschner, Ethik, 9ff.
[179] Vgl. Forschner, Ethik, 145f; Hossenfelder, Stoa, 65ff; Hauskeller, Ethik, 196ff.
[180] Zum Begriff vgl. Forschner, Ethik, 144–150.
[181] Vgl. Forschner, Ethik, 148. Böckenförde, Staatsphilosophie, 140 hebt hervor, dass aus dem ζῷον πολιτικόν ein ζῷον κοινωνικόν geworden ist. Nicht mehr die Polis, sondern der riesige Raum der Diadochenreiche mit einem vergleichsweise einheitlichen kulturellen Rahmen bildet den Bezugsrahmen solcher Vorstellungen.
[182] Vgl. Forschner, Ethik, 148.
[183] Forschner, Ethik, 156; Theißen, Status, 73.
[184] Vgl. Forschner, Ethik, 157.

somit nicht einfach „etwas Gegebenes, sondern auch … etwas Aufgegebenes, das er (der Mensch CJB) durch eigenes Tun vollenden und verfehlen kann."[185]

Die natürlichen Triebe, die dem Menschen eigen sind, stellen die natürliche Basis für vernünftiges und gutes Handeln dar. Die sittliche Person des Menschen konstituiert sich allerdings erst in der reflexiven Aufnahme der natürlichen Anlagen.[186] Da die Vernunft Gabe der Natur ist, verläuft ein Leben, das von der Vernunft geleitet wird, im Einklang mit der Natur.[187]

Die menschliche Vernunft, die Weisheit, wird in der Stoa als Individuation der Weltvernunft verstanden.[188] Der Mensch hat Anteil an der Weltvernunft, die alles durchdringt.[189] Wenn der Mensch nun gemäß der Natur leben will, so muss er im Einklang mit der kosmischen Vernunft leben. Der Logos zeichnet sich durch „vollendetes Wissen, unabhängige Selbsttätigkeit, planvoll schaffende Aktivität, gesetzlich einigende Kraft"[190] aus. Diese Eigenschaften gilt es auszubilden, wenn der Mensch im Einklang mit der Natur leben will. Der Mensch soll frei, autark und selbstständig leben. Zum Leben gemäß der Vernunft gehört auch, dass der Mensch seinen Ort im Universum erkennt und die Ordnung im Kosmos wahrnimmt. Die Stoa geht, da der Kosmos vom Logos durchdrungen ist, davon aus, dass er wohlgeordnet ist und dass Geschehnisse in ihm zweckmäßig sind.[191] Dieses zu erkennen und tätig mitzuverfolgen, ist Aufgabe des stoischen Weisen. „Der menschliche Logos als vernünftiges Streben wird absolut gerade dadurch, dass er all das, was ihm widerfährt und unverfügbar vorgegeben ist, als Leitung des göttlichen Tuns bejaht und damit zum Gegenstand des eigenen Strebens transformiert."[192] Vernunft heißt, die Vernünftigkeit der Natur erkennen.[193] Das menschliche Handeln richtet sich an dem Nomos der Weltvernunft aus. Die Antithese der Sophistik wird hier überwunden.[194]

Die Ausrichtung des Handelns am Logos soll eine Hingabe des Menschen an die Leidenschaften, die Affekte, verhindern. Affekte sind für Stoiker „unvernünftige Bewegungen der Seele" (SVF 3,396).[195] Menschliche Triebe richten sich nach Dingen aus, die wider die vernünftige Natur sind. In Anlehnung an platonische Philo-

---

[185] Ebd.
[186] Vgl. Forschner, Handeln, 54. „Die Vernunft ist nicht nur seine eigentliche Natur, sondern sie ist eine Gabe der Natur, und sie ist ihm gegeben, damit er etwas damit anfängt." Hauskeller, Ethik, 203.
[187] Vgl. Hauskeller, Ethik, 203f.
[188] Vgl. Forschner, Ethik, 163.
[189] Zum Logos vgl. Forschner, Ethik, 163.
[190] Ebd., 164.
[191] Hauskeller, Ethik, 212.
[192] Forschner, Ethik, 164f.
[193] Vgl. ebd., 207.
[194] Vgl. Böckenförde, Staatsphilosophie, 134f. Menschliche Gesetze werden im Unterschied zum Nomos der Welt als Satzungen verstanden, die nicht der Natur angehören. Vgl. ebd., 135.
[195] Vgl. Hossenfelder, Stoa, 48.

4.8 Konstruktionen vom Menschen im Prinzipat nach Augustus

sophie kennen Stoiker vier Gattungen von Affekten: Lust, Unlust, Begierde und Furcht.

Wie die reflexive Aufnahme der natürlichen Anlagen geschieht, ob dies ein prozesshafter Vorgang ist oder ein einmaliger Akt, bei dem man zur Weisheit durchdringt, ist in der stoischen Philosophie umstritten. In seiner Darstellung der stoischen Philosophie im 3. Buch von „De finibus" präsentiert Cicero die stoische Position, dass das Erlangen der Weisheit kein Prozess ist: Das Bild vom Ertrinkenden (3,48) soll deutlich machen, dass es egal ist, wie weit der Untergehende von der Wasseroberfläche entfernt ist. Er wird sterben, wenn er keine Luft bekommt. Dies wird auf die Weisheit übertragen. Entweder hat man die Weisheit erreicht und lebt nach ihr oder nicht. Ein Fortschreiten auf die Weisheit hin ist irrelevant.[196] Diese Position geht von einer klaren Trennung von Weisen und Toren aus. Seneca hingegen differenziert diese Position, ohne den stoischen Grundsatz zu verlassen, dass das höchste Gut nicht steigerungsfähig ist.[197] Er beschäftigt sich in den „Epistulae morales" intensiv mit der sukzessiven Aneignung philosophischer Erkenntnis. Das Erlangen der Weisheit ist ein Prozess des Einübens und der Vertiefung (epist. 16,2–3; 71,28.34–37). Seneca unterscheidet weiterhin klar in Weise und Tore, allerdings nur im Hinblick darauf, ob man das summum bonum schon erreicht hat. Allerdings trennt er die, die sich auf dem Weg zur Weisheit hin befinden, von den Toren. Stoische Philosophie muss nach Seneca Erziehung zur Weisheit leisten. Dabei hat Seneca nicht nur Lehrer-Schüler-Verhältnisse im Blick. Für ihn ist auch die Freundschaft (amicitia) der Ort, an dem Philosophie gelehrt wird. Freundschaft versteht Seneca als geistige Gemeinschaft, die allen zum Fortschritt auf die Weisheit hin verhilft (epist. 35,2–3).[198]

In der Stoa wird zwar von der Gleichheit der Menschen in Bezug auf ihre natürlichen Anlagen ausgegangen,[199] allerdings unterscheiden sich die Menschen im Hinblick auf die Realisierung der Anlagen in ihrem Leben (SVF 3,197.3, 308–366; 3,245). Den Weisen, also denjenigen, die in Einklang mit der Natur leben, stehen die Toren gegenüber. Dabei ist klar, dass die Mehrheit der Menschen nicht zu denen zählt, die ihr Leben konsequent am Logos ausrichten. Die Stoa zeichnet sich somit durch ein elitäres Weisheitsverständnis aus. Nur wenige werden zu den Weisen gezählt oder, entsprechend der Diktion Senecas, wenigstens zu den „Fortgeschrittenen". Auch wenn ein Sklave wie Epiktet zum Lehrer der stoischen Philosophie aufgestiegen ist,[200] so ist die Masse der Menschen von philosophischen Bildungsmöglichkeiten ausgeschlossen. Sie können – in der Sicht der Stoa – trotz ihrer angeborenen Vernunft nicht im Einklang mit der Natur leben, sondern geben sich

---

[196] Vgl. Hossenfelder, Stoa, 67f.
[197] So das Ergebnis der Studie von Hengelbrock zu Seneca.
[198] Vgl. Hengelbrock, Problem, 97ff.
[199] Vgl. Hossenfelder, Stoa, 57. 66.
[200] Vgl. Wengst, Philemon, 85f.

ihren Trieben hin. Die Stoa betont zwar die Gleichheit der Menschen im Hinblick auf die Vernunft, die allen Menschen gegeben ist. Was jedoch nützt dieser Ansatz, wenn so viele Menschen nicht in der Lage sind, diese natürliche Anlage auszubilden, um sie für den Lebensvollzug nutzen zu können?[201]

Wie Seneca die Mehrheit der Menschen einschätzt und bewertet, das zeigt sich in der Einleitung zu seiner Schrift „De vita beata" (1,2–3,1). Seneca muss sich mit dem Vorwurf auseinander setzen, dass sein immenser Reichtum sich nicht mit der von ihm geforderten philosophischen Lebensweise vereinbaren lässt.[202] Seneca verteidigt in „De vita beata" seinen Reichtum. Bevor er jedoch seinen Entwurf von einem glücklichen Leben darlegt, macht er deutlich, wie wenig er vom Urteil der Mehrheit hält, und dass ein Leben, das sich nach diesem Urteil richtet, direkt ins Verderben führt. Von der Masse ist kein gutes Urteil, kein guter Rat zu erwarten. Sich an die Meinung anderer anzupassen, bringt Schaden. Seneca illustriert dies mit dem Bild der Massenpanik: „Keiner fällt, ohne einen anderen auf sich zu ziehen, und die Vordersten bringen den Nachfolgenden Verderben – das kannst du überall im Leben sich ereignen sehen. Niemand geht für sich in die Irre, sondern ist auch Grund und Urheber fremden Irrtums" (1,4). Jemand anderem zu folgen, das ist für Seneca vergleichbar mit Vieh, das der Herde folgt (1,3). Die Meinung der breiten Mehrheit ist für Seneca per se verdächtig: „Der große Haufe ist ein Beweis für das Schlechteste." (2,1). Seneca will zu einem eigenständigen Urteil bezüglich der Lebensführung anleiten. Dies tut er allerdings, indem er alle Register der Vorurteile gegenüber dem Volk zieht. Der stoische Weise erhebt sich hier majestätisch über die Mehrheit, die für ihn wertlos ist und die er verachtet. Der stoische Kosmopolitismus führt hier nicht zur allgemeinen Achtung vor den Menschen. Der Philosoph blickt auf die Masse der Toren herab. In epist. 87,15–17 diskutiert Seneca das Problem, ob auch die Niedrigsten mit ihren Tätigkeiten Güter (d. h. das höchste Gut) erwerben können. Seneca spricht Lehrern, Nautikern oder Köchen ab, dass sie Güter erreichen können. „Was gerade den Verachtesten zufällt, ist kein Gut." (epist. 87,18) Nur ein vir bonus ist dazu in der Lage. Ein Mann von seelischer Größe ist von solch niederen Arbeiten und Tätigkeiten fern zu halten.[203]

Hauskeller spricht in Bezug auf ein Leben, das entsprechend der Natur geführt wird, von einer „Ethik der Hinnahme".[204] Dies hat – wie Forschner es zeigt – eine klare praktische Seite. Sie zeigt sich in den Zielen menschlichen Handelns. Ein Mensch, der nur nach den Dingen strebt, über die er nicht vollständig verfügen kann, von denen er also nicht weiß, ob er sie erreicht, unterwirft sich dem Drang,

---

[201] Genau dies berücksichtigt Theißen, Status, 73 nicht. Somit bleibt die stoische Philosophie an diesem Punkt unhinterfragt.
[202] Vgl. Fuhrmann, Seneca, 235.
[203] Dies formuliert Seneca in De ira 2,21,4 in Bezug auf die wünschenswerte Erziehung eines Jungen, der zum vir bonus werden soll. Vgl. Wengst, Demut, 19.
[204] Ethik, 250.

4.8 Konstruktionen vom Menschen im Prinzipat nach Augustus

diese Ziele zu erreichen. Die Freiheit erlangt der stoische Weise nur, wenn er sich von solchen Zielen distanziert.[205] Der Umgang mit den Gütern der Welt ist deutlich von dieser Distanz geprägt. Der Weise geht mit ihnen in dem Wissen um, dass sie ihm, so wie er sie bekommen hat, auch wieder genommen werden.[206] Dadurch unterwirft er die Triebe der Vernunft. Ziel des Lebens im Sinne der Stoa ist es, sein eigenes Streben und Handeln an der kosmischen Vernunft auszurichten und die Rolle, die einem von der Vernunft zugedacht ist, tätig anzunehmen. Durch die Distanz zur äußeren Welt erlangt der stoische Weise Unabhängigkeit und kommt zu Selbstgewissheit und Gelassenheit. Ziel des Lebens ist nach der Stoa das Einssein mit sich selbst.[207]

Die Ethik der Hinnahme zeigt sich auch in der stoisch geprägten Trostliteratur, wie z. B. „Ad Helvetiam" und „Ad Marciam" von Seneca. Grundtenor ist hier, dass der Mensch sich der Trauer, die als Affekt bewertet wird, nicht hingeben soll, sondern den Verlust eines Menschen als Handeln des Schicksals hinnehmen soll.[208] Klage und Trauer gelten als unvernünftiges und widernatürliches Handeln.

Wie das Leben entsprechend der Weltvernunft jeweils konkret aussieht, das muss der Mensch immer wieder neu entscheiden.[209] Dieses Problem stellte sich den Stoikern, die sich in der Verantwortung für den Staat sahen. Inwieweit muss ein Weiser sich unter allen Umständen für den Staat einsetzen? Gerade die Biografie Senecas ist für die Problematik ein eindrucksvolles Beispiel. Im Machtgefüge des Prinzipats musste Seneca sich immer wieder fragen, ob das politische Engagement ihm nicht eher schade und er es deshalb zurückstellen müsse. In „De tranquillitate animi" vertritt er noch eine rigide Position stoischer Ethik: „Auch in einem schwer daniederliegenden Staat besteht für einen Weisen, die Möglichkeit, öffentlich zu wirken" (5,6). In „De otio" dagegen sieht er den Rückzug aus der Politik als eine dem Weisen adäquate Verhaltensweise, die gestattet ist, wenn der Staat durch und durch korrupt ist und die Handlungen des Weisen sichtlich erfolglos bleiben müssen (3,3).[210] Hier empfiehlt Seneca den Rückzug aus der Öffentlichkeit. Eine andere Möglichkeit als die des Rückzuges, des Lebens in Distanz, kennt Seneca nicht. Ein Einwirken auf das Weltgeschehen, um es zu verändern, ist nicht im Sinne stoischer Ethik. Es gilt die stoische Schicksalsergebenheit, da der Weltenlauf Ausdruck des Logos ist: „Zu nichts werde ich gezwungen, nichts erdulde ich widerstrebend; ich bin nicht der Sklave Gottes, sondern stimme mit ihm überein, und zwar umso mehr, als ich weiß, daß alles nach einem unabänderlichen, für die Ewigkeit verkündeten Gesetz vonstatten geht." (Sen. prov. 5,6ff)

---

[205] Vgl. ebd., 203.
[206] Vgl. ebd., 205. Forschner spricht hier von „distanzierter Freiheit".
[207] Vgl. ebd., 212ff.
[208] Vgl. z. B. Ad Helvetiam, 16,1: „Denn sich seinem Schmerz ohne Ende hinzugeben, ..., ist törichte Schwäche".
[209] Vgl. Forschner, Ethik, 220; Fuhrmann, Seneca, 300.
[210] Vgl. Fuhrmann, Seneca, 279.

Insgesamt geht es stoischer Philosophie nicht darum, dem Weltenlauf, wenn er als widrig angesehen wird, eine andere Richtung zu geben. Dieses Vorhaben steht überhaupt nicht zur Diskussion. Es gilt, dem Schicksal fügsam und willig zu folgen (epist. 107,11),[211] und nicht, sich ihm zu widersetzen. Senecas Stellung zur politischen Tätigkeit im korrupten Staat zeigt deutlich, dass nur eine Beteiligung oder die Distanzierung von der Politik Handlungsmöglichkeiten darstellen. Etwas drittes, das auf Widerstand hinausläuft, ist nicht im Blick.[212] Ebenso ist es nicht Ziel der Stoa, gesellschaftliche Strukturen so zu verändern, dass mehr Menschen Zugang zur Weisheit haben. Philosophie bleibt auch hier ein Lebensbereich der Oberschicht.[213] Es ist die Bestimmung des vernünftigen Menschen, die Weltvernunft zu erkennen und ihr zu folgen.

Seneca versucht im politischen Spannungsfeld des Prinzipats die stoische Philosophie zu leben, wobei er sie im römischen Umfeld neu interpretiert. Generelles Ziel ist es, die Wechselfälle seiner politischen Karriere als Ausdruck der Naturgesetze zu erkennen. Er adaptiert dabei in seinen Schriften alte römische Wertbegriffe und füllt sie im Kontext der stoischen Philosophie neu. Dies kann man anschaulich am Begriff virtus zeigen. Dass sich jemand den Begriff virtus zuschreiben konnte, hing in der republikanischen Zeit u. a. davon ab, ob ihn die Gesellschaft als tapferen Mann anerkannte.[214] Dies tat sie, wenn er erfolgreich war. Ein Feldherr war tapfer, wenn er siegreich war. Im Kontext stoischer Philosophie, für die die göttliche Ordnung der entscheidende Maßstab ist, sind der Erfolg und die gesellschaftliche Anerkennung unerheblich.[215] Der stoische Weise handelt unabhängig von ihr. Senecas Verständnis von virtus stellt das Althergebrachte auf den Kopf. Dies zeigen vor allem seine Beispiele von tapferem Verhalten (exempla virtutis). Es sind diejenigen, die in den Augen der Gesellschaft gescheitert sind, so wie Cato d. J., die für Seneca von Interesse sind. Cato ist für Seneca der Typ des tapferen Weisen, weil er trotz

---

[211] Vgl. ebd., 280.
[212] Vergleichbares ist beim Stoiker Epiktet feststellbar. Auch er geht in stoischer Tradition von einer göttlichen Lenkung der Welt aus (Epikt. 4,1,100f). In 4,1,103–108 entwirft er ein Bild vom Leben als ein von der Gottheit veranstaltetes Fest. Die Aufgabe des Menschen ist es, mitzufeiern und die Gottheit zu beklatschen. Wengst, Philemon, 100 sieht den Philosophen hier in der Zuschauerrolle: „Der Zuschauer hat die Freiheit, sich alles anzusehen, das eine oder andere im Programm vorgesehene Vergnügen mitzumachen und zu akklamieren. So kann er die Freiheit genießen. Aber wirklich beteiligt ist er nicht, organisiert wird die Veranstaltung von anderen." Freiheit ist bei Epiktet – wie bei Seneca – eine verinnerlichte Freiheit. Epiktet nimmt innerhalb seiner stoischen geprägten Philosophie kynische Gedanken auf, wobei er allerdings die Kyniker zu Vertretern einer stoischen Moral werden lässt. Den Diogenes, der sich bei seinem Gedanken der Selbstbehauptung an den Tieren orientiert und sich radikal kritisch zur menschlichen Gesellschaft und ihrer Kultur verhält, hat bei Epiktet keinen Platz. Epiktet scheint sich von kynischen Gruppierungen seiner Gegenwart abzugrenzen, die er wegen ihres in seinen Augen unmoralischen und schändlichen Verhaltens ablehnt (Epikt. 3,22). Vgl. insgesamt Niehues-Pröbsting, Kynismus, 229–239.
[213] Es ist klar, dass die Freundschaft, von der Seneca spricht, eine Freundschaft zwischen gesellschaftlich Gleichrangigen ist.
[214] Vgl. Roller, Constructing, 102.
[215] Vgl. ebd., 106.

4.8 Konstruktionen vom Menschen im Prinzipat nach Augustus

der Rückschläge und Niederlagen an seinem Ziel – der Verteidigung der republikanischen Freiheit – unerschütterlich festhält und für seine Ziele dem Tode nicht aus dem Wege geht (prov. 3,14; epist. 104,29–30).[216] In epist. 71,34–36 stellt Seneca sein Konzept des inneren Fortschritts zum weisen Mann vor: Ihm geht es um das Bändigen der Leidenschaften, die nicht mehr über ihn regieren sollen. Dieses Bändigen bezeichnet Seneca als Sieg. Der Sieg ist nicht mehr der Erfolg in der Schlacht, sondern der Fortschritt auf dem Weg zur vollendeten Weisheit (71,37). Auch in epist. 61 verwendet Seneca militärisches Vokabular für die Haltung des stoischen Weisen: Er beschreibt sich so, dass er jederzeit mit dem Tode rechnen würde. Dies bezeichnet er als „marschbereit" (61,2). Marschbereit zu sein bedeutet für ihn, dem Schicksal willig zu folgen. Die Art und Weise, wie das Schicksal anzunehmen sei, vergleicht Seneca hier auch mit dem Befolgen von Befehlen: „Wer Befehle willig befolgt, dem bleibt die bitterste Seite der Knechtschaft erspart, nämlich daß man tun muß, was man nicht will." (61,3)

Seneca suchte im Prinzipat einen Weg, virtus zu leben und sich nicht in die Untätigkeit zurückdrängen zu lassen. Er bewahrte sich seine Handlungsfähigkeit, indem er bereit war, die politischen Umstände als Ausdruck des Schicksals zu akzeptieren. Dies führte ihn bis in die erzwungene Selbsttötung, ganz wie Cato es getan hat.

Seine starre Haltung, den status quo als Ausdruck der kosmischen Vernunft hinzunehmen, zeigt sich in seiner Haltung gegenüber Sklaven und Frauen. Der stoische Kosmopolitismus führt nicht zu einer Infragestellung der Hierarchien.

4.8.2 Tacitus – die Wiederbelebung römischer Leitbilder

4.8.2.1 *Die Intention des Werkes*

„Wie soll ich mich dem Princeps gegenüber verhalten?"[217] Diese Frage trifft nach Vielberg das Kernproblem der Hauptwerke des Tacitus – der Historien und Annalen. Die Antwort auf diese Frage gibt Tacitus innerhalb seiner Geschichtswerke auf der Basis republikanischer Werte. Tacitus zeigt sich insgesamt als ein Vertreter einer senatorischen Standesethik. In der Galba-Rede im 1. Buch der Historien, die sich an Piso richtet, zeigt sich für Vielberg die Intention des Tacitus, die sein ganzes Werk bestimmt:

„Die brauchbarste und zugleich kürzeste Entscheidung zwischen Gut und Böse liegt darin, zu überlegen, was man selbst unter einem anderen Herrscher gebilligt oder abgelehnt hätte. Denn hier gibt es nicht wie bei Völkern, die von Königen regiert werden, ein bestimmtes Herrscherhaus und sonst nur Sklaven, nein, du

---

[216] Vgl. ebd., 104. Weitere Beispiele vgl. ebd.
[217] Vielberg, Pflichten, 179.

wirst gebieten über Menschen, die weder die volle Knechtschaft ertragen können noch die volle Freiheit."(1,16,4) Tacitus bringt hier das ganze Dilemma der römischen Oberschicht auf den Punkt: Zum einen hängen viele noch an der republikanischen libertas,[218] zum anderen sind sie nicht in der Lage, ihre Freiheit gegenüber dem Princeps durchzusetzen.

Gleichzeitig entwickelt Tacitus hier ein Kriterium für das Verhalten des Kaisers gegenüber der Nobilität. Der Handelnde soll sich in die Lage der Betroffenen hineinversetzen und überlegen, was er vom Princeps erwarten würde. Tacitus hat hier ein Prinzipat vor Augen, das die Position der Nobilität, also der Gesellschaftsschicht, der er selbst angehört, im Reich stärkt.[219]

Tacitus vertritt in seinem Werk die libertas nachdrücklich, allerdings mit dem klaren Wissen, dass es ein Zurück hinter das Prinzipat nicht mehr gibt. Er kann die Unterdrückung durch verschiedene Kaiser[220] nicht ertragen. Er weiß aber darum, dass die Nobilität die Freiheit nicht ausfüllen und aushalten kann. Die Notwendigkeit eines vernünftigen Prinzipats erkennt Tacitus an. Die Nobilität braucht den politischen Rahmen, den der Kaiser vorgibt und sichert. In Trajan sieht Tacitus einen solchen Kaiser (Agr. 3; hist. 1,1).

Tacitus stellt in seiner Geschichte der Kaiserzeit dar, wie sich Angehörige der Oberschicht gegenüber dem jeweiligen Kaiser verhalten haben, inwieweit sie tugendhaft gehandelt haben oder ob sie lediglich auf ihren eigenen Vorteil bedacht waren und sich beim Kaiser eingeschmeichelt haben.[221] Tugendhafte Handlungen sind für Tacitus vorbildhaft und er empfiehlt sie zur Nachahmung.[222]

In ann. 3,65 nennt Tacitus ausdrücklich den Sinn und Zweck seiner Geschichtsschreibung. Deren Aufgabe ist es, „dafür zu sorgen, daß tüchtige Leistungen nicht verschwiegen werden und andererseits Bosheit in Wort und Tat sich vor der Schande der Nachwelt fürchten muß." Danach wählt Tacitus auch seinen Stoff aus. Ihm kommt es darauf an, vorbildhafte oder abschreckende Beispiele zu überliefern.[223]

Tüchtiges Verhalten ist für Tacitus eindeutig an der libertas orientiert.[224] Libertas ist ein Begriff, der eindrücklich das Selbstverständnis der römischen Nobilität der res publica beschreibt. Es ist die Freiheit der Oberschicht zu handeln und die Geschicke des Staates selbstständig zu lenken. Keine Einzelperson hatte über einen längeren Zeitraum die alleinige Macht im Staat. Die Angehörigen der Oberschicht waren untereinander gleichberechtigt.[225]

---

[218] Auch wenn sie die nie selbst erlebt haben.
[219] Vgl. Vielberg, Pflichten, 19f.
[220] In Bezug auf seine Biographie ist hier insbesondere Domitian zu nennen.
[221] Vgl. u.a. hist. 1,15,4.
[222] Vgl. Vielberg, Pflichten, 183.
[223] Vgl. ebd., 105f.
[224] In hist. 1,15,4 wird libertas zu den vorzüglichsten Gütern des Menschen gezählt.
[225] Vgl. Bleicken, Verfassung, 123ff.

4.8 Konstruktionen vom Menschen im Prinzipat nach Augustus

Dass Tacitus an diese Freiheitsvorstellung anknüpft, zeigt ann. 1,1,1.[226] Die Freiheit der res publica, die von Augustus endgültig zerstört worden war, steht zu Beginn des Werkes, quasi als Leseanweisung. Tacitus möchte den Leser an diese Freiheit erinnern und auffordern, nach der libertas zu leben.

Die Bedeutung von libertas hat sich unter den Bedingungen des Prinzipats deutlich verschoben. Die Freiheit zum selbstständigen politischen Handeln ist nicht mehr gegeben. Libertas bei Tacitus muss als Freiheitsdrang oder Freimut verstanden werden. Es meint eine Verhaltensdisposition, die an der Freiheit orientiert ist. Vielberg spricht in diesem Zusammenhang von Zivilcourage.[227]

Libertas ist für Tacitus eine Tugend, nach der zu leben er den Angehörigen der Nobilität empfiehlt.[228] Freiheit als Zivilcourage steht im Gegensatz zum sklavischen Verhalten vieler Senatoren, das sie im Umgang mit dem Kaiser zeigen. Programmatisch formuliert Tacitus dies in ann. 1,2,1.[229] Libertas entlarvt die Haltung vieler Senatoren als unterwürfig und sklavisch.

Die Grenzen der Zivilcourage sieht Tacitus klar dort, wo das eigene Leben in Gefahr ist, wo die freiheitliche Haltung dem Princeps gegenüber das Leben kosten kann. Dies zeigen die zahlreichen Hinweise Tacitus' auf die Verbannungen, Hinrichtungen und initiierten Selbstmorde von Angehörigen der Oberschicht in den Annalen.[230] Tacitus bringt gerade einem Oppositionellen wie T. Clodius Thrasea Paetus viel Sympathie entgegen,[231] allerdings sieht er die Nutzlosigkeit solchen Verhaltens (ann. 14,12,1), da es dem Staat nicht dient und die eigene Existenz gefährdet.[232]

Die Handlungsweise der Oberschicht im Prinzipat muss sich – so Tacitus – zu einem an der libertas orientieren, zum anderen darf sie die eigene Existenz nicht leichtfertig aufs Spiel setzen. Ziel des Handelns soll auf jeden Fall das Wohl des Staates sein. So stellt Tacitus in seinem Frühwerk „Agricola" seinen gleichnamigen Onkel als ein Beispiel für ein tugendhaftes Leben unter einem unterdrückerischen Kaiser (Domitian) dar. Agricola hat in Tacitus' Augen diesen Spagat zwischen Anpassung und Zivilcourage geschafft und dem Wohl des Staates gedient (vgl. Agr. 42,2–4).[233]

Tacitus formuliert in seinen Werken klare und eindeutige moralische Erwartungen an die römische Nobilität, denen sie sich unter den Bedingungen des Prinzipats zu stellen hat. Dabei hegt er die Hoffnung, dass das politische Klima sich nach dem Prinzipat des Nerva und dem Regierungsantritt Trajans bessert.[234]

---

[226] Vgl. Vielberg, Pflichten, 152f.
[227] Vgl. ebd., 154f.
[228] Vgl. ebd., 165–168.
[229] Vgl. dazu insgesamt ebd., 77–128.
[230] Vgl. ebd., 49f. Vielberg weist hier insbesondere auf die Regierung Neros in ann. 15 hin.
[231] Vgl. ebd., 50f.
[232] Vgl. ebd., 67f.
[233] Vgl. ebd., 47f.
[234] In hist. 1,1,4 verweist Tacitus auf die Redefreiheit unter Nerva und Trajan.

4.8.2.2 Die Konstruktion von Männlichkeit bei Tacitus

Späth untersucht in seiner innovativen Studie zu Tacitus die Konstruktion von Männlichkeit in den „Annalen". Sein Ergebnis lautet, dass das Leitbild von Männlichkeit bei Tacitus der pater familias ist. Die Vorstellung vom pater familias beinhaltet bestimmte Verhaltensweisen, die von einem Mann in der römischen Gesellschaft erwartet werden.[235] Römische Männer sind patres, die zur Herrschaft über ihr Haus (domus) und ihre Familie (familia) geboren und erzogen wurden. Das Ausfüllen dieser Rolle wird von ihnen erwartet. Die Darstellung eines römischen Senators als pater kollidiert jedoch mit der Vorstellung vom Kaiser als pater patriae. Der römische Mann der Oberschicht wird so „entmännlicht".

Die Konstruktionen von Männlichkeit, die Tacitus in den Annalen vornimmt, beschreiben exakt das Problem der Männer der Nobilität, mit dem Tacitus sich auseinandersetzt. Tacitus bewertet von seiner Konstruktion der Männlichkeit aus das Verhalten von Senatoren dem Kaiser gegenüber. Indem Tacitus dafür die Vorstellung vom pater familias reaktiviert, macht er ein wichtiges Element der Tradition der alten res publica zur Basis der Bewertung männlichen Verhaltens im Kaiserreich.

Mann zu sein bedeutete in der römischen Nobilität, eine übergeordnete Stellung in einem Sozialverband einzunehmen, die mit bestimmten Machtbefugnissen ausgestattet war.[236] Domus umfasst sowohl den materiellen Besitz des Hauses und des Haushaltes als auch den Personenverband, der in diesem Haus wohnte, also Söhne, Töchter, Ehefrau, Sklavinnen und Sklaven.

Den Charakter der männlichen Herrschaft über diesen Sozialverband differenziert Späth in folgende Teilbereiche aus: *Kontrolle – Fürsorge – Verwendung*.

Unter *Kontrolle* fasst Späth die Sorge um die Nachkommenschaft, wodurch der Fortbestand der Familie gesichert wird.[237] Die Eheschließung erfolgte zum Zwecke der Zeugung von Nachkommenschaft. Dabei lag es in der Gewalt des Hausvaters, wer in den Familienverband aufgenommen wurde und wer nicht. Das Problem der Kindesaussetzung ist auch in dieser Epoche der römischen Geschichte ein feststellbares Phänomen. Ein weiteres Element der Kontrolle war die Adoption. Der pater konnte Jungen und Männer per Adoption in die Familie aufnehmen. Dies geschah zumeist, um Jungen und Männer mit einer Erfolg versprechenden Lebensperspektive in die Familie zu integrieren. Damit konnte der Ruf der Familie erhalten und vergrößert werden. Den väterlichen Namen zu erhalten und zu vergrößern galt als Realisierung der Männlichkeit.

Fürsorge meint die Ausbildung und Förderung der Nachkommenschaft.[238] Männ-

---

[235] Späth, Tacitus, 306.427.
[236] Vgl. ebd., 306f.
[237] Vgl. ebd., 307.
[238] Vgl. ebd., 307f.

4.8 Konstruktionen vom Menschen im Prinzipat nach Augustus

liche Nachkommen wurden auf ihre Aufgabe als spätere Gebieter des Hauses vorbereitet. Damit wurde die väterliche Gewalt auf Dauer gesichert. Diese Art der Fürsorge beschreibt also ein Beziehungsgeschehen zwischen Männern, wobei die Initiative vom Vater ausging. Er bereitete den Sohn auf die Aufgabe vor, er übertrug ihm Verantwortung im Haus.

Verwendung bedeutete die Verfügbarkeit der Töchter für die Zwecke des Vaters. Die Töchter wurden in der Nobilität und zur Anknüpfung oder Festigung politischer Beziehungen verheiratet. Dies nützte der gesellschaftlichen Stellung einer Familie.[239]

Während der pater in der Familie der Herrschende war, agierte er gegenüber anderen patres als Gleichberechtigter. Allerdings übten diese römischen Männer übereinander eine soziale Kontrolle aus.[240] Späth sieht hier bei Tacitus auch die Begründung für die negative Bewertung von Senatoren, die sich dem Kaiser gegenüber unterwürfig verhalten.[241] Männer, die Erwartungen, die die Nobilität an einen pater familias stellt, nicht erfüllten, werden von Tacitus negativ gezeichnet. Männer, die in seinen Augen nicht als Männer handeln und auftreten, verlieren in seiner Darstellung ihre Männlichkeit. Ein von ihm häufig gebrauchtes sprachliches Mittel ist, dass solche Männer mit Stereotypen aus Polemiken gegen Frauen belegt werden.[242] Späth nennt hier u. a. die schrankenlose Hingabe an Reichtum und Luxus (voluptas, libido).[243]

Vor dem Hintergrund dieser Konstruktion von Männlichkeit ist der Konflikt mit dem pater patriae[244] unausweichlich. Späth spricht vom „Leiden der Senatoren am Super-pater".[245] Die Vorrangstellung des Princeps und seines Hauses im Staat war in der alten römischen Gesellschaft nicht vorgesehen war. Die Wertmaßstäbe und gesellschaftlichen Rollen der Nobilität waren jedoch in einer Oberschicht entstanden, in der die einzelnen Mitglieder erst einmal gleichberechtigt waren. Die althergebrachten Rollenmuster boten nur geringe Anleitung, wie man sich diesem übermächtigen Mann gegenüber verhalten sollte. Viele nobiles unterwarfen sich dem Kaiser und zeigten so in den Augen Tacitus' ein unmännliches Verhalten.[246] Gleichzeitig griff der Kaiser in die Machtsphäre der patres ein. Er entschied letztendlich über den Aufstieg und politischen Werdegang der Söhne. Fürsorge wurde zu einer Aufgabe des Kaisers.

---

[239] Vgl. ebd., 308f.
[240] Vgl. ebd., 335.
[241] Vgl. ebd., 310.
[242] Vgl. ebd., 319ff.
[243] Herausragende Bespiele sind die Schilderung des Lebenswandels des Tiberius auf Capri (ann. 4,67,3) und ein Gelage von Nero (ann. 15,37).
[244] Zur Vorstellung des pater patriae vgl. ebd., 339–346.
[245] Ebd., 339.
[246] Vgl. ebd., 343.

5 Die Kehrseite antiker Menschenbilder

Nachdem die verschiedenen Facetten der Konstruktionen von Menschenbildern durch Vertreter der Oberschicht klar vor Augen stehen, rücken jetzt diejenigen in den Mittelpunkt, die die Kriterien dieser Menschenbilder nicht erfüllen. Welche Auswirkungen hatten diese Konstruktionen auf die Sicht und Bewertung derer, die nicht männlich, erwachsen, gebildet, materiell gut versorgt waren und keine politische Einflussmöglichkeiten hatten? Es geht um die Kehrseite antiker Menschenbilder.

5.1 Sklaverei in der Antike

Die erste Personengruppe, die hier genauer in den Blick genommen werden soll, ist die der Sklavinnen und Sklaven. Wie werden Sklavinnen und Sklaven in den Augen der Oberschicht gesehen und bewertet? Diesem Problem möchte ich im Folgenden nachgehen, um zu zeigen, welches Bild von versklavten Menschen in der römisch-hellenistischen Antike vorherrschte.

Sklaverei war ein in der Antike weit verbreitetes und allgemein anerkanntes Phänomen. Sie bedeutet, dass Menschen als Ware und Besitz gesehen werden.[1] Dies ist das für Bewertung und geschichtliche Einordnung der antiken Sklaverei entscheidende Faktum, gleichgültig wie unterschiedlich ihre Erscheinungsformen waren. Sklavinnen und Sklaven bieten nicht wie Lohnarbeiter ihre Arbeitskraft gegen Entlohnung an, sondern sie gehören zur Gänze ihrem Besitzer. Sklaven werden in römischen Rechtstexten zu den Vermögensbestandteilen gezählt.[2] In der lex aquilia (aus dem 2. Jh. v. Chr.) wird die Schädigung eines Sklaven als Schaden am Vermögen des Besitzers bewertet.[3] Dies zeigt deutlich, dass der Sklave keine Rechtsperson gewesen ist.

Die Institution der Sklaverei ist im Laufe der Geschichte des Imperium Romanum vielen Veränderungen unterworfen gewesen, die auch die gesellschaftliche und rechtliche Position von Sklavinnen und Sklaven betraf.

In der frühen Phase des römischen Staates waren Sklavinnen und Sklaven im Bereich des Hauses und der Familie tätig. Häufig verrichteten Besitzer und Sklave Seite an Seite ihre Arbeit.[4] Auch z. B. kleinere Bauern hielten sich Sklaven als Arbeitskräfte. Veränderungen traten jedoch dort ein, wo im römischen Reich land-

---

[1] Vgl. Finley, Sklaverei, 80.86.
[2] Vgl. Thebert, Sklave, 159.
[3] Vgl. ebd., 173.
[4] Vgl. ebd., 167.

5.1 Sklaverei in der Antike

wirtschaftliche Betriebe und Manufakturen im großen Stil betrieben wurden.[5] Ein groß angelegter Einsatz von Sklaven erlaubte die Bewirtschaftung ausgedehnter Flächen und eine praeindustrielle Massenfertigung von Waren.[6] Sklaven wurden hier zu menschlichen Werkzeugen. Ein weiterer Wirtschaftszweig, in dem es zu Masseneinsätzen von Sklaven kam, waren die Bergwerke.

Die frühe Kaiserzeit führte nachhaltige Veränderungen für die Sklaverei herbei. Die Entstehung des Kolonats[7] bot eine Alternative zur Sklavenhaltung. Größere Landgüter wurden von mehreren abhängigen Bauern bewirtschaftet.[8] Gleichzeitig wurde die Rechtsunfähigkeit von Sklaven zum Teil aufgehoben, Sklaven waren als geschäftsfähige Personen tätig, in einigen Fällen traten sie sogar selbst als Sklavenhalter auf.[9] Des Weiteren gehörte im Kaiserreich die Freilassung von Sklaven innerhalb der Oberschicht zum guten Ton, wodurch die gesellschaftliche Gruppierung der Freigelassenen entstand.[10]

Ebenso sind diverse rechtliche Regelungen zum Schutz von Sklavinnen und Sklaven erlassen worden. Arbeitsunfähige Sklavinnen und Sklaven durften nicht getötet werden. Unter Antoninus Pius wurde dann die Tötung von Sklavinnen und Sklaven generell unter Strafe gestellt.[11] Beim Verkauf musste Rücksicht auf familiäre Bindungen zwischen Sklavinnen und Sklaven genommen werden. Familien sollten durch Verkauf nicht auseinander gerissen werden. Die neuen rechtlichen Regelungen zur Sklaverei im Kaiserreich zeigen, dass auch hier die Macht des Einzelnen über sein Haus eingeschränkt wurde. Die absolute Gewalt über die Sklavinnen und Sklaven wurde dem pater familias genommen. Der Kaiser hatte die Rechtsgewalt über die Sklavinnen und Sklaven. Sie unterstanden seinem rechtlichen Schutz.[12]

Eine solche Humanisierung der Sklaverei wird in der Forschung auf den Einfluss stoischer Philosophie zurückgeführt, wie es Ausschnitte aus den Werken Senecas zeigen.[13] Entgegen der allgemeinen Auffassung, Sklaven als Sachen zu behandeln, sieht Seneca die Sklaven als Menschen (vgl. epist. 47,1). Seneca bringt hier die stoische Naturrechtslehre[14] in aktuelle Diskussionen zum Umgang mit Sklaven ein: Von der Natur her sind Sklaven Menschen, und im Hinblick auf die Natur sind alle

---

[5] Vgl. ebd., 167ff.
[6] Thebert verweist hier auf das Beispiel der Keramikherstellung: Ab dem 2. Jh. ist eine Standardisierung der Produkte ohne schmückende Ornamente feststellbar. Keramik wurde hier als Massenware produziert.
[7] Eine Form der Abhängigkeit von Bauern gegenüber ihren Grundherren, die ihre Freizügigkeit massiv einschränkte und sie an den Grund ihrer Herren band. Vgl. Bleicken, Sozialgeschichte II, 79ff.
[8] Vgl. Thebert, Sklave, 178.
[9] Vgl. ebd., 182f.
[10] Vgl. ebd.
[11] Vgl. Veyne, Reich, 75.
[12] Vgl. Christ, Kaiserzeit, 365f.
[13] Vgl. ebd., 184. Vgl. Fuhrmann, Seneca, 264f; Theißen, Status, 66f.
[14] Vgl. Kap. 4.1.2.

Menschen gleich (47,10). Fuhrmann verweist hier auf die Ermordung des Stadtpräfekten Lucius Peadarius. Gemäß des Senatus consultum Silanium waren sämtliche Sklaven hinzurichten, die zur Tatzeit im Hause ihres Herrn waren.[15] Gegen die Anwendung dieses Gesetzes regte sich im Senat Widerstand. Sobald in Sklaven nicht mehr nur Sachen gesehen wurden, waren solche brutalen Gesetze nicht mehr gut zu heißen.

Bemerkenswert an Senecas Stellungnahme zur Sklaverei ist, wie deutlich und klar er die Lage von Sklaven wahrnimmt.[16] Er beschreibt die vielfältigen Drangsalierungen von Sklaven in römischen Häusern (47,2-3), er führt dem Leser vor Augen, dass Sklaven für die Bedürfnisse ihrer Herren förmlich abgerichtet werden (47,3-8). Für alle erdenklichen Wünsche müssen Sklaven bereit stehen, auch als Lustobjekte für die sexuellen Begierden der Herren (47,7). Sklaven werden – und das hebt Seneca deutlich hervor – nicht als Menschen behandelt, sondern als Lasttiere.

Demgegenüber mahnt Seneca zu einem humanen Umgang mit Sklaven.[17] Ganz im Sinne seiner Schrift „De clementia" geht es Seneca darum, dass die Herren mit ihren Sklaven mild und besonnen verfahren sollen (47,13). Dies ist natürlich die Milde eines Stärkeren gegenüber einem Schwächeren. Für Seneca geht diese Milde allerdings so weit, dass er ein gemeinsames Essen mit Sklaven – wenn sie denn vom Charakter dafür würdig sind – für angemessen hält. Berücksichtigt man, dass gerade bei Mahlzeiten gesellschaftliche Unterschiede deutlich in der Sitzordnung und der Verteilung von Speisen zum Ausdruck kamen,[18] durchbricht Seneca hier zentrale gesellschaftliche Wertvorstellungen: Mit Sklaven aß man nicht.

In einem Punkt jedoch relativiert Seneca die Situation von Sklaven: In epist. 47,1 bezeichnet er die Sklaven im Hinblick auf das Schicksal als Mitsklaven. Damit nivelliert er die bestehenden Unterschiede zwischen einem Sklaven und einem römischen Politiker, der sich nach der Macht des Kaisers richten muss. So kann er nicht sehen, dass es zwischen den beiden doch noch gravierende Unterschiede gibt. Der erzwungene Rückzug aus der Politik und der damit verbundene Verlust an Handlungsmöglichkeiten sind nicht mit dem Leben eines Sklaven vergleichbar.

Die gesellschaftliche Bewertung von Sklavinnen und Sklaven in der römischen Gesellschaft zeigt sich auch in der Verwendung der Begriffe servitium bzw. servilis. Politische Gegner konnten z. B. zur Diffamierung als sklavisch bezeichnet werden.

Tiberius soll die Senatoren als „Sklavenseelen" betitelt haben. „Sklavenseele" qualifiziert die Haltung der Senatoren gegenüber dem Kaiser: Sie unterwerfen sich freiwillig dem Kaiser und versuchen sich durch Unterwürfigkeit materielle Vorteile

---

[15] Vgl. Fuhrmann, Seneca, 263f. Die übrigen Sklaven – so die Logik des Gesetzes – sollten bestraft werden, da sie ihrem Herrn nicht zur Hilfe geeilt waren.
[16] Vgl. Wengst, Philemon, 79f.
[17] Vgl. ebd., 81f.
[18] Vgl. Stein-Hölkeskamp, Gastmahl, 101ff.

etc. zu verschaffen.[19] Von daher sind sie in den Augen des Princeps (und des Tacitus) von ihrer Haltung her Sklaven. „Sklavenseele" dient hier dazu, die Senatoren und ihre Handlungsweisen extrem negativ zu bewerten: Ihre Haltung ist eines freien Römers unwürdig.[20] Dem L. Vitellius wird in Rom wegen seiner Haltung zu Tiberius und später zu Claudius ein sklavischer Charakter nachgesagt.[21] Er gilt „als Musterbeispiel eines ehrlosen Schmeichlers" (ann. 6,32,6). Das Einschreiten des Thraseas gegen die Mehrheit des Senats, die im Majestätsprozess gegen den Prätor Antistius die Todesstrafe forderte, qualifiziert Tacitus als Freimut und grenzt dies vom Sklavensinn der Senatoren ab (ann. 14,49,1).[22]

Cicero diffamiert Verres und seine Parteigänger, indem er sie mit Worten charakterisiert, die sonst zur Kennzeichnung von Sklaven dienen:[23] Verres – so Cicero – sei durch seine körperlichen und seelischen Veranlagungen besser geeignet, Statuen zu tragen als zu kaufen (Verr 4,126).[24] Cicero verwendet den aristotelischen Gedanken der natürlichen Sklaverei, um einem Gegner gesellschaftlich zu schaden. Verres ist in den Augen Ciceros kein würdiger römischer Senator.[25]

5.2 Die Bewertung Freigelassener durch die römische Gesellschaft

Seit der späten Republik kam es immer häufiger zu Sklavenfreilassungen. Dieser Trend hielt trotz einiger gegenläufiger Aktivitäten unter Augustus im 1. Jh. mit steigender Tendenz an.[26] Freigelassene waren vor allem im Hand-/Kunsthandwerk, im Dienstleistungsbereich und der Administration tätig. Auch im kaiserlichen Regierungsapparat gab es viele Freigelassene. Dort wurden im Zuge des Ausbaus der kaiserlichen Verwaltung im großen Umfang loyale und fähige Bedienstete gesucht, so dass im verstärkten Maße auf Sklaven zurückgegriffen wurde. Diese Sklaven wurden dann häufig auf Grund ihrer Verdienste freigelassen. Sie zeichneten sich durch eine besondere Loyalität zum Kaiser aus.

---

[19] Tacitus spricht in diesem Zusammenhang von „kriecherischer Unterwürfigkeit" (proiectae servientium) seitens der Senatoren (ann. 3,65,3)
[20] Vgl. Vielberg, Pflichten, 128.
[21] ann. 6,32,6: „zu einem gemeinen Sklaven".
[22] Vgl. Vielberg, Pflichten, 123.
[23] Vgl. Thebert, Sklaven, 191.
[24] Einer der Anlässe des Prozesses gegen Verres war dessen willkürliches Vorgehen gegen einen sizilianischen Adeligen, der verhindert hatte, dass sich Verres mehrere alte Bronzestatuen der Stadt Thermai aneignete. Vgl. Fuhrmann, Cicero, 64f.
[25] Bedenkt man, dass der Spartakus-Aufstand gerade erst niedergeschlagen war, wird die Härte des Angriffes überaus deutlich. Thebert, Sklave, 191f macht hier darauf aufmerksam, dass der Vorwurf eines sklavischen, also unrömischen Verhaltens ein gängiges Thema der Reden Ciceros ist. In Phil. 2,104 bestreitet Cicero denn auch, dass sein Gegner Marcus Antonius noch als Herr agiert.
[26] Vgl. Christ, Kaiserzeit, 367ff. Christ stellt dort auch die Einzelheiten des Rechtsaktes der Freilassung dar.

Die Freiheit der aus der Sklaverei Entlassenen wurde durch den Staat garantiert.[27] Der Freigelassene wurde so vor der Rücknahme der Freilassung beschützt. Während in Griechenland Freigelassene den Status eines Fremden hatten, wurden sie in der römischen Gesellschaft als Freie eingegliedert, wenn ihr ehemaliger Herr selbst römischer Bürger war.

Die Beziehung zum ehemaligen Herrn mit ihren Bindungen und Verpflichtungen blieb jedoch bestehen. Diese Verpflichtung wird durch den Begriff obsequium gut umschrieben. Obsequium meint eigentlich den Respekt, den ein Sohn dem Vater schuldet. Für den Freigelassenen zeigte sich dieser geschuldete Respekt in dem Verbot der strafrechtlichen Verfolgung des Herrn.[28] Des Weiteren waren Freigelassene zu bestimmten Diensten verpflichtet. Ihnen war ebenfalls untersagt, in berufliche Konkurrenz zu den alten Herren zu treten. Zum Teil sind auch Freilassungsurkunden überliefert, in denen den Freigelassenen die Heirat untersagt wird. Der ehemalige Besitzer bekam beim Tod des Freigelassenen einen Pflichtteil aus dessen Erbe.

Auch wenn die Freigelassenen das römische Bürgerrecht erlangen konnten, so wurden sie von den alteingesessenen Bürgern nicht anerkannt.[29] Sie machten den ehemaligen Sklaven immer wieder klar, woher sie kamen. Häufig wurden Freigelassene auch als Sklaven bezeichnet (Cic. fam. 5,20,1–2; Plin. epist. 7,29; 8,6).[30] Gesellschaftlicher Umgang mit Freigelassenen wurde von Seiten der Nobilität nicht gepflegt (Hor. carm. 1,6). Auch blieben die Freigelassenen vom cursus honorum und städtischen Ämtern – trotz des Aufstiegs im Staatsapparat – ausgeschlossen.[31] Das Aufweichen von Statusunterschieden wurde von Seiten der Alteingesessenen nicht akzeptiert. Der Unterschied musste gewahrt werden (Cic. Planc. 15).[32]

Gerade der Aufstieg von Sklaven und Freigelassenen in der kaiserlichen Verwaltung rief den Neid der Senatoren und Ritter hervor.[33] Die Anfeindungen seitens der Alteingesessenen verursachten bei Freigelassenen einen hohen Legitimationsdruck. Sie mussten in ihrer Tätigkeit erfolgreich sein, um ansatzweise eine gesellschaftliche Anerkennung zu erlangen. Ein Ort, an dem Freigelassene gesellschaftliche Anerkennung erreichen konnten, waren die serviri Augustales. Dort verrichteten sie kultische Dienste im Rahmen der Verehrung des Herrschers.[34] Weitere Orte, an denen sie eine Form von Prestige erlangen konnten, waren Berufsverbände.

---

[27] Vgl. zum Folgenden Andreau, Freigelassene, 206ff.
[28] Andreau weist daraufhin, dass der Freigelassene nicht seine Ehe verteidigen durfte, wenn der ehemalige Herr in sie einbrach.
[29] Vgl. MacMullen, Relations, 104f.
[30] Vgl. Andreau, Freigelassene, 210f.
[31] Vgl. ebd., 217f.
[32] Vgl. MacMullan, Relations, 105.
[33] Vgl. Christ, Kaiserzeit, 370. Andreau, Freigelassene, 221f erwähnt dagegen eine Passage von Plin. Nat. 18,41–43, wo der wirtschaftliche Erfolg und der gesellschaftliche Aufstieg eines Freigelassenen als vorbildlich hingestellt werden.
[34] Vgl. Bleicken, Augustus, 383.

5.2 Die Bewertung Freigelassener durch die römische Gesellschaft

Pseudo-Magistrate hingegen, die man für Freigelassene einrichtete, waren ein willkommener Anlass für Spott und Hohn.

Insgesamt ist festzustellen, dass Freigelassene sich bei dem Versuch, einen Ort in der Gesellschaft zu finden, selbstverständlich an den gängigen Wertvorstellungen der Oberschicht orientierten. Sie imitierten den Lebensstil der Etablierten.[35] Ein Beispiel dafür sind die Büsten auf Gräbern von Freigelassenen. Sie ahmen die Imagines der Nobilität nach, die bei Beerdigungen das Lebenswerk des Verstorbenen repräsentieren sollten. Diese stellten dar, was die Freigelassenen in ihrer neuen Existenz erreicht hatten.

Wie sehr sich Freigelassene bemühten, den Lebensstil der Nobilität zu imitieren, zeigt das „Gastmahl des Trimalchio". Petronius stellt Trimalchio als einen Freigelassenen dar, der sein Leben ganz im Sinne der aristokratischen Kultur gestaltet: Er lebt – die Früchte seines Erfolges genießend[36] – in einem großzügigen Haus auf dem Land, gehört zum Priesterkollegium der serviri Augustales und lädt seine Freunde, ganz nach aristokratischer Sitte, zum Gastmahl ein.[37] Die Gäste sind fast alles Freigelassene (11 von 14). Bis auf einen haben sie im Leben großen Erfolg gehabt und können sich mit den Statussymbolen der römischen Nobilität schmücken, was sie auch ostentativ tun. Dabei wirken sie häufig abstoßend und vulgär. Allerdings – und hier zeigt sich nach Stein-Hölkeskamp die Tragik des Trimalchio und seiner Freunde – werden sie von den Oberen der römischen Gesellschaft nie als Ihresgleichen anerkannt: „Er (Trimalchio, CJB) ist frei und bleibt doch seiner unfreien Herkunft verhaftet, er ist reich und hat seinen Reichtum doch nicht auf rechte Weise erworben, er kann nicht wirklich stilvoll konsumieren, er möchte gern vornehm sein und wirkt doch unsagbar vulgär; er steht in der kleinen Welt der liberti seiner Stadt an der Spitze der gesellschaftlichen Pyramide und ist im rechtlichen, sozialen und politischen Koordinatensystem der großen römischen Welt doch ein Nichts – selbst wenn er genauso lebt, wohnt, isst, trinkt und feiert wie die, die wirklich dazugehören."[38]

Die gesellschaftliche Reaktion auf die Bemühungen von Freigelassenen, den Lebensstil der Etablierten zu imitieren, konnte geradezu vernichtend sein: „… wenn Crispin, ein Sklav' aus Canopus, dem Pöbel entstiegen, nun mit kokettem Ruck seiner Schulter den purpurnen Mantel eitel drapiert und am schweißigen Finger den Sommerring blitzen lässt …: dann fürwahr ist's schwer, da keine Satire zu schreiben" (Iuv. 1,26ff.).[39]

---

[35] Vgl. Andreau, Freigelassene, 221; Zanker, Grabreliefs.
[36] Er hat als Vermögensverwalter seines Herrn ein großes Vermögen geerbt, was er durch zahlreiche Handelsgeschäfte noch vergrößerte. Gerade solche Geschäfte waren in den Augen der Nobilität unehrenhaft und eines Römers nicht würdig. Vgl. dazu unten.
[37] Vgl. Stein-Hölkeskamp, Gastmahl, 63f.
[38] Ebd., 66f.
[39] Vgl. Christ, Kaiserzeit, 369.

5.3 Menschen als Clienten

Während der römischen Republik zeigten sich die politische Macht und der Einfluss eines Angehörigen der Oberschicht an der Größe seiner Clientel.[40] Wer eine gesellschaftliche Stellung erlangen wollte, musste eine Clientel aufbauen, d. h. er musste als Patron für andere auftreten und agieren. Hier trafen zwei Interessen aufeinander: Das Interesse der Armen nach Schutz und Hilfeleistungen und das Interesse der Oberschicht, Gefolgschaft aufzubauen. Den Armen wurde in Notsituation durch Leistungen des Patrons geholfen, die wiederum auf der Volksversammlung für ihren Patron stimmten und sein politisches Gefolge bildeten, um so in der Öffentlichkeit seine Macht und seine politischen Fähigkeiten zu demonstrieren: Wer für eine so große Menge an Menschen sorgen kann, der sorgt auch als Politiker für den Staat. Eine Clientel war auch wichtig, um politische Vorhaben durch die Volksversammlung zu bringen. So bauten die Gracchen bei ihren Reformversuchen auf diejenigen, die von ihrer Politik der staatlichen Getreidespenden und der Landverteilung profitierten. Ebenso traten auch Reiche als Patrone für collegia – Berufsverbände oder religiöse Vereinigungen – auf.[41]

In der Kaiserzeit blieben die Patronatssysteme erhalten, auch wenn das wichtige Betätigungsfeld der Clientel – die Volksversammlung – weggefallen war. Jetzt zeigte die Clientel umso mehr den gesellschaftlichen Status eines Aristokraten an.[42]

Es ist vielfach überlegt worden, ob es sich bei der Beziehung zwischen Patron und Client um Sozialpolitik handelte. Die Frage ist im Hinblick auf die Motivation der Oberschicht zum Aufbau der Beziehungen klar zu verneinen. Hier ging es einzig und allein um die Sicherung der gesellschaftlichen Position und um gesellschaftliche Anerkennung.[43] Beides war unter den Bedingungen des Kaiserreiches schwerer zu erlangen als noch zu Zeiten der Republik.

Des Weiteren zeigen die Ausführungen Ciceros und Senecas zur Gabe, dass Wohltätigkeit in der römischen Oberschicht nicht mit Sozialpolitik vergleichbar ist. Bei Cicero hatte sich gezeigt,[44] dass nicht die Notlage des Anderen, sondern sein Charakter über die Gewährung der Hilfsleistung entscheidet. Seneca ist Ciceros Haltung grundsätzlich gefolgt.

In „De vita beata" 23,5; 24,2 fordert Seneca, dass die Person, der eine Gabe gelten soll, sich für sie qualifizieren muss. Bei Cicero und in dieser früheren Schrift Senecas findet man die typisch griechisch-römische „kalkulierende Wohltätigkeits-

---

[40] Vgl. zur Bedeutung von Patron-Client-Beziehungen in der römischen Geschichte Lintott, Cliens; Garnsey/Saller, Kaiserreich, 215ff.
[41] Vgl. Garnsey/Saller, Kaiserreich, 223f.
[42] Vgl. ebd., 215f.
[43] Veyne, Brot, 440 spricht in Bezug auf den Euergetismus in Rom – bestimmt etwas übertrieben aber treffend – vom Bedürfnis der Aristokraten, vom Volk geliebt zu werden.
[44] Vgl. Kap.4.5.2.

5.3 Menschen als Clienten

ethik".[45] In „De beneficiis" grenzt sich Seneca jedoch von reinen Nützlichkeitserwägungen ab. Die Wohltat soll um ihrer selbst willen erfolgen und ist nicht auf Vergeltung aus. Das Erbringen von Wohltaten versteht er als sittliche Handlung, wobei es nach Seneca auf die Gesinnung ankommt, mit der etwas gegeben wird. Erst die rechte Gesinnung macht eine Tat zu einer Wohltat. „Was ist eine Wohltat? Eine wohlwollende Handlung, die Freude schenkt und empfängt, dadurch, dass sie schenkt, zu dem, was sie tut, geneigt und aus freiem Antrieb bereit." (benf. 1,6,1) Allerdings erwartet Seneca als Reaktion auf eine Wohltat Dankbarkeit (4,10,4). Neu bei Seneca ist, dass das Erweisen von Wohltaten nicht auf Angehörige der Oberschicht begrenzt bleibt. Da für Seneca das Vollbringen von Wohltaten eine Frage der Gesinnung ist (sie muss freiwillig gegeben werden), hält er auch für möglich, dass Sklaven oder Söhne Wohltäter werden können. Bedingung dafür ist, dass die Handlung freiwillig, d. h. außerhalb der Dienste oder Pflichten gegenüber dem Herren oder Vater, erfolgt. Nur dann kann sie als Wohltat gewertet werden (vgl. 3,18–38).[46] Hier durchbricht Seneca klar gesellschaftliche Schranken, indem er in einem Sklaven das Subjekt einer sittlichen Tat sehen kann.

Allerdings geht es bei den Hilfeleistungen und Wohltaten eben nicht um die Beseitigung von sozialen Missständen wie der Massenarmut im alten Rom, vielmehr haben Autoren wie Cicero und Seneca die sittliche Qualität des Spenders, die sich in seiner Gabe zeigt, im Blick. Es geht um das Problem des rechten und sittlichen Schenkens. Dabei ist es jedoch beachtlich, dass Seneca in diesem Zusammenhang Sklaven als sittliche Personen sieht.

Hilfeleistungen, Wohltaten und Geschenke hatten in der römischen Gesellschaft zumeist die Unterstützung von Männern auf ihrem Karriereweg zum Ziel. Beide – Cicero und Seneca – verdanken solchen Wohltaten ihren politischen Aufstieg. Durch solche Zuwendungen konnte man sich in unsicheren Zeiten selbst loyale Unterstützung sichern.

Ein besonderes Feld der helfenden und fürsorglichen Handlungen waren die Heeresclientelen, die ab dem 1. Jh. v. Chr. zu einem beherrschenden Phänomen wurden.[47] Die Bindung der Soldaten an ihren Feldherrn beruhte vor allem auf dessen Zusage, dass er ihnen nach Ende ihrer Dienstzeit eine materielle Absicherung biete. Pompeius, Caesar, Marcus Antonius und Octavius schufen sich so ihre Machtbasis.

Dies war möglich, da das römische Heer eine Berufsarmee geworden war, die sich vor allem aus den unteren sozialen Schichten rekrutierte. Die Armee war der Ort, an dem man versorgt war und auf Kriegsbeute und Altersversorgung hoffen konnte. Mit Blick auf die zu erwartende Entlohnung waren die Soldaten bereit, die Politik ihres Feldherrn militärisch durchzusetzen. Die Macht über die Legionen verschaffte Octavius eine so große Machtbasis, dass der Senat sich ihm unterwerfen

---

[45] Fuhrmann, Seneca, 285.
[46] Vgl. ebd., 287. Vgl. auch benf. 4,6,3.
[47] Zur Heeresclientel vgl. Bleicken, Sozialgeschichte I, 50ff.

musste. Bei der Aufrichtung des Prinzipats gab Octavius den Oberbefehl über die Truppen auch nicht aus der Hand.[48]

Die Bindung des Kaisers an die Armee wurde zu einem gravierenden Problem der Geschichte des Kaiserreichs. Die Legionen wurden zu Orten der politischen Unruhe und der Basis für den Machtwechsel in Rom. Im sog. Vierkaiserjahr sorgte jeweils die Macht der Legionen für den Sturz des amtierenden Kaisers. Die Aussicht auf Beute und gute Versorgung machte die Legionäre zu Werkzeugen der Machtpolitik.[49] Die flavische Dynastie verdankte ihren Herrschaftsanspruch zu großen Teilen den militärischen Erfolgen bei der Niederschlagung des Aufstandes in Israel.[50]

Die Kaiser und Generäle nutzen die soziale Lage der Soldaten für ihre Machtinteressen aus. Die Aussicht auf Versorgung und materielle Absicherung auch über die Dienstzeit hinaus war gebunden an die unbedingte Unterstützung des Feldherrn. Die Soldaten verkauften sich damit. Man darf dabei nicht vergessen, dass der Militärdienst trotz der Ausrufung der Pax Romana nicht ausschließlich aus dem ruhigen Lagerleben beim Schutz der Reichsgrenzen bestand. Der Krieg in Israel und der Bürgerkrieg im Vierkaiserjahr kostete tausende Legionäre das Leben. Die Hoffnung auf materielle Sicherheit endete allzu oft mit dem Tod im Krieg.[51]

Natürlich waren die Legionäre dem Willen des Kaisers nicht einfach auf Gedeih und Verderb ausgeliefert, allerdings konnten sie nur in ihrer Gesamtheit als Legion ihren Willen artikulieren, um so z. B. die Besoldung oder die Versorgung nach ihrer Dienstzeit zu erzwingen.[52] Der Einzelne war in der Beziehung zwischen Kaiser und Armee jedoch nichts.

Mit dem Thema der Heeresclientel ist eine wichtige Rolle des Kaisers, ein konstitutiver Teil des römischen Prinzipats, angesprochen. Er trat gegenüber der Bevölkerung Roms und des Reiches als Wohltäter auf. Der Kaiser übernahm hier Traditionen aus der Spätzeit der Republik, wo einzelne Personen – oft im Auftrage des Staates – als Wohltäter und Spender auftraten, und spitzte sie auf seine Person zu.

Im Laufe des 2. Jh. v. Chr. wurden die Versorgung der Bevölkerung Roms mit ausreichend Nahrungsmitteln und die Knappheit an Land für die breite Masse der Bevölkerung zu den beherrschenden Problemen der römischen Politik. Mittels Getreidespenden versuchte man immer wieder, die allgemeine Versorgung sicherzustellen, wenn der Handel nicht genug Getreide zu bezahlbaren Preisen für alle liefern konnte. Hier trat der Staat dann in Gestalt von Amtsträgern als Lieferant von

---

[48] Vgl. Kap 3.1.2.
[49] Die Plünderung Roms durch die Truppen geschah, um die Truppen zufrieden zu stellen. Vgl. Christ, Kaiserreich, 247.
[50] Vgl. Kap. 12.3.
[51] Zahlreiche militärische Aktionen in der Prinzipatszeit waren sehr verlustreich. Prominentestes Beispiel ist die Vernichtung der Legionen unter Varus im Osnabrücker Land.
[52] Vgl. Bleicken, Augustus, 182–194. Bleicken beschreibt dort u. a., wie Octavius zur Versorgung der Truppen ganze Landstriche plündern ließ. Vgl. Bleicken, Sozialgeschichte I, 215.

5.3 Menschen als Clienten

Getreide auf. Die Magistrate, die solche Maßnahmen politisch durchsetzten und ausführten, erhofften sich dadurch eine Steigerung ihres gesellschaftlichen Ansehens. Seit Caesar war diese politische Praxis eine dauerhafte Einrichtung, damit der Herrscher seine fürsorgliche Regierung unter Beweis stellen konnte.[53] Denn nur wer als fürsorglicher Herrscher auftrat, konnte sich mit vergleichbaren Herrschaftstiteln schmücken.[54] Von daher musste eine solche Politik auch öffentlichkeitswirksam präsentiert werden. In den einzelnen Getreideverteilungen wurde Herrschaft aktualisiert. Der Kaiser erwies sich immer wieder neu als fürsorglich. Gleichzeitig stellte der Kaiser damit auch seine Überlegenheit dar: Er – und nur er – war in der Lage, so viel Getreide nach Rom zu bringen, zum Wohl der Stadtbevölkerung.

Getreide wurde in Rom während der Kaiserzeit nicht an die ganze Bevölkerung verteilt, sondern an 150 000–200 000 Privilegierte. Nur bei Hungersnöten wurden alle mit Getreide bedacht (res gestae 5,1).[55] Auch Geldspenden sind von einigen Kaisern bezeugt: In der Zeit von 44–2 v. Chr. sind von Augustus acht Geldspenden überliefert (ca. 60–100 Denar pro Mann), auch Domitian (75 Denar pro Mann) und Trajan (eine Spende von 650 Denar, einem doppelten Jahressold) spendeten Geld.[56] Unter Nerva und Trajan kam es auch zur Unterstützung von Kindern aus bedürftigen Familien freier Bürger (alimentatio). Dabei wurden Jungen klar bevorzugt, da Männer für den Staat von größerem Nutzen waren.[57]

Die Freigebigkeit des Kaisers sollte zum Vorbild für die Oberen in den Städten des Reiches werden. Dabei konnte die Tradition des Euergetismus für das römische Reich reaktiviert werden: Öffentliche Aufgaben wurden im großen Umfang seit jeher von einzelnen vermögenden Bürgern getragen. Neben Bautätigkeit und Ausrichtung von kultischen Festen war gerade die Getreideversorgung ein wichtiges Feld der Wohltätigkeit reicher Bürger, die damit auch ihre Regierungsfähigkeit unter Beweis stellen konnten.

Wohltätigkeiten dienten zum größten Teil dazu, die eigene gesellschaftliche und politische Position zu verbessern und zu festigen. Dem Anderen zu helfen war in den seltensten Fällen die primäre Motivation. Die Sicht und Bewertung der Menschen aus den niedrigen sozialen Schichten zeigt auch, dass es außerhalb des Vorstellungsvermögens vieler Autoren war, dass materielle Hilfe den Armen helfen würde.

---

[53] Vgl. Veyne, Brot, 390–400.
[54] Vgl. ebd., 623.
[55] Der Umfang der Spenden betrug ca. 5 modii pro Monat (ein modius =8,75l). Vgl. Christ, Kaiserzeit, 381.
[56] Vgl. Christ, Kaiserzeit, 381f.
[57] Vgl. Pomeroy, Frauen, 315f.

5.4 Arme und arbeitende Menschen – das Gegenteil eines tugendhaften Menschen

Mit den Getreidespenden kommt die Gruppe der Armen in der antiken Gesellschaft besonders in den Blick. Die Getreidespenden verführen – so die Klage Suetons – die Massen zum Nichtstun (Aug. 42). Damit klingt schon das negative Urteil der römischen Oberschichtsautoren über die Armen Roms an, das im Folgenden entfaltet und konkretisiert werden soll.

Wer weniger als 50% des Durchschnittseinkommens seines Landes zur Verfügung hat, gilt nach der Armutsdefinition der Europäischen Union als arm.[58] Wer in Rom arm war – das wurde aus der Sicht der Oberschicht festgelegt. Kurz gesagt: Arm war, wer nicht zur Oberschicht gehörte.

Dies zeigt sich zunächst an der Einteilung der römischen Gesellschaft in honestiores und humiliores. Die honestiores zeichneten sich durch dignitas, Abstammung aus einer alten Familie, Besitz und einen tadellosen Charakter aus.[59] Die humiliores waren entsprechend die, die diese Kriterien nicht erfüllten. Und dies war eben der größte Teil der Bevölkerung in der Gesellschaft des römischen Reiches, Menschen, die durch Arbeit oder Betteln ihren Lebensunterhalt bestritten.

Generell wurde in der Antike Armut nicht nur als Mangel an materiellen Dingen verstanden. Armut war in den Augen der Oberschicht die Unfähigkeit und der fehlende Willen, diese Situation des Mangels zu ändern. In Sallusts „Coniuratio Catilinae" findet man ein Paradebeispiel der Bewertung der Unterschicht durch einen Vertreter der Oberschicht. In seinem moralisch höchst aufgeladenen Werk stellt er Überlegungen an, wieso der Aufrührer Catilina im Volk Anhänger und Symphatisanten gefunden hat (vgl. Catil. 37). Sallust unterstellt den Mittellosen insgesamt, dass sie die Tüchtigen einer Gesellschaft hassen und deswegen die Taugenichtse unterstützen. Die städtische Unterschicht Roms vergleicht Sallust mit dem Brackwasser im Rumpf eines Schiffes. Arme sind faul, sie wollen ihren Lebensunterhalt nicht durch Arbeit verdienen. Vielmehr lassen sie sich durch den Staat oder Privatleute durch Spenden versorgen. Arme sind nach Sallust sittlich verdorben.[60] Vergleichbares lässt sich bei Cicero finden, wenn er gegen die Straßenbanden des Publius Clodius wettert (vgl. dom. 89; Att. 1,16,11).[61] Ein Graffito aus Pompeji bringt die Abneigung gegenüber armen Menschen auf den Punkt: „Ich hasse arme Menschen."[62]

Die Verachtung der ärmeren Bevölkerungsmehrheit zeigt sich gerade in den Begriffen, die die Autoren der Oberschicht für sie finden. Für Cicero sind die Stra-

---

[58] Vgl. Bedford-Strohm, Armut, 113f.
[59] Vgl. Garnsey, Social Status, 221ff; Stegeman/Stegemann, Sozialgeschichte, 61.
[60] Whittaker, Arme, 308 spricht anschaulich von einer pathologischen Angst vor den Armen.
[61] Vgl. ebd., 323. Armut wurde als schmutzig bewertet (Cic. dom. 58; Tac. hist. 1,46; 3,47; Verg. Aen. 6,276). Vgl. MacMullen, Relations, 116.
[62] Zitiert nach MacMullen, Relations, 119.

5.4 Arme und arbeitende Menschen

ßenbanden und Schlägertruppen des Clodius der Pöbel, der schmutzige Abschaum der Stadt (Att. 1,16,11). Die turba ist für Seneca „der Beweis für das Schlechteste" (de vita beata 2,1), genauso wie die Masse (vulgus) kein guter Ratgeber ist (ebd. 2,2). Die Masse wird dem Weisen als Negativfolie gegenüber gestellt. Tacitus stellt den integren Teil des Volkes (pars populi integra), der sich dadurch auszeichnet, das er in der Krise nach dem Tode Neros zu den angesehenen Familien hält, der plebs sordida (dem gemeinen Pöbel) gegenüber, der sich nur im Zirkus und Theater vergnügt (hist. 1,4,3). Die triebhafte Unterhaltungs- und Konsumsucht des Volkes treibt den Staat nach Meinung Tacitus' in die Krise. In den Augen Platos ist der ὄχλος unfähig, ein politisches Urteil zu fällen (leg. 670b). Somit ist der ὄχλος eine Gefahr für den Staat.

Die römischen Autoren befinden sich in ihrer Sicht von Mittellosen und Armen in einer langen Tradition. Schon bei Plato und Aristoteles finden sich negative Bewertungen von Armen. Plato sieht in den Besitzlosen arme Menschen, die ihre Triebe und Instinkte nicht im Griff haben (rep. 590c).[63] Für Aristoteles sind Arme nur in der Lage sklavisch zu gehorchen, sie sind unfähig, aktiv das Gemeinwesen mitzugestalten. Stattdessen sind sie gierig nach dem Besitz der anderen (pol. 1295b).

Solch negative Urteile resultieren bei Aristoles aus einer massiven Abwertung der Hand- und Erwerbsarbeit, die – wie wir bei Cicero schon gesehen haben – eine breite Wirkungsgeschichte hat. Aristoteles kommt auf den Wert der Hand- und Erwerbsarbeit im Kontext der Frage zu sprechen, was einen tugendhaften Bürger ausmacht. Die Antwort lautet kurz gefasst: dass er frei von sklavischer Arbeit ist (pol. 1277b).[64] Sklave zu sein bedeutet für Aristoteles, von der Arbeit seiner Hände zu leben (1277a). Ein tugendhafter Bürger ist frei von der Arbeit für die Notwendigkeiten des Lebens (1278a7–13): Wer als Tagelöhner sein Dasein fristet, kann sich nicht um die Tugend kümmern (1278a7–13). Nun kommt keiner im Leben ohne die notwendigen Dinge wie Nahrung und Kleidung aus (1328b). Irgendwer muss sie produzieren. Dafür sind eben diejenigen da, die von Natur aus zum Dienen und Gehorchen bestimmt sind: die Sklaven. Die Sklaven sind „Werkzeuge" für das tugendhafte Leben der freien Bürger. Aristoteles verficht hier den Gedanken der naturgemäßen Sklaverei: Aus der Natur entnimmt er Verhältnisse der Über- und Unterordnung und übeträgt sie auf das menschliche Miteinander: So wie die Seele den Leib regiert, herrscht der Bürger über sein Haus, seine Kinder, seine Frau, seine Sklaven. Es gibt nach Aristoteles Menschen, die nur in der Lage sind, Versorgungstätigkeiten für den Freien durchzuführen (1254a).

Aristoteles und später Cicero stehen mit ihrer negativen Bewertung der Handarbeit in der Antike nicht allein da.[65] Sie sind nur zwei Stimmen im allgemeinen

---

[63] Vgl. ebd., 307.
[64] Vgl. Kap. 4.4.
[65] Vgl. dazu auch MacMullan, Relations, 114f.

Chor der Verachtung. Seneca stellt fest: Die Aufgaben eines Handwerkers haben „mit den echten Qualitäten des Menschen" nichts gemein.[66] Livius bezeichnet Handwerk als ein schmutziges und schimpfliches Gewerbe, das einem Senator nicht ansteht.[67] Remmius Palaemon, ein freigelassener Sklave, ist durch das Weberhandwerk und vor allem durch seine Bildung zu außerordentlichem Vermögen gekommen. Ihm, dem Freigelassenen und Handwerker, schlägt trotz der ungeheuren Bildung die Verachtung der Gesellschaft entgegen (Suet. gramm. 23).

Es geht immer wieder um das Problem, dass ein Mann von Welt oder ein Mann, der tugendhaft lebt, seine Arbeitskraft nicht für Geld eintauscht. Er handelt nicht um des unmittelbaren Nutzens (hier: Geld für den täglichen Lebensunterhalt) willen, sein Leben richtet sich nach den artes liberales aus.[68] Diese Verachtung handwerklicher Tätigkeiten und der Personen, die sie ausführen, steht im krassen Gegensatz zum massenhaften Auftauchen handwerklicher Produkte im alltäglichen Leben.[69]

Die Gründe für diese Tiraden der Verachtung sind zum einen in der philosophischen Tradition zu finden, zum anderen prägten handwerkliche Produktionsstätten das Bild antiker Städte, insbesondere dasjenige Roms, in den Augen der Oberschicht sehr zum Nachteil. Um näher an potentiellen Kunden zu sein, siedelten sich Handwerker natürlich möglichst zentral an. Die Werkstätten der Gerber wurden wegen des großen Einsatzes von Urin zur Fertigung von Leder aus dem Zentrum Rom verbannt. Die Herstellung von Mennige, die Schiffswerften und die Marmorverarbeitung verblieben in Rom. Werkstätten in großer Zahl bedeuteten Lärm, Gestank und Massen von Menschen. Häufig verengten Handwerker mit ihren Verkaufsständen die schon schmalen Verkehrswege nachhaltig. Es entstanden Stadtzentren, die das ästhetische Empfinden der Oberschicht massiv störten. Dass Menschen hier mit aller Mühe versuchten, ihren Lebensunterhalt zu verdienen, sahen sie nicht. Sie nahmen nur den Dreck und den Lärm wahr.

Eine ähnliche Verachtung schlug den Händlern entgegen.[70] Ihre Tätigkeit wurde nicht als würdige Arbeit gewertet, vielmehr war es Betrug, List und Verschlagenheit. Die Händler – so ein allgemeiner Vorwurf – trieben die Preise künstlich in die Höhe.[71] Händler und Kaufleute nutzten die Lage von Menschen aus, die über bestimmte Produkte nicht verfügten, so dass sie Preise verlangen konnten, die nicht dem Wert der Waren entsprachen. So war denn auch das antike Ideal eines würdigen Handels der stumme Tauschhandel, bei dem zwei gleich starke Partner den

---

[66] Zitiert nach Morel, Handwerker, 243.
[67] Er attackiert Terentius Varro, dessen Vater ein Metzger gewesen sein soll, im Hinblick auf seine familiäre Herkunft (22,25,18f) oder er berichtet von der Abqualifizierung von Bewerbern für den Senat als schändliche Handwerker (23,3,11). Vgl. Wengst, Demut, 19.
[68] Vgl. Morel, Handwerker, 245.
[69] Vgl. ebd., 243.
[70] Vgl. Kap. 4.2.1.
[71] Vgl. Giardina, Kaufmann, 277; Veyne, Brot, 123.

Preis einer Ware in stummer Übereinkunft festsetzten. Kein Gespräch konnte zur Überlistung des Anderen missbraucht werden.[72]

Städte und Völker, die wie die Phönizier und Karthager vom weltweiten Handel lebten und massiv profitierten, wurden insgesamt als habgierig und betrügerisch angesehen. Herodot überliefert in seinen Historien (1,1) die Charakterisierung der Phönizier als räuberisch. Für Cicero sind die Karthager die, die Gier und Habsucht nach Griechenland gebracht haben (rep. 3,4). So sind die Phönizier und Karthager „die ethnischen Prototypen des verschlagenen und skrupellosen Kaufmanns."[73]

Jüdische Literatur aus der hellenistischen Zeit zeigt zum Teil ein ähnliches Bild. Der jüdische Aristokrat Jesus Sirach äußert sich herablassend über Menschen, die mit ihrer Hände Arbeit ihren Lebensunterhalt verdienen (Sir 38,25-26).[74] Diese Sicht der Handwerker etc. unterscheidet sich allerdings deutlich von der alttestamentlichen Bewertung menschlicher Arbeit, die z. B. nach Gen 2,15 Kennzeichen des Lebens im Paradies ist. Sirach scheint hier in seinen Einstellungen und Bewertungen von hellenistischen Wertmaßstäben beeinflusst zu sein, obwohl in der Schrift sonst eine Distanz zum Hellenismus feststellbar ist. Auch Josephus und Philo teilen in der Bewertung der armen Bevölkerungsmehrheit die Sicht griechischer oder römischer Autoren:[75] Für Philo ist der ὄχλος unstet und leicht manipulierbar (Ebr 198). Menschmassen sind von Natur aus unbeständig (VitMos 1,1997; Leg Ga 67). Philo charakterisiert den ὄχλος als faul und untätig (Flacc 33). Gleichzeitig ist der ὄχλος eine gewalttätige Masse und somit ein Ort der Aufruhr (Flacc 41). Die Unvernunft des ὄχλος ist auch für Josephus die Ursache von Aufruhr und Rebellion (Ant 17,156; 20,130; Vita 149).

5.5 Menschen in der Arena

Ein weiteres Handlungsfeld in der römischen Gesellschaft, in dem sich bestimmte Menschenbilder der Gesellschaft zeigen, ist die Arena, der Ort der Gladiatorenkämpfe, Tierhetzen und öffentlichen Hinrichtungen. Dass Menschen in organisierter und ritualisierter Form vor großem Publikum zu Tode gebracht wurden, war ein fester Bestandteil des öffentlichen Lebens.

Ein wichtiges Motiv für die Abhaltung von Spielen war die gesellschaftliche Anerkennung, die dies einbrachte. Jegliche Art von Spielen bedeutete für den Finanzier und/oder den Organisator Ruhm und Ehre.[76] Wiedemann weist darauf hin,

---

[72] Vgl. Giardina, Kaufmann, 279ff. Paradigmatisches Beispiel für den „Stummen Tauschhandel" ist eine Episode aus den Historien Herodots (4,196), in der Karthager und nordafrikanische Ureinwohner Handel ohne Verhandlungsgespräche führen.
[73] Giardina, Kaufmann, 278.
[74] Vgl. Theißen, Mythos, 66f.
[75] Vgl. Küster, Volk, 43-50.
[76] Dazu gehören auch die öffentlichen Getreidespenden oder Fleischverteilungen. Vgl. insgesamt Wiedemann, Gladiatoren, 24ff.

dass gerade in Mosaiken Spiele und Kämpfe dargestellt werden und an die Spender und Initiatoren der Spiele erinnert wird. Das beständige Material sollte für ein dauerndes Andenken sorgen. Ein vergleichbares Motiv steht auch hinter dem Bau großer und fester Theateranlagen. Das Kolosseum wurde zum andauernden Monument der Herrschaft von Vespasian und Titus. Es sollte die Größe ihrer Herrschaft und Macht repräsentieren.[77]

Spiele und Wettkämpfe, wie sie im Kolosseum stattfanden, wurden darüber hinaus auch als genuiner Bestandteil römischer Lebensart verstanden.[78] Dies zeigt zum einen die weite Verbreitung von Amphitheatern im römischen Reich. Mit dem Bau eines Theaters brachte eine Stadt in besonderem Maße ihre Zugehörigkeit zum römischen Imperium zum Ausdruck.[79] Zum anderen veranstalteten Herrscher im östlichen Mittelmeerraum Gladiatorenkämpfe als Beweis der Loyalität gegenüber Rom, so z. B. die Kämpfe, die Antiochos IV. durchführen ließ (Liv. 41,20,11–13).

Insgesamt bezeichnet Wiedemann die Aktivitäten in der Arena als Inszenierung von Grenzsituationen, die die Ordnung des Gemeinwesens gefährden. Indem diese Grenzsituationen gemeistert werden, kann die Ordnung im Gemeinwesen wieder stabilisiert werden.[80] Dies zeigt allein schon der Ort vieler Amphitheater, die in die Stadtmauer integriert waren. Die Mauer war das Symbol der Grenze zwischen der sicheren Stadt und dem unsicheren Umland. Die Aktionen in der Arena fanden also auf der Grenze zwischen der sicheren städtischen Zone und der unsicheren und gefährlichen Wildnis statt. Die Kämpfe wurden so zur inszenierten Bewältigung von Grenzsituationen. Tierhetzen stellten den Kampf gegen die gefährliche Natur dar. Tiere, die zu Feinden des Menschen werden konnten, wurden in der Arena getötet, was die Überlegenheit der Menschen über die Tierwelt zeigt. Kaiser ließen häufig exotische Tiere für Schauspiele nach Rom bringen, um so ihre Macht auch über diese Tiere aus den entferntesten Ländern zu zeigen.[81]

Öffentliche Hinrichtungen stellten den Kampf gegen Verbrechen und Aufruhr dar. Die Öffentlichkeit in Gestalt der Menschenmenge im Theater bezeugt das Funktionieren des Gemeinwesens und seines Rechts. Wiedemann erläutert die Hinrichtungen im Kontext der Frage, wie man die Akzeptanz der rechtlichen Ordnung in der Antike erreichen konnte.[82] Der Staat war nicht immer im öffentlichen Leben präsent. Die Bestrafung bei einem Rechtsbruch musste von daher dergestalt sein, dass die Bevölkerung den Eindruck hatte: Das Recht funktioniert. Dies war für

---

[77] Interessant ist, dass es an dem Ort, wo das Goldene Haus Neros stand, erbaut wurde. Das Wahrzeichen der neuen Dynastie nimmt die Plätze der alten in Besitz. Vgl. Wiedemann, Gladiatoren, 32ff.183.
[78] Vgl. Wiedemann, Gladiatoren, 56–60.
[79] Des Weiteren zeigte man dadurch seine wirtschaftliche Macht, dass man ein so großes Bauwerk finanzieren konnte.
[80] Vgl. zum Folgenden Wiedemann, Gladiatoren, 61ff.
[81] Vgl. ebd., 64–77.
[82] Vgl. ebd., 80ff.

5.5 Menschen in der Arena

Kriminelle oder Feinde der öffentlichen Ordnung eine Warnung, für die restliche Bevölkerung die Zusage der Sicherheit.[83] Die inszenierte Brutalität diente der Abschreckung (vgl. Sen. clem. 1,22,1) und zeigte so übersteigert den Willen der Herrschenden, gegen Verbrecher und Aufrührer vorzugehen. Die Strafe diente auch der Wiederherstellung der Statushierarchie: Maßte sich ein Täter einen Status an, der ihm nicht zustand, so wurde die Strafe als öffentliche Demütigung gestaltet. Die Qualen erniedrigten den Delinquenten.[84] Gleichzeitig demonstrierten die Strafen den gesellschaftlichen Ausschluss der Verurteilten. Zur Zeit Hadrians wurden Bankrotteure öffentlich verprügelt, was ihren sozialen Tod bedeutete.[85]

Hinrichtungsmethoden waren häufig keine direkte Tötung, sondern stellten einen Entzug des Beistands der Gesellschaft dar.[86] Gerade die Kreuzigung führte nicht sofort zum Tode, sondern brachte das Opfer in eine Lage, in der es sterben würde, wenn es aus dieser Situation nicht befreit wurde. In der Oberschicht war der erzwungene Selbstmord eine beliebte Methode. Die Gruppe stellte sich gegen ein Individuum. Der Einzelne erkannte, dass er allein gegen die Gruppe nicht existieren konnte und beendete sein Leben. Steinigungen durch eine Masse zeigten das Gegenüber von Verurteilten und Gesellschaft besonders krass. Die Gesellschaft in Form der Masse stellte sich gegen einen Menschen und brachte diesen in einer gemeinschaftlichen Handlung um. Die Hemmschwelle der Tötung wurde in der Masse herabgesetzt, besonders da nicht klar war, wessen Stein denn nun todbringend war. Bei Hinrichtungen wurden Menschen aus der Gemeinschaft ausgestoßen, sie wurden ihres Menschseins beraubt.

Die Gladiatorenkämpfe hingegen stellten keine Hinrichtung dar, sondern inszenierten die Bedrohung des Lebens. Sie schufen ein öffentliches Schauspiel, das zeigt, wie Menschen mit dem Tod konfrontiert wurden und wie sie ihm begegneten.[87] Dem Tod sollte mit virtus begegnet werden. Entweder konnte der Kämpfer durch seine Tapferkeit den Kampf gewinnen. Damit zeigte er seine Macht über den Tod. Oder er starb würdig. Möglich war auch, dass er durch seine Tapferkeit im Kampf das Publikum zur Begnadigung veranlasste. Zum würdigen Kampf gehörte die Tötung des Gegners in einem ritualisierten Akt. Interessant ist, dass die Gladiatoren, die im Prinzip gesellschaftlich verachtet und rechtlich ausgrenzt waren,[88] bei ihren Kämpfen virtus öffentlich darstellten. Gladiatorenkämpfe dienten zur öffentlichen Repräsentation gesellschaftlich anerkannter Werte.[89] Um so ein Schauspiel

---

[83] Und ein Grund dafür, dass man die Regierenden akzeptierte, wenn sie Sicherheit herstellen und bewahren konnten.
[84] Vgl. ebd., 80.
[85] Vgl. ebd., 92.
[86] Vgl. ebd., 99–101.
[87] Vgl. ebd., 49–63.
[88] Vgl. ebd., 42: Gladiatoren waren in vieler Hinsicht überhaupt nicht rechtsfähig.
[89] Und nicht unbedingt, wie vielfach angenommen, der Befriedigung eines wie auch immer gearteten Blutrausches.

der Tapferkeit in Szene setzen zu können, wurden Menschen ohne Bedenken dem Tode ausgeliefert. Das Leben eines Sklaven, der zum Schwertkämpfer ausgebildet worden war, war an sich wertlos. Es konnte für die Darstellung der virtus benutzt werden.

5.6 Rom und die Anderen

Die Sicht und die Bewertung der fremden Völker durch die Römer hängt maßgeblich damit zusammen, dass Rom sich als Herrin der Welt verstand. Die Geschichtsschau, die Anchises seinem Sohn Aeneas zuteil werden lässt, drückt es so aus:

„Hier, hier ist er, der Mann, der öfter dir zugesagt worden:
Caesar Augustus, Sproß der Götter. Das goldene Alter
Wird er wiederum stiften in Latium, wo die Gefilde
Einst Saturn beherrscht. Über Garamanten und Inder
Dehnt er das Reich. Das Land jenseits unserer Sterne,
Jenseits der jährlichen Bahn der Sonne, wo Atlas, des Himmels
Träger, auf Schultern dreht die lichterfunkelnde Wölbung.
Sein Ankunft beben schon jetzt die kaspischen Reiche
Und das maeotische Land, gewarnt von den Göttern, entgegen;
Und es erschauern bestürzt die sieben Arme des Nilstroms." (Verg. Aen. 6,791ff.)

Der Text benennt in seiner eigenen Art den Endpunkt der historischen Entwicklung des Stadtstaates Rom zur Weltmacht. Wie kam es zu dieser machtvollen Stellung Roms? Einen programmatischen Imperialismus kann die historische Forschung kaum entdecken.[90] Es bleibt die Frage, wie es zur Eroberung der Länder rund um das Mittelmeer und in Westeuropa kommen konnte. Damit ist die Frage nach der kulturellen Verankerung des Krieges in der römischen Gesellschaft verbunden. Dabei wird auch deutlich, welchen Stellenwert fremde Völker hatten.

Für die Bearbeitung dieses Problems ist ein kurzer Blick auf die Entstehung des Prinzipats unter Augustus hilfreich.[91] Aus Octavius konnte nur Augustus werden, weil er auf der Basis großer Truppenkontingente zur mächtigsten Person im Reich wurde.[92] Seine Legionen machten ihn nach dem Sieg bei Actium unangreifbar. Der Senat konnte gar nicht anders, als seine faktische Alleinherrschaft anzuerkennen. Dahlheims Einschätzung, dass der Kaiser „vor allem Kriegsherr"[93] war, bringt dies präzise auf den Punkt. Der Charakter der neuen Staatsform des Prinzipats war somit ein zutiefst kriegerischer. Die Macht des Kaisers musste sich jeweils in kriegerischen Unternehmungen zeigen und bewahrheiten. Der Kaiser war eben nur dann

---

[90] Vgl. Christ, Krise, 63ff: Gerade die Eroberung des östlichen Mittelmeerraumes im 1. und 2. Jh. v. Chr. war nicht zielgerichtet.
[91] Vgl. u. a. Dahlheim, Kaiserzeit, 80ff.
[92] Nach der Demobilisierung von ca. 80.000 Männern nach der Schlacht von Actium konnte Augustus noch auf 25 Legionen zurückgreifen. Vgl. Bleicken, Augustus, 303; Herz, Kaiserzeit, 363.
[93] Dahlheim, Kaiserzeit, 80.

5.6 Rom und die Anderen

Kaiser, wenn er fähig war, das Reich mit der Waffe zu vergrößern oder zu verteidigen. Gerade Augustus, der Begründer der Pax Romana, führte (oder ließ führen) an der Nordgrenze des Imperiums weiträumige Eroberungskriege.[94] Die übrigen Principes sind ihm auch hier gefolgt.[95] Für die Flavier war die Niederschlagung des jüdischen Aufstandes die Gelegenheit, ihre Befähigung zur Kaiserwürde unter Beweis zu stellen, eine Befähigung, die ihnen auf Grund ihrer Abstammung allgemein nicht unbedingt zugetraut wurde.[96]

Der Krieg gegen die Anderen war somit ein Mittel, die eigene politische Macht unter Beweis zu stellen und zu festigen. Auch in den Zeiten der Pax Romana war der Krieg gegen andere Völker kulturell tief verankert. Eine negative Haltung gegen den Krieg, die sich in der römischen Literatur häufig findet, ist eindeutig auf den Krieg Römer gegen Römer bezogen. Die militärischen Auseinandersetzungen im Inneren stellten nach den langen Kriegen gegen fremde Völker einen Kulturbruch dar und bedeuteten eine tiefe Erschütterung der Gesellschaft, so dass die Ausrufung des Römischen Friedens das Ende eines kollektiven Alptraums war.[97] Der Bürgerkrieg nach dem Tode Neros und die damit verbundene Angst vor einem neuen Jahrzehnte andauernden Bürgerkrieg zeigen, wie tief das Trauma saß.

Die Sicht, dass der Princeps ein erfolgreicher Feldherr sein musste, wurzelte in der Mentalität der römischen Aristokratie. Leistungen im militärischen Bereich waren eine wichtige Grundlage für Ansehen und Ehre.[98] Der eigene Erfolg auf dem Schlachtfeld trug zur Größe Roms bei.[99]

Eine solche Haltung war Ausdruck einer umfassenden Militarisierung der Gesellschaft bereits in republikanischer Zeit. „Die Bewährung im Krieg war nicht nur für den jungen Aristokraten sondern für viele seiner Altersgenossen aus anderen sozialen Schichten das herausragende Ereignis des ersten Lebensabschnittes, und die Idole, die ihnen allen vorgestellt wurden, waren und blieben die großen Krieger, die Hannibal geschlagen, den Osten unterworfen oder in verklärter Vorzeit die Heimat gegen Gallier und Samniten verteidigt hatten."[100]

Bereits in der Frühzeit des römischen Staates war die Macht der Armee der Garant für das Bestehen des Gemeinwesens gegen äußere Feinde.[101] Während der Kriege mit Karthago ebnete das militärische Potential den Weg zu Großmacht.

---

[94] Vgl. Bleicken, Augustus, 565ff.
[95] So z. B. die Eroberung Britanniens, die unter Claudius begonnen wurde. Vgl. Herz, Kaiserzeit, 314.
[96] Vgl. Kap. 12.3.
[97] Vgl. Hor. carm. 1,12,22f.29f; Verg. Georg. 1,199–203.511.
[98] Vgl. Dahlheim, Kaiserzeit, 80.
[99] Livius sieht in den Taten der Männer, die Krieg für Rom führten, einen entschiedenen Grund der Größe und des Ruhms Roms (praef. 7.9). Horaz hält den Tod im Krieg für das Vaterland für ruhmvoll (carm. 3,2,16).
[100] Ebd., 81.
[101] Zu nennen wären hier die Konflikte mit den Etruskern, die mit der Eroberung Veiis ein Ende fanden; die Eroberung Roms durch die Gallier (390 o. 387 v. Chr.) oder die Kriege gegen die Samniten (326–304 v. Chr.). Vgl. Schneider, Rom, 243ff.

Mattern hebt hier besonders die Bereitschaft Roms hervor, den Gegner mit allen Mitteln zu bekämpfen.[102] Sie verweist auf die konsequente Kriegsführung Roms nach der vernichtenden Niederlage bei Cannae 216 v. Chr., mit der es das verloren gegangene Terrain Stück für Stück brutal und rücksichtslos zurückeroberte (Liv. 22,61,13–15), ganz im Gegensatz zu Karthago, das nicht bereit und willens war, sich dem Krieg gegen Rom mit letzter Konsequenz zu widmen.

Eroberungen im großen Umfang mehrten den Ruhm und das Ansehen der Armeeführer und der Soldaten. In der Hochzeit der Krise der Republik schützten nicht nur die großen Truppenkontingente, sondern auch ihr öffentliches Ansehen die einzelnen Generäle, die wie Marius, Sulla, Pompeius und schließlich Caesar das politische System aushöhlten, vor Sanktionen durch die Senatsmehrheit.

Gerade an den Personen Pompeius und Caesar lässt sich gut zeigen, wie reale militärische Macht und öffentliches Ansehen einander beeinflussten. Beide brauchten ihre außerordentlichen Kommandos, um politisch überleben zu können. Diese Kommandos erlaubten ihnen, Truppen zur Ausweitung und Sicherung ihrer realen Machtbasis zu unterhalten und durch die Eroberungen ihr Prestige zu steigern.

Dahlheim hebt hervor, dass diejenigen, die Rom zur Weltherrschaft führten, sich dadurch der öffentlichen Kritik entzogen.[103]

In der Gestalt der großen militärischen Führer der Vergangenheit und des Augustus nebst seinen Nachfolgern war der militärische Erfolg zu einer wichtigen Grundlage des hohen Ansehens in der Gesellschaft geworden. Die Bekriegung und Niederwerfung der Völker rund um das Mittelmeer war damit gewissermaßen Mittel zum Zweck. Sie wurden mit Krieg überzogen, damit römische Herrscher und Aristokraten ihre militärischen Tugenden zeigen und ihre Position innerhalb der Gesellschaft stärken konnten.

So wundert es denn auch wenig, dass die siegreichen Feldherren, insbesondere die Kaiser, ihre Eroberungen und siegreichen Schlachten öffentlich zur Schau stellten. Triumphzüge gehörten schon in republikanischer Zeit zur politischen Kultur Roms. Hier konnten sich die Feldherren mit ihren Erfolgen vor der Öffentlichkeit präsentieren. Mitgeführt wurden Teile der Kriegsbeute, die die Größe des Sieges demonstrierten, und die führenden Gegner der Römer, die am Ende des Triumphzuges hingerichtet wurden. Die öffentliche Zurschaustellung der Gegner und die damit verbundene Entehrung verdeutlichten ihre Niederlage und den Sieg Roms.[104] Auch in Bauten wie dem Titusbogen und der Trajansäule wurden die Erfolge bild-

---

[102] Vgl. Mattern, Enemy, 221f.
[103] Vgl. Dahlheim, Kaiserzeit, 81. Im Hinblick auf Caesars Ermordung muss ein „Beinahe" ergänzt werden. Allerdings bleibt zu beachten, dass die Mörder Caesars sich politisch nicht durchsetzen konnten, sondern sich den Legionen des Antonius und Octavius geschlagen geben mussten.
[104] Viele entzogen sich wie Kleopatra (vgl. Hor. carm. 1,37,7) dieser öffentlichen Demütigung durch Selbsttötung.

5.6 Rom und die Anderen

lich für alle sichtbar dargestellt: Die Erinnerung an den Sieg wurde in Stein gehauen. Die Liste eroberter Städte oder der unterworfenen Volksstämme in Berichten über Feldzüge[105] zeigten den Umfang und die Größe der Eroberungen. Gerade dass hier gern Orte an den Grenzen des Reiches genannt wurden,[106] zeigte die ungeheure Ausdehnung der Macht des Feldherrn.[107] Mattern bringt die Einstellung der Römer, ihre Eroberungen und Siege öffentlich darzustellen, auf den Punkt: „The Romans were not ashamed to advertise their successes."[108]

Wie wichtig militärische Erfolge für den gesellschaftlichen Status und die Anerkennung in Rom waren, zeigt die Bewertung von Friedensschlüssen römischer Herrscher mit äußeren Feinden.[109] Domitian wird von Cassius Dio heftig wegen seines Friedens mit dem Dakerkönig Decabulus kritisiert (Cass. Dio 67,7). Dieses Abkommen wird als unehrenhaft bewertet. Gleiches gilt für Tiberius, der die Diplomatie der Kriegsführung vorzog. Diese Regierungsweise wird von römischen Historikern wie Sueton (Tib. 37,4; 41) und Tacitus (ann. 6,32) als Zeichen der Schwäche gegenüber den Feinden gedeutet, wodurch die Ehre Roms Schaden nehme.

Roms Ansehen in der Welt nimmt Schaden, da in den Augen der römischen Oberschicht die äußeren Feinde häufig als hochmütig angesehen und entsprechend behandelt werden, so z. B. Ariovist (Caes. Gall. 1,30) und Arminius (Tac. ann. 1,61). Sie sind hochmütig, da sie die wahre Stellung Roms in der Welt missachten. Gegen solche Feinde nicht mit entschlossener Härte vorzugehen, schadet – so die Meinung Tacitus' und Suetons – der Würde und Ehrenstellung Roms. Plinius d. J. kann so auch Trajan verehren, der mit seinen Kriegen gegen die Daker die Ehre Roms wiederherstellt (paneg. 12).[110]

Bei der Suche nach Gründen für die römische Expansion ist es beinahe überflüssig zu erwähnen, dass hier natürlich materielle Gründe eine Rolle spielten. Eroberungen waren lukrativ und brachten Reichtum nach Rom. Für Tacitus sind die Bodenschätze Britanniens, die er beschreibt, eindeutig die Beute des Siegers (Agr. 12,6). Die Eroberung des Tempels in Jerusalem bedeutete für Titus und seine Armee eine riesige Beute an Gold (Jos. Bell. 6,317).[111] Wengst weist daraufhin, dass nicht die Kriegsbeute selbst den Reichtum Roms vergrößerte, sondern dass die er-

---

[105] Vgl. Augustus Res gestae, 26–33; Caes. Gall. 2,34,1–35,1; 7, 89–90; Plin. nat. 6,160. Weitere Beispiele bei Mattern, Enemy, 165f.
[106] Vgl. u. a. die militärischen Expeditionen von Petronius in Äthiopien (23–24 v. Chr.) und von Aelius Gallus in Arabien (25 v. Chr.). Plinius betont, dass Gallus dabei Orte zerstört hat, deren Name bisher unbekannt waren (nat. 6,160).
[107] Vor diesem Hintergrund sind auch die Rheinübergänge Caesars, sein Feldzug in Britannien und die Feldzüge des Claudius im Norden Britanniens zu sehen. Die Feldherren waren so mächtig, dass sie sich über die Grenzen der bekannten Welt hinauswagten.
[108] Mattern, Enemy, 162.
[109] Vgl. zum Folgenden ebd., 173ff.
[110] Vgl. ebd., 183.
[111] Vgl. Wengst, Pax Romana, 43f. Zur Abgabenlast in Israel vgl. Kap. 10.1.

oberten Länder nach Abschluss der Kampfhandlungen Steuern und Abgaben zahlen mussten.[112] Die fremden Völker wurden, um Roms Kasse zu füllen, rücksichtslos ausgebeutet.

Wie wenig man bereit war, Rücksicht auf andere zu nehmen, zeigt auch das äußerst brutale Vorgehen der Römer im Krieg. Die Kriegsführung und die spätere Herrschaft basierten auf der Furcht der Gegner bzw. der Unterworfenen.[113] Der Bericht des Polybius (10,15–17) über die Eroberung Carthago Novas 209 durch die Truppen des Scipio und die anschließende Plünderung der Stadt geben einen nachhaltigen Eindruck von dem Schrecken, den römische Truppen verbreiteten.[114] Dieser Bericht zeugt – das zeigen die Quellen – von keinem Einzelfall. Römische Truppen betrieben bei ihren Eroberungen, wenn sie auf Widerstand stießen, einen Vernichtungsfeldzug.

Wie sehr die Macht Roms auf der Angst vor dem Vernichtungswillen der römischen Truppen aufbaute, zeigt auch der Feldzug des Germanicus nach der Niederlage des Varus 9 n. Chr. Germanicus führte zwischen Rhein und Weser einen Feldzug der verbrannten Erde, um zu zeigen, dass Rom auch nach dem Verlust von drei Legionen Tod und Verderben bringen konnte.[115]

Das Verhältnis von Römern und Fremden kann nicht adäquat beschrieben werden, wenn das Stichwort der „Romanisierung" unberücksichtigt bleibt. Die Einverleibung in das römische Reich bedeutete für die eroberten Städte und Völker in bestimmtem Umfang auch Vorteile in Bezug auf die kulturelle und wirtschaftliche Entwicklung. Insbesondere die Oberschicht der eroberten Gebiete profitierte von der Eingliederung in das Reich.[116]

Was in der Rückschau als Romanisierung bezeichnet wird, bedeutete die Verbreitung von römischen Lebensformen.[117] Häufig war damit die Verleihung des römischen Bürgerrechts verbunden. Die Verleihung des Bürgerrechts an die Oberschicht einzelner Städte diente dazu, die Beziehung der Führungsschichten zu Rom zu stärken. Neben dem sozialen Prestige gehörten dazu massive wirtschaftliche Vorteile wie z. B. Steuerfreiheit für das Vermögen.[118] Gerade im 1. Jh. v. Chr. versuchten die einzelnen Parteien im Bürgerkrieg durch die Verleihung der Bürgerrechte Bündnispartner an sich zu binden.[119] Die Neu-Bürger antworteten nicht nur mit politischer Loyalität, sondern führten in ihr Gemeinwesen römische Lebensformen ein. Dies zeigt heute vor allem die Verbreitung römischer Architektur im

---

[112] Vgl. ebd., 44ff.
[113] Vgl. Mattern, Enemy, 118f.
[114] Vgl. Mattern, Enemy, 118; Harris, Imperialism, 51.
[115] Zur Schilderung des Feldzuges vgl. Tacitus, ann. 1,50–52.55–71.
[116] Vgl. Wengst, Pax Romana, 38–41.
[117] Christ, Kaiserzeit, 463 verweist hier auf Tacitus, Agr. 21, wo die Verbreitung römischer Kultur in Britannien geschildert wird.
[118] Vgl. Christ, Kaiserzeit, 458f.
[119] Dies tat Octavius während des Triumvirats ausgiebig.

5.6 Rom und die Anderen

ganzen Reich. Gerade die römisch geprägten Bauten, die unter Herodes und seinen Nachfolgern in Israel entstanden,[120] zeigen die Romanisierung in der östlichen Reichshälfte.

Rom selbst profitierte nicht nur von den sich stabilisierenden Verhältnissen in den eroberten Gebieten, viele Mitglieder aus den Provinzen stiegen auch in die herrschende politische Klasse auf.[121] Die Provinzen bildeten somit für die politische Klasse eine wichtige Ressource.

Die Romanisierung darf jedoch nicht als planmäßiger und flächendeckender Prozess angesehen werden. Gerade im Osten fand die römische Kultur in der hellenistischen eine massive Grenze, die vom römischen Staat auch akzeptiert wurde. Zwar fanden römische Lebensformen auch im Osten Anklang, es wurden dort römische Militärkolonien gegründet, allerdings blieb der Osten insgesamt hellenistisch geprägt.[122]

Der Hellenismus stellte noch mehr als die Romanisierung die Ausbreitung einer Kultur über weite Teile der damals bekannten Welt dar. Die griechische Kultur überwand die Grenzen der Polis und wurde zur Leitkultur im östlichen Mittemeer, in Ägypten und im vorderen Orient. Es war eine historische Entwicklung, in der sich eine Kultur dem Fremden gegenüber nicht mehr abwehrend und zurückweisend verhielt. Die griechischen Kolonisten traten zwar nicht als Missionare für die Kultur der Hellenen auf, allerdings war man bestrebt, die eigene Kultur in den neuen Lebensräumen zu etablieren und weiterzugeben. Gleichzeitig war man offen für Einflüsse aus den anderen Kulturen.[123] Der Hellenismus – und in seinem Gefolge auch die Romanisierung – hat Grenzen zwischen Völkern überwunden, allerdings blieb das ablehnende Verhalten gegenüber vielen fremden Völkern und Kulturen bestehen.

In der griechischen Kultur entwickelte sich im Zuge der Expansion im 5. Jh. (im Anschluss an die Perserkriege) ein wissenschaftliches Interesse an den nicht-griechischen Völkern und deren Kulturen.[124] Herodot war die prominente Figur dieser neuen Form der Wissenschaft in Griechenland.[125] Er erkannte in seinem Werk die Kulturleistung anderer Völker an und arbeitete die historische Bedingtheit menschlicher Lebensformen heraus.[126]

---

[120] Vgl. zur Erbauung von Hippodromen, Stadien und Theatern unter Herodes Schalit, Herodes, 397. Die Gründung der Stadt Tiberias 19 n. Chr. durch Herodes Antipas war ein Zeichen der Verehrung für den regierenden Kaiser Tiberius. Vgl. auch Strecker, Performanzen, 124.

[121] Unter Hadrian kamen 42% der Senatoren aus der Provinz, wobei es sich hier zum Teil um ehemals italische Kolonistenfamilien handelte. Vgl. Christ, Kaiserzeit, 304.

[122] Vgl. Herz, Kaiserzeit, 371ff.

[123] R. Müller, Entdeckung, 283 betont, dass die kulturelle Leistung des Hellenismus aus der gegenseitigen Beeinflussung der Kulturen entsprang.

[124] Vgl. R. Müller, Humanismus, 111.

[125] In Historien 1,1 legt Herodot die Absicht seines Werkes dar. Er will an die besonderen Taten sowohl der Griechen als auch der Barbaren erinnern.

[126] Vgl. R. Müller, Entdeckung, 142ff. Nippel, Herodot betont insgesamt die Objektivität der ethnologischen Passagen des Werkes Herodots.

Die Vorstellung, zwischen Griechen und Barbaren zu unterscheiden, setzte ebenfalls in dieser Phase der griechischen Geschichte ein und war ein deutlicher Reflex auf den Sieg der griechischen Stadtstaaten über das persische Reich. Hier wurde die Überlegenheit der griechischen Kultur thematisiert, die der Grund für den Sieg über den übermächtigen Gegner gewesen sein sollte. Dies zeigte sich auch schon bei Herodot (6,102): Die äußeren Bedingungen des Lebens in Griechenland prägten in besonderem Maße die griechische Lebensweise. Die schwierigen Lebensbedingungen haben die „mannhafte" und freiheitsliebende Haltung der Griechen befördert, die der persischen Lebensart deutlich überlegen war.[127] Des Weiteren wurde auch die Weisheit betont, die die Griechen vor allen anderen Völkern auszeichnet.

Bei Plato ist ebenfalls – trotz allen wissenschaftlichen Interesses an fremden Kulturen – eine ideologisch geprägte Sicht auf die Nicht-Griechen feststellbar.[128] Es sind gewaltsame Handlungen gegenüber Nicht-Griechen gerechtfertigt, die man Griechen nicht antun sollte, so z. B. eine Kriegführung der „Verbrannten Erde" (rep. 470aff). Auch seien Barbaren zur Sklaverei bestimmt (rep. 469bf). Die wissenschaftlichen und kulturellen Errungenschaften fremder Völker – insbesondere die Ägyptens erkannte Plato zwar an. Allerdings hatten sie in den Augen des Philosophen zumeist nur praktischen Nutzen. Der philosophischen Qualität entbehrten sie (leg. 747bff). Die Kultur und Wissenschaft Ägyptens entwertete er darüber hinaus noch mit dem Mythos vom sog. Urathen, das die Quelle aller menschlichen Kultur gewesen sei (Tim. 24cf).[129] Auch im Werk des Plato wurde die Überlegenheit griechischer Lebensformen mit der Klimatheorie begründet: Das gemäßigte Klima lässt die klügsten Menschen heranwachsen.[130]

Aristoteles konnte Nicht-Griechen mit Sklaven identifizieren.[131] Nicht-Griechen waren somit von ihrer Natur her zum Gehorchen und Dienen bestimmt. Bei Aristoles zeigte sich auch die Vorstellung, dass die Nahrung die Lebensform und den Charakter eines Volkes bestimmt (pol. 1256a20ff):[132] Der Verzehr von rohem Fleisch ist der Grund für die Rohheit und Wildheit eines Volkes. Das Volk der Skythen ist in den ethnologischen Schriften des antiken Griechenlands das Paradebeispiel für diese Theorie.

Die sog. Klimatheorie ist in ausgearbeiteter Form in der Schrift „Über die Umwelt" aus dem Corpus Hippocraticum zu finden.[133] Kernthese dieser Schrift ist, dass die physisch-psychische Konstitution eines Volkes auf den Einflüssen der Umwelt,

---

[127] Vgl. R. Müller, Humanismus, 111f. Herodot zeigt hier eine Nähe zur ionischen Klimatheorie.
[128] Vgl. ebd., 112ff.
[129] Vgl. ebd. 117f.
[130] Vgl. K. Müller, Ethnologie, 171.177.
[131] Vgl. R. Müller, Humanismus, 118.
[132] Vgl. K. Müller, Ethnologie, 186f.
[133] Die Schriften des Corpus Hippocraticum werden auf die Zeit des 5. und 4. Jh. datiert. Vgl. Stein, Schriften, 69f.

5.6 Rom und die Anderen

in der es lebt, beruht.[134] Den Völkern wird eine jeweilige Kollektivnatur zugeschrieben. Insbesondere das Klima formt den Volkscharakter. Wechselndes Klima bringt Menschen hervor, die anpassungsfähig, mutig und arbeitsam sind. Gleichbleibendes Klima bedeutet schlaffe und feige Menschennaturen (16,1; 23,3). Dies wurde von den Autoren der Schrift auf die Völker in Europa und Asien übertragen, so dass der Kampf der Griechen gegen das persische Reich zum Kampf der Tapferen gegen die Feigen wurde. Gleichzeitig wurde mit der Klimatheorie auch das Entstehen bestimmter politischer Strukturen begründet. Die schlaffen Naturen der Asiaten beförderten das Entstehen tyrannischer Königsherrschaft, während die mutigen Griechen bereit waren, sich selbst Gesetze zu geben und zu regieren (23,4).

In der hellenistischen Zeit waren sich viele Griechen ihrer hohen Kultur bewusst, und sie sahen es als ganz natürlich an, dass andere Völker an dieser Kultur teilhaben wollten. Dies war das Neue im Hellenismus: Grieche zu sein, war keine Frage der Abstammung und Geburt, sondern eine Frage der Bildung.[135] Durch die Übernahme griechischer Lebensformen und die Aneignung griechischer Bildung konnte man Anteil an dieser hohen Kultur bekommen. Bei aller Offenheit gegenüber den fremden Völkern sah man doch häufig auf deren kulturelle Traditionen herab.[136]

Die römische Ethnographie konnte die Qualität der griechischen nicht mehr erreichen. Zu sehr waren die Berichte über fremde Völker vom Interesse des Eroberers geprägt. Im Gegensatz zu Griechenland traten in Rom weniger Gelehrte als Politiker und Feldherren als Ethnographen in Erscheinung. Die bekanntesten Beispiele sind die ethnographischen Exkurse im Bellum Gallicum Caesars (4,1–3.10; 5,10–12; 6,11–24) und die Germania des Tacitus. Die Texte über die Kulturen fremder Völker dienten weniger dem Stillen wissenschaftlicher Neugier als vielmehr dem Interesse der Verwaltung der Provinzen.[137] In der römischen Literatur finden sich zahlreiche ethnographisch-literarische Topoi, die in der Zeit der jeweiligen Autoren überhaupt keinen Anhalt an der Wirklichkeit hatten. Mit ihnen wurden, statt Interesse am Fremden zu wecken (so noch Herodot), Vorurteile gegen Völker an den Grenzen des Reiches geschürt bzw. aufrechterhalten.[138]

Die Klimatheorie wurde auch in der römischen Literatur weiter tradiert. Der Volkscharakter der Germanen und der Völker Britanniens wurde mit dem rauen und unwirtlichen Klima der jeweiligen Regionen begründet. Dadurch wurden sie zu wilden und kriegslüsternen Menschen. Ein Grund für solche tendenziösen Darstellungen – teilweise wider besseres Wissen – war der Versuch, mit der Angst vor den mordenden Horden der Gallier, Germanen und Briten die jeweiligen Feldzüge

---

[134] Vgl. R. Müller, Entdeckung, 188ff.
[135] Vgl. R. Müller, Humanismus, 123. Der Kosmopolitismus der stoischen Philosophie dürfte hierauf einigen Einfluss gehabt haben.
[136] Ausgenommen waren hier natürlich die Hochkulturen Ägyptens und Persiens.
[137] Vgl. K. Müller, Ethnologie, 322.
[138] Vgl. ebd., 335. Müller verweist hier besonders auf die Schilderung der Skythen bei Verg. Georg. 3,349–383.

und Eroberungsversuche zu begründen.[139] In einigen Texten – wie bei Plinius d. Ä. (nat. 3,6) – zeigt sich auch zivilisatorisches Sendungsbewusstsein: den unterentwickelten Völkern sollte Kultur gebracht werden.[140]

Im Vielvölkerreich der Römer wurde der Begriff der Barbaren noch einmal etwas anders gefüllt. Barbaren waren nicht mehr die Fremden, sondern die Völker, die jenseits der Grenzen lebten: Germanen, Skythen, Araber, Berber – um einige Beispiele zu nennen.[141] Den Menschen dieser Völker brachten die Römer ihre geballte Verachtung entgegen. Die germanischen Völker werden insgesamt als lügnerisch bewertet (Vell. 21,18,1). Der Arzt Galenos soll Barbaren mit Ochsen und Schweinen verglichen haben.[142] Im römischen Imperialismus und in der Darstellung der fremden Kulturen aus griechischer oder römischer Sicht zeigt sich insgesamt – trotz zeitweilig anderer Tendenzen – eine Geringschätzung der anderen Völker, die sich bis zur Verachtung steigern konnte.

5.7 Antike Judenfeindschaft

Feindliche Einstellungen gegenüber dem Judentum gehören zwar eindeutig in den Kontext der Wahrnehmung und Bewertung von fremden Lebensformen in der römisch-hellenistischen Kultur, allerdings gibt es gravierende Unterschiede in der Bewertung von Barbaren und Juden.[143]

Yavetz[144] macht deutlich, dass Römer und Griechen bei aller Verachtung von fremden Völkern deren Leistungen beim Kampf würdigen konnten. Dies geschieht bei den jüdischen Aufständen überhaupt nicht. Auch wird das Alter der jüdischen Traditionen – um das man wusste – kaum wertgeschätzt. Die Niederschlagung des jüdischen Aufstandes und die Behandlung des jüdischen Volkes zeigen eine deutlich andere Einschätzung des Judentums als die anderer fremder Völker: Die Namen fremder Völker oder Länder wurden von den Eroberern als Ehrennamen geführt (Scipio Africanus, Germanicus). „Titus wurde nie zum ‚Iudaicus'."[145] Auch die Einführung des fiscus Iudaicus darf als singuläre Maßnahme gegen unterworfene Völker bewertet werden.

Hier soll nicht der Versuch der Darstellung einer Genese der antiken Judenfeindschaft unternommen werden, vielmehr sollen die Etappen des historischen Prozes-

---

[139] Vgl. ebd., 408.
[140] Vgl. ebd., 337.
[141] Vgl. ebd., 338.
[142] Vgl. ebd., 338.
[143] Zur Diskussion um die verschiedenen Begriffe zur Bezeichnung und Charakterisierung des Phänomens vgl. Ebach, Antisemitismus.
[144] Vgl. Yavetz, Judenfeindschaft, 38ff.
[145] Ebd., 43.

5.7 Antike Judenfeindschaft

ses genauer in den Blick genommen werden, um einzelne Elemente der Sichtweisen vom Judentum im römisch-hellenistischen Kontext in den Blick zu nehmen.

Konkret fassbar sind feindliche Aktionen gegenüber Juden deutlich vor den Makkabäerkriegen. Yavetz nennt hier die Konflikte im Zusammenhang mit der Zerstörung des jüdischen Tempels von Elephantine (411 v. Chr.) durch die ägyptische Bevölkerung.[146] Dieser gewaltsame Akt gegen die jüdische Kolonie muss im Zusammenhang mit der negativen Haltung der Ägypter gegen die persischen Oberherren gesehen werden: Die jüdische Kolonie in Elephantine bestand aus treuen und verlässlichen Untertanen der Perser. Wollte man die Perser treffen, waren die Juden ein gutes Ziel.

Der Konflikt zwischen der ägyptischen Bevölkerung und der jüdischen Gruppe in Ägypten hielt an und bekam nach der Anfertigung der Septuaginta neue Nahrung. Ägypter reagierten auf die negative Bewertung Ägyptens mit einer Anti-Exodus-Version, die in vielen Darstellungen über das Judentum in der Antike (in Variation) wieder auftaucht:[147] Hier vertreiben die Ägypter ihrerseits das jüdische Volk, da bei den Juden die Lepra grassiert. Die Vertreibung dient dem Schutz Ägyptens.

Mit massiver Gewalt wurde die antike Judenfeindschaft im Zusammenhang der Makkabäerkriege aufgeladen. Der jüdische Widerstand gegen die Hellenisierung Jerusalems und der Oberschicht wurde in der hellenistischen Welt als Ablehnung der hellenistischen Kultur bewertet. Diese Ablehnung wurde insgesamt nicht verstanden und führte so zu einer extrem negativen Bewertung des jüdischen Volkes und seiner Religion.

Die Gründe für die Erhebung der Makkabäer sind allerdings nicht in einer pauschalen Zurückweisung der griechischen Kultur zu suchen. Das Problem war, dass die Hellenisierung als Versuch der Herrscher, die man zumeist als Unterdrücker und Ausbeuter erlebt hatte, die Eigenart des Judentums zu zerstören, bewertet wurde: In der Zeit von 320–302 v. Chr. wechselte Jerusalem siebenmal den Besitzer. Die Belastung der Bevölkerung in Israel durch die Kampfhandlungen und Anwesenheit von Truppen dürfte immens gewesen sein.[148] Die ptolemäische Herrschaft führte dann zu einer konsequenten wirtschaftlichen Ausbeutung Israels durch das System der Steuerpacht, wodurch die soziale Zerklüftung des Volkes vorangetrieben wurde.[149] Die Seleukiden setzten diese Politik fort.

Der gescheiterte Versuch des Antiochos IV., in Ägypten einzudringen, brachte die Schwäche des Seleukidenreichs offen zutage, so dass die Gegner der Hellenisierung die günstige Gelegenheit ergriffen: Sie nutzten die Schwäche der Zentralmacht aus und erhoben sich gegen die Seleukiden.

---

[146] Vgl. Judenfeindschaft, 53–63.
[147] Vgl. ebd., 63–68. Bloch, Judentum, 29 verweist u. a. auf die Exkurse bei Hekataios von Abdera (FGrH 264 F6) und des Poseidonios (Strab. 16,2,34–46).
[148] Vgl. Yavetz, Judenfeindschaft, 74f.
[149] Vgl. Albertz, Religionsgeschichte, 595ff.

Die Hellenisierung Jerusalems darf allerdings nicht als Programm der Seleukiden missverstanden werden, sie wurde maßgeblich von Teilen der jüdischen Aristokratie initiiert und getragen. Diese versprachen sich von der Umwandlung Jerusalems in eine Polis massive wirtschaftliche und politische Vorteile, die allerdings klar zu Lasten der restlichen Bevölkerung gingen: Die Macht in der neuen Polis lag in den Händen der Aristokraten, denn nur sie hatten das Bürgerrecht.[150] Der Widerstand gegen die Hellenisierung war somit auch ein Widerstand gegen die Entmachtung weiter Teile der Bevölkerung.

Der Aufstand verhalf Israel bis zur Eroberung durch die Römer unter Pompeius 63 v. Chr. zu einer kurzen Eigenstaatlichkeit. In diesem Zusammenhang kam es unter dem neuen Herrschaftsgeschlecht der Hasmonäer zu Eroberungen in hellenistischen Gebieten und zu Versuchen, die jüdische Lebensweise gewaltsam durchzusetzen.[151]

Die Zurückweisung der griechischen Kultur und das aggressive Beharren auf Eigenständigkeit waren für die hellenistische Welt nicht nachvollziehbar. Man war von der Überlegenheit der eigenen Kultur so überzeugt, dass diejenigen, die sich dagegenstellten, als unbelehrbar und primitiv, ja sogar als feindlich angesehen wurden. Die hellenistische Kultur diente dem Wohl der Menschen, und wer dies nicht erkannte, stellte sich damit gegen die Menschen. Dies zeigt Tac. Hist. 5,8,2, ein Satz, den Tacitus wahrscheinlich aus antijüdischer Propaganda der Seleukiden übernommen hat:[152] „… versuchte König Antiochus, ihnen (den Juden CJB) den Aberglauben zu nehmen und griechische Gesittung zu geben; aber dieses in allem ekelerregende Volk zum Bessern zu wandeln, daran hinderte ihn der Krieg mit den Parthern." Mit der Ablehnung der hellenistischen Kultur machte das jüdische Volk sich in den Augen hellenistischer Herrscher und ihrer Anhänger zum Feind der zivilisierten Menschheit.[153]

Eine Ursache für die Judenfeindlichkeit in den hellenistischen Gesellschaften des Ostens war auch die Annäherung des selbstständigen Judäas an Rom: Das kleine Israel wurde zum Bündnispartner Roms, das begann, die hellenistischen Reiche zu unterwerfen.[154]

Der römische Staat pflegte nach der Eroberung Jerusalems durch Pompeius ein recht gutes Verhältnis zum jüdischen Staat in Gestalt des König Herodes. Herodes erwies sich als loyaler Untertan, so dass er als socius und amicus anerkannt wurde. Gleichzeitig konnten immer mehr antijüdische Vorurteile in der römischen Gesellschaft Fuß fassen. Cicero benutzte in seiner Rede für Flaccus antijüdische Vorurteile: Er bezeichnete die jüdische Religion als fremdartigen Aberglauben (su-

---

[150] Vgl. Yavetz, Judenfeindschaft, 86f.
[151] Vgl. Albertz, Religionsgeschichte, 604f.
[152] Vgl. Bloch, Judentum, 103.
[153] Vgl. Schäfer, Judeophobia, 189.
[154] Vgl. Yavetz, Judenfeindschaft, 96ff.

5.7 Antike Judenfeindschaft

perstitio) (Flacc. 67). Juden wurden insgesamt als Feinde des römischen Volkes bezeichnet (Flacc. 68).

Der römische Staat in Gestalt der kaiserlichen Politik betrieb keine antijüdische Politik, solange jüdische Bevölkerungsgruppen den Anspruch des Kaisers und des Staates nicht in Frage stellten. In den Augen Caligulas taten dies die jüdischen Gruppen in Jabne (39 oder 40 n. Chr.), als sie den örtlichen Altar für den Kaiserkult zerstörten.[155] Daraufhin wollte Caligula sein Standbild im Tempel aufstellen lassen, was die Region an den Rand des Krieges brachte. In den Augen der politischen Religion Roms war Israel mit seinem Monotheismus ein Problem, da es die Stellung des Princeps nicht so anerkannte, wie dies die übrigen Untertanen taten. Bis zur Regierung Caligulas hatten die Regierenden in Rom auf die Forderung der Loyalitätsbekundungen gegenüber Rom durch Opferhandlungen verzichtet.[156] Unter Caligula änderte sich dies.

Das Verhältnis zwischen Rom und dem Judentum verschlechterte sich im Zuge der zahlreichen Konflikte im Land Israel (Räuberkrieg, Caligulakrise) und in der Diaspora (Alexandrien) zusehends.[157] Der Aufstand in Israel ab 66 n. Chr. zerrüttete das Land nachhaltig. Die feindselige Haltung des Hellenismus gegenüber dem Judentum prägt nun auch die römische Position zum Judentum. Der sog. Judenexkurs in den Historien des Tacitus (5,2–12) fasst die römische Einstellung zum Judentum zusammen.[158] Die „Gedankentektonik"[159] dieses Exkurses zeigt klar, dass Tacitus hier nicht von ethnologischem Interesse geleitet wird. Vielmehr will er das Judentum als eine der griechisch-römischen Zivilisation gegenüber feindlich eingestellte Religion darstellen. Das Judentum ist in den Augen des Tacitus keine Religion, sondern finsterster Aberglaube. Des Weiteren will Tacitus im Hinblick auf den Ausgang des Krieges in Israel zeigen, dass das Volk und sein zentrales Heiligtum für den Untergang bestimmt sind.[160]

Im sog. Judenexkurs der Historien behandelt Tacitus den Ursprung Israels, die Sitten und Gebräuche, die Geographie des Landes und die Geschichte des Volkes. Die Beschreibung des Sturms auf Jerusalem bildet den Abschluss.[161]

Bei der Behandlung des Ursprungs des jüdischen Volkes reiht Tacitus scheinbar wahllos verschiedene in der Antike verbreitete Varianten aneinander. Besonders die letzte Variante (die Vertreibung der Juden aus Angst vor Pest und Lepra aus Ägypten) weist auf einen wichtigen Zug des Exkurses hin: Mose ruft in der Wüste das Volk auf, weder von den Göttern noch von Menschen Hilfe zu erwarten (5,8,3).

---

[155] Vgl. ebd., 108f.
[156] Vgl. Stern, Zeit, 345.
[157] Vgl. Theißen/Merz, Jesus, 139; Yavetz, Judenfeindschaft, 101ff.
[158] Vgl. Schäfer, Judeophobia, 185.
[159] Bloch, Judentum, 92.
[160] Vgl. zur Intention des Exkurses Bloch, Judentum, 120ff und Schäfer, Judeophobia, 185.
[161] Vgl. Bloch, Judentum, 113.

Dies zeigt Israel schon hier als ein Volk, das der Menschheit feindlich gegenübersteht und auch die Götter verachtet.[162]

Dieser Gedanke wird vor allem bei der Behandlung der Sitten und Gebräuche des Judentums vertieft: Dort arbeitet Tacitus mit dem Motiv der verkehrten Welt. Die Riten der Juden sind denen der übrigen Menschheit entgegengesetzt, ebenso die Wertmaßstäbe der Juden (5,4,1).[163] Das Motiv der verkehrten Welt diente in der antiken Ethnologie der Wahrnehmung des Fremden im Kontrast zum Eigenen. Bei Tacitus fehlt dieses ethnologische Interesse jedoch völlig, er liefert hier vielmehr eine Grundcharakterisierung des Judentums: Das Judentum wird zum Gegenbild der zivilisierten Menschheit.[164] Tacitus schildert im Folgenden unter dieser Prämisse verschiedene Riten und Gebräuche im Judentum, wobei er gängige Vorurteile und Verzeichnungen des Judentums in der Antike aufnimmt und bedient, insbesondere in Bezug auf Beschneidung, Sabbat[165] und Agitation gegen religiöse Gebräuche in hellenistischen Kulten, in denen Götterbildnisse verehrt wurden (5,5,4). Letzteres steht im Zusammenhang mit der Bilderlosigkeit der jüdischen Religion, die Kulte mit Bildern eben rigoros ablehnt. Dazu gehört auch die religiöse Verehrung des Kaisers.[166]

Die religiösen Bräuche zeigen Juden in der Sicht des Tacitus als ein Volk, das sich von der übrigen Menschheit absondert (hier besonders durch die Speisegebote, Beschneidung als Erkennungsmerkmal) und ihr feindlich gesonnen ist (adversus omnes alios hostile 5,5,1).[167] Die Begriffe absurdus und sordidus charakterisieren die Sitten Israels noch einmal abschließend (5,5,5).

Die Ausführungen zur Geographie des Landes nehmen zentrale Gedanken wieder auf. Höhepunkt dieser Passage ist die Beschreibung des Toten Meeres und des Umlandes des Gewässers: Das lebensfeindliche Tote Meer und sein verpestetes Umland entspricht dem lebensfeindlichen Charakter des Volkes der Juden[168] – eine weitere Variante der hippokratischen Klimatheorie. Bloch zeigt darüber hinaus, dass die Gegend um das Tote Meer schon auf das eroberte und zerstörte Jerusalem hindeutet.[169] Tacitus verarbeitet in seiner Schilderung des Umlandes Elemente aus der Darstellung der Totenwelt in Verg. Aen. 6,440f. Das Land Israel ist dem Untergang geweiht, es ist ein lebensfeindlicher Landstrich, so wie die Juden und ihre Kultur es sind.

---

[162] Vgl. ebd., 88.
[163] Vgl. ebd., 91f.
[164] Vgl. Schäfer, Judeophohia, 172.
[165] Zur hellenistischen und römischen Polemik gegen den jüdischen Sabbat vgl. Schäfer, Judeophobia, 82ff.
[166] Vgl. dazu Bloch, Judentum, 95f.
[167] Vgl. ebd., 94.
[168] Vgl. ebd., 98ff.
[169] Vgl. ebd., 100f.

5.7 Antike Judenfeindschaft

Die Passage über die Geschichte des Volkes zeigt Israel als rebellisches und verachtetes Volk: Tacitus übernimmt hier wahrscheinlich antijüdische Propaganda aus dem hellenistischen Umfeld und zeichnet Israel als ein Volk, das die Segnungen der griechischen Kultur nicht erkennt und sie ablehnt (hist. 5,8,2), auch hier wieder der Vorwurf der Feindschaft des Judentums gegen den Rest der Welt.

Im letzten Teil – der Darstellung der abschließenden Belagerung Jerusalems 70 n. Chr. – zeigt sich das jüdische Volk noch einmal als unbelehrbar: Die Menschen in Jerusalem erkennen trotz der Vorzeichen am Himmel nicht, dass Jerusalem untergehen wird (5,13,1). Auch dass die Götter den Tempel verlassen, bleibt unbeachtet. Dies macht die hoffnungslose Lage Jerusalems überdeutlich.[170] Die Stadt ist wie das ganze Volk dem Untergang geweiht.

---

[170] Vgl. ebd., 108ff.

6 Gesellschaftliche Konstruktionen von Weiblichkeit in der Antike

6.1 Die „natürliche Unterordnung" der Frauen unter die Männer

Vorstellungen von der Unterordnung von Frauen unter Männer tauchen zunächst in Mythen auf. Hesiod erzählt in seiner Theogonie eine Variante des Prometheus-Mythos (theog. 521ff). Als Strafe für den Raub des Feuers durch Prometheus bringt Zeus den Menschen die Frauen. Sie bedeuten das Ende der Zufriedenheit, sie bringen den Menschen Begierde, Verzweiflung und Verlorenheit.[1]

Frauen sind in der Natur etwas später Hinzugekommenes. Darüber hinaus mindern sie die Lebensqualität der Menschen. Sie sind somit minderwertig. Auch Plato bietet im Timaios (42b.90c) eine mythische Begründung für die Bewertung der Frau. Frauen – so die Quintessenz des Mythos – sind in das Leben zurückgekehrte feige Männer. Hier wird dem weiblichen Geschlecht keine eigene Qualität zugeschrieben: Das weibliche Geschlecht resultiert aus dem Versagen von Männern. Damit werden Frauen eindeutig negativ bewertet.

Bezeichnenderweise präsentieren Hesiod und Plato ihren Gedanken zur Stellung der Frau in der menschlichen Lebenswelt in der Sprachform des Mythos. Mythen sind – so die funktionalistische Lesart – Erzählungen, die menschliche Lebensformen legitimieren. Der Mythos ist dabei eine bestimmte Sprachform, die die Welt und ihre Strukturen deutet.[2] Er – eigentlich eine Erzählung aus der Urzeit der Menschen – zeigt die Tiefendimension der menschlichen Existenz auf, die Gegenwart und Vergangenheit miteinander verbindet. Mit ihren Mythen verankern Hesiod und Plato eine bestimmte Sichtweise der Frau, die in den Tiefen der menschlichen Existenz und der Kultur gegründet ist. Gerade Hesiod, der in seinem Werk über die Bedingungen menschlichen Lebens und die Entstehung der Kultur reflektiert,[3] weist Frauen so einen untergeordneten und negativ besetzten Platz in der menschlichen Lebenswelt zu.

Plato reflektiert in seiner Schrift über den Staat noch eingehend über das Verhältnis der zwei Geschlechter. Im Rahmen seiner Überlegungen zum idealen Staat macht Plato die zunächst beachtenswerte Aussage, dass Frauen und Männer in gleicher Weise zu allem befähigt sind (rep. 451d; 454e).[4] Die Einteilung der Menschen in zwei verschiedene Geschlechter ist im Hinblick auf die Fortpflanzung biologisch notwendig. Allerdings – und hier wird es für den zu bearbeitenden Ge-

---

[1] Vgl. Sissa, Geschlechterunterschied, 82.
[2] Vgl. zusammenfassend Theißen, Religion, 21f Anm. 5.
[3] So die Einschätzung Hesiods durch R. Müller, Entdeckung, 31.
[4] Vgl. Sissa, Geschlechterunterschied, 78f.

6.1 Die „natürliche Unterordnung" der Frauen unter die Männer

genstand interessant – übertrifft der Mann nach Platos Sicht die Frau in allem. Die natürliche Gleichheit von Männern und Frauen begründet damit die Inferiorität der Frauen: Obwohl Frauen grundsätzlich wie Männer zu allem befähigt sind, unterliegen sie den Männern, da die Männer von ihren natürlichen Anlagen her die Frauen bei allen Handlungen übertreffen: Ausgenommen sind hier Tätigkeiten, die zu den typischen des Haushalts und des Versorgungsbereichs gehören, wie Backen, Kochen und Weben (rep. 455c–e).

Innerhalb seiner Metaphysik muss sich Aristoteles dem Problem der Geschlechterdifferenz stellen. Sein Denken im Begriffspaar von Substanz und Akzidenz verhilft ihm nicht dazu, die Geschlechterdifferenz von Mann und Frau adäquat darzustellen. Er kommt weder zur Ansicht, das Geschlecht als Akzidenz zu bewerten, noch fasst er Männliches und Weibliches als zwei verschiedene Substanzen auf.[5] Stattdessen ebnet er diese Differenz ein.[6] Den Ansatz des Aristoteles kann man auf die Form bringen: Das Weibliche ist nicht soweit entwickelt wie das Männliche. Der Körper der Frau kann somit als Fehlkonstruktion bezeichnet werden.[7] Entscheidend ist, dass für Aristoteles bei der Zeugung des Lebens das Männliche die entscheidende Rolle spielt. Das Männliche bringt durch das Sperma[8] die Bewegungskraft und die sog. Empfindungsseele in den Zeugungsakt mit ein. Das neue Leben empfängt vom Vater seine Seele durch das Sperma.[9] Ebenso bestimmt das Sperma das Geschlecht (die Form) des neuen Lebens. Wird es weiblich, lässt sich hieraus auf die Schwäche des Spermas zurückschließen. Das Weibliche steuert nur das Stoffliche, aus dem das neue Leben geformt wird, zur Zeugung mit bei. Der weibliche Körper dient als Werkzeug und Werkstatt. Das Passive gehört so zur Natur des Weiblichen. Die Dominanz des Männlichen ist von Natur aus gegeben. Sie ist grundlegender Teil der Wirklichkeit.

In der „Politeia" (1254b13–14; 1259a37–1259b2) leitet Aristoteles die Überordnung des Mannes über die Frau aus der Natur ab. Das Bessere herrscht über das Geringere – das ist für Aristoteles das Grundprinzip der Natur, wie es sich grundlegend in der Herrschaft der Seele über den Körper zeigt. Das Weibliche ist dadurch gekennzeichnet, dass es keine Entscheidungskraft besitzt, eine Fähigkeit, die für das Herrschen unabdingbar ist. Aristoteles schreibt zwar beiden Geschlechtern ethische Tugenden zu, aber es gibt dort einen qualitativen Unterschied: Den Mann zeichnet die regierende Tapferkeit aus, die Frau die dienende.

Xenophon stellt in seiner Schrift „Oikonomikos" dar, dass Männern und Frauen von den Göttern unterschiedliche Aufgaben zugedacht sind und dass sie entspre-

---

[5] Vgl. Sissa, Geschlechterunterschied, 83–86.
[6] Vgl. ebd. 86–92.
[7] Vgl. ebd., 87 und dort die Beispiele aus: part. an. 653a27b3; hist. an. 538b.
[8] Menstruationsblut versteht Aristoteles als eine minderwertige Form von Sperma (gen. an. 726b). Vgl. Sissa, Geschlechterunterschied, 89.
[9] Vgl. gen. an. 728a.

chend diesen Tätigkeiten geschaffen sind (oik. 7,1–43).[10] Männer haben einen widerstandsfähigen Körper, damit sie die anstrengende Arbeit außerhalb des Hauses verrichten können. Frauen ist nach Xenophon eine natürliche Angst eigen. Die Furcht treibt sie an, sich nachhaltig um die Vorräte der Familie zu kümmern. D. h.: Wenn Frauen sich in Angelegenheiten außerhalb des Hauses und der Familie einmischen, dann handeln sie wider die Natur. Sie versuchen dann Handlungen durchzuführen, für die sie nicht geschaffen sind. Von daher müssen sie hier scheitern. Das Ergebnis ihrer Taten außerhalb des von der Natur vorgesehenen Handlungsspielraumes muss zwangsläufig negativ und somit zum Schaden aller sein. Tacitus sieht deshalb in dem weiblichen Geschlecht insgesamt eine potentielle Bedrohung der Ordnung.[11]

Die Vorstellung von der schwächeren Natur der Frau findet sich auch in den gynäkologischen Schriften des Corpus Hippocraticum.[12] Ärzte der hippokratischen Schule bezeichnen im Anschluss an die antike Säftelehre[13] die Natur der Frau als „feucht", d. h. die Natur der Frau ist ungesünder und schwächer.

Bei Seneca sehen wir – im Hinblick auf die historische Situation des Prinzipats – eine vergleichsweise differenzierte Haltung gegenüber Frauen. Diese hat insbesondere Mauch in ihrer Arbeit zum Frauenbild in den philosophischen Schriften Senecas gezeigt: Seneca akzeptiert in den Trostschriften, die an Frauen adressiert sind, diese als nahezu gleichberechtigte Gesprächspartnerinnen. Die Bildung zur Weisheit hin hält Seneca bei diesen Frauen, die auf dem Weg schon weit vorangeschritten sind, für möglich.[14] Allerdings festigt Seneca – und darauf werde ich im Folgenden mein Augenmerk richten – die traditionelle Vorstellung der natürlichen Unterordnung der Frau unter den Mann.

Die Forschung zur Stoa betont, dass in der älteren Stoa theoretisch von der prinzipiellen Gleichheit der Geschlechter ausgegangen wurde.[15] Männern und Frauen wurde die gleiche Veranlagung zur ἀρετή zugestanden.[16] Diese theoretische Einsicht hatte jedoch keine praktischen Konsequenzen für die stoische Bewegung. Frauen sind dort – im Gegensatz zum Epikureismus – nicht zu finden.

In der weiteren Entwicklung der stoischen Bewegung – gerade unter dem Einfluss der römischen Gesellschaft – wurde diese Grundposition immer weiter zurückgedrängt. Die Vorstellung von der naturgegebenen Unterlegenheit der Frau behielt gerade in der römisch geprägten Stoa ihren Platz im Lehrgebäude, so auch bei Seneca: „Zwischen den Stoikern, lieber Serenus, und den übrigen Philosophen besteht ein ebenso großer Unterschied wie, so darf ich wohl nicht ohne Grund sagen, zwi-

---

[10] Vgl. Stegemann/Stegemann, Sozialgeschichte, 317f.
[11] Vgl. Späth, Tacitus, 314.
[12] Vgl. zusammenfassend Stein, Corpus Hippocraticum, 94f.
[13] Vgl. Stein, Schriften, 72ff.
[14] Vgl. zusammenfassend Mauch, Frauenbild, 161–167.
[15] Vgl. ebd., 19ff.
[16] Vgl. Pholenz, Stoa I, 140.

schen Frauen und Männern; denn beide Gruppen leisten für das gemeinsame Leben ihren gleich großen Beitrag, die einen aber sind zum Gehorchen, die anderen zum Befehlen geboren." (const. sap. 1,1) Dies ist für Senecas Frauenbild kennzeichnend. Die Frau wird auf ihren natürlichen Platz in der Gesellschaft verwiesen und dort auch – im Rahmen der traditionellen Werte – geachtet.

Lebensentwürfe und Handlungen, die der Natur einer Frau entsprechen, verweisen zunächst einmal auf die biologischen Anlagen von Frauen: Seneca rühmt seine Mutter Helvetia wegen ihrer positiven Haltung zu ihren Schwangerschaften. In seinen Augen hat sie die Schwangerschaft gewissermaßen als Würde verstanden.[17] Mütter von berühmten Persönlichkeiten der römischen Geschichte werden gerühmt, dass sie – wie Lucretia den Brutus oder die Cornelia die Gracchen – einen solchen Mann/solche Männer zur Welt gebracht haben (ad Marciam 16,1.3). Marcia wird von Seneca gewürdigt, weil sie das Andenken ihres in den Suizid getriebenen Vaters der Nachwelt erhalten hat (ad Marciam 1,3). Hierin zeigt sich ihre pietas gegenüber ihrem Vater.[18] Seneca bewertet dieses Verhalten Marcias als sehr verdienstvoll und stellt ihre Tapferkeit heraus, als sie im Angesicht der Gefahren das Andenken an ihren Vater öffentlich wach hielt.

Festzuhalten bleibt bei aller positiven Würdigung der handelnden Frauen, dass sie nur in Bezug auf die Männer ihrer Familie (entweder Söhne oder Vater) so gesehen werden. Ein selbstständiges und zielgerichtetes Handeln liegt hier eigentlich nicht vor. Den Beitrag der Mütter am politischen Werdegang der Söhne hebt Seneca nicht hervor. Die Frauen werden auf ihre Funktion als Gebärerinnen reduziert. So wird Cornelia mit den Worten zitiert: „Niemals werde ich mich als nicht glücklich bezeichnen, habe ich doch die Gracchen geboren." (ad Marciam 17, 3)

Bei Marcias Einsatz für das Andenken ihres Vaters liegen die Dinge anders: Hier agiert Marcia eigenständig, wobei sie Gefahren auf sich nimmt. Sie erfüllt aber damit die Erwartungen vorbildlich, die an sie als Tochter ihres Vaters gerichtet sind.

Die philosophische Basis der Vorstellung, dass Frauen entsprechend ihrer Natur leben sollen, ist die stoische Lehre vom vernünftigen Leben gemäß der Natur. Es entspricht eben der Natur von Frauen, diese Tätigkeiten zu verrichten. Insgesamt wird die Frau von Seneca im Licht der stoischen Tradition als von Natur passiv beschrieben (epist. 95,21: pati natae). Dies zeigen auch die Begriffe von Ehre oder weiblicher Stärke, die Frauen zugeschrieben werden. Während der Mann seine gloria durch offensives Auftreten im öffentlichen Raum erlangt, besteht die virtus der Frau in ihrer Keuschheit: „Sittenstrenge, Zurückhaltung, Sanftmut"[19] (z. B. im

---

[17] Ad Helv. 16, 3: „Niemals hast du dich deiner Schwangerschaften geschämt, als gehörten sie sich in deinem Alter nicht mehr; niemals hast du wie andere, die ihren ganzen Ehrgeiz in eine schlanke Figur setzen, deine Leibesfülle verborgen, als sei sie eine unanständige Last, und hast auch niemals das in deinem Körper aufkeimende Leben abgetötet."
[18] Vgl. Mauch, Frauenbild, 78.
[19] Mauch, Frauenbild, 47.

Gegensatz zum Agieren von Frauen auf der politischen Bühne) sind die weiblichen Stärken (epist. 95,21: beneficium sexus). Bemerkenswert ist, dass das weibliche Verhalten, das luxuriös und prunkliebend ist, die weibliche Natur verfehlt. Beim Mann ist eine solche Lebensweise lediglich als fehlerhaft bewertet.[20]

Wenn Frauen sich maßlos den Affekten hingeben – das ist ein weiteres Feld von Handlungsweisen, bei denen nach Seneca Frauen häufig ihrer Natur nicht entsprechen und ihr zuwiderhandeln. Ein solches Verhalten bedeutet für Seneca die Abwendung von der Weisheit. Frauen dienen in Senecas philosophischen Schriften bei der Beschreibung von Affekten häufig als Negativbeispiele.[21] Solche Affekte sind u. a. der Zorn (ira), das Mitleid (misericordia) (clem. 2,5,1–4) und ein Leben, das sich dem Luxus hingibt (epist. 95,21). Rasenden Zorn charakterisiert Seneca als weibisch (clem. 1,5,5): „Weibisch ist es, in Zorn zu rasen". Zur Einordnung und Bewertung solcher Stellen muss man den Abfassungszweck der Schrift „De clementia" berücksichtigen.[22] Seneca hat die Schrift Nero gewidmet. Thema der Schrift ist die Frage, wie gerechtes Regieren in der Herrschaftsform des Prinzipats aussehen kann. Dabei berücksichtigt Seneca das spannungsvolle Verhältnis von Gerechtigkeit und Milde. Seneca möchte Nero zu einem Regierungshandeln bewegen, bei dem die Milde ein Regulativ ist. Die in der Schrift dargestellten Beispiele dienen insgesamt als Vorbild oder als abschreckende Beispiele. Der Zorn, vor dem Seneca den Herrscher bewahren will, wird in clem. 1,5,5 anhand des Verhaltens von Frauen illustriert. Frauen sind hier unbeherrschte und zerstörerische Wesen, deren Handeln allein als abschreckendes Beispiel dient. Ein Leben, das sich den Affekten hingibt, – so wie Frauen es tun –, das kommt einem Mann, der sich an der Weisheit orientieren will, nicht zu.[23]

Das Weibliche ist in der Sicht Senecas etwas, wovor die Männer sich in Acht nehmen sollen. Weisheit und tugendhaftes Leben ist etwas Männliches. Dies zeigt eine Äußerung Senecas in ad Helvetiam 16,5: „Du kannst daher nicht, um deinen Schmerz zu rechtfertigen, dein Frausein vorschützen, von dem dich deine Tugenden scheiden". Wenn Frauen tugendhaft sind, dann wird dies klar von ihrer Natur als Frau getrennt. Nicht als Frau zu gelten, ist in den Augen Senecas ein großes Lob.[24]

Senecas Frauenbild ist vergleichbar mit dem des Stoikers Musonius Rufus. Auch er schätzt und unterstützt die philosophische Bildung von Frauen. Allerdings darf das Studium der Philosophie nicht dazu führen, dass Frauen ihre angestammten Aufgaben vernachlässigen (vgl. Hense 12,5–10).[25] Bildung von Frauen bedeutet in

---

[20] Vgl. ebd., 48.
[21] Vgl. ebd., 33ff.
[22] Vgl. Fuhrmann, Seneca, 184ff.
[23] Häufig wird in der römischen Literatur wie bei Tacitus unmännliches Verhalten in irgendeiner Form als weiblich hingestellt. Vgl. ebenso Cicero Tusc. 3,22; 5,74.
[24] Vgl. Mauch, Frauenbild, 28.
[25] Vgl. Standhartinger, Frauenbild, 66.

diesem Kontext nicht, dass sie Gleichberechtigung erlangen sollen. Frauen werden, auch wenn sie über philosophische Bildung verfügen, an die für sie vorgesehenen gesellschaftlichen Bereiche und Aufgaben verwiesen (Führen des Haushaltes, Kindergebären, Unterstützung des Mannes).[26]

6.2 Zur politischen, rechtlichen und wirtschaftlichen Stellung von Frauen

Geht man bis in die klassische Zeit Athens zurück, so stellt man dort eine stringente Ausgrenzung von Frauen aus dem öffentlichen Leben fest.[27] Das Haus war das gesellschaftlich anerkannte Tätigkeitsfeld von Frauen (vgl. Xen. Oik. 3,10–16).[28] Hier genossen sie ein gesellschaftliches Ansehen, das jedoch mit klaren geschlechtsspezifischen Verhaltensmustern verbunden war. Dadurch wurde die Ausgrenzung von Frauen aus bestimmten gesellschaftlichen Bereichen festgeschrieben. Veränderungen dieser Situation ergaben sich nur in der Zeit des Peleponnesischen Krieges, als die athenischen Frauen wegen der Abwesenheit vieler Männer mehr Verantwortung und Aufgaben außerhalb ihrer angestammten Rollen und Räume übernahmen.

In der hellenistischen Epoche begann das Frauenbild sich spürbar zu wandeln, was sich allein schon in der Tatsache zeigte, dass die Zeugnisse über Frauen und über ihre Lebensformen und -weisen deutlich zunahmen.[29] Im Zuge der makedonischen Eroberungen und der Entstehung der Diadochenreiche tauchten Frauen an der Spitze der Reiche auf, angefangen bei Olympias, der Mutter Alexanders, die seinen Weg zum Thron massiv unterstützte, bis zu Kleopatra VII., die sich durch ihre Machtpolitik in den römischen Bürgerkrieg einmischte.[30] Die „große Politik" war nicht mehr allein nur Männersache. Relevanter ist jedoch, dass Frauen in der Öffentlichkeit stärker wahrgenommen wurden und dass sie insbesondere auf wirtschaftlichem Gebiet eigenständig aufzutreten begannen.[31]

Frauen konnten zunächst in der alltäglichen Politik der hellenistischen Städte nicht an Einfluss gewinnen, doch ihnen wurden in verschiedenen Städten öffentliche Ehrungen zuteil. Frauen traten sogar als Wohltäterinnen auf, die öffentliche Bauvorhaben aus ihrem Vermögen unterstützten. Im kaiserzeitlichen Kleinasien übernahmen Frauen jedoch auch öffentliche Ämter. Geschlechterrollen weichten hier auf, weil immer weniger Männer bereit waren, öffentliche Ämter zu bekleiden, da dies kostspielige Unternehmungen bedeutete.[32]

---

[26] Vgl. ebd.
[27] Vgl. Pomeroy, Frauenleben, 85–138.
[28] Vgl. Patzek, Quellen, 68f.
[29] Vgl. Pomeroy, Frauenleben, 181.
[30] Vgl. ebd., 182–188.
[31] Vgl. ebd., 188–199.
[32] Vgl. Nollé, Frauen, 233ff. Dort werden einige Frauen und deren öffentliches Handeln konkret vorgestellt. Zur Krise der politischen Klasse in den hellenistischen Städte in der Kaiserzeit ab dem Ende des 2. Jh. n. Chr. vgl. Bleicken, Sozialgeschichte II, 23ff.

Auf wirtschaftlichem Gebiet traten Frauen – gerade ägyptische Quellen belegen dies – verstärkt auf, und zwar sowohl bei Immobiliengeschäften als auch bei Darlehensangelegenheiten. Gerade dass Frauen als Darlehensnehmer (häufig mit Genehmigung des Vormundes oder Ehemannes) tätig wurden, zeigt ihre eigenverantwortliche wirtschaftliche Aktivität. Sie verwalteten nicht mehr allein den Haushalt ihres Mannes, sie waren im öffentlichen Wirtschaftsleben aktiv.[33]

Auch im Eherecht erlangten Frauen mehr Rechte.[34] In einigen überlieferten Verträgen wurden ihnen rechtliche Möglichkeiten, die Scheidung zu erwirken und die Rückzahlung der Mitgift zu veranlassen, zugestanden, wobei der Mann hier häufig die rechtlich stärkere Position hatte: Pomeroy hebt jedoch hervor, dass in zahlreichen Eheverträgen eine Gleichberechtigung von Frau und Mann erreicht worden ist.

Bemerkenswert ist, dass gerade in Athen – soweit die Quellen hier einen aussagekräftigen Rückschluss zulassen – die wirtschaftliche Emanzipation von Frauen sich nur schleppend entwickelte. Die gesellschaftlich anerkannten Geschlechterrollen erwiesen sich als resistent.

Die Rolle der römischen Frau stellte sich insgesamt anders als die der athenischen Frau dar. Eine derartige Ausgrenzung von Frauen aus dem öffentlichen Leben fand so im römischen Staat nicht statt. Allerdings war auch hier das gesellschaftliche und familiäre Leben der Frauen von eindeutiger Unterordnung unter die Männer gekennzeichnet.

Der Begriff patria potestas bringt die Verfügungsgewalt von Männern über Frauen auf den Punkt: patria potestas meint die Gewalt und das Verfügungsrecht eines Familienvaters über seine Frau, die Kinder und den Besitz.[35] Allein der Vater war im alten römischen Recht Rechtssubjekt.[36] Der Familienvater leitete seine Rechtsfähigkeit aus seiner gesellschaftlichen Stellung ab. Familienkinder und Sklaven waren von diesen Rechtsbefugnissen abhängig.

Die patria potestas[37] bedeutete das alleinige Recht, die Töchter zu verheiraten, über den Besitz zu wachen und über ihn zu verfügen[38] und die häusliche Religion zu pflegen. Der pater familias hatte des Weiteren – und das zeigt seine uneingeschränkte Macht – das Recht über Leben und Tod der Familienangehörigen. Beispiele[39] hierfür finden sich u.a. bei Livius: Horatia wird getötet, da sie um ihren zukünftigen Gatten, der jedoch der Feind Roms geworden war, trauerte (1,26). Verginia wurde getötet, damit sie vor den Nachstellungen des Appius Claudius sicher war (3,44–58). Der ehrenvolle Tod wurde hier höher eingestuft als das Leben

---

[33] Vgl. Pomeroy, Frauenleben, 191f.
[34] Vgl. ebd., 193ff.
[35] Wozu auch die Sklavinnen und Sklaven zu rechnen sind.
[36] Vgl. Wesel, Geschichte, 201f.
[37] Vgl. dazu u. a. Pomeroy, Frauenleben, 231ff; Wesel, Geschichte, 201ff.
[38] Er war alleiniger Besitzer!
[39] Vgl. Pomeroy, Frauenleben, 232ff.

6.2 Zur politischen, rechtlichen und wirtschaftlichen Stellung von Frauen 131

der Tochter, der die Entehrung durch einen Mann drohte. Damit stand auch und gerade die Ehre des pater familias auf dem Spiel, die durch die Tötung der Tochter gewahrt wurde. Von Cato d. Ä. wird berichtet, dass er den Ehemännern das Recht zustand, Frauen wegen Weingenusses umzubringen (Val. Max. 6,3,9).

Die Livius-Stellen sind im Hinblick auf die wissenschaftliche Diskussion um die patria potestas von großer Bedeutung:[40] Die patria potestas verlor – so eine Richtung in der Diskussion – mit der Auflösung der manus-Ehe[41] zur Zeit des Endes der Republik und des entstehenden Prinzipats an Bedeutung und wurde ausgehöhlt. Späth bemerkt jedoch richtig, dass bei einer Ehe, die sine manu geschlossen, die Frau in der Rechtsgewalt ihres Vaters verblieb (und somit im Bereich der patria potestas). Das zeigt, wie lebendig dieses Rechtsinstitut war. Dies macht auch Livius als Zeitgenosse des Augustus in seinem Werk deutlich. Die Erinnerung an den alten römischen Staat mit seinen Wertvorstellungen und Gesetzen war für Livius Leitbild zum Wiederaufbau des Gemeinwesens unter dem Prinzipat des Augustus. Zu diesen Wertvorstellungen gehörte auch die patria potestas.

Seneca berichtet in „De clementia" (1,15ff) von einem Beispiel der väterlichen Gerichtsbarkeit. Allerdings – und das ist bezeichnend – zieht der pater dort den Kaiser als Instanz hinzu. Der Kaiser als Übervater überlagert die Macht des pater.[42] Die Überordnung des Kaisers über die römischen Aristokraten kann so z. T. durch die patria potestas gedeutet werden.

Die patria potestas zeigt die Stellung der Frau im römischen Recht. Eine matria potestas – das hält Thomas fest[43] – gab es nicht. Eine Frau konnte keine potestas an die Kinder weitergeben. Das geschah allein durch den Mann. Das römische Erbrecht war agnatisch strukturiert. Allein die Familie des Mannes war erbberechtigt. Insgesamt kann man anhand der Analyse römischer Rechtstexte klar herausarbeiten, dass Frauen bis in die Spätantike nur eine stark eingeschränkte Rechtsfähigkeit hatten.

Frauen blieb die Einrichtung der Adoption verwehrt:[44] Sie konnten niemanden adoptieren (Gai. Inst. 1,103; 1,11,10.), womit ihnen die Möglichkeit genommen wurde, ihr gesellschaftliches Ansehen durch Adoptionen von Aufsteigern zu steigern. Dies blieb bis in die Zeit Diokletians so.[45] Ebenso durften Frauen bis zum Ende des 4. Jh. keine Vormundschaft ausüben. Vormundschaft bedeutete Aus-

---

[40] Zur kurzen Charakterisierung der Diskussion vgl. Späth, Tacitus, 327 Anm. 38.
[41] Manus-Ehe: Die Frau geht aus der Hand/Rechtsgewalt (als manus bezeichnet) ihres Vaters in die des Ehemannes über. Vgl. Wesel, Geschichte, 202.
[42] Vgl. Späth, Tacitus, 343ff; ders., Frauenmacht, 169.
[43] Thomas, Teilung, 120.
[44] Die Adoption war in der römischen Gesellschaft ein wichtiges Mittel, begabten jungen Männern den gesellschaftlichen Aufstieg zu erleichtern, indem sie von einflussreichen Familien adoptiert wurden. Dadurch konnte – wenn diese zu Ansehen kamen – das Prestige der Familie gesteigert werden.
[45] Vgl. Thomas, Teilung, 159f

übung von Herrschaft, und dies durfte Frauen nicht durch ein Gesetz gestattet werden. Bemerkenswert ist, dass de facto Frauen Vormünder waren, wie dies die Biografie der Cornelia, der Tochter Scipios d. Ä., zeigte.

Frauen waren in der römischen Gesellschaft in eigener Sache rechtsfähig geworden. Für andere konnten sie vor Gericht nicht aktiv werden (Dig. 3,1,1,5). Valerius Maximus qualifiziert eine Frau, die versucht, für andere vor Gericht zu ziehen, als schamlos ab (8,3,2). Eine öffentliche Klage zu erheben, blieb eine Männerdomäne (vgl. u. a. Dig. 47,23,4). Ebenso konnten sie nicht für andere Vermögen verwalten oder eine Bürgschaft übernehmen.[46] Innerhalb des Rechts blieb den Frauen das vorenthalten, was das Handeln von Männern in besonderer Weise qualifizierte. Gerade Cicero bezeichnet das Eintreten für den Mitbürger, sei es vor Gericht oder in Geldangelegenheiten, als ehrenvoll.[47]

Innerhalb der Restaurationspolitik des Augustus betrafen einige Gesetze die Lebensformen in der Familie und somit auch die Frauen. Die Ehegesetze des Augustus konstruierten ein Frauenbild, das in Frauen in erster Linie Gebärerinnen sah. Die Gesetzestexte zeigen, dass der Zweck der Ehe die Zeugung von Kindern ist.[48] Frauen sind innerhalb dieser Gesetzgebung ganz klar Mittel zum Zweck: Der neu zu gestaltende Staat bedurfte nach dem gewaltigen Aderlass im Bürgerkrieg einer handlungsfähigen Oberschicht, deren biologische Reproduktion gewährleistet sein musste. Dies sollten u. a. die Ehegesetze des Augustus sicherstellen.

Wie sehr gerade die Frau als Gebärerin in den Fokus dieser Gesetzgebung gerückt war, zeigt die lex Iulia de adulteriis coercendis.[49] Dieses Gesetz, das den Ehebruch unter Strafe stellte, zielte insbesondere auf die Frau ab. Die Frau wurde für jede Form des Ehebruchs angeklagt, der Mann nur, wenn er in eine andere Ehe eindrang. Es war im Prinzip egal, wie es der Mann mit der ehelichen Treue hielt, solange er keine andere Ehe, die potentiell Kinder hervorbringen konnte, gefährdete, und solange er selbst mit seiner Frau Kinder zeugte. Ob er noch sexuelle Beziehungen zu einer Sklavin unterhielt, war für den Zweck des Gesetzes belanglos. Die Frau hingegen gefährdete durch außereheliche sexuelle Kontakte die Zeugung von rechtmäßigen Nachkommen.

Ehebruch konnte jeder Römer anzeigen. Verhandelt wurde vor einem eigens eingerichteten Gerichtshof, der unter dem Vorsitz eines Prätors tagte. Dies zeigt, wie stark das staatliche Interesse an Ehen war, aus denen Kinder hervorgingen. Bleicken betont, dass die strafrechtliche Verfolgung von Ehebruch (unter besonderer Berücksichtigung der Ehefrau) für die weitere Geschichte prägend war.[50]

---

[46] Vgl. ebd., 168.
[47] Vgl. Kap. 4.6.2.
[48] Vgl. Bleicken, Augustus, 484.
[49] Vgl. ebd., 490.
[50] Vgl. Bleicken, Augustus, 491ff; Wesel, Geschichte, 254f.

Politisches Engagement von Frauen wurde nur gesellschaftlich anerkannt, wenn es zum Wohl und zur Unterstüzung ihrer Ehemänner bzw. ihrer männlichen Verwandten geschah. Damit wurde vorausgesetzt, dass Frauen sich den Handlungszielen der Männer unterordnen mussten. Taten von Frauen ergänzten somit lediglich die der Männer. Verwandtschaftsverhältnisse und Ehen zeigten die erlaubten Handlungsspielräume auf. Späth hat dies in Bezug auf die „Annalen" des Tacitus deutlich herausgearbeitet.[51] Das Handeln von Frauen zeigte sich zum einen in Schutz und Fürsorge, zum anderen in der Unterstützung. Männliche Verwandte sollten von Frauen Schutz und Fürsorge erfahren: Agrippina maior rettete den jungen Claudius durch die Flucht vor dem Zugriff durch meuternde Soldaten (Tac. ann. 1,40,4). Agrippina minor sorgte als Mutter für die gute und gesicherte Erziehung des Nero (12,42,1). Der Senator Valerius M. Messalinus verstand Frauen als Stütze ihrer Ehemänner (3,33–34). Deswegen sei es wichtig – so Messalinus in der von Tacitus geschilderten Senatsdebatte –, dass Ehefrauen ihre Männer auch in die Provinzen begleiteten, um sie bei den dort anstehenden Aufgaben zu unterstützen

Am Ende des 1. Jh. und zu Beginn des 2. Jh. kam es zu einer langsamen Veränderung des Eheverständnisses in Rom. Es entwickelt sich das Ideal der harmonischen Ehe.[52] Der Ehefrau kam hier die Rolle zu, für die eheliche Harmonie zu sorgen. Ein Brief Plinius d. J. an die Tante seiner Frau zeigt prägnant, wie die Rolle der Ehefrau beschaffen war. Plinius schildert die Ehe mit seiner Frau Calpurnia äußerst positiv, da sie sich in ihrem Tun und Handeln allein auf ihn konzentrierte: „… sie liebt mich, was ein Zeichen für Unverdorbenheit ist. Hinzu kommt ihr Interesse für Literatur, das sie aus Liebe zu mir gewonnen hat. Sie besitzt meine Schriften, liest sie eifrig und lernt sie sogar auswendig. Wie besorgt ist sie, wenn ich als Redner auftreten soll, wie sehr freut sie sich, wenn es vorbei ist!" (Plin. epist. 4,19). Die Beziehung zu ihrem Mann gibt Calpurnia die Handlungsräume vor: Sie ist nicht die gleichberechtigte Gesprächspartnerin in Bezug auf Literatur, sie ist Bewunderin seiner Verse.

6.3 Gesellschaftlich normierte Leitbilder für Frauen

Was für Männer ehrenvoll und erstrebenswert war, wurde bereits ausführlich erläutert. Welche Rollen und Aufgaben waren jedoch Frauen in der römisch-hellenistischen Gesellschaft zugedacht? Welches ist das Idealbild der Frau? Zur Beantwortung dieser Frage sollen die Beschreibung und Darstellung von vier Frauen untersucht werden, und zwar Lucretia, Cornelia, die Mutter der Gracchen, Ocatavia, Schwester des Gaius Octavius, und die Frau des Augustus Livia.

---

[51] Vgl. Tacitus, 79–83.
[52] Vgl. Patzek, Quellen, 267f.

Lucretia – eine Frauengestalt aus der Zeit der frühen Republik – wird in der römischen Literatur häufig erwähnt (vgl. u. a. Cic. rep. 2,46) und galt als Idealbild der keuschen und edlen Frau.[53] Lucretia wurde – so die traditionelle Erzählung (vgl. Ov. fast. 2,721–852 und Liv. 1,57,6–59) – vom Königssohn Sextus Tarquinius vergewaltigt, worauf sie, die ein Leben gestreng nach den altrömischen Idealen einer Frau führt, sich vor den Augen ihrer Verwandten das Leben nahm. Ihr Mann Collatinus und Brutus rächten ihren Tod, indem sie die Familie des Königs mit Hilfe des Volkes von Rom aus der Stadt jagten. Dies gilt als Gründungsakt der Republik. Lucretia ist deshalb für die römischen Weiblichkeitsideale interessant, da sie die Verteidigung ihrer Ehre höher achtet als ihr bloßes Leben. Sie kann die Schmach, entehrt worden zu sein, nicht ertragen. Ihre Ehre, die sich in der Keuschheit zeigt, ist ihr höchstes Ideal. Die Selbsttötung macht sie zur Idealfigur, da sie konsequent entsprechend ihren Idealen handelt. Darüber hinaus stirbt Lucretia für eine höhere Sache: Ihr Tod motiviert das Volk von Rom, die Königsherrschaft abzuschütteln und die Republik aufzurichten.

Cornelia, die Tochter des Scipio d. Ä. und die Mutter der Gracchen, genoss in republikanischer Zeit hohes Ansehen, was im Hinblick auf ihre Söhne äußerst bemerkenswert war.[54] Diese galten gerade in konservativen Kreisen als die Erzfeinde des Staates. Ihre politischen Reformen wurden oft als Angriff auf die Ordnung und den Bestand des Staates gewertet.

Das tradierte Bild der Cornelia wird in der Literatur facettenreich gezeichnet, was auf die unterschiedliche politische Interessenlage der Tradenten zurückzuführen ist. Für die gesellschaftspolitischen Ziele der Restaurationspolitik unter Augustus waren folgende Punkte wichtig: Cornelia hielt ihrem verstorbenen Mann die Ehre und heiratete nicht wieder.[55] Diese Haltung wird durch Schilderung der Ablehnung von Heiratsgesuchen unterstrichen.[56] Hier ist besonders das Heiratsgesuch des Ptolemaios VII. zu nennen. Damit wurde Cornelia zum Gegenbild des Marcus Antonius, der Kleopatra verfiel und so den Staat zu ruinieren drohte.

Cornelia brachte 12 Kinder zur Welt. Kinder waren – so Valerius Maximus (4,4,1) – ihr Schmuck. Cornelia konnte somit als Leitbild für die Ehegesetze des Augustus dienen. Des Weiteren war Cornelia kulturell gebildet und übernahm deshalb die Erziehung ihrer Söhne. Ebenso hielt sie das Gedächtnis ihrer Vorfahren wach und pflegte das Ansehen ihrer Söhne (vgl. Plut. Gaius Gracchus 19). Damit repräsentiert sie zentrale römische Tugenden. Das standhafte Ertragen ihres Schicksals (Verwitwung und Tod der Söhne) macht sie für Seneca zum Vorbild der trauernden Frau (ad Helviam 16,6; ad Marciam 16,3).[57]

---

[53] Vgl. Prescendi, Weiblichkeitsideale, 217–221.
[54] Vgl. Burckhard/Ungern-Sternberg, Cornelia, 126f.
[55] Vgl. ebd., 121; Pomeroy, Frauenleben, 246.
[56] Vgl. Burckhard/Ungern-Sternberg, Cornelia, 105f.
[57] Vgl. ebd., 124ff.

6.3 Gesellschaftlich normierte Leitbilder für Frauen

Octavia wurde zum Idealbild der Frau, da sich ihr Verhalten von dem ihres Mannes – Marcus Antonius – deutlich unterschied.[58] Dieser ließ sich von ihr scheiden und verstieß sie aus seinem Haus, was Octavius als Kriegsgrund aufgriff. Octavia blieb trotz der Zurückweisung die treu sorgende Mutter der Kinder des Marcus Antonius (sogar derjenigen, die Antonius mit Fulvia, seiner ersten Frau, und Kleopatra hatte). Ihre Treue ist das Gegenbild zum Verräter Antonius. Bei ihrem Tod herrschte offizielle Staatstrauer.

Livia, die Frau des Augustus, wird durch zahlreiche Standbilder zur Verkörperung des Ideals der römischen Ehefrau in der frühen Kaiserzeit.[59] Bildnisse, die schon zu Lebzeiten aufgestellt worden waren, zeigen Livia alterslos und in der Kleidung der römischen Matrone.[60] Livia konnte auf Grund der 52jährigen Ehe zum Vorbild werden,[61] und als Mutter des Tiberius war sie die Mutter des Kaiserhauses. Im Kontext der augusteischen Ehegesetze wurde mit Livia öffentlich dargestellt, dass das Haus und die Familie des Augustus seine eigenen Normen erfüllten.

Die hier vorgestellten Frauen zeigen wichtige Charakteristika des Idealbildes der römischen Frau. Sie gebären Kinder und sichern das Fortleben der Familie und damit auch das des Staates. Sie kommen so ihrer natürlichen Bestimmung nach.

Frauen müssen sich entsprechend der gesellschaftlichen Stellung und des Prestiges der Männer verhalten, mit denen sie verwandtschaftlich verbunden sind. Cornelia steht hier sogar im Spannungsfeld ihres Vaters – des römischen Nationalhelden Scipio Africanus – und ihres Mannes Titus Sempronius Gracchus, Zensor und Konsul. Ungebührliches Verhalten der Frauen schlägt auf die Ehre des Mannes zurück und schädigt sie. Univirilität wird hochgeschätzt, ist aber nicht oberstes Ideal.

Diese Frauen konnten zwar bedeutende Eigeninitiative entwickeln und vorbildhaft Handelnde werden. Lucretia wurde zum Vorbild eines aufopfernden Lebens für den Staat, Cornelia zeichnete sich durch kulturelle und geistige Fähigkeiten aus und wird quasi zum Vormund ihrer Kinder. Ihr Handeln verblieb jedoch in den gesellschaftlich anerkannten Grenzen. Die Frauen dienten mit ihrem Verhalten somit in erster Linie dem Ansehen der Männer, mit denen sie verwandtschaftlich oder durch Heirat verbunden waren: Cornelia wahrte das Andenken ihres Vaters und der Söhne, Lucretia wollt ihrem Mann die Schmach ersparen. In diesem Sinne sind sie vorbildhaft, denn sie verkörpern die römischen *weiblichen* Tugenden.[62]

---

[58] Vgl. Pomeroy, Frauenleben, 285f.
[59] Vgl. Dierichs, Idealbild, 255.
[60] Die Kleidung und Frisur, mit der sie dargestellt wird, durften nur von der verheirateten Matrone getragen werden. Vgl. ebd., 251–253.
[61] Auch wenn Augustus nicht ihr erster Mann war.
[62] In Anlehnung an Prescendis Übersetzung von dux Romanae pudicitiae (Val. Max. 6,1,1).

6.4 Frauen in der römischen Religion

Religiöse Riten waren schon im alten Griechenland ein klassisches Handlungsfeld, auf dem Frauen anerkannt tätig werden konnten.[63] So war es auch in Rom, wobei Scheid deutlich hervorhebt, dass Frauen auch in ihrer religiösen Rolle den Männern deutlich untergeordnet waren.[64] Erst in der Unterordnung war die Frau Partnerin von Männern in Sachen Religion.

Frauen traten sowohl im Rahmen der häuslichen Religion auf als auch im Rahmen des Staatskultes. Im Staatskult ging es um die Erkundung des Willens der Götter (Auspizien). Opferhandlungen sollten das öffentliche Heil sicherstellen. Somit waren Priesterämter politische Ämter. Festzuhalten bleibt, dass alle Kulte von Männern repräsentiert wurden.

Von bestimmten Kulten bzw. Kultpraktiken waren Frauen ausgeschlossen. Insbesondere blutige Opferhandlungen waren für Frauen nicht erlaubt, da es Frauen innerhalb der Gesellschaft nicht gestattet war, andere zu repräsentieren bzw. zu vertreten.[65] Auch Weingenuss von Frauen bei öffentlichen Opferhandlungen war nicht gestattet. Die Vestalinnen als öffentliche Priesterinnen stellten eine Ausnahmeerscheinung dar.[66] Ihnen stand auch das Zeugenrecht vor Gericht zu.[67]

Zu den religiösen Aufgaben von Kulten der römischen Matronen gehörten Feiern, in denen gesellschaftlich anerkannte und hochgeachtete Eigenschaften von Frauen thematisiert wurden. Hier hatten Fruchtbarkeitsriten einen besonderen Stellenwert.[68] Innerhalb der öffentlichen Kulte gab es Gebetshandlungen von Frauen, die jedoch den Opferhandlungen der Männer nachgeordnet waren.

Die Wichtigkeit institutioneller weiblicher Religionsausübung zeigt die Aufgabe der Vestalinnen im Kult der Vesta, die über das Feuer der Vesta wachen. Erlischt dieses Feuer, kommt das Leben in Rom zum Stillstand. Der Kult der Vesta stellt die Identität Roms dar.[69] Die Vestalinnen waren Frauen, die bereits im Alter von sechs bis zehn Jahren für diese Aufgabe ausersehen waren. Das Kollegium der Priesterinnen bestand aus sechs Frauen. Sie verpflichteten sich für die dreißigjährige Dienstzeit zur Keuschheit. Dafür wurden sie finanziell gut abgesichert.[70] Bei schweren Krisen des Staates standen die Vestalinnen im Verdacht, ihre Aufgaben vernachlässigt zu haben.[71]

---

[63] Vgl. u. a. Waldner, Kulträume.
[64] Vgl. Scheid, Rolle, 417. Dass die Religion eine weibliche Domäne sei – wie Cicero es in einem Brief an seine Frau Terentia darzustellen scheint (fam. 14,4) – ist eine Verzeichnung der Dinge.
[65] Vgl. ebd., 419ff. 447.
[66] Vgl. ebd., 421ff.
[67] Weitere Ausnahmen sind bei den Salischen Jungfrauen und im Kult der Ceres belegt.
[68] Vgl. ebd., 426ff. Vgl. Pomeroy, Frauenleben, 321ff.
[69] Vgl. Scheid, Rolle, 440.
[70] Vgl. Pomeroy, Frauenleben, 328ff. Den Frauen standen auch einige bemerkenswerte Sonderrechte zu, so unterstanden sie mit Eintritt in den Dienst nicht mehr der patria potestas.
[71] Vgl. ebd.: So z. B. bei der vernichtenden Niederlage von Cannae 216 v. Chr. (Liv 22, 57,2). Bei der

Im Kult am Heiligtum der Fortuna muliebris wurde den Frauen allerdings das Recht zu blutigen Opfern zugestanden. Der Kult basiert auf einer Legende aus dem Krieg gegen Coriolan, als Frauen durch ihren mutigen Einsatz den Feind zur Aufgabe der Belagerung Roms bewegten, wodurch die Stadt gerettet werden konnte. Am Ort der Verhandlung mit dem Feind wurde den Frauen ein Heiligtum errichtet, in dem ihnen in Bezug auf die Religion „männliche Rechte" zugesprochen wurden, da sie im Krieg die Rolle von Männern zur Verteidigung der Stadt wahrgenommen hätten. Staatlich genehmigt – aber in eng gesetzten Grenzen – wurden Frauen bestimmte Privilegien zugestanden.

Viele Frauenkulte, wie der Kult der Bona Dea, der Ceres oder Venus verticordia, bewegten sich am Rande der Gesellschaft und waren z. T. nicht öffentlich. Feiern zu Ehren der Bona Dea wurden sogar unter militärischem Schutz abgehalten.[72] Die Feiern stellten eine viel lebendigere und leidenschaftlichere Form von Religion dar, womit sie der nüchternen Staatsreligion gegenüberstanden. „Die geheimen und fremdartigen religiösen Feiern der Frauen stellten der geordneten Religionsausübung der Männer die Geheimnisse und Gefahren der Beziehung zu den Göttern gegenüber. Die orgiastischen Züge dieser Kulte, die typisch weibliche Schwärmerei oder die Beziehungen der Frauenwelt zu Fortuna, deren Walten dem männlichen Stolz planenden Handelns Hohn sprach, lenkte die Aufmerksamkeit auf die unergründliche und unendliche Andersartigkeit der Götter."[73] Damit symbolisierten die Frauen wieder die Bedrohung des geordneten Lebens, die jedoch durch die verschiedenen Formen der Religion kanalisiert und gebannt wurde.[74]

6.5 Gesellschaftliche Agitation gegen Frauen

Nachdem ein gesellschaftliches Handlungsfeld für Frauen in der römisch-hellenistischen Gesellschaft abgesteckt ist, soll nun folgender Frage nachgegangen werden: Wie wurde auf Frauen reagiert, die die Grenzen dieses Handlungsfeldes überschritten?

Eine erste Antwort findet man im Mythos der Omphale.[75] Herakles musste der Königin von Lydien, Omphale, drei Jahre lang als Sklave dienen. Dabei willigte Herakles in einen Rollentausch ein, den Omphale ihm vorschlug. Er blieb im Haus und verrichtete in Frauenkleidern Frauenarbeit, während sie mit den Waffen des Helden in die Welt zog. Eine Geschichte von der verkehrten Welt. Eine Frau brach in die Männerdomäne ein, wobei der vormals gefeierte Held zur Witzfigur wurde.

    Verletzung des Keuschheitsgelübdes drohte die Todesstrafe: Überführte Priesterinnen sollten bei lebendigem Leibe begraben werden.

[72] Vgl. Scheid, Rolle, 431ff.
[73] Ebd., 448.
[74] Vgl. ebd., 448f.
[75] Vgl. u. a. Prop. 3,11,16–19.

Diese Erzählung vom Rollentausch und der Grenzüberschreitung wurde in verschiedenen politischen Situationen immer wieder aktualisiert, immer mit der Ausrichtung, gegen Frauen zu agieren, die die öffentliche Bühne der Politik und der Macht betreten hatten. So wurde z. B. die Geliebte des Perikles als neue Omphale attackiert.[76] Auch Kleopatra wurde von Octavius als Omphale angegriffen (Plut. Antonius, 90,4,956–957).[77] Natürlich wurden die Männer, die mit solchen Frauen verbunden waren, als unmännlich herabgestuft. Die Reaktivierung des Omphale-Mythos sollte in bestimmten politischen Situationen verdeutlichen, dass die Welt verkehrt ist und aus den Fugen gerät, wenn Frauen in angestammte Handlungsräume der Männer eingreifen.

Der klassische Konflikt um Frauen, die in der Öffentlichkeit für ihre Belange kämpfen, ist der um die lex Oppia (195 v. Chr.). Die lex Oppia ist ein Gesetz aus dem 2. Punischen Krieg (215 v. Chr.), das zur Finanzierung des Krieges den Besitz an Wertsachen (insbesondere den Besitz an Gold) von Frauen einschränkte.[78] Nach Ende des Krieges begann der Widerstand gegen die Einschränkung von Besitzrechten von Frauen – gerade von Witwen – zu wachsen. Der Widerstand wurde maßgeblich von Frauen getragen, er war so massiv, dass 195 v. Chr. das Gesetz im Senat erneut auf den Prüfstand gestellt wurde.[79] Die Debatte ist von Livius (34,1–8) überliefert. Hauptredner der Befürworter des Erhaltes der lex Oppia ist Cato d. Ä.

Er bewertet öffentliches Auftreten und Agieren von Frauen als Verstoß gegen die guten Sitten und die öffentliche Ordnung. Ziel dieser Ordnung sei es, die unbeherrschte Natur der Frauen in Grenzen zu halten (Liv. 34,2,11). Dass Frauen in punkto Wahrung von Besitzrechten eine Gleichstellung mit Männern anstreben, bewertet Cato als herrschsüchtig (Liv. 34,2,2).[80] Den Männern der Frauen, die öffentlich gegen die lex Oppia vorgingen, wirft er vor, dass sie es nicht geschafft hätten ihre Frauen im Haus zu behalten. Damit hätten sie gezeigt, dass sie nicht mehr Herr im Haus sind (Liv 34,3,2).[81] Weiterhin glaubt Cato, dass die Frauen mit der Aufhebung der lex Oppia nicht umgehen könnten. Sie würden maßlos nach Besitz und Luxus streben (Liv. 34,2,11–14).[82] Eine Aufhebung der lex Oppia käme der Billigung des ungebührlichen Verhaltens der in der Öffentlichkeit protestierenden Frauen gleich. Frauen sollten sich stattdessen an die ihnen von Ordnung und Sitte gesetzten Grenzen halten und ihre Männer im Hause um die Verbesserung ihrer Situation bitten (Liv. 34,2,10). Die Anerkennung der Proteste der Frauen wäre in den Augen Catos eine Anerkennung der Gleichberechtigung der Frauen. Und damit beginne die Herrschaft der Frauen über die Männer (Liv. 34,3,4). Betrachtet

---

[76] Nollé, Frauen, 230f.
[77] Vgl. ebd., 232.
[78] Vgl. Pomeroy, Frauenleben, 271f.
[79] Vgl. ebd., 270.
[80] Vgl. Truschnegg, Semantik, 303.
[81] Vgl. Pomeroy, Frauenleben, 276.
[82] Vgl. ebd.

6.5 Gesellschaftliche Agitation gegen Frauen

man die Cato-Rede als Produkt der augusteischen Zeit, so sagt sie etwas darüber aus, was viele in der Oberschicht vom politischen Handeln von Frauen dachten.

Auch die Antwort des Valerius auf Cato ändert an dem negativen Bild der Frauen nichts, vielmehr festigt sie die Inferiorität von Frauen. Zwar erkennt er das politische Engagement der Frauen gegen die lex Oppia an, indem er auf Beispiele in der Geschichte Roms verweist, wo Frauen für das Gemeinwesen eintraten (Liv. 34,59–11).[83] Allerdings setzt er den Protest der Frauen gegen die lex Oppia mit der Bitte von Sklaven an ihre Herren gleich (Liv. 34,5,13). Diese Bitte dürfe nicht zurückgewiesen werden. Gegen das Argument Catos, Frauen seien verschwenderisch, wendet Valerius ein, dass die Frauen Anteil am Wohlstand haben müssten, so wie das auch die Frauen der Bundesgenossen Roms hätten. Die Neigung von Frauen zu Schmuck und ähnlichem sei nun einmal für die Natur der Frauen typisch, die Männer müssten dies gewissermaßen akzeptieren (Liv. 34,7,5–10). Die Gefahr, dass die Frauen die Ordnung des Staates gefährden könnten, weist Valerius zurück: Die Frauen seien das schwache Geschlecht, und aus dieser Situation könnten sie nicht ausbrechen, da sie dafür von Natur aus unfähig seien. Mit Freiheit könnten sie nicht umgehen, sie wollten sie gar nicht (Liv. 34,5,11–13). Die schwache Natur der Frauen entschuldigt damit ihren Hang zum Schmuck (Liv. 34,5,7–9).

In der Rede des Valerius wird die Vorstellung von der schwachen Natur der Frauen bestätigt und damit die Unterordnung von Frauen unter Männern anerkannt. Der Protest gegen das Gesetz wird zur Bitte herabgestuft. Damit zeigt Livius deutlich, dass er öffentliches Handeln von Frauen nur in klaren Grenzen anerkennt: In Notzeiten wird es akzeptiert und als nachahmenswertes Beispiel weitererzählt, ansonsten darf eine Frau in eigener Sache nur als Bittstellerin auftreten. Sie verletzt in diesem Fall die gute Ordnung. Catos Rede fungiert in Livius' Werk als warnendes Beispiel.

Tacitus setzt in den Annalen Traditionen des Livius fort, er bewertet Frauen, die weibliche Normen übertreten und in männliche Handlungsbereiche eindringen, durchweg negativ. Späth spricht hier von „männlichen Frauen"[84]: Frauen nutzen Eigenschaften aus und führen Handlungen durch, die ihnen von Natur aus nicht zustehen.[85] Späth nennt hier als ein Beispiel rationales Verhalten von Frauen, das bei Frauen nicht zum Wohle aller eingesetzt wird, sondern nur ihrer typisch weiblichen Maßlosigkeit dient. Ein prominentes Beispiel ist die Agrippina maior. Sie fördert Gatten und Söhne in politischen Dingen, damit sie selbst eine bedeutende Stellung im Staat bekommt und weiterhin Einfluss ausüben kann (ann. 4,40,3; 6,24,2).[86] Tacitus wendet sich auch energisch gegen den berechnenden Einsatz

---

[83] Vgl. Truschnegg, Semantik, 304f. Livius schildert in seinem Werk diese Beispiele ja selbst ausführlich.
[84] Späth, Tacitus, 319.
[85] Vgl. ebd., 322.
[86] Vgl. ebd., 323.

weiblicher Erotik für politische Ziele, wie die Agrippina minor und Poppaea Sabina es in den Augen des Tacitus taten.[87] Solche Frauen, die auf der politischen Bühne selbstständig agieren, bedrohen für Tacitus die öffentliche Ordnung, sie untergraben die Stellung des pater familias, der nicht mehr allein über sein Haus herrscht.

Frauen, die nicht dem skizzierten Idealbild entsprechen, wurden von männlichen Vertretern der öffentlichen Ordnung mit ihren Wertvorstellungen als Prostituierte o. ä. diffamiert. Ihr Auftreten in der Öffentlichkeit, das sie nicht an den Normen der Weiblichkeit orientierten, machte sie zu „öffentlichen Frauen", d. h. sie verkauften sich an die Öffentlichkeit. Vor diesem Hintergrund muss die Agitation des Cicero gegen Clodia verstanden werden. Clodia führt ohne Ehemann ein Leben in der Öffentlichkeit, wobei sie intensiven Sozialkontakt zu Männern pflegt. Dies ist für Cicero Prostitution.[88] Vergleichbare Qualität hat die Darstellung der Sempronia, der Frau des Catilina, bei Sallust (Catil. 24,3–25,5). Diese Passage bei Sallust dient Tacitus auch als Vorlage der Schilderung der Poppäa (ann. 13,45). Diese Frauen werden mit den Qualitäten einer Kurtisane belegt: Sie zeichnen Charme, die Fähigkeit zur Unterhaltung, eine gute Bildung für geistreiche Konversation und künstlerische Fähigkeiten wie Tanzen aus.[89]

Mit derartigen Diffamierungen versuchten antike Autoren selbstständige Frauen zu erledigen. Dies zeigt noch einmal deutlich, welche Grenzen die Weiblichkeitsideale den Frauen setzten.

6.6 Frauen aus der Unterschicht

Bemerkenswert ist, dass Frauen aus der Unterschicht in den Augen der Oberschicht in vielen Fällen geschlechtslos waren. Sie verrichteten Arbeiten und Tätigkeiten, die von ihren Geschlechtsgenossinnen der Oberschicht nicht hätten erledigt werden dürfen. In bestimmten Arbeitsfeldern waren sowohl Männer als auch Frauen gleichermaßen und ohne Rücksicht auf das Geschlecht anzutreffen.[90] Allerdings gab es zahlreiche Berufe, die in überwiegendem Maße von Frauen aus der Unterschicht ausgeübt wurden. Dazu zählten Tätigkeiten im Bereich häuslicher Dienstleistungen (insbesondere Körperpflege und Gesundheitswesen), Nahrungsmittelgewerbe und viele Formen von Kleinhandel,[91] wobei zahlreiche dieser Tätigkeiten von Sklavinnen verrichtet wurden.

---

[87] Vgl. ebd., 324ff.
[88] So Cicero in seiner Verteidigungsrede für Caelius im Prozess wegen des versuchten Mordes an Clodia Cic. Cael. 20,44–49. Vgl. Günther, Diffamierung; Corley, Women, 60f.
[89] Vgl. Corley, Women, 56f.
[90] Vgl. Stegemann/Stegemann, Sozialgeschichte, 321f.
[91] Vgl. ebd.

Gerade der Kleinhandel bot einigen Frauen die Möglichkeit, eine gewisse wirtschaftliche Selbstständigkeit zu erlangen. Prominentes Beispiel ist hier die Lydia aus Act 16,14f, die von Lukas als Purpurhändlerin beschrieben wird.

Relevant wurde das Geschlecht von Frauen, wenn sie als Prostituierte arbeiteten: Prostitution war wahrscheinlich für viele Frauen der Unterschicht die einzige Möglichkeit, sich ihren Lebensunterhalt zu verdienen.[92] Wenn Sklavinnen für Besitzer als Prostituierte arbeiteten, hatten sie unter Umständen die Möglichkeit, sich durch gute Verdienste freizukaufen.[93]

Festzuhalten bleibt, dass Frauen aus der Unterschicht als sexuell verfügbar galten. Sie waren vom gesellschaftlichen Schutz, der einer römischen Frau aus angesehener Familie zustand, ausgenommen. Sklavinnen in Häusern der Oberschicht mussten ganz selbstverständlich den Herren sexuell verfügbar sein.[94]

6.7 Frauenbilder im antiken Judentum

Bei der Auslegung von Mk 10,1ff wird von Exegeten die fortschrittliche hellenistisch-römische Scheidungspraxis im Gegensatz zur jüdischen positiv bewertet, da sie den Frauen ein eigenes Recht auf Scheidung zuspricht.[95] Das antike Judentum bleibt hier – so eine weit verbreitete Einschätzung – hinter den Ansätzen von Frauenemanzipation in der hellenistisch-römischen Gesellschaft zurück. Die verschiedenen und widerstreitenden Frauenbilder im antiken Judentum der hellenistischen Zeit sollen hier im Folgenden betrachtet werden.

Das antike Judentum ist bei den Bildern und Bewertungen von Frauen selbstverständlich patriarchal geprägt. Die Priesterschrift spricht in vielen Rechtstexten nur die Söhne Israels (z. B. Lev 25,2) an.[96] Frauen sind hier nicht im Blick. Gleiches gilt für die öffentlichen Aufgaben in der Selbstverwaltung der persischen Provinz Jehud oder innerhalb des Jerusalemer Tempels: Öffentliche Aufgaben sind – wie in den andern Kulturkreisen – Männern vorbehalten.[97]

Der androzentrische Focus der alttestamentlichen Traditionen wird jedoch von einigen Texten infrage gestellt. In Num 27 und 36 wird Frauen ein Erbrecht eingeräumt. Achsa verfügt eigenständig über die Quellen (Jos 15,17–19). Im Buch Rut und Gen 37 wird erzählt, wie Frauen durch eigenständiges Handeln ihr Recht auf soziale Sicherung erreichen. Noomi, Rut und Tamar sind Subjekte von Handlun-

---

[92] Vgl. Pomeroy, Frauenleben, 313.
[93] Vgl. ebd., 297.312f
[94] Vgl. ebd., 296f. Pomeroy nennt hier prominente Personen der römischen Geschichte, die ganz selbstverständlich mit Sklavinnen sexuelle Kontakte pflegten, wie z. B. Scipio d. Ä. (sogar während seiner Ehe mit Aemilia), Cato d. Ä. (nach dem Tode seiner Frau) und Augustus.
[95] Vgl. dazu Kap. 13.1.1.
[96] Vgl. Crüsemann, Tora, 358f.
[97] Vgl. Kessler, Sozialgeschichte, 150–156.

gen, sie ordnen sich nicht einfach Männern unter, um von ihnen fürsorgliches Handeln zu erwarten. Sie treten für ihr Wohlergehen selbst ein. Diese Geschichten haben innerhalb des antiken Judentums eine besondere Würde erhalten.

Eine zentrale Stelle für das gesellschaftlich konstruierte Frauenbild im Judentum ist natürlich Gen 1,26. Dort wird Frauen und Männer gleichermaßen die Gottesebenbildlichkeit zugesprochen. Beiden Geschlechtern kommt diese besondere Würde zu.[98]

Diese emanzipatorischen Richtungen im Kanon sind in der religiösen Tradition des Judentums nicht unkommentiert geblieben. In I Kor 11,2ff werden Frauen nicht als Gottesebenbild angesehen, dies gilt nur für den Mann.[99]

Ab der hellenistischen Epoche partizipierten jüdische Frauen an den Erweiterungen von Handlungsmöglichkeiten, die sich Frauen in der hellenistischen Kultur nun boten: Sie waren im Arbeitsleben tätig, übten wirtschaftliche Transaktionen aus und konnten auch in juristischen Fragen z. T. eigenständig agieren.[100]

Im Buch Jesus Sirach findet sich ein facettenreiches Frauenbild aus den Kreisen jüdischer Weisheitslehrer aus der hellenistischen Epoche.[101] „Keine andere biblische Weisheitsschrift widmet der Frau so viele Verse wie das Buch Jesus Sirach."[102] Dieses Buch wurde gerade im Hinblick auf seine Äußerungen zu Frauen sehr stark in der rabbinischen Tradition rezipiert.[103]

Insgesamt geht es im Buch Jesus Sirach um die Bewahrung einer bestimmten weisheitlichen Tradition, womit die Verfasser sich den hellenistischen Reformversuchen der jüdischen Oberschicht widersetzen.[104] Die Weisheit JHWHs zu erkunden und nach ihr zu leben – das ist die zentrale Aufgabe des Weisen. Die Weisheit JHWHs, sein Wille, hat sich in Schöpfung und Tora offenbart, ihr gilt es nachzuspüren. Diese Weisheit zu erkennen und als Richtschnur und Maßstab für das Leben zu nehmen, das gilt als ehrvolles Handeln: „Wer sie (die Weisheit, CJB) ergreift, findet Ehre beim Herrn und wird unter Gottes Segen leben." (4,13) Die Furcht vor Gott bedeutet Ehre (1,11). Ehrvolle Männer der Geschichte des Volkes Israels sind die, die nach der Weisheit Gottes lebten (44,13ff). Ein Leben nach den Geboten Gottes ist ein ehrvolles Leben (3,6.10f). Mit dem Begriffsfeld ‚Ehre' hängt das der Scham zusammen. Richtig verstandene und praktizierte Scham führt zu Ruhm und Ehre (4,21). Ab 41,16 entwerfen die Autoren eine „Lehre von der Scham", wobei grundsätzlich zwischen angemessener und unangemessener Scham unterschieden wird. Scham meint hier sich von Taten und Handlungen fernzuhalten, die nicht

---

[98] Vgl. dazu Kap. 13.2.
[99] Vgl. L. Schottroff, Korinth, 585f. Diese Vorstellung ist im antiken Judentum verbreitet gewesen. Vgl. u. a. BemR 3,140d.
[100] Vgl. Standhartinger, Judentum, 153.
[101] Zur Datierung und historischen Einordnung der Schrift vgl. Haag, Zeitalter, 194f.
[102] Strotmann, Jesus Sirach, 430.
[103] Vgl. Ilan, Women, 157f
[104] Vgl. Haag, Zeitalter, 195.

6.7 Frauenbilder im antiken Judentum

von Weisheit zeugen: Unzucht, Lüge, Betrug, Untreue etc. (vgl. 41,17ff). Falsch verstandene Scham ist Scham für Handlungen, die der Tora entsprechen (vgl. 42,1ff).

In diesem hier knapp skizzierten Wertekosmos sind die Äußerungen und Ausführungen zu Frauen verorten. Das Verhalten von Frauen, genauer der Ehefrauen, trägt maßgeblich zum Erhalt oder Verlust der Ehre des Mannes bei. Des Weiteren sind Frauen, die sog. „fremden Frauen", eine Gefahr für den Weisen auf dem rechten Lebensweg. Sir nimmt hier einen zentralen Topos der alttestamentlichen Weisheitsliteratur auf. Sah man wie in Prov 7 gerade nicht-israelitische Frauen als ein massives Problem an, wurde jetzt jede Frau, die nicht zum Haushalt des Mannes gehörte, zu einem potentiellen Problem (Sir 9,1–9). Man hatte dabei nicht so sehr Angst vor angeblich die Männer verführenden Frauen (so noch in Prov 7,10f), vielmehr geht es hier um die Befürchtung von Männern, die Kontrolle über die eigene Sexualität zu verlieren.[105] Männer werden hier für ihr Verhalten gegenüber Frauen verantwortlich gemacht, sie werden ermahnt, sich von Frauen fernzuhalten. Der Umgang mit Frauen trägt hier jedoch das Stigma der potentiellen Ehrlosigkeit.

Ein weiterer Punkt des Frauenbildes in Sir zeigt sich in der Passage ab 25,13ff, wo die Ehefrauen in den Blick genommen werden. In dieser Passage werden die gute und die schlechte/boshafte Ehefrau in einem scharfen Gegensatz zueinander gesetzt. Die gute Frau zeichnet sich durch Hingabe und Unterordnung ihrem Mann gegenüber aus (26,2: Pflege des Mannes; 26,14: Sie schweigt und beherrscht sich selbst). Eine solche Frau charakterisiert Sir als Gottesgabe (26,14) und guten Besitz (26,3). Gerade Letzteres zeigt den Stellenwert von Frauen in der Gedankenwelt des Sir: Sie sind Besitz des jeweiligen Mannes.

Dazu steht die böse Frau im scharfen Kontrast. Die Betonung der Bosheit und der Schlechtigkeit prägt den Text. In 25,19 wird deutlich, dass Frauenbosheit zu den schlimmsten Dingen gehört, die einem Mann widerfahren können. Bosheit meint im alttestamentlichen Kontext ein konkretes Tun mit negativen Folgen für die Umwelt. Es kann genau das Gegenteil von Gerechtigkeit sein (Jes 57,1) oder des Guten (Gen 44,4). In Sir werden viele widergöttlichen Handlungen angegriffen. In 25,19 wird hervorgehoben, dass die Schlechtigkeit einer Frau kaum übertroffen werden kann. Es wundert von daher nicht, dass in Sir 25,24 eine Frau als Ursprung der Sünde verstanden wird. Eine Frau hat Gottes Schöpfung korrumpiert. Diese Vorstellung ist ein wichtiges Element einer frauenfeindlichen Lesart von Gen 2–3 im Christen- und Judentum geworden. Die Frau ist eine Gefahr für den gottesfürchtigen Mann.

Ein nicht unwichtiger Punkt wird in 25,22 deutlich: Es ist eine Schande für einen Mann, wenn eine Frau ihn ernährt. Das erinnert an Ciceros Befürchtungen von der Umkehrung der Verhältnisse, wenn Frauen im Rathaus herrschen. Die Betonung

---

[105] Vgl. Strotmann, Jesus Sirach, 431f.

der gottgewollten Ordnung in Gottes Schöpfung führt zu festen Geschlechterrollen und klaren Handlungsräumen.

Die Passage über die Töchter zeigt eine negative Sicht auf Frauen und spricht wieder klar von Problemen, die Männer durch Frauen haben. Töchter werden als Last empfunden (42,9–11): Sie müssen verheiratet werden, womit eine Mitgiftzahlung verbunden ist (22,4). Bei Zerbrechen der Ehe droht eine Rückkehr der Tochter ins Haus. Neben der Schande, die das dem Vater bereitet, muss sie wieder versorgt werden. Auch eine kinderlos bleibende Tochter schadet der Ehre des Vaters. Hier wird deutlich, welche Rolle der Frau zukommen sollte: Sie ist für einen Mann bestimmt, ihm hat sie Kinder zu gebären, sie trägt zu seinem Prestige bei.

Dieser insgesamt doch sehr negativen Sicht steht die Verwendung weiblicher Motive bei der Beschreibung der Weisheit in Sir gegenüber (14,20–15,10; 24,1–34). Hier wird eine weisheitliche Tradition, die Weisheit, die in besonderer Nähe zu Gott steht, mit weiblichen Bildern und Attributen zu beschreiben, aufgegriffen. Die göttliche Weisheit, mit der der Weise sich tagtäglich beschäftigt, trägt weibliche Züge. Strotmann betont, dass diese Bild mit wenigen „Geschlechterrollenklischees" versehen ist.[106]

Das Gegenüber von negativer Frauensicht und weiblicher göttlicher Weisheit überrascht und kann nicht einfach auf einen Nenner gebracht werden. Weiblichkeit wird von den Autoren des Sir nicht per se verdammt (Frauen sind ja auch Gottes Geschöpfe), allerdings ist es höchst problematisch, dass boshafte Frauen als eines der Schlimmsten aller Übel charakterisiert werden. Sie dienen somit als Schreckbild für den nach Weisheit strebenden Mann. Sie werden zum Gegenbild des Weisen stilisiert.

In den Testamenten der zwölf Patriarchen wird die Gefahr, die Männern von Frauen droht, ebenfalls breit thematisiert. Die Testamente der zwölf Patriarchen sind eine weisheitliche Mahnrede, die zu einem der Tora entsprechendem Verhalten auffordert. Innerhalb dieses inhaltlichen Rahmens bildet die Mahnung vor der πορνεία ein zentrales Thema der TestXII. (TestSim 5,3).[107] Die TestXII übernehmen hier eine bereits vorgeprägte Redeform (prophetische Mahnung vor Unzucht). Unzucht bezieht sich hier auf Unrecht im gesellschaftlichen Raum, auf den Abfall von JHWH zu anderen Göttern und auf Fehlverhalten sexueller Natur. Der letzte Punkt ist für das Frauenbild der TestXII im besonderen Maß relevant. Kirchhoff versteht πορνεία als Oberbegriff für verschiedene sexuelle Vergehen: sexueller Kontakt von Männern zu Prostituierten (TestJud; TestLev14,5), Ehebruch (TestRub1,6) und sexueller Verkehr mit einer Nichtisraelitin (TestJud13,3; TestDan 5,5).[108]

Männer stehen in der Sicht der TestXII immer in der Gefahr, auf Grund ihrer natürlichen Anlagen von Frauen zu unzüchtigen Handlungen verführt zu werden.

---

[106] Strotmann, Jesus Sirach, 439.
[107] Vgl. Kirchhoff, Testamente, 476.
[108] Vgl. ebd., 476f.

6.7 Frauenbilder im antiken Judentum

Männer – so die Vorstellung von TestRub 2,3–3,7 – werden in ihrem Denken und Handeln von zweimal sieben gottgegebenen Geistern geprägt. Neben dem Geist des Gehörs (zur Belehrung) und dem Geist der Rede (zur Erkenntnis) gibt es den Geist des Beischlafs, der zur Fortpflanzung der Menschen dient. Alle diese natürlichen Anlagen stehen in der Gefahr pervertiert zu werden, insbesondere aber der Geist des Beischlafs. Die Anlage zur Fortpflanzung kann zum ungezügelten Gebrauch der Sexualität führen. Aufgabe der Mahnung in den TestXII ist es nun, zu einem gottgewollten Umgang mit den Anlagen zu ermahnen und ihn einzuüben.

Frauen stellen in der Sicht der TestXII den Anlass dar, der zum Missbrauch der Gabe der Sexualität führt. Dabei genügt es häufig schon, dass Männer Frauen anschauen. Hier liegt nach den TestXII häufig die Ursache für das Tun der πορνεία. Ruben erblickt die nackte Bilha, was ihn förmlich drängt, Unzucht zu begehen (TestRub 3,12). Frauen soll gemieden und nicht angeschaut werden – das ist eine Mahnung die in den TestXII den Männern gegeben wird (TestRub 3,11ff). Des Weiteren sollen Männer sich mit der Tora Gottes beschäftigen, um sich so vor den Eindrücken, die der Anblick einer Frau hinterlässt, zu schützen (TestRub 4,1).

Die Frauen sind hier allerdings nicht nur passiv beteiligt. Sie betreiben aktiv die Verführung der Männer zur Unzucht, und zwar durch weibliche List und Tücke: Sie setzen ihre weibliche Schönheit ein, um die Männern zu beeinflussen. Frauen sind zwar von Natur aus den Männern unterlegen (5,4), sie versuchen es aber durch die weiblichen Eigenschaften wie Schönheit die Männer an einer verwundbaren Stelle zu treffen und ihnen ihren Willen aufzuzwingen (5,1.4). Die Frauen bringen durch ihr Tun die gottgewollte Ordnung (die Hierarchie der Geschlechter) durcheinander.

Aufgabe der Männer ist es, sich den Verführungen durch Frauen zu widersetzen, wobei die Konzentration auf die Weisung Gottes die zentrale Rolle spielt.[109] Frauen werden in der Sicht der TestXII als zentrale Ursache für das Fehlverhalten von Männern angesehen. Gehen Frauen ihren sexuellen Begierden nach, werden sie zur Gefahr für die Männer. Frauen sollen Kinder gebären. Genau aus diesem Grund sollen sie sexuell mit einem Mann verkehren. Lea wird in TestIss 1–2 als vorbildlich dargestellt, da sie es als ihre Aufgabe sieht, Kinder zur Welt zu bringen.

Ein deutlich anders konstruiertes Frauenbild zeigt sich in den Büchern Ester und Judit. Beide Schriften können der hellenistischen Epoche zugerechnet werden, sie nehmen auf die Problemstellungen um die hellenistischen Reformversuche in Israel und die damit verbundenen Repressionen gegen das Judentum und seine Religion Bezug. Bemerkenswert an diesen Büchern ist die Ausgestaltung der Frauenrollen. Judit und Ester werden als Frauen dargestellt, die sich Handlungsräume erschließen und somit zur Retterinnen des Volkes Israels werden.

---

[109] Joseph wird als der weise und gottesfürchtige Mann dargestellt, der den sexuellen Verlockungen der Ehefrau des Pentephres widerstehen kann (z. B. TestJos 2,7; 3,8–10, 3,6).

Das Buch Ester kann insgesamt als eine Neuerzählung der Josefgeschichte verstanden werden:[110] Ester gerät wie Josef wegen ihrer Schönheit in Gefahr. In der Gefangenschaft erfahren beide Hilfe und Beistand, sie steigen beide in hohe Stellung des Reiches auf (Königin in Persien; Minister in Ägypten). Ihre hohe Stellung nutzen sie, um ihr Volk zu retten (Pogrom, Hungersnot). Auch die Figur des Mordechai hat Parallelen zu Josef: Auch er hat wie Josef als Fremder ein hohes Amt inne und erfährt hier breite Anerkennung. Die Figur des Josef wird durch Ester aus einer weiblichen Perspektive neu interpretiert. Dabei rückt vor allem die sexuelle Unterdrückung und Gewalt von Männern gegen Frauen in den Mittelpunkt. Diese spezifischen Erfahrungen von Frauen werden in besonderer Weise im Buch Ester thematisiert.

Die Geschichte der Waschti bildet hier ein hermeneutisches Vorzeichen für das gesamte Buch. An ihr wird die sexistische Gewalt von Männern gegenüber Frauen deutlich gemacht. Waschti weigert sich, sich der beim königlichen Fest in Susa versammelten Menge von Herrschaftsträgern des persischen Reiches zu präsentieren (1,11). Ihre Zurschaustellung sollte der Repräsentation der Macht des Königs dienen: Die Schönheit der Königin ist Teil des herrschaftlichen Glanzes des Königs. Frauen dienen dazu, die Macht ihres Mannes zu repräsentieren.[111] Waschti widersetzt sich dieser ihr von Männern zu geschriebenen Aufgabe, sie will nicht Objekt königlicher Machtausübung sein. Sie und ihr Körper sollen nicht zur Machtdemonstration für den König missbraucht werden. Butting betont, dass Waschti sich als Königin verweigert (1,12). Der Titel „Königin" wird ihrem Namen vorangestellt.[112]

Diese selbstständige Handlung einer Frau wird von den Männern nicht gutgeheißen. Waschti – so die Berater des Königs – könnte ein Beispiel für andere Frauen sein und sie zu Ungehorsam animieren. Sie verstehen das Handeln Waschtis als Gefahr für das Königreich. Weiblicher Widerstand bedroht die Macht des Königs und den Bestand der Ordnung (1,17f). Frauen – das zeigt der Text hier – erfahren sich als Opfer männlicher Gewalt, sie erleben sich als von Männern beherrscht. Dies entspricht auch der männlichen Sicht auf Frauen: Sie sehen sich als über den Frauen stehend. Das Buch Ester bringt eine Grundkonstante der hellenistischen Kultur zum Ausdruck. Allerdings – und das ist das Besondere an Ester – Frauen werden hier nicht nur und ausschließlich als Opfer gesehen. Esters Geschichte zeigt sie als eine Frau, die für ihr Volk tätig wird und es rettet. Zunächst wird Ester wie Waschti als Opfer männlicher Gewalt dargestellt. Sie wird wie viele andere junge Frauen auch in den Harem des Königs verschleppt (2,3). Dort bereitet sie der Vorsteher des Harems auf die Nacht vor, in der sie dem König mit ihrem Körper zur Verfügung stehen soll. Ihr Körper wird dieses ganze Jahr zum Objekt männlicher

---

[110] Vgl. Butting, Buchstaben, 57ff.
[111] Vgl. Butting, Ester, 169.
[112] Vgl. ebd.

6.7 Frauenbilder im antiken Judentum

Begierden gemacht. Der Körper einer jeden jungen Frau soll so gepflegt werden, damit er den sexuellen Vorstellungen des Königs gefällt (2,12). Die jungen Frauen stehen dem König eine Nacht lang als sexuelles Objekt zur Verfügung. Diejenigen, die er nicht zu seiner Königin macht, verschwinden in seinem Harem und müssen sich bereithalten, falls der König noch einmal sexuell mit ihnen verkehren will (2,12–14). Diese Frauen – und das hält der Text deutlich fest – sind Opfer eines Herrschaftssystems, das auch auf sexueller Gewalt aufbaut.

Die Wahl des Königs fällt auf Ester, sie wird Königin an Waschtis Stelle (2,15–17). Sie wird durch das Handeln des Königs Teil des Herrschaftsapparates des persischen Reiches. Ester bleibt jedoch – und das ist das Besondere des Textes – nicht in ihrer von den Männern für sie vorgesehenen Rolle, sie verändert im Konflikt um den von Haman geplanten Pogrom ihre Haltung. Die Korrespondenz zwischen Mordechai und Ester durch ihren Boten zeigt, wie aus der zögernden Königin eine für ihr Volk Handelnde wird (4.4–17). Sie verweist zunächst auf die Gefahr, die drohen würde, wenn sie zum König ginge (4,11), so übernimmt sie nach der Intervention Mordechais (4,13f) die Initiative. Sie befiehlt Mordechai, wie der Text ausdrücklich betont (4,17), sie übernimmt die Initiative, wissend um den möglichen Tod, den dies mit sich bringt (4,16). Ihre Aktivität wird des Weiteren im Purim-Erlass betont: Sie und Mordechai legen das Datum des Purim-Festes fest, wobei Ester hier als Königin agiert (9,29.31). In 9,32 werden Esthers Worte noch einmal hervorgehoben. Das Ergebnis der Initiative Esters ist die Verhinderung des Pogroms und die Auslöschung des Feindes Haman.

In dieser Geschichte wird die Handlungsfähigkeit einer Frau in besonderer Weise hervorgehoben. Sie wird in einem Umfeld von sexueller Gewalt gegen Frauen aktiv. Die Betonung der Handlungen Esters ist somit auch ein Protest gegen die Gewalt, die Frauen von Männern zugefügt wird. Die Gewalt wird hier eindeutig als sexuelle Gewalt verstanden. Esthers Handeln ist auch ein Widerstand gegen diese Form von Gewalt.[113]

Das Thema sexuelle Gewalt und der Widerstand gegen sie bestimmt auch das Buch Judit. Auch hier steht im Mittelpunkt, dass das potentielle Opfer gegen den Vergewaltiger aufsteht. Judit, eine Witwe, gegen den assyrischen Feldherrn Holofernes – stärker könnten die Kontraste nicht gezeichnet sein. Eine Frau vom untersten Ende der sozialen Leiter gegen einen der mächtigsten Männer. Aber gerade sie ist es, die sich nicht wie die Oberen von Betulia der Verzweiflung hingibt (8,9f), sondern die den Weg des Widerstandes geht. Sie wartet nicht darauf, dass sie jemand beschützt, sie ergreift selbst die Initiative. Sie wird tätig im Vertrauen auf den rettenden Gott (8,17). Dieses Vertrauen ist kein Ersatz für eigenes Handeln, sondern die Grundlage für ihr Handeln. Sie hofft, dass sich durch sie der rettende Gott zeigt (8,33; 9,13).

---

[113] Vgl. Butting, Ester, 170.

Judits einsame Aktion, die mit der Enthauptung des gegnerischen Feldherrn endet, wird in der Erzählung auf die Initiative Judits zurückgeführt. Sie geht zielgerichtet vor, in dem sie weibliche Schönheit als Mittel zum Zweck einsetzt. In 10,4 wird betont, dass Judit sich schön macht.[114] Männer – dies zeigt Holofernes sehr deutlich – betrachten schöne Frauen als sexuell verfügbar (10,10–12; 12,16). Judit macht sich diese Erwartungshaltung zunutze und überwältigt so den übermächtigen Gegner.

In der so agierenden Frau zeigt sich der Gott Israels, der ein „Beistand der Armen, der Beschützer der Verachteten und der Retter der Hoffnungslosen" (9,11) ist. Judit wird als eine „Gegenfigur zur bellizistischen Gewaltwelt"[115] der feindlichen Großmacht dargestellt. In ihr zeigt sich – so die Autoren des Buches – der Widerspruch Gottes zur Gewaltherrschaft des Nebukadnezar durch seinen Feldherrn Holofernes.[116] Mit Hilfe einer Frauengestalt wird der Widerspruch zu real erfahrener Gewalt formuliert. Dabei rückt auch die sexuelle Gewalt von Männern gegen Frauen in den Blick: Judit sieht ihr Handeln gegen Holofernes in der Tradition von Gen 34. So wie die Vergewaltigung der Dina gegen Gottes Willen ist, so ist es auch die drohende Vergewaltigung der Frauen in Betulia bei der Eroberung und die der Judit bei Holofernes.[117] Im Buch Judit wird die besondere Erfahrung von Frauen im Krieg thematisiert. Sie werden Opfer sexuell motivierter Gewalt. So wie das Land von den Feinden erobert und geplündert wird, werden auch Frauen von den Gegnern vergewaltigt. Die sexuelle Gewalt von Frauen wird hier mit kriegerischen Handlungen verglichen.[118]

Das Buch Judit erzählt eindrücklich, wie Judit tätig wird. Dabei verbleibt das Buch allerdings im androzentrischen Handlungsrahmen. Judit kehrt nach ihrer Tat in ihre gesellschaftliche Rolle als Witwe zurück. Sie befreit Israel, an ihrer persönlichen Situation ändert sich jedoch nichts. Des Weiteren werden bestimmte Stereotypen, die Frauen von Männern zugeschrieben werden, hier fortgeführt. Frauen – das konnte bei Prov und Sir gezeigt werden – verführen Männer durch ihre Schönheit und ihre weibliche List. „List und Verführung sind ... exemplarische Verhaltensmerkmale, die Frauen qua Geschlecht zugeschrieben werden."[119] Judit agiert hier genau im Rahmen dieser männlichen Denkmuster.

Eine weitere wichtige Quelle für Frauenbilder im antiken Judentum ist die Schrift Josef und Aseneth. Standhartinger charakterisiert die beiden Textfassungen von

---

[114] Vgl. Rakel, Judit, 415.
[115] Zenger, Gott, 31.
[116] Der Angriff Nebukadnezar ist nicht nur einer auf Israel und sein Land. Nebukadnezar bestreitet, dass der Gott Israels Gott ist (6,2). Assyrien gebärdet sich hier als Gott verachtende Großmacht, die alle Länder verwüsten will. Dem stellt sich Judit hier entgegen.
[117] Vgl. Rakel, Judit, 414f.
[118] Vgl. Müllner, Gott, 130.
[119] Rakel, Judit, 412.

6.7 Frauenbilder im antiken Judentum

Josef und Aseneth[120] als Diskurs über die Frauenrolle im hellenistischen Judentum. Während der sog. Kurztext Aseneth als autonom handelnde Frau und als Lehrerin religiöser Weisheit schildert,[121] zeichnet der sog. Langtext ein anderes Bild: Hier orientiert sich die Darstellung an den Idealvorstellungen von Frauen, wie sie für die hellenistische Gesellschaft prägend sind. Die emanzipatorischen Züge des Aseneths-Bildes im Kurztext werden vom Langtext beseitigt: Dort tritt Aseneth nicht als Lehrerin göttlicher Weisheit in Erscheinung. Der Langtext beschreibt insgesamt eine Wandlung der Aseneth vom Antiideal einer Frau zum Ideal. Die Aseneth vor dem visionären Erlebnis wird als hochmütig, prahlerisch und frech geschildert, also das typische Benehmen einer ungehorsamen Frau (2,1; 4,12; 17,9; 21,2; 21,6).[122] Des Weiteren wird ihr Männerhass hervorgehoben (2,1; 11,6; 21, 17–19). Entgegen dem Kurztext, der Aseneth als Lehrerin darstellt, schreibt der Langtext nach der Vision Aseneth die typischen Handlungsräume einer Frau zu.[123] Sie unterwirft sich ihrem Mann und handelt nach seinen Anweisungen (16,1.4.10; 21,4).

Der Autor des Langtextes präsentiert ein Frauenbild, das mit den Wertvorstellungen der hellenistischen Welt übereinstimmt. Standhartinger widerspricht der Ansicht, Josef und Aseneth sei eine Schrift, mit der Frauen zum Übertritt zum Judentum bewegt werden sollten.[124] Vielmehr versucht der Text Bedenken entgegenzutreten, dass Frauen durch den Übertritt zum Judentum dem Gemeinwohl und der öffentlichen Ordnung Schaden zufügen. Der Autor des Langtextes will zeigen, dass Frauen durch ihren Wechsel zur jüdischen Religion in besonders vorbildlicher Art und Weise ihre Rolle als Frau ausfüllen und so dem Gemeinwohl förderlich sind. Das Judentum will sich hier nicht als sittenverderbende Fremdreligion aus dem Osten präsentieren,[125] sondern als staatstragende Religion, die die Werte der hellenistischen Gesellschaft anerkennt und fördert.

Vergleichbares kann man bei Philo feststellen. Auch er übernimmt die Vorstellungen Xenophons, dass das Haus der Handlungsraum einer Frau ist (oik. 7,1–43), der ihr von Natur aus zusteht. In SpecLeg 3,169ff schreibt Philo der Frau den Haushalt als natürlichen Handlungsraum zu.[126] Philo, dessen Schriften von einem gro-

---

[120] Zur Textgestalt vgl. Standhartinger, Frauen, 33–47.
[121] Vgl. zusammenfassend Standhartinger, Frauen, 206–211: Aseneth führt nach dem Kurztext ein asketisches Leben. Sie lebt nicht im Haus eines Mannes, sie ist ökonomisch selbstständig. Des Weiteren verfügt Aseneth durch das visionäre Erlebnis über himmlisches Wissen, das sie dann als Lehrerin weitergibt. Zentraler Inhalt ihrer Lehre ist die Ausweitung des Gebotes der Vergebung über die Grenzen des Volkes Israels hinaus. Sie wird im Laufe der Erzählung zur Lehrerin der göttlichen Weisheit.
[122] Vgl. Standhartinger, Frauen, 214.
[123] Standhartinger, Frauen, 214f zeigt auf, dass der Langtext sich an den Vorstellungen Xenophons orientiert: Das Innere des Hauses – das ist der Handlungsraum, der einer Frau von Natur aus zusteht (16,4; 19,2). Der Autor des Langtextes konstruiert sein Frauenbild anhand der Koordinaten, die er bei Xenophon vorfindet (oik. 7,1–43).
[124] Vgl. ebd., 216.
[125] Vgl. dazu Kap. 5.7.
[126] Vgl. Stegemann/Stegemann, Sozialgeschichte, 311.

ßen apologetischen Interesse geprägt sind, versucht die Überstimmung der religiösen Traditionen des Judentums mit der hellenistischen Kultur zu zeigen, hier konkret an der Rolle der Frau, die ihr in den Augen des Philo im Judentum zukommt.

Ein weiteres wesentliches Element seines Frauenbildes zeigt sich in der allegorischen Auslegung des 2. Schöpfungstextes. Dort verwendet er seine Vorstellung von Weiblichkeit zur Darstellung der Teile des menschlichen Wesens, die negativ auf die Menschen wirken und zu einem sündhaften Leben verleiten. Das Motiv der Frau scheint dafür in der Sicht Philos besonders geeignet zu sein.

Die Darstellung und Auslegung der Schöpfungstexte der Gen geschieht bei Philo in Anlehnung an die platonischen Ideenlehre. Die Doppelung des Schöpfungsgeschehens in Gen versteht Philo als Schaffung der Idealwelt (als Welt der Ideen) vor der Schöpfung der wahrnehmbaren Welt. Am ersten Tag schuf Gott die Ideen, nach denen die sichtbare Welt gestaltet wurde (Op 16ff.29–35). Dieses Verstehensmuster wird auf die Erschaffung des Menschen übertragen: In Gen 1,26ff geht es um den Idealmenschen und um die Gattung des Menschen, während ab Gen 2,7 der wirkliche Mensch in den Blick genommen wird (134). Dabei ist es bemerkenswert, dass Philo bei der Charakterisierung des Menschen als Ebenbild Gottes das Geschlecht unberücksichtigt lässt. Als Ebenbild Gottes hat der Mensch Anteil am die Welt durchdringenden göttlichen Geist. Die Gattung des Menschen zeichnet sich dadurch aus. Das jeweilige Geschlecht schreibt Philo den Arten zu. Es ist etwas sekundäres. Die konkrete Ausbildung des weiblichen oder männlichen Geschlechts zeichnet den ersten Menschen nicht aus. „Sehr treffend bezeichnet er die Gattung als ‚Mensch' und unterscheidet dann ihre Arten, indem er sagt ‚männlich und weiblich sei (der Mensch) geschaffen worden', obwohl die Einzelwesen hier noch nicht ihre Gestalt erhielten; die nächsten Arten sind nämlich in der Gattung enthalten und zeigt sich denen, die ein scharfes Auge haben, wie in einem Spiegel." (76)

Den realen Mensch in Gen 2 versteht Philo als ein Wesen, das sowohl mit der irdischen als der göttlichen Sphäre verbunden ist. Er ist vergänglich, da er aus Erde gemacht ist. Beseelt ist der vergängliche Mensch aber durch den Hauch Gottes. Er hat Anteil am Geist Gottes (135). Dieser erste wahrnehmbare Mensch zeichnet sich nach Philo durch besondere körperliche und geistige Vorzüge aus (136ff). Diese nehmen im Verlauf der Menschheitsgeschichte immer mehr ab, da die innige Gottesbeziehung des ersten Menschen durch die Erschaffung der Frau gestört wurde. Die Frau bedeutet in der Konzeption des Philo, dass der Mensch nicht mehr allein von Gott und der Welt geprägt ist. Es entsteht die Liebe zu einem Wesen aus derselben Gattung. Damit wird der Wollust Tür und Tor geöffnet. Menschliches Handeln wird sündig und ungerecht (151f).

Die Rolle der Frau im 2. Schöpfungstext deutet Philo allegorisch aus (165ff): Die Frau ist der Angriffspunkt der Lust, und nicht der Mann. Weiblichkeit versteht Philo als das Prinzip der Sinnlichkeit. Männlichkeit bedeutet Geistigkeit. Nur die

6.7 Frauenbilder im antiken Judentum

Sinne, und nicht der Geist, lassen sich durch äußere Einflüsse beeinflussen. Nur in dem sich die Sinne von der Lust beirren lassen, kommt es dazu, dass Adam die Frucht vom Baum der Erkenntnis isst und die Gottesfurcht und Frömmigkeit zurückweist. Er verfügt über eine Erkenntnis ohne Gottesfurcht.

Philo gebraucht hier seine Konstruktion von Weiblichkeit dazu, um den Teil des Menschen darzustellen, der negativ auf den Menschen wirkt. Des Weiteren macht Philo deutlich, dass Männlichkeit näher zur göttlichen Sphäre steht als die Weiblichkeit. Die Geistigkeit hat Anteil am göttlichen Weltgeist. Die Weiblichkeit, als Sinnlichkeit verstanden, hat dies nicht (139.165).

Innerhalb seiner allegorischen Auslegung des Gesetzes differenziert Philo seine Vorstellung von Weiblichkeit noch einmal aus. Hier betont er zunächst die Ehrenstellung des Mannes, da er zuerst geschaffen wurde. Die Frau ist Gehilfin des Mannes, die später hinzukommt und somit nicht an der Ehrenstellung des Mannes teilhat. Dabei versteht Philo wieder den Mann als Allegorie für den Geist, die Frau als Allegorie für die Sinnlichkeit. „Nach Vollendung des Geistes bildet er daher als zweite Schöpfung die an Rang und Kraft ihm nachstehende wirksame Sinnlichkeit zur Vollendung der ganzen Seele und zur Wahrnehmung der Gegenstände." (All 2,24) Die Schöpfungserzählung wird somit zur Allegorie der Unterordnung der Frau unter den Mann.

Die Funktion der Frau als Gehilfin versteht Philo so (2,38f): Der Geist (als das Männliche) bedarf für die Wahrnehmung der Welt der wirksamen Anschauung (das Weibliche). Dabei wird die Anschauung als etwas Passives verstanden. Anschauung agiert nicht selbstständig sondern wird durch äußere Einflüsse gereizt und aktiviert. Der Geist hingegen ist das Aktive. Diese Vorstellung hat Auswirkungen auf das Frauenbild: Die Frau wird als passives und untätiges Wesen gesehen. Dem weiblichen Geschlecht die Passivität zuzuschreiben – damit hat Philo Anteil an Traditionen der Anthropologie der hellenistischen Philosophie. Aristoteles z. B. versteht die Frauen als das passive Geschlecht (pol 1259a37ff).

Philo sieht hier in der Anschauung, dem weiblichen Prinzip, die Einfallstür für die Sünde. Dass die Frau hier im Zusammenhang der Abkehr des Menschen von Gott gesehen wird, setzt sich bei der allegorischen Auslegung von Gen 2,24 fort (2,49): Der Geist verlässt den Vater des Alls, wenn er sich an die Sinnlichkeit bindet.

Insgesamt benutzt Philo Weiblichkeit, um die negativen Seiten menschlicher Existenz darzustellen und zu erläutern. Die Frau verfügt für Philo über die entsprechenden Eigenschaften, so dass in Gen an der Gestalt der ersten Frau in der Menschheitsgeschichte genau dies gezeigt werden kann: Der Mensch wendet sich von Gott ab und gibt sich über die Maße der sichtbaren Welt hin. Die Frau wird damit zum Sinnbild der Sünde schlechthin. Das Frauenbild des Philo bekommt so einen negativen Grundton. In der allegorischen Auslegung des Philo vereinigen sich patriarchale Traditionen des Judentums mit den Frauen abwertenden Elementen der hellenistischen Philosophie.

Auch Josephus ist in Hinblick auf sein Frauenbild von der hellenistisch-römischen Gesellschaft beeinflusst. Aufgabe verheirateter Frauen ist – neben dem Gebären und Erziehen von Kindern – die unbedingte Unterstützung der Ehemänner:[127] Die Frauen Jakobs z. B. stehen unbedingt, auch im Konflikt mit ihrer eigenen Familie, zu ihm (Ant 1,19,9). Frauen sollen sich insgesamt durch tugendhaftes Verhalten auszeichnen. Der sittliche Lebenswandel einer Frau ist das entscheidende Kriterium für eine gute Ehe.[128] Weibliche Tugend zeigt sich im Begriff σωφροσύνη, der in Bezug auf Frauen deutlich anders inhaltlich gefüllt wird als bei Männern. Männliche σωφροσύνη meint Selbstkontrolle. Die Milde des Herrschers, der Gnade vor Recht ergehen lässt, kann als σωφροσύνη bezeichnet werden.[129] Weibliche σωφροσύνη ist jedoch eine Handlung, die gängigen Moralvorstellungen entspricht.[130] Dies zeigt besonders gut die Darstellung der Regelung des Ehebruchs in Ant 3,11,6:[131] Ehebruch liegt dort vor, wo das Anständige übertreten wird (παραβασᾶν δὲ τὸ σῶφρον). Seine eigenen Ehen bewertet Josephus an dem moralischen Verhalten der Frauen (Vita 426–427). Unmoralisches Verhalten war für ihn eine Scheidungsgrund, moralisches Verhalten ein Grund für Verehrung und Bewunderung der Frau.

Eine weitere weibliche Tugend ist die εὐσέβεια.[132] Die Frömmigkeit der Salome Alexandra wird von Josephus positiv hervorgehoben (Bell 1,5,1). Dies ist bemerkenswert, da er sie sonst nicht positiv sieht. Frömmigkeit meint hier die Beachtung und Wertschätzung der tradierten Religion. Nach Ap 2,19 ist ein solches Verhalten Ziel des Handelns aller, sogar der Frauen und Kinder.

Die Tugenden, die Josephus Frauen zuschreibt, haben in römischen Wertvorstellungen (z. B. pietas, fides und pudicitia) ihre Entsprechung.[133] Josephus versucht in der Zeit nach dem jüdischen Aufstand gegen Rom zu zeigen, dass die jüdische Religion den Wertekonsens im römischen Reich teilt. Das Frauenbild hat hier eine besondere Funktion, da in der römisch-hellenistischen Gesellschaft die Angst vor Frauen, die die gesellschaftlich zugedachten Rollen nicht akzeptierten, groß war: Wenn Frauen über Männer herrschten, dann brach der Staat zusammen.[134] Josephus als Jude legitimiert Geschlechterhierarchien natürlich mit Hilfe seiner religiösen Tradition. Dass Frauen Männern untergeordnet sind, korrespondiert mit der göttlichen Ordnung der Schöpfung (Ap 2,24).[135] Dies dient in den Augen des Jose-

---

[127] Vgl. Mayer-Schärtel, Frauenbild, 303.
[128] Vgl. ebd., 304.
[129] Vgl. Senecas Schrift „De clementia".
[130] Vgl. Mayer-Schärtel, Frauenbild, 122f. In Ant 18,3,4 wird die Römerin Paulina als eine tugendhafte Frau vorgestellt.
[131] Vgl. ebd., 120f.
[132] Vgl. ebd., 139f.
[133] Vgl. ebd., 181f.
[134] Vgl. ebd., 182. Mayer-Schärtel verweist hier auf Catos Position in der Debatte um die lex Oppia. Zu erinnern wäre auch an den Omphale-Mythos und Ciceros Äußerungen in „De re publica".
[135] Vgl. ebd., 344f.353. Die Natur ist vom göttlichen Gesetz durchdrungen. Vgl. Ant 1 Proöm 4.

6.7 Frauenbilder im antiken Judentum

phus dem Wohl der Frau, da sie von Natur aus schwächer ist als der Mann. Der Mann soll die Frau nicht unterdrücken sondern beschützen.

Die patriarchalen Frauenbilder der jüdischen Literatur des Hellenismus speisen sich nicht allein aus den alttestamentlichen Traditionen. Aber auch hier finden diese Autoren viele Anknüpfungspunkte. Die römisch-hellenistische Kultur prägt die Frauenbilder nachhaltig, und zwar soweit, dass emanzipatorische Vorstellungen, wie sie im Kurztext von Josef und Aseneth zu finden sind, korrigiert und den gängigen Werten angepasst werden. Das emanzipatorische Potential des Judentums passte nicht in das Programm, das Judentum als das Gemeinwohl fördernde Religion darzustellen. Jüdische Apologeten suchten den Konsens und nahmen Wertvorstellungen aus ihrer Umwelt auf und mischten sie mit denen aus ihrer jüdischen Tradition.

Die gesellschaftlich geprägten Frauenbilder im antiken Judentum setzen die Bandbreite, die die alttestamentlichen Texte prägen, fort. Neben patriarchalen Texten (mit klar frauenfeindlichen Intentionen), finden sich Texte und Traditionsstücke, die Frauen als handlungsfähig und selbstständig darstellen. Der androzentrische Rahmen erhält Risse. Genau diese Frauengestalten sind gewissermaßen die weiblichen Vorbilder für die im Mk aktiv handelnden Frauen.

7 Gesellschaftliche Bewertungen von Kindern in der Antike

Die Bewertungen von Kindern seitens der griechischen und römischen Gesellschaft muten aus heutiger Sicht, die der Kindheit als Lebensphase ein eigenes Recht zuspricht, als höchst problematisch an. Gerade im Hinblick auf die Praxis der Kindesaussetzung erscheint das antike Bild vom Kind als außerordentlich kinderfeindlich. Demgegenüber verwundert es doch, dass innerhalb der antiken Literatur schon dem Ungeborenen viel Aufmerksamkeit geschenkt wurde.[1] Schwangeren wurden Spaziergänge empfohlen, damit das Kind gesund, schön und kräftig wurde – so z. B. Plato (leg. 789c). Das Interesse am Kind setzte sich fort in den Ausführungen zum Umgang mit Säuglingen und zur Erziehung in den verschiedenen Phasen der Kindheit.[2] Dabei stand z. B. bei Aristoteles an erster Stelle, dass der Staat durch das Heranwachsen und die Erziehung von Kindern neue Bürger erhält (pol. 1260b20). Von daher war es ein allgemeines Anliegen, dass Kinder die Phase als Säugling überlebten[3] und dass ihre Erziehung mit Blick auf ihre spätere Aufgabe als Bürger einer Polis gewährleistet wurde. Damit ist jedoch zweierlei klar: Die Kinder von Nicht-Bürgern oder sozial niedrig Gestellten wurden mit äußerst geringem Interesse behandelt, da sie für den Staat von unbedeutendem Wert waren. Gerade Kinder von Angehörigen niedriger Zensusklassen gab es, da die soziale Gruppe groß genug war, genügend. Bei der höheren Gesellschaft – den Bürgern in den Augen von Plato und Aristoteles – sah dies anders aus. Die biologische Reproduktion der gesellschaftlichen Gruppe musste sichergestellt werden, ebenso wie deren ausreichende Erziehung. Von daher ist es klar, dass die Organisation und der Unterhalt von Schulen für die zukünftigen Bürger eine öffentliche Aufgabe war.[4] Die Kindheit diente insgesamt der Vorbereitung auf den Erwachsenenstatus.[5] Cambiano charakterisiert die Kindheit in der griechischen Gesellschaft treffend als Menschwerdung.[6]

Die Bedeutung von Spielen in der Erziehung zeigt prägnant, welche Aufgaben Plato und Aristoteles der Erziehung zuschrieben. Spielen war für beide ein genuiner Bestandteil der Erziehung. Allerdings wendete Plato sich gegen Spontaneität und Kreativität im Spiel: Kinder, die so verfahren, wollten das Spiel und seine Regeln ändern. Wurden solche Kinder erwachsen, wollten sie die Ordnung des Staates und seine Gesetze durcheinander bringen. Von daher galt es, solche Verhaltensweise

---

[1] Vgl. Deißmann-Merten, Griechenland, 272ff.
[2] Vgl. ebd., 287–304.
[3] Die Sterblichkeit von Säuglingen war in der Antike sehr hoch. Vgl. ebd., 273f.
[4] Zum griechischen Bildungssystem vgl. Cambiano, Mensch werden, 111–133.
[5] P. Müller, Mitte, 91f spricht zu Recht davon, dass die Kindheit nicht als eigenständige Lebensphase anerkannt wurde. Sie war lediglich ein Durchgangsstadium auf dem Weg zum Erwachsenen.
[6] Vgl. Cambiano, Mensch werden, 134. Hier bezogen auf die Erziehungsvorstellung von Plato.

7 Gesellschaftliche Bewertungen von Kindern in der Antike

schon im Kindesalter zu bestrafen (leg. 798c).[7] Das Spiel sollte vielmehr dem Erlernen späterer beruflicher Fähigkeiten dienen (leg. 643b–d). Auch für Aristoteles lag im Spiel der Sinn, Erwachsene und ihre Tätigkeiten nachzuahmen.

Die Glücksdefinition von Aristoteles[8] wirft ein besonderes Licht auf seine Bewertung von Kindern. Er gesteht ihnen – wie Tieren – die Möglichkeit zur Glückseligkeit nicht zu, da ihre Vernunft noch völlig unzureichend ausgebildet sei (eth. Nic. 1099bff).[9] Die Hochachtung vor der Vernunft und die Konzentration auf sie führen zur Abwertung von Kindern.

Eine positive Wertschätzung erfuhr die Phase der Kindheit lediglich bei den Kynikern. Ihr philosophisches Programm (Leben gemäß der Natur)[10] sah in den Kindern die menschlichen Wesen, die noch nicht von der menschlichen Kultur verdorben worden waren.[11]

Ihre Abwertung zeigt sich an ihrer rechtlichen und sozialen Stellung. Wie die Stellung von Frauen in der römischen Familie durch die patria postestas bestimmt wurde, so gilt Entsprechendes für Kinder. Die patria potestas hatte tief greifende Einflüsse auf ihr Leben. Der pater familias übte das ius vitae necisque (Züchtigungs- und Tötungsrecht), das ius exponendi (Recht zur Kindesaussetzung) und das ius vendendi (Recht zur Kinderverpfändung) aus.[12] Das Kind musste vom Hausvater angenommen werden, damit es eine Lebensperspektive hatte. Nicht allein die biologische Lebensfähigkeit war entscheidend für das Weiterleben des Kindes. Wichtig war, ob der pater familias der Meinung war, dass das Kind innerhalb der Gesellschaft lebensfähig war.[13]

Für die Kindesaussetzung ist die rechtliche Basis recht schwer zu rekonstruieren. Tuor-Kurth weist darauf hin, dass lediglich die Tötung von schwächlichen Kindern im Zwölftafelgesetz gesetzlich gefordert wurde (Cic. leg. 3,8,19).[14] Gardner meint allerdings, dass die Kindesaussetzung bis in die frühe Kaiserzeit Praxis in der römischen Gesellschaft war.[15] Inwieweit die Aussetzung von schwächlichen Kindern, eine gesellschaftliche Wirklichkeit widerspiegelt, ist umstritten und ungeklärt.[16] Auf jeden Fall war es in der Antike denkbar, kranke Kinder als überflüssigen Ballast zu sehen, den man beseitigen durfte. Kindesaussetzung schien auch eine Möglichkeit zu sein, die Anzahl der Erben nicht übermäßig steigen zu lassen.[17]

---

[7] Vgl. Deißmann-Merten, Griechenland, 297.
[8] Vgl. Kap. 4.4.
[9] Vgl. Cambiano, Mensch werden, 134; Deißmann-Merten, Griechenland, 298.
[10] Zum Kynismus vgl. Kap. 4.5.
[11] Vgl. Cambiano, Mensch werden, 135ff.
[12] Vgl. Eltrop, Kinder, 68.
[13] Tuor-Kurth, Geboren werden, 266 spricht hier von der sozialen Geburt des Kindes.
[14] Vgl. Tuor-Kurth, Aussetzung, 48.
[15] Vgl. Gardner, Frauen, 157.
[16] Vgl. Tuor-Kurth, Aussetzung, 48f. Tuor-Kurth, Geboren werden, 264f geht jedoch insgesamt davon aus, dass die Kindesaussetzung praktiziert wurde.
[17] Vgl. Tuor-Kurth, Geboren werden, 265.

Im jüdischen Kulturraum war die Praxis der Kindesaussetzung eine inakzeptable Handlungsweise.[18] Daran zeigt sich eine ganz andere Sicht von Kindern im Judentum. Die Tötung eines Kindes bei der Geburt war nur gestattet, wenn die Mutter dadurch vor größeren gesundheitlichen Schäden, die ihr Leben gefährdeten, bewahrt werden konnte. Für das Judentum war für die Lebensfähigkeit eines Kindes die Gesundheit das einzige Kriterium: Ein Kind sollte leben und aufgezogen werden, wenn die Gesundheit des Kindes es zuließ.[19]

Das Recht zur Kinderverpfändung verweist auf das massive Problem der Verschuldung in der Antike. Kinder waren nach den Immobilien die ersten, die in die Schuldsklaverei verkauft wurden.[20]

Inwieweit Kinder Objekte der Ausbeutung waren, zeigen auch die Formen von Kinderarbeit in der Antike. Sie wurden wie Erwachsene als Sklavinnen und Sklaven gehalten,[21] sie kamen häufig in der Landwirtschaft zum Arbeitseinsatz.[22] Bezeichnend für die Kinderarbeit ist jedoch, dass sie schlecht entlohnt wurde. In einem Lehrvertrag vom Ende des 2. Jh. n. Chr. wird die Entlohnung eines Kindes in einer Webereilehre geregelt. Während der ersten 31 Monate bekam das Kind lediglich Verpflegung und Kleidung als Lohn. Erst ab dem 32 Monat wurde ein Lohn von 12 Drachmen zugestanden, der mit jedem weiteren Jahr steigt.[23] Die Arbeitszeiten entsprachen allerdings denen von Erwachsenen: von morgens bis abends. Die Arbeitskraft solcher Kinder konnte so zunächst ohne großen finanziellen Aufwand ausgebeutet werden. Gleichzeitig zogen sich so Arbeitgeber fachkundige Arbeitskräfte heran. Kinder, insbesondere Waisenkinder, waren hier den Bedingungen in der Arbeitswelt ausgeliefert.

---

[18] So die eindeutigen Stellungnahmen von Philo SpecLeg 3,108–111 und Josephus Ap 2,2002 und Ant 4,8,33. Vgl. Tuor-Kurth, Geboren werden, 268–270.
[19] Vgl. Tuor-Kurth, Geboren werden, 270.
[20] Vgl. Albertz, Religionsgeschichte, 538f zu Neh 5,1–5.
[21] Vgl. hier die antiken Bilddarstellungen bei Eltrop, Kinder, 116f.
[22] Vgl. Colum. 1,8,2; 2,2,13; 4,27,6; 8,2,7; 11,2,44.
[23] Eltrop, Kinder, 138 mit Hinweis auf P. Oxy IV 725 (einem Vertrag über Arbeitseinsatz und Unterbringung eines Kindes). Zu P. Oxy IV 725 vgl. Hengstl, Papyri, 248–253.

8 Gesellschaftliche Konstruktionen von Menschenbildern in der Antike und ihre Kehrseite – eine Zusammenfassung

Grundsätzlich gilt für die Gesellschaft des antiken Griechenland und die des Imperium Romanum (mit all ihren regionalen Besonderheiten), dass es sich hier jeweils um eine streng hierarchisch gegliederte Gesellschaft handelte. Dies ist keine neue Erkenntnis, sie hat aber durchschlagende Auswirkungen auf die gesellschaftlich konstruierten Menschenbilder. Das Denken und Handeln in Hierarchien, das zum lebensweltlichen Kontext der griechischen und römischen Gesellschaften gehörte, ist in den Bildern vom Menschen wiederzufinden. Denken und Handeln in Hierarchien prägten den Habitus sowohl der Ober- als auch der Unterschicht. Menschen nahmen einander in den Über- und Unterordnungsverhältnissen wahr und versahen sich innerhalb dieses Systems gegenseitig mit Bewertungen, mit Anerkennung und Bewunderung, mit Abwertung und Verachtung.

Da Erlangen und Ausüben von Herrschaft eindeutig an den Besitz gekoppelt war, war es nur den Besitzenden möglich, Ehre und Ansehen durch die Wahrnehmung herrschaftlicher Aufgaben (sei es als Ratsmitglied, als Richter, als Offizier oder als Inhaber eines Amtes der öffentlichen Verwaltung) zu erreichen. Die Arbeit z. B. eines Ratsmitglieds brachte mehr Prestige ein als die eines Töpfers. Es ging dabei aber nicht nur um die Quantität des Ansehens, sondern auch um die Qualität. Die Arbeit von Handwerkern war wichtig, allerdings konnten sie mit ihrer Tätigkeit nie in die Bereiche von Ehre vorstoßen, die den Besitzenden offen stand. Einen wichtigen Prozess zu gewinnen, hatte eine andere Qualität, als ein Wagenrad zu reparieren. Die Ehrbegriffe in den unterschiedlichen Gesellschaften der griechisch-römischen Welt waren zutiefst elitär. Der größte Teil der Bevölkerung war auf Grund der Besitzverhältnisse, der Bildungsvoraussetzungen und der Handlungsmöglichkeiten im Alltag gar nicht in der Lage, das gesellschaftliche Ideal vom ehrbaren Menschen zu erreichen. Die materiellen Verhältnisse verhinderten – in der Begrifflichkeit Bourdieus – den Erwerb von kulturellem Kapital. Für die Menschen der Unterschicht war die Vorstellung vom vir bonus außerhalb der eigenen Möglichkeiten. Bestimmte Vorstellungen vom Menschen waren das Ergebnis der Konstruktionsleistung von Statusgruppen in der Gesellschaft. Am Menschenbild zeigt sich – mit Max Weber gesprochen – die ständische Lage z. B. der römischen Nobilität.

Elitäre menschliche Leitbilder wurden auch in den staatsphilosophischen Entwürfen seit dem Ausgang der klassischen Epochen Griechenlands ausgearbeitet. Sie reagierten jeweils auf bestimmte politische Entwicklungen und Prozesse, bei denen breitere Schichten der Bevölkerung nach politischer Berücksichtigung und Mitbestimmung strebten. Plato und Aristoteles reflektierten und bewerteten das demokratische System Athens, Cicero setzte sich mit der popularen Politik seit den Reformversuchen der Gracchen auseinander. Alle sahen sie demokratische Systeme als völlig ungeeignet an, da dabei Menschen die Entscheidungskompetenz zufiel, die sie ihrer Meinung nach gar nicht besaßen. Die Massen – so der Vorwurf aus der Feder der Philosophen – seien für das Fällen politischer Entscheidungen nicht geeignet. Ihnen fehle es an Vernunft und vollkommener Tüchtigkeit.

Plato macht die Vernunft zur entscheidenden Instanz im Staat. Die Vernünftigen regieren über die, die weniger oder gar keine Vernunft besitzen. Dies geschieht zum Wohle aller. Die Vernünftigen sorgen durch den Einsatz ihrer Fähigkeiten für die Regierung und durch den Schutz des Staates für die Übrigen, die wiederum durch ihre Fähigkeiten im herstellenden Bereich die leiblichen Bedürfnisse aller befriedigen. Das Seinige tun – dieses platonische Verständnis von Gerechtigkeit beinhaltet eine festgefügte Hierarchie im Staate, die die Vernünftigen (in Abstufungen) über den Rest der Bevölkerung stellt, der nur zur Versorgung der Wächter und der Regierenden da ist. Für Aristoteles ist das Streben nach dem Glück (εὐδαιμονία) das entscheidende Leitziel des Lebens. Dieses ist aber nicht für alle erreichbar. Nur wer frei von der Notwendigkeit ist, die Mittel zum Leben herzustellen, kann sein Leben so gestalten, dass er das Glück erreicht. Notwendige Voraussetzung ist auch hier die Vernunft. Wer nicht über die Vernunft verfügt, wird die εὐδαιμονία nie erreichen. Cicero spricht von der Tüchtigkeit: Diejenigen, die zeigen, dass sie für Tätigkeiten im Staat geeignet sind, die unter Beweis gestellt haben, dass sie tüchtig sind, stehen über der Masse des Volkes. Zu einem solchen Leben und Handeln sind allerdings auch nicht alle, sondern wieder nur wenige auf Grund ihrer Fähigkeiten und Anlagen (auch Cicero spricht hier von der Vernunft) in der Lage.

Allen dreien geht es darum, die Besten zu finden. Damit widersprechen sie aristokratischen Bestrebungen, die politische Mitsprache von der Abstammung her zu legitimieren. Die reine Abstammung ist für sie kein hinreichender Grund. Allerdings halten sie es nicht für erstrebenswert, das Volk insgesamt besser zu bilden, um die Menge für die Auswahl der Besten zu vergrößern.[24] Für die Auswahl kommen breite Schichten der Bevölkerung gar nicht in Frage. Von Natur aus sind sie für die Aufgaben im Staat nicht geeignet.

Schon bei Plato kommt in Ansätzen der Natur eine legitimierende Funktion zu. Die drei Teile der Seele und das Verhältnis dieser zueinander sind das Vorbild für das Verhältnis der verschiedenen Gruppen im Staat, wobei die Vernunft über allem

---

[24] Im Hinblick auf das demokratische System Athens halte ich dies nicht für anachronistisch: Wenn die drei Philosophen die Demokratie wegen der völlig ungenügenden Bildung der Massen für gescheitert hielten, dann wäre ja ein mögliches Ziel auch die Bildung des Volkes gewesen. Dieses Ziel kommt für sie gar nicht in Frage. Dem steht die Tradition aus Dtn gegenüber, wo das Volk alle sieben Jahre durch die Verlesung der ganzen Tora an sie erinnert wird (Dtn 31,9–13). Dass alle im Volk nach der Tora leben können, davon ging die dtn bzw. dtr Bewegung anscheinend aus.

8 Gesellschaftliche Konstruktionen von Menschenbildern in der Antike   159

steht. Menschen sollen im Staat ihren Veranlagungen gemäß leben und handeln, d. h. diejenigen, die von ihrer Veranlagung her am besten Güter produzieren können, sollen dieses zum Wohl der Regierenden und der Wächter tun und sich dabei ihnen unterordnen. Aristoteles spricht von einer Unterordnung von Natur aus: Wie die Seele über den Leib regiert, regiert der Mann über die Frau, der Herr über den Sklaven. Die Vernunft ist hier das entscheidende Kriterium: Viele haben von Natur aus keine Vernunft, die zum Herrschen befähigt. Cicero sieht es als Naturgesetz an, dass der Schwache dem Tüchtigen und Starken gehorcht. Nur so kann der Schwache überleben. Die Ordnung der Natur wird auch hier zum Vorbild der staatlichen Ordnung. Der Erhalt dieser Ordnung ist unter dieser Voraussetzung für die Menschen überlebenswichtig.

Eine Begründung von Recht und Ethos aus der Natur ist in der stoischen Philosophie am klarsten erfolgt. Die Oikeosis-Lehre zeigt die natürliche Verbindung der Menschen untereinander auf und begründet aus der natürlichen Selbstsorge die Sorge für andere. In der Umsetzung dieser Gedanken bleiben jedoch von Hierarchie geprägte Vorstellungen tonangebend. Wohltaten – und da sind sich Cicero und Seneca einig – sollen nur würdigen Menschen erwiesen werden. Dabei soll auch immer der eigene Nutzen beachtet werden. Zu den Würdigen gehören auf keinen Fall die Armen in den Städten des Reiches. Unterstützung aus der Motivation heraus, Not ohne Ansehen der Person zu lindern, ist hier nicht vorgesehen.

Innerhalb der stoischen Philosophie gilt es, die Ordnung der Welt so zu akzeptieren, wie sie ist, da sie vom göttlichen Logos durchdrungen ist. Ziel der Stoa ist es, gemäß dieser göttlichen Ordnung zu leben. Sich in die Ordnung einzufügen wird als Freiheit verstanden. Eine Änderung politischer Strukturen zum Wohl derer, die unter ihnen leiden, ist kein erklärtes Ziel der Stoa, im Gegenteil: Dies kann als Widerstand gegen den göttlichen Logos gedeutet werden. Über- bzw. Unterordnungsverhältnisse erhalten hier eine göttliche bzw. natürliche Legitimation. Es hat nach der Lehre der Stoa einen Sinn, sich nicht gegen die Weltumstände aufzulehnen und dem Schicksal willig zu folgen. Die Hierarchien und deren Anerkennung wurden so als sinnvoll gedeutet.

Innerhalb der römischen Literatur findet sich durchgehend der Bezug auf (scheinbar) althergebrachte Traditionen, die für die Menschenbilder prägend sind. Bei Cicero gehört dazu die Ordnung der res publica, die jedem seinen Platz im Staatswesen zuweist. Die Vorstellung von der staatlichen Ordnung gemäß dem Naturgesetz wird hier kombiniert mit der Bedeutsamkeit der alten Traditionen. In den Augen Ciceros hat sich die res publica in der Geschichte als Erfolgsmodell erwiesen, deswegen sollen in den Zeiten der Krise der mos maiorum und die alte römische Ordnung – also das, was die res publica ausmacht – eine neue Basis für den erschütterten Staat bilden. Für die Struktur und Hierarchie im Staat heißt dies, dass das Volk die Herrschaft der Besten anerkennen soll. Der Rückgriff auf das Alte und Bewährte normiert die gesellschaftliche Ordnung und damit auch die Vorstellungen vom Menschen. Die Geschichte hat für Cicero gezeigt, dass es nur wenige Menschen gibt, deren Würde und Eignung sie zu einem politischen Amt qualifiziert. Cicero geht von einer kleinen elitären Menschengruppe – den nobiles – aus, die dazu befähigt ist, für die anderen zu sorgen. Die Mehrheit bedarf der Regierung durch würdige und tüchtige Männer.

Im Prinzipat werden ebenfalls die alten römischen Traditionen reaktiviert, um dem neuen Staat eine solide ideologische Basis zu geben. Der neue Staat ist dabei ganz auf die Herrschaft des Princeps konzentriert. Er ist der vorbildhafte Römer, der durch seine Qualitäten an der Spitze des Staates steht und so die ganze Welt regiert. Die Römer unter der Führung des göttlichen Nachfahren des Aeneas sind zur Herrschaft über den Erdkreis bestimmt. Ihre Qualitäten in moralischer, religiöser und militärischer Hinsicht befähigen sie dazu. Die Menschen im Reich des Princeps müssen sich in dieses Herrschaftssystem einfügen. Aber auch die Angehörigen der herrschenden Schicht müssen sich den Werten des Staates unterordnen und ihre Lebensführung an der herrschenden Ideologie ausrichten. Die Führungsschicht im Reich soll sich durch ein bestimmtes Verhalten, geprägt von traditionellen römischen Werten, auszeichnen. Ihr Lebensstil soll sie zur Elite machen. Die Errichtung des Prinzipats festigt ein bestimmtes Bild vom römischen Menschen. Von oben her konstruiert der Kaiser Statusgruppen, denen er einen klar abgegrenzten Habitus verordnet, der sich in vielem beinahe nahtlos an die Habitusformen der römischen Republik anschließt.

Die alten römischen Traditionen beinhalten die Überordnung des Mannes über sein Haus. Tacitus versucht die Würde des römischen Mannes im Gegenüber zum Princeps zu wahren. Indem der römische Mann nach den alten Werten lebt (er gebietet als pater über sein Haus, er schmeichelt nicht dem Kaiser, sondern wahrt seine Freiheit), trägt er dazu bei, das Fundament des Staates zu festigen. Die Ausübung von Herrschaft über Untergeordnete gehört hier genuin zum Leitbild des wahren römischen Mannes. Wer nicht mehr herrscht, verliert seine Würde als Mann.

Ein solches Denken und Handeln in Hierarchien bildet nicht nur eine elitäre Vorstellung vom Menschen aus, sondern es werden damit Menschen, die dieser Konstruktion nicht entsprechen, abgewertet. Die Existenz von Statusgruppen führt zur Unterdrückung und Diskriminierung derer, die nicht zu diesen Gruppen gehören. Indem der Kreis der zur Herrschaft Befähigten durch naturrechtliche Begründungen so eingegrenzt wird, wird dem Großteil der Menschen die Fähigkeit zur Mitbestimmung im Gemeinwesen von Natur aus abgesprochen. Ebenso sind sie nicht in der Lage, ohne die Tätigkeiten der Besten im Staat zu überleben. Viele werden so zu schwachen und handlungsunfähigen Menschen gemacht. Ihr Wert liegt zunächst häufig nur darin, dass ihre Produktionskräfte für die Gesellschaft wichtig sind. Hier wird allerdings nicht die Arbeit des Einzelnen gewürdigt, Menschen sind im Hinblick auf ihre Arbeitskraft austauschbar.

Darüber hinaus machen sich die Oberen der Gesellschaft die Notlage der Armen zu Nutze. Notleidende dienen dem Aufbau einer politischen Gefolgschaft. Auch hier zählt der einzelne Client nichts. Dies wird besonders am Beispiel der Heeresclientel deutlich. Der Einzelne ist nur im Rahmen seiner Einheit ein schlagkräftiger Soldat, und als solcher ist er austausch- und ersetzbar. Als Einzelner ist er dem Willen des Feldherrn unterworfen. Nur in der Geschlossenheit der Einheit kann er sich dessen Willen widersetzen und eigene Interessen vertreten. Die Einrichtung der Sklaverei zeigt, dass Menschen darüber hinaus noch zur verkäuflichen Ware werden konnten. Weitere Bereiche, in denen Menschen Mittel zum Zweck werden, sind das System der öffentlichen Hinrichtungen und die Kämpfe in der Arena. Um Rechtssicherheit und Werte wie Mut und Tapferkeit im Kampf der Ordnung gegen das Chaos öffentlich zu inszenieren, werden Menschen öffentlich gequält und dem Tode überantwortet. Ebenso fallen während der römischen Expansion zahllose Menschen dem Bestreben zum Opfer, sich auf den Feldzügen zu bereichern und die eigene Leistungsfähigkeit als Offizier oder Feldherr unter Beweis zu stellen. Die Zurschaustellung der geschlagenen Gegner dient der öffentlichen Darstellung der eigenen Stärke.

Festzuhalten bleibt, dass vor dem Hintergrund solcher Leitbilder vom Menschen einem Großteil der Bevölkerung die Selbstständig- und Selbsttätigkeit abgesprochen werden. Ebenso werden sie vor allem in moralischer Hinsicht abqualifiziert. Körperliche und herstellende Arbeit wird für einen tüchtigen und vernünftigen Mann als unwürdig hingestellt. Diejenigen, die solche Arbeiten verrichten, werden somit zu unwürdigen Menschen. Weiterhin gilt Armut als moralischer Mangel. Die Hochschätzung von Vernunft und Würde führt zur Verachtung von Menschen in anderen Lebensumständen. Der Einsatz des kulturellen und sozialen Kapitals dient der Diskriminierung derer, die nicht über diese Kapitalsorten verfügen.

Auch Menschen aus anderen Kulturkreisen können in ihrer Eigenheit nicht wahrgenommen werden. In der Begegnung mit dem Fremden wird die Stärke und Überlegenheit des Eigenen betont. Auch hier spielt die Begründung durch die Natur eine herausragende Rolle. Die Griechen oder Römer sind von Natur aus die Besseren, Stärkeren, Tapferen usw. Mit der Überlegenheit über das Fremde können imperiale Ansprüche und Bestrebungen gerechtfertigt werden: Der Fremde ist dazu bestimmt, beherrscht zu werden. Fremde Lebensweisen werden aber auch als Bedrohung des Eigenen bewertet. Dies kann man vor allem an der Haltung gegenüber dem Judentum sehen: Diese Religion, die sich deutlich von der hellenistisch-römischen Welt unterscheidet, wird als sittenverderbend und staatsfeindlich bewertet. Das Andere und Fremde wird insgesamt als minderwertig abqualifiziert.

Ein weiterer großer Bereich, in dem bestimmte Menschen als minderwertig angesehen werden, sind die gesellschaftlichen Bewertungen von Frauen und Kindern. Frauen und Kinder werden als Menschen minderer Art gesehen. Kinder gelten als unfertig. Sie erreichen noch nicht die von der Oberschicht aufgestellten Standards, an die das wahre Menschsein geknüpft ist. Im Bezug auf Frauen wird auf deren natürliche Unterordnung gepocht. Ihnen werden von Seiten der Gesellschaft klare Handlungsräume zugewiesen, in denen sie handeln können. Versuchen Frauen daraus auszubrechen, müssen sie mit negativen Reaktionen durch die Gesellschaft rechnen.

In der hellenistisch-römischen Gesellschaft werden Leitbilder vom Menschen konstruiert, die stark von Verhaltensweisen und Wertmaßstäben der gebildeten Oberschicht geprägt waren. Diejenigen, die in den Augen der Oberschicht diesen Maßstäben nicht genügten oder ihnen entsprechen, werden von daher zu Menschen minderen Status abgestempelt. In ihnen sehen viele keine handlungsfähigen Subjekte. Eine intersubjektive Anerkennung wird dem Großteil der Bevölkerung verweigert. Die gesellschaftliche Kommunikation der Oberschicht mit der Unterschicht ist ausschließlich vom strategischen Handeln geprägt. Ziel der Handlungen ist es, das eigene Ansehen in der Gesellschaft zu steigern oder die politische Stellung zu festigen und auszubauen. Bestrebungen gesellschaftlich niedriger Schichten, die eigene Lage zu verbessern, werden verächtlich abgewertet: Dies kann man deutlich an der Beurteilung des demokratischen Systems Athens (mit seinem Diätensystem, das es ärmeren Bürgern erlaubt politisch aktiv zu sein) in der politischen Philosophie der Antike sehen. Weitere Beispiele sind die Bewertung der Gracchischen Reformen und die Erhebung unter Catilina in der Römischen Republik. Beides sind politische Reaktionen auf soziale Missstände im Staat, die von einem Teil der ärmeren Bevölkerung Roms unterstützt wird.[25] Die Masse der Bevölkerung wird von Angehörigen der Oberschicht als unreif, geldgierig und moralisch völlig verwahrlost hingestellt. Die Berechtigung der Motive ihres Handelns wird nicht geprüft. Sallust kommt gar nicht auf die Idee, die soziale Lage verarmter römischer Bauern genauer in den Blick zu nehmen, ebenso wird über die Notwendigkeit des Diätensystems (ohne Geldzahlungen für die Wahrnehmung staatlicher Aufgaben war es Ärmeren gar nicht möglich, politisch zu handeln) in Athen nicht nachgedacht. Der Wunsch nach politischer Mitbestimmung und sozialer Besserstellung durch Schuldenerlass wird nicht akzeptiert. Die Richtigkeit und Wahrhaftigkeit des Handelns

---

[25] Die Reformversuche der Gracchen reagierten auf die massiven sozialen Probleme des römischen Staates nach den langen Eroberungskriegen, wobei insbesondere die Frage der Versorgung der Bevölkerung Roms mit Lebensmitteln und das Problem des Landbesitzes der breiten Bevölkerung, die im Zuge der langen Abwesenheit während der Feldzüge ihr Land verloren hatte, im Mittelpunkt standen. Die Reformen des Titus Gracchus und Caius Gracchus versuchten diese Notstände zu lösen, ohne dass ihnen ein durchschlagender Erfolg beschieden war. Vgl. Christ, Krise, 117–149; Bringmann, Semproni Gracchi.
Der Umsturzversuch des Catilina wurde z. T. von den armen Bevölkerungsschichten Roms getragen, wobei hier besonders die Verschuldung eine große Rolle spielte. Catilina trat schon vor der Erhebung für eine Reduzierung der Zinsen ein. Als er politisch ins Abseits geriet, erhoffte er sich durch die Forderung eines allgemeinen Schulderlasses eine breitere Unterstützung. Vgl. v. Ungern-Sternberg, Catilina.

8 Gesellschaftliche Konstruktionen von Menschenbildern in der Antike   163

der Armen erfährt keine Anerkennung. Ihre Handlungen werden abqualifiziert.[26] Statt Anerkennung und sozialer Wertschätzung schlägt ihnen Missachtung entgegen. Mit ihren Leitbildern vom Menschen legen Angehörige der Oberschicht die Kriterien der Wertschätzung von Menschen in einer Gesellschaft fest.[27] Diese Kriterien zeigen das kulturelle Selbstverständnis der Gesellschaft. An ihnen wird deutlich, welche Lebensführung für die Gesellschaft bedeutsam und wertvoll ist. Wer diese Kriterien nicht erfüllt, kann nicht mit sozialer Wertschätzung rechnen, denn er ist wertlos.

Die Kyniker stellten innerhalb der hellenistischen Gesellschaft eine Gruppe dar, die in Opposition zu den Wertvorstellungen der gesellschaftlichen Eliten lebten. In dieser philosophischen Richtung fanden Menschen aus den unteren Schichten eine Ausdrucksform für ihren Protest gegen herrschende Werte. Die philosophischen Gedanken und Lebensformen der Kyniker stellten eine Alternative zu den gängigen Lebensentwürfen der Mehrheitsgesellschaft dar. Ein Leben gemäß der Natur – das war die Maxime, nach der das Leben ausgerichtet werden sollte.

---

[26] Dies zeigt sich auch in der Bewertung Catilinas. Die Motivation Catilinas ist aus den Quellen kaum noch zu erheben. „Cicero war es gelungen, den historischen Catilina völlig seiner Individualität zu berauben und stattdessen von ihm in grellen Tönen ein Zerrbild zu zeichnen, ihn schon zu Lebzeiten zu einem exemplum der zügellosen Gewalt und Leidenschaft zu machen." Heider, Catilina, 275. „Den wahren Catilina hat Cicero Kraft seiner Rede begraben." (ebd., 278)
[27] Zu den Bedingungen sozialer Wertschätzung vgl. Honneth, Anerkennung, 197.

9 Die Widersprüche und Gegenentwürfe des Markusevangeliums – Menschen stehen für ihre Anerkennung auf

Die vorangegangenen Ausführungen haben zahlreiche Facetten der gesellschaftlichen Konstruktionen vom Menschen in der antiken Gesellschaft[1] beleuchtet. Kernaussage der sozial- und kulturgeschichtlichen Analyse war, dass die von Angehörigen der Oberschicht geprägten Leitbilder vom Menschen den Angehörigen der Unterschicht, Frauen und Kindern und Angehörigen fremder Völker die Stellung als handlungsfähiges Subjekt absprechen oder sie zumindest stark einschränken. Im Folgenden geht es um die Frage, wie das Markusevangelium[2] sich mit dergestaltigen Leitbildern vom Menschen auseinandersetzt. Dabei soll untersucht werden, ob Markus einen Gegenentwurf zu den gängigen Konstruktionen vom Menschen entwickelt hat, der Menschen allgemein die Handlungsfähigkeit ohne Einschränkung durch hierarchische Verhältnisse zuschreibt. So wird es also vor allem darum gehen, die Interaktion zwischen den handelnden Personen im Markusevangelium genauer zu analysieren. Ich konzentriere mich hierbei auf die Interaktionen zwischen Jesus und seinen Begleiterinnen und Begleitern bzw. den Menschen, die in Kontakt zu Jesus treten und mit denen Jesus Kontakt aufnimmt.

Dabei gilt es darauf zu achten, von wem die Initiative ausgeht. Deswegen untersuche ich zuerst die Geschichten des Mk, in denen Menschen, die zunächst nicht zur Gemeinschaft um Jesus gehören, auf ihn zugehen, ihn zu einer Handlung veranlassen und dabei Hindernisse aus dem Wege räumen müssen. Eine zweite Gruppe bilden die Erzählungen, in denen Jesus auf Menschen zugeht und sie zu Handlungen bewegt: die Berufungsgeschichten und der Ruf in die Nachfolge. Die dritte Gruppe bilden die Partien des Mk, in denen Jesus anderen Menschen seine Hilfe zuteil werden lässt, ohne dass sie in größerem Umfang aktiv werden müssen.

Zur ersten Gruppen gehören:
- Heilung der blutflüssigen Frau 5,25–34 (innerhalb von 5,21–43)
- Das Streitgespräch mit der syrophönizischen Frau (7,24–30)
- Heilung des blinden Bartimäus (10,46–52)
- Die Salbung durch die unbekannte Frau in Bethanien (14,3–9)

---

[1] Dazu gehören auch die Konstruktionen, die aus bestimmten jüdischen Traditionen stammen.

[2] Den Evangelisten verstehe ich nicht als Sammler und Tradenten (so Dibelius, Formgeschichte, 2) oder als konservativen Redaktor (so Pesch, Markusevangelium I, 15–32, insb. 22f). Der Evangelist muss als Theologe ernst genommen werden. Sein Werk ist das Produkt einer narrativen Theologie (vgl. Söding, Evangelist, 11ff) Er entfaltet seine Theologie im Rahmen einer Erzählung, die er selbst entworfen hat. Dabei nimmt er traditionelles Material auf. Eine diachrone Untersuchung, in welchem Umfang er Traditionsstoffe verarbeitet hat etc., kann in dieser Studie vernachlässigt werden. Sie trägt nichts zum Ergebnis bei. Das Markusevangelium wird als Erzählung in einer bestimmten historischen und gesellschaftlichen Situation verstanden.

Eine Sonderrolle spielt hier das Opfer der Witwe (12,41–44). Die Witwe tritt zwar nicht in Kontakt mit Jesus, ihr eigenständiges Handeln steht jedoch im Mittelpunkt der Geschichte, so dass Mk 12,41–44 zu den genannten Geschichten in Beziehung gesetzt werden kann.

Zur zweiten Gruppe zähle ich die Berufungsgeschichten in 1,16–20 und 2,13–17 (unter Berücksichtigung der Einsetzung des Zwölferkreises in 3,13–19 und dessen Aussendung in 6,7–13). In diesem Kontext wende ich mich insgesamt dem markinischen Konzept der Nachfolge zu.

Die dritte Gruppe bilden die Exorzismen (hier liegt das Augenmerk auf 1,21–28; 5,1–20; 9,14–29) und die Heilungen in 3,1–6 und 7,31–37. Des Weiteren spielen hier Jesu Vergebung der Sünden (2,1–12) und seine Zuwendung zum Volk und zu den Kindern (10,13–16) eine wichtige Rolle.

Die Ergebnisse der Untersuchungen werden im Anschluss mit den christologischen Konzeptionen des Mk (insbesondere mit der Vorstellung vom Menschensohn) und schöpfungs- und toratheologischen Motiven im Mk in Beziehung gesetzt.

Der Untersuchung der einzelnen Texte muss jedoch die Frage nach dem historischen Ort des Markusevangeliums vorgeschaltet werden. Wo lebten die Menschen, die zuerst das Markusevangelium lasen und hörten? In welchen kulturellen und sozialen Bezügen waren diese Menschen verortet? Die Bearbeitung dieser Fragen gibt Aufschluss darüber, ob und inwiefern diese Menschen mit den bisher erarbeiteten gesellschaftlichen Konstruktionen vom Menschen konfrontiert wurden.

9.1 *Zum historischen Ort des Markusevangeliums*

Die Versuche, dieses Evangelium lokal und zeitlich zu verorten, stützen sich vor allem auf die apokalyptische Endzeitrede in Mk 13. Die dort geschilderten Schrecken der Endzeit bieten Anhaltspunkte, das Mk mit der Geschichte des östlichen Mittelraums im 1. Jh. n. Chr. in Beziehung zu setzen. Innerhalb von Mk 13 finden sich deutliche Bezüge darauf, wie Menschen in Israel und in den umliegenden Ländern die römische Herrschaft erlebt und erlitten haben. Es wird im Folgenden konkret darum gehen, das Markusevangelium im Kontext des jüdischen Aufstandes gegen Rom (66–73 n. Chr.) und der Okkupation des römischen Kaiserthrons durch die Flavier zu verstehen.

Der Grundbestand von Mk 13 ist – so das Ergebnis von Theißen[3] – ein apokalyptisches Flugblatt, das während der Caligula-Krise entstanden ist. Caligula wollte nach der Zerstörung eines Altars für den Kaiserkult in Jabne durch jüdische Einwohner (Ende 39 oder Anfang 40 n. Chr.) ein Kaiserstandbild im Tempel von Jerusalem aufstellen lassen (Jos Ant. 18,256ff), um so die römische Macht im Heiligtum

---

[3] Vgl. Lokalkolorit, 145ff.

Israels zu demonstrieren.⁴ Dies wurde von Seiten der jüdischen Bevölkerung als Entweihung des Tempels bewertet. Israel und die umliegenden Gebiete standen am Rande des Krieges. Die Aktion wurde in sachlicher Einschätzung der politischen Lage vom syrischen Legat Petronius verschleppt. Der Tod Caligulas brachte das Vorhaben dann endgültig zu Fall. Der drohende Krieg blieb aus. In dieser Situation des nahen Krieges ist die apokalyptische Flugschrift entstanden. Sie deutet die Geschehnisse um die drohende Aufstellung des Standbildes.

Theißen benennt folgende Punkte, die für ihn die Annahme begründen, die Grundschrift von Mk 13 nicht im Aufstand gegen Rom, sondern in der Caligula-Krise zu verorten. In 13,7 ist von Kriegen und Kriegsgerüchten die Rede. Dies passt nach Theißen gut in die Situation der Jahre 36–41 n. Chr. In den Ländern um Israel gab es einige Kriege, die die östliche Reichshälfte beunruhigten: Neben dem Feldzug des Herodes Antipas gegen die Nabatäer erschütterten kriegerische Wirren um die Thronfolge in Armenien, in die das Reich der Parther involviert war, die Region.⁵ Von diesen Kriegen hörte die Bevölkerung Judäas nur, während der Aufstand ab 66 n. Chr. im judäischen Territorium stattfand.

Der Ausdruck „Gräuel der Verwüstung" (13,14) verweist auf die Entweihung des Jerusalemer Tempels unter Antiochus IV., der einen Zeusaltar dort errichten ließ. In Dan 9,27 wird dieses Ereignis mit genau diesen Worten (שקוצים משמם) gedeutet. Das Vorhaben des Caligula konnte in Zusammenhang mit der Tat des Antiochos gebracht werden: Beides entweihte das Heiligtum in Jerusalem.⁶ Die Wendung „Wer das liest, merke auf!" (13,14) wendet sich an die Leserinnen und Leser und fordert sie auf, die gegenwärtige Situation im Lichte von Dan 9,27 wahrzunehmen. Weiterhin ergeht der Appell an die Leserschaft, in die Berge zu fliehen und dort die Ankunft des Menschensohnes zu erwarten. Die politischen Wirren werden als Krise der Endzeit gedeutet, die der endgültigen Heilszeit vorangeht. In dieser Endzeit zeigen die Reiche der Welt ihr wahres Gesicht. Die Flugschrift wendet sich gegen die rücksichtslose Durchsetzung römischer Machtinteressen, die für die Aufstellung des Standbildes einen Flächenbrand im Osten des Reiches in Kauf nimmt, der den Tod vieler Menschen zur Folge haben wird.⁷

Die Flugschrift konnte im Zusammenhang des Aufstandes gegen Rom problemlos adaptiert werden. Der Krieg, von dem 41 n. Chr. nur als Drohung die Rede war, war brutale Realität geworden. Diese Situation forderte gewissermaßen auf, die apokalyptische Schrift in die neue Situation hinein zu aktualisieren.⁸ Dies kann man an folgenden Punkten sehen:

---

⁴ Vgl. Yavetz, Judenfeindschaft, 108.
⁵ Vgl. Theißen, Lokalkolorit, 163–165.
⁶ Vgl. ebd., 167ff.
⁷ Theißen, Lokalkolorit, 281 spricht von der „Hybris der Macht".
⁸ Einen Bezug von Mk 13 zur Zerstörung des Tempels lehnt Gundry, Mark, 742 nachdrücklich ab. Vgl. ebd., 1041–45.

9.1 Zum historischen Ort des Markusevangeliums

1. „Gräuel der Verwüstung": Die Zerstörung des Tempels ist für den Verfasser des Mk Wirklichkeit geworden.[9] Die Ankündigung des Gräuels der Verwüstung ist durch 13,2 vom Evangelisten konkretisiert worden. Der Erzähler des Mk dürfte allerdings nicht nur die reine Zerstörung des Tempels vor Augen gehabt haben. Bei der Eroberung der Tempelanlage wurden römische Feldzeichen aufgestellt, bei denen Opferhandlungen vollzogen wurden (Bell 6,316). Römische Truppen nahmen so den Tempel auch kultisch ein.[10] Die Kultgegenstände des Tempels wurden im Triumphzug nach Rom gebracht und dort im neuen Tempel des Friedens aufgestellt. Damit wollten die Flavier die Niederlage des Gottes Israels kultisch darstellen. Die Tempelsteuer wurde von Vespasian – beinahe folgerichtig – in eine Steuer zum Wiederaufbau des Jupitertempels auf dem Capitol, der beim Brand 69 n. Chr. zerstört worden war, umgewandelt (Bell 7,218).[11] Dies war nicht nur eine pragmatische Entscheidung, vielmehr zeigte auch dies den Sieg der Götter Roms über den Gott Israels. Dieser Gott musste seine Gaben an den obersten Gott Roms abgeben. Des Weiteren drohte in den 70er Jahren des 1. Jh. immer wieder die Errichtung eines römischen Tempels auf dem Tempelberg.

2. In Mk 13,21f wird vor dem Wirken falscher Messiasse und Propheten gewarnt. Auch dies passt in die Situation des jüdischen Aufstandes. Sogar nach dem Krieg traten jüdische Propheten auf, die in den Provinzen Unruhe stifteten. Die Idee des Aufstandes war mit dem Fall Massadas nicht hinfällig, wie der Bar-Kochba-Aufstand dann zeigte. Ebenso waren in der östlichen Reichshälfte Vorstellungen lebendig, dass der künftige Weltenherrscher aus dem Osten käme. Dazu gehört die Erwartung des Nero redivivus.[12] Solche Erwartungen nahmen die Flavier in Anspruch, um ihrer Herrschaft religiöse Weihen zu verleihen. Vespasian sah sich als der Herrscher, der von Osten kommend die Weltherrschaft übernimmt (Suet. Vesp. 5; Cass. Dio 65,1,4). Josephus selbst behauptete, dass er es war, der Vespasian diese Weissagung machte (Bell 3,400ff; 4,623ff). Den Flaviern kamen diese religiösen Weihen sehr gelegen, da sie auf Grund ihrer in römischen Augen unbedeutenden Abstammung Legitimationsprobleme hatten. Eine Möglichkeit, dies zu beheben, war, dass die Flavier in der östlichen Reichshälfte ganz im Stil der Diadochen religiöse Weihen oder göttliche Qualitäten für sich beanspruchten (Suet. Vesp. 7). Neben der Weissagung des Josephus gehört dazu Vespasians Auftreten in Alexandrien, wo er als Wundertäter verehrt und als Sohn des Ammon angesprochen wurde.[13] Im römischen Kontext musste durch den Erfolg im Krieg gegen Israel die Regierungsfähigkeit unter Beweis gestellt werden. Der Triumphzug zeigte die Fla-

---

[9] Zur Diskussion um die Datierung: vgl. Hengel, Entstehungszeit, 10–43; Schenke, Markusevangelium, 37–39; Theißen, Lokalkolorit, 274–284.
[10] Vgl. Schwier, Tempel, 315f; Theißen, Lokalkolorit, 276f.
[11] Vgl. Schwier, Tempel, 327–330; Theißen, Lokalkolorit, 275.
[12] Vgl. Kippenberg, Orient, 40–48; Schwier, Tempel, 238ff.
[13] Vgl. Schwier, Tempel, 295ff.

vier öffentlich als erfolgreiche Feldherren. Die Flavier ließen keine Gelegenheit aus, ihre Fähigkeit zur erfolgreichen Lenkung des Reiches zur Schau zu stellen. Ihnen konnte auf der Basis des Sieges in Israel zugetraut werden, das Reich aus der schlimmsten Krise seit dem Bürgerkrieg (vgl. u. a. Tac. hist. 1,2) herauszuführen. Theißen weist darauf hin, dass bei Josephus im Zusammenhang mit der Übernahme der Herrschaft durch Vespasian das Wort εὐαγγέλιον auftaucht (Bell 4,618; 4,656). Dass Vespasian jetzt Kaiser war, wurde als frohe Botschaft aufgefasst. Wenn Markus nun seine Erzählung unter die Überschrift „Evangelium Jesu Christi, des Sohnes Gottes" (Mk 1,11), stellt, dann kann seine Schrift – so Theißen – als „Antievangelium" gegen die Propaganda der Flavier verstanden werden. Markus bestreitet, dass ihre Regierung eine frohe Nachricht für den Erdkreis ist. Er warnt hier in 13,21f vor den falschen Heilsversprechungen.[14]

3. Der Aufruf zur Flucht (13,14ff) bekommt im Zusammenhang des Krieges in Israel eine besondere Dramatik. Christliche Gemeinden flohen wie viele andere vor den herannahenden römischen Truppen.[15] Die Macht Roms sorgte für großes Flüchtlingselend.

4. In 13,9–13 wird geschildert, dass den Anhängerinnen und Anhängern Christi Verfolgung widerfahren wird, und zwar durch Synagogengerichte und durch staatliche Behörden und Organe (Statthalter und Klientelfürsten). Christliche Gemeinden litten wahrscheinlich auch unter den Verfolgungen, die die jüdischen Gemeinden mit Ausbruch des Krieges über sich ergehen lassen mussten. Josephus schreibt davon, dass sog. Judaisierende – wahrscheinlich Gottesfürchtige – von den Syrern verfolgt und umgebracht wurden (Bell 2,461–464). Breytenbach meint, dass zu dieser Gruppe auch die Christinnen und Christen gezählt werden können.[16] Die Anklagen und Verurteilungen durch Synagogengerichte deuten auf massive Konflikte der christlichen Gruppierungen mit jüdischen Gemeinden hin. Worin die Konflikte genau bestanden, lässt sich schwer sagen, da das Mk hier zu wenige Auskünfte gibt.[17] Es wäre hier zu überlegen, inwieweit messianische Gruppierungen im Juden-

---

[14] Vgl. Theißen, Lokalkolorit, 281.
[15] Zur Flucht der Jerusalemer Gemeinde vgl. Eus. HE 3,5,3.
[16] Vgl. Nachfolge, 327; Schenke, Markusevangelium, 40ff; Theißen, Lokalkolorit, 281ff. Jetzt auch Marcus, Mark, 33ff. Schenke, Markusevangelium, 40 spricht hier auch die Möglichkeit der Verortung des Mk in der neronischen Verfolgung an. Dies hat van Iersel, Mark, 39ff jüngst wieder in die Diskussion gebracht. Dagegen argumentiert Marcus, Mark, 30ff, der vor allem auf eine fehlende Erwähnung Neros verweist.
[17] Theißen, Religion, 236ff spricht in Bezug auf das Mk von einer rituellen Abtrennung vom Judentum. Inwieweit es hier im Mk schon zur klaren Abgrenzung vom Judentum kommt, sollte im Hinblick auf die neuere Forschung zu den Trennungs- und Abgrenzungsprozessen von Christen- und Judentum mit Vorsicht behandelt werden. Vgl. jetzt insb. Frankemölle, Frühjudentum. Klar ist jedenfalls, dass im Mk es zwischen den Hauptvertretern des sich neu etablierenden Judentums (im Mk die Pharisäer) und der Gruppe, die in Jesus den Messias sieht, zu heftigen Streitigkeiten kommt. Neben den oben geschilderten Konfliktpunkten dürfte auch die Frage des Verhältnisses zu den Menschen aus den Völkern eine Rolle spielen. Die markinische Gemeinde tritt – das zeigt 14,9 deutlich – für die Mission unter den Völkern ein. Die sog. Heidenchristen dürften eine große

9.1 Zum historischen Ort des Markusevangeliums

tum, das die Katastrophe des Aufstandes überlebt hatte und nun versuchte, seine Friedfertigkeit im Römischen Reich unter Beweis zu stellen, massiv abgelehnt und abgedrängt wurden. Die jüdischen Vertreter der Gemeinden konnten ja besser als die Römer das messianische Potential dieser Gruppen erkennen. Messianische Gruppen konnten zur Gefahr für das Überleben des Judentums werden, da sie einen möglichen Unruheherd darstellten.[18]

Die Entzweiung in den Familien ist nicht einfach nur ein apokalyptischer Topos, sondern reflektiert den Druck, der in Verfolgungszeiten auf Familien und anderen kleinen sozialen Gruppen lastete. Durch Verrat von Angehörigen versuchte man der Verfolgung zu entgehen.

Die Arbeiten Breytenbachs, Schenkes und Theißens[19] legen den Schluss nahe, die markinische Gemeinde im syrischen Raum zu lokalisieren. Sie dürfte sich allerdings nicht allzu weit von Israel entfernt befunden haben. Kenntnisse über die Ereignisse in Israel müssen in die Gemeinde gelangt sein.[20] Mit hoher Wahrscheinlichkeit wird die Gemeinde in den Gebieten gelebt haben, in denen es während des Aufstandes zu Pogromen gegen jüdische Bevölkerungsgruppen seitens der hellenistischen Bevölkerung gekommen war. Josephus nennt hier Städte wie Damaskus, Caesarea, Philadelphia, Gerasa, Skythopolis, Gedara usw. (Bell 2,559–561; 7,457ff). Sogar in der Provinzhauptstadt Antiochia kam es zu gewaltsamen Ausschreitungen (Bell 7,41ff). Die markinische Gemeinde lebt in einer Welt, die stark durch die Folgen der Niederschlagung des jüdischen Aufstandes gegen Rom geprägt ist. Die Menschen in der Gemeinde haben im Zuge dieses Krieges am eigenen Leib erfahren, was es heißt, zu den Feinden Roms gezählt zu werden. Roms Sicht der anderen haben sie konkret im Alltag erlebt.

Es handelt sich insgesamt um Gebiete, die durch die hellenistisch-römische Kultur geprägt war. „Städte wie Antiocheia und Apameia, aber auch etwa Tyros, blieben die gesamte Antike hindurch ihrer materiellen, geistigen und sozialen Kultur nach ,griechisch'. Griechisch waren die Bautraditionen, die ihr Stadtbild formten,

---

Gruppe in der Gemeinde ausgemacht haben. Zentrale Begründung dafür ist die häufige Erklärung jüdischer Bräuche (z. B. Mk 7,3), die nur in einem paganen Kontext sinnvoll ist. Zum heidenchristlichen Hintergrund des Mk vgl. Frankemölle, Frühjudentum, 296ff; Schenke, Markusevangelium, 32ff; Schnelle, Einleitung, 219f.

[18] Von daher halte ich es für zu schematisch, dass die Gemeinden von den Synagogengemeinden wegen des Bekenntnisses und ihrer religiösen Praxis abgelehnt wurden, während die Römer sie als Aufrührer verfolgten, so Schenke, Markusevangelium, 41.

[19] Vgl. Breytenbach, Nachfolge, 311–330; Schenke, Markusevangelium, 45–48; Theißen, Lokalkolorit, 281–284. Horsley, Story, 47–51.178–183 schließt aus dem Umstand, dass der mk Jesus sich vor dem Ende in Jerusalem nur außerhalb der Städte im ländlichen Umfeld bewegt und dort Unterstützung erfährt, dass die Gemeinde des Mk in einer dörflichen Gemeinschaft zu verorten ist. Gerade die Ablehnung Jesu in der Stadt (Jerusalem) spiegelt jedoch eher die Verfolgung der Gemeinden in den Städten und deren Distanz zur Stadtkultur wider.

[20] Eine Verortung in Israel ist wegen der Fehler bezüglich der Geographie Israels schwer vorstellbar. Vgl. u.a. Vielhauer, Geschichte, 346f. Anders Marxen, Einleitung, 148, der eine Entstehung des Mk in Galiläa vertritt.

griechisch die Sprache, die man in Stadt und Land für wert hielt, inschriftlich monumentalisiert zu werden, griechisch der institutionelle Kosmos der städtischen Bürgergemeinden und griechisch fraglos auch die Identität der Bürger selbst."[21] Zur griechischen Kultur gehörten auch die gesellschaftlichen Leitbilder und Wertvorstellungen: In diesen Städten war der Wettkampf um gesellschaftliche Anerkennung und Prestige ebenso lebendig wie im griechischen Mutterland.[22] Wie sehr bestimmte gesellschaftliche Wertvorstellungen in dieser Region des Reiches präsent waren, zeigen die Werke verschiedener antiker Autoren sehr deutlich: Der Historiker Herodian, der wahrscheinlich aus Antichoia stammte, verwendet in seinem Porträt des Kaisers Bassianus Avitus oder Elagabal die typischen Ressentiments der hellenistischen Kultur gegen alles Nichtgriechische. Bassianus Avitus, der aus dem syrischen Emesa stammte, konfrontierte bei seiner Inthronisation im Jahr 219 Rom mit der Religion des syrischen Sonnengottes Elagabal, als dessen oberster Priester er in Rom einzog.[23] Für Herodian ist dieser Kaiser der Repräsentant des Ungriechischen schlechthin, der die Grundfesten der Gesellschaft erschüttert.[24] Die markinische Gemeinde lebte somit in einem Kontext, der von der hellenistisch-römischen Kultur mit ihren Wertvorstellungen und Leitbildern geprägt war.[25] Die in Kap. 4–6 dargestellten gesellschaftlich konstruierten Menschenbilder dürften im Alltag der Gemeinde präsent gewesen sein. Da es sich bei vielen Gliedern der Gemeinde wohl um sog. Heidenchristen handelte, waren sie in dieser Kultur bisher auch beheimatet. Das Bekenntnis zu Jesus, dem Christus, bringt sie – und das wird diese Studie zeigen – in Opposition zu ihr.

Das Evangelium bleibt aber trotz der Ausrichtung auf Menschen aus den Völkern in der jüdischen Tradition verwurzelt. Die Geschichte Jesu Christi wird mit Elementen dieser Tradition erzählt.[26] Die Anthropologie ist so auch theologisch in das antike Judentum eingebettet. Von hier nimmt der Evangelist wesentliche Impulse auf. Von anthropologischen Vorstellungen bestimmter Kreise im Judentum distanziert er sich. Dazu gehört u.a. das Frauenbild einiger jüdischer Autoren wie Philo oder der Kreis um die Schrift Jesus Sirach.[27] Zur markinischen Gemeinde werden

---

[21] Sommer, Orient, 102.
[22] Vgl. ebd. Sommer verweist hier insbesondere auf die griechische Stiftermentalität des Euergetismus, der sich in zahlreichen Inschriften an öffentlichen Bauten griechischer Städte des ehemaligen Seleukidenreichs nachweisen lässt. Vgl. ebd., 103ff.
[23] Vgl. zu diesen politischen Konflikten Christ, Kaiserzeit, 626ff.
[24] Ein weiteres Beispiel ist der Rhetor Libanus, der in seinen Schriften die griechische Kultur preist.
[25] Zur Romanisierung des römischen Ostens vgl. Kap. 5.6.
[26] Vgl. Frankemölle, Frühjudentum, 298. Ob man überhaupt sagen kann, dass der Markusevangelist ein Heidenchrist gewesen ist, halte ich für fraglich. Es ist gut möglich, dass er aus dem Kreis der sog. Gottesfürchtigen stammt. Genauso kann man annehmen, dass er Jude gewesen ist, für den die Öffnung zu Menschen aus den Völkern ein zentrales Anliegen gewesen ist. Schenke, Markusevangelium, 29f sieht im Autoren des Evangeliums einen zweisprachigen Judenchristen.
[27] Dies ist Ausdruck von inhaltlichen Kontroversen, die für das antike Judentum prägend gewesen ist. Vgl. dazu Kap. 10.3.2.1.

höchst wahrscheinlich auch im größeren Umfang jüdische Menschen gehört haben.[28]

Die ersten Gemeinden im östlichen Mittelraum bestanden – wie im gesamten römischen Reich – zum großen Teil aus Menschen, die man der Unterschicht zurechnen kann.[29] Es waren also genau die, die im Alltag mit den Herabsetzungen durch die Kultur der Oberschicht leben mussten. Wenn Markus in seinem Evangelium Menschenbilder entwickelt, die denen der hellenistisch-römischen Gesellschaft widersprechen, dann greift der Evangelist alltägliche Erfahrungen von Menschen auf. Innerhalb der Erzählung vom Leben, Sterben und Auferstehen Jesu versucht er die Erlebnisse von Verachtung und Herabwürdigung zu bearbeiten. Wie dieses aussieht, dass will diese Studie herausarbeiten.

9.2 Eine Frau bricht aus ihrer Krankheit aus – Mk 5,21–34

Die Geschichte von der Heilung der blutflüssigen Frau ist in der markinischen Fassung kunstvoll in die Geschichte von der Auferweckung der Tochter des Jairus eingearbeitet. Eine Heilungsgeschichte umschließt die andere.[30]

Was ist das Thema der Geschichte von der blutflüssigen Frau? Es kommt auf dem Weg zum Haus des Jairus (5,23: Er hat Jesus um Hilfe für seine todkranke Tochter gebeten.) zur Begegnung zwischen Jesus und einer Frau, die seit 12 Jahren an Blutfluss leidet (5,25). Die Frau nähert sich Jesus von hinten an, berührt sein Gewand und wird so geheilt (5,27.28).

Ein Auslegungsstrang zu dieser Geschichte[31] stellt neben der Heilung der Frau von den körperlichen Gebrechen (chronische Monatsblutung) die Befreiung der Frau von sozialer Isolation in den Mittelpunkt. Im Hinblick auf die Regelungen der Tora in Lev 12 und 15,19–30 macht die chronische Blutung die Frau – so dieser Interpretationsansatz – unrein. Sozialer Kontakt zu ihr war somit untersagt.

Zunächst muss deswegen geklärt werden, ob die Reinheitsgebote in Lev und deren spätere Interpretationen, die dann in das Mischnah-Traktat Niddah eingegangen sind, der prägende Hintergrund für diese Erzählung sind. Nach Lev 15,2–30 galt eine menstruierende Frau als unrein, jeder Gegenstand, jede Person, den oder die sie berührte, wurde ebenfalls verunreinigt.[32] Es fällt auf, dass der markinische

---

[28] Vgl. Söding, Evangelist, 28f; Horsley, Story, 48f.
[29] Vgl. Stegemann/Stegemann, Sozialgeschichte, 180f.201–204.249–261. Angehörige der Oberschicht oder der Oberschicht nahe stehenden Gruppen waren in der Minderheit, aber es gab sie. Je mehr die Gemeinden sich in Städten Fuß fassen konnten, desto mehr gesellschaftlich höher stehende Männer und Frauen schlossen sich den Gemeinden an.
[30] Fander, Evangelium, 502 charakterisiert die Verbindung als sandwichartig.
[31] Vertreterinnen und Vertreter dieser Auslegung sind u. a. Fander, Stellung, 52–54.182–199; Eckey, Markusevangelium, 163; Gnilka, Markus I, 214ff; Lohmeyer, Markus,101f; Marcus, Mark, 357f; Vogt, Identität, 113ff.
[32] Vgl. Fander, Stellung 186ff.

Text vergleichbare Begrifflichkeiten wie Lev 15 (LXX) aufweist.[33] Im Mischnah-Traktat Niddah findet nun eine Interpretation des Toragebotes in Lev 15 statt. Die Vorschriften der Tora werden auf verschiedene Fälle des Blutflusses hin ausgedeutet. Effekt der mischnischen Gebote ist – so Fander[34] – die Tabuisierung der Menstruation und die völlige Isolierung von Menstruierenden. Fander nimmt unter Bezug auf Neusner[35] an, dass der Kernbestand des Traktates in die Zeit vor 70 n. Chr. zu datieren ist.[36] Er hat also für die Zeit Jesu und die der ersten Gemeinden rechtliche Verbindlichkeit.

Quintessenz dieser Auslegung ist, dass mit der Heilung dieser Frau das Menstruationstabu der Tora durchbrochen wird. Die Geschichte bekommt somit eine kritische Spitze gegen das jüdische Denken in den Kategorien „Rein" und „Unrein".[37]

Gegen diesen Interpretationsansatz hat sich Widerspruch erhoben, und zwar in drei Punkten.

1. Zum einen wurde infrage gestellt, ob in diesem Text überhaupt das Thema „Rein-Unrein" behandelt wird. Kahl zeigt sehr deutlich, dass die *zentralen* Begriffe aus Lev 15,19ff, die auf Unrein- bzw. Reinheit verweisen, nicht in Mk 5,25ff vorkommen.[38] Das ist umso verwunderlicher, da Markus in 1,21ff.40ff und 7,1ff in den Kategorien der Reinheitsgesetze denken kann. In 7,19 zeigt er sich sehr kritisch gegenüber der pharisäischen Praxis, in 1,44 jedoch sagt Jesus dem Geheilten sogar, dass er das Reinigungsritual gemäß Lev 14 vollziehen soll. Die Gebote zur Reinheit werden hier von Jesus bestätigt.

2. Zum anderen ist insbesondere von Metternich untersucht worden, welche Konsequenzen und welche Reichweite die Tabuvorschriften aus Lev 15,19–33; 18,19; 20,18 für Frauen mit genitalen Blutungen im antiken Judentum hatten. Das Ergebnis von Metternich ist in Bezug auf den o. g. Interpretationsansatz ernüchternd. Eine soziale Isolierung von Frauen ist in Hinblick auf den alttestamentlichen Text nicht feststellbar. Auch die spätere jüdische Tradition bietet für eine Ausgrenzung keine Anhaltspunkte, ebenso wenig die archäologischen Zeugnisse aus dieser Zeit.[39] Insgesamt geht es in Lev 15 und der späteren jüdischen Auslegung darum, dass eine Frau mit genitalen Blutungen keinen Geschlechtsverkehr haben und den

---

[33] Vgl. Vogt, Identität, 113: In Mk 5,25ff werden die Begrifflichkeiten ἐν ῥύσει αἵματος (21), Formen von ἅπτω (27.28.30.31) und ἡ πηγὴ τοῦ αἵματος (29) aus Lev 12 und 15 übernommen.
[34] Vgl. Fander, Stellung, 193. Fander spricht hier u.a. vom Reiseverbot für Menstruierende, vom Ausschluss aus dem Arbeitsprozess und der Isolation von der Familie.
[35] Vgl. Neusner, Origins, 141; ders., Niddah, 196ff.
[36] Vgl. Fander, Stellung, 192f.
[37] Vgl. die Auflistung bei Kahl, Jairus, 63 mit Anm. 8 u. 9.
[38] Vgl. Kahl, Jairus, 66; Lührmann, Markusevangelium, 104.
[39] Vgl. zusammenfassend Metternich, Wahrheit, 86.112f.119ff. Besondere Aufenthaltsorte für menstruierende Frauen in den Häusern oder Siedlungen sind nicht feststellbar. Cohen, Menstruants, 278f erläutert, dass der Ausschluss von menstruierenden Frauen von Gottesdiensten etc. sich wahrscheinlich erst in der nachtalmudischen Zeit durchsetzte.

9.2 Eine Frau bricht aus ihrer Krankheit aus

Tempel bzw. die Synagoge nicht betreten darf. Vielmehr konnten (und mussten) Frauen ihren täglichen Aufgaben weiterhin nachgehen.

3. In bNid 16a wird sogar die Meinung vertreten, dass chronische Blutungen überhaupt nicht unrein machen. In der späteren rabbinischen Diskussion über diese Frage wird eines sehr wohl deutlich: Dort gibt es ein Problembewusstsein dafür, dass für Frauen, die unter chronischem Blutfluss leiden, die Reinheitstora nach Lev 12 und 15 zu einer Last werden kann, die ihnen nicht auferlegt werden darf.[40]

Im Folgenden soll – um eine andere Sichtweise auf die Geschichte zu gewinnen – das Augenmerk darauf gerichtet werden, wie die Frau in die Geschichte eingeführt wird.

Nach der Ortsangabe (5,24: am See) erzählt Markus in V.22–23 von Jairus, von seinem Anliegen und wie er sich an Jesus wendet. Jesus akzeptiert die flehentliche Bitte des Jairus und geht mit ihm. V.24 bildet die Nahtstelle zur eingeschobenen Geschichte. Die Menge, die Jesus folgt, hat in der bisherigen Anlage der Geschichte keine Funktion, sie wird erst im Folgenden wichtig.[41] In V. 25 wird die Frau eingeführt. Dabei fällt die ausführliche Beschreibung ihres gesundheitlichen Zustandes und ihrer Leidensgeschichte auf: Der Blutfluss dauert schon zwölf Jahre, das Leiden hat sich infolge vieler Behandlungen verschlimmert. Die Arztrechnungen haben darüber hinaus den Besitz der Frau aufgefressen.

Die zwölf Jahre verdeutlichen die lange Dauer der Krankheit.[42] Zur Fortdauer der Krankheit kommen die Qualen resultierend aus ärztlichen Behandlungen. Gesteigert wird dieses durch den Verlust ihres Besitzes an die behandelnden Ärzte.[43] Die Krankheit hat die Frau in den sozialen Ruin geführt. Die Frau ist zum Objekt in den Händen anderer Menschen geworden, die ihr Schmerzen zufügen und ihre Lebensgrundlage zerstören. Die Qualen der Frau werden in 5,29 mit dem Wort μάστιξ umschrieben. Neben der übertragenen Bedeutung (Plage, körperliches Leid)[44] meint μάστιξ die Geißel oder den Hieb mit einer Geißel (insbesondere im Rahmen von Folterungen). Die Verben μαστιγόω bzw. μαστίζω haben die Bedeutung „auspeitschen", „geißeln" und „strafen". Übertragen meint μαστιγόω auch ganz allgemein „quälen" oder „plagen". In Mk 10,34 (μαστιγώσουσιν) geht es um Auspeitschungen im Kontext des Todesurteils. Die Qualen, die die Frau erlitten hat, wer-

---

[40] Klaus Wengst hat in seinem Gutachten zu dieser Habilitationsschrift auf diese Stelle verwiesen: Sie zeigt deutlich das Problembewusstsein der Rabbinen, das ihnen gerade von christlichen Auslegerinnen und Auslegern oft abgesprochen wird.
[41] Vgl. Gnilka, Markus I, 210.
[42] Vgl. ebd., 214.
[43] Völlig zutreffend weist Kahl, Jairus, 67 daraufhin, dass nicht die Weisungen der Tora, sondern „das Marktgesetz der antiken Medizin" die Frau in die verzweifelte Lage gebracht hat: Wer ärztliche Hilfe wollte, musste teuer dafür bezahlen. Lührmann, Markusevangelium, 104 verweist auf den aggressiven Ton der Kritik an den Ärzten, der für das Neue Testament singulär ist.
[44] Vgl. u.a. Ps 38,11; II Makk 7,37; Mk 3,10; Lk 7,21.

den hier möglicherweise zu denen, die Menschen bei Folter und Auspeitschungen erleiden, in Beziehung gesetzt.[45]

Da in der Antike vornehmlich Wohlhabende sich Ärzte leisten konnten,[46] dürfte die Frau über einigen Besitz verfügt haben. Da von ihrem Hab und Gut die Rede ist (V. 26), ist davon auszugehen, dass wirklich sie und nicht ein Ehemann der Eigentümer war. Die Frau war somit in der Vergangenheit ein Mensch, der sich auf Grund ihres Wohlstandes im Rahmen der antiken Gesellschaft einen Freiraum geschaffen und diesen wohl auch gestaltet hat.[47] Jedenfalls ist sie ein handelndes Subjekt gewesen.

Die Krankheit hat ihr das Subjektsein genommen: Sie ist zum Opfer geworden, beraubt ihrer Selbständigkeit und der Basis ihrer Selbständigkeit – ihres Besitzes. Somit bringt V. 27 etwas Neues: Die Frau ergreift die Initiative.[48] Dies macht auch die sprachliche Gestaltung der Geschichte deutlich. Die Partizipien, mit denen der Evangelist die Lage der Frau und ihr Ergehen in der Vergangenheit beschreibt, schildern Zustände, in denen die Frau nicht mehr selbst ihre Handlungen bestimmt (παθοῦσα ὑπὸ πολλῶν ἰατρῶν καὶ δαπανήσασα τὰ παρ αὐτῆς πάντα).[49] In V.27 wechselt der Evangelist nach den einleitenden Partizipien (ἀκούσασα/ἐλθοῦσα) zu einer finiten Verbform im Aorist (ἥψατο). Diese Verbform zeigt an, dass jetzt eine neue Aktion stattgefunden hat, deren Akteurin die Frau ist. Diese Aktion ist die Gegenbewegung zu V.26. Die Frau bewegt sich auf den Heiler zu, weg von dem, was sie zerstört. Das Besondere der Geschichte ist, dass die Notleidende hier eine Annäherung an den Wunderheiler sucht, ohne dass dieser zunächst etwas davon merkt.

Die Annäherung an Jesus erfolgt von hinten durch die ihn und Jairus umgebende Menschenmenge. Die Menge bildet so zunächst ein Hindernis auf dem Weg zum Wunderheiler.[50] Des Weiteren zeigt die Gegenüberstellung der einzelnen Frau und der Menschenmenge, die Jesus und Jairus, ein anerkanntes Glied der Gesellschaft, umgibt, den sozialen Standort der Frau an: Sie steht draußen, außerhalb der Gesellschaft.[51]

In V. 28 wird das Motiv der Frau für ihre Aktion genauer erläutert: Sie erwartet von der Berührung des Gewandes Jesu Hilfe. Die Hoffnung der Frau basiert auf dem Hören von Jesu Wundertätigkeit.[52] In der Erwartung der Frau zeigt sich auch die antike Vorstellung von der Kraft eines Wunderheilers. Ein Heiler wirkt nicht

---

[45] Vgl. Kahl, Jairus, 67 Anm. 23.
[46] Vgl. Gnilka, Markus I, 215.
[47] Vgl. die sich verändernde gesellschaftliche Stellung der Frau im Hellenismus. Vgl. dazu Kap. 6.2.
[48] Vgl. Fander, Stellung, 53.
[49] Vgl. Vogt, Angst, 102.
[50] Vgl. zum Motiv der Erschwerung der Annäherung Theißen, Wundergeschichten, 62ff.
[51] Vgl. Fander, Evangelium, 502. Bei Fander wird dieser Zug der Geschichte auf die Frage der rituellen Unreinheit der Frau übertragen.
[52] Dies beinhaltet das Hören von Jesu Wundertaten (5,27).

9.2 Eine Frau bricht aus ihrer Krankheit aus

allein auf Grund seines eigenen Entschlusses, die Wunderkraft fließt vielmehr von selbst aus ihm heraus.[53] Die Frau initiiert hier eine Handlung, damit sich ihre leidvolle Situation ändert. Sie verharrt nicht in ihrem Leid. Sie ergreift die Initiative. Dabei gründet sich ihre Hoffnung in der Wunderkraft Jesu. Sie glaubt an Jesus als den kraftvollen Wunderheiler.[54]

Auffällig ist jedoch, dass die Frau hierbei nicht in weiteren Kontakt mit Jesus treten will. Sie nähert sich von hinten an, sie will unbemerkt bleiben.[55] In vielen anderen Wundergeschichten treten die Leidenden in direkten Kontakt mit Jesus. Sie tragen ihre Bitte nach Heilung vor und schildern ihr Leid (oder mögliche Stellvertreter) (1,30.40; 5,23; 7,26.32; 8,22). Die Motivation der Frau muss näher erklärt werden.[56]

Die Absicht unbemerkt bleiben zu wollen, entspringt – so Vogt – der Angst vor dem „sozialen Erkanntwerden".[57] Dies ist eine Reaktion von gesellschaftlich stigmatisierten Menschen (Stigma der Armut, Krankheit etc.)[58], die versuchen ihr Stigma geheim zu halten. Bei Bekanntwerden z. B. der Krankheit befürchten diese Menschen Sanktionen oder andere negative Reaktionen seitens ihrer Umwelt.

Bei ihrer Übertragung dieses sozialpsychologischen Ansatzes auf die Geschichte in Mk 5 stellt Vogt zwar das Problem der rituellen Unreinheit der Frau in den Mittelpunkt.[59] Die Frau in Mk 5 kann jedoch auch in Hinblick auf ihren sozialen Abstieg durch die Krankheit als Stigmatisierte verstanden werden. Sie hat ihre gesellschaftliche Position verloren.[60] Der soziale Umgang mit anderen ist die Quelle negativer Erlebnisse gewesen. Die Anerkennung, die ihr entgegengebracht wurde, als sie noch über Besitz verfügte, ist dahin. In den Augen anderer Menschen ist sie die „Verliererin". Durch den Verlust des Besitzes erlebt die Frau die Gegenbewegung zu einem gesellschaftlichen Trend in der Kaiserzeit.[61] Freigelassene Sklaven konnten durch ihre Fähigkeiten wichtige politische Aufgaben übernehmen. Angehörige aus gesellschaftlich weniger anerkannten Familien konnten in höhere Stellungen aufsteigen. Vespasian ist das prominente Beispiel dafür. Es gab – wenn auch nicht als weit verbreitetes gesellschaftliches Phänomen – die Möglichkeit des sozialen Aufstiegs. Zwar wurden Freigelassene gesellschaftlich häufig negativ bewertet, es

---

[53] Vgl. Gnilka, Markus I, 215. Gnilka verweist hier auf Mk 3,10; 6,56, wo die Heilung durch Berührung erwartet wird. Vgl. auch Vogt, Angst, 111f.
[54] Vgl. ebd., 102.
[55] Vogt, Angst, 104 bezeichnet dieses als „Anonymitätsschutz".
[56] Besonders wenn das Problem der Verunreinigung als Motiv ausfällt.
[57] Vogt, Angst, 129. zum Ganzen vgl. ebd., 127–129. Vogts Ausführungen zu „Stigmatisierung als Identitätsbedrohung" basieren auf Goffman, Stigma.
[58] Vgl. zur Stigmatisierung von Menschen Kap. 10.3.1.
[59] Vgl. Angst, 119.
[60] Guttenberger-Ortwein, Status, 172 macht deutlich, dass die Frau, die vorher durch ihren Besitz in der Lage war, selbsttätig Ärzte zu konsultieren, sich nun wie Angehörige der Unterschicht an einen Wunderheiler wenden muss.
[61] Vgl. Wengst, Demut, 22–26.

gab aber Stimmen, die den Aufstieg aus niederen Verhältnissen auf Grund von würdigen Verdiensten hoch schätzten (vgl. u. a. Quint. inst. 3,7,10). Gesellschaftlicher Abstieg galt von dieser Warte aus als Versagen. Die Frau wurde nach dem Verlust ihrer Mittel den Armen zugerechnet und mit deren Bewertungen belegt. Sie musste das Stigma des gesellschaftlichen Abstiegs tragen. Dazu dürften die negativen Erfahrungen kommen, die die Frau mit Menschen hatte, denen sie sich in Bezug auf ihre Krankheit anvertraut hat: Die behandelnden Ärzte haben sich an ihr und ihrem Leiden bereichert. Jetzt will sie Heilung ohne erkannt zu werden, ohne ihre Krankheit offenbar zu machen.

Ihr Vorhaben unerkannt zu bleiben scheitert allerdings. Nach erfolgter Heilung, die sie sofort in vollem Umfang körperlich erlebt, setzt eine neue Sequenz der Geschichte ein: Jesus spürt, dass auf Grund einer Berührung eine Kraft von ihm ausgegangen ist. Er will wissen, wer ihn berührt hat (V.30f).[62] V.32 schildert dann kurz, wie der Anonymitätsschutz der Frau in sich zusammenbricht. Auch jetzt noch nach geschehener Heilung kann sie nicht frei von Angst reden (V.33.). Die Angst und das Zittern werden häufig als „menschliche Reaktion auf die göttliche Epifanie"[63] gedeutet. Dies berücksichtigt jedoch nicht die Motivation der Frau, gegenüber dem Wunderheiler unerkannt zu bleiben.

Die Kommunikation zwischen Jesus und der Frau (Geständnis der Frau und Zuspruch Jesu) dient somit nicht ausschließlich der Interpretation des Handelns der Frau durch Jesus, der ihr Handeln als Ausdruck des Glaubens qualifiziert.[64] Vogt betont, dass Jesu Zuspruch die Angst vor dem sozialen Erkanntwerden durchbricht.[65] Jesu Reaktion auf das Geständnis der Frau ist keine negative. Er akzeptiert und bestätigt ihr Verhalten: Er redet sie als Tochter an, d. h. sie steht in einem besonderen Verhältnis zu ihm. Ihr Verhalten qualifiziert er als Glauben, der sie gerettet hat. Damit bringt er ihrem aktiven Auftreten Anerkennung entgegen. Die Friedenszusage (5,34: Geh hin in Frieden) und die Bestätigung ihrer Gesundung unterstreichen dies. Von Seiten Jesu erfährt die Frau keine Stigmatisierung.

Dieses kurze kommunikative Geschehen zeigt, dass hier die Frau eine aktive Rolle spielt. Es bedarf keiner Aufforderung seitens Jesu, das Geschehene zu erklären. Der Blickkontakt zwischen ihr und Jesus (V.32) allein genügt, sie zum weiteren Handeln zu bewegen. Hier schafft sie es, die Angst abzulegen: Sie versteckt ihre Krankheit und ihr Leiden nicht mehr. Sie spricht in aller Öffentlichkeit zu einem Menschen

---

[62] Die Wiederholung in V. 31 erhöht die Spannung.
[63] Gnilka, Markus I, 216. Schweizer, Markus, 66 spricht hier vom Bewusstsein der menschlichen Kleinheit im Gegensatz zur Größe Jesu. Die Auswirkungen der existentialen Wunderhermeneutik sind hier deutlich sichtbar. Ihr Kennzeichen ist ja, dass Menschen in der Konfrontation mit Christus ihre Erlösungsbedürftigkeit erfahren. Vgl. zusammenfassend Kollmann, Wundergeschichten, 138f.
[64] Vgl. Gnilka, Markus I, 216; Schweizer, Markus, 66.
[65] Vgl. Angst, 129ff.

9.2 Eine Frau bricht aus ihrer Krankheit aus

darüber. Sie durchbricht das Stigma.[66] Das kommunikative Geschehen dient der vollständigen Heilung: Zur körperlichen Gesundung kommt die soziale Integration. Fander hebt hervor, dass gerade die Anrede „Tochter" sie in die familia dei aufnimmt.[67]

Kritisch zu bewerten sind von daher die Interpretationsansätze, die in Jesu Zuspruch (V.34) das Entscheidende sehen, gewissermaßen die Korrektur eines magischen Wunderverständnisses, das sich in V. 27f zeigt.[68] Damit wird die Initiative und Aktivität der Frau abgewertet und das eigentlich Wichtige der Geschichte Jesus zugeschrieben. Die Darstellung der Frau, ihre Aktivität und Jesu Reaktion darauf zeigen jedoch ein anderes Bild. Jesus kritisiert mit keinem Wort und mit keiner Geste die Frau und ihr Handeln.[69]

Die Geschichte der Frau, die von ihrem Blutfluss geheilt wird, kann nur in begrenztem Umfang mit den Kategorien Habermas' untersucht werden. Die Berührung der Frau kann nicht als Geltungsanspruch gedeutet werden. Durch ihr Verhalten versucht sie, jeder Kommunikation aus dem Weg zu gehen. Sie äußert kommunikativ keine Ansprüche gegenüber Jesus, da sie anscheinend meint, eine Antwort nicht ertragen zu können. Indem Jesus die Kommunikation mit ihr aufnimmt, ändert sich genau dies. Sie ist nun bereit, mit Jesus zu kommunizieren. Sie rechtfertigt ihr Handeln im Nachhinein. Sie sagt die ganze Wahrheit, die Jesus anerkennt. Man kann auch sagen: Jesus erkennt die Wahrhaftigkeit ihrer Äußerung an. Er setzt ihre Handlungsmotivation ins Recht, er heißt ihr Streben nach Heilung gut. Die Frau erfährt in der Kommunikation Anerkennung, durch die sie sich als handlungs- und kommunikationsfähiges Subjekt angenommen weiß.

Die Anerkennung, die die namenlose Frau in der Begegnung mit Jesus erfährt, trägt zu ihrer gesellschaftlichen Re-Integration bei. Kahl hat auf die Oppositionen im Text verwiesen und so gezeigt, dass die Frau im Gegensatz zu Jairus und seiner Familie sozial desintegriert ist.[70] Eine Alleinstehende, deren Vermögen aufgezehrt ist, steht einem gesellschaftlich anerkannten Mann (Synagogenvorsteher) mit Familie gegenüber. Jairus nähert sich mit seiner Bitte von vorne, während die Frau von hinten kommt. Dabei tritt die Menschenmenge als Erschwernis auf und zeigt so die Desintegration der Frau. Sie steht zunächst außerhalb der Menge. Gerade indem Jesus sie nach der Heilung mit „Tochter" anspricht (5,34), wird die Reintegration der Frau deutlich. Sie gehört in die wahre Familie Jesu.

Heilung und Integration der Frau stehen parallel zur Erweckung der Tochter des

---

[66] Vgl. Vogt, Angst, 130.135
[67] Vgl. Evangelium, 503. Vgl. zur Vorstellung der familia dei insgesamt Roh, familia.
[68] Vgl. u. a. Fander, Stellung, 47f; Söding, Glaube, 416ff; Gnilka, Markus I, 213.216. V.34 wird dann auch als Produkt der markinischen Redaktion gesehen, die das magische Wunderverständnis korrigiert.
[69] Vogt, Angst, 130 stellt heraus, dass Jesus nicht die fehlende Bitte um Gesundung, d. h. die Anerkennung seiner göttlichen Macht einklagt.
[70] Vgl. Kahl, Jairus, 68ff.

Jairus vom Tode. Die Stigmatisierung der Frau kann somit ebenfalls mit der tödlichen Krankheit der Tochter und ihrem Sterben verglichen werden. Ausgrenzung bedeutet für die Frau sozialer Tod. Somit versteht der Text die Rückkehr in die Gemeinschaft als Rückkehr aus dem sozialen Tod. Nicht nur die Erweckung der Tochter vom Tode[71], auch die Heilung der Frau kann somit im Lichte des Auferweckungsglaubens interpretiert werden.

Kahl hat weiterhin gezeigt, dass die Frau zur Glaubenslehrerin des Jairus wird.[72] Ihr Glaube, ihr selbstständiges Handeln, das der entscheidende Schritt zur Rettung war, wird gewissermaßen zum Vorbild des Jairus: „Fürchte dich nicht, glaube allein." (5,36) Dies ist besonders bemerkenswert, da im Verlauf der Geschichte die Frau – indem sie Jesus aufhält – die Ankunft Jesu im Haus des Jairus verzögert und damit den Tod der Tochter mittelbar verschuldet. Die Frau auf der Straße ist – so scheint es für einen Moment in der Geschichte – die Konkurrentin der kranken Tochter. Doch durch ihr Verhalten gibt sie ein Beispiel für einen Glauben, der sich im Vertrauen auf Jesus gründet. Das Verständnis der Frau als Glaubenslehrerin des Jairus unterstreicht, dass sie in der Geschichte als handlungs- und kommunikationsfähiges Subjekt geachtet und anerkannt wird.

9.3 Eine Frau erstreitet die Heilung ihres Kindes – Mk 7,24–30

Die Einbettung der Geschichte in Mk 7 bietet erste Hinweise zum Verständnis der Erzählung. In 7,1ff stellt der Evangelist Jesu Position zur Reinheitspraxis des pharisäischen Judentums dar.[73] Doch die Problematik Reinheit-Unreinheit ist mit dem dort behandelten Konflikt nur ansatzweise thematisiert. In 7,24ff wird der Sozialverkehr von Juden und Nichtjuden erörtert.[74] Soziale Kontakte mit Menschen aus den Völkern konnten als Verunreinigungen verstanden werden und standen so unter einem religiösen Tabu.

Die Lokalisierung der Erzählung in 7,24 (in der Gegend von Tyros) stößt die kundige Leser- bzw. Hörerschaft sofort mit der Nase auf das sich anbahnende Problem: Tyros – das ist eindeutig ein Gebiet mit nichtjüdischer Bevölkerung.[75] Wie verhält sich Jesus dort in dem fremden Land? Geht er sozialen Kontakten aus dem Weg? Oder interpretiert er auch hier die Kategorien „Rein" bzw. „Unrein" anders?[76]

---

[71] So Gnilka, Markus I, 218.
[72] Vgl. Jairus, 74.
[73] Vgl. dazu Kap. 10.3.2.3.
[74] Zur Abgrenzung Israels von den Nachbarvölkern vgl. Theißen, Jesusbewegung, 218–241, insb. 228f. Theißen zeigt, dass im Gegensatz zur Schule Hillels die Schammaiten auf eine „schroffe Separation" (228) von den Völkern bestanden (jSchab 3c49ff). Wie in 7,31–37 wird hier in 7,24–30 die Hinwendung Gottes in Gestalt seines Sohnes zu den Völkern thematisiert. Vgl. Pesch, Markusevangelium, 385.399f.
[75] Vgl. Gnilka, Markus I, 291. Für Feneberg, Jesus, 181 ist die erstrittene Hinwendung Jesu zu den Völkern das Thema der Geschichte.
[76] Fander, Stellung, 77 sieht in der Lokalisierung einen Kontrast zu 7,1.

9.3 Eine Frau erstreitet die Heilung ihres Kindes

Mit der Geschichte in 7,24–30 erzählt Markus die Begegnung zwischen einer Frau aus der Gegend von Tyros und Sidon. Im Gegensatz zu Matthäus (15,21ff) verortet Markus die Geschichte in einem Haus. Dieser Zug der Erzählung ist Bestandteil des Motivkomplexes von der Verborgenheit der Messianität Jesu. Jesus will nicht, dass seine Anwesenheit bekannt wird. Das Auftreten der Frau macht dieses Vorhaben zunichte. Die Wundermacht Jesu wird auch in Phönizien bekannt.

Die Frau wird in 7,26 als Ἑλληνίς, Συροφοινίκισσα τῷ γένει bezeichnet. Ἑλληνίς dient der Näherbestimmung von Συροφοινίκισσα τῷ γένει. Der Evangelist macht so deutlich, dass die Frau der griechisch geprägten Bevölkerungsgruppe Phöniziens angehört. Theißen sieht einen Hinweis darauf, dass die Frau der Oberschicht angehört.[77] In den Gebieten der Diadochenreiche nahm vor allem die Oberschicht der einheimischen Bevölkerung die griechische Kultur an. Die Unterschicht verblieb hingegen in ihren traditionellen Lebensformen. Auch das Wort κλίνη (7,30) weist auf den Wohlstand der Frau hin, ebenso ihr Hausbesitz (7,30).[78] Die Bezeichnung der Frau als Griechin verweist ebenfalls auf den langen Konflikt zwischen Phönizien und Israel.

Tyros, die phönizische Handelsmetropole, wird im Alten Testament äußerst negativ bewertet (vgl. Jes 23; Joel 4,4–6; Sach 9,2). Nach Jes 23,15f ist die Handelsstadt Tyros eine Hure. Der Vorwurf der Hurerei bezieht sich hier nicht auf die pagane Religion in Tyros, vielmehr wird der von Tyros betriebene weltweite Handel als Hurerei bezeichnet.[79] Der Gewinn aus diesen Geschäften ist nach 23,18 Hurenlohn. In Nah 3,16 vergleicht der Prophet internationale Händler mit Heuschreckenschwärmen: Wie Heuschrecken die Ernte vernichten, plündern Händler die Völker aus.[80] Die Wirtschaftsmacht Tyros war in Israel bis ins erste nachchristliche Jahrhundert präsent. Der sog. tyrische Schekel war über Jahrhunderte eine international anerkannte Währung im östlichen Mittelmeerraum und darüber hinaus.[81] Auch die Münzen, die unter den Römern das tyrische Geld ablösten, wurden als ἀργύριον Τύριον bezeichnet.[82] Solche allgemein anerkannten Währungen ermöglichten die Abwicklung internationaler Geschäfte.

Das tyrische Silbergeld dürfte auch in Galiläa eine gebräuchliche Währung gewesen sein. Theißen hat gezeigt, dass Galiläa (insbesondere Obergaliläa) ein wichtiger

---

[77] Vgl. Lokalkolorit, 73ff; Gehrke, Geschichte, 64ff.
[78] Das Bett eines Angehörigen der Unterschicht wird zumeist κράβαττος genannt. Vgl. Theißen, Lokalkolorit, 74f. Anders Dannemann, Rahmen, 99f, die darauf hinweist, dass in Mk 4,21/Lk 8,16 κλίνη für die Bezeichnung der Liege eines Armen gebraucht wird. Das Bildwort bezieht sich auf die Erfahrungswelt der Nachfolgegemeinschaft, deren Angehörige zur Unterschicht zählen. Auch der Hausbesitz muss nicht zwangsläufig auf Reichtum hindeuten. Häuser konnten recht klein sein.
[79] Vgl. Wengst, Babylon, 191ff.
[80] Diese Bewertung weltweiten Handels wurde auch in der Offenbarung des Johannes adaptiert. Vgl. ebd.
[81] Vgl. Rostovzeff, Wirtschaftsgeschichte, 1308.
[82] Vgl. ebd., 1309.

Getreidelieferant für Tyros gewesen ist.[83] Getreidekäufe wurden wahrscheinlich mit tyrischem Silbergeld bezahlt. Derartige Handelsbeziehungen dürfen nicht als symmetrisch eingestuft werden. Für eine auf Seehandel spezialisierte Stadt wie Tyros war es kein unüberwindbares Hindernis, Getreide aus anderen Landstrichen zu importieren.[84] Tyros war nicht darauf angewiesen, mit den Getreideproduzenten Galiläas Geschäfte zu machen.[85] Die Bauern Galiläas hatten hingegen keine andere Alternative, um ihr Getreide zu verkaufen. Darüber hinaus boten die Geschäfte mit Tyros den galiläischen Bauern Gelegenheit, Silbergeld für ihre Produkte zu bekommen, anstatt minderwertige Währungen oder andere Naturalien. Silber war nötig zur Begleichung von Steuerschulden.[86] Tyros stellte einen wichtigen Markt dar, so dass die Stadt bei der Gestaltung der Preise und Handelsbedingungen am längeren Hebel saß. Die tyrischen Händler gestalteten die Geschäfte zu ihrem Vorteil und zu Lasten der ländlichen Bevölkerung Galiläas. Vor dem jüdischen Aufstand gegen Rom standen Teile Galiläas – z. B. das Karmelgebirge – unter tyrischer Verwaltung. Dies erleichterte die Sicherstellung der Lebensmittelversorgung von Tyros durch galiläische Produkte erheblich.[87] Theißen nimmt auch an, dass in Notzeiten finanzkräftige tyrische Händler so viel Getreide aufkauften, dass der Bevölkerung in Galiläa kaum noch etwas blieb.[88] Vor diesem Hintergrund verwundert es nicht, dass es im Grenzgebiet zu Tyros zu massiven Spannungen und Konflikten kam.[89] Hier sind besonders die Auseinandersetzungen zu Beginn des Aufstandes zu erwähnen (Jos Vita 44; Bell 2,459).

Die Frau in Mk 7,24ff wird damit zur Repräsentantin der feindlichen und ausbeuterischen Wirtschaftsmacht Tyros. Die Tyrer sind die, die Israel das Brot zum Leben nehmen. In diesem Spannungsfeld muss die Begegnung der Frau mit Jesus gesehen werden. Diese Begegnung wird von der Frau initiiert, dabei überschreitet sie Grenzen. Sie überschreitet sichtbar eine Grenze, als sie Jesus in dem Haus aufsucht, in dem er sich verbergen will (7,24f). Seinen Wunsch, unerkannt zu bleiben, missachtet sie. Sie bricht in den abgeschlossenen Raum des Hauses ein. Dort entwickelt sich ein bestimmter Kommunikationsverlauf, der nachgezeichnet und analysiert werden muss.

---

[83] Vgl. Theißen, Lokalkolorit, 76–79.
[84] Athen wurde z. B. mit Getreide aus Südrussland versorgt, Rom mit ägyptischem Korn. Finley, Wirtschaft, 148ff betont, dass Städte mit Zugang zum Meer in der Lage waren, unabhängig von den Ressourcen aus dem Hinterland Nahrungsmittel über das Meer einzuführen. Dies war eine wichtige Quelle für die Expansion von Städten.
[85] Die Notiz in Act 12,20 schränkt diese Aussage ein. Es ändert jedoch nichts an der Gestalt der asymmetrischen Handelsbeziehungen.
[86] Vgl. Albertz, Religionsgeschichte, 539, der hier die Problematik der israelitischen Bauern unter persischer Herrschaft herausstellt. Die Situation dürfte sich bis in römische Zeit nicht sehr verändert haben.
[87] Vgl. Theißen, Lokalkolorit, 80. Theißen verweist hier auf Jos Bell 3,35 und 4,105.
[88] Vgl. ebd., 78.
[89] Vgl. ebd., 81f.

9.3 Eine Frau erstreitet die Heilung ihres Kindes

Die Frau konfrontiert Jesus mit ihrer Bitte, Jesus möge doch ihre Tochter von einem unreinen Geist befreien. Die Bitte beinhaltet zum einen eine objektive Schilderung der Not: Ein unreiner Geist beherrscht ihre Tochter. Die Schilderung des Sachverhalts geht jedoch einher mit der Darstellung der subjektiven Verfassung der Frau: Sie fällt vor Jesus nieder (7,25). Das Niederfallen drückt ihre innere Notlage und ihre Verzweifelung aus. Sie weiß sich und ihrer Tochter nicht mehr anders zu helfen, als sich dem Wunderheiler vor die Füße zu werfen. Der Kniefall ist der körperliche Ausdruck der Bitte und der Notlage.[90] Damit erkennt sie auch die bedeutende Stellung Jesu an: Er ist für sie derjenige, der die Macht hat, die Not ihrer Tochter – und damit auch ihre – zu wenden. Die Anerkenntnis impliziert damit auch die Erwartung an Jesus, dass er in dieser Situation hilft. Mit ihrem Auftreten trägt die Frau einen Geltungsanspruch an Jesus heran: Er soll helfen. Die Frau begründet ihren Anspruch mit dem Verweis auf die Lage ihrer Tochter und auf ihre Verzweiflung.

Jesus jedoch weist diesen Anspruch völlig unerwartet zurück.[91] Dabei fällt auf, dass er die objektive Lage der Tochter und die subjektive Verfassung der Frau nicht bestreitet. Jesus weist die an ihn gerichteten Erwartungen mit Hilfe eines Bildwortes zurück (7,27). Gnilka versteht den ersten Teil des Bildwortes als Hinweis darauf, dass Jesus in erster Linie zum Volk Israel gesandt ist.[92] Das Sättigen meint sowohl das Zuteil werden lassen der Heilsfülle[93] als auch die Wendung der materiellen Not des Volkes.[94] Die zweite Hälfte des Bildwortes bringt jedoch die unverhohlene Ablehnung zur Geltung: Die Hunde sollen nicht das Essen der Kinder bekommen.[95]

Das Bild vom Essen, das nur für das Volk Israel da ist, greift den Konflikt zwischen Tyros und Israel auf. Für die Handelsmacht, die Israel die Grundlage zum Leben nimmt, ist kein Brot da. Der markinische Jesus dreht den Spieß um: Die Ausbeuter gehen leer aus.[96]

Die Frau gibt sich mit der Zurückweisung des Geltungsanspruches nicht zufrieden. Mit ihrer Antwort bestreitet sie die Zurückweisung nicht einfach. Auf der Basis des Bildwortes widerlegt sie Jesus.[97] Damit untermauert sie ihren Geltungsanspruch und stellt ihn erneut. Die Anrede κύριε wird in der Forschung von einigen als christologisches Bekenntnis gedeutet.[98] Damit würde die Frau den Geltungs-

---

[90] Vgl. Theißen, Wundergeschichten, 63.
[91] Der Kontrast zu seiner sonstigen Bereitschaft zu helfen ist bemerkenswert. Vgl. Gnilka, Markus I, 292.
[92] Vgl. ebd.
[93] So ebd., 292f.
[94] So Kertelge, Wunder, 156 gegen die einengende Deutung Gnilkas.
[95] Vgl. Gnilka, Markus I, 293; Fander, Stellung, 73f.
[96] Vgl. Theißen, Lokalkolorit, 78f.
[97] Vgl. Dannemann, Rahmen, 109; Gnilka, Markus I, 293, spricht von einer Verlängerung des Bildwortes.
[98] Pesch, Markusevangelium I, 389 deutet dies als christologisches Bekenntnis. Eckey, Markusevangelium, 207 betont, dass die Frau sich als Glaubende zu erkennen gibt.

182   9 Die Widersprüche und Gegenentwürfe des Markusevangeliums

anspruch konkretisieren: Jesus kann helfen, da er der von Gott gesandte Messias ist. Damit würde sie Jesus bei seinem Auftrag bei seinem Auftrag behaften. Κύριε kann aber auch als normale Anrede verstanden werden, der Kontext legt nicht nahe, κύριε christologisch zu füllen. Mit der Anrede macht die Frau deutlich, dass sie seine besondere Würdestellung als Wundertäter anerkennt.[99] Damit richtet sie auch einen klaren Anspruch an Jesus: So wie er bisher geholfen hat, so möge er doch auch jetzt helfen.

Erst jetzt erkennt Jesus ihren Anspruch an, er stimmt der Widerlegung zu: διὰ τοῦτον τὸν λόγον. Jesus bezieht sich damit eindeutig auf das Kommunikationsgeschehen zwischen ihm und der Frau. In Mt 15,28 spricht Jesus vom Glauben der Frau. Im Mk wird ebenfalls an mehreren Stellen der Glaube der Hilfesuchenden von Jesus hervorgehoben (5,34; 10,52; 5,36 als Aufforderung). Das Verhalten der Frau hätte Jesus auch als Glaube qualifizieren können. Die Wortwahl in 7,29 zeigt deutlich das Interesse des Erzählers an der Kommunikation zwischen der Frau und Jesus.[100] Durch seine Anerkenntnis würdigt Jesus die Frau als Kommunikationspartnerin und Initiatorin des Prozesses. Er zeigt, dass die Frau ihn mit ihren Worten und ihrer Beharrlichkeit überzeugt hat und so ihren Geltungsanspruch durchgesetzt hat. Ohne sie wäre es nicht zur Heilung gekommen.[101]

Im Rückblick auf die Erzählung kann man die Frau als Initiatorin von vier Grenzüberschreitungen bezeichnen: Sie ignoriert die religiöse Barriere zum Juden Jesus, sie nimmt Kontakt zu einem Angehörigen einer verfeindeten Volksgruppe auf, sie kümmert sich nicht um Jesu Anliegen unerkannt zu bleiben und sie fordert als Frau einen Mann in einem Disput heraus und überzeugt ihn.[102]

Die sozial- und kulturgeschichtliche Analyse in Kap. 6 hat deutlich gezeigt, dass Frauen innerhalb der römisch-hellenistischen Gesellschaft – trotz emanzipatorischer Tendenzen in der Zeit des Hellenismus[103] – Männern untergeordnet waren bzw. sich unterzuordnen hatten. Dies nicht zu tun, hieß die Normen der Weiblich-

---

[99] Weil sie weiß, dass er ein Wundertäter ist, wendet sie sich in ihrer Verzweiflung an ihn.
[100] Vgl. Dannemann, Rahmen, 109; Guttenberger-Ortwein, Status, 172.
[101] Ein Blick auf die formgeschichtliche Einordnung der Erzählung unterstreicht den Stellenwert des Dialogs zwischen der Frau und Jesus. Bultmann, Tradition, 38 hebt hervor, dass das Interesse der Geschichte nicht auf dem Wunder liegt, sondern auf dem Gesprächsteil. Die Charakterisierung von Mk 7,21–28 als Streitgespräch ist treffend. Vgl. dazu auch Gnilka, Markus I, 291. Bemerkenswert ist, dass in diesem Streitgespräch im Gegensatz zu den restlichen im Mk Jesus derjenige ist, der seine Position revidieren muss. Vgl. auch Eckey, Markusevangelium, 208. Marcus, Mark, 468f versteht Jesu Verhalten gegenüber der Frau als Test ihres Glaubens. Die Besonderheit dieser Geschichte unter Berücksichtigung der Geschlechterrollen lässt Marcus hier jedoch unverständlicherweise außer acht.
[102] Dannemann, Rahmen, 119f bemängelt, dass innerhalb des Mk die Frau völlig aus dem Blickfeld gerät. Sie beachtet dabei allerdings nicht die Funktion der Texte für das Leben der Nachfolgegemeinschaft. In den Texten bietet der Autor der Leserschaft Identifikationsmöglichkeiten für den Weg der Nachfolge an. Die Frau ist so eine Figur, ein Beispiel für streitbare Nachfolge. Vgl. dazu genauer Kap 10.4 und 10.5.
[103] Der Hausbesitz der Frau ist dafür ein Hinweis.

keit zu verletzten und sich nicht als Frau zu verhalten. Auch Jesus verlässt hier seine Rolle als Mann, die er zunächst voll ausfüllt, indem er die Kommunikation mit der Frau zu verweigern sucht. Durch seine Würdigung ihres Verhaltens erkennt er das Ausbrechen der Frau aus der gesellschaftlich anerkannten Geschlechterrolle an. Im Hinblick auf den Mythos von Omphale und Herakles kann man hier beinahe von einer verkehrten Welt sprechen.[104]

9.4 Ein Bettler steht auf – Mk 10,46–52

Die Geschichte von der Heilung des Bartimäus bildet den Abschluss des Weges Jesu nach Jerusalem. Die Einweisung in die Nachfolge[105] durch Jesus ist hier zu Ende. Die Gruppe um Jesus befindet sich hier in Jericho am tiefsten Punkt des Weges.[106] Hier in der Stadt beginnt der Aufstieg nach Jerusalem, ein Weg, der – so die Dramaturgie des Mk – am Kreuz auf Golgatha sein Ende finden wird. Die Geschichte wird sowohl von ihrem Ort in der Gesamtkomposition als auch von ihrem Ende her (10,52: ἠκολούθει αὐτῷ ἐν τῇ ὁδῷ[107]) als Nachfolgeerzählung verstanden und nicht so sehr als Wundergeschichte.[108] Die beiden Verstehensvarianten sollten allerdings nicht als Alternativen gesehen werden. Beide Aspekte hängen deutlich miteinander zusammen. Im Hinblick auf die Heilung des Bartimäus muss gefragt werden, worin eigentlich seine Heilung besteht. Damit verknüpft ist die Frage nach der Bedeutung des Motivs der Blindheit.

Vertreter der existentialen Wunderhermeneutik deuten das Motiv der Blindheit vor dem Hintergrund des Unglaubens der Jünger Jesu: Der Unglaube der Jünger und ihr Nicht-Verstehen wird im Mk als Blindheit gedeutet (8,18.21). Die Jünger erkennen – obwohl sie mit ihm unterwegs sind und seine Taten miterleben – nicht, wer Jesus ist. Blindheit ist so Metapher für den Unglauben. Demgegenüber erkennt der blinde Bartimäus in Jesus den Messias, den Sohn Davids (10,47).[109] In seinem

---

[104] Vgl. Kap. 6.5.
[105] Vgl. Kap. 10.4.
[106] Vgl. Eckey, Markusevangelium, 278.
[107] Ἠκολούθει ist hier eindeutig terminus technicus für die Kreuzesnachfolge. Vgl. Gnilka, Markus II, 111. Pesch, Markusevangelium II, 174 interpretiert das Gehen des Bartimäus als Demonstration des Wunders: Der Blinde kann nun ohne Hilfe dem Pilgerzug folgen und muss nicht mehr an der Straße sitzen und betteln. Ähnlich auch Gundry, Mark, 595. Beide berücksichtigen jedoch nicht den Kontext der Geschichte. Mk 10,46–52 beschließt den großen Teil ab 8,22, der von der Unterweisung in die Nachfolge handelt. Die Blindenheilungen in 10,46–52 und 8,22–26 bilden den Rahmen dieses Teiles des Mk. Zum Aufbau von 8,22–10,52 vgl. van Iersel, Mark, 270–277; van Iersel macht hier deutlich, dass die Jünger in diesem zentralen Teil des Mk mit dem bevorstehenden Leiden in Jerusalem und der Notwendigkeit der Nachfolge konfrontiert werden. Vgl. auch Ebner, Kreuzestheologie, 151–153.
[108] Vgl. Koch, Bedeutung, 129. Schon Bultmann, Geschichte, 228 stellt fest, dass die Geschichte nicht unbedingt auf einer ursprünglichen Wundergeschichte basiert.
[109] „Tatsächlich ist der Blinde in unserer Geschichte auch der wirklich Fromme, während die Nachfolger Jesu die Nachfolge verleugnen. Der Blinde sieht besser als die Sehenden. Trotz geschlossener

Schreien nach Erbarmen handelt Bartimäus als „exemplarisch Glaubender"[110]: Das Bettlersein wird von Schmithals als Status des Bartimäus vor Gott verstanden. In der Konfrontation mit dem Sohn Gottes erkenne Bartimäus seine Erlösungsbedürftigkeit. In dieser Situation, in der er erkennt, dass er vor Gott nur als Bettler dastehen kann, flehe er um Erbarmen.[111] Dieser Interpretationsansatz verkürzt den Bedeutungsgehalt der Geschichte beträchtlich. Das Motiv der Blindheit und der gesellschaftliche Status des Bettlers implizieren mehr, als die Ausführungen von Schmithals es erahnen lassen.

Als blinder Bettler rangiert Bartimäus auf der untersten Stufe der antiken Gesellschaft: Infolge der Blindheit ist er auf Gedeih und Verderb auf die Hilfe und Gaben anderer angewiesen. Blindheit und finanzielle Not waren in der sozialen Realität eng miteinander verknüpft, so dass Bettel die fast zwangsläufige Konsequenz der Blindheit war.[112] Dazu kam im Kontext der römisch-hellenistischen Gesellschaft die Verachtung von Bettlern hinzu.[113] Bartimäus hat in doppelter Hinsicht mit massiven Schwierigkeiten zu kämpfen: Er kann sich nicht selbstständig seinen Lebensunterhalt verdienen. Des Weiteren ist er in den Augen der Gesellschaft ein unnützes und moralisch verwerfliches Element.[114]

Dies ist die Ausgangslage in der Geschichte: Bartimäus sitzt am Straßenrand und bettelt – ein zur Passivität verurteilter Mensch, in den Augen vieler ein moralisch minderwertiger Mensch. Die Erzählung ist geprägt von 24 Verben, die – wie P. Müller feststellt – ihr „einen lebhaften Charakter" verleihen:[115] Aus dem am Straßenrand bettelnden Bartimäus wird ein aktiver Nachfolger Christi. Saß Bartimäus zu Beginn der Geschichte noch teilnahmslos am Wegesrand, so ist er im Laufe der Erzählung zum Handelnden geworden. Sein Sitzen und seine Nachfolge sind in der Gestaltung der Erzählung als ein Gegensatzpaar aufeinander bezogen. Beide Verben stehen im Imperfekt, was die Dauer der Handlung verdeutlicht.[116] Seine Nachfolge

---

Augen reichen seine Einsichten tiefer als die Einsichten der Jesus sehenden Auges Nachfolgenden (vgl. Joh 9,41). Von dieser Paradoxie erschließt sich die Geschichte." Schmithals, Markus, 473.

[110] Ebd., 474.
[111] Vgl. ebd. Eckstein, Sehen, 49f. Er versteht Bartimäus vergleichbar als Paradigma des bedürftigen Menschen, der auf die Gnade Christi angewiesen ist und von ihm sein Heil erfährt. Jesus, der Sohn Gottes hat die Macht Blinde – d.h. das Nichterkennen Gottes in Jesus – zu heilen.
[112] Vgl. P. Müller, Jesus, 11. Er betont dabei, dass Blindheit in der Antike eine äußerst schwere Erkrankung bzw. Behinderung gewesen ist.
[113] Vgl. dazu Kap. 5.4. Die Figur des Bartimäus muss in diesem Kontext gesehen werden, auch wenn die Geschichte in Israel angesiedelt ist, wo durch die Tora eine ganze andere Sicht von Armen bekannt ist (vgl. Kap. 14.2) (vgl. Ex. 23,6ff). Jericho selbst ist durch die Bautätigkeit des Herodes (Jos Ant 17,161, vgl. Strecker, Performanzen, 124) zu einer Stadt geworden, die von hellenistischer Kultur geprägt ist. Das Gedankengut dieser Kultur (und damit seine Vorurteile) dürften somit bei den Akteuren in der Geschichte präsent sein. Wie sehr Herodes d. Gr. und Herodes Agrippa in dieser Kultur zuhause waren, zeigen ihre Tierhetzen und Gladiatorenkämpfe (Jos Ant 15,273f. 19,336f, vgl. Strecker, Performanzen, 125).
[114] Vgl. insbesondere die Hasstirade des Sallust gegen die römische Unterschicht (Catil. 37).
[115] Jesus, 113.
[116] Vgl. ebd.

9.4 Ein Bettler steht auf

ist nicht nur momentan, sondern von Dauer, so wie seine Bettelei an der Straße nach Jerusalem von Dauer ist.

Dieser Prozess des Tätigwerdens wird eindruckvoll erzählt. Die Annäherung Jesu und der ihm folgenden Menge bewirkt bei Bartimäus Aktivität, sprachlich ausgedrückt durch den Wechsel vom Imperfekt zum Aorist (10,46: ἐκάθητο, 10,47: ἀκούσας, ἤρξατο). Die andauernde und schier unendliche Bettelei[117] wird unterbrochen durch das Hören und Rufen des Bettlers. Bartimäus wird tätig. Sein Rufen richtet sich an Jesus und ist mit bestimmten Erwartungen verbunden. Er nennt Jesus den Sohn Davids, er erbittet Erbarmen von ihm. Die Anrufung des Davidssohnes basiert auf einer jüdischen Tradition, die sich auf den Sohn Davids Salomo bezieht. Salomo zeichnet sich durch Weisheit, Lehrautorität und Vollmacht über Dämonen aus (u. a. TestSal 20,1). Ihm wird Wunderkraft zugesprochen.[118] Inwieweit hier nur ein genealogisches Verständnis vom Davidssohn vorliegt,[119] ist allerdings fraglich: Die Traditionen zu Salomo haben vielmehr die Vorstellungen vom königlichen Messias beeinflusst und ausgestaltet.[120]

Bartimäus wendet sich an Jesus als den Messias. Er richtet einen Geltungsanspruch an ihn: Jesus als Messias soll sich seiner erbarmen, er soll sich ihm heilvoll zuwenden. Der Ruf nach Erbarmen macht auf die eigene Situation aufmerksam, die erbarmungswürdig ist: Die Lage des Bartimäus ist objektiv gesehen von tiefer Armut geprägt. In seinem Schreien zeigt sich aber auch seine subjektive Verfassung, es drückt seine Verzweiflung und die Hoffnung, dass Jesus sein Leid wenden kann, aus. Ἐλέησόν με entstammt der für die Psalmen typischen Gebetssprache (Ps 6,3; 9,14; 24,16 LXX u. ö.). Die Bitte um Erbarmen, um den Beistand Gottes, richtet zum einen allein an Gott die Erwartung, dass er Hilfe bringen und die Not wenden kann, zum anderen ist damit die Schilderung der Not und das Leiden an dieser Situation verbunden.[121] Die Klage hat insgesamt eine Appellfunktion.[122] Die Beterin oder der Beter wenden sich klagend an Gott, damit er ihnen zur Seite steht.

Dieser Geltungsanspruch wird durch die Menge zurückgewiesen. Sie wollen ihn zum Schweigen bringen und ihn in seine Passivität am Straßenrand zurückdrängen. Bartimäus beharrt auf seinen Geltungsanspruch und steigert die Intensität seines Rufens und Schreiens (10,48).[123] Wieder ruft er Jesus als Messias an. Damit behaftet

---

[117] Für Bartimäus ist es allerdings die Katastrophe, dass es immer so weiter geht. Vgl. Ebach, Apokalypse, 5.
[118] Vgl. Berger, Messiastraditionen, 3–9; Gnilka, Markus II, 110.
[119] So die Bewertung dieses Ansatzes durch P. Müller, Jesus, 118.
[120] Vgl. Gnilka, Markus II, 118.
[121] In den Klagenpsalmen folgt auf die Anrufung Gottes die Klage, die die persönliche Situation, die der Grund der Klage ist, thematisiert. Vgl. Janowski, Konfliktgespräche, 41ff.
[122] „Die Klage appelliert an den, der das Leid wenden kann." Westermann, Rolle, 255. Vgl. Janowski, Konfliktgespräche, 46.
[123] Das Imperfekt (ἔκραζεν) zeigt das ausdauernde Schreien des Bartimäus. Vgl. P. Müller, Jesus, 113.

er Jesus bei seiner Macht, die er bisher im Land zum Wohle der Menschen ausgeübt hat. Er behaftet ihn gewissermaßen bei seiner Stellung als Messias.

Den vehement vorgetragenen Geltungsanspruch akzeptiert Jesus, allerdings nicht in der Form, dass er sofort machtvolle Taten an Bartimäus vollbringt. Er lässt Bartimäus zu sich rufen und fragt, was er für ihn tun soll. Bartimäus ist nicht einfach der willenlose Adressat der Taten des Sohnes Davids. Bartimäus bleibt aktiv in der Geschichte: Dies zeigt die dynamische Bewegung des Aufstehens.[124] Die Frage, die Jesus an Bartimäus richtet, nimmt ihn als handlungsfähigen Menschen wahr. Jesus traut Bartimäus zu, seine Bedürfnisse zu äußern. Der Messias handelt hier nicht ungebeten und über die Köpfe der Menschen hinweg. Das widerspricht der Rolle, die Bartimäus bisher als Bettler innehatte. Ein Bettler empfängt, was andere ihm geben. Hier kann Bartimäus selbstständig sagen, was er möchte.[125]

Bartimäus konkretisiert seine Bitte,[126] worauf Jesus ihm zusagt, dass sein Glaube ihm geholfen hat. Glaube ist hier das unbedingte Vertrauen auf Jesus: Nur von ihm erwartet Bartimäus in seiner verzweifelten Situation noch Hilfe und Rettung. Dass Bartimäus so vehement seinen Geltungsanspruch an Jesus richtet und sich durch die Menge auch nicht davon abbringen lässt, das ist hier im Mk Glauben.[127]

Die Geschichte gipfelt in der Aussage, dass Bartimäus Jesus nachfolgt. Der Bettler Bartimäus ist bereit zur Kreuzesnachfolge, zu einem Schritt, den die Zwölf nicht bereit sind zu gehen. Die gesamte Jüngerunterweisung auf dem Weg nach Jerusalem[128] wird geprägt durch das Nichtverstehen oder den Zweifel der Jünger.[129] Dass Bartimäus Jesus erkennt, zeigt sich in seinen Handlungen, von denen er auch trotz des Widerstandes der Menge nicht lässt.

Das Tätigwerden des Bartimäus ist das zentrale Element der Erzählung.[130] Dass aus dem an den Rand gedrängten Bartimäus ein Nachfolger Jesu wird – das ist das Wunder. Nach Maßstäben der hellenistisch-römischen Gesellschaft hätte Bartimäus ein Bettler bleiben müssen. Ein Bettler hatte in den Augen der Gesellschaft nicht das Zeug zu einem Vorbild. Als solches stellt ihn aber der Erzähler dar. Sein Glaube ist vorbildhaft. Das Nichtalltägliche der Erzählung ist, dass in der Begegnung mit Jesus gesellschaftliche Wertmaßstäbe ins Wanken gebracht und außer Kraft gesetzt

---

[124] Er wirft den Mantel weg und springt auf (10,50).
[125] Dieser Aspekt wird unterschlagen, wenn man die Szene am Straßenrand als Audienz qualifiziert, so Eckstein, Sehen, 41–43. Bartimäus wird hier wieder als untergeordnete Person verstanden. Seine Selbsttätigkeit findet keine Anerkennung.
[126] Zur Diskussion um die Anrede Rabbuni vgl. P. Müller, Jesus, 120f.
[127] Vgl. Söding, Glaube, 431f.
[128] P. Müller, Jesus, 123f macht darauf aufmerksam, dass das Wegmotiv Mk 10,46–52 mit der vorangegangenen Geschichte verbindet, besonders mit der ersten Leidensansage in 8,27ff.
[129] Petrus will das kommende Leiden Jesu nicht akzeptieren (8,32), die Jünger weisen die Kinder zurück (10,13), die Zebedaiden erkennen nicht, dass ihre Bitte nach Ehrenplätzen nicht mit der Jesusnachfolge vereinbar ist (10,35–37).
[130] Vgl. Lohmeyer, Markus, 224, der betont, dass die Erzählung zwischen den „Marksteinen" „Sitzen am Wege" und „Folgen auf dem Wege" verläuft.

werden.[131] Jesus bewirkt dies seinerseits, indem er Bartimäus als handlungsfähigen Menschen anerkennt und ihn daraufhin anspricht. Dass die Heilung – wie Lohmeyer feststellt – „völlig dialogisiert"[132] ist, zeigt deutlich, wie es zur Wertschätzung des Bartimäus durch Jesus kommt: durch Kommunikation. Indem Jesus die kommunikativen Absichten des Bettlers akzeptiert, erkennt er ihn als handlungsfähigen Menschen an – entgegen allen gesellschaftlichen Bewertungen.

9.5 Eine Frau salbt Jesus – Mk 14,3–9

In der Forschung ist an vielen Stellen das Wachstum der Geschichte von der Salbung in Bethanien diskutiert worden. Wichtig für die Interpretation von Mk 14,3–9 ist der Kontext der Geschichte.[133] Sie schließt direkt an den Tötungsbeschluss der Hohenpriester und Schriftgelehrten (14,1–2) an. Ihr nachgestellt ist die kurze Szene des Verrates Jesu durch Judas an die jüdische Aristokratie (14,10–11).[134] Die Geschichte von der Salbung wird somit im Zusammenhang der beschlossenen Ermordung Jesu erzählt. Dieser Kontext bietet wichtige Hinweise für das Verständnis der Geschichte.

Für eine detaillierte Interpretation der Geschichte ist zu untersuchen, vor welchem Hintergrund die erzählte Salbung Jesu durch die Frau verstanden wurde. Folgende Interpretationsansätze prägen das Verständnis der Salbung: Sie wird als a.) eine messianische, als b.) eine Totensalbung und als c.) Salbung anlässlich eines Gastmahls verstanden.

1. Der Vorgang der Salbung ist innerhalb Israels ein vorgeprägter Begriff: Die Könige Israels wurden bei ihrer Inthronisierung gesalbt, häufig durch einen von Gott beauftragten Propheten (vgl. u. a. I Sam 16,12f; II Reg 9,3.6.12). Durch die Salbung wird der König in eine Beziehung zu Gott gestellt, er ist der Gesalbte Gottes (vgl. I Sam 16,3). Bei einigen Königssalbungen wird erzählt, dass ein heiliges Öl benutzt wurde (vgl. I Reg 1,39; II Reg 11,12).[135] Des Weiteren wurden in Israel sowohl der Hohepriester (Ex 29,7.29, 30,22–25) als auch die übrigen Priester (Ex 28,41; 30,30) bei ihrer Einführung gesalbt. Für die Salbung des Hohenpriesters war ein besonderes Öl vorgesehen.

---

[131] Im Hinblick auf diese Aussage zeigt sich klar, dass eine Auslegung, die sich der existentialistischen Hermeneutik verpflichtet weiß, hier deutlich zu kurz greift. Es geht nicht ausschließlich um die Erkenntnis der menschlichen Verlorenheit in der Konfrontation mit Gott. In Mk 10,46–52 zeigt sich die Verlorenheit in der menschlichen Gesellschaft.
[132] Lohmeyer, Markus, 224.
[133] Zur Diskussion des möglichen literarischen Wachstums der Geschichte vgl. Fander, Stellung, 120–122.
[134] Vgl. zur Erzähltechnik und Komposition von Mk 14,1–11 Lücking, Mimesis, 63–65.92–99.
[135] Vgl. Fander, Stellung, 129f.

In PsSal 17/18 wird der erhoffte Heilskönig als Gesalbter bezeichnet. Der Akt der Salbung stand damit auch im Zusammenhang mit den Zukunftserwartungen Israels: Der Herrscher, der Israel das Heil bringt, ist der von Gott gesalbte König.[136] Daneben entwickelte sich in der Gemeinschaft von Qumran auch die Vorstellung vom Gesalbten Aarons, einem priesterlichen Messias (I QS 9,10f; CD 14,19; 19,10f; 20,1).

2. Das in Mk 14,3 genannte Nardenöl weist auch noch auf einen anderen Hintergrund. Dieses besondere Öl war Bestandteil der Begräbnisvorbereitung im frühen Judentum.[137]

3. In der Literatur zur Salbungsgeschichte wird verschiedentlich auf den Brauch in Israel verwiesen, Gästen vor dem Gastmahl durch einen Sklaven (oder durch sich selbst) die Füße salben zu lassen.[138] Corley hat als prägenden Hintergrund der Szene in Bethanien die Salbung anlässlich eines hellenistisch-römischen Gastmahls herausgearbeitet.[139] Die Frau wird als „öffentliche Frau" dargestellt. Sie ist bei einem Gastmahl anwesend, ohne dass sie mit dem Gastgeber oder dem Ehrengast (Jesus) verheiratet ist. Nur eine Position als Ehefrau erlaubte die Anwesenheit einer ehrenhaften Frau bei einem Gastmahl. So gehört sie in die Kategorie der „öffentlichen Frau". Sie wird im Rahmen der hellenistisch-römischen Kultur als sexuell verfügbar angesehen.[140] Gastmähler insgesamt – das zeigt ein Blick in die Lyrik der römischen Kaiserzeit – waren ein sexuell und erotisch aufgeladener Ort.[141] Das kostbare Öl in dem Alabastergefäß unterstreicht dieses. Solche Gefäße tauchen u.a. in bildlichen Darstellungen von Hetären auf.[142] Teures und reines Öl wurde von „luxuriösen Frauen" verwandt, was ein Euphemismus für Prostituierte war (Athen. 12, 553) Auf Banketten kam es zur Salbung von Männern durch Prostituierte. Die Ölung eines Mannes durch eine Frau war in der griechischen und römischen Kultur mit sexuellen Konnotationen versehen.

Gegen alle Herleitungen sind zahlreiche Gegenargumente angeführt worden.

---

[136] Vgl. Karrer, Christus, 137–140. Dort weitere Belege zur Erwartung des Gesalbten als Bestandteil der frühjüdischen Eschatologie. Karrer betont die uneinheitliche Gestalt der Erwartung und deren geringe Verbreitung im Schrifttum des 1 Jh. n. Chr.

[137] Vgl. Fander, Stellung, 130. Karrer, Gesalbte, 183 bestreitet die Existenz von Totensalbungen im antiken Judentum.

[138] Gnilka, Markus II, 223. Belege bei Strack-Billerbeck I, 426–428.986.

[139] Vgl. Corley, Women, 103ff.

[140] Stein-Hölkeskamp, Gastmahl, 75f führt an, dass auch Frauen allein zu einem Gastmahl gehen konnten. Es waren aber ausschließlich Frauen aus der höheren Gesellschaft, die sich dann z. T. gegen männliche Angriffe zur Wehr setzen mussten, dass sie einen unmoralischen Lebenswandel pflegten.

[141] Vgl. ebd., 80ff (Ov. Ars 1, 229f.243.565ff.573ff). Vgl. auch Dierichs, Erotik, 57–59.

[142] Vgl. Keuls, Reign, 170–174. Keuls analysiert hier bildliche Darstellungen von Hetären auf Keramiken: Die Hetären ölen sich hier selbst oder gegenseitig ein. Ihre Handlung ist keine reine Körperpflege sondern sexuell aufgeladen. Paszthory, Salben 45 verweist darauf, dass Alabastergefäße zur Aufbewahrung teurer duftender Öle gebraucht wurden. Vgl. des Weiteren ebd., 44ff, 53ff.

9.5 Eine Frau salbt Jesus

Ad 3) Gnilka verweist darauf, dass die Salbung bei Gastmählern vor dem Mahl geschieht.[143] In Mk 14 salbt die Frau jedoch während der Mahlzeit. Dies spricht jedoch nicht gegen Corleys Interpretation der Frau als „öffentliche Frau". Fander wendet ein, dass die Salbung von Gästen ein Ausdruck der Freude ist. Mk 14, 3–9 – als Einleitung des Passionsberichts – hat jedoch Trauer zum Thema. In Zeiten der Trauer galt die Salbung als unpassend.[144] Fanders Argument, das Freudenöl passe nicht zur Situation der Trauer des Passionsberichtes, hält im Hinblick auf den markinischen Passionsbericht nicht stand. Markus arbeitet gerade im Passionsbericht mit starken Gegensätzen: Die Messianität und Gottessohnschaft Jesu offenbart sich in seiner absoluten Niederlage (Mk 14,62; 15,39). Dass auch die Erzählung in 14,3ff solche Widersprüche vereinigen kann, zeigt die folgende Auslegung.

Ad 1. u. 2.) Stegemann und Stegemann wenden gegen diese Herleitung ein, dass das Szenario der Geschichte – ein Gastmahl – den Hintergrund der Geschichte quasi festschreibt.[145] Sie blenden damit aber die Verortung der Geschichte in den Passionsbericht aus: Der bevorstehende Tod Jesu bestimmt durch die Rahmung die kurze Erzählung in 14,3–9. Der Tod Jesu am Kreuz bedeutet – wie schon gesagt – die Offenbarung der Messianität Jesu. Der Kontext der Geschichte verlangt es förmlich die Tradition der Königs- und Totensalbung bei der Auslegung mit zu bedenken. Alle drei Möglichkeiten dienen dem Verständnis der Geschichte und müssen bei der Exegese berücksichtigt werden.

Bei ihrer Auslegung der Geschichte rechnet Fander Mk 14,3–9 der Gattung der prophetischen Zeichenhandlung zu.[146] Hier muss jedoch bedacht werden, dass ein wichtiges Element der Gattung – die Beauftragung des Propheten (vgl. u. a. Jes 8,1; 20,2) – hier völlig fehlt. Auch wird die Frau nicht als Prophetin eingeführt. Sie ist namenlos. Ihre soziale Herkunft muss anders erschlossen werden. Fander interpretiert durch die Gattungsbestimmung schon viel in die Geschichte hinein.[147] Es ist Gnilka zuzustimmen, dass die Geschichte in Mk 14,3–9 in Bezug auf die Form nicht eindeutig festzulegen ist.[148]

Sowohl im Rahmen der Salbungsgeschichte (14,1–2.10–11) als auch in der Geschichte selbst ist Jesus das Ziel einer Handlung. Im Rahmen der Erzählung wird Jesus zum Objekt der Handlung gemacht: Die Jerusalemer Aristokratie beschließt, Jesus zu töten, und Judas verkauft Jesus. Intention der Handlungen ist die Auslöschung Jesu als handlungs- und kommunikationsfähiges Subjekt.

---

[143] Vgl. Gnilka, Markus I, 223.
[144] Vgl. Fander, Stellung, 128. In Jes 61,3 werden Trauerkleidung und Freudenöl als Gegensätze bezeichnet.
[145] Vgl. Stegemann/Stegemann, Sozialgeschichte, 327.
[146] Vgl. Fander, Stellung, 122–125. Fander nimmt hier vor allem Bezug auf Fohrer, Handlungen.
[147] Die Exegese wird zeigen, dass erst nach einer inhaltlichen Auslegung die Geschichte als prophetische Zeichenhandlung verstanden werden kann.
[148] Vgl. Markus I, 222. Hier wären besonders die Merkmale eines Streitgesprächs (V.4–6) zu erwähnen, die nicht in die Gattung Zeichenhandlung passen.

Die Handlung der Frau zielt in eine völlige andere Richtung. Kennzeichnend ist zunächst, dass sie ihre Handlung nicht verbal deutet. Dies tut erst Jesus. Die Salbung mit einem kostbaren Öl zeigt jedoch ihre äußerst hohe Wertschätzung Jesu. Er ist das kostbare Öl wert. Er soll sich an dem Öl erfreuen und es genießen. Der Genuss ist jedoch nur im Verbrauch des Öls möglich.[149]

Die Intention der Frau wird von den Mitanwesenden zurückgewiesen. Sie werfen der Frau Verschwendung vor. Dabei wird der finanzielle Wert des Öls betont.[150] Ihr Denken und Handeln wird vom Medium des Geldes bestimmt. Damit entspricht ihre Denkweise der der Gegner Jesu, die sich seine Auslieferung durch Judas mit Geld erkaufen. Auch die wohltätige Intention (das Öl verkaufen, um mit dem gewonnenen Geld Armen zu helfen), bleibt einem solchen Denken verhaftet. Das Vorhaben, das Öl zu verkaufen, setzt die Existenz eines vermögenden Käufers voraus. Man akzeptiert gewissermaßen das Gegenüber von Reichen und Armen. Hier gibt es keinen Bruch mit dem antiken Wirtschaftssystem, wie er in Mk 10,17–27 gefordert wird. Die Mechanismen der antiken Wirtschaft, die Armut produzieren, bleiben intakt. Der status quo wird zementiert. Die Reichen dürfen reich bleiben.[151] Die Kritiker der Frau sind nicht in der Lage, das Anliegen der unbekannten Frau zu verstehen. Sie können sich nicht darauf einlassen, das Öl zu genießen. Denn das Öl verkaufen bedeutet, es nicht genießen zu können. Die Ebene des Sinnlichen bleibt den Kritikern verschlossen.

Die Reaktion Jesu auf die harschen Angriffe gegen die Frau setzen sie und ihre Handlung ins Recht. Jesus weist die Kritik zurück und die Kritiker zurecht. Nach Gnilka[152] wird die Tat der Frau auf Grund ihrer christologischen Relevanz gerechtfertigt. Mit ihrer Salbung bekennt sich die Frau zum leidenden und sterbenden Messias.[153]

Bevor man sich den christologischen Implikationen im Detail zuwendet, muss man genau den Wortlaut der Reaktion Jesu beachten. Er versteht die Salbung als „schönes Werk" (14,6). Jesus nimmt die Handlung der Frau sinnlich wahr. Er kann sie – im Gegensatz zu den Kritikern – genießen.[154]

Zur Klärung der christologischen Relevanz der Handlung muss die Salbungsgeschichte im Kontext der Passionserzählung verstanden werden. Der Ausspruch Jesu „Mich habt ihr nicht immer bei euch." (14,7) ist als Ansage seines eigenen To-

---

[149] Vgl. Lücking, Mimesis, 68.
[150] Vgl. ebd., 67ff.
[151] Vgl. ebd.
[152] Vgl. Markus II, 224.
[153] Vgl. Schenke, Studien, 117, der die Tat der Frau als Bekenntnis zum gekreuzigten Gottessohn versteht.
[154] Vgl. Lücking, Mimesis, 68. Lücking erwägt des Weiteren, ob Jesu Reaktion im Rahmen des griechischen Theorems der Kalokagathie zu verstehen ist. Die Schönheit einer Handlung entspricht ihrer sittlichen Qualität.

9.5 Eine Frau salbt Jesus

des zu verstehen.[155] In 14,8 deutet Jesus die Handlung der Frau als Salbung im Voraus für sein Begräbnis. Die Salbung steht eindeutig im sachlichen Zusammenhang des bevorstehenden Todes Jesu. Die Salbung ist die Vorankündigung des Todes.[156]

Die Salbung ist jedoch nicht allein Totensalbung. Sie steht im engen Zusammenhang mit der Messianität Jesu. Das entspricht der theologischen Konzeption des Mk: Erst Jesu Leiden und Tod offenbaren seine Messianität und Gottessohnschaft.[157] Jesu Bekenntnis der Messianität vor dem Synhedrion führt zur Verurteilung (14,61ff). Für Pilatus ist Jesus der „König der Juden" (15,2.9 u. ö.). Pilatus sieht in Jesus jemanden, der auf Grund religiöser Qualitäten die Herrschaft in Israel beansprucht.[158] Mit Blick auf den toten Jesus von Nazareth kommt der römische Hauptmann in 15,39 zu einem vorläufigen Bekenntnis zu Jesus als den Sohn Gottes.[159] Im Augenblick des Todes kann[160] die Welt, deren Repräsentant hier der Hauptmann ist, erkennen, wer dieser Jesus von Nazareth ist: der Sohn Gottes.

Auch die Leidensankündigungen Jesu im Mk zeigen die theologische Relevanz des Todes Jesu: Sein Leiden und Sterben sind der notwendige Weg zur Auferstehung. Kmiecik[161] setzt die Leiden Jesu in Beziehung zu den Wehen der Endzeit (13), die dem Kommen des Menschensohnes und der endgültigen Durchsetzung des Reiches Gottes vorausgehen.

Die Salbung Jesu zum Tode in Mk 14,3ff steht in unmittelbarem Zusammenhang mit der theologischen Bedeutung Jesu. Die Salbung zeigt, wer Jesus ist: der von Gott gesandte Messias. Die Salbung der Frau ist für die Leserinnen und Leser des Mk eine zeichenhafte Wiederholung der Geistsalbung (1,10). Die Frau salbt den Gesalbten. Sie zeigt, dass sie in Jesus den Messias sieht. Damit wird die Handlung der Frau zum Bekenntnis zur Messianität Jesu. In diesem Sinne prägt die Vorstellung von der messianischen Salbung/Königssalbung die Szene in 14,3ff. Da die Salbung der Frau aber auch eine Totensalbung ist, wird so das Besondere der Messianität Jesu herausgestellt: Er ist der leidende Messias, der am Kreuz sterben wird.[162]

Von hier aus kann die Handlung der Frau als prophetische Zeichenhandlung

---

[155] Vgl. Gnilka, Markus II, 225.
[156] Vgl. ebd.; Eckey, Markusevangelium, 347.
[157] Vgl. Schweizer, Markus, 207.
[158] Vgl. Schenke, Markusevangelium, 116.
[159] Vgl. Theißen, Religion, 237.
[160] D. h. nicht „muss". Das Missverstehen Jesu ist auch nach seinem Tod am Kreuz möglich, auch wenn klar ist, wer der Sohn Gottes ist. Gnilka, Markus II, 325, der meint, dass ein Missverstehen der Messianität und Gottessohnschaft Jesu nicht mehr möglich ist, verkennt, dass auch nach Ostern Menschen Jesus als den Messias ablehnen. Das dürfte ja gerade die alltägliche Erfahrung der christlichen Gemeinden sein. Dass die entscheidende Offenbarung in der Passion zwangsläufig auch ein Erkennen und ein Ausschließen des Missverstehens Jesu nach sich zieht, schießt über das Ziel hinaus. Ein anderes Verstehen der Messianität Jesu und seiner Gottessohnschaft hat – und das ist der entscheidende Punkt – keinen Anhalt an der Offenbarung Gottes.
[161] Vgl. Kmiecik, Menschensohn, 232.
[162] Vgl. Fander, Stellung, 133.

interpretiert werden.¹⁶³ Die prophetischen Zeichenhandlungen sind vorausdeutende Darstellungen des göttlichen Handelns. Sie stellen zeichenhaft dar, was bald in der Zukunft eintreten wird. Damit setzen sie die Verwirklichung des Kommenden in Gang (Jes 20).¹⁶⁴ Die Wirkung der Zeichenhandlungen war häufig provozierend und abstoßend. Erwartungen des Publikums wurden auf den Kopf gestellt, gesellschaftlich anerkannte Konzepte aufgebrochen (Jer 28).¹⁶⁵ Prophetische Zeichenhandlungen fordern also – wie Gleichnisse – eine Reaktion des Publikums heraus. Das Provozierende ist hier, dass die Frauen nicht einen Toten, sondern einen Lebenden salben.

„In der Verbindung von messianischer Salbung und Totensalbung wird sichtbar, dass der Jesus der leidende Messias ist, der sein Leben am Kreuz hingeben wird."¹⁶⁶ Die Frau stellt durch ihre – prophetische – Handlung heraus, dass Jesus in den Tod gehen wird. Sie bekennt sich zum ihm, gerade weil er der leidende Messias ist. Der Gegensatz zum Verhalten des Petrus in Mk 8, 32f könnte nicht krasser sein.

Mit ihrer Handlung ruft die Frau den Widerspruch der Anwesenden hervor.¹⁶⁷ Die Salbung provoziert. Allerdings nicht nur die Personen im Text, sondern auch die Ausleger der Geschichte. Dormeyer und Roloff¹⁶⁸ widersprechen der Deutung der Geschichte als Messiassalbung mit Verweis auf die unbekannte Frau. Dass eine Frau die Salbung durchführt, ist undenkbar. Damit zeigen beide Exegeten – unfreiwillig – das provozierende Potential der Geschichte auf: Nicht nur dass der Messias ein leidender ist, er wird darüber hinaus in aller Öffentlichkeit von einer „öffentlichen" Frau gesalbt. Die prophetische Zeichenhandlung weist nicht nur auf die Leiden Jesu hin, sondern auch auf sein Handeln, das gesellschaftliche Wertvorstellungen auf den Kopf stellt und durchbricht.¹⁶⁹

In 14,9 steigert Jesus seine Wertschätzung der Frau und ihrer Tat noch. Ihrer und ihres Handelns soll man sich bei der weltweiten Verkündigung des Evangeliums erinnern. Damit erhält die Geschichte in 14,3–9 – so Fander¹⁷⁰ – eine ekklesiologische Bedeutung. Die Erinnerung an diese namenlose Frau wird zum wesentlichen Bestandteil des kulturellen Gedächtnisses¹⁷¹ der Gemeinde.¹⁷² Das Bekenntnis der

---

[163] Wie Fander es tut. Vgl. auch Schweizer, Markus, 166, der von einem „prophetischen Hinweis" spricht. Ähnlich Eckey, Markusevangelium, 346.
[164] Vgl. von Rad, Theologie II, 104ff. Dieses zeigt, dass die Zeichenhandlungen nicht einfach eine lehrhafte Versinnbildlichung der prophetischen Botschaft sind.
[165] Vgl. Fohrer, Zeichenhafte Handlungen, 88; Ebach, Apokalypse, 13f; Werner, Jeremia, 134–136.
[166] Fander, Stellung, 131.
[167] Fander, Stellung, 125 betont, dass die Reaktion der Anwesenden nicht als sekundär zu bewerten ist, sondern genuiner Bestandteil der Erzählung einer prophetischen Zeichenhandlung ist.
[168] Vgl. Dormeyer, Passion, 74; Roloff, Kerygma, 211.
[169] Dieses Handeln zeigt sich gerade in der Anerkennung der Verachteten in der Gesellschaft.
[170] Vgl. Stellung, 133.
[171] Mit dem Begriff „kulturelles Gedächtnis" greife ich auf die Forschungen Assmanns zurück. Vgl. die Zusammenfassung seiner Ergebnisse in ders., Religion, 11–44.
[172] Gnilka, Markus II, 225f stellt die Überlegung an, dass das Erinnern in 14,9 auf Gottes Erinnern im Endgericht verweist: Gott wird sich der Taten der Frau erinnern. Diese Überlegung muss berück-

Frau zum leidenden und gekreuzigten Messias wird zum zentralen Inhalt der weltweiten Evangeliumsverkündigung und zum einenden Moment der christlichen Gemeinde. Was Christinnen und Christen zusammenführt und vereint, ist der Glaube und das Bekenntnis zum Gekreuzigten. Dass die Christinnen und Christen sich einer namenlosen „öffentlichen" Frau erinnern sollen, zeigt den kontrapräsentischen Charakter der Erinnerung.[173] Einer namenlosen Frau erinnerte man sich in der antiken Gesellschaft nicht. Sie war es nicht wert. Das Mk durchbricht diese Erinnerungskonzepte der hellenistisch-römischen Umwelt.[174] Die Frau und ihre Tat sind es wert, sich daran allezeit zu erinnern.

9.6 Eine Witwe gibt alles, was sie zum Leben hat – Mk 12, 41–44

Die Geschichte in Mk 12,41–44 ist ein klar komponierter Text. Nur die entscheidenden Details werden erzählt.[175] Fander bezeichnet die Erzählung als „konstruierte Erzählung"[176] und macht damit deutlich, dass hier in Mk 12 nicht eine historische Begebenheit während des Tempelaufenthaltes Jesu erzählt wird. Der Text hat klar eine andere Stoßrichtung.

Zentrale Person ist die Figur der Witwe. Auf ihr Handeln konzentriert sich der Text. Dabei ist sie nicht als Individuum von Interesse. Vielmehr geht es um den sozialen Status dieser Frau: Sie ist eine arme Witwe.[177] Damit gehört sie – neben den Waisen und Bettlern (Ex 22,21.25f) – zu den Ärmsten und Schutzlosen der antiken Gesellschaft. Witwen waren zwar in der israelitischen Gesellschaft nicht mehr per se schutzlos.[178] Da die Witwe hier jedoch als arm gekennzeichnet wird, hat sie nicht Anteil an den gesellschaftlichen Veränderungen der hellenistischen Zeit. Die Geschichte stellt hier also eine Figur in den Mittelpunkt, die zur niedrigsten sozialen Schicht der antiken Gesellschaft gehört.

---

sichtigt werden werden; allerdings tritt der ekklesiologische Aspekt des Erinnerns hier in den Hintergrund. In Gnilkas Richtung argumentiert auch Lohmeyer, Markus, 295f.

[173] Zum Begriff „kontrapräsentisch" vgl. Theißen, Tradition, 171.
[174] Vgl. Hölkeskamp, Rom, 18ff: Ein bekanntes Beispiel römischer Erinnerungskultur sind die öffentlichen Trauerfeiern für einen römischen Aristokraten (pompa funebris): Die Erinnerung an die Taten der Verstorbenen und ihrer Vorfahren wurden hier als „konstitutive Bestandteile der Geschichte der (römischen, CJB) Republik inszeniert." (19). Diese Traditionen wurden in der Kaiserzeit weiter gepflegt. In Griechenland diente lange Zeit die Ilias des Homer als ein über die Grenzen der Stadtstaaten hinweg reichendes identitätsstiftendes Werk. Vgl. Assmann, Gedächtnis, 272–276. Auch hier stehen die Taten einzelner mächtiger Männer in Vordergrund, die einzelnen Soldaten interessieren nicht.
[175] Die Verhandlung mit dem Priester am Opferkasten, die vor der Gabe des Geldes stattgefunden haben muss, wird nicht erzählt. Vgl. Fander, Stellung, 112ff.
[176] Vgl. Stellung, 115 u. a. in Anschluss an Lohmeyer, Markus,265.
[177] Damit ist auch noch gar nichts über das Alter der Frau ausgesagt.
[178] Vgl. u. a. die nachexilischen Änderungen im Erbrecht für Frauen Num 36. Vgl. Crüsemann, Tora, 422. Alleinstehende Frauen konnten in der hellenistischen Zeit durchaus Besitzerinnen von größerem Vermögen sein.

Die so charakterisierte Frau opfert zwei Lepta, eine kleine griechische Kupfermünze. Die Münzangabe demonstriert ihre Armut.[179] Die theologische Deutung der Gabe der Witwe geschieht innerhalb des Mk auf dreierlei Wegen: die Bedeutung dieser bestimmten Gabe im Tempelkult, die Deutung der Handlung durch Jesus und der Kontext der Geschichte im Mk.

Die Gabe der Witwe ist für das Brandopfer im Tempel. Die Opferkästen in der Nähe der Schatzkammer waren bestimmt für die freiwilligen Gaben, mit denen das Brandopfer finanziert wurde.[180] Das Brandopfer wurde ausschließlich Gott zuteil und wurde deshalb auch als Ganzopfer dargebracht.[181] „Der Opfernde oder die opfernde Gemeinschaft geben dabei ein Stück dessen, was sie von Gott empfangen haben, an ihn zurück."[182] In dieser Opferhandlung drückt sich Dank gegenüber Gott, dem Spender allen Lebens, aus. Innerhalb des Alten Testaments wird an verschiedenen Stellen auch an den beruhigenden Duft des Opfers für Gott hingewiesen (Gen 8,21; Lev 1,9.13). Das Opfer steht somit im Zusammenhang mit dem Vergebungshandeln Gottes.[183] Die Opfergabe zeigt somit die Witwe als eine Frau, die aktiv ihre Gottesbeziehung im Rahmen des Kultes gestaltet. Auch sie will Gott etwas von dem zurückgeben, was sie von ihm bekommen hat.

Die Deutung der Opfergabe durch Jesus macht deutlich, dass die Frau nicht nur ein Stück von dem, was sie von Gott empfangen hat, gibt, sondern ihren ganzen Lebensunterhalt.[184] Die Frau gibt sich Gott ganz hin, in dem sie ihre materielle Lebensgrundlage für ihn wegschenkt. Im Kontext des ganzen Evangeliums wird die Geschichte zur Gegengeschichte zu Mk 10,17–27. Der Reiche ist nicht bereit, dem Ruf Jesu zu folgen und sein Vermögen für die Armen wegzugeben. Er ist in der Welt des Besitzes gebunden.

Des Weiteren wird die Geschichte vom Opfer der Witwe Jesu Worten über die Schriftgelehrten (12,38–40) gegenübergestellt. Ein Vorwurf an die Schriftgelehrten ist deren Ausbeutung der Witwen. Jesus geißelt hier – ganz in der Tradition der alttestamentlichen Prophetie – die Ausplünderung der Witwen (vgl. nur Jes 1,7.23; 10,2) durch Angehörige der jüdischen Oberschicht. Das Wort über das Beten der Schriftgelehrten nimmt Elemente der prophetischen Kultkritik auf: Dem kultischen Verhalten steht kein entsprechendes soziales Verhalten zur Seite. Damit wird das Beten unglaubwürdig und scheinheilig (vgl. Am 5,21ff).

Die Schriftgelehrten wenden sich nicht mit ihrer ganzen Existenz Gott zu. Ihr wirtschaftliches und soziales Verhalten richtet sich nicht nach den Geboten Gottes,

---

[179] Vgl. Lührmann, Markusevangelium, 211f und Gnilka, Markus II, 177.
[180] Vgl. Gnilka, Markus II, 176f.
[181] Vgl. Rendtorff, Theologie II, 104ff.
[182] Ebd. 106.
[183] In Am 5,21 zeigt sich, dass Gott nicht mehr bereit ist zu vergeben, dass religiöses Handeln und soziales Verhalten auseinander klaffen. Gott kann die Opferhandlungen nicht mehr riechen. Er kündigt durch den Propheten das Gericht an.
[184] Wörtlich: ihr ganzes Leben.

die für die Witwen einen besonderen Schutz bereitstellen (Ex 22,21). Von daher verfallen sie – entsprechend Ex 22,21 – dem Gericht Gottes (Mk 12,40).

Der Text in Mk 12,41–44 zeigt eine Frau, die entgegen ihrem gesellschaftlichen Status ein positives Beispiel für Hinwendung zu Gott ist. Dabei wird sie gesellschaftlichen Eliten gegenüber gestellt. Die Aktivität der Frau wird in hohem Maße wertgeschätzt[185] und gegenüber Angriffen auf die äußerst geringe Geldsumme, die sie spendet, in Schutz genommen. Die Erzählung bewegt sich hier klar im Rahmen jüdischer Tradition, nach der die Gesinnung über die Größe der Gabe entscheidet.[186] Es geht um die Ausrichtung der ganzen Existenz auf Gott.

Damit wird aus der schutzbedürftigen Witwe eine beispielhaft und vorbildlich handelnde Frau.[187] Sie soll nicht das Mitleid der Leser wecken, vielmehr fordert ihr Beispiel zur Nachahmung auf.

9.7 Menschen finden bei Jesus Anerkennung – eine Zusammenfassung

Im Hinblick auf die untersuchten Geschichten aus dem Markusevangelium ist es bemerkenswert, dass hier gerade Angehörige der gesellschaftlichen Gruppen, die nach den Wertmaßstäben der hellenistisch-römischen Gesellschaft und Teilen der jüdischen Kultur als minderwertig eingestuft worden sind, eine herausragende Rolle spielen: vier Frauen (in je unterschiedlichen Situationen) und ein Bettler.

Bartimäus, das moralisch verkommene Wesen (so hätte Sallust ihn wohl sinngemäß bezeichnet),[188] der nach den Werten der Gesellschaft nicht als handlungsfähiges Subjekt eingestuft wurde, zeigt sich in der Erzählung als handlungswillig und -fähig. Er setzt sich gegen Widerstände durch, er beharrt darauf, dass Jesus als Sohn Davids ihm aus seiner Not retten wird. In Jesu Zuwendung erfährt Bartimäus im Hinblick auf seine Handlungen Anerkennung. Seine Aktivität und Beharrlichkeit bewertet Jesus als Glauben. Glaube zeigt sich als Vertrauen und als aktives Handeln. Dies äußert sich in 10,52 in seinem Weg in die Nachfolge. Bartimäus wird in 10,46–52 als Beispiel des gläubigen Nachfolgers geschildert. Er erkennt in Jesus – im Gegensatz zu den Jüngern – den Messias.

In Mk 5,34 wird Glaube auch als aktives sich Hinwenden zu Jesus dargestellt. Die Frau ist durch ihre Krankheit finanziell ruiniert worden. Die behandelnden Ärzte können ihr nicht nur nicht helfen, sie nutzen ihre schwere Krankheit aus und beuten sie aus. Sie ist durch ihre Krankheit zum willenlosen Objekt der Ärzte geworden. Die Krankheit bedeutet für sie auch den gesellschaftlichen Abstieg. Sie verliert

---

[185] Guttenberger-Ortwein, Status,176f sieht in der Geschichte eine Erhöhung der Witwe in Bezug auf ihren sozialen Status
[186] Vgl. Gnilka, Markus II, 177f.
[187] In dieser Geschichte wird der Tempelgottesdienst positiv bewertet. Ein Charakterisierung des Tempelkultes, der per se ausbeuterisch sei, wie Füssel, Tempel, 30–50 es darstellt, kann anhand von Mk 12,40ff nicht aufgezeigt werden.
[188] Vgl. Catil. 37.

ihre bisherige Position als Frau mit eigenem Besitz und rutscht in die Armut ab. Auf welche Art sie ihren Lebensunterhalt verdienen kann, ist aus der Geschichte nicht zu erfahren, aber es ist wahrscheinlich, dass ihr ein Leben als Tagelöhnerin oder Bettlerin droht. Sie trägt damit das Stigma des gesellschaftlichen Abstiegs. Sie steht am Rande oder außerhalb der anerkannten Gesellschaft. Dass sie über Jahre hinweg Blut verliert, zeigt, dass langsam ihr Leben schwindet – ihr droht der soziale und körperliche Tod.

In der Geschichte bricht sie aus der Passivität aus. Sie, die in den Händen von Ärzten viel erleiden musste, nimmt ihr Leben selbst in die Hand. Die Reaktion Jesu auf die Handlung der Frau schafft den Raum dafür, dass die Frau sich offen zu ihrer Tat äußern kann. In diesem Raum kann sie die Scham ablegen. Sie richtet quasi im Nachhinein einen Anspruch an Jesus: Er ist der Wundertäter, deswegen war es für sie richtig, sich an ihn zu wenden. Jesus bestätigt diese Handlungsweise ausdrücklich und qualifiziert ihre Handlung als Glauben (5,34).

Die Syrophönizierin fordert den Mann Jesus in einem theologischen Disput heraus, eine für eine Frau in der Antike unmögliche Verhaltensweise. Sie verlässt die Handlungsräume, die ihr von der Gesellschaft zugestanden werden. Ihr Verhalten steht quer zu dem, was Cato d. Ä. und Valerius in der Debatte um die lex Oppia Frauen zubilligen: Eine Frau darf nicht mit einem Mann ein Streitgespräch führen. Sie hat zu bitten und muss das empfangen, was ihr der Mann zugesteht. So wie sie handelt, würde sie in den Augen der Autoren des Jesus Sirach die Ehre des Mannes mit Füßen treten. Jesus selbst erkennt im Zuge des Streitgesprächs die besondere Verhaltensweise der syrophönizischen Frau an: Er lässt sich von der Frau überzeugen, dass sie für ihre Tochter von Jesus Hilfe erbitten kann und dass die ethnischen und religiösen Schranken hier kein Hinderungsgrund sind. Jesus akzeptiert die Richtigkeit ihres Geltungsanspruchs. Entscheidend ist, wie die Frau Jesus überzeugt. Sie dreht seine Begründung, warum er ihr nicht helfen könne, um, so dass er ihr zustimmen muss. Die Frau zeichnet sich nicht im Sinne Aristoteles' durch dienende Vernunft aus. Ihr Logos wird durch Jesus anerkannt. Sie tritt als eine gleichberechtigte Gesprächspartnerin auf und wird im Verlauf der Erzählung als solche akzeptiert.

Die namenlose Frau in Mk 14,3–9 nimmt eine Handlung vor, die ihr von ihrem Status als „öffentlicher Frau" her überhaupt nicht zusteht. Sie salbt Jesus und bekennt sich damit zu ihm als leidendem Messias. Die Hoheit des Messias und ihr schlechtes gesellschaftliches Ansehen passen nach anerkannten Wertmaßstäben nicht zusammen. Jesus heißt diese Handlung gegen den Widerstand der Anwesenden gut. Er bestätigt die Wahrhaftigkeit und Richtigkeit ihrer Handlung.

Die Witwe und ihre Gabe zeigen die Handlungsfähigkeit und -bereitschaft. Eine Witwe ist in den Augen vieler – wie der Bettler Bartimäus – eben nur eine Empfängerin von Hilfeleistungen.[189] Ihre Handlung wird von Jesus als vorbildhaft hingestellt.

---

[189] Oder auch ein wehrloses Objekt, das ausgebeutet werden kann.

9.7 Menschen finden bei Jesus Anerkennung

Im Markusevangelium werden so gesellschaftliche Konstruktionen vom Menschen durchkreuzt und auf den Kopf gestellt. Die Menschen, denen keine beispielhafte oder wertvolle Handlung zugetraut wird, zeichnen sich durch ihre Handlungsfähigkeit aus. Sie, denen gesellschaftlich keine Anerkennung widerfährt, erfahren durch Jesus Anerkennung: Er nimmt sie als handlungsfähige Personen ernst. Das zeigt, die Art und Weise, wie er mit ihnen kommuniziert. Er instrumentalisiert die Menschen nicht für seine Verkündigung, er geht auch nicht autoritär auf sie zu,[190] er nimmt ihre Bedürfnisse wahr und ernst. Die Kommunikationssituation, die sich in den Geschichten des Mk zeigt, kann zu Habermas' Vorstellung von der idealen Sprechsituation in Beziehung gesetzt werden. Im Mk werden die Kommunikation und das Abwägen der Geltungsansprüche zwar nicht durch die Vernunft bestimmt. Aber die Kommunikationsabläufe zeichnen sich – ganz im Gegensatz zur hierarchisch gegliederten Gesellschaft – durch die Abwesenheit von Herrschaftsausübung aus.[191] In der Begegnung und der Kommunikation mit Jesus können sich die Menschen als handlungsfähige Subjekte erfahren, die ihre Geltungsansprüche äußern können. Das Handeln des Bartimäus und der Frau in Mk 5,24–34 zeichnet sich dadurch aus, dass sie einen neuen Anfang machen. Sie brechen aus der Situation, die ihr Handeln seit Jahren lähmt, aus. Die Handlungstheorie Arendts macht auf den Stellenwert dieses neuen Anfangs aufmerksam: Gerade indem er neu anfängt, kann ein Mensch sich als Handelnder erfahren.

Welche Bedeutung diese Geschichten für die markinische Gemeinde haben können, das soll in Kap. 10.4 und 14 genauer dargestellt werden.

---

[190] Im Falle von Mk 7,24–30 korrigiert er genau diese Haltung.
[191] Wo ein Machtgefälle zunächst vorliegt, wird es – wie in Mk 7,24–30 – ausdrücklich korrigiert.

10 Nachfolge –
Selbststigmatisierung als Handlungsgewinn

Der Evangelist erzählt innerhalb seines Evangeliums zwei Berufungsgeschichten: die Berufung von Simon und Andreas und der Zebedaiden[1] und die des Zöllners Levi. Gemeinsame Elemente dieser Erzählungen sind:
- Anrufung durch Jesus (1,17.20; 2,14)
- Die Angerufenen kommen der Aufforderung nach (1,18.20; 2,14).

Die Aktivität geht in jedem Fall von Jesus aus.[2] Er ruft die Menschen in die Nachfolge. Wie sieht es innerhalb dieser Geschichten mit der Handlungs- und Kommunikationsfähigkeit der Menschen aus? Leisten sie nur dem Befehl einer höher gestellten Autorität Folge,[3] oder werden sie von Jesus auf ihre Handlungskompetenz angesprochen und wird genau diese erweitert? Schreibt Jesus ihnen mit dem Ruf in die Nachfolge solche Kompetenzen zu?

Zur Beantwortung dieser Fragen wenden wir uns zunächst dem Problem zu, ob und inwieweit der Weg in die Nachfolge Verzicht und Verlust für die Jünger bedeutete.[4] In diesem Zusammenhang muss der soziale Status Jesu und seiner Jünger genauer in den Blick genommen werden. Schaut man auf den Vorwurf des Petrus an die Adresse Jesu in Mk 10,28, so kann man davon ausgehen, dass der Weg in die Nachfolge ein Weg des Verzichts aller materiellen und sozialen Grundlagen des Lebens gewesen ist: „Siehe, wir haben alles verlassen und sind dir nachgefolgt." Dieser Satz des Petrus sagt jedoch nicht, von welcher Qualität dieses war, was die Anhänger Jesu zurückgelassen haben. Im Hinblick auf manche Auslegung der Nachfolge wird der Anschein erweckt, als hätten die Jünger Jesu eine gesicherte, krisenfreie Existenz zurückgelassen. Die folgenden Ausführungen wollen ein differenzierteres Bild zeigen.

---

[1] Zur literarischen Einheitlichkeit von Mk 1,16–20 vgl. Gnilka, Markus I, 72.
[2] Vgl. Gnilka, Markus I, 73: „Jesus ist der die Erzählung Beherrschende." Hier besteht ein Unterschied zu Berufungsgeschichten der Logienquelle. Dort schließen sich die Menschen auf Grund einer eigenen Entscheidung Jesus an (Mt 8,18ff). Jesus selbst prüft die Ernsthaftigkeit ihrer Entscheidung. Vgl. Theißen/ Merz, Jesus, 198.
[3] Gnilka, Markus I, 73 weist auf das Gebieterische der Haltung Jesu hin.
[4] Guttenberger, Gott, 182 versteht Nachfolge auch konsequent als Leidensnachfolge.

10.1 Nachfolge als Verzicht? –
Der soziale Status der Nachfolgegemeinschaft Jesu

Die soziale Einordnung der Anhängerschaft Jesu ist trotz geringer Daten durch die in den Geschichten überlieferten Berufsbezeichnungen möglich.[5] Die ersten Jünger waren Fischer. Nach Stegemann und Stegemann ist es sehr wahrscheinlich, dass die Fischer zur Unterschicht in Israel gehörten.[6] Simon und Andreas fischen vom Ufer aus. Ein Boot zählt somit nicht zu ihrem Besitz. Die Familie des Zebedäus hingegen besitzt nicht nur ein Boot, sondern beschäftigt auch Tagelöhner (so die markinische Version). Die lukanische Fassung der Berufung der ersten Jünger (Lk 5,1–11) zeigt, dass die Fischerei ein unsicheres Gewerbe war: Trotz größter Anstrengungen bleibt ein guter Fang aus. Fischer mussten anscheinend in der Angst leben, dass ihre Arbeit sie nicht ernähren konnte. Damit gehören sie zur der Gruppe der relativ Armen, d. h.: sie sind prinzipiell in der Lage, ihren Lebensunterhalt selbst zu bestreiten. Relativ Arme leben jedoch in der Gefahr, dass sie bei Missernten, Krankheit usw. dies nicht mehr können und in die absolute Armut abrutschen, wo sie auf Almosen etc. angewiesen sind.[7]

Die Schlussfolgerung wird durch den Bericht des Josephus über den Beginn des Aufstandes in Tiberias gestützt.[8] Die treibende Kraft für den Aufstand waren in Tiberias die Schiffer und Mittellosen (Vita 66). Zu den Schiffern in Tiberias gehören ohne weiteres die Fischer des Sees Genezareth.[9] Da die Fischer mit den Mittellosen auf eine Stufe gestellt werden, dürften auch sie von der (zumindest drohenden) Verarmung betroffen sein.

Mittellosigkeit sieht Kippenberg in engem Zusammenhang mit Verschuldung. Die Mittellosen waren nicht einfach nur arm, sondern bei den Angehörigen der wirtschaftlich potenten Oberschicht verschuldet.[10] Dabei ist zu beachten, dass unter römischer Herrschaft nicht nur die Schuldknechtschaft drohte. Verschuldete hatten viel-

---

[5] Um das Phänomen der Nachfolge soziologisch und im Anschluss daran auch theologisch beschreiben zu können, ist es nötig, sich der Nachfolgegemeinschaft um Jesus von Nazareth zuzuwenden, der Jesusbewegung. Es soll dabei allein um die Frage der sozialen Herkunft der Gruppierung um Jesus gehen. Insofern hat die Frage nach dem historischen Jesus einige Relevanz. Sie gibt mögliche Antworten auf die Frage, warum Menschen sich dieser Bewegung angeschlossen haben. Aussagen über das mögliche Selbstverständnis Jesu stehen hier nicht zur Debatte.

[6] Vgl. Sozialgeschichte, 178. Die Bezeichnung von Andreas und Simon als Kleinbürger – so Dormeyer, Markusevangelium, 186 – ist ahistorisch und irreführend.

[7] Der Hausbesitz des Petrus (vgl. Mk 1,29–31) ist nach Stegemann/Stegemann, Sozialgeschichte, 178 kein Indikator für Wohlstand. Ausgrabungen in Kafarnaum zeigen die Ärmlichkeit von Häusern aus dieser Zeit.

[8] Vgl. ebd. und Kippenberg, Agrarverhältnisse, 188–192.

[9] Zur Fischerei auf dem See Genezareth vgl. Hanson/Oakman, Palestine, 106–110; Theißen, Jesusbewegung, 153f.

[10] Vgl. zur Entstehung von Verschuldung Kippenberg, Agrarverhältnisse, 190ff; Albertz, Religionsgeschichte, 538ff.

mehr mit der Schuldhaft zu rechnen.[11] Die Schuldhaft diente dazu, den Schuldner und seine Familie so unter Druck zu setzen (auch mit Hilfe von Folter), dass er die Schulden beglich (vgl. Lk 12,58; Mt 5,25f; 18,30). Die Schuldhaft war ein hellenistisch-römisches Rechtsinstitut, das das jüdische Recht überlagerte und außer Kraft setzte. Eine zeitliche Befristung, wie sie in Bezug auf die Schuldknechtschaft in Dtn 15,1ff vorgesehen war, kannte die Schuldhaft nicht. Des Weiteren gab es im römischen Recht für Angehörige der Oberschicht eine wichtige Ausnahme: Private Kreditnehmer sind unter bestimmten Bedingungen vor der Schuldhaft und somit auch vor der Schande, in Schuldhaft gekommen zu sein, geschützt.[12] Schuldhaft war somit in den Händen der Aristokraten ein Instrument der Machtausübung über die Unterschicht.

Im selben Zusammenhang ist das jüdische Rechtsinstitut des Prozbols zu nennen: Der Prozbol erlaubte die Außerkraftsetzung des Erlassjahrs in Bezug auf Kreditgeschäfte.[13] Anlass für diese rechtliche Neuerung dürfte der Umstand gewesen sein, dass kurz vor einem Erlassjahr kaum noch Kredite vergeben wurden. Die Regelung des Prozbols, die auf Hillel d. Ä. zurückgeht, sollte hier Abhilfe schaffen (mSchebiit 10,2–4): Schuldscheine wurden einem Gericht übergeben, womit verbunden war, dass der Schuldner auf die Entschuldung im Sabbatjahr verzichtete. Statt die Bereitschaft zur Kreditvergabe zu erhöhen, wurde den Verarmten die Möglichkeit auf Entschuldung genommen. Goodman hat herausgearbeitet, dass der Prozbol hauptsächlich Anwendung auf Kreditgeschäfte zwischen Angehörigen der jüdischen Aristokratie und der armen Landbevölkerung fand.[14] Der Prozbol diente letztendlich den Interessen der Besitzenden.

Eine weitere Quelle der Verschuldung waren die Steuerzahlungen gerade unter römischer Herrschaft. 6 n. Chr. wurden in der Provinz Judäa eine Grund- und eine Kopfsteuer eingeführt, die zu beträchtlichen Belastungen der Bevölkerung führten.[15] Jüdische Quellen zeugen von zahlreichen Beschwerden über Steuerbelastungen. Auch Tacitus (ann. 2,42) berichtet von einer Gesandtschaft an den Kaiser, mit dem Ersuchen der Steuersenkung, um die Belastung abzumildern.[16] Steuerschulden waren eine häufige Ursache für Schuldknechtschaft und Schuldhaft.[17]

Insgesamt kann für das 1. Jh. n. Chr. die Verschuldungsproblematik als ein prägendes soziales Problem der Gesellschaft Israels angesehen werden.[18] Große Teile

---

[11] Vgl. Kippenberg, Agrarverhältnisse, 183–187.
[12] Vgl. zur sog. cessio bonorum ebd., 186.
[13] Vgl. Crüsemann, Schulden, 101.
[14] Vgl. Goodman, Revolt, 421–425; Leutzsch, Verschuldung, 128f.
[15] Vgl. Kippenberg, Agrarverhältnisse, 187ff; Theißen, Jesusbewegung. 154ff; Stegemann/Stegemann, Sozialgeschichte, 112f. Vgl. dort auch die Diskussion über die wahrscheinliche Höhe der Steuerbelastung der Bevölkerung Judäas.
[16] Vgl. Leutzsch, Zeit, 73f.
[17] Auch in Galiläa, das nicht zur römischen Provinz gehörte, drückte die Steuerlast, da die von Herodes Antipas zu zahlenden Tribute von der Bevölkerung aufzubringen waren.
[18] Zu Beginn des jüdischen Aufstandes wurden in Jerusalem Schuldurkunden verbrannt (Jos Bell 2,427). Vgl. Stegemann/Stegemann, Sozialgeschichte, 108: Im Mt zeigt sich die Verschuldungs-

10.1 Nachfolge als Verzicht?

der Bevölkerung waren eben nicht nur relativ arm, sondern verschuldet. D. h. sie befanden sich in der Gewalt der Oberschicht, die zum Teil auch die Steuern für die Römer eintrieb,[19] und es gab wenige Möglichkeiten, aus dieser Schuldenfalle herauszukommen. Im Hinblick auf den jüdischen Aufstand gegen die Römer ab 66 n. Chr. stellt Kippenberg fest, dass die verschuldete Unterschicht „ein erstklassiger Resonanzboden für revolutionäre Aktionen" war.[20] Menschen in solchen sozialen Situationen – so seine Schlussfolgerung – wagen den Schritt in eine unsichere Zukunft, da sie „nichts mehr zu verlieren" haben. Die gewaltsame Befreiung von der Staatsmacht war ein Weg, der Verschuldung zu entkommen. Ein Teil der Gefolgschaft Jesu dürfte aus derartigen sozialen Verhältnissen kommen.

Levi, der Zöllner, steht für eine andere soziale Gruppe in Israel. Er war nicht, wie Zachäus (Lk 19,1ff), ein wohlhabender Zollpächter. Zwar konnte er ein Essen für viele Menschen anbieten (Mk 2,15), doch es fällt auf, dass innerhalb der Geschichte nicht auf einen größeren Besitz des Levi Bezug genommen wird.[21] In Mk 10,17ff kann Jesus den Reichen auffordern, sein Gut zu Gunsten der Armen zu verkaufen, was hier als prinzipielle Forderung an alle Reichen ergeht, die Jesus nachfolgen wollen. Vergleichbares findet sich in Mk 2,13ff nicht. Levi dürfte wohl ein Bediensteter eines größeren Zollpächters gewesen sein, über dessen genaue Verdienstmöglichkeiten keine Daten vorliegen. Prägender für die soziale Lage des Levi war sein mangelndes Ansehen als Zöllner in der jüdischen Gesellschaft.[22] Grund für das fehlende Sozialprestige war die negative Bewertung ihres Berufes: Ihnen wurde seitens der Mehrheitsgesellschaft vorgeworfen, ihr Geld unrechtmäßig zu verdienen. Levi dürfte zwar ein gesichertes Einkommen gehabt haben, aber dies bezahlte er mit sozialer Ausgrenzung. Die Eintreibung des Zolls stellte für die Bevölkerung neben den zahlreichen anderen Abgaben eine deutliche Belastung dar.[23] Gerade auch die Steuerpolitik der jüdischen Klientelfürsten wurde als erdrückend empfunden (Jos Ant 17,28). Diejenigen, die an der Ausbeutung des Volkes mitarbeiteten, wurden deswegen mit Missachtung gestraft. Ein abgesichertes Leben – ein in derartigen sozialen Verhältnissen nicht zu verachtendes Gut – und ein Leben entspre-

---

problematik in einigen Texten sehr deutlich: 5,40;18,23–35. Theißen, Jesusbewegung, 163–241 differenziert die Krise der jüdischen Gesellschaft noch und weist auf die sozioökologischen, soziopolitischen und soziokulturellen Faktoren hin. Dabei hebt er das Spannungsverhältnis zwischen Stadt und Land, in dem sich die galiläische Landbevölkerung befand, hervor. Vgl. ebd., 163ff. Klar wird jedenfalls, dass Galiläa um das Jahr 30 – trotz Tac. hist. 5,9,2 – eine krisenhafte Region war. Gegen Sanders, Judaism, 157ff, der eine soziale und wirtschaftliche Krise bestreitet.

[19] Vgl. Stegemann/Stegemann, Sozialgeschichte, 112f.
[20] Kippenberg, Agrarverhältnisse, 192.
[21] Schüssler Fiorenza, Gedächtnis, 173 hebt hervor, dass Levi selbst an der Zollstelle arbeitete. Dies zeigt eindeutig, dass er abhängiger Lohnarbeiter war und dass deswegen seine wirtschaftliche Situation nicht zum Besten bestellt sein dürfte. Eckey, Markusevangelium, 98 geht von einem größeren Besitz des Levi aus.
[22] Vgl. Stegemann/Stegemann, Sozialgeschichte, 178. Zöllner wurden in neutestamentlicher und rabbinischer Literatur in einer Reihe mit Heiden, Mördern, Räubern, Huren usw. genannt.
[23] Vgl. Theißen, Jesusbewegung, 154–161.

chend der Traditionen des eigenen Volkes gerieten hier in einen massiven Konflikt. Die wirtschaftlich-soziale Krise zog andere Probleme nach sich.[24]

Die Geschichte des Bartimäus (Mk 10,46–52) zeigt, dass auch absolut Arme zu den Anhängern Jesu gehörten, Menschen, die nicht mehr in der Lage waren, sich selbstständig die Mittel zum Leben zu erarbeiten. Sie waren dauerhaft auf die Hilfe anderer angewiesen.

Auch Jesu eigene Berufsbezeichnung – τέκτων (Mk 6,3) – ermöglicht eine soziale Einordnung.[25] τέκτων ist eine unpräzise Bezeichnung und meint eine ganze Palette von Berufen: Bauhandwerker, Zimmermann und Handwerker für landwirtschaftliche Geräte. Gerade die Aktionen Agrippas II, arbeitslose Bauleute mit neuer Arbeit zu versorgen (Jos Ant 20,9,7), zeigen, wie krisenanfällig dieses Berufsfeld war. Bauhandwerker waren darauf angewiesen, dass jemand ihre Arbeitskraft nachfragte. Geschah dies nicht, hatten sie keine Möglichkeit, das zum Leben Notwendige zu verdienen.

Insgesamt kann man feststellen, dass Jesus und die, die er in die Nachfolge rief, aus den unteren sozialen Schichten stammten. Sie führten ein unsicheres Leben und waren, selbst wenn sie wie die Zebedaiden über ein Boot und Mittel zur Bezahlung von Tagelöhnern verfügten, von der Armut bedroht. Die politischen und wirtschaftlichen Prozesse in Israel, insbesondere die Verschuldungsproblematik, bedeuteten den sozialen Abstieg für viele Menschen. Es herrschte eine Situation, in der das Zurücklassen der alten sozialen und wirtschaftlichen Bezüge nicht als Verlust einer sicheren Existenz bewertet werden musste. Dass das Leben in der Nachfolgegemeinschaft die Unsicherheit noch verstärkte, ist nicht von der Hand zu weisen. Aber bei der Einordnung und Bewertung des sozialen Bruches, den die Nachfolgenden vollzogen und erlebten, muss man berücksichtigen, welche Qualität das Leben vor dem Gang in die Nachfolge hatte. Sie ließen ein Leben zurück, das ihnen alles andere als Sicherheit gab.[26]

Noch ein weiterer – und der entscheidende – Punkt zeigt, dass der Weg in die Nachfolge nicht ein Weg in die Entbehrung gewesen ist. Nachfolge bedeutete für die Jüngerinnen und Jünger eine spürbare Erweiterung ihrer bisherigen Handlungsmöglichkeiten und Handlungskompetenzen. Nicht die krisenhafte Lage allein

---

[24] Über die Motivation, am Zoll zu arbeiten, schweigen die Quellen. Sie dürfte aber vergleichbar mit jener zu sein, Soldat in der Armee des Kaisers oder bei den Hilfstruppen zu werden. Trotz der Gefahren des Kriegshandwerks bedeuteten diese Berufe ein halbwegs gesichertes Einkommen und waren somit für Menschen aus der Unterschicht attraktiv. Vgl. Christ, Kaiserzeit, 415 in Bezug auf die Auxiliartruppen des römischen Heeres. Zur soziokulturellen Krise Israels unter römischer Herrschaft vgl. Theißen, Jesusbewegung, 218ff.

[25] Vgl. Stegemann/Stegemann, Sozialgeschichte, 177f.

[26] Theißen, Jesusbewegung, 162 macht darauf aufmerksam, dass eine mögliche Motivation zum Anschluss an die Jesusbewegung die eigene schlechte wirtschaftliche Lage war. Er weist hier auf Mt 11,28ff. Die dort angesprochenen Menschen sind die, die unter ausbeuterischer Arbeit und Abgabenlast leiden. Vgl. jetzt auch Theißen, Mühseligen.

führte in die Nachfolge.[27] Die eigene Situation wurde zumeist solange ertragen, bis sich eine Perspektive für eine Alternative bot. Eine Möglichkeit, der Ausbeutung und sozialen Unsicherheit zu entkommen, war die Auswanderung.[28] Die andere war die Bildung und das Vorhandensein von Gruppen, die die Perspektive und die Basis für eine Lebensform jenseits des wirtschaftlichen und politischen Systems ermöglichten, sei es in Form von räuberischen Banden oder innerhalb von Lebensgemeinschaften wie der von Qumran oder in messianischen Bewegungen. Solche Gruppierungen zeigten Alternativen zum bisherigen Leben auf. Die Nachfolgegemeinschaft um den Wanderprediger aus Nazareth, aus der dann die ersten Gemeinden hervorgingen, entwickelte andere Lebensformen und machte deutlich, dass es andere Möglichkeiten für das eigene Leben gab, jenseits von Ausbeutung und Unterdrückung.

Die These, dass der Weg in die Nachfolge eine Erweiterung von Handlungsmöglichkeiten und von Handlungskompetenzen bedeutete, werde ich in zwei Schritten erläutern und begründen. Zunächst geht es darum, dass der Ruf Jesu in die Nachfolge zielgerichtet war. Dieses Ziel gilt es näher zu beschreiben. In einem weiteren Schritt werde ich die Nachfolge unter dem Aspekt der Selbststigmatisierung untersuchen. Selbststigmatisierung verstehe ich als Vorgang, aus einer marginalisierten Position heraus Handlungsmöglichkeiten zu gewinnen.

10.2 Ziele der Nachfolge

Die Berufung der ersten vier Jünger gibt eine – wenn auch recht unkonkrete – Zielrichtung der Nachfolge an: Jesus wird die beiden Brüderpaare zu „Menschenfischern" (ἁλιεῖς ἀνθρώπων) machen. Dieses Bild wird in alttestamentlicher und antik-jüdischer Literatur durchweg negativ verstanden (Jer 16,16 im Rahmen der Gerichtschilderung; in Ez 13,18 wird Menschenraub attackiert; 4 Qtest 23f und CD 4,12ff reden von Fängen Belials zum Schaden Israels).[29] Lk 5,6 und Joh 21,6 zeigen, dass das Bild von den Menschenfischern zum festen Bestandteil der frühchristlichen Mission wurde. Dort werden die Gläubigen mit gefangenen Fischen verglichen.[30] Jesus – so das Mk – beruft die Jünger zur Verkündigung des Evangeliums und zur Gewinnung von Anhängerinnen und Anhängern. Für den Adressatenkreis des Mk ist klar, dass darunter die weltweite Mission zu verstehen ist (13,10; 14,9).

Menschen, deren Lebenshorizont bisher der See Genezareth und die tägliche Mühe, das Lebensnotwendige zu erarbeiten, war, werden nun in einen ganz ande-

---

[27] Vgl. Theißen, Jesusbewegung, 162.
[28] Vgl. ebd., 142f. Theißen weist u. a. auf die zahlreichen Auswanderer nach Alexandria hin.
[29] Vgl. Mödritzer, Stigma, 102f. Mödritzer weist darauf hin, dass schon an dieser Stelle mit der Übernahme eines negativ besetzten Bildes das Konzept der Selbststigmatisierung innerhalb der Jesusbewegung sichtbar wird.
[30] Vgl. Gnilka, Markus I, 73f.

ren Bezugsrahmen gestellt. Ihr Handlungsraum ist nun die Welt (in der Vorstellung des Mk das Römische Reich und eventuell die parthischen Gebiete mit ihren zahlreichen jüdischen Siedlungen). Kein Mensch aus dem damaligen Judäa und Galiläa konnte damit rechnen, in solche Handlungsbezüge eingebunden zu werden und derartige Handlungsmöglichkeiten und -räume zu erhalten. Die Menschen waren, wenn sie nicht wirtschaftsenthoben lebten, an den Ort ihrer Erwerbsarbeit gebunden. Die Mobilität war, auch wegen der schlechten Verkehrsnetze,[31] in der Antike recht eingeschränkt. Einzig die Arbeit im Fernhandel und der Dienst bei den Hilfstruppen Roms, die auch heimatfern eingesetzt wurden, verhalfen zur Mobilität. Die Biographie des Petrus, die wir anhand der Paulusbriefe und der Apostelgeschichte in einigen Teilen nachvollziehen können, zeigt, dass hier ein Fischer aus Galiläa bis in die Metropolen Korinth und Rom gekommen ist. Das Wissen um die Biographie des Petrus dürfte dem Mk zugrunde liegen.

Der Nachfolgeruf Jesu und seine Ankündigung, aus ihnen Menschenfischer zu machen, muss im Kontext des Evangeliums als Konsequenz des Umkehrrufes in 1,15 verstanden werden.[32] Was es heißt, an das Evangelium zu glauben und umzukehren, zeigt die Berufung der ersten Jünger: Jesus nachfolgen.

Der Zusammenhang von Nachfolge und Umkehr wird bei der Berufung des Zöllners Levi noch klarer. An Levi ergeht die Aufforderung Jesu, ihm zu folgen (2,14). Dieser Aufforderung kommt er ohne Umschweife nach. Es wird zwar nicht explizit erwähnt, dass Levi seine Zöllnertätigkeit aufgibt, davon ist aber im Kontext des Mk auszugehen. Der Nachfolgeruf, der an die zwei Brüderpaare ergeht, beinhaltet das Verlassen des bisherigen Berufes (vgl. 10,28). Auch an den Reichen richtet Jesus die Aufforderung, seinen Besitz zurückzulassen und ihm nachzufolgen (10,21: ἀκολούθει μοι vgl. 2,14). Nachfolge als Bindung an die Person und Botschaft Jesu verträgt sich nicht mit der Kollaboration im antiken Zollsystem.[33]

Damit tritt der Vollzug der Nachfolge in Opposition zum antiken Wirtschaftssystem, in dem Steuer und Steuerpacht ein wesentlicher Bestandteil war.[34] Diese oppositionelle Haltung zum Wirtschaftssystem zeigt sich – neben der schon erwähnten Erzählung vom reichen Mann in Mk 10,17–27 – auch in der Frage nach der Steuer in 12,13–17.

Ausgehend von der Frage des Mannes, wie er das ewige Leben ererben könne (Mk 10,17), stellt Jesus an ihn die Forderung, seinen ganzen Besitz zum Wohle der Armen zu verkaufen und ihm nachzufolgen. Der Verkauf des Besitzes ist hier nicht die Bedingung, um in die Nachfolge eintreten zu können, sondern der konkrete

---

[31] Vgl. Stegemann/Stegemann, Sozialgeschichte, 31ff.
[32] Vgl. Lührmann, Markusevangelium, 47f. Anders Dechow, Gottessohn, 95.
[33] Dass das Gastmahl in 2,15–17 in seinem Haus stattfindet, zeigt, dass Levi im Gegensatz zu den ersten Jüngern seinen Besitz nicht zurücklässt, sondern diesen in Dienst des Versöhnungswerkes Jesu stellt. Vgl. Dechow, Gottessohn, 145.
[34] Vgl. Stegemann/Stegemann, Sozialgeschichte, 53f.109ff.

10.2 Ziele der Nachfolge

Vollzug der Nachfolge.[35] In der Aufforderung Jesu an den Mann und in 10,25 („Leichter ist es, dass ein Kamel durch ein Nadelöhr hindurchgeht, als dass ein Reicher in das Reich Gottes hineinkommt.") zeigt sich die Distanz des Evangelisten und seiner Gemeinde zur reichen Oberschicht: Reichtum und Nachfolge sind unvereinbar. Die Gründe für die Ablehnung von Reichtum liegen in den negativen Erfahrungen mit dem Wirtschaftssystem, das als ausbeuterisch erlebt wird.

Jesu Position zur Steuerzahlung in 12,13–17 zeigt ein weiteres Mal deutlich die ablehnende Haltung des Mk zum antiken Wirtschaftssystem. Die Geschichte muss vor dem Hintergrund der Diskussion um die Zahlung römischer Steuern in Israel verstanden werden. In Folge der Umwandlung Judäas in eine römische Provinz und der Erhebung von Steuern (6 u. 7 n. Chr.) kam es zur bewaffneten Erhebung gegen die römischen Besatzer. Radikaltheokratische Kräfte innerhalb der jüdischen Bevölkerung verweigerten mit Verweis auf Gottes alleinige Herrschaft die Steuerzahlungen. Mit ihren bewaffneten Aktionen glaubten sie, an der Durchsetzung des Reiches Gottes mitzuarbeiten.[36] Die Frage, ob man Steuern zahlen solle oder nicht, war in Israel ein „heißes Eisen".

Die vom Synhedrium Geschickten nutzen diese Lage aus, um Jesus eine Falle zu stellen (12,13). Welche Position die Herodianer und Pharisäer in dieser Frage genau einnahmen, lässt sich nicht klären. Sie wollen jedenfalls die schwierige Frage ausnutzen, um Jesus denunzieren zu können.

Wie ist nun Jesu Antwort in 12,16–17 zu verstehen? Eine weit verbreitete Position ist die, dass der mk Jesus sich, vergleichbar mit Röm 13,1–7 und I Petr 2,13–17, als grundsätzlich loyal gegenüber dem römischen Staat zeigt.[37] Diese Deutung ignoriert, dass Jesus hier nicht zur Zahlung der Steuer an Rom aufruft, sondern, dass er hier ein Problem aufzeigt: Sowohl Gott als auch dem Kaiser ist zu geben, was ihnen zusteht. Was aber geschieht, wenn beides miteinander kollidiert? Das Hauptaugenmerk Jesu dürfte im Kontext der zentralen Botschaft vom nahenden Reich Gottes auf der zweiten Hälfte der Antwort liegen. Es geht um den Gehorsam gegenüber Gott (vgl. Mk 12,30).[38] Jesus macht in seinem ganzen Verhalten deutlich, dass die Fragesteller durch ihr Gebaren sich dem aufgezeigten Problem nicht stellen. Jesus lässt sich von ihnen einen Denar mit Bild und Aufschrift des römischen Kaisers geben. Dies zeigt – so Wengst – klar, dass die Fragesteller ganz selbstverständlich am Wirtschaftssystem des römischen Reiches partizipieren: Sie gehen selbstverständlich mit dem Geld des Kaisers, der auf den Münzen abgebildet war, um. Deswegen müssen sie auch – ihrer eigenen Logik folgend – Steuern zahlen. Das Problem, das Jesus hier aufwirft, interessiert sie gar nicht. Sie haben sich schon entschieden.

---

[35] Vgl. Schweizer, Markus, 121.
[36] Vgl. Theißen/Merz, Jesus, 140.
[37] Vgl. u. a. Lührmann, Markusevangelium, 202.
[38] Wengst, Pax Romana, 79.204f versteht die Anknüpfung des zweiten Teils der Antwort adversativ.

Jesus und seine Bewegung haben mit ihrer Nachfolgepraxis sich dem Problem gestellt. Sie sind, da sie ihre Erwerbsarbeit verlassen haben, gar nicht mehr fähig, Steuern zu zahlen.[39] Gott zu geben, was Gottes ist – das wird hier als Ausstieg aus dem Wirtschaftssystem verstanden. Es wird in der Forschung überliegt, ob hier eine generelle Münzverweigerung vorliegt, die in der Antike von gesellschaftlichen Randgruppen praktiziert wurde.[40] Das ist fraglich, da in Mk 6,37 eindeutig von Geldbesitz die Rede ist. Leutzsch[41] stellt die Überlegung an, ob das Verhalten Jesu als eine ganz bestimmte Münzverweigerung zu verstehen ist, nämlich die Verweigerung des Besitzes von Geld mit Herrschaftssymbolen der römischen Macht. Der Umgang mit solchen Münzen war in Israel so problematisch, dass sogar Herodes d. Gr. und seine Nachfolger auf solche Münzprägungen verzichteten. Die Gegner Jesu würden so durch den Besitz des Geldes ein eindeutiges Bekenntnis zur römischen Macht machen.

In der Abwendung vom System der antiken Wirtschaft vollzieht sich innerhalb des Mk die Umkehr zu Gott. Damit bedeutet Umkehr hier zunächst den Weg aus einem Wirtschaftssystem, das Menschen klein und abhängig macht.[42]

Das Markusevangelium beschreibt den Weg der Nachfolge allerdings nicht nur via negationis. Den Berufenen werden bestimmte Aufgaben zugewiesen. Zunächst sollen die Einsetzung des Zwölferkreises (3,13–19) und die Aussendung der Zwölf (6,7–11) betrachtet werden. Die Einsetzung der Zwölf findet auf einem Berg statt. Der Berg ist in der alttestamentlichen Tradition Ort der Nähe Gottes.[43] Wie in Ex 24,1ff die Ältesten Israels Mose auf den Sinai folgen und dort Gottes Gegenwart erleben, so folgen die Jünger dem Ruf des Gottessohnes auf den Berg. Die Jünger werden hier zu Repräsentanten des Volkes Israel.[44] Die Bildung des besonderen Kreises innerhalb der Nachfolgebewegung geht wieder allein auf die Initiative Jesu zurück. Mk 3,14 zeigt, dass die Einsetzung ein bestimmtes Ziel hat. Die Zwölf bilden die Gefolgschaft Jesu (ἵνα ὦσιν μετ' αὐτοῦ),[45] und sie haben teil an seinem Werk: Sie sollen verkünden und Dämonen austreiben. Es fällt auf, dass nach der Zusammenfassung der Botschaft Jesu in 1,15 und der Berufung der ersten Jünger die erste Tat Jesu ein Exorzismus ist (1,21–28).[46] Das Reich Gottes setzt sich gegen

---

[39] Vgl. Wengst, Pax Romana, 78ff. In Mk 6,37 ist zwar von 200 Denaren die Rede, die die Jünger ausgeben wollen, allerdings dürfte die Gruppe um Jesus – so Gnilka, Markus I, 260 – nicht so viel Geld besessen haben.
[40] Vgl. Leutzsch, Bewährung, 64.
[41] Vgl. Leutzsch, Zeit, 80.
[42] Diesen Aspekt lässt Dechow, Gottessohn, 83–86 außer acht, wenn er Umkehr als Abkehr von der Herrschaft des Satans und der Dämonen versteht. Wie in Kap. 11.1 gezeigt wird, versteht das Mk die Herrschaft Roms als dämonisch. Die Ausführungen Dechows müssten hier viel konkreter sein, um die Bedeutung und Reichweite des Umkehrrufes Jesu zu erfassen.
[43] Vgl. Dormeyer, Markusevangelium, 196.
[44] Die Zwölf als Symbol für die Restitution des Zwölfstämmevolkes vgl. Roloff, Kirche, 36f
[45] Vgl. Gnilka, Markus II, 199.
[46] Vgl. ebd., 80.

10.2 Ziele der Nachfolge

die dämonischen und unreinen Kräfte in dieser Welt durch. Die Jünger erhalten nun die Vollmacht, wie Jesus Dämonen auszutreiben.[47] D. h. sie arbeiten an der Durchsetzung des Reiches Gottes mit.

In 6,7–11 wird die Ausrüstung der Jünger mit der Vollmacht Jesu zur Mitarbeit am Reich Gottes wiederholt. Auch hier liegt wieder die Initiative bei Jesus. Er gibt die Vollmacht über die unreinen Geister. Ab 6,8 wird ihre Aufgabe konkretisiert: Ihre Ausstattung für ihre Aufgabe ist durch Mangel gekennzeichnet: Geld, Brot und Taschen (zum Transport von Nahrung etc.) gehören nicht zu ihren Ausrüstungsgegenständen, die auf das Nötigste beschränkt sind (Schuhe, der Stab und nur ein Hemd).[48] Darüber hinaus macht Jesus ihnen klar, dass sie bei ihrer Mission auf Ablehnung stoßen werden (6,10f). Gerade diese Abschnitte über die Einsetzung der Zwölf zeigen deutlich, wie den Nachfolgenden (hier dem exklusiven Kreis der Zwölf) Handlungsräume und -möglichkeiten erschlossen werden. Ihr Leben wird nicht mehr allein durch die alltäglichen Mühen der Existenzsicherung[49] bestimmt. Jetzt können und dürfen sie am Reich Gottes mitarbeiten.

In 10,28–31 wird eine weitere Aufgabe für die Nachfolgenden angesprochen. Auf die Aussage des Petrus, dass sie alles verlassen haben, antwortet Jesus, dass der Verlust, den sie durch die Nachfolge erlitten haben, schon in der Gegenwart über die Maßen kompensiert wird. Die Nachfolgenden erhalten eine neue soziale Gemeinschaft, in der sie zu Hause sind.

Die neue soziale Gemeinschaft wird als Familie gekennzeichnet. Die Nachfolgenden empfangen Brüder, Schwestern, Mütter und Kinder. Dass die Väter hier fehlen, ist Teil der theologischen Programmatik von Mk. Lührmann erklärt das Fehlen folgendermaßen: Die Angesprochenen seien die männlichen Jünger, die bei der Reintegration in familiäre Verhältnisse – von der nach Lührmann hier in Mk 10,28ff die Rede ist – selbst wieder Väter in einem Haus sein werden.[50] An eine solche Reintegration wird hier allerdings nicht gedacht. Vielmehr werden patriarchale Verhältnisse in den Familien kritisiert: Die „Häuser" (οἰκίαι), die die Jüngerinnen und Jünger empfangen werden, kommen ohne einen Vater an der Spitze aus. Die Vater-Anrede ist allein Gott vorbehalten (Mk 11,25),[51] nur ihm kommt eine derartig mächtige Position zu wie dem Vater über ein Haus. „Haus" meint hier nicht allein das Gebäude, sondern auch den Haushalt als Verwandtschaftsgruppe. Verwandtschaft im antiken Judentum war nicht nur der Ort der biologischen Reproduktion, sondern muss auch als Produktionsverhältnis und als Ort der Solidarität verstanden werden. Familien waren Wirtschaftseinheiten, in denen die Ange-

---

[47] Dass hier immer noch ein Unterschied zur Vollmacht Jesu besteht, zeigt Mk 9,18.
[48] Während Mt 10,10 den Stab zur Abwehr von Gefahren nicht zur Ausrüstung der Jünger zählt, ist hier in Mk 6,8 davon die Rede. Die Jünger gehen nicht ganz schutzlos auf ihrem Weg. Vgl. Theißen/Merz, Jesus, 337.
[49] Die es auf dem Weg der Nachfolge auch noch gibt: Vgl. Mk 2,21ff.
[50] Vgl. Lührmann, Markusevangelium, 176.
[51] Vgl. Fander, Markusevangelium, 502.507f; Roh, familia dei, 136.

hörigen der Familie mit dem gemeinsamen Eigentum wirtschafteten.[52] Verwandtschaftsverhältnisse bildeten im Judentum auch die Grundlage für solidarisches Handeln: Die Versorgung der alten und nicht mehr voll arbeitsfähigen Menschen oblag der Familie (Ex 20,12; Dtn 5,16). Zur Lösung aus der Schuldknechtschaft oder zum Freikauf aus Kriegsgefangenschaft bzw. aus der Schuldgefangenschaft waren die wirtschaftlich starken Familienangehörigen verpflichtet (Lev 25,25).[53]

Mk 3,31–35 zeigt eine insgesamt negative Haltung Jesu gegenüber seinen eigenen Familienverhältnissen. Verwandtschaft wird von Jesus hier neu definiert: Es ist nicht das gemeinsame Abstammungsverhältnis, das Verwandtschaft begründet, sondern der Vollzug des Willen Gottes.[54]

Vor dem Hintergrund der sich stetig verschärfenden sozialen Krise Israels unter der Herrschaft Roms bekommt die Zusage, einen neuen Solidarverband zu begründen, eine besondere Strahlkraft. Das solidarische System der Verwandtschaft sah sich unter der römischen Herrschaft drastischen sozialen Veränderungen gegenüber, die dessen Leistungskraft überstiegen. Seit Beginn der hellenistischen Herrschaft hatte sich vor allem das Kreditwesen in Israel geändert. Wurden bisher Kredite durch ein Pfand abgesichert,[55] so haftete ein Kreditnehmer jetzt mit seinem ganzen Besitz: Bei Nichteinhaltung der Kreditverpflichtung wurde z. B. sein Besitz in den Besitz des Kreditgebers überschrieben. Kreditgeber waren nicht mehr unbedingt an der Arbeitskraft von Schuldsklaven interessiert, sondern an Land oder Geld.[56] Verschuldete Menschen konnten nun nicht mehr damit rechnen, das verpfändete Eigentum nach Begleichung der Schuld – falls dieses möglich war – zurückzubekommen. Das Eigentum hatte den Besitzer gewechselt. Dies war umso dramatischer, da Land, das lange Zeit in Israel kein Privateigentum war, sondern sich im Besitz der Familie befand,[57] nun als frei verkäuflich galt: Verkaufsverträge beinhalteten Klauseln, die den Käufer vor Rechtsansprüchen Dritter, d. h. dem Rest der Sippe, schützten.[58]

Die Wahrscheinlichkeit, in die Schuldenfalle zu geraten, wurde durch die steuerlichen Belastungen, unter denen die Menschen durch die römische Herrschaft zu

---

[52] Vgl. in Mk 1,19f die Familie der Zebedaiden, die gemeinsam Fischerei betreibt.
[53] Zur verwandtschaftlichen Solidarität in der Tora vgl. zusammenfassend Jochum-Bortfeld, Stämme, 65ff.
[54] Vgl. Roh, familia dei, 114.
[55] Der Kreditnehmer stellte ein Pfand zur Verfügung, durch dessen Nutzung der Kredit abgezahlt werden konnte. Ein Pfand war z. B. die Arbeitskraft eines Familiengliedes oder die eigene. Vgl. Kippenberg, Religion, 136.
[56] Sklaven konnten auf dem Sklavenmarkt gekauft werden; Tagelöhner stellten ein wichtiges und günstiges Reservoir an Arbeitskräften dar. Vgl. Kippenberg, Religion, 142f. Geld wurde z. B. durch Zahlungen der Familie des Schuldners erwirtschaftet, die den Schuldner aus der Schuldhaft freikauften. Die Schuldhaft diente der Durchsetzung der Zahlungsforderungen. Vgl. Leutzsch, Verschuldung, 109.
[57] Das alte israelitische Bodenrecht sollte dafür sorgen, dass das Land zur Sicherung der Sippe in ihrem Besitz verblieb. Deswegen war Land nicht einfach frei veräußerlich. Vgl. Ebach, Bodenrecht.
[58] Vgl. Kippenberg, Religion, 144.

10.2 Ziele der Nachfolge

leiden hatten, deutlich vergrößert: Gerade durch die Einführung der Kopfsteuer (tributum capitis), einer Steuer, die unabhängig von erwirtschafteten Produkten zu zahlen war, wurden die unteren sozialen Schichten massiv getroffen.[59] Reichte der Arbeitsverdienst meist nur gerade zur Absicherung des Existenzminimums, so bedeutete jede zusätzliche Belastung eine ungeheure Gefährdung des wirtschaftlichen Überlebens der Familie.[60] Insgesamt verlor die Solidargemeinschaft der Familie durch diese Entwicklung ihre wirtschaftliche Basis: Das veränderte Kreditrecht führte zum Verlust von Besitz. Die Steuerlast tat ihr Übriges und trieb die Menschen in die Schuldenfalle.

Indem Jesus Menschen um sich sammelt, schafft er eine neue soziale Basis für die Solidarität. Diejenigen, die nicht mehr im Schutz von Verwandtschaftsbeziehungen leben können, werden in neue Sozialbeziehungen eingegliedert. Die bisher Heimat- und Familienlosen werden einander zu Verwandten.[61] Im Hinblick auf Mk 10,43f ist das Ziel der neuen Familien der gegenseitige Dienst. Dieser Dienst wird als Gegenmodell zu den Unterdrückungsmechanismen der Herrscher der Welt verstanden (10,42).[62] Dienst, eigentlich eine Versorgungsarbeit für Höhergestellte, zumeist von Sklavinnen und Sklaven für ihre Herrschaft verrichtet, meint hier die solidarische Praxis in der Gemeinde: Im Miteinander in der Gemeinde gibt es keine Hierarchien, die jemanden zu einem Dienst gegenüber einem Höhergestellten verpflichten. Alle sind gleichermaßen zum Dienst, zur Versorgungsarbeit, aneinander aufgerufen. Die Aufforderung, einander zu dienen, impliziert den Verzicht auf einen bestimmten Status, der vom Dienst befreit.[63] Versorgungsarbeit im gemeindlichen Kontext meint etwas anderes als die Arbeit im Haus eines römischen Aristokraten. Geht es hier um die Ermöglichung einer Lebensweise, die nicht frei von körperlicher Arbeit sein will, ist in der Gemeinde die Bestreitung des täglichen Lebensunterhaltes und die gegenseitige Unterstützung dabei das entscheidende Thema. Der gegenseitige Dienst ist der Versuch, der Erfahrung von Ausbeutung und Unterdrückung solidarisches Handeln entgegenzusetzen.[64] Damit eröffneten sich der Gemeinschaft um Jesus Handlungsspielräume. Die Menschen sind nicht

---

[59] Zur römischen Steuerpolitik in Israel vgl. Kippenberg, Religion, 125f; Stegemann/Stegemann, Sozialgeschichte, 112f.

[60] Vgl. Stegemann/Stegemann, Sozialgeschichte, 144.

[61] Vgl. Roh, familia dei, 115ff.

[62] Der Dienstgedanke verneint das Denken in Kategorien wie ‚Größter' oder ‚Mächtigster'. Vgl. Gundry, Mark, 581.

[63] Vgl. Guttenberger-Ortwein, Status, 196ff. L. Schottroff, Schwestern, 299–308 weist daraufhin, dass gerade hier auch der Dienst von Männern für Frauen gemeint ist. Die Gegenseitigkeit richtet sich hier gegen Geschlechterhierarchien und hebt diese auf. Männer können sich nicht auf ihren in der römisch-hellenistischen Kultur anerkannten Status als Mann zurückziehen und den Dienst den Frauen überlassen.

[64] An dieser Stelle wäre zu fragen, inwieweit der Solidaritätsgedanke im Mk von der Tora her geprägt ist. Berücksichtigt man, dass der Dienst Jesu durch die Lösung, d. h. Befreiung aus Schuldknechtschaft, geschieht, so ist innerhalb der Christologie des Mk ein wesentliches Element der Solidarität der Tora eingebunden.

mehr die handlungsunfähigen Opfer des Systems, sondern erhalten Räume und Möglichkeiten, der Entsolidarisierung entgegenzuwirken. Die Aufforderung zum gegenseitigen Dienst ist nicht einfach eine Verpflichtung, vielmehr beinhaltet sie eine Verheißung. Wenn die Nachfolgenden einander Schwester und Bruder sind, dann erfahren sie die Realität der Verheißung. In ihrem solidarischen Handeln verwirklicht sich das von Gott geschenkte Leben, auch wenn die endgültige Erfüllung noch aussteht.[65]

Der Ruf in die Nachfolge eröffnet Handlungsperspektiven in zweifacher Hinsicht: Die Menschen werden für die weltweite Mission des Evangeliums in Dienst genommen. Sie arbeiten mit am Reich Gottes. Des Weiteren ist die Nachfolgegemeinschaft ein Ort, an dem Solidarität gelebt werden kann. In dieser Hinsicht kann die Nachfolge Christi als Eröffnung und Erweiterung von Handlungsmöglichkeiten verstanden werden. Die Solidargemeinschaft reagiert auf die Situation der Krise. Deswegen ist der Weg in die Nachfolge z. T. auch attraktiv. Die Handlungsfähigkeit der Menschen realisiert sich in der Abkehr von der antiken Gesellschaft mit ihren Zwangsmechanismen und sozialen Verwerfungen. Das Zurücklassen der alten gesellschaftlichen und sozialen Bezüge erweist sich als Befreiung. Nachfolge ist Umsetzung des Umkehrrufes Jesu.

10.3 *Nachfolge als Selbststigmatisierung*

10.3.1 Das Konzept der Selbststigmatisierung

Ein charakteristischer Zug für die Jesusbewegung ist die freiwillige gesellschaftliche Selbstausgrenzung. Die soziologisch orientierte Exegese bezeichnet dies als Selbststigmatisierung.[66] Ich werde darlegen, dass die Selbststigmatisierung ein Konzept gewesen ist, das Handlungsmöglichkeiten für die Nachfolgegemeinschaft eröffnete.

Ein Stigma ist „ein physisches, psychisches oder soziales Merkmal, durch das eine Person sich von den übrigen Mitgliedern einer Gesellschaft oder Gruppe, der sie angehört, negativ unterscheidet und das sie von vollständiger sozialer Anerkennung ausschließt."[67] Mödritzer versteht Stigmatisierung als interaktionistischen Prozess.[68] Stigmatisierung ist der Prozess, in dem einer Person oder einer Gruppe ein Stigma zugeschrieben wird, wodurch die Person oder Gruppe zum Außenseiter abgestempelt wird.[69]

---

[65] Vgl. Schweizer, Markus, 122. Schweizer betont hier, dass die Verheißung nicht allein eine jenseitige ist.
[66] Vgl. vor allem Mödritzer, Stigma.
[67] Peuckert, Stigma, 383.
[68] Vgl. Stigma, 8–14. Mödritzer arbeitet dort die maßgebliche soziologische und sozialpsychologische Literatur auf.
[69] Das Konzept der Selbststigmatisierung wird hier am historischen Jesus und seiner Bewegung entwickelt. Diese Rückfrage nach dem historischen Jesus macht hier auf einen Sachverhalt aufmerksam, der für die späteren Gemeinden von Belang gewesen ist.

10.3 Nachfolge als Selbststigmatisierung

Mödritzer[70] unterscheidet zwischen defektiven und kulpativen Stigmata. Defektive Stigmata beziehen sich auf Merkmale, deren Vorhandensein allgemein erwartet und in Bezug auf gesellschaftliche Normen auch gefordert wird. Bei Stigmatisierten sind diese Merkmale nicht vorhanden. Des Weiteren bedeutet Stigmatisierung auch Zuweisung von Schuld. Stigmata sind Indikatoren für Schuld, die der Stigmatisierte zu Recht trägt (kulpative Stigmata).

Bei Stigmatisierungsprozessen ist es wichtig, dass nicht allein die kognitiv wahrnehmbare Eigenheit oder Eigenschaft einer Person für eine Stigmatisierung ausreicht. Um eine Person auszugrenzen, bedarf es der Bewertung der besonderen Eigenschaft einer Person durch die Gesellschaft.[71] Dies geschieht auf der Basis der anerkannten Werte und Normen der Gesellschaft. Diese Wertvorstellungen legen somit fest, was anerkannt wird und was als unnormal zu betrachten ist. Eine derartige Bewertung einer Person oder einer Gruppen fordert dann als Folge ein bestimmtes Verhalten ihr gegenüber: Stigmatisierung zeigt sich u. a. in eingeschränktem Sozialverkehr, Zuweisung geringerer Rechte, Benachteiligung bei der Zuteilung von Ressourcen etc. Stigmatisierung kann – in Anlehnung an Berger und Luckmann – als gesellschaftliche Konstruktion verstanden werden.

Stigmatisierungsprozesse dienen auch der Stabilisierung der gesellschaftlich anerkannten Normalität. Sie treten häufig in krisenhaften Zeiten auf, in denen der Wertekonsens einer Gesellschaft zu wanken beginnt. Eine vollzogene Ausgrenzung, d. h. die Aktivierung der gesellschaftlich anerkannten Werte als handlungsleitend, zeigt die Funktionsfähigkeit und Einsichtigkeit des Wertekonsenses. Gelungene Ausgrenzungsversuche machen klar, wer die Definitionsmacht innerhalb einer Gesellschaft hat.

Stigmatisierte, die gesellschaftliche Normen und Werte stark verinnerlicht haben, werden zutiefst verunsichert. Entweder sie versuchen, den äußerlichen Anlass für die Ausgrenzung zu beseitigen, oder sie ergeben sich in ihre Außenseiterrolle.[72]

Eine andere Möglichkeit ist die Selbststigmatisierung.[73] Hier gestaltet sich der Interaktionsprozess völlig anders. Nicht Vertreter der gesellschaftlichen Werte setzen die Stigmatisierung in Gang, vielmehr grenzen sich Einzelne oder Gruppen selbst aus, indem sie freiwillig ein Stigma übernehmen oder sich offensiv zu einem Stigma bekennen. Selbststigmatisierung ist damit ein Angriff auf den Bestand der Wertevorstellungen einer Gesellschaft. Ihre Funktionsfähigkeit, Rechtmäßigkeit und Akzeptanz wird so infrage gestellt. Diejenigen, die Prozesse von Selbststigmatisierung in Gang setzen, zeigen, dass die Sanktionen der Gesellschaft bei Stigmatisie-

---

[70] Vgl. Stigma, 17. Mödritzer unterstreicht jedoch, dass beide Typen eng aufeinander bezogen sind.
[71] Nicht allein eine Behinderung oder Krankheit grenzt aus. Dazu braucht es – in Bezug auf die moderne Industriegesellschaft – der negativen Bewertung von Kranken und Behinderten als nichtleistungsfähige Glieder der Gesellschaft.
[72] Gerade ein solch defensives Verhalten wird von den Ausgrenzenden als Legitimierung ihres Verhaltens angesehen. Vgl. Peuckert, Stigma, 384f.
[73] Vgl. Mödritzer, Stigma, 14ff.

rungen keinen Eindruck auf sie machen und sie nicht schrecken. Personen bewahren so ihre Identität.

Mödritzer[74] unterscheidet vier Typen von Selbststigmatisierung:

1. Provokation: Hier fordern Menschen durch ihr Verhalten eine Bestrafung seitens der Gesellschaft heraus, wodurch sie bestimmte gesellschaftliche Wertvorstellungen generell infrage stellen. Sie unterlaufen die Sanktionsmechanismen, deren Funktionsfähigkeit auch auf ihrer abschreckenden Wirkung beruht.

2. Askese: Personen ziehen sich freiwillig durch Verzicht aus bestimmten gesellschaftlichen Bereichen (oder der gesamten Gesellschaft) zurück und demonstrieren so die Wertlosigkeit und Schädlichkeit der gesamten Gesellschaft oder von bestimmten Teilbereichen.[75]

3. Defizistische Form von Selbststigmatisierung: Hier werden Merkmale, die als defizitär bewertet oder erfahren werden, bewusst nach außen gestellt und umdefiniert. Dabei ist u. a. an Krankheiten und Behinderungen zu denken, die von der Gesellschaft tabuisiert werden. Selbststigmatisierung durchbricht hier das Tabu durch das öffentliche Herausstellen des Defizits.

4. Forensische Selbststigmatisierung: Personen laden kulpative Stigmata auf sich, deren Sanktionen den Tod bedeuten können. Selbststigmatisierer treten hier der Gesellschaft/Welt gegenüber[76] und bilden dabei Gegenwelten aus, wobei gesellschaftlich anerkannte Rollen umgewertet werden. „Mächtige und Ohnmächtige tauschen – contrafaktisch – ihre Rollen."[77]

Selbststigmatisierung ist die Vorstufe für charismatische Prozesse.[78] Herausbildung von Charisma geht häufig mit Selbststigmatisierung einher. Wenn die freiwillige Ausgrenzung gesellschaftliche Resonanz zeigt, dann zeichnet sich die Herausbildung von Charisma ab.[79]

10.3.2 Selbststigmatisierung im Markusevangelium

10.3.2.1 Zu den Konflikten mit jüdischen Gruppierungen

Lassen sich Prozesse der Stigmatisierung bzw. Selbststigmatisierung im Mk wiederfinden? Erster Ansatzpunkt sind die Konflikte, die Jesus im Mk mit bestimmten jüdischen Gruppierungen – häufig um die Interpretation der Tora – austrägt. Bevor

---

[74] Vgl. ebd., 24–26. Mödritzer nimmt hier Ergebnisse von Lipp, Stigma, 131–166 auf und präzisiert die idealtypischen Formen, die Lipp bezüglich der Prozesse von Selbststigmatisierung herausgearbeitet hat.
[75] Als Beispiele werden hier u. a. Vegetarier und Anachoreten genannt.
[76] Der Wert des eigenen Lebens wird negiert.
[77] Mödritzer, Stigma, 25.
[78] Vgl. ebd., 23ff. Mödritzer greift hier auf die wegweisenden Studien von Lipp zurück, der den Zusammenhang von Stigma und Charisma herausgearbeitet hat.
[79] Voraussetzung dafür ist der absolute Durchhaltewille der Person oder Gruppe, die Selbststigmatisierung betreibt.

10.3 Nachfolge als Selbststigmatisierung

diese Konflikte im Einzelnen analysiert werden, muss ihr gesellschaftlicher Hintergrund in der Zeit nach 70 n. Chr. genauer in den Blick genommen werden.

In den Streitgesprächen befindet sich Jesus mit bestimmten gesellschaftlich relevanten Gruppen des Judentums (Schriftgelehrten und Pharisäern) in einer Debatte um zentrale Momente der Identität des Judentums. Neben der Beschneidung gehörten der Sabbat und seine Heiligung zu den zentralen Kennzeichen, die schon in der Antike jüdische Identität ausmachten und darstellten (Gen 17,10–14).[80] Die Heiligung des Sabbats ist ein Bundeszeichen, das Israel aufgegeben ist.[81]

Die Religionsgeschichte Israels seit dem babylonischen Exil zeigt, dass die Frage, wie der Glaube an den einen Gott Israels zu leben sei, immer eine Frage der Interpretation war. Wie ist die religiöse Tradition in der jeweiligen Situation zu deuten, zu interpretieren oder gegebenenfalls zu verändern? Dabei sind die verschiedenen Interpretationsansätze untereinander nicht frei von Widersprüchen.[82] Diskussionen um zentrale Punkte der eigenen religiösen Identität prägen somit das Bild des antiken Judentums. Solche Diskussionen kreisen dabei auch immer um die Frage, wer über den Erhalt und die Interpretation der Identität wacht.[83]

Die Zerstörung des Zweiten Tempels machte eine Neuorientierung im Judentum erforderlich, da eine zentrale religiöse Institution nicht mehr existierte.[84] Dieser Prozess wurde nach der Beendigung des Krieges von gesellschaftlichen Gruppen getragen, die aus der pharisäischen und schriftgelehrten Tradition kamen. Ziel des

---

[80] Vgl. Guttenberger, Gott, 125. In antijüdischen Texten antiker Autoren werden Beschneidung und Sabbatruhe massiv attackiert. Vgl. Schäfer, Judeophobia, 82–105.

[81] Vgl. Rendtorff, Theologie II, 22ff.

[82] Vgl. Albertz, Religionsgeschichte, 497–535; Crüsemann, Tora, 413–423. Crüsemann, Tora, 421f stellt überzeugend dar, dass innerhalb der Tora Gebote wie die über das Erbrecht der Töchter (Num 27; 36) verändert wurden und somit einander widersprechende Gebote in der Tora zu finden sind. Zur kontroversen Auslegung der Tora im antiken Judentum vgl. Grözinger, Denken, 161–169.

[83] Albertz, Religionsgeschichte, 495–535 stellt den Kompositionsprozess der Tora als Diskurs zwischen zwei konkurrierenden Gruppen in Israel dar. Dieser Diskurs, soweit er im Text nachvollzogen werden kann, zeugt von massiven Konflikten. Die Heftigkeit dieser Konflikte zeigt sich in der Geschichte von der Auslöschung der Rotte Korachs (Num 16). Diese Geschichte spiegelt den Konflikt zwischen den dtn/dtr geprägten Theologen und den priesterlichen Kreisen um das Verständnis von Heiligkeit wider und zeigt die priesterliche Position. Die dtn/dtr Position, dass das ganze Volk heilig sei (Num 16,2; vgl. Ex 19,6), wird radikal abgelehnt. Den Vertretern dieser Sicht wird der Tod an den Hals gewünscht. Die dtn/dtr Theologen antworten mit dem Vorwurf, dass die Priester das Volk JHWHs getötet haben (Num 17,6). Der Streit wird heftig geführt und in der Endfassung der Tora nicht einfach geglättet. Solch tief greifende Widersprüche prägen das Profil der Tora. Sowohl das Heiligkeitsverständnis der priesterlichen Kreise als auch der dtn/dtr Theologen wird in die Tora aufgenommen. Albertz, Religionsgeschichte, 31 bezeichnet dieses als „gefrorenen Dialog". Vgl. dazu insgesamt ebd., 527–531. Vgl. auch Blum, Komposition, 271, 334f, 344. Die Heftigkeit des Konfliktes zwischen Jesus und den Pharisäern und den Schriftgelehrten ist also nichts Außergewöhnliches. Die Differenz zum Streit während der Komposition der Tora ist, dass hier nicht die Einsicht siegt, die abweichende Meinung der anderen Seite einfach stehen zu lassen. Der Wunsch, die Gegenseite aus der Welt zu schaffen, wird in die Tat umgesetzt.

[84] Vgl. Stegemann/Stegemann, Sozialgeschichte, 196ff.

Prozesses war die Schaffung einer tragfähigen Basis für das Judentum, wobei es neben der Neuinterpretation der religiösen Traditionen um die Überwindung der Spaltungen im Judentum ging.[85] Charakteristisch für den Beginn eines solchen Prozesses ist es, dass noch gar nicht klar ist, wer ihn maßgeblich gestalten wird. Die Frage der Meinungsführerschaft und Definitionsmacht ist hier noch nicht abschließend geklärt. In der historischen Situation stellte sich die Frage, inwieweit eine messianische Gruppe wie die frühen christlichen Gemeinden für eine Integration bereit war und die Autorität der Gruppen der pharisäisch-schriftgelehrten Tradition anerkannte.

Die Streitgespräche des Mk zeigen eine Momentaufnahme aus dem Beginn der Neuformierung des antiken Judentums nach 70 n. Chr.[86] Der Evangelist schildert zwei Parteien, die um die Definitionsmacht in Bezug auf identitätsstiftende Merkmale streiten: die Schriftgelehrten/Pharisäer und Jesus (d. h. diejenigen, die sich zu Jesus als Christus bekennen und ihn deswegen als die entscheidende Autorität anführen). Dabei liegen die Positionen – gerade in Bezug auf den Sabbat – inhaltlich nicht so weit auseinander,[87] als dass es ein hinreichender Grund für einen so heftigen Konflikt wäre. Es geht vielmehr um die Frage, welche der streitenden Parteien den religiösen Diskurs bestimmt. Wer ist die anerkannte Autorität? Dass Jesus in den frühen christlichen Gemeinden als der Christus bekannt wird und dadurch seine uneingeschränkte Autorität für die Gemeinden erhält, wird zum entscheidenden Problem und führt im weiteren Verlauf der Geschichte zur Abspaltung der christlichen Gemeinden vom sich neu konstituierenden Judentum.[88] Die Frage, ob Jesus der Christus ist, ist das eigentliche und entscheidende Problem. Sündenvergebung ist im Judentum an sich eine unstrittige Frage: Darf aber dieser eine im Namen Gottes Sünden vergeben? Die Verurteilung vor dem Hohen Rat erfolgt nach der Selbstaussage Jesu, dass er der Christus ist (Mk 14,62). Hier zeigt sich der zentrale Punkt des Konfliktes mit den jüdischen Gruppierungen: Es ist das Bekenntnis, dass Jesus der Christus ist.

In den Streitgesprächen geht es um die Frage, ob Christus eine anerkannte und entscheidende Autorität auch für die Pharisäer und Schriftgelehrten ist oder nicht. Ihre ablehnende und feindliche Haltung zeigt, dass für sie Jesus nicht der Christus ist.

---

[85] Stegemann/Stegemann, Sozialgeschichte, 197 sprechen hier von einem integrativen Prozess: Die Gruppenspaltungen innerhalb des Judentums sollten durch Schaffung eines tragfähigen Konsenses überwunden werden. Vgl. auch Avemarie, Formierung, 194f.
[86] Mt und Joh zeigen dann, wie konfliktreich sich dieser Prozess noch gestalten sollte. Vgl. Stegemann/Stegemann, Sozialgeschichte, 197–201.205–213. Dormeyer, Markusevangelium, 208 ordnet die Streitgespräche insgesamt in die antike Streitkultur ein.
[87] Vgl. dazu Kap. 10.3.2.2.
[88] Vgl. Kampling, Israel, 216ff; Scholtissek, Sohn, 87; ders., Vollmacht, 180f; Marcus, Mark, 224: „Christological questions are primary for Mark … and they have primacy in the Markan community's disputes with outsiders as well."

10.3 Nachfolge als Selbststigmatisierung

Nicht die Sache (Sabbat, Sündenvergebung, Reinheitstora) stehen bei den Gesprächen im Vordergrund, sondern das Verhältnis zwischen den jüdischen Gruppierungen, die auf der pharisäischen und schriftgelehrten Tradition aufbauen, und den Gemeinden, die Jesus als den Christus verstehen: Erkennen die Vertreter der pharisäischen und schriftgelehrten Tradition die christlichen Gemeinden mit ihrem besonderen Bekenntnis als Gesprächspartner an? Wie verhalten sich die, die sich zu Jesus bekennen, zu den anderen? Schulz von Thun hat darauf aufmerksam gemacht, dass in mündlichen Kommunikationsprozessen die Botschaft oder Nachricht neben dem Sachinhalt auch die Beziehung zwischen Sender und Empfänger der Nachricht thematisiert.[89] „Aus der Nachricht geht hervor, wie der Sender zum Empfänger steht, was er von ihm hält."[90] Die Feststellung Schulz von Thuns stellt heraus, dass zum Verständnis der Streitgespräche eines wichtig ist: Es muss berücksichtigt werden, was die Erzählung über das Verhältnis der streitenden Parteien zueinander aussagt. Genau dies macht erst deutlich, warum der Konflikt so heftig geführt wird, und warum er später eskaliert.

Nach der Darstellung des Mk sind die Schriftgelehrten und Pharisäer die jüdischen Gruppierungen, die sich gleich zu Beginn als Gegner Jesu präsentieren (Mk 2,6.16.24; 3,2.6). Die Schriftgelehrten bildeten zwar keine fest geschlossene Gruppe, aber sie waren für die Gestalt des damaligen Judentums eine prägende Gruppierung. Sie waren mit der Weiterentwicklung der religiösen Überlieferung im Angesicht neuer Herausforderungen der Zeit betraut, ebenso mit der Pflege der Rechtstraditionen der Tora und der Ausbildung von Schülern.[91] Damit waren zentrale Einrichtungen des antiken Judentums in ihrer Obhut. Die Pharisäer waren in der Zeit vor 70 n. Chr. eine einflussreiche Laienbewegung. Diese Bewegung schaffte es, die Wirren des Aufstandes zu überstehen und konnte so ihre gesellschaftliche Stellung bei der Neukonstituierung des Judentums nach 70 n. Chr. einbringen, wodurch sie zu einer der führenden Gruppierungen im Judentum wurde.[92] Der Evangelist weiß um die Bedeutsamkeit beider Gruppen und stellt die Pharisäer und Schriftgelehrte als einflussreich dar.

10.3.2.2 Konflikte um den Sabbat

In Mk 2,23–28 und 3,1–6 werden zwei Geschichten erzählt, in denen Jesus mit den Pharisäern über die Interpretation des Sabbatgebotes streitet. Anlass für die Konflikte sind das Ährenraufen der Jünger am Sabbat (also eine Art Erntearbeit)[93] und

---

[89] Vgl. Schulz von Thun, Reden, 27ff.
[90] Ebd.
[91] Vgl. Gnilka, Markus I, 79. Marcus, Mark, 523 sieht in den Schriftgelehrten in der Zeit vor 70 n. Chr. Priester und Leviten. In der Zeit nach 70 n. Chr. wurden Schriftgelehrte mit den Pharisäern identifiziert.
[92] Vgl. Marcus, Mark, 519ff; Baumgarten, Pharisäer.
[93] Vgl. Gnilka, Markus I, 121f. Vgl. Auch Theißen/Merz, Jesus, 329 und Klumbies, Mythos, 177.

Jesu Heilung eines Mannes mit einer verdorrten Hand in einer Synagoge. Zu fragen ist, was Kern des Streits ist und was für Folgen er hat.

In Mk 2,24 bewerten die Pharisäer das Handeln der Jünger als Bruch des Sabbatgebotes. Bei der Einordnung und Deutung der Antwort Jesu kommt es darauf an, inwieweit seine Erwiderung im Rahmen des antiken Judentums verortet ist oder nicht.

In Jesu Antwort – so Gnilka[94] – zeigt sich einerseits Jesu Kritik an der jüdischen Sabbatpraxis, andererseits Jesu eschatologische Vollmacht, mit der er als Menschensohn über die Gültigkeit des Sabbats entscheidet. Jesu Kritik an der Sabbatpraxis rückt den Menschen ins Zentrum. Der Sabbat soll ihm dienen, zu seinem Wohle ist der Sabbat da. Mit seiner Kritik stellt Jesus den ursprünglichen Willen Gottes in Bezug auf das Sabbatgebot wieder her, der durch die jüdische Kasuistik „verdunkelt" wurde. Eine solche Auslegung des mk Sabbatverständnisses leidet jedoch unter der Absicht, dass die Position Jesu zum Sabbat gegenüber der jüdischen Tradition etwas Neues bieten oder qualitativ besser sein müsse.[95]

Stegemann/Stegemann und Wengst weisen in Bezug auf Jesu Haltung zum Sabbat zu Recht auf die jüdische Diskussion um die Geltung des Sabbatgebotes in Notlagen (insbesondere Lebensgefahr) hin. Hier wurde ausdrücklich der Bruch des Sabbatgebotes bei Gefahr für Leib und Leben erlaubt.[96] Mk 2,23–28 kann innerhalb dieser Diskussion verortet werden. Das Ährenraufen der Jünger wird durch die Notlage des Hungers hervorgerufen (vgl. 2,25).[97] Jesus tritt hier im Mk als Vertreter dieser Position innerhalb des jüdischen Toradiskurses auf. Von einer Abgrenzung der Position Jesu zum Sabbat vom Judentum kann an dieser Stelle keine Rede sein. Jesus betreibt also keine Selbststigmatisierung, indem er durch Nichtachtung das Sabbatgebot aus den Angeln hebt.

Dies ändert sich auch nicht im Hinblick auf Mk 3,1–6. Die Gegner Jesu (mit „sie" in 3,2 dürften, wie 3,6 zeigt, die Pharisäer und die Herodianer gemeint sein) versuchen zwar, ihn auf Grundlage eines Deliktes gegen das Sabbatgebot zu überführen, allerdings bleibt Jesu Heilung im Rahmen des dargestellten jüdischen Diskurses: Am Sabbat ist helfendes Handeln erlaubt.[98]

---

[94] Vgl. Markus I, 122ff. Eckey, Markusevangelium, 108f sieht in Jesu Handeln eine Restituierung der Schöpfungsgabe Gottes. Guttenberger, Gott, 132f versteht Jesu Handeln als Ablösung des Alten durch eine neue Ordnung, die in der Schöpfung begründet ist. Vgl. Marcus, Mark, 246f.

[95] W. Stegemann, Kontingenz, 173 spricht hier vom „christlichen Zwang der Überbietung". Besonders ärgerlich ist es, dass nicht näher begründet wird, wo und inwieweit die jüdische Diskussion um den Sabbat den Gotteswillen verdunkelt hat.

[96] Vgl. Stegemann/Stegemann, Sozialgeschichte, 185; Wengst, Jesus, 55f. Wengst, Jesus, 56 betont, dass die Gefahren für Leib und Leben schon früh anfangen können: „schon bei Halsschmerzen kann man ja nicht wissen, wo sie hinführen." (Vgl. mYom 8,6).

[97] Mit Stegemann/Stegemann, Sozialgeschichte, 189 gegen Gnilka, Markus I, 122, der die Übertretung des Sabbats nicht in der Notlage der Jünger begründet sieht.

[98] Stegemann/Stegemann, Sozialgeschichte, 189f heben hervor, dass Jesu Heilung in 3,5 durch das Wort geschieht und so keine Handlung im Sinne des Sabbatgebotes ist.

10.3 Nachfolge als Selbststigmatisierung

Das bisher Erarbeitete verschärft die Frage, worin der Konflikt zwischen Jesus und den Pharisäern besteht. Die Folge der beiden Streitgespräche am Sabbat ist der Beschluss der Pharisäer und Herodianer, Jesus zu töten (3,6). Der geschilderte Konflikt hat also eine solche Schärfe erreicht, dass die jüdischen Autoritäten bereit sind, ihren Gegner gewaltsam aus dem Wege zu räumen. Der entscheidende Konflikt ist die Frage danach, wer die Definitionsmacht hat: Jesus oder die Pharisäer: Wer bestimmt, wie der Sabbat auszulegen und zu leben ist?[99]

Für die Pharisäer und Schriftgelehrten bedeuteten Jesus und seine Bewegung eine Bedrohung für ihre gesellschaftlich-religiöse Stellung. Jesus bekommt durch sein Auftreten eine einflussreiche Position und drängt die Pharisäer und Schriftgelehrten zurück (vgl. den Zulauf durch das Volk und die Anerkennung der Vollmacht Jesu in 1,27.34; 3,7–10). In 1,22 wird die Lehre Jesu deutlich über die der Schriftgelehrten gestellt. Die Lehre Jesu hat eine nachhaltige Wirkung auf die Menschen: Sie geraten außer Fassung.[100] Die Agitation gegen Jesus ist der Versuch, seinen großen Einfluss im Volk zurückzudrängen. Dies geschieht, indem man versucht, Jesus (und damit seine Anhängerschaft) als außerhalb des Judentums stehend hinzustellen. In 2,24 ist es der Vorwurf, dass die Jünger etwas im Judentum Unerlaubtes tun.[101] Jesus und seine Anhängerschaft sollen als Abweichler hingestellt werden (auch wenn sie es de facto nicht sind), da sie die Autorität der Pharisäer und Schriftgelehrten nicht anerkennen. Die Intention ist klar: Gelingt es, Jesus (und seine Anhänger) als außerhalb der Religion stehend hinzustellen, dann kann die Autorität Jesu für die Interpretation der Tradition nicht maßgeblich sein. In 3,2 versuchen die Pharisäer in der Synagoge, Jesus eines vom Judentum abweichenden Verhaltens zu überführen. Die Synagoge ist zu dieser Zeit schon ein zentraler Ort, wo Judentum gelebt und tradiert wird.[102] Die Agitation der Pharisäer signalisiert Jesus, dass sie ihm feindlich gesonnen sind. Gleichzeitig wollen sie ihm zeigen, dass sie willens und in der Lage sind, seine gesellschaftliche Bedeutung zurückzudrängen. Die Beziehung zwischen den streitenden Parteien ist deutlich geprägt von der Frage, wer die mächtigere von beiden ist.

Genau auf dieser Ebene antwortet Jesus mit seiner Interpretation des Sabbats. Er gibt seinem Verhalten eine feste religiös legitimierte Basis. In beiden Geschichten zum Sabbat schaffen es die Pharisäer nicht, im Konflikt die Oberhand zu gewinnen. Auf Jesu Frage in 3,4 können sie nur mit Schweigen reagieren, da er mit seiner Po-

---

[99] Guttenberger, Gott, 129 meint, dass Jesus als der Menschensohn hier die Verfügungsmacht über den Sabbat hat. Davon kann jedoch nicht die Rede sein. Jesu Reden und Handeln zeigt nur, wie sehr er dem Sabbat und seiner theologischen Intention verbunden ist. Eine Verfügungsberechtigung hieße ja, dass der Sabbat – auch in seiner Intention – der Macht Jesu unterstünde. Jesus hingegen ist dem Sinn des Gebotes verpflichtet.
[100] Vgl. Gnilka, Markus I, 78.
[101] In Bezug auf die Wunderheilungen wird Jesus der Vorwurf gemacht, mit dem Beelzebul zu kooperieren (3,22). Vgl. dazu Guijarro, Wirkung.
[102] Vgl. Wick, Gottesdienste, 131ff.

sition im Recht ist.[103] Gäben sie dies öffentlich zu, würden sie zwangsläufig seine Position festigen und ihre Niederlage eingestehen. In 3,6 wird eindrücklich geschildert, dass sie den Platz räumen müssen. Der Tötungsbeschluss zeigt, dass sie sich nicht anders zu helfen wissen, als Jesus gewaltsam aus dem Weg zu räumen. Damit verlassen sie endgültig die Diskursebene und setzen sich mit der Position Jesu nicht mehr auseinander. In beiden Geschichten versuchen die Pharisäer, Jesus und seine Anhänger in Bezug auf die Sabbatobservanz als Abweichler vom Judentum hinzustellen.[104] Es ist der Versuch, einen Stigmatisierungsprozess einzuleiten.[105] Durch die Ausgrenzung wollen die Pharisäer ihre machtvolle gesellschaftliche Stellung gegenüber Jesus dokumentieren.[106]

Die Reaktion Jesu bleibt auf der Ebene des Mk sachlich im Rahmen des antiken Judentums. Allerdings zieht er die feindlichen Reaktionen der Pharisäer durch sein machtvolles öffentliches Auftreten auf sich. Jesus provoziert Gegenreaktionen der Pharisäer. Er erfüllt die gesellschaftlichen Erwartungen, die Pharisäer als religiöse Autorität anzuerkennen, nicht. Damit lädt er kulpative Stigmata auf sich. Da er jedoch die Autorität der Pharisäer zum Teil demontiert, unterläuft Jesus die zunächst erwarteten Sanktionen: Die Brandmarkung als Abweichler von einem zentralen Element des Judentums erfolgt nicht. Jesus behauptet so seine erworbene gesellschaftliche Stellung. Er zeigt seine Vollmacht, die ihn zur entscheidenden Autorität macht.[107] Diejenigen, die sich zu Christus bekennen, und diese Geschichte als ihre normative Grundlage verstehen, erkennen die Pharisäer und ihren Anspruch nicht an.

10.3.2.3 Der Konflikt um das Verständnis von Reinheit – Mk 7,1–23

Ein weiterer Konflikt zwischen den Pharisäern und Schriftgelehrten und Jesus betrifft die von der Tora gebotene Reinheit (Mk 7,1–23), ein Thema, dem sich die pharisäische Bewegung in besonderer Weise gestellt hatte: Die Hineinnahme der Reinheitsgebote in den Alltag war ein zentrales Anliegen der Pharisäer.[108] Auf der

---

[103] Vgl. Hähnchen, Weg, 124; Lührmann, Markusevangelium, 66.
[104] Obwohl genau sie es sind, die dem Sinn des Sabbats, Leben zu fördern, durch ihren Tötungsbeschluss (3,6) zuwiderhandeln. Vgl. Guttenberger, Gott, 131f.
[105] Da Jesus und seine Anhänger hier ein normativ erwartetes Verhalten vermissen lassen, kann man von einem defektiven Stigma sprechen.
[106] Vgl. Mödritzer, Stigma, 16, der darauf verweist, dass Stigmatisierung auch immer mit der Dokumentation von Macht zu tun hat. Wer andere ausgrenzt, besitzt Macht.
[107] Vgl. Scholtissek, Vollmacht, 180f. Klumbies, Mythos, 180 betont, dass das gegenwärtige Normenverständnis der Gemeinde durch Jesus Christus geprägt ist. Der Bezug auf sein Handeln ist normensetzend. Problematisch wird dieser Ansatz dann, wenn die Praxis Jesu im Gegensatz zur jüdischen Auslegungspraxis des Sabbats gesehen wird.
[108] Vgl. Stegemann/Stegemann, Sozialgeschichte, 132f; Baumgarten, Pharisäer, 1263.

10.3 Nachfolge als Selbststigmatisierung

Ebene des Mk stehen die Pharisäer für ein Judentum, das den Reinheitsgeboten im Alltag einen hohen Stellenwert einräumt.[109]

Jesu Wort in 7,15 darf nicht als generelle Ablehnung der Reinheitsgebote und als Jesu Bruch mit dem Judentum verstanden werden.[110] Das Reinheitsverständnis Jesu in 7,15 ist vergleichbar mit dem einiger Vertreter der Chassidim, die innerhalb der pharisäischen Bewegung eine abweichende Haltung zur Reinheitstora einnahmen.[111] Von einem Verlassen der jüdischen Tradition kann hier zunächst keine Rede sein. Die Darstellung des Konfliktes zeigt auch hier deutlich: Es geht um die Frage, wer die Autorität in dem Streit um die Reinheitsgebote hat, Jesus oder die Pharisäer und Schriftgelehrten.

Die Pharisäer und Schriftgelehrten nehmen Anstoß am Verhalten der Jünger Jesu (7,2)[112] und werfen Jesus vor, die Weisungen der Ältesten – also die Halacha – nicht zu beachten (7,5). Sie fordern damit von Jesus, die Autorität der Ältesten anzuerkennen. Die Antwort Jesu weist diese Forderung scharf zurück. Allerdings nicht, indem er die Reinheitsgebote an sich infrage stellt, sondern er spricht den Weisungen der Ältesten jede Autorität ab. Er qualifiziert sie unter Verwendung eines Zitates aus Jes 29,13 als Menschensatzungen ab, die widergöttlich sind (7,6f).[113] Den Satzungen der Ältesten gesteht er keine Autorität zu, und ebenso den Anklägern nicht: Sie sind Heuchler (7,6), Menschen, die gegen den Willen Gottes agieren.[114] In 7,8 wirft Jesus ihnen auch vor, Gottes Gebote verlassen zu haben. Der Bezug auf die Tora als Gebote Gottes zeigt, dass Jesus hier klar im jüdischen Kontext argumentiert und entsprechend der jüdischen Tradition die Tora als Weisung Gottes wertschätzt.[115]

In 7,9–13 konkretisiert Jesus den Vorwurf an seine Gegner, dass sie die Tora missachten und außer Kraft setzen, indem er auf die sog. Korbanpraxis verweist. Die Korbanpraxis[116] untergräbt in der Sicht Jesu die von Gott gebotene Fürsorge

---

[109] Das Wissen um die Inhalte der pharisäischen Frömmigkeit kann der Evangelist hier bei seinen heidenchristlichen Lesern nur zu einem Teil voraussetzen. So erklärt er in 7,3 pauschalisierend einen Reinheitsbrauch. Der Hinweis auf das Händewaschen vor dem Essen zeigt die Durchdringung des Alltags von den Reinheitsgeboten.
[110] So u. a. Haenchen, Weg, 266; Lührmann, Markusevangelium, 126.
[111] Vgl. Wengst, Jesus, 56f. Nach Chanina ben Dosa verunreinigt nicht der Biss einer Schlange (nach Lev 11,41–43 ein unreines Tier), sondern die Verfehlungen (bBerachot 33a). Vermes, Jesus, 63f schreibt, dass Chanina ben Dosa, wie Jesus, kaum ein Interesse an rituellen Fragen hatte, sondern sich vielmehr auf die Ethik konzentrierte. Sowohl die Position Jesu als auch die von Chanina stehen zum Hauptstrom des pharisäisch-rabbinischen Judentums in Spannung. Aber ihre Positionen müssen als jüdische begriffen werden.
[112] Das Händewaschen vor dem Essen wird in der pharisäischen Bewegung als ein wichtiger Bestandteil der Heiligung des Lebens verstanden (Lev 15,11, 20,7). Vgl. Gnilka, Markus I, 280.
[113] Vgl. Kampling, Gesetz, 129.
[114] Vgl. Söding, Glauben, 363.
[115] Vgl. Kampling, Gesetz, 130.
[116] Die hier in Mk 7 angegriffene Korban-Praxis meint Folgendes: Korban ist eine Schwurformel, mit der ein bestimmtes Gut Gott geweiht wird. Der bisherige Besitzer musste dieses Gut nicht zwangsläufig dem Tempel überstellen, sondern konnte es weiterhin nutzen. Dritte waren von der

der erwachsenen Kinder gegen die altgewordenen Eltern. Jesus geißelt die Verletzung der von der Tora gebotenen Solidaritätspflicht und unterstreicht so die Bedeutung der Tora als Wort Gottes (7,13).[117]

Der Abschnitt 7,1–13 zeigt deutlich, dass Jesus den Anspruch seiner Kritiker zurückweist, maßgebliche Ausleger und Verwalter der religiösen Tradition zu sein. Er spricht ihnen jedes Recht ab, den religiösen Diskurs zu bestimmen, da sie die Inhalte des jüdischen Glaubens verraten haben.

Nachdem die Beziehung zwischen Jesus und den Pharisäern und Schriftgelehrten geklärt ist, ergreift Jesus dem Volk gegenüber das Wort. Er übernimmt es nun an Stelle der Pharisäer und Schriftgelehrten, das Volk religiös zu unterweisen. Er tritt auch hier als Lehrer des Volkes auf. Die Formulierung „Hört mich alle und begreift" (7,14) zielt darauf ab, dass die Menschen das Gehörte in die Tat umsetzen, dass sie ihr Leben nach den Worten Jesu ausrichten. Gelungenes Hören bedeutet im Kontext des Mk, das Leben nach Gottes Willen zu gestalten (4,20).[118]

Seine Unterweisung setzt er im Kreise der Jünger fort (7,17–22). Ihnen gegenüber unterstreicht er seine Lehre, dass der Mensch sich nicht durch äußere Dinge verunreinigt, sondern durch Verhaltensweisen, die aus dem Herzen, dem Person- und Entscheidungszentrum des Menschen, kommen. Dabei unterstreicht er u. a. wieder die Bedeutsamkeit der Gebote des Dekalogs.[119] Allerdings geht dieser Hochschätzung die Abwertung von Geboten über unreine Speisen voran (7,19). Alle Speisen sind – so die Erklärung des Erzählers – von Jesus für rein erklärt worden.

Im Mk wird hier eine Bewertung von Torageboten vorgenommen. Die Gebote des Dekalogs stehen über den Reinheitsgeboten. Diese werden hier als Menschensatzungen abqualifiziert. Eine solche Bewertung basiert auf der Autorität Jesu Christi. Er hat nach dem Mk die Vollmacht, dieses zu tun.[120]

Nutzung aber ausgeschlossen. Dies konnten u.a. die eigenen Eltern sein. Mit der Weihung von Gütern war es also möglich, sich z. T. der Verpflichtung, die eigenen Eltern zu versorgen zu, entziehen. Vgl. Gnilka, Markus I, 283.

[117] Dass Jesus hier das Elterngebot über die Korbanpraxis, die sich auf Num 30,3 berufen kann, stellt, ist ein nicht ungewöhnlicher Vorgang in der Toraauslegung des antiken Judentums und ist in der Komposition der Tora selbst so angelegt. Die Tora bedarf der Interpretation. Vgl. Crüsemann, Tora, 419–423. Jesus, der Interpret der Tora, darf hier nicht dem Judentum gegenüber gestellt werden.

[118] Vgl. L. Schottroff, Gleichnisse, 91ff: In 4,14–19 wird innerhalb des Gleichnisses das misslingende Hören des Wortes Gottes erläutert. Das Nicht-Begreifen der Jünger (8,17) äußert sich darin, dass sie ihre Lebenspraxis nicht im Vertrauen auf Jesus gründen.

[119] Vgl. Kampling, Gesetz, 138f. Mk nennt hier das 7.,5. und 6. Gebot. Die aufgezählten Laster lassen sich auch in Schriften des hellenistischen Judentums wiederfinden: gr Bar 4,8 und 13; Philo RerDivHer 173.

[120] Vgl. Kampling, Gesetz, 139f; Guttenberger, Gott, 147. Die Abwertung der Kategorien Rein/Unrein deutet auf den Kontext der frühen christlichen Mission unter den Völkern hin. Durch die hier in Mk 7 vorgenommene Bewertung ist der Sozialverkehr zwischen jüdischen Menschen und Menschen aus den Völkern deutlich erleichtert. Insgesamt ist feststellbar, dass im Mk die Torarezeption an den Herausforderungen und Problemen der Mission orientiert ist. Vgl. Guttenberger, Gott, 117ff.144; Feneberg, Jesus, 176–179; Kampling, Gesetz, 129. Reinmuths Ansatz (Anthropologie,

Jesu Auftreten gegenüber den Pharisäern und Schriftgelehrten kann – wie in 2,23–3,6 – als Provokation gedeutet werden. Den Versuch, ihn und seine Anhänger als Abweichler hinzustellen, kontert Jesus mit der Anklage seiner Gegner und seinem Verständnis von Reinheit und Unreinheit. Im Konflikt mit anderen jüdischen Gruppierungen über die Frage, wie in der Situation nach 70 n. Chr. der Glauben an den einen Gott zu leben sei, führen seine Anhänger den Gesalbten Jesus als die maßgebende Autorität an. Diese Positionen lassen sich sachlich im Judentum verorten. Allerdings weigern sich die anderen Gruppierungen (im Mk durch die Schriftgelehrten und Pharisäer vertreten) diese Autorität anzuerkennen. Sie erkennen sie aber nicht nur nicht an, sondern wollen sie auch aus der Welt schaffen.

10.3.2.4 Zum Verständnis von Sündenvergebung

Der Umgang Jesu mit Sündern eröffnet ein weiteres Konfliktfeld zwischen ihm und den Pharisäern und Schriftgelehrten. In 2,1–12 erregt die Sündenvergebung den Widerspruch der Schriftgelehrten, in 2,13–17 ist es der intensive Sozialkontakt Jesu mit Zöllnern.

Der Anspruch Jesu, Sünden vergeben zu können (2,10), ist mit der Kategorie der Selbststigmatisierung nicht zu erfassen, hingegen schon die Tischgemeinschaft Jesu mit den Zöllnern.[121] Das zu klärende Problem ist hier der ‚richtige' Umgang mit Sündern.[122] Dass das Judentum Sündenvergebung kannte und dass diese auch praktiziert wurde, steht völlig außer Frage.[123] Die Schriftgelehrten der Pharisäer nehmen Anstoß daran, dass Jesus auf die Zöllner (konkret: auf Levi) zugeht, gewissermaßen den ersten Schritt macht. Für sie scheint nur eine reuige Umkehr der richtige Weg zu sein.[124] Aber hier geht die Initiative eindeutig von Jesus aus. Dies unterstreicht das Bildwort in 2,17, in dem Jesus seinen Auftrag zusammenfasst. Jesus ruft die Sünder in die Nachfolge, d. h. er will sie in die Nachfolgegemeinschaft integrieren.[125] Bei den Sündern handelt es sich um Menschen, die auf Grund von Stigmatisierungsprozessen sozial desintegriert waren. Ihre Handlungs- und Lebensweise war mit den Wertvorstellungen der Gesellschaft nicht vereinbar, so dass sie gesell-

---

97ff), die levitische Reinheitstora als Weg der „falschen Sicherheit" zu verstehen, betritt die Pfade der existentialen Interpretation des Neuen Testaments, die zur Erschließung des Reinheitsdiskurses im antiken Judentums, nicht dienlich sind. Im Reinheitsdiskurs geht es um die Frage der Darstellung, Erkennbarkeit und Abgrenzung der Glaubensgemeinschaft. Dies musste während der Öffnung zur Völkerwelt neu diskutiert werden. Vgl. insgesamt Frankemölle, Frühjudentum, 243ff.

[121] Vgl. Mödritzer, Stigma, 142, der Jesu Verhalten hier als Provokation einordnet.
[122] Zöllner waren neben Prostituierten die Prototypen der Sünder. Vgl. Stegemann/Stegemann, Sozialgeschichte, 178f.
[123] Vgl. Schreiner, Vergebung.
[124] Vgl. Mödritzer, Stigma, 142.
[125] Stegemann/Stegemann, Sozialgeschichte, 183 betonen den integrativen Charakter der Jesusnachfolge. Vgl. auch Schüssler Fiorenza, Gedächtnis, 162ff.

schaftlich ausgegrenzt wurden. In Bezug auf die Zolleintreiber, die wie Levi direkt an den Zollstellen arbeiteten, resultierte die Aufnahme der gesellschaftlich abgelehnten Tätigkeit wahrscheinlich aus sozialen Notlagen.[126]

Jesu Hinwendung zu den Sündern ist allerdings nicht einfach nur die Aufnahme von Sozialkontakten mit Desintegrierten. Jesus greift damit die Ausgrenzung selbst an, und zwar innerhalb eines Prozesses der Selbststigmatisierung. Jesus zieht die Stigmatisierung, die bisher nur den Zöllnern galt, auf sich. Dabei ignoriert er nicht nur die ausgrenzenden Sanktionen der Gesellschaft (in Gestalt der Schriftgelehrten), sondern stellt mit seiner Provokation das ausgrenzende Verhalten und dessen Begründung selbst infrage. Für Jesus ist eine Haltung, die auf die Umkehr wartet, nicht akzeptabel. Er will vielmehr den Menschen die Vergebung in der Aufforderung zur Nachfolge bringen. Dies zeigt das Bild des Arztes (2,17) deutlich: Der Arzt verschafft Heilung, die der Kranke sich nicht selbst geben kann. Die Geschichte spiegelt insgesamt den bereits dargestellten Konflikt um die Definitionsmacht in der Gesellschaft wider.

10.3.2.5 Jesus und der Tempel

In der neutestamentlichen Forschung hat sich durchgesetzt, Jesu Aktion im Tempel (Mk 11,15–18)[127] als prophetische Zeichenhandlung zu verstehen.[128] Die prophetische Zeichenhandlung stellt dar, was kommen wird. Indem Jesus die Tische der Wechsler und Händler umstürzt, demonstriert er die kommende Zerstörung des Tempels.[129] Gerade die Geldwechsler und Taubenhändler waren für die Durchführung des Tempelkultes unverzichtbar. Die Geldwechsler sorgten für den Tausch der Tempelsteuergelder in eine vom Tempel anerkannte Währung.[130] Mit der Tempelsteuer wurde das tägliche Sühnopfer für Israel (vgl. Ex 30,15) finanziert. Die Taubenhändler verkauften Opfertiere für die Pilger. Die gegen sie gerichtete Aktion traf einen wichtigen Nerv des Tempelbetriebes. Mit der Erzählung in 11,15–18 tradiert das Mk die prophetische Kritik an der ausbeuterischen Priesteraristokratie und deren Pervertierung heiliger Orte und religiöser Handlungen durch unsoziales Handeln – ganz im Sinne alttestamentlicher Prophetie. Die prophetische Kritik

---

[126] Vgl. dazu Kap. 10.1.
[127] Die Bezeichnung „Tempelreinigung" (vgl. u. a. Lohmeyer, Markus, 235) setzt voraus, dass der mk Jesus eine Reformierung des Tempelkultes anstrebte. Hinsichtlich der Zerstörung des Tempels, die in 13,2 erwartet wird, kann davon innerhalb des Mk keine Rede sein. Vgl. Mödritzer, Stigma, 148.
[128] Vgl. u.a. Sanders, Sohn Gottes, 370ff; Mödritzer, Stigma, 148. Im Mk lässt sich die Erwartung eines neuen Tempels, die Sanders, Sohn Gottes, 381ff mit der Tempelaktion verbindet, nicht finden. Der mk Bericht blendet, wie die prophetische Gerichtsankündigung es häufig tut, die Zukunft, die nach dem Gericht kommt, aus. Im Vordergrund steht der kommende Untergang.
[129] Vgl. Sanders, Sohn Gottes, 380.
[130] Dies war der tyrische Schekel. Vgl. Gnilka, Markus II, 128; Stegemann/Stegemann, Sozialgeschichte, 116.

10.3 Nachfolge als Selbststigmatisierung

kann im Kontext des Mk nicht als prinzipielle Ablehnung des Jerusalemer Tempels gedeutet werden. In 1,44 bewertet Jesus Tempelpriester und Opfer positiv.

Die Zeichenhandlung Jesu kündigt das Gericht über die zentrale Einrichtung des antiken Judentums an. In 11,17 deutet Jesus sein Handeln mit einem Zitat aus Jes 56,7 und Jer 7,11 (in Anklängen). Der positive Ton von Jes 56,7, dass der Tempel ein Bethaus für die Völker sein soll, dient hier der Anklage: Der gegenwärtige Tempel wird dieser Aufgabe nicht gerecht.[131] Er dient Räubern zum Unterschlupf. Die Jerusalemer Tempelaristokratie ist in den Augen Jesu eine Räuberbande.

Geschichtlicher Hintergrund für diese Anklage sind sicherlich die massiven Konflikte in und um den Tempel. Mit der Leitung des Tempels war die Verfügung über den Tempelschatz verbunden. Dies führte immer wieder zu schwersten Konflikten in Israel:[132] Bestimmte Gruppen der Priesteraristokratie versuchten, die Verfügungsgewalt über den Tempelschatz zu erlangen und setzten dafür auch gewaltige Mittel ein. Der Ort der Sühne wurde zum Grund des Streites und Hasses. Gerade in der ersten Phase des Aufstandes gegen die Römer – nach dem Sieg gegen die römischen Truppen bei Bet-Horon – wurde der Tempel zum Ort des blutigen Machtkampfes zwischen den Aufständischen.[133]

Aus galiläischer Perspektive waren Jerusalem und der Tempel auch der Ort, an dem die Unterdrücker und Ausbeuter der galiläischen Bauern wohnten. Zum einen muss bedacht werden, dass die Priester- und Laienaristokratie in Jerusalem durch die Einführung des Prozbols in großem Maße profitiert hatte, da der Prozbol ihre Geld- und Kreditgeschäfte absicherte.[134] Dadurch wurde letztendlich die Verelendung der Bauernschaft vorangetrieben. Diese krisengeschüttelte Bauernschaft, die unter Schulden und Abgaben ächzte, bezahlte darüber hinaus die Tempelsteuer und musste mit ansehen, wie die Priesteraristokratie in Jerusalem durch den Tempel eine gesicherte wirtschaftliche Basis hatte.[135] Ebenso verschaffte den Priestern der Tempeldienst eine hohe gesellschaftliche Anerkennung, denn ihre Tätigkeit für den Tempel sorgte maßgeblich für die Aufrechterhaltung des Kultes. Ihre Arbeit stellte die Durchführung der täglichen Sühnopfer sicher und ermöglichte die großen Wallfahrtsfeste in Jerusalem. Dass gerade die, die die Kleinbauern ausbeuteten, für ihre religiösen Bedürfnisse nach Vergebung der Sünden sorgten, muss bei der Landbevölkerung stetig wachsenden Unmut hervorgerufen haben.[136] Der Tempel jedenfalls konnte so zum Symbol der Unterdrückung werden.

---

[131] Vgl. Gnilka, Markus II, 129.
[132] Vgl. Albertz, Religionsgeschichte, 593ff.
[133] Vgl. Stern, Zeit, 371f.
[134] Vgl. Kap. 10.1.
[135] Vgl. Hanson/Oakman, Palestine, 146f.
[136] Nicht die Zahlung der Tempelsteuer an sich sollte als Ausbeutung der Kleinbauern verstanden werden, vielmehr der Missbrauch ihrer religiösen Bedürfnisse zur Steigerung und Festigung politischer Herrschaft. Goodman, class, 109–133 sieht in dem Versagen der Oberschicht eine der wichtigsten Ursachen für den Aufstand gegen Rom.

Jesu Angriff gegen die Priesteraristokratie steht damit in der Tradition der prophetischen Kritik an den herrschenden Gruppen, die den Tempel als Machtbasis missbrauchten. Indem er ein Fundament ihrer Macht angreift, fordert er die Mächtigen heraus. Jesu Auftreten ist Provokation in reinster Form. Die Reaktion der Hohenpriester und Schriftgelehrten zeigt, dass die Provokation gewirkt hat. Sie beschließen, ihn umzubringen. Doch zögern sie, da die Selbststigmatisierung Jesu Erfolg hat. Sie haben Angst vor den zahlreichen Sympathisanten, die Jesus sich durch diese Aktion im Volk erworben hat. Jesu Handeln kann im Hinblick auf die geplante gewaltsame Reaktion der Gegner als forensische Selbststigmatisierung verstanden werden.[137] Die Anhängerschaft, die diese Geschichte weitererzählt, steht in dieser Tradition.

10.3.2.6 Der Weg ans Kreuz als forensische Selbststigmatisierung[138]

Dem Leser des Mk ist durch 11,18 klar, dass Jesus sich in Jerusalem der Gefahr aussetzt, von der Aristokratie beseitigt zu werden.[139] So steuert die Erzählung auf den Tötungsbeschluss des Hohen Rates (14,1–2) zu. In der Zwischenzeit lässt Jesus keine Gelegenheit aus, sich mit seinen Gegnern auseinanderzusetzen (11,27ff), und zwar im Zentrum Jerusalems, dem Tempel. Schon das zeigt, dass Jesus vor der Macht der Aristokratie nicht zurückschreckt und sie so nicht anerkennt. Der Erzählbogen der Passionsgeschichte ab 14,3 schildert Jesus als jemanden, der der drohenden Verhaftung nicht ausweicht, ihr vielmehr aktiv entgegengeht und jede Gelegenheit ausschlägt, sich vor den Mächtigen zu verteidigen, um so der Hinrichtung zu entgehen.

In der Salbungsgeschichte spricht Jesus von seinem nahen Tod, der unausweichlich bevorsteht. Er deutet die Salbung als prophetische Totensalbung und stellt sich quasi als Toten dar (14,8). Damit werden die Leidensankündigungen noch einmal aufgenommen. Nach der Erzählung des Mk geht Jesus mit dem klaren Wissen um seine Verhaftung und Hinrichtung nach Jerusalem. Gegen die Verhaftung durch die Tempeldiener leistet er keinen Widerstand (14,46).[140] Auch vor dem Hohen Rat und vor Pontius Pilatus setzt sich Jesus nicht zur Wehr. Er nimmt keine Gelegenheit zur Verteidigung wahr. Er schweigt (14,61).[141] Das Schweigen bricht er nur vor dem Hohen Rat, um sich auf eine Frage des Hohenpriesters hin als Messias zu bekennen (14,62). Dieses Bekenntnis führt zum Todesurteil seitens des Hohen Rates.

---

[137] Jesu Weg in das Martyrium interpretiert Mödritzer insgesamt als forensische Selbststigmatisierung. Vgl. Mödritzer, Stigma, 155f.
[138] Vgl. Mödritzer, Stigma, 156ff.
[139] Vgl. van Iersel, Mark, 357f.
[140] Der Schwertstreich in 14,47 tritt in Gegensatz zum wehrlosen Verhalten Jesu.
[141] Mödritzer, Stigma, 161 kennzeichnet Jesus als „losgelöst von der Welt".

10.3 Nachfolge als Selbststigmatisierung

Jesu Passivität und Bekenntnis zeigen, dass er die Macht der jüdischen Eliten und der römischen Besatzer nicht anerkennt. Der drohende Tod bewegt ihn nicht mehr dazu, von seinem Anspruch, der Messias Israels zu sein, Abstand zu nehmen. Wissend um die Konsequenzen spricht er das Bekenntnis und bezeichnet sich so zum ersten Mal in der Öffentlichkeit als den Gesalbten.

Im Vorausblick auf die Hinrichtungsart nimmt Jesus auch die mit der Kreuzigung verbundenen Abwertungen und Ausgrenzungen auf sich.[142] Gekreuzigte galten in der römischen Antike als Menschen, die sich durch ihr Verhalten außerhalb der Gesellschaft gestellt hatten. Die Hinrichtungsmethode spiegelte diesen Tatbestand wider: Die Hinrichtung fand meistens vor den Mauern der Stadt statt, also außerhalb der menschlichen Gemeinschaft (in Mk 14,22: Golgatha). Gleichzeitig war die Hinrichtungsart so gewählt, dass der Delinquent nicht sofort durch Gewaltanwendung starb. Vielmehr wurde er in eine Lage gebracht, in der er ohne fremde Hilfe sterben musste.[143] Weil er sich außerhalb der Gesellschaft gestellt hatte, wurde ihm der helfende Schutz der Gesellschaft entzogen. Die Kreuzigung stempelte Menschen als asoziale Elemente ab. Dieses und die Brutalität antiker Hinrichtungsmethoden dienten der Abschreckung und demonstrierten die Funktionsfähigkeit des römischen Rechtssystems. Jesu Bereitschaft, das Martyrium auf sich zu nehmen, zeigt, dass er dem römischen Rechtssystem keine Macht über seine Handlungen zubilligt. Jesu Verhalten und Handeln innerhalb der Erzählung des Mk kann als selbststigmatisierend bezeichnet werden. Gerade indem er die Sanktionsmaßnahmen seitens der jüdischen Aristokratie und der römischen Besatzer missachtet, schafft er sich einen großen Handlungs- und Kommunikationsraum. Sogar im Zentrum der Macht – dem Tempel – kann er agieren.

10.3.2.7 Nachfolge als Konformität mit Jesus

Jesu Ruf in die Nachfolge hat u. a. folgendes Ziel: Diejenigen, die seinem Ruf folgen, können auf dem Wege der Selbststigmatisierung ihre Handlungs- und Kommunikationsfähigkeit erweitern. Die Jünger sollen Jesus auf dem Weg der Provokation und freiwilligen Leidensübernahme folgen. Es geht um die Konformität mit Jesus. Um zeigen zu können, wie diese Konformität konkret aussieht, müssen die Leidensankündigungen (8,31; 9,30–32; 10,32–34) genauer betrachtet werden. In deren Kontext thematisiert der Evangelist die Nachfolge der Jünger. Hier erhält der Ruf in die Nachfolge sein besonderes theologisches Profil.

Bei der Betrachtung aller drei Ankündigungen fällt eines auf: Auf alle drei Ankündigungen folgt eine Reaktion der Jünger, die zeigt, dass sie Jesus nicht verstan-

---

[142] Vgl. zum Folgenden Wiedemann, Kaiser, 100f.
[143] Opfer von Kreuzigungen erstickten häufig langsam und qualvoll.

den haben.[144] Petrus interveniert in 8,32 gegen die Leidensbereitschaft Jesu. In 9,33–37 nimmt Jesus Stellung zum Streit unter den Jüngern, wer der Größte von ihnen sei, während er in 10,35–45 auf die Bitte der Zebedaiden reagiert, einen Ehrenplatz neben ihm einnehmen zu dürfen. Alle drei Worte Jesu kritisieren und korrigieren zunächst die Haltung der Jünger, darüber hinaus konkretisieren sie Jesu Aufforderung, ihm nachzufolgen. Dabei fällt auf, dass der jeweilige Kontext der zweiten und dritten Leidensankündigung deutliche inhaltliche Parallelen aufweist.

Der ersten Belehrung über die Nachfolge von Seiten Jesu geht die erste Leidensankündigung in 8,31 voran. Das Leiden und Sterben des Menschensohns versteht Jesus hier als zwangsläufig (δεῖ)[145]. Traditionsgeschichtlicher Hintergrund dieser Aussage dürfte die alttestamentliche Vorstellung vom leidenden Gerechten sein.[146] Viel erleiden zu müssen – das ist das Schicksal des Gerechten, so wie es Texte aus dem Alten Testament und dem antiken Judentum schildern.[147] Fast zwangsläufig wird der Gerechte zum Opfer seiner Feinde. Diejenigen, die für Gottes Gebote eintreten, geraten in Konflikte. Weil sie für Gott eintreten, erfahren sie von anderen Zurückweisung und Gewalt (vgl. u. a. Ps 69,8–10). Der Evangelist deutet den Weg Jesu in diesem Kontext: Jesus tritt für das Reich Gottes ein. Deswegen macht er sich die Mächtigen der Gesellschaft zu Feinden, deswegen muss er auch sterben. Die jüdischen Aristokraten und der römische Prokurator können jemanden wie Jesus nicht dulden und am Leben lassen.

Im Kontext der zweiten und dritten Leidensankündigung geht es um soziale Hierarchien und um Vorrangstellungen innerhalb der Nachfolgegemeinschaft (9,34: „Wer ist der Größte?"; 10,37: Wer darf zur Linken und Rechten Jesu sitzen?). Die Antworten, mit denen Jesus auf die Jünger reagiert, durchbrechen das hierarchische Denken und stellen es damit auf den Kopf. Jesus nennt in 9,35 die Verhaltensweise, die jemanden qualifiziert, „Erster" zu sein: Man muss Diener der anderen sein. Diener der anderen zu sein, bedeutet damit einen großen Statusverzicht.[148] Jemand, der freiwillig die Rolle des Dieners einnimmt, stellt sich an das untere Ende der gesellschaftlichen Hierarchie. Aber genau ein solches Verhalten – Statusverzicht und Dienst für andere – umreißt, was Jesus unter Nachfolge versteht.

Die „Symbolhandlung" Jesu in 9,36 konkretisiert den Dienst für andere: Seine Umarmung des Kindes ist eine liebevolle Zuwendung zum niedrigsten Diener bei Tisch,[149] die so gesellschaftlich nicht vorgesehen war. Eine Umarmung war in der antiken Gesellschaft ein Zeichen der Freundschaft, das beinahe ausschließlich Sta-

---

[144] Vgl. die Gliederung von 8,22–10,52 bei van Iersel, Mark, 274.
[145] Zur Diskussion um das δεῖ vgl. Kap. 12.2.2.
[146] Vgl. Gnilka, Markus II, 15f; Pesch, Markus II, 13f; van Iersel, Mark, 283f.
[147] Vgl. dazu Kap. 12.2.2.
[148] Vgl. Ebner, Kinderevangelium, 319f.
[149] Vgl. ebd., 317–320.

10.3 Nachfolge als Selbststigmatisierung

tusgleichen erwiesen wurde.[150] Jesu Zuwendung missachtet in Bezug auf das Kind die Statusunterschiede und stellt es somit mit ihm auf eine Stufe.

Darüber hinaus fordert Jesus die Aufnahme des Kindes. Der konkrete historische Bezug dieser Forderung ist unklar. Natürlich kann man davon ausgehen, dass hier die Versorgung heimatloser Waisenkinder – gerade nach dem Ende des Krieges – thematisiert wird. Vor dem Hintergrund der weit verbreiteten Kindesaussetzungen in der Antike betont die enge Verbindung Jesu mit einem Kind (und damit die enge Bindung Gottes an ein Kind) den besonderen Wert von Kindern. Gerade die Identifizierung Gottes mit einem Kind, einem in den Augen der antiken Kultur unfertigen Menschen, steht quer zu gesellschaftlichen Wertvorstellungen und Erwartungshaltungen. Standen in den griechischen Mythen die Götter an den Seiten der Heroen oder deutete Vergil die Herrschaft des Augustus als Ausdruck des Götterwillens und ihrer besonderen Nähe zum Herrscher, so bindet sich Gott in Jesus an die Kinder, an die Niedrigsten der Gesellschaft.[151]

Die Kindersegnung (10,13–16) verstärkt dies noch. Dort spricht Jesus den Kindern einen Anteil am Reich Gottes zu (10,14) und fordert die Umstehenden auf, das Reich Gottes wie ein Kind anzunehmen, d. h.: auf den eigenen Status zu verzichten und sich auf eine Stufe mit den Kindern zu begeben.[152]

Statusverzicht als Handlungsmaxime ist der hellenistisch-römischen Kultur fremd.[153] Dort geht es darum, dass das Handeln dem Status entspricht. Jesus fordert so zu einem Handeln auf, das gesellschaftlich nicht akzeptiert wird und auch in den Augen der Mehrheitsgesellschaft Befremden hervorgerufen haben dürfte. In Mk 10,17ff wird der Gedanke des Statusverzichts noch weiter ausgeführt und vertieft. Der Reiche, der wissen will, wie er das ewige Leben erlangen kann (10,17), soll seinen gesamten Besitz verkaufen (10,21). Er soll also nicht nur auf seine materiellen Sicherheiten und Vorzüge verzichten, sondern auch auf die sichtbaren Zeichen seiner gesellschaftlichen Stellung. Reichtum machte ihn zum gesellschaftlich anerkannten Mann.

Mk 10,43f nimmt die Vorstellung des Dieners noch einmal auf: Der Dienst an anderen wird hier zum Kennzeichen der christlichen Gemeinschaft. Begründet wird die Forderung, den anderen zu dienen, mit dem Dienst Jesu an allen Menschen (10,45). Der Dienst in der Nachfolgegemeinschaft wird den Herrschaftsstrukturen der Welt gegenübergestellt (10,42). Über andere herrschen zu wollen, war – wie gezeigt[154] – eine anerkannte Verhaltensweise in der hellenistisch-römischen Welt. Herrschaft über andere – das war eine tragende Säule der antiken Ge-

---

[150] Vgl. ebd., 334f; Freundschaft basierte in der römischen Gesellschaft z. B. auf intellektueller und moralischer Übereinstimmung und war eine Beziehung zwischen Statusgleichen (Cic. Lael. 20; Sen. epist. 3; 6; 8). Vgl. v. Reibniz, Freundschaft, 673.
[151] Vgl. Eckey, Markusevangelium, 252.
[152] Vgl. Ebner, Kinderevangelium, 333f.
[153] Vgl. Wengst, Demut, 27.
[154] Vgl. Kap. 5.

sellschaft. Jesus fordert von denen, die ihm nachfolgen, ein Verhalten, das nicht daran orientiert ist. Ein solches Handeln produziert Außenseiter. Gerade der öffentliche Verzicht auf Reichtum[155] ruft Befremden und negative Reaktionen seitens der Mehrheit hervor. Auch eine ostentative Zuwendung zu Menschen niedrigsten Ranges, wie Kinder es sind, dürfte Sanktionen durch die Gesellschaft hervorrufen. Statusverzicht bedeutet somit Selbststigmatisierung. Der Verzicht auf gesellschaftliche Stellung und Ansehen macht deutlich, dass diese Werte nicht anerkannt werden.

Die Konsequenzen der Konformität mit Jesus, die in 8,35ff schon angedeutet werden, führt der Evangelist in 13,9–13 weiter aus. Die Jünger werden bei der weltweiten Verkündigung des Evangeliums Verfolgungen zu erleiden haben. In 13,9 ist von Prozessen vor jüdischen Gerichten, vor Repräsentanten des römischen Staates und vor Klientelkönigen der Römer die Rede. Sie werden an diese Gerichte ausgeliefert wie Jesus.[156] Mk 13,13 nennt den Grund für die Verhaftung: Die Jünger werden um des Namen Jesu willen gehasst. D. h.: Durch das Bekenntnis zu Jesus ziehen die Jünger den allgemeinen Hass auf sich. Der Hass richtet sich auf die, die Jesus nachfolgen. In der Nachfolgepraxis dürfte ein Grund für eine derartige heftige Abwehrreaktion seitens der antiken Gesellschaft zu suchen sein.

Stegemann und Stegemann[157] nennen folgende Ursachen für die Kriminalisierung des Christentums seitens des römischen Staates: Zum einen waren messianische Gruppierungen nach der Niederschlagung des Aufstandes in den Augen der Römer eine Quelle der Unruhe und Rebellion. Zum anderen wurde die Lebensweise christlicher Gemeinden im Urteil römischer Autoren als sittenverderbend und die öffentliche Ordnung störend bewertet.[158] Welche Verhaltensweisen konkret ein solches Urteil hervorgerufen haben, ist nicht ganz eindeutig. Neben der Abkehr der christlichen Gemeinden von der staatlichen Religion, die Repressionen seitens der Behörden nach sich zogen,[159] musste eine Lebensführung, die so sehr den anerkannten Werten zuwiderlief, auf die Mehrheitsgesellschaft anstößig wirken und gewalttätige Abwehrhaltungen hervorrufen. Wer Statusunterschiede negierte, wurde zur Gefahr für eine Gesellschaft, die auf solchen Unterschieden fußte und von ihnen lebte.

In Bezug auf die Prozesse vor jüdischen Autoritäten verweist Mk 13,9–13 auf den Konflikt zwischen den jüdischen Gruppierungen, die messianischen Gemeinschaften ablehnend bis feindlich gegenüberstanden, und den Gemeinden, die Jesus als Messias anerkannten. Die Messianität Jesu war zwischen diesen Parteien der Streitpunkt.

---

[155] Der vom Reichen geforderte Verkauf muss öffentlich geschehen.
[156] Vgl. Kmiecik, Menschensohn, 44f.
[157] Vgl. Stegemann/Stegemann, Sozialgeschichte, 278–289.
[158] Vgl. u. a. Tac. ann. 15,44; Plin. epist. 10,96,8.
[159] Vgl. die Hinweise auf Prozesse gegen Christinnen und Christen im Briefwechsel von Plinius und Trajan (epist. 10,96f).

10.3 Nachfolge als Selbststigmatisierung

Die Nachfolge Jesu kann insgesamt als selbststigmatisierendes Verhalten verstanden werden. Die Nachfolgegemeinschaft soll mit jenen Werten und Verhaltensweisen brechen, die Menschen klein machen und unterjochen. Damit wird eine Lebensweise zurückgewiesen, die andere in Bezug auf ihre Handlungsfähigkeit einschränkt bzw. sie auf bestimmte Handlungen festlegt: Der Sklave darf nach allgemeiner antiker Vorstellung nur als Sklave handeln.

Jesu Einweisung in die Nachfolge zeigt neue Handlungsperspektiven auf. Ihm geht es um das Einüben eines neuen Miteinanders. Handlungsmaxime ist nicht die Konformität mit den Erwartungen der Mehrheitsgesellschaft, sondern die Konformität mit Jesus. Jesus selbst versteht sich als Diener für alle Menschen, der mit seinem Blut die Menschen erlöst. Er verrichtet diesen Dienst, weil die Menschen seiner bedürfen. Jesus Christus zu folgen heißt konkret: für einander dazusein. Der Dienst am anderen hat einen besonderen Charakter. Er geschieht nicht, weil der andere Macht hat und den Dienst befiehlt, und auch nicht allein, weil Jesus ihn gebietet, sondern weil der andere dieses Dienstes bedarf. Das Handeln wird durch die Bedürfnisse des Anderen motiviert.

Selbststigmatisierung ist in Bezug auf die Jesusnachfolge kein Programm, das allein auf freiwillige Selbstausgrenzung um ihrer selbst willen zielt. Es erschließt neue Handlungsperspektiven, die sich am Nächsten und an dem, was er nötig hat, orientieren, und eröffnet so die Möglichkeit von solidarischem Miteinander. Diejenigen, die zur Nachfolge gerufen werden, werden hier als handlungsfähige Menschen angesehen. Durch die Erzählung wird den Leserinnen und Lesern von Jesus Christus zugemutet, solidarisch aneinander zu handeln und so für das Reich Gottes zu arbeiten.

Wichtig für das Verständnis der Nachfolge ist auch die Perspektive, von der aus Jesus in die Nachfolge ruft. Auf der Erzählebene des Mk weiß Jesus nicht nur um seine bevorstehenden Leiden, sondern auch um seine Auferstehung. Alle Leidensankündigungen beinhalten eine Ankündigung der Auferstehung. Auf die Verfolgungen der christlichen Gemeinden in 13,7–11 folgt das Kommen des Menschensohnes, der seine Auserwählten sammeln wird (13,26f). In 10,30 verheißt Jesus den Nachfolgenden das ewige Leben in der zukünftigen Welt als Lohn.[160] Die drohenden Leiden in der Nachfolge stehen damit unter der Verheißung des Handeln Gottes. Einerseits geht es um Gottes rettendes Eingreifen, indem er Jesus nicht im Tod belässt, andererseits geht es um das Kommen des Menschensohnes, der die vollständige Durchsetzung des Reiches Gottes bedeutet.[161]

Der Ruf in die Nachfolge ist eingebettet in eine Hoffnungsperspektive: Gottes

---

[160] Zur Begründung der Nachfolge mit einer futurischen Eschatologie vgl. Breytenbach, Nachfolge, 337–339. Die Enderwartung motiviert – so das Ergebnis von Breytenbach – zum Hören der Botschaft vom Reich Gottes und zum Gehen des Weges der Nachfolge.

[161] Vgl. Kmiecik, Menschensohn, 54f. Kmiecik stellt im Weiteren auch einen Zusammenhang zwischen 1,15 und 13,1–37 her. Vgl. ebd., 60ff.

Reich wird sich gegen die Reiche der Welt durchsetzen. Schon in der Situation der Anklage werden die Christinnen und Christen Gottes Beistand spüren: Der heilige Geist wird mit ihnen sein und für sie reden (13,11). Die Kraft für das Zeugnis, das sie für Jesus Christus vor den Gerichten dieser Welt ablegen sollen, kommt von Gott.

10.4 Das Bleiben in der Nachfolge – das Markusevangelium als Erzählung von der Nachfolge

In Bezug auf das Thema dieser Arbeit stellt sich nun die Frage, wie die Menschen, die den Ruf in die Nachfolge hören, mit der Berufung umgehen. Mit welchen Problemen und Schwierigkeiten sehen sie sich konfrontiert? Welche Hilfestellungen bietet ihnen das Evangelium hierfür an? Im Vordergrund steht die Frage, wie Menschen auf dem Weg der Nachfolge bleiben. Hier sind folgende Personen im Mk von Interesse: die Frauen innerhalb der Passionsgeschichte und die Jünger, insbesondere Petrus und Judas. In einem weiteren Schritt soll die Gestaltung des Markus-Schlusses im Hinblick auf das theologische Profil der Nachfolge untersucht werden.

Das Bild der Frauen, das der Evangelist innerhalb der Passionsgeschichte zeichnet, ist vielschichtig. Da ist zunächst die Salbung durch die Frau (14,3–9), mit der sie sich zum leidenden Messias bekennt, dann die praktizierte Nachfolge der Frauen, die das Risiko auf sich nehmen, die Kreuzigung zu beobachten (15,40f). Hier sind sie positive Beispiele für Nachfolge Jesu.[162] Die Aufgabe, den Jüngern von der Auferstehung Jesu zu berichten, lässt die Frauen am Grab jedoch verstummen (16,8). Sie kommen dem Auftrag des Boten Gottes nicht nach. Demgegenüber hebt sich das Verhalten des Zwölferkreises und insbesondere das des Petrus und Judas ab. Auf dem Weg nach Jerusalem zeigen sich mehrfach die Schwierigkeiten der Zwölf, in der Nachfolge zu bleiben. Einer der Zwölf liefert Jesus an die Jerusalemer Aristokratie aus. Petrus, der Kopf der Zwölf, bekennt sich in der Gefahr nicht zu Jesus.

Die hier nur kurz angedeutete Gegenüberstellung von Frauen und Männern innerhalb der Gefolgschaft Jesu soll im Folgenden genauer beleuchtet werden.

Die zwölf Jünger werden trotz ihrer herausragenden Stellung in der Gefolgschaft Jesu vom Evangelisten sehr kritisch dargestellt. Die Zwölf folgen zwar nach der Erzählung des Mk dem Ruf Jesu ohne zu zögern, allerdings steht ihr Verhalten während der Wanderschaft im Widerspruch zur Botschaft Jesu.[163] Dies beginnt bereits nach den ersten Heilungen in Kafarnaum (1,36ff). Petrus macht sich hier gewissermaßen zum Fürsprecher der sensationslüsternen Menge, die Jesus nach den ersten

---

[162] Vgl. u. a. Fander, Markus, 511; Söding, Glauben, 273.
[163] Zum Folgenden vgl. Fander, Stellung, 351ff

10.4 Das Bleiben in der Nachfolge

Wundertaten sucht. Petrus unterstützt damit ein Wunderverständnis, das Jesus hier im Mk ablehnt.[164] Die Schwierigkeiten des Petrus, Jesus als den leidenden Messias anzuerkennen, werden an dieser Stelle schon angedeutet.

In den folgenden Abschnitten des Mk taucht das Motiv des sog. Jüngerunverständnisses[165] mehrfach auf. Trotz der Wunder, die Jesus vollbracht hat, verzweifeln die Jünger im Sturm beinahe an Jesus, trotz seiner bisher gezeigten Wundermacht haben die Jünger Angst, von Jesus nicht gerettet zu werden. Hier wird der Vorwurf des mangelnden Glaubens laut (4,40f).[166] In der Erzählung vom Seewandel Jesu erläutert der Evangelist die Furcht der Jünger genauer: Das Herz der Jünger ist verhärtet, von daher können sie Jesus nicht erkennen. Πώρωσις τῆς καρδίας charakterisiert in 3,5 die Haltung der Gegner Jesu, die ihn umbringen wollen. In 8,17 wird das Motiv des verhärteten Herzen noch einmal aufgenommen: Hier wird das Verhalten der Jünger, die Jesus nicht vertrauen, als hartherzig charakterisiert.[167] Die Haltung der Zwölf gegenüber Jesus unterscheidet sich in der Grundstruktur nicht von der der Gegner Jesu. Die Zwölf verstehen nicht, mit wem sie es zu tun haben. Auch die Gegner erkennen nicht, dass in Jesus Gott selbst am Werk ist.

Während des gemeinsamen Weges nach Jerusalem und im Zusammenhang der Einweisung auf den Weg in die Nachfolge steigert sich das Unverständnis der Jünger. Petrus weigert sich, Jesus als leidenden Messias anzuerkennen (8,32).[168] Jesus weist daraufhin Petrus massiv zurück. Mit seiner Ablehnung des leidenden Messias steht Petrus auf der Seite des Satans, des Widersachers, der gegen Gott und sein Wort agiert (vgl. 4,15).[169] Die Rangstreitigkeiten in 9,33–37 und 10,35 stehen im krassen Gegensatz zu Jesu Worten, da für ihn gesellschaftliche Hierarchien nicht mit dem Reich Gottes vereinbar sind. Ebenso wollen die Jünger verhindern, dass Kinder zu Jesus gebracht werden, obwohl Jesus das Verhalten gegenüber einem Kind zum Maßstab für das Reich Gottes gemacht hat.

Die Reaktion auf die exklusive Unterweisung, die den Jüngern auf dem Weg nach Jerusalem zuteil wird, ist Furcht (9,6.32; 10,26; 10,32).[170] Fander stellt fest, dass die Zwölf nicht in der Lage sind, Jesus auf dem Weg ins Leiden zu folgen. Sie verweigern die Leidensnachfolge. Im Mk wird dies erzählerisch an den Figuren Petrus und Judas entfaltet. Judas ist derjenige, der die Gemeinschaft um Jesus verlässt und den jüdischen Oberen die Möglichkeit verschafft, Jesus festzunehmen.[171] Mk 14,1f zeigt

---

[164] Zur markinischen Kritik an den Wundern vgl. zusammenfassend Kollmann, Wundergeschichten, 117–122.
[165] Vgl. Schnelle, Einleitung, 228.
[166] Vgl. Eckey, Markusevangelium, 152; Lührmann, Markusevangelium, 97.
[167] Trotzdem vergessen sie, genügend Brot mitzunehmen, vgl. Söding, Glauben, 451.
[168] Vgl. Fander, Stellung, 364; Pesch, Markusevangelium II, 54f.
[169] Vgl. France, Mark, 338.
[170] Vgl. Fander, Stellung, 366.
[171] Über die Motivation des Judas ist viel spekuliert worden. Diese Spekulationen haben jedoch keinen Anhalt im Mk. Vgl. u. a. France, Mark, 556.

deutlich, dass die jüdischen Aristokraten davor zurückschreckten, Jesus in der Öffentlichkeit festzunehmen. Sie fürchteten sich vor einer möglichen Revolte, da Jesus – wie sein Einzug zeigte – beim Volk großen Rückhalt hat. Judas ermöglicht ihnen nun, Jesus im Schutz der Nacht an einem abgeschiedenen Ort ohne großes Aufsehen zu verhaften.[172] Judas ist zum Werkzeug der Mächtigen geworden.

An der Figur des Petrus zeigt sich in besonderer Weise der Abfall der Zwölf von Jesus. Während Petrus in 14,29 seine unverbrüchliche Treue zu Jesus bekennt, beginnt er sich bereits in 14,37 von Jesus abzuwenden: Petrus, Jakobus und Johannes sind nicht in der Lage, ihn auf seinem schwierigen Weg zu begleiten. Während Jesus mit Gott ringt, schlafen sie. Petrus wird in 14,37 noch einmal namentlich herausgehoben. Dem folgt in 14,66–72 nach der Zerstreuung des Jüngerkreises die Verleugnung des Petrus. Während Jesus sich vor dem Hohenpriester zu seiner Sendung bekennt, streitet Petrus ab, Jesus überhaupt zu kennen. Bevor Jesus ans Kreuz geschlagen ist, scheint seine Nachfolgegemeinschaft zerstört zu sein.

Dem Verhalten der Zwölf stellt der Erzähler das Handeln einiger Frauen gegenüber, insbesondere das der Frauen innerhalb der Passionserzählung: Die Frauen um Jesus bleiben trotz Verhaftung und Hinrichtung in der Nachfolge. Nach der Schilderung des Sterbens Jesu und des Bekenntnisses des Zenturio wendet sich der Erzähler den Frauen zu, die von ferne die Hinrichtung Jesu beobachten (15,41). Eine Tat mit möglichen negativen Konsequenzen, da sie Gefahr liefen, als Sympathisanten verhaftet zu werden (Tac. ann. 6,19).[173]

Bemerkenswert ist auch, dass drei der Frauen namentlich genannt werden: Maria aus Magdala, Maria, die Mutter des Jakobus und Jose, und Salome. Diese Frauengruppe ist parallel zu den Jüngern Petrus, Johannes und Jakobus, die bei besonderen Ereignissen wie in Mk 9,2ff eine exponierte Rolle im Zwölferkreis einnahmen, gestaltet.[174] Im Gegensatz zu den drei Männern, die Jesus schon in Gethsemane die Begleitung verweigert haben, sind die Frauen nach der Verhaftung nicht geflohen. Sie sind diejenigen aus der Gefolgschaft Jesu, die seinen Tod miterleben und bezeugen können. Dass sie dies „von ferne" tun, lässt das Erzählte realistisch erscheinen. Natürlich dürften auch die Frauen Angst vor der eigenen Verhaftung haben. Sie beobachten die Hinrichtung eben nur von fern (15,40).[175] Die Angst hält sie aber nicht davon ab, Augenzeuginnen der Kreuzigung zu sein. Augenzeugin zu sein, heißt: sich der Tatsache stellen, dass Jesus leiden wird. Petrus ist – das zeigt 8,32 – dazu nicht breit.

Die Erwähnung der von fern zusehenden Frauen steht im engen Zusammenhang des Bekenntnis des römischen Hauptmann in 15,39. Dieser erkennt im gekreuzigten Jesus den Sohn Gottes. Der Weg Jesu kommt zum Abschluss. Hier auf Golgatha

---

[172] Vgl. ebd., 557.
[173] Vgl. L. Schottroff, Maria Magdalena, 136–138.
[174] Vgl. u. a. Gnilka, Markus II, 326.
[175] Vgl. Fander, Stellung, 140.

10.4 Das Bleiben in der Nachfolge

kann öffentlich gesagt werden, dass er der Sohn Gottes ist. Dies Bekenntnis bleibt unwidersprochen.[176]

Die Frauen sind diejenigen, die diesen Weg mitgegangen sind, auch die bittere letzte Wegstrecke zur Hinrichtungsstätte auf Golgatha.[177] Ihr Nachfolgen (ἠκολούθουν αὐτῷ) qualifiziert die Frauen als Anhängerinnen Jesu, die breit sind, den von ihm vorgegebenen Weg zu gehen.[178] Im christologischen Kontext meint ἀκολουθέω die exklusive Bindung an Jesus und die Konformität mit ihm (8,34). An Levi und den reichen Mann ergeht die Aufforderung, Jesus zu folgen (2,14; 10,21). Sie sollen ihrem bisherigen Leben den Rücken kehren. In 10,32 sind die Anhängerinnen und Anhänger die, die Jesus, der voran nach Jerusalem hinaufgeht, folgen. Bartimäus schließt sich Jesus auf diesem Weg, der ins Leiden führt, an (10,52). Der Weg der Frauen von Galiläa bis zum Kreuz auf Golgatha ist gewissermaßen die pragmatische Umsetzung des Bekenntnisses des Hauptmanns. Ihr Handeln zeugt von ihrer Bindung an den Gekreuzigten.

Die Frauen können von daher als „Paradigms of a Faithful Ministry"[179] verstanden werden. Die Geschichte der Frau, die Jesus salbt (14,3–9), kann in ähnlicher Perspektive gesehen werden. Sie bekennt sich zum leidenden Messais. Dem gegenüber stehen die männlichen Jünger, die die Flucht ergreifen und das Mitgehen auf dem letzten Wegstück verweigern. Sie wollen dem Leiden nicht ins Auge zu schauen.[180]

Mit der Beobachtung der Hinrichtung ist der Nachfolgeweg der Frauen jedoch nicht zu Ende. Sie sehen die Grablegung und machen sich nach dem Sabbat auf, Jesus die letzten Ehren zu erweisen. Der, der einen würdelosen Tod, ausgestoßen aus der Gesellschaft, starb, soll in Würde beigesetzt werden. Die Salbung des Leichnams kann als letzter Akt der Solidarität mit dem Toten verstanden werden, der den Frauen noch möglich ist.[181]

Das offene Grab und die Begegnung mit dem weiß gekleideten jungen Mann durchkreuzen das Vorhaben der Frauen.[182] Das Erschrecken der Frauen in 16,5 ist eindeutig eine Reaktion auf die Erscheinung des Mannes und ist Bestandteil von Erzählungen über die Begegnung von Menschen mit einem Boten Gottes.[183] Der

---

[176] Vgl. Söding, Glauben, 256.
[177] Vgl. ebd., 274f.
[178] Inwieweit das διακονέω von Mk 10,45 her christologisch gedeutet werden kann, ist in der Forschung umstritten. Vgl. u.a. Stegemann/Stegemann, Sozialgeschichte, 324.
[179] Horsley, Story, 225:
[180] Dass Markus hier keinen platten Gegensatz zwischen Männern und Frauen konstruiert, zeigt die Geschichte mit Bartimäus: Auch er ist zum Vollzug der Leidensnachfolge bereit. Das Gemeinsame der Frauen und des Bartimäus ist der geringe gesellschaftliche Status. Auch derjenige, der für die Bestattung Jesu sorgt ist ein Mann – Josef von Arimathäa (15,43ff).
[181] L. Schottroff, Maria Magdalena, 148 spricht hier von einem „Akt der Totenehrung".
[182] Die Beschäftigung mit der Frage, wer den Stein vor dem Grab wegrollen kann, (16,3) zeigt, wie sehr die Frauen in der Situation der Trauer verhaftet sind.
[183] Dass es sich bei dem jungen Mann um einen Engel handelt, dazu vgl. u. a. Schweizer, Markus, 215f.

Bote richtet den Frauen die Botschaft von der Auferweckung Jesu aus. Dabei betont er durch die Bezeichnung „der Nazarener", dass der Auferweckte wirklich der Gekreuzigte ist.[184] Des Weiteren ergeht an die Frauen der Auftrag, den Jüngern davon zu erzählen und sie an die Ankündigung Jesu zu erinnern, dass er nach seiner Auferweckung ihnen nach Galiläa wieder vorangehen wird (vgl. 14,28). Die Botschaft von der Auferweckung erfüllt die Frauen jedoch mit Furcht. Fassungslos stehen sie vor dem Wunder der Auferweckung. Sie sind so im Jetzt gefangen, dass sie das Neue nicht begreifen.[185] Die Furcht und das Verstummen der Frauen erinnern an die Furcht der Jünger im Mk.[186]

Dass das ursprüngliche Mk in 16,8 mit der Furcht der Frauen endet und eine Begegnung der Frauen oder der übrigen Jünger mit dem Auferstandenen fehlt, hat die Auslegung des Mk vor große Probleme gestellt. Häufig wurde unter der Prämisse, dass ein Evangelium so nicht enden könnte, die Vermutung angestellt, der ursprüngliche Schluss des Mk sei verloren gegangen o. ä.[187] Rezeptionsästhetische Ansätze zur Auslegung von Mk 16,1–8 zeigen jedoch deutlich, dass 16,8 ein erzählerisch sinnvoller Schluss sein kann und von daher Spekulationen über den wirklichen Markusschluss überflüssig sind.

Gerade das Ungewöhnliche an Mk 16,8 eröffnet Perspektiven für eine Interpretation des Mk. Van Iersel betont, dass das Ende von 16,8 den Leser fordert: „…, the ending turns everything upside down. It is not just an ordinary open ending but one that threatens to blow up the book, leaving the reader as bewildered as the women. After this ending it is difficult for readers to close the book with an easy mind and resume their normal lives."[188] Mit der Furcht und dem Schweigen der Frauen fordert der Erzähler die Leser zu einer Stellungnahme heraus. Der Leser muss sich die Frage stellen, wie er sich zur Botschaft von der Auferweckung Jesu verhält.

Das Irritierende an 16,8 ist die Frage, wie denn die Botschaft von Jesu Auferweckung überhaupt übermittelt werden konnte und den Erzähler erreicht hat, wenn doch die ersten Botinnen schweigen. D. h.: Schweigen schafft das Wissen um die Auferweckung Jesu aus der Welt. Es verhindert das Weitersagen und die Verbreitung der guten Nachricht von Jesus Christus. Dem Leser ist jedoch durch die Existenz des Mk klar, dass das Evangelium nicht verschwiegen wurde. Der Erzähler

---

[184] Vgl. u. a. France, Mark, 680; Wengst, Ostern 48f.
[185] Häufig wird auch darauf verwiesen, dass die Reaktion der Frauen die typisch menschliche Reaktion auf die göttliche Epiphanie ist. Vgl. Gnilka, Markus, 344.
[186] Vgl. Schweizer, Markus, 216. Hengel, Maria, 253 versucht das Verstummen und die Flucht der Frauen als Höhepunkt des menschlichen Scheiterns angesichts der göttlichen Offenbarung (also als Steigerung der Jüngerflucht nach der Verhaftung) zu verstehen. Die Deutung hat jedoch keinen Anhalt am Text und verkennt die Bedeutung von 16,7f.
[187] Zur Darstellung der Forschungsgeschichte zum Markusschluss vgl. Kümmel, Einleitung, 70–73; Schnelle, Einleitung, 223f. Erst jüngst hat France, Mark, 670ff hervorgehoben, dass es kaum vorstellbar ist, dass das Mk mit 16,8 einen sinnvollen Schluss hat. Vgl. auch Gundry, Mark, 1009ff.
[188] Mark, 500f.

10.4 Das Bleiben in der Nachfolge

weiß um die Auferweckung Jesu und erzählt davon.[189] Das Schweigen der ersten Botinnen wurde gebrochen.[190]

Das vom Autor erwartete Leserverhalten ist nicht die Kritik am Schweigen der Frauen, sondern die Erkenntnis, dass das Evangelium weitergesagt werden muss, damit es lebendig bleibt.[191] Das vom Autor erwartete Leserverhalten ist, dass die Leser die Botschaft von Jesu Auferweckung weitergeben.[192] Für diese Aufgabe gibt der Erzähler wichtige Hilfestellungen: Der Hinweis auf Jesu Erscheinen in Galiläa (16,6) ist keine historische Reminiszenz an die Erscheinung des Auferstandenen vor seinen Jüngern. Der Leser soll vielmehr in seinem Leserverhalten nach Galiläa zurückkehren, d. h. sich an den Anfang der Erzählung begeben und die Lektüre noch einmal beginnen.[193] Der erneute Lektürevorgang dient der Einweisung in die Nachfolge. Noch einmal macht der Leser sich mit Jesus auf, wandert durch Galiläa und lässt sich von ihm über die Existenz in der Nachfolge unterrichten. Jesu Worte sind Weisung für den Weg in die Nachfolge.[194] Diese Wegweisung steht – da sie schriftlich vorliegt – immer wieder zur Verfügung, und zwar immer genau dann, wenn die Furcht das Weitersagen des Evangeliums verhindert. Der Schluss des Mk zeigt, dass die Erzählung nicht für die einmalige Lektüre, sondern für eine Lektüre, die immer wieder am Anfang beginnt, geschrieben ist.[195] Die Erzählung ist gestaltet für die ständig andauernde Rezeption.

Die Richtungsanweisung „nach Galiläa" verweist die Menschen nicht nur auf den Anfang des Evangeliums sondern auch auf ihre alltägliche Praxis. Galiläa ist der Ort, an dem – auf der Ebene der Erzählung – die Frauen und Männer, die Jesus nachfolgten, lebten und arbeiteten. Weg vom Grab hin zu diesen alltäglichen Praktiken – das ist Weisung des Mk. Nachfolge erfolgt im täglichen Miteinander der familia dei, das – so ein zentraler Zug der Nachfolgeethik des Mk – von gegenseitiger Solidarität geprägt sein soll. Dieser Alltag findet allerdings mitten in der Welt statt, mitten in den wirtschaftlichen, politischen und religiösen Bezügen. Galiläa ist

---

[189] Vgl. Karrer, Christus, 94.
[190] Wie dies genau ausgesehen haben mag, dafür interessiert sich der Erzähler nicht.
[191] Vgl. Karrer, Christus, 94: „Fragen sollen sie (die Leser, CJB), wie es mit dem Nicht-Sagen in ihrer Zeit steht."
[192] Vgl. P. Müller, Lesen, 83; Lehnert, Provokation, 169. Vgl. zur Funktion des offenen Schlusses schon Pesch, Markusevangelium II, 536.
[193] Wengst, Ostern, 47: „Ist die Verlesung des Evangeliums in der Gemeinde mit 16,8 zu Ende gekommen, beginnt sie anschließend mit 1,1 von neuem – und dort geht Jesus seinen Jüngern voran." Vgl. u. a. Fowler, Reader, 262; Lehnert, Provokation, 169.
[194] Die Lehre Jesu ist nicht auf die Vergangenheit begrenzt, sondern zielt auf die Gegenwart ab. Vgl. P. Müller, Lesen, 149.152. Klumbies, Mythos, 157–159 betont, dass der Bezug auf den Anfang des Evangeliums, auf ἀρχὴ τοῦ εὐαγγελίου Ἰησοῦ Χριστοῦ, normative Geltung für die Leserinnen und Leser hat. Ἀρχή hat wie γένεσις eine richtungsweisende und regulative Bedeutung. Diese normiert die Gegenwart. Vgl. auch Delling, ἀρχή, 482. Das Evangelium Jesu Christi wird zur Ursprungsgeschichte, die eine bleibende Bedeutung für die Gegenwart hat. Vgl. Klumbies, Mythos, 158. Diese Bedeutung erschließt sich in der immer neu einsetzenden Lektüre.
[195] Vgl. Wengst, Ostern, 47f.

nicht die Wüste, in die Jesus sich zurückzog. Insofern ist die markinische Gemeinde mit Gruppierungen, die die Distanz zur Welt suchten, nur bedingt vergleichbar.

Der so gestaltete Schluss des Evangeliums fordert den Leser und die Leserin auf zu der Aufgabe, die Auferweckung weiterzuerzählen, Stellung zu beziehen. Sie müssen klären, ob sie dem Ruf in die Nachfolge nachkommen wollen oder nicht. Die Geschichten und Erzählungen des Mk sind „Lektionen der Nachfolge"[196]. Sie bieten mit ihren handelnden Personen Identifikationsmöglichkeiten für die Leserschaft. Texte beinhalten – so Iser[197] – Rollenangebote für ihre Leserinnen und Leser. Diese Rollenangebote bieten den Leserinnen und Lesern Rezeptionsmöglichkeiten in Bezug auf den Text an. Die Rezeptionsmöglichkeit, die der Markus-Schluss gibt, ist es, nach Galiläa zu gehen, d. h. das Evangelium von vorn zu beginnen und den Weg Jesu mit seiner Gefolgschaft noch einmal mitzugehen. Auf diesem Weg begegnen zahlreiche Personen, zu denen die Leserin und der Leser sich verhalten können. Diejenigen, die zuerst das Evangelium lasen, konnten sich mit ihrer Angst und Verzweiflung in der Sturmstillungsgeschichte wiederfinden. Geschichten des Scheiterns sind warnende Beispiele, Geschichten gelingender Nachfolge laden zur Identifikation und Nachahmung ein. Die Frau aus Mk 5,25ff und Bartimäus sind mögliche Rollenangebote an die Leserinnen und Leser.

Die Texte des Evangeliums eröffnen Handlungsmöglichkeiten und Räume für die Leserschaft. Durch einen derart gestalteten Schluss konstruiert der Evangelist seine Leserinnen und Leser als handlungsfähig. Sie können sich in seinen Augen zu den Rollenangeboten, die er in seiner Erzählung von Jesus Christus, dem Sohn Gottes, macht, verhalten.

Die Texte wollen für ihre Leserinnen und Leser eine Wegweisung sein. Bei ihrer Lektüre geht es um das Hineinwachsen in die Nachfolge.[198] Das ist entscheidend: Der Evangelist erwartet von seiner Gemeinde nicht, dass sie beim ersten oder zweiten Lesen alles verstanden hat. Die Möglichkeit, immer wieder neu zu lesen, beinhaltet die Möglichkeit, nach Fehlern auf dem Wege, nach Erfahrungen des Scheiterns, wieder neu anfangen zu können und aus dem Erlebten zu lernen. Auch so kann Vergebung aussehen.

In den Worten des Mannes in 16,6 heißt es, dass Jesus den Jüngerinnen und Jüngern auf dem Weg vorangehen wird. Für den Weg in die Nachfolge gilt ihnen die Begleitung des Auferstandenen als Beistand.[199] Christus gewährt hier auch denen Gemeinschaft, die sich in der Stunde der Niederlage von ihm abgewandt haben. Die Zusage des Mitseins Jesu Christi bedeutet hier konkret Vergebung. Durch die Begleitung dessen, über den seine Feinde nicht triumphiert haben, können die Män-

---

[196] Wengst, Ostern, 48.
[197] Vgl. Akt, 60. Iser spricht in diesem Zusammenhang vom impliziten Leser.
[198] Vgl. Wengst, Ostern, 48. Dannemann, Rahmen, 276 hebt hervor, dass im Mk die Versuche der Nachfolgegemeinschaft, diese Nachfolge zu leben, im Mittelpunkt der Evangeliums stehen.
[199] Vgl. van Iersel, Mark, 505f.

ner und Frauen in der Nachfolge Hoffnung haben, dass auch ihr Weg nicht scheitern wird.[200]

10.5 Nachfolge im Markusevangelium – Zusammenfassung

Der Ruf in die Nachfolge bedeutet für die, an die er ergeht, Gewinn und Erweiterung ihrer eigenen Handlungsräume bzw. -möglichkeiten. Hier knüpfe ich an Gnilkas Beobachtung an, dass durch die Forderung der Nachfolge die Jünger als Handelnde verstanden werden.[201] Gnilka bezieht dies nur auf die Fähigkeit der Jünger, der Forderung des Bußrufes und der Nachfolge zu entsprechen. Er berücksichtigt nicht, dass der soziale Status der Angesprochenen für die Qualität der Aufforderung Jesu eine Bedeutung hat. Jesus wendet sich nicht an die Oberen der Gesellschaft, um sie als Boten für das Reich Gottes zu gewinnen. Vielmehr geht er zu denen, die in den Augen der Oberschicht, nach deren Geschmacks- und Werturteilen, nichts wert sind. Ihnen, denen sonst nicht viel zugetraut wird – außer dass sie für ihre Herren funktionieren –, traut er zu, am Reich Gottes mitzuarbeiten. Er gibt ihnen Vollmacht (3,14). Damit ist für diese Menschen eine immense Aufwertung verbunden. Sie werden als handlungsfähige Individuen gesehen. Damit wird ein anderes Bild von ihnen konstruiert, als dies in der römisch-hellenistischen Gesellschaft der Fall ist. Dass gerade Frauen und ihr Handeln zeigen, wie gelingende Nachfolge aussehen kann, unterstreicht dies eindrücklich. Nicht der philosophisch gebildete Weise, der ehrenhafte römische Senator mit tadellosem Lebenswandel oder der erfolgreiche Feldherr sind hier Leitbilder für das richtige Handeln, es sind Frauen.

Nachfolge geschieht auf dem Weg der Selbststigmatisierung. Die Nachfolgenden legen ein Verhalten an den Tag, das nicht der gesellschaftlich anerkannten Lebensweise entspricht. Die von der Gesellschaft zu erwartende negative Reaktion auf eine nicht gesellschaftskonforme Lebensweise wird förmlich provoziert. Damit zeigen die Nachfolgenden, dass die Werte und Normen der Mehrheit für ihr Handeln nicht mehr bindend sind.

Zu den selbststigmatisierenden Verhaltensweisen gehört auch der Statusverzicht, der sich im gegenseitigen Miteinander innerhalb der Gemeinschaft zeigt. Die solidarische Praxis, die ohne Rücksicht auf Statusdenken geschieht, schafft so soziale Beziehungen. Diese sind gerade für die Menschen wichtig, die durch Krisen sozial entwurzelt sind. Die familia dei bietet ein soziales Netz, das einen bestimmten Grad an sozialer Sicherheit mit sich bringt und Anerkennung. Im Hinblick auf die Erweiterung der Handlungsmöglichkeiten und die Schaffung solidarischer Beziehun-

---

[200] Zur Bedeutung der Auferweckung Jesu Christi im Mk. vgl. Kap 12.6.
[201] Vgl. Gnilka, Theologie, 169.

gen kann hier von Lebensgewinn durch den Weg in die Nachfolge gesprochen werden.[202]

Die Lebensform Nachfolge bedeutet Bindung an Jesus. Damit zeigen die Nachfolgenden, dass nicht mehr die Weltbilder und Sinnhorizonte der römisch-hellenistischen Gesellschaft für sie handlungsleitend sind, sondern die Person Jesus Christus, den die frühen christlichen Gemeinden als Sohn Gottes bekennen. Die unbedingte Bindung an diese Person macht deutlich, dass sie sich an keinen anderen binden, dass niemand anders so ihr Leben bestimmen kann, wie Jesus Christus dies tut. Totale Herrschaftsansprüche von Seiten der römischen Kaiser, die, wie es bei Vespasian zu beobachten ist, sich als der Sohn eines bestimmten Gottes betiteln ließen oder sich nahe an göttliche Sphären rückten,[203] werden so zurückgewiesen.

Die Bindung an Jesus bedeutet aber auch Konformität mit dem Schicksal Jesu. Der Ruf in die Nachfolge verheißt nicht einfach nur Lebensgewinn, vielmehr müssen die Nachfolgenden bereit sein, für das Reich Gottes Leiden und Tod auf sich zu nehmen. Das Kreuz auf sich Nehmen vollzieht sich allerdings unter der Verheißung, dass der Auferstandene die, die an ihn glauben, auf ihrem Weg begleiten wird. Des Weiteren gilt ihnen die Verheißung, dass Christus als Richter über diese Welt das Reich Gottes vollständig durchsetzen wird. Die gegenwärtigen Leiden sollen durch die Hoffnung auf eine bessere Zukunft kompensiert werden.

Handlungsräume werden durch den Vollzug der Nachfolge erweitert. Gleichzeitig stellt der Evangelist den Weltbildern und Sinnkonstruktionen der römischen Antike seine eigenen entgegen. Wurde soziales Handeln in der römischen Gesellschaft durch hierarchische Strukturen und statusgebundene Werte koordiniert, wird jetzt im Mk die Konformität mit Christus, der für alle Menschen sein Leben gegeben hat, zu dem zentralen Punkt, der das Handeln maßgeblich lenkt. So wie Christus für alle da war, so soll der gegenseitige Dienst das Miteinander prägen. Die dadurch entstehende Solidargemeinschaft schafft eine Gegenwelt zur hierarchischen Struktur der römisch-hellenistischen Gesellschaft.

Bei alldem ist das Mk vom Wissen darum geprägt, dass die Menschen, die sich auf dem Weg der Nachfolge befinden, immer wieder scheitern können. Auf der Erzählebene bearbeitet der Evangelist diese Frage anhand der Jünger Jesu, die sich, als die Staatsmacht nach Jesus greift, von ihm abwenden. Denjenigen, die auf dem Weg nicht vorankommen, wird die Möglichkeit des Neuanfangs gegeben. Sie können sich immer wieder nach Galiläa begeben. Die Lektüre des Evangeliums und die Auseinandersetzung mit ihm ist der Weg, in die Nachfolge hineinzuwachsen.

---

[202] Für Theißen, Religion, 28 gehört zum kulturellen Charakter von Religion „die Verheißung von Lebensgewinn". Hier im Mk zeigt sich, dass dazu nicht nur das endzeitliche Heil gehört. Die Jesus nachfolgenden Männer und Frauen können schon jetzt im Miteinander den Lebensgewinn erfahren.
[203] Vgl. Theißen, Lokalkolorit, 277–281.

11 Das befreiende Handeln Jesu

11.1 Exorzismen im Markusevangelium

11.1.1 Die ἐξουσία Jesu

Die Erzählungen von den Exorzismen im Mk charakterisieren auf besondere Weise Jesu Handeln: Es ist ein Handeln, das die Menschen sprach- und handlungsfähig macht. Dies gilt es im Folgenden anhand von Mk 5,1–20 und 9,14–29 aufzuzeigen.

Zunächst muss jedoch die erste im Mk überlieferte Dämonenaustreibung (1,21–28) genauer untersucht werden. Zwar hat die Geschichte nahezu kein Interesse an dem Mann, in dem der unreine Geist wohnt, allerdings bildet die Geschichte den Verstehensrahmen für die Exorzismen im Mk. Hervorstechendes Merkmal dieser Geschichte ist, dass Jesu Dämonenaustreibung[1] im Kontext seiner Lehre gesehen (1,21.27)[2] und sein Handeln als ein Handeln in Vollmacht verstanden wird (1,27). Der Austreibung geht ein kurzer Wortwechsel zwischen Jesus und den Geistern vorweg. Die erste Frage des Dämons zeigt ein abwehrendes Verhalten,[3] die zweite offenbart durch den Dämon den Zweck des Kommens Jesu: Er wird den unreinen Geist vertreiben. Die Tatsache, dass hier der Dämon spricht, zeigt eine Auswirkung der Besessenheit: Der Besessene kann nicht mehr sprechen, er ist kommunikationsunfähig geworden. Dies ist in Bezug auf das ganze Evangelium eine programmatische Aussage. Nachdem in 1,15 die Botschaft Jesu zusammengefasst worden ist, wird an dieser Stelle klar, was es heißt, wenn das Reich Gottes nahe herbeigekommen ist: Dämonen werden ausgetrieben (3,22).[4] Im Prolog wird Jesus vom Geist Gottes gesalbt (1,10), der Geist Gottes ist das Jesus antreibende Moment (1,12). Der Träger des Geistes Gottes[5] trifft in der Synagoge von Kafarnaum auf einen Geist, der aus einer gottfeindlichen Sphäre kommt. Der unreine Geist muss sich der Macht Jesu geschlagen geben und den Menschen verlassen.

Die Reaktion der Umstehenden zeigt, worum es in dieser Perikope geht: Die

---

[1] Hier ist von einem „unreinen Geist" die Rede. Dieser Ausdruck bedeutet jedoch keinen sachlichen Unterschied zu einem Dämon. Der Evangelist gebraucht Dämon und unreiner Geist abwechselnd. Vgl. France, Mark, 103.
[2] Dies zeigt insbesondere die Verortung der Geschichte in einer Synagoge. Vgl. Dechow, Gottessohn, 84.
[3] Vgl. Gnilka, Markus I, 80 mit alttestamentlichen Parallelen.
[4] Dass hier eine symbolpolitische Aktion gegen jüdische Schriftgelehrte vorliegen soll, wie Myers, Binding, 143 es darstellt, findet keinen Anhalt am Text.
[5] Die Formulierung „Heiliger Gottes" weist auf einen charismatischen Hintergrund hin: Heilige Gottes waren im Alten Testament prophetische oder charismatische Gestalten, wie z. B. Samson (LXX Jdc 16,17B), Elisa ist der „heilige Gottesmann" (II Reg 4,9), Elija der „Mann Gottes" (I Reg 17,18). Vgl. Gnilka, Markus I, 81; P. Müller, Jesus, 27f. Dass Jesus der Heilige Gottes ist, zeigt, woher er seine Kraft hat, nämlich allein von Gott.

Menge bezeugt Jesu Macht über die Dämonen (1,27). Die Macht über unreine Geister gehört, wie seine Lehre, zur Sendung Jesu.[6] Die Überwindung des unreinen Geistes, der Menschen verstummen lässt, ist der Anbruch der Gottesherrschaft.[7] Insofern ist diese Erzählung von der Dämonenaustreibung in der Synagoge von Kafarnaum paradigmatisch.

Jesu exorzistisches Handeln beruht auf seiner ἐξουσία. Dieser Begriff ist innerhalb der römisch-hellenistischen Gesellschaft ein zutiefst politischer Begriff. Die Analyse des Wortes ἐξουσία im politischen Kontext wird zeigen, wie Jesu Handeln im Gegenüber und in Konfrontation zu den Machthabern der Welt gesehen wird.[8] Der Begriff ἐξουσία meint im politischen Bereich die Amtsgewalt, die mit einem politischen Amt verbunden ist (u. a. Jos Bell 2,140; Apk 17,12, Lk 20,20).[9] Die lateinische Übersetzung für ἐξουσία ist potestas. In der Zeit der Republik bezeichnet potestas die Amtsgewalt der Magistrate. Doch auch in der Prinzipatszeit spielt der Begriff der potestas eine wichtige Rolle. In seinem Rechenschaftsbericht „res gestae" betont Augustus, dass er nach der Niederlegung seiner politischen und militärischen Sonderrechte und -befugnisse im Staatsakt vom Januar 27 v. Chr. seine Mitkonsuln wohl an auctoritas, nicht aber an potestas übertroffen habe (18,34). Potestas wird in der griechischen Version der „res gestae" mit ἐξουσία übersetzt. Augustus verstand sich als Inhaber magistraler Amtsgewalten, weswegen er sich nicht von den übrigen Magistraten unterschied.[10]

Hier zeigt sich klar die Zielrichtung der Politik des Augustus, das neue politische System in die alte Ordnung einzubetten. Augustus sah sich als Inhaber verfassungsgemäßer Ämter. Um seinen Willen auf Machtverzicht nach außen zu unterstreichen, gab er 22 v. Chr. das Amt des Konsuls endgültig auf. Hinfort beanspruchte Augustus zwei Regierungsgewalten, die seine Stellung im Staat auch hinreichend absicherten: die tribunicia potestas und das imperium proconsulare. Durch das imperium proconsulare hatte Augustus den alleinigen Oberbefehl über die Provinzen, in denen römische Truppen standen, und wurde so zum ordnungsgemäßen militärischen Alleinherrscher im Reich. Durch die tribunicia potestas gingen die Heiligkeit, d. h. die Unantastbarkeit, des Volkstribuns, die Leitung des Senats, die Möglichkeit, Gesetzesvorhaben in den Senat einzubringen, und das ius auxilii auf ihn über. Augustus erhielt diese Amtsbefugnisse lebenslang. Sie erlaubten es ihm, politisch tätig zu werden und seine Macht nach außen auch zu verteidigen.

Der Begriff potestas zeigt zum einen die ungeheure Machtfülle, die Augustus besaß, zum anderen macht er deutlich, dass Augustus seine Herrschaft im Rahmen

---

[6] Vgl. u. a. France, Mark, 105f; Scholtissek, Vollmacht, 122f.
[7] Vgl. Gnilka, Markus I, 82.
[8] Dawson analysiert in ihrer Studie das politische Verständnis von ἐξουσία innerhalb des Prinzipats und setzt dieses Verständnis in Beziehung zum Mk. Zur Analyse der tribunicia potestas in den res gestae des Augustus vgl. Dawson, Freedom, 60f.
[9] Vgl. dazu auch Scholtissek, Vollmacht, 50–54.
[10] Vgl. insgesamt dazu Bleicken, Sozialgeschichte, 29ff.

11.1 Exorzismen im Markusevangelium

der alten römischen Ordnung verstand. Potestas ist in augusteischer Zeit ein ideologisch aufgeladener Begriff. Dies bleibt er in der weiteren frühen Prinzipatszeit. Die nachfolgenden Kaiser des iulisch-claudischen Kaiserhauses erhielten noch zu Lebzeiten des Vorgängers diese beiden Amtsgewalten übertragen.[11] Die verfassungsmäßige Gestalt des Prinzipats wurde in diesem Punkt nicht angetastet.[12]

In der lex de imperio Vespasiani (69 n. Chr.) taucht der Begriff potestas noch einmal im Zusammenhang mit den Machtbefugnissen des Princeps auf: In dem Gesetz[13] erfolgt eine massive Bündelung von Kompetenzen in der Person des Vespasian. Der Kaiser ist das zentrale Entscheidungsorgan der Regierung.

Potestas/ἐξουσία bedeutete im Kontext des Römischen Reiches die Amtsgewalt des Kaisers und der übrigen Organe der Reichsverwaltung. Gerade Augustus hat, indem er seine res gestae öffentlich aufstellen ließ, seine potestas der Bevölkerung des Reiches präsentiert. Mit der öffentlichen Darstellung seiner potestas machte der Kaiser deutlich, dass er keine andere Macht neben sich duldete. Man kann also davon ausgehen, dass die ersten Leserinnen und Leser ἐξουσία als Herrschaftsbegriff verstanden und gedeutet haben. Wie sie die ἐξουσία des Kaisers und die Jesu zueinander in Beziehung gesetzt haben, das wird die folgende Exegese darlegen.

11.1.2 Die Heilung des Besessenen in Gerasa

Die Erzählung in Mk 5,1–20 zeigt ein detaillierteres Bild vom Leiden des Besessenen. Des Weiteren wird geschildert, worin die von Jesus bewirkte Heilung besteht. Darüber hinaus bietet die Erzählung Hinweise darauf, was unter dem Phänomen der Besessenheit zu verstehen ist.

Ort der Handlung ist Gerasa,[14] ein Teil der hellenistischen Dekapolis. Die Dekapolis stand – im Gegensatz – zu Galiläa direkt unter römischer Verwaltung.[15] Die römische Besatzungsmacht war hier in anderem Maße präsent als in den Gebieten, die von jüdischen Klientelfürsten verwaltet wurden.

Die Verse 3–5 schildern eindrücklich die Lebensumstände des Besessenen: Der Mann kommt aus der Richtung der Gräber und wohnt auch dort. Hier wird klar: Er gehört – obwohl noch am Leben – bereits zu den Toten. Sein Verhalten ist selbstzerstörerisch. Hier dürfte wohl der Grund für die Versuche, ihn in Ketten zu legen, zu suchen sein. Sein Leben scheint völlig rast- und ruhelos zu verlaufen. Der

---

[11] Sie ruhten dann bis zum Ableben des Vorgängers.
[12] Vgl. Bleicken, Sozialgeschichte, 39f.
[13] Vgl. Bleicken, Sozialgeschichte, 41; Brentano, Geschichte, 163; Christ, Kaiserreich, 256.
[14] Anders Gnilka, Markus I, 200ff, der auf Grund der geographischen Widersprüche und Ungenauigkeiten in der Geschichte die mt Lesart der Geschichte (Mt 8,28) als die wahrscheinlichere ansieht und Gedara/Gergesa als Ort der Geschichte annimmt. Klar ist, dass die Geschichte im nichtjüdischen Land verortet ist. Vgl. Feneberg, Jesus, 136ff.
[15] Vgl. Wengst, Pax Romana, 86.

Wechsel von Tag und Nacht bedeutet für ihn keinen heilvollen Wechsel zwischen Arbeit und Ruhe: Allezeit treibt es ihn umher. Der Mann ist – so lässt es die Schilderung erscheinen – von dem Dämon aus seinen sozialen Bezügen herausgerissen. Ein strukturiertes Leben kann er nicht mehr führen. Kommunikation mit anderen gibt es nicht mehr. Brüllen und Schläge gegen sich selbst sind die einzigen Äußerungen, die er von sich gibt. Der unreine Geist trennt ihn von allen Lebensbezügen.

Der folgende Wortwechsel zwischen Jesus und dem unreinen Geist hat eine Besonderheit. Nach dem mit 1,23f vergleichbaren Auftakt (der Geist weiß um die Besonderheit Jesu; hier: Sohn Gottes) fragt Jesus nach dem Namen des Dämons. Der Name des Dämons zeigt sein wahres Wesen.[16]

Dieser Name ist im Kontext eines von Rom und seinen Truppen besetzten Landes bedeutungsvoll: Legion – die Bezeichnung für die größte römische Armeeeinheit. In der Forschung ist vielfach auf den Zusammenhang von Besatzung und Besessenheit hingewiesen worden.[17] Der Name des Dämons bietet einen Anhalt, um einen Erklärungsansatz für das Phänomen der Besessenheit zu versuchen. Theißen sieht in dem Namen Legion eine Anspielung auf die römischen Besatzungstruppen. Die römische Herrschaft wird hier insgesamt als dämonisch erfahren und gedeutet. Die Austreibung der Dämonen spiegelt den Wunsch wider, dass die Römer aus dem Lande vertrieben werden.[18]

Der Ansatz Theißens ist durch sozialanthropologische Studien untermauert und präzisiert worden. Hollenbach[19] (und im Anschluss an ihn Crossan) sieht in dem Phänomen der Besessenheit eine Reaktion der Unterworfenen auf die Fremdherrschaft. Die Beherrschten leiden unter der Besatzung. Sie sind – wie Crossan[20] schreibt – „Opfer eines dämonischen Imperialismus".[21]

Crossan[22] rezipiert anthropologische Studien zu Besessenheitsphänomenen aus Ländern, die ehemaliges Kolonialgebiet sind.[23] Geister, die von Menschen Besitz ergriffen hatten, wurden z. B. in der britischen Kolonie Nordrhodesien mit dem Namen belegt, der auch die europäischen Besatzer bezeichnete. In Gesellschaften, die unter ausbeuterischer Fremdherrschaft leben mussten, entstanden häufig Beses-

---

[16] Vgl. Gnilka, Markus I, 205.
[17] Insbesondere Theißen, Wundergeschichten, 252f. Hier sind ihm zahlreiche AuslegerInnen gefolgt.
[18] Die Bitte der Dämonen, im Lande bleiben zu dürfen, sieht Theißen im Kontext der Kontrolle Roms über die unterworfenen Länder.
[19] Vgl. Hollenbach, Demoniacs.
[20] Crossan, Jesus, 414.
[21] Gegen den Ansatz Crossans und Hollenbachs wendet Strecker, Jesus, 56f berechtigterweise ein, dass beide auf einer funktionalistischen Deutung des Phänomens der Besessenheit aufbauen. Funktionalistische Theorien verkürzen meist den Sachverhalt erheblich. Allerdings bietet sich die hier favorisierte Deutung des Dämons in Mk 5 durch den Kontext des Mk an, der von der Auseinandersetzung mit dem Herrschaftsanspruch Roms geprägt ist. Außerdem ist die Dämonisierung Roms dem Neuen Testament nicht fremd, wie die Offenbarung des Johannes zeigt.
[22] Vgl. zum Folgenden Jesus, 416ff.
[23] Vgl. u. a. Lewis, Religion.

11.1 Exorzismen im Markusevangelium

senheitskulte. Sie waren dort ein Mittel zur Auseinandersetzung mit der Besatzungsmacht und ein Versuch zur Bewältigung der Folgen der Unterdrückung. Diese Kulte kann man als Ausdruck des Protestes verstehen.

Im französisch besetzten Algerien stellte Fanon während des Befreiungskrieges eine signifikante Zahl von Geisteskrankheiten fest, die – so sein Ergebnis – vom Erleben der Fremdherrschaft herrühren.[24] Die Kolonialmacht wird als Angriff auf die Identität des beherrschten Volkes erlebt, die ausgelöscht zu werden droht (Zerstörung kultureller Traditionen etc.). Die Reaktion der Unterdrückten ist die Flucht in die Geisteskrankheit. Dies ist zum einen Protest gegen die fremde Macht. Gleichzeitig offenbart sich hier aber die Macht der Fremden. Die Flucht in die Geisteskrankheit zeigt, wie groß und zerstörerisch die Macht der Kolonialherren ist. Die Lage eines unterdrückten Volkes kann als gespalten verstanden werden:[25] Sich in die Situation zu ergeben, bedeutet Aufgabe der eigenen Identität. Widerstand, mit dem Ziel, die fremde Macht zu vertreiben, ist meist nicht möglich. So bleibt nur der Hass auf die Unterdrücker. Dieser Hass verstärkt jedoch das Ohnmachtsgefühl, da er zeigt, wie stark und gewaltig die Kolonialherren sind. Exorzismen versteht Crossan nun als „individualisierte symbolische Revolutionen".[26] Hier geht der Exorzist gegen die Macht der fremden Herrschaft an und bricht sie in Bezug auf einen Menschen oder eine Gruppe. Im Erzählen von Geschichten über Geisteraustreibungen zeigt sich – so Theißen[27] – der Wunsch, dass die Unterdrücker aus dem Lande gejagt werden. Das Erzählen, Hören und Weitererzählen wird damit zu einer bestimmten Form des Widerstandes. Es stellt heraus, dass man sich nicht mit der fremden Herrschaft abgefunden hat, sondern auf Beseitigung der Übel hofft.[28]

Gegen diesen Ansatz der Deutung der Besessenheit wird eingewandt, dass sich Besessenheit im römisch besetzten Israel nicht als Massenphänomen nachweisen lässt.[29] Das Mk geht jedoch – und das ist für diese Studie der entscheidende Punkt – von einer großen Anzahl Besessener aus (vgl. 3,7ff.). In der Vorstellungswelt des Mk ist Besessenheit ein Massenphänomen. Der Evangelist charakterisiert die verschiedenen Dämonen nicht genauer. Allerdings räumt er der Geschichte vom Besessenen in Gerasa großen Raum innerhalb seines Gesamtwerkes ein. Mit der Erzählung legt er beispielhaft dar, wie Besessenheit konkret aussieht. Das zeigt, dass für den Evangelisten Besessenheit mit der römischen Besatzung zusammenhängt.

Die Besessenheit durch die Besatzung hat massive Auswirkungen auf den Menschen: Er führt ein ungeordnetes und unstetes Leben. Die dem Menschen Ruhe ge-

---

[24] Vgl. Fanon, Verdammten, 190f.
[25] Vgl. Crossan, Jesus, 420.
[26] Ebd.
[27] Vgl. Wundergeschichten, 252f.
[28] Das Erzählen solcher Geschichten ist, wie die Klage, eine sprachliche Handlung. Sie bewahrt davor, in Situationen, in denen Menschen kaum noch handeln können, zur Passivität verurteilt zu sein.
[29] Vgl. u. a. Strecker, Jesus, 57.

bende schöpfungsgemäße Einteilung der menschlichen Zeit in Nacht und Tag ist für ihn nicht erfahrbar. Er ist unfähig zur Kommunikation, da die Dämonen in ihm sprechen. Die Sozialität, die nach dem Alten Testament zu Menschen dazugehört, kann er nicht erleben und gestalten.[30] Wesentliche Aspekte des schöpfungsgemäßen Menschseins kann der Gerasener nicht ausleben. Die Fremdherrschaft beraubt ihn seiner menschlichen Natur, sie zerstört ihn als Menschen.

Man kann überlegen, ob hier die ersten Leserinnen und Leser in der Gemeinde des Evangelisten ihre Erfahrungen aus den Erlebnissen des Krieges und der Flucht aus dem Kriegsgebiet in Israel in die Schilderung der Besessenheit eintragen konnten: Das ungeordnete und unstete Leben ist mit dem Schicksal von Kriegsflüchtlingen vergleichbar. Sie haben ihre sozialen Strukturen, in denen sie zu Hause waren, verloren, das Leben auf der Flucht ist geprägt von Unsicherheit: Nichtwissen, ob man je wieder ein Zuhause findet, die Angst davor, doch noch in Kämpfe verwickelt zu werden (d. h. von den römischen Truppen und ihren Verbündeten versklavt zu werden), die tägliche Sorge um die Versorgung mit Lebensmitteln. Ein Leben auf der Flucht entbehrt jeder Form von heilsamer Ordnung.[31]

In der Schilderung des Exorzismus zeigt sich nach Theißen eine klare Spitze gegen die römische Fremdherrschaft: „In symbolischer Handlung befriedigt die Geschichte den aggressiven Wunsch, sie (die römischen Besatzer, CJB) wie Schweine ins Meer zu schicken."[32] Die Zurückweisung des Exorzisten durch die Menschen in dieser Gegend ist auch vor diesem Hintergrund verständlich. Ein dergestaltiger Exorzismus stellt eine „Gefährdung des sozialen Friedens" dar.[33] Der Exorzist bedroht den eingeübten Umgang mit der Besatzungsmacht und lässt bereits überwunden geglaubte Konflikte wieder aufflammen. Auch die Angst vor möglichen Repressionen der Römer dürfte hier eine Rolle spielen: Wer sich nicht deutlich genug von revolutionärem Umtrieben distanzierte, musste mit Vergeltung und Strafmaßnahmen rechnen.

In 5,17–19 verwehrt Jesus dem Mann aus Gerasa die Aufnahme in den Kreis derer, die mit ihm auf dem Weg sind. Der Gerasener wird von Jesus auf seine alten sozialen Beziehungen verwiesen. Dort soll die Wundermacht Jesu erkannt und gelobt werden. Der Mann aus Gerasa erzählt in seinem sozialen Umfeld, zu dem er endlich wieder eine Beziehung aufbauen kann, von der Befreiung von den Dämonen durch Jesus und wird so zum Boten der Vollmacht Jesu. So fängt der Mann an,

---

[30] Vgl. dazu Kap. 14.2.
[31] Ebenso wäre hier zu überlegen, inwieweit Menschen in den Gemeinden unter Traumatisierungen durch Kriegserlebnisse leiden könnten (Sprachlosigkeit durch Traumata). Die gerade begonnene Rezeption der Traumaforschung in der Exegese kann hier vielleicht noch einige wichtige Beobachtungen und Ergebnisse liefern. Vgl. zur theologischen Rezeption der Traumaforschung Crüsemann, Gewalt.
[32] Theißen, Wundergeschichten, 252f.
[33] Ebd., 253.

seine Fähigkeiten als Mensch wieder auszuleben. Er selbst ist handlungsfähig und wird nicht mehr durch die Macht von Dämonen gelenkt.

Die Geschichte in Mk 5,1–20 stellt die Vollmacht Jesu in scharfen Kontrast zur erfahrenen Vollmacht des römischen Kaisers. Jesus befreit die Menschen, stellt ihre Fähigkeit zur Kommunikation und zu Handlungen wieder her und eröffnet isolierten Menschen einen Weg in die menschliche Sozialität. Roms politisches System baute hingegen darauf auf, dass Menschen mit Macht über Menschen herrschen. Diese Macht wird hier als dämonisch gedeutet.

11.1.3 Ein kranker Junge steht wieder auf – Mk 9,14–29

In dieser Geschichte ist ein eindeutiger Bezug von Besessenheit und Besatzung nicht feststellbar. Die Gestalt des Dämons bleibt recht unscharf. Die Geschichte in Mk 9,14–29 reflektiert zunächst noch einmal, was Besessenheit ausmacht. Darüber hinaus kommen auch das soziale Umfeld (hier der Vater des besessenen Jungen) und dessen Situation genauer in den Blick.

In der neutestamentlichen Forschung ist viel über die Krankheit, unter der der Junge leidet, geschrieben worden. Die geschilderten Symptome deuten wahrscheinlich auf Epilepsie hin.[34] Doch eine Klärung der medizinischen Hintergründe trägt wenig zum Verständnis der Geschichte bei. Ebach betont zu Recht, dass es hier in Mk 9,14–29 weniger um eine Krankheit geht, als vielmehr um die Frage, wer die Macht über den Jungen hat, der Dämon oder der Junge selbst?[35]

Die Schilderung des Zustandes zeigt deutlich, dass nicht der Junge über sich und seine Handlungen bestimmt, sondern der Dämon, der als stummer Geist beschrieben wird. Ebach zeigt anhand der Frage nach dem realen Subjekt in 9,18, was das große Thema der Geschichte ist. Grammatikalisch können sowohl der Junge als auch der Dämon Subjekt sein.[36] Es ist jedoch klar, dass der stumme Geist die Macht über den Jungen hat (und somit das logische Subjekt des Satzes ist). Der Zustand des Jungen ist verheerend. Der stumme Geist macht ihn sprachlos, zwingt ihm Handlungen bis zur Handlungsunfähigkeit auf. Die Schilderung des Vaters (9,20) zeigt, dass nicht nur das Leben gemindert, sondern beinahe auch zerstört wird.

Wie in 5,1ff sind die Folgen der Besessenheit für den betroffenen Menschen tief greifend. Der Junge ist nicht Herr über sich selbst. Der Dämon bestimmt seine Handlungen. Er macht die Kommunikationsfähigkeit des Jungen zunichte, der Dämon droht die physische Existenz des Jungen zu zerstören.

---

[34] Vgl. u. a. Eckey, Markusevangelium, 244; France, Mark, 364f; Kollmann, Wundergeschichten, 71f.74f.
[35] Vgl. Ebach, Bibelarbeit, 37.
[36] Vgl. ebd.

Jesu Handeln befreit den Jungen aus dieser Situation, aber nicht indem er einfach den Dämon austreibt und so seine Macht zeigt. Ebach[37] betont, dass der Junge kein bloßes Objekt im Kampf zwischen Jesus und dem Dämon ist, der hilft, die Größe der Macht Jesu darzustellen. Jesus nimmt den Jungen als Menschen mit einer eigenen Geschichte wahr und nach dieser erkundigt er sich (9,20). Durch diese Anteilnahme ist der Junge nicht mehr allein ein von einem Dämon beherrschtes willenloses Objekt, er wird durch sie als Individuum mit einer ihm eigenen Leidensgeschichte wahrgenommen. Jesu Zuwendung gibt dem Jungen sein Subjektsein zurück. Dies zeigt sich auch noch in der sprachlichen Ausgestaltung der Dämonenaustreibung. Noch im Ausfahren demonstriert der Geist seine Macht über den Jungen, der wie tot daliegt. So gehört das, was in 9,27 erzählt wird, unbedingt zur Heilung dazu: Weil der Junge selbst völlig handlungsunfähig war, musste ihm geholfen werden. Jesus richtete ihn auf. Aber gleichzeitig betont der Erzähler, dass der Junge aufsteht. Der Junge nimmt so die wieder gewonnene Handlungsfähigkeit in Gebrauch. Mk 9,27 zeigt deutlich die Zielrichtung der Geschichte von der Heilung: Der Junge, der unter der Macht des Dämons stand, kommt wieder auf die eigenen Füße.[38] Der Junge, der seine Handlungsfähigkeit verloren hatte, dessen Existenz vor der Auslöschung stand, beginnt wieder zu agieren. Dies ist das Ziel des exorzistischen Handelns Jesu im Mk.

Das Besondere der Geschichte ist, dass der Vater des besessenen Jungen und sein Ergehen berücksichtigt werden. „Wenn du Macht hast, hilf uns und hab Erbarmen mit uns!" (9,22). Dieser Satz zeigt deutlich, wie es dem Vater geht. Häufig wird dieser Satz als Ausdruck des mangelhaften Glaubens des Vaters gedeutet.[39] Der Vater sei ebenso auf die Hilfe Jesu angewiesen wie sein Sohn, damit er zum wahren Glauben findet. In den Worten des Mannes zeigten sich große Zweifel an der Vollmacht Jesu. In der Bitte um Erbarmen zeigt sich jedoch nicht zwangsläufig ein mangelnder Glaube. Zum Verb „erbarmen" ist im Neuen Testament ausschließlich Jesus Christus oder Gott Subjekt.[40] Das Wort ist also eindeutig theologisch geprägt. Das erwartete Erbarmen ist das Erbarmen Gottes. „Erbarmen"/רחם taucht im Alten Testament sehr häufig in prophetischen Schriften und den Psalmen auf. Die Verbform hat fast ausschließlich Gott zum Subjekt. Gerade das Substantiv wird häufig in der Gebetssprache zur Anrufung der göttlichen Barmherzigkeit verwandt (Ps 25,6; 40,12; 51,3 usw.),[41] רחם wird in einigen Fällen mit חסד kombiniert (Ps 51,3, 69,17; 103,4; Jer 16,5, Thr 3,22). Stoebe nimmt an, dass das Erbarmen der „konkrete Erweis"[42] der Treue Gottes ist. Das Erbarmen Gottes wird auf der Basis eines von der

---

[37] Vgl. ebd., 38f.
[38] Vgl. ebd., 45.
[39] Vgl. u. a. Gnilka, Markus II, 48; Schmithals, Markus, 417f.
[40] Vgl. France, Mark, 265.
[41] Vgl. Stoebe, רחם, 761ff. bes. 767.
[42] Ebd.

11.1 Exorzismen im Markusevangelium

Treue Gottes geprägten Verhältnisses angerufen. Der Beter/die Beterin weiß sich in seinem/ihrem Leben grundsätzlich von Gottes Treue getragen und erbittet nun den Erweis der Treue in der geschilderten Not. Der Gebetsruf nach Erbarmen ist im Alten Testament Ausdruck des Glaubens, und nicht eine Vorform des Glaubens oder gar Unglaube. Dabei ist es gerade für die Psalmen typisch, dass Vertrauensaussagen mit Äußerungen des Zweifels und der Angst verbunden werden.[43]

In Mk 9,22 zeigt sich nicht der mangelnde Glaube des Vaters, vielmehr erwartet der Vater allein von Jesus Hilfe und Beistand. Die Situation erlebt der Vater als so bedrohlich, dass nur noch von Jesus Hilfe kommen kann. Die Jünger haben sich als machtlos herausgestellt (9,18). Die Bitte um Erbarmen ist Ausdruck der tiefen Not des Vaters im Blick auf das Ergehen seines Sohnes. Die Bitte ist vergleichbar mit der Klage der Psalmen. Die klagenden Beterinnen und Beter wollen sich mit der leidvollen Situation nicht abfinden, sie sind aber unfähig, die Lage von sich aus zu ändern. Allein von Gott erhoffen sie Hilfe und Bestand. Sie erwarten, dass er ihre Situation verändern wird. Das Klagen ist die letzte Handlungsmöglichkeit, die den Betenden noch bleibt. Mit der Klage können sie ihre Verzweiflung zum Ausdruck bringen. Die Bitte um Erbarmen ist somit wie die Klage ein Teil des Glaubens, der in einer bedrängenden Situation nur diesen einen Weg sieht – und an ihm zweifelt.

Die Glaubenszweifel werden in 9,23f aufgenommen. Jesu Worte, dass dem, der glaubt, alle Dinge möglich sind,[44] sind gewissermaßen Anlass zu einer grundsätzlichen Überlegung, was Glaube eigentlich ist. In 9,14ff ist der Glaubende, dem alles möglich ist, zunächst einmal Jesus.[45] Sein Glaube, sein sich Festmachen in Gott, sind der Grund für seine Vollmacht.[46] Die Reaktion Jesu darf also als Einladung an den Vater verstanden werden, sich ebenso in die Glaubensbeziehung zu stellen und Gott als alleinige Kraftquelle anzunehmen.[47] Er bestätigt damit die Haltung des Vaters, dass dieser von Jesus Hilfe erwartet.

Der Schrei des Vaters in 9,24 bringt nun die Situation des Glaubens sprachlich auf den Punkt: Wer allein Gott als die Kraftquelle und das Fundament des Glaubens sieht, weiß sich immer vor die Situation des Misstrauens, der Angst und der Verzweiflung gestellt. Diese Situation ist nicht etwas, was dem Glauben fremd ist, sondern sie gehört genuin dazu. Glaube und Glaubenszweifel gehören hier eng zu-

---

[43] Vgl. Janowski, Konfliktgespräche, 36ff.
[44] Diese Aussage hat eine höchst problematische Wirkungsgeschichte, da sie den Glauben zu einer menschlichen Leistung umfunktionieren kann: Wer nur genug glaubt, dem wird es gut ergehen im Leben.
[45] Vgl. Ebach, Bibelarbeit, 42; Dechow, Gottessohn, 118–120; Lohmeyer, Markus, 189; Schniewind, Markus, 127.
[46] Der Einwand Schmithals', Markus, 418, dass im Neuen Testament Jesus nirgendwo Subjekt des Glaubens sei, entbehrt der sachlichen Grundlage. Gerade Thüsing, Theologien, 74–76 u. ö. hat gezeigt, dass die Schriften des Neuen Testaments Jesus als gläubigen Juden schildern, der seine Gottesbeziehung lebt.
[47] Vgl. Ebach, Bibelarbeit, 42; Gnilka, Markus II, 50.

sammen. Die Bitte um Überwindung der Glaubenszweifel ist somit Ausdruck des Glaubens und nicht des Unglaubens, den es zu beseitigen gilt.[48]

Die Haltung des Vaters versteht Gnilka als unvollständigen Glauben, den Jesus korrigieren muss.[49] So wird dem Vater die Handlungsmöglichkeit des Zweifels und der Klage in einer Situation, die sonst ausweglos ist, nicht zugestanden. Die Erzählung spricht jedoch eine andere Sprache. Jesus nimmt den Vater als klagenden und zweifelnden Menschen ernst und an. Er würdigt damit nachdrücklich diese letzten Handlungsmöglichkeiten der Klage. In der Diktion Habermas': Jesus erkennt die Richtigkeit und Wahrhaftigkeit der Worte des Vaters an. Jesus hilft dem Vater (wie dem Jungen) nicht einfach, indem er den Dämon austreibt. Er öffnet den Raum dafür, dass der Vater seine Verzweiflung artikulieren kann. Die Zweifel haben einen Platz in der Geschichte und somit in der Gottesbeziehung. Dieses Ernstnehmen der Zweifel durch Jesus zeigt, dass Jesus den Vater als aktiv handelnden Menschen wahrnimmt. Die Hilfe Jesu zielt darauf ab, dass der Junge wie der Vater erneut ihr Leben in die Hand nehmen können. Der Junge probiert seine Standfestigkeit selbst aus. Der Vater wird für seine Glaubenszweifel nicht abgestraft, er steht am Ende nicht wie ein minderwertig Glaubender da. Dass er seine letzte noch verbliebene Handlungsmöglichkeit wahrgenommen hat, würdigt Jesus. In seinem helfenden Handeln nimmt Jesus Menschen als handlungsfähig wahr.[50]

11.2 Sündenvergebung durch Jesus – Mk 2,1–12

Die Geschichte von der Heilung des Gelähmten in Kafarnaum bietet für das Thema dieser Arbeit weitere interessante Aspekte. Hier rückt die Sündenthematik – ein Schwerpunkt für die theologische Anthropologie im 20. Jh. – in den Mittelpunkt der Geschichte.

Bevor der Gelähmte und der Disput Jesu mit den Schriftgelehrten in den Blick genommen werden, wendet sich der Erzähler den Freunden des Gelähmten zu (2,3ff). Sie erweisen sich als tatkräftige, einen Mitmenschen unterstützende und einfallsreiche Menschen. Sie wollen den Gelähmten zu Jesus bringen. Da jedoch die Menge den Zutritt zu dem Haus versperrt, decken sie das Dach des Hauses ab und lassen den Gelähmten auf einer Bahre vom Dach in den Innenraum des Hauses, in dem Jesus sich aufhält, herab. Dieses tatkräftige helfende Handeln qualifiziert Jesus

---

[48] Vgl. Schweizer, Markus, 107: „Wer zu wagen sagt ‚ich glaube', der muß im gleichen Atemzug sagen, daß er das nur als einer sagen kann, der darauf traut, daß Gott ihm wieder neu zum Glauben verhilft". Vgl. Ebach, Bibelarbeit, 44; Dechow, Gottessohn, 118.
[49] So Gnilka, Markus, 48.
[50] In Joh. 5,6 kann man Vergleichbares beobachten. Jesus heilt hier nicht ohne die ausdrückliche Einwilligung des Kranken. Jesus sieht auch hier den Kranken als jemanden, der in der Lage ist zu sagen, was er für sein Leben braucht. Vgl. auch Mk 10,51.

11.2 Sündenvergebung durch Jesus

als Glauben.[51] Die Männer wissen, dass sie allein von Jesus Hilfe für den Gelähmten erwarten können. Daher setzen sie ihre ganze Energie und Kreativität ein, um ihn zu Jesus zu bringen. Die Begegnung von Menschen mit dem Gottessohn spornt Menschen an, alles für den Nächsten zu geben. Von Sündenerkenntnis durch die Konfrontation mit Jesus ist hier nichts zu merken. Wenn diese Geschichte – wie Gnilka sagt[52] – den Glauben an Jesus wecken soll, dann geht es hier um einen Glauben, der gerade die Schaffenskraft von Menschen mit einschließt.

In 2,5b ändert sich jedoch klar das Thema der Erzählung. Die Episode mit den vier Männern ist nur eine Ouvertüre zu dem Konflikt, der in dem Haus von Kafarnaum ausgetragen wird. Im Hinblick auf Jesu Ausspruch, dass dem Gelähmten die Sünden vergeben sind, wird häufig davon ausgegangen, dass die Krankheit des Mannes auf seine Sünden zurückzuführen ist. Dabei soll es sich um eine im Judentum übliche Vorstellung handeln.[53] Dass die kausale Verknüpfung von Sünden und Krankheit im antiken Judentum vorhanden gewesen ist, ist unbestreitbar. Allerdings wird sie in der alttestamentlich-jüdischen Tradition und in anderen neutestamentlichen Schriften auch radikal in Frage gestellt.[54] Ein einheitlicher Verstehenshintergrund ist hier für diese Geschichte nicht feststellbar.

Auch 2,9 stellt keinen ursächlichen Bezug zwischen Krankheit und Sünde her. Hier werden die beiden Handlungsweisen Jesu – Zuspruch der Sündenvergebung und Heilung – in Bezug zur Vollmacht Jesu gesetzt: Da Jesus die Vollmacht hat, Sünden zu vergeben, kann er – selbstverständlich – auch heilen.[55] Und dies tut er, denn es wäre im Angesicht der Notlage des Gelähmten doch geradezu zynisch, wenn Jesus die körperlichen Gebrechen ignorierte.

Es fällt auf, dass in Mk 2 der Begriff Sünde nicht näher spezifiziert wird. Es scheint, dass der Erzähler bei seiner Leserschaft ein unstrittiges Verständnis voraussetzt, was Sünde ist. Für die Auslegung dieser Stelle ist jedoch zu berücksichtigen, dass hier nicht ein spezifisch paulinisches Verständnis von Sünde (Sünde als Daseinsverfassung des Menschen) in die Deutung eingetragen wird.[56]

---

[51] Vgl. Söding, Glauben, 407. Pesch, Markusevangelium I, 155 sieht im Handeln der Freunde eine wortlose Vertrauensäußerung gegenüber Jesus. Gnilka, Markus I, 99 meint wie Söding, dass der Gelähmte hiermit gemeint ist. Der Text ist an dieser Stelle nicht präzise genug.
[52] Vgl. Gnilka, Markus I, 99.
[53] Vgl. ebd.; Strack-Billerbeck I, 495; Dechow, Gottessohn, 103f; Klumbies, Mythos, 162; Marcus, Mark, 222.
[54] Vgl. France, Mark, 125: Neben Lk 13,1–5, Joh 9,2–3, Gal 4,13f ist insbesondere das Buch Hiob zu nennen.
[55] Schmithals, Markus, 160ff, hält in Anschluss an Bultmann beide Handlungen für gleichwertig, da sie für den Menschen unmöglich und einzig und allein Gottes Werk sind. Die Heilung dient somit nicht einfach der Beglaubigung der Sündenvergebung.
[56] Dies tut z. B. Schmithals, Markus, 159f ganz gradlinig in seinem hermeneutischen Programm. Er versteht Sünde nicht als ein „Tun des Menschen", sondern als „Daseinsverfassung". Es kann jedoch nicht davon ausgegangen werden, dass Mk paulinische Theologie rezipiert. Die Annahme, in den Erzählungen von den Exorzismen werde das Thema der sündigen Existenz des Menschen vor

Innerhalb der Forschung wird in Bezug auf das Verständnis der Geschichte in Mk 2,1–12 diskutiert, ob und inwieweit der Zuspruch der Sündenvergebung und die von Jesus beanspruchte Vollmacht innerhalb des Judentums als Blasphemie zu bewerten sind. Es wird betont, dass Jesus hier eine Handlung für sich beansprucht, die Gott allein vorbehalten ist: Gott allein vergibt die Sünden.[57] Eine Beanspruchung dieser Vollmacht durch einen Menschen bestreitet die Einzigkeit Gottes. Das Menschensohnwort in 2,10 unterstreicht diese Tendenz. Jesus beansprucht im Mk eine von Gott kommende Vollmacht für sich, die die Gegner nicht anerkennen.[58]

Die Gotteslästerung besteht jedenfalls nicht darin, dass Jesus außerhalb des Tempels, losgelöst von den Opfern des Tempels, Vergebung zuspricht. Sündenvergebung war im Judentum zur Zeit Jesu nicht mehr ausschließlich an den Tempelkult gebunden.[59] Innerhalb des Judentums in hellenistischer Zeit hatte sich eine kritische Haltung in Bezug auf die Sühnopfer entwickelt. Leutzsch bewertet die Johannestaufe und die von den ersten christlichen Gemeinden durchgeführte Taufe zur Vergebung der Sünden als Hinweise auf eine wachsende Distanz zu den Sühnerituralen im Tempel.[60] Eine Ursache hierfür sieht Leutzsch in der Entfremdung der Bevölkerung Judäas und Galiläas von den Jerusalemer Priesterkreisen. Deren Machtpolitik hatte den Tempel und die dort durchgeführten Opfer etc. in Misskredit gebracht, so dass jüdische Reformbewegungen nach alternativen Formen der Sühne und Sündenvergebung suchten.

Nach der Zerstörung des Tempels durch die römischen Truppen sah sich das Judentum vor die Aufgabe gestellt, die Lücke, die der Verlust des Tempels bedeutete, zu füllen. Für die Vergebung der Sünden hieß das: Wie soll die von Gott gewährte Sühne gottesdienstlich gestaltet werden? Was tritt an die Stelle des Tempels und der Priesterschaft? Die ersten christlichen Gemeinden fanden hier ihre eigene Antwort, die Markus in seinem Evangelium formuliert: Jesus, der Menschensohn, hat die Vollmacht Sünden zu vergeben. Sein Leben gibt er als Lösegeld für die Vielen (10,45), sein Blut wird als Bundesblut für die Vielen vergossen (14,24). Genau diese Antwort aber führte zum Konflikt mit anderen jüdischen Gruppen. Der hier

---

Gott bearbeitet (vgl. ebd.; so auch der Ansatz von Mittmann-Richter, Dämonen), hat keinen Anhalt in den Geschichten.

[57] Vgl. u. a. Gnilka, Markus, 99f; Schmithals, Markus, 160; Theißen/Merz, Jesus, 459f.

[58] Vgl. Scholtissek, Vollmacht, 170: Die Vollmacht des Menschensohns in Dan 7,14 wird hier derart auf Jesus übertragen, dass er die Vollmacht hat, Sünden zu vergeben.

[59] Vgl. Theißen/Merz, Jesus, 459f. Dass Sündenvergebung schon vor 70 außerhalb des Tempels zugesprochen werden konnte, zeigt auch die Tauftätigkeit des Johannes am Jordan (Mk 1,4). Ebenso wie die Essener wendet sich Johannes und seine Anhängerschaft gegen den Tempel in Jerusalem. Wenn in der Zeit vor 70 bei der Herausbildung der Menschensohn-Christologie von einer Sündenvergebung außerhalb des Tempels gesprochen wird, so ist das innerhalb des damaligen Judentums nichts Singuläres. Die traditionelle Form der Sündenvergebung im Judentum wurde schon vor der Zerstörung des Tempels kritisch gesehen. Vgl. Leutzsch, Verschuldung, 129.

[60] Vgl. Leutzsch, Verschuldung, 129ff.

11.2 Sündenvergebung durch Jesus

für Jesus erhobene Anspruch, im Namen Gottes Sünden zu vergeben, wurde nicht allgemein anerkannt.

Die Erzählung 2,1–12 partizipiert an der alttestamentlichen und jüdischen Grundanschauung, dass die ganze Menschheit sündhaft ist und der Vergebung und Gnade seitens Gottes bedarf (vgl. Gen 8,21).[61] Innerhalb von Mk 2 erzählt Markus, wie dies konkret aussieht. In 2,1–12 konstatiert er die Vollmacht Jesu, Sünden zu vergeben. Die Perikope um die Berufung des Levi und das anschließende Essen mit den Zöllnern beschreibt, welche Konsequenzen Vergebung hat. Vergebung geschieht nicht allein durch den Zuspruch, sondern sie bedarf einer konkreten Praxis: Jesus isst mit den Zöllnern und knüpft so eine soziale Beziehung. Essen muss hier im kulturellen Kontext der Antike verstanden werden. Es bedeutete die Aufnahme einer intensiven sozialen Beziehung.[62] Durch das gemeinschaftliche Essen baut Jesus eine Beziehung zu den Zöllnern auf. Er zeigt so, dass ihnen vergeben wurde und sie nicht mehr sozial isoliert sind.[63] Jesu vergebendes Handeln zielt auf die Wiederherstellung einer Beziehung. Sündenvergebung im Mk ist – wie in der jüdischen Tradition – ein Beziehungsgeschehen.[64] Dem Zöllner Levi eröffnet Jesus durch den Ruf in die Nachfolge neue Lebens- und Handlungsperspektiven. Sündenvergebung und Ruf in die Nachfolge sind hier auf das Engste aufeinander bezogen. Die Vergebung wäre ohne eine Änderung der sozialen Praxis wertlos. Der Aufforderung in Mk 1,15 umzukehren (μετανοεῖτε) geht es um eine veränderte Lebensführung.[65] Die Vergebung eröffnet Handlungsräume, indem sie das vergibt, was einem Neuanfang im Wege steht. Sie beinhaltet notwendigerweise die Aufforderung, die neu eröffneten Handlungsräume auszufüllen.

Dies ist auch in 2,1–12 angelegt. Sündenvergebung und Wiedererlangung der Handlungsfähigkeit durch die Heilung von Lähmung stehen hier nebeneinander und sind aufeinander bezogen. Die Vergebung durch Jesus eröffnet dem Mann neue Lebensmöglichkeiten, die er durch die Heilung von der Lähmung nun nutzen kann.

---

[61] Vgl. Rendtorff, Theologie I, 15.18.
[62] Vgl. dazu die grundlegende Studie von Stein-Hölkeskamp zum römischen Gastmahl. Mahlzeiten dienen in der Antike – so Stein-Hölkeskamp, Gastmahl, 12 – „der Inszenierung von sozialer Nähe, respektive Distanz, Ein- und Ausgrenzung von Individuen und Gruppen und der Abgrenzung von Schichten."
[63] Vgl. zum Sachverhalt Kap. 10.1. Schüssler Fiorenza, Gedächtnis, 162ff betont in ihrer Darstellung der Reich-Gottes-Praxis Jesu das integrative Moment. Jesus will Spaltungen im Volk überwinden und soziale Beziehungen gründen und stützen. Vgl. Klumbies, Mythos, 169.
[64] Schreiner, Vergebung, 668 zeigt, dass genau dies das Ziel der Vergebung von Sünden ist. Die zerstörte Beziehung zu Gott/zu anderen Menschen wird durch die Vergebung wiederhergestellt (bRH 17a; bAr 15b).
[65] Vgl. u. a. Eckey, Markusevangelium, 68.

11.3 Ein Mann erlangt seine Handlungsfähigkeit wieder – Mk 3,1-5

Diese Heilungsgeschichte läuft auf den ersten Tötungsbeschluss der Gegner Jesu hinaus. Sie bietet allerdings nicht nur Informationen zum eskalierenden Konflikt zwischen Jesus und den jüdischen Autoritäten. Entgegen der Meinung einiger Kommentatoren[66] ist der Mann mit der verdorrten Hand nicht nur eine Randfigur, die Anlass für den Streit zwischen Jesus und den Schriftgelehrten ist.

Schon die altkirchliche Auslegung[67] hatte ein großes Interesse an ihm und schildert ihn als einen Handwerker, der wegen seiner Krankheit unfähig ist, durch eigene Arbeit seinen Lebensunterhalt zu verdienen. Es lohnt sich die „verdorrte Hand" (ἐξηραμμένην ἔχων τὴν χεῖρα) genauer zu betrachten.

Χείρ steht im Neuen Testament für das Handeln einer Person (vgl. Mk 6,2; Act 2,23; 5,12; 11,30). Das Neue Testament übernimmt hier den Sprachgebrauch und eine bestimmte Vorstellung aus dem Alten Testament. Um Handlungen von Menschen zu beschreiben, wird in der alttestamentlichen Literatur häufig das Wort יד benutzt, so z. B. für herrschaftliches oder helfendes Handeln.[68] Ganz allgemein stellt die Hand die Handlungsfähigkeit eines Menschen dar.

Der Mann mit der „verdorrten Hand"[69] ist also jemand, dessen Handlungsfähigkeit zumindest stark eingeschränkt ist. Die Heilung durch Jesus gibt diesem Mann seine Fähigkeit zum eigenen Handeln wieder. Im Kontext einer Agrargesellschaft bedeutet dies die Möglichkeit zur Erwerbsarbeit. Ein in seiner Arbeitskraft eingeschränkter Mensch war auf Unterstützung angewiesen. Wo die solidarischen Bindungen von Familie und Sippe immer mehr wegbrachen, rutschten hilfsbedürftige Menschen in die absolute Armut.[70] Der Text bietet über den sozialen Status des Mannes keine genauen Informationen. Krankheit und Verlust der Arbeitskraft ist jedoch eine häufige Ursache für Armut.

Die Anmerkung, dass die verdorrte Hand keine lebensgefährliche Krankheit sei und Jesus die Heilung ohne Not auch am nächsten Tag hätte vollbringen können,[71] ignoriert völlig die sozialen Konsequenzen des Handicaps. Es geht nicht allein um eine medizinische Frage. Für den Mann geht es darum, ob er mit seiner Arbeitskraft seinen Lebensunterhalt bestreiten kann. Die Heilung ist für ihn die Befreiung zur Fähigkeit, die materiellen Grundlagen des Lebens wieder selbstständig erwirtschaf-

---

[66] Z. B. Lohmeyer, Markus, 67: „Er ist nur ‚ein Mensch dessen Hand verdorrt ist'; er bleibt auch ferner ein stummes gefügiges Werkzeug des Willens Jesu."
[67] Hebräerevangelium nach Hieronymus, In Matth. 12,13. Vgl. Gnilka, Markus I, 127.
[68] Vgl. van der Woude, יד, 670ff.
[69] Gnilka, Markus I, 126f versteht „verdorrt" als Schwund der Lebenskraft in der Hand (gewissermaßen in Analogie zum vertrockneten Land) und Gebrauchsminderung des Organs.
[70] Selbst als Sklave war ein derart gehandicapter Mann kaum zu gebrauchen.
[71] Vgl. Gnilka, Markus I, 127; Kollmann, Wundergeschichten, 86; Gundry, Mark, 150f mit Verweis auf mSabb 14,3-4; tSabb 12,8-14.

11.3 Ein Mann erlangt seine Handlungsfähigkeit wieder

ten zu können. Unter Umständen konnte dies einen ersten Schritt aus der absoluten Armut bedeuten.

Beachtet man den sozialgeschichtlichen Hintergrund dieser Heilung, so ist eines klar: Die Heilung geschieht um eines bestimmten Menschen willen. Ihm soll Gutes und Befreiendes widerfahren. Genau dies kann jedoch nicht einen Tag länger warten. Dieses Handeln Jesu steht in keiner Weise im Gegensatz zum Sabbat. In Mk 2,27 wird betont, dass der Sabbat zum Wohle des Menschen gemacht ist. Mit dieser Aussage teilt das Mk eine wichtige theologische Charakterisierung des Sabbats mit dem rabbinischen Judentum. Dort wird in einer Kommentierung zum Sabbatgebot in Ex 31,14 auf Folgendes verwiesen: „Euch wurde der Sabbat übergeben und nicht ihr wurdet dem Sabbat übergeben." (MekhY 21,1)[72] Dass in Mk 2 der Sabbat dem Menschen zugeordnet wird, kann also nicht als Relativierung der Tora oder gar als Abkehr vom Judentum bezeichnet werden.[73]

In der exegetischen Diskussion um Mk 2,27 wird unisono auf die schöpfungstheologische Begründung des Sabbats verwiesen.[74] Der Sabbat ist für den Menschen geschaffen. Im Jesus-Wort geht es – so Gnilka[75] – darum, dass der ursprüngliche Gotteswille wieder zur Geltung gebracht wird. Der Sabbat ist für den Menschen gemacht, und deswegen dürfen die Sabbatvorschriften dem Menschen nicht schaden und ihn in seiner Freiheit einschränken. Jesu Wort wird als Kritik an der jüdischen Sabbatkasuistik gedeutet. Nicht gefragt wird jedoch danach, was der Sabbat den Menschen Positives bringen kann. Die Diskussion um Mk 2,27 erweckt den Eindruck, dass die Sabbatpraxis an sich eine Einschränkung menschlicher Freiheit bedeutet. Was es jedoch heißt, dass der Sabbat für die Menschen geschaffen ist, wird in den verschiedenen Auslegungen nicht recht deutlich.[76]

Die Zielbestimmung des Sabbats, dass er zum Wohle der Menschen da ist, entstammt den alttestamentlichen und jüdischen Traditionen zum Sabbat. Der Sabbat wird nicht als Last empfunden, sondern er ist eine Freude (Jes 58,13) und eine Wohltat für arbeitende Menschen (Dtn 5,13–14).[77] In der alttestamentlich-jüdischen Tradition ist der Sabbat eine Einrichtung Gottes, die die Freiheit des Menschen bewahren helfen soll. Der Sabbat unterbricht die alltägliche Arbeit und verschafft so den Arbeitenden Ruhe. Die Heiligung des Sabbats stellt die Unterordnung von Menschen unter ökonomische Prozesse infrage. Vom Sabbat her gesehen sind Menschen nicht nur Arbeitskräfte. Am Sabbat können Menschen Freiheit von

---

[72] Vgl. Schaller, Sabbat, 137; Wengst, Jesus, 55f.
[73] Scholitssek, Vollmacht, 181f meint, dass der Menschensohn die Gemeinde von der ausnahmslosen Geltung der Tora befreit. Vgl. des Weiteren zu vergleichbaren Positionen Schaller, Sabbat, 136.
[74] Vgl. France, Mark, 146f; Gnilka, Markus I, 123.
[75] Vgl. Gnilka, Markus I, 123f.
[76] Die Auffassung, dass eine Bindung an die Gebote der Tora die menschliche Freiheit einschränkt, nimmt nicht zur Kenntnis, dass im jüdischen Denken Freiheit gerade durch die Bindung an Gott, der die Tora gibt, konstituiert wird. Vgl. Plietzsch, Freiheit, 31ff.
[77] Vgl. France, Mark, 147.

ökonomischen Zwängen erleben. Die Bindung an den einen Gott befreit die Menschen aus den Kreisläufen des Wirtschaftens, die Bindung negiert, dass jemand anderes herrschen kann als Gott.[78] In Dtn 5,15 wird das Sabbatgebot mit dem Verweis auf das Befreiungshandeln Gottes für Israel im Exodus begründet.[79] Damit ist der Sabbat aber auch ein Tag der Erinnerung an den Exodus.[80] Der Sabbat selbst muss, um seinen Sinn zu bewahren, selbst immer wieder seinen befreienden Charakter erhalten und erneuern. Deswegen wird in Dtn 5,15 auch eingeschärft, die Abhängigen im Haus am Sabbat ruhen zu lassen. Auch ihnen, den nicht in vollem Umfang Rechtsfähigen, gilt die Befreiungstat Gottes. Die Freiheit, von der der Sabbat spricht, soll konkret in der Ruhe von der Arbeit erfahren und erlebt werden.[81] Des Weiteren garantiert die Einrichtung des Sabbatjahres Verschuldeten die Befreiung von Schuldenlast und der Sklaverei.[82] Das Sabbatjahr wurde im Judentum zur Zeit des Hellenismus weiterhin praktiziert.[83]

Mk 2,27 nimmt Bezug auf die schöpfungstheologische Begründung des Sabbats (Gen 2,2; Ex 20,11).[84] Der Sabbat ist hier Widerspiegelung der Schöpfung Gottes.[85] Er lebt nach Ex 20,11 von der Ruhe Gottes in Gen 2,2, die sein schöpferisches Tun und Handeln unterbricht. „Ein Stück jener Ruhe Gottes wird für den Menschen erfahrbar im Sabbat, indem an diesem Tag jede menschliche Arbeit ... unterbleibt."[86] In der Praktizierung des Sabbats geht es in Ex 20,8–11 um ein konkretes Erleben des Heils Gottes für die Menschen. Die schöpfungstheologische Begründung des Sabbats steht nicht in Konkurrenz zur Füllung des Sabbats vom Exodus her. Die Rede von Gottes Schöpfungswerk und -macht ist die Grundlage für die Rede vom befreienden Handeln Gottes. Beides – die Rede von Gottes Schöpfung und Befreiung – ist hier sachlich aufeinander bezogen.[87]

Das Handeln Jesu in der Synagoge aktualisiert das Anliegen des Sabbats.[88] Seine Heilung richtet sich an den Bedürfnissen des Mannes mit der verdorrten Hand aus.

---

[78] Vgl. Plietzsch, Freiheit, 35f.
[79] Vgl. Crüsemann, Bewahrung, 53–58.
[80] Dtn 5,15 beginnt mit der in der jüdischen Tradition weit verbreiteten Aufforderung zur Erinnerung der Heilstaten Gottes. Zum Sabbat als Tag der Erinnerung an den Exodus vgl. Müller, Diakonie, 479.
[81] Crüsemann, Freiheit, 58 nennt die Ruhe von der Arbeit „die exemplarische Wahrnehmung und Praktizierung" der von Gott im Exodus geschenkten Freiheit.
[82] Zum Sabbatjahr vgl. Crüsemann, Tora, 264–269.
[83] Vgl. Leutzsch, Verschuldung, 127. Vor allem der von Leutzsch erwähnte Hinweis von Tacitus auf das Sabbatjahr (hist. 5,4,3) zeigt die Lebendigkeit dieser Institution.
[84] Vgl. France, Mark, 147.
[85] Vgl. Rendtorff, Theologie II, 71.
[86] Ebach, Ursprung, 101.
[87] Vgl. Plietzsch, Freiheit, 35f.54–56. Plietzsch, ebd., 55f verweist hier auf den Midrasch Seder Olam 5 zu Ex 14,20, wo der Tag des Durchzuges durch das Meer der siebte Tag ist. Zum soteriologischen Verständnis von Schöpfung vgl. Kap. 14.2.
[88] Ob und inwieweit der Evangelist hier andere jüdische Sabbatpraktiken kritisiert und angreift, lässt sich an dieser Geschichte nicht zeigen.

11.3 Ein Mann erlangt seine Handlungsfähigkeit wieder

Dabei nimmt Jesus den Mann als konkretes Individuum wahr. In seinem Handeln zeigt sich seine „unbedingte Hinwendung ... zur Eigenart und Würde des von Gott geschaffenen Menschen."[89] In 3,4 spricht Jesus davon, dass es am Sabbat geboten ist, eine ψυχή zu retten. Er spricht damit dem Mann Individualität zu, die er durch sein Wunderhandeln erhält. ψυχή wird hier in Analogie zu נפש verstanden. נפש drückt die Individualität des Menschen aus (vgl. Lev. 17,10; 19,8; 22,30; Num 5,6).[90]

Was bedeutet für diesen konkreten Menschen in seiner besonderen Situation an diesem Tag die Befreiung? Wenn der Mann an diesem Sabbat konkret und fassbar die Freiheit Gottes spüren soll, was muss dann geschehen? Indem Jesus dem Mann zu neuer Handlungsfähigkeit verhilft (der Mann kann am Tag nach dem Sabbat wieder versuchen, seinen Lebensunterhalt selbstständig zu bestreiten), erfährt der Mann Befreiung. Jesu Handeln ist sabbatliches Handeln. Mk 3,1–5 kann somit auch als Kommentar zu 2,23–28 gelesen werden. In 3,1–5 wird erzählt, wie das Gute, das der Sabbat für den Menschen darstellt, erfahrbar aussieht.

In Mk 2,23–28 geht es konkret darum, dass die Jünger den Sabbat nicht ohne Essen verbringen müssen. Zum Wohle der Menschen meint hier, dass Menschen am Sabbat nicht der guten Schöpfungswerke Gottes (und dies sind die Ähren; vgl. Gen 1,29) entbehren müssen. Die unstete Lebensweise der Nachfolgegemeinschaft, von der die Erzählung des Mk ausgeht, erlaubt es den Jüngern nicht, in Bezug auf das Essen für den Sabbat vorzusorgen.[91] Sie müssen sich am Sabbat selbst versorgen. Wird ihnen diese Art der Versorgung verweigert, so können sie am Sabbat nicht an Gottes Schöpfungswerken teilhaben: Mit leerem Magen lässt sich schlecht an die Schöpfung Gottes erinnern! Abstrakter gesprochen: Gottes heilvolles Handeln bei der Schöpfung (Erschaffung von Pflanzen als Nahrung für die Menschen; vgl. Gen 1,29) muss am Sabbat erfahrbar sein, so wie die Ruhe Gottes am Sabbat erlebbar ist.[92]

Jesu Wunder gelten in der synoptischen Tradition als Anbruch des Reiches Gottes. Anhand der Wundertaten Jesu können die Menschen erleben, wie das Reich Gottes aussieht. Auch der Sabbat hat eine eschatologische Perspektive. Er ist in rabbinischer Tradition Abbild der kommenden Welt (Bereschit Rabba 17,5 zu Gen 2,21).[93] Jesu Wunderhandeln am Sabbat kann als prophetische Zeichenhandlung

---

[89] Dautzenberg, Leben, 160. Vgl. auch Pesch, Markusevangelium I, 192f.
[90] Vgl. Wolf, Anthropologie, 41–44.
[91] Der Sabbat war auch schon im antiken Judentum ein Festtag, der im Rahmen der Familie im Haus begangen wurde. Dies geht – so Albertz, Religionsgeschichte, 424–427 – auf die theologische Neuorientierung in der Exilszeit zurück. Dort wurde der Sabbat als Familienfeier verstanden. Dieses Verständnis war für die kommenden Jahrhunderte prägend.
[92] Schüssler Fiorenza, Gedächtnis, 172 sieht sogar im Essen der Jünger die Heiligung des Sabbats: „Der Sabbat ist geschaffen, damit Menschen durch festliches Essen und Trinken das Gutsein von Israels Schöpfergott preisen können. Die JüngerInnen Jesu, die, wie die Bettelarmen, nichts zu essen haben außer den Ähren, die sie ausrupfen und essen, erfüllen durchaus die Intentionen der Thora. Sie halten den Sabbat, d. h. sie essen zum Lobe Gottes, obwohl sie dazu fast nichts haben."
[93] Vgl. K. Müller, Diakonie, 479f.

verstanden werden, die auf das noch ausstehende Reich Gottes verweist und es gerade am Sabbat erfahrbar machen will.[94]

11.4 Jesu Zuwendung zu den Niedrigsten der Gesellschaft im Markusevangelium

Menschenmengen werden in der griechischen oder römischen Literatur häufig negativ bewertet: Das Volk ist der Pöbel, es sei denn, es erfüllt als geordnete Gruppe z. B. bei den Wahlen der Magistrate seine gesellschaftliche Aufgabe. Im Markusevangelium befindet sich Jesus während seines Wirkens in Galiläa im häufigen Kontakt mit dem Volk (ὄχλος). Dabei wird das Volk nicht negativ gesehen. Der ὄχλος wird nicht abgewertet, Jesus wendet sich dem Volk annehmend und wertschätzend zu. Durch Jesu Wertschätzung des Volkes werden im Mk gesellschaftliche Maßstäbe durchkreuzt.

Küster hat in seiner Studie gezeigt, dass hinter dem Vorkommen des Volkes im Mk ein theologisches Konzept steht.[95] Er differenziert zwischen dem Auftreten des Volkes in Galiläa bzw. auf dem Weg nach Jerusalem und in Jerusalem.[96] In Galiläa nimmt das Volk Kontakt zu Jesus auf. Es will seine Lehre hören, es sucht seine Nähe, da es von ihm Heil etc. erwartet. Dabei fällt auf, dass das Volk von weit her kommt (3,7f.) oder mehrere Tage bei Jesus und seiner Gruppe verweilt (8,2). Küster stellt von daher die Vermutung auf, dass zum ὄχλος auch sozial entwurzelte Menschen gehören.[97]

Jesus wendet sich dieser Gruppe in besonderer Weise zu. Er selbst ruft die Menschen zusammen, um sie zu lehren. Jesus hat mit dem ὄχλος Mitleid,[98] da das Volk völlig orientierungslos ist (6,34). Seine Lehre soll ihnen Orientierung und Halt geben.[99] Ebenso sorgt Jesus dafür, dass das Volk zu essen bekommt. Das Erbarmen

---

[94] In diesem Sinne steht Jesu Handeln nicht konträr zur theologischen Intention des Sabbats, vielmehr wird diese im Handeln Jesu deutlich. Vgl. Schaller, Sabbat, 26f; Theißen/Merz, Jesus, 327–330.

[95] Das Volk lediglich als Schlusschor zu verstehen, wie Dibelius, Formgeschichte, 50 es tut, greift hier deutlich zu kurz. Dibelius hat kein Interesse an den Menschen, die wie z. B. in Mk 1,12 die Macht Jesu loben. Ihm geht es nur um deren Botschaft. Vgl. Küster, Volk, 61f.

[96] Vgl. Küster, Volk, 62f.

[97] Vgl. ebd., 64. Ansonsten dürfte der ὄχλος aus den Bewohnern der Dörfer bestehen. Vgl. Horsley, Story, 38ff.

[98] Jesu Haltung wird in Beziehung zu Gottes Erbarmen gesetzt. Erbarmen bezieht sich in der alttestamentlichen Tradition auf Gottes Handeln. Vgl. zur Stelle France, Mark, 265; Gnilka, Markus, 259 und oben. Jesu Erbarmen konkretisiert sich in der Hirten-Metapher. Er erweist sich als der fürsorgliche Hirte, der die ihm Anvertrauten nicht im Stich lässt. Hier ist er das Gegenbild zu den vielen Hirten Israels, die sich nicht um das Volk kümmerten (vgl. u. a. Ez 34,5f). Vgl. France, Mark, 265; Gnilka, Markus, 259. Israel bedarf eines Hirten, der für das Volk da ist (vgl. Num 27,17). Jesus nimmt diese Aufgabe wahr.

[99] Die Lehre Jesu konkretisiert das göttliche Erbarmen. In diesem Sinne kann die Lehre als göttliche Offenbarung verstanden werden. Vgl. Lohmeyer, Markus, 124f; Schweizer, Markus, 78.

11.4 Jesu Zuwendung zu den Niedrigsten der Gesellschaft

Jesu bezieht sich konkret auf die materielle Not der Menschen. Hunger dürfte gerade zur Zeit des Krieges gegen Rom ein beherrschendes Problem für die Menschen in Israel gewesen sein. Römische Armeen versorgten sich auf ihren Feldzügen mit den Lebensmitteln, die im Lande zu finden waren, ohne Rücksicht auf die einheimische Bevölkerung.[100] Für Flüchtlinge aus Israel, die zum Adressatenkreis des Mk gehörten, war diese Not präsent und beherrschend. Darüber hinaus war Hunger für den Großteil der Menschen in der Antike eine allgegenwärtige Bedrohung.[101]

Jesus ist in seinem fürsorglichen Handeln am Volk ein Gegenbild zu den antiken Herrschern, die mit Getreidespenden u. ä. sich die Zustimmung des Volkes sichern und Hungerrevolten vermeiden wollten.[102] Die Wohltaten der Kaiser und anderer Herrscher dienten meistens der Herrschaftssicherung und nicht der Beseitigung der Ursachen der Lebensmittelknappheit. Die Bedürfnisse des Volkes sind beim Handeln der herrschenden Schichten nicht im Blick. Die mk Darstellung der Haltung und des Handelns Jesu zeigen, dass Jesus sich genau an den Bedürfnissen des Volkes orientiert. Er nimmt sie wahr und ernst (6,34).[103] Er praktiziert echte Fürsorge (6,37.42).[104]

Hervorzuheben ist weiterhin, dass Jesus das Volk als seine wahren Verwandten bezeichnet (3,31–35). Diese Bezeichnung stellt eine besondere Nähe zu diesen Menschen her. Jesu Haltung gegenüber dem ὄχλος ist nicht von Verachtung geprägt. Die Anrede der vielen Menschen als Verwandte zeigt, dass Jesus zu ihnen – im Gegensatz zu seiner Familie – eine positive Beziehung aufbaut. Der mk Jesus bricht hier mit seinem Verhalten eine gesellschaftliche Abwertung des ὄχλος auf. In der Anrede als Verwandte konstruiert er eine neue – positive – Bewertung dieser zahlreichen Menschen. Auf der Handlungsebene schlägt sich dies in der Fürsorge für das Volk nieder. Die negative Bewertung des Volkes in Jerusalem widerspricht dieser Deutung nicht. Das Volk, das in Jerusalem den Tod fordert, ist nicht die wankelmütige Masse, die den Verführungen der Oberen erliegt, sondern stellt die Bevölkerungsgruppen dar, die in Jesus eine Gefahr sehen.[105]

In Mk 10,13–16 liegt ein ganz besonderer Fall von Jesu Hinwendung zu den

---

Dass die Wundertätigkeit – hier das Speisungswunder – der Lehre Jesu untergeordnet wird (vgl. Gnilka, Markus I, 259; Schenke, Wundererzählungen, 105), lässt sich in der Deutlichkeit nicht am Text belegen. Scholtissek, Vollmacht, 122f zeigt in Hinblick auf Mk 1,21.27, dass Wunder und Lehre aufeinander bezogen sind. Beides ist Ausdruck der Vollmacht Jesu. Vgl. P. Müller, Jesus, 29f.

[100] Vgl. Wengst, Pax Romana, 44.
[101] Vgl. Stegemann/Stegemann, Sozialgeschichte, 55f.
[102] Vgl. Garnsey/Saller; Kaiserreich, 214. Das Gesamtphänomen analysiert Veyne, Brot. Zu Hungerrevolten vgl. auch Whittaker, Arme, 328f.
[103] Das Mitleid Jesu steht dem Bestreben von Herrschern entgegen, die nur ihre Herrschaft zu sichern suchen und aus Furcht vor Hungerrevolten Getreide an die Bevölkerung ausgeben.
[104] Markus bezieht die Hirtenmetapher, die bei Ez Bestandteil der Herrschaftskritik ist, auf die großen politischen Konflikte seiner Zeit. Damit ist die Schilderung des Verhalten und Handeln Jesu implizite Kritik an den Herrschern seiner Gegenwart.
[105] Hier wird gerade auf die verwiesen, die durch die Arbeit am Tempel oder durch die Wallfahrer ihren Lebensunterhalt verdienen. Vgl. Theißen/Merz, Jesus, 408.

Niedrigsten in der Gesellschaft vor. Hier geht es explizit um die Kinder, die in der römisch-hellenistischen Gesellschaft als unfertige Menschen angesehen wurden.[106]

Die Exegese dieses Textes wird nachhaltig dadurch bestimmt, wie die Kategorie „Kind" eingeordnet und verstanden wird. In der Tradition der existentialen Hermeneutik beschreibt „Kind" ein bestimmtes Existenzverständnis in Beziehung zu Gott. Eine solche Interpretation lässt jedoch außer Acht, dass „Kind" eine soziale und kulturelle Kategorie ist.[107] Ansatzpunkt für eine Auslegung im Sinne der existentialen Hermeneutik ist die Bewertung von 10,15. Zwischen V. 14 und 15 besteht eine Spannung. Während in V. 14 Kinder im eigentlichen Sinne gemeint sind, ist in V. 15 von Kindern im übertragenen Sinne die Rede. Dies hat zu Überlegungen geführt, in welchem Verhältnis 10,15 und 10,13.14.16 zueinander stehen.[108] War 10,15 ein zunächst eigenständiges Logion, das dann in die ursprünglich selbstständige Überlieferungseinheit 10,13ff eingefügt wurde? Oder wurde die Erzählung zur Ausschmückung des Logions gestaltet? Für Schmithals ist jedenfalls klar, dass 10,15 der Spitzensatz der Erzählung ist. Hier kommt das zentrale Thema des Evangeliums zur Sprache – das Reich Gottes.[109] In 10,15 wird – so Schmithals – das Verhältnis von menschlichem Handeln und dem Reich Gottes thematisiert. Schmithals wendet sich gegen ein Verständnis von 10,15 als Aufforderung zur Rückkehr in die kindliche Unschuld, vielmehr gehe es um kindliche Demut: „Die Herrschaft Gottes kann nur wie ein Kind empfangen werden, nämlich in der lebendigen Wahrheit, daß wir Bettler sind. So gesehen spricht 10,15 von rechter Buße ..., der Umkehr des Menschen in die Wahrheit seines Daseins."[110] Der Gläubige soll sich im Verhältnis zu Gott als Empfangender sehen.

Schmithals' Konstruktion vom Kind wird getragen vom Gedanken, dass Kinder durch noch nicht ausgebildete Fähigkeiten Empfangende sind. Diese Konstruktion lässt die Bewertungen von Kindern seitens der hellenistisch-römischen Gesellschaft außer Acht.[111] Die Zuwendung, die die herbeigebrachten Kinder von Jesus erfahren, steht – das Ergebnis der folgenden Ausführungen sei kurz vorweggenommen – im krassen Gegensatz zu den gesellschaftlichen Konstruktionen.

In der Exegese zu Mk 10,13–16 wird die Meinung vertreten, dass Jesus hier auch einer jüdischen Geringschätzung von Kindern entgegentrete.[112] Betrachtet man die alttestamentliche und rabbinische Tradition genauer, so zeigt sich ein anderes Bild.

---

[106] Myers, Binding, 266 spricht hier äußerst treffend von „Jesus' Solidarity with the ‚Least of the Least'".
[107] Vgl. dazu Kap. 7.
[108] Vgl. Schmithals, Markus 442f.
[109] Vgl. ebd., 443.
[110] Ebd., 444. Ähnlich interpretieren Schweizer, Markus, 117 und Eckey, Markusevangelium, 260f. Lührmann, Markusevangelium, 171f macht deutlich, dass es hier konkret um Kinder geht.
[111] Dabei weist Schmithals selbst kurz auf die soziale Wirklichkeit von Kindern in der Antike hin. Vgl. ebd., 447. Konsequenzen für die Auslegung hat dieses jedoch nicht.
[112] So u. a. Schmithals, Markus, 447.

11.4 Jesu Zuwendung zu den Niedrigsten der Gesellschaft

Die Geburt von Kindern wird insgesamt als Segen verstanden:[113] In jeder Geburt eines jüdischen Kindes wird die Segensverheißung an Abraham und Sara erfahren. Mit jeder Geburt wird sie Wirklichkeit. Dass Kinder im Volk Israel gezeugt und zur Welt gebracht werden, zeigt, dass Israel im Bund mit Gott bleiben will. Indem der Fortbestand des Bundesvolkes gesichert wird, steht Israel treu zum Bund mit Gott.[114] Zeugung und Erziehung von Kindern muss auch als Erfüllung des 1. Gebotes der Tora verstanden werden (Gen 1,28). Im Hinblick auf das Dtn zeigt Finsterbusch, dass Kinder Teil der kollektiven Identität Israels sind:[115] Das „Wir" in Dtn 6,21 umschließt eindeutig auch die Kinder. Sie sollen durch Fragen in das Lernen der Tora hineingenommen werden. Es wird im Dtn deutlich, dass bei der öffentlichen Verlesung der Tora Kinder mit anwesend sind. Sie wachsen durch Fragen, Hören und Lernen in die Traditionen des Volkes hinein und erhalten so die kollektive Identität.

Dass Kinder Tora lernen, wird in der rabbinischen Tradition in einen besonderen Zusammenhang gestellt: Der Fortbestand Israels hängt an der Weitergabe der Tora im Volk. Die Lehrer der Tora können im rabbinischen Judentum als Wächter der Stadt verstanden werden, die für die Sicherheit des Gemeinwesens sorgen.[116] Wenn Kinder in den Lehrhäusern und Synagogen Tora lernen, dann ist Israel sicher. Die Zerstörung Jerusalems hat denn auch ihren Grund in der Vernachlässigung des Unterrichts (bSchab 119b). In EstR 9,4 retten die Tora lernenden Kinder das Volk vor der drohenden Vernichtung durch Haman.[117] Diese Kinder sind nicht nur wichtig, weil sie einmal erwachsene Glieder des Volkes Israels sein werden und so dessen Existenz sichern werden. Ihr Handeln als Kinder hat eine immense Bedeutung für das Volk. Dieses Handeln hat einen eigenen anerkannten Stellenwert. Es ist keine minderwertige und nur abbildhafte Form des Handelns von Erwachsenen, es ist nicht nur eine spielerische Form, die auf das Erwachsenenleben vorbereitet. In EstR 9,4 entscheiden die Kinder, die zur Tora stehen, das Schicksal Israels.

Die Wertschätzung von Kindern in der jüdischen Tradition zeigt sich auch an der rechtlichen Stellung von Kindern in der Tora.[118] Kinder als Waisen sind neben den Witwen eine besonders zu schützende Gruppe (vgl. Dtn 24,17).[119] Auch Regelungen, die die Schuldsklaverei eindämmen, sind Rechtsbestimmungen zum Schutz von Kindern, da diese häufig zuerst als Schuldsklaven verkauft wurden (vgl. u. a.

---

[113] Vgl. P. Müller, Mitte, 125ff.
[114] Die frühe Beschneidung von Jungen zeigt dies (Gen 17,12). Schon ein neugeborener Junge trägt das Bundeszeichen.
[115] Finsterbusch, Identität, 119.
[116] Vgl. Stemberger, Kinder, 126f mit Verweis auf PesK 15,5. Stemberger zeigt anhand zahlreicher Texte des antiken Judentums, dass Tora lernende Kinder als Sühne für das Volk gedeutet wurden. Vgl. ebd. 123ff.
[117] Vgl. ebd., 128f.
[118] Vgl. zum Folgenden Crüsemann, Anwalt, 186ff.
[119] Crüsemann weist darauf hin, dass im Gegensatz zum Codex Hammurapi (XLVII 61f), wo der Schutz der Waisen Bestandteil des Königslobs ist, dieser Schutz einen rechtlichen Stellenwert hat.

Neh 5,5). In Dtn 21,18ff wird die Rechtsgewalt des Hausvaters (in römischen Kategorien: die patria potestas) über seine Kinder eingeschränkt. Nicht er, sondern die Rechtsgemeinschaft richtet über das Kind. Insgesamt sind in der Tora rechtliche Regelungen zum Schutz für Kinder vor der Gesellschaft und ihren Eltern zu finden. Der Markusevangelist, der – wie zu zeigen ist – Kinder im besonderen Maße wertschätzt, hat hier seine Wurzeln eindeutig in der jüdischen Tradition. Die Geschichte in Mk 10,13–16 ereignet sich auf den Weg nach Jerusalem. Sie gehört somit zur Unterweisung der Gefolgschaft Jesu, wie Nachfolge gelebt werden soll. Die Erzählung ist eng mit dem Rangstreit der Jünger auf dem Wege (10,35–45) und der Kinderepisode (9,33–37) verbunden. Ebner deutet 10,13–16 als Wiederaufnahme von 9,36f.[120] In 9,33–37 ist die Hierarchieproblematik auf das Engste mit der Kinderthematik verbunden, während in Mk 10,35–45 der Rangstreit unter den Zwölfen (ausgelöst durch die Frage der Zebedaiden) auf die Erzählung der Segnung der Kinder durch Jesus folgt. Das Thema ‚Kind' ist unter Berücksichtigung des Aufbaus von Mk 8–10 im Kontext von real erfahrener Herrschaft zu behandeln.

Der Evangelist stellt die gesellschaftlichen Bewertungen von Kindern in Frage und entwirft ein Gegenbild, wodurch er die gesellschaftlich anerkannten Wertvorstellungen negiert und ihnen eine normative Bedeutung abspricht. In 9,34f wird die Hierarchie einer Gruppe (Erster bzw. Größter – Letzter) außer Kraft gesetzt. Die Sklavinnen und Sklaven (wozu auch Kinder gehören) werden hier zum normativen Maßstab der Gruppe. Es sind Menschen, die außer ihrer Arbeitskraft[121] in den Augen der Gesellschaft nichts zu bieten haben. Menschen, die anderen dienen, haben einen schlechten Status. Es geht in der Nachfolge Jesu um Statusverzicht. Die Kinderepisode zeigt nun deutlich, wie ein solcher Statusverzicht aussehen kann: Jesus umarmt ein Kind (9,36). Eine Umarmung war eine Geste der intimen Nähe. Zur Umarmung kam es in der hellenistisch-römischen Gesellschaft nur zwischen Männern gleichen Status.[122] Freundschaft in der römischen Gesellschaft war – wie die Freigebigkeit – auf Angehörige der gleichen Statusgruppe beschränkt. Jesus gewährt einem Angehörigen einer gesellschaftlichen Gruppe mit geringem Ansehen persönliche Nähe. In der Umarmung des Kindes lebt er Statusverzicht vor.

Die kurze Erzählung in 10,13–16 schildert, inwieweit die Jünger die Unterweisung Jesu auf dem Wege beherzigt haben. Die Jünger reagieren in hohem Maße abweisend auf das Anliegen der Menschen, die die Kinder bringen. Diese Erwachsenen wollen, dass die Kinder die heilsame Nähe Jesu erfahren.[123] Die Reaktion der Jünger wird mit ἐπετίμησαν umschrieben (10,13). Ἐπιτιμάω bezeichnet die macht-

---

[120] Vgl. Ebner, Kinderevangelium, 318.
[121] Und selbst die wird noch gering geschätzt.
[122] Vgl. Ebner, Kinderevangelium, 335.
[123] Ἅπτω ist eine Vokabel, die häufig in Heilungswundern vorkommt und die heilvolle Berührung des Wundertäters beschreibt.

11.4 Jesu Zuwendung zu den Niedrigsten der Gesellschaft

volle Äußerung und Handlung des Exorzisten.[124] Man könnte sagen: Die Jünger, die von Jesus die Macht bekommen haben Dämonen auszutreiben, missbrauchen diese besondere Gabe. Sie missbrauchen sie, indem sie die Kleinsten der Gesellschaft nicht aufnehmen, sondern sie wegschicken. Der Geltungsanspruch der Erwachsenen, dass die Kinder der heilvollen Nähe Jesu bedürfen,[125] wird von den Jüngern mit vereinten exorzistischen Kräften zurückgewiesen. Die Szene ist vergleichbar mit 10,48: Dort wird Bartimäus, der verachtete Bettler, von der Menge zurückgewiesen, wobei nicht explizit erwähnt wird, dass die Jünger der Menge widersprechen. Nicht die Jünger, sondern Jesus wendet sich Bartimäus zu. Mk 10,13–16 und 10,46–52 sind zwei Geschichten, in denen der Evangelist vom Scheitern der Jünger erzählt. Sie hören die Worte auf dem Wege, sie sind aber nicht in der Lage, im Ernstfall nach ihnen zu handeln.

Während in 10,48 sich Bartimäus von der Menge nicht zurückdrängen lässt, ergreift in 10,14 Jesus sofort Partei für die Kinder und die, die sie zu ihm bringen. Jesus äußert Unmut[126] und wendet sich mit Worten an die Jünger. Das „Hindert sie nicht" weist nach Ebner auf 9,38–41 zurück: Dort wandte sich Jesus gegen Grenzziehungen seitens der Nachfolgegemeinschaft nach außen (dort gegen fremde Exorzisten). Hier geht es um Grenzziehungen innerhalb der Gemeinschaft: Die Kinder sollen genauso wie die Erwachsenen in Kontakt mit Jesus treten können.[127]

Im zweiten Teil seiner Reaktion macht Jesus deutlich, dass das Reich Gottes gerade sozial Deklassierten wie Kindern gehört. In 10,15 wird diese Aussage noch erweitert. Das Hineingehen in das Reich Gottes wird an eine Bedingung geknüpft: „Wer das Reich Gottes nicht empfängt wie ein Kind, der wird nicht hineinkommen." Das Annehmen wie ein Kind heißt, sich im Handeln an Kindern zu orientieren. Hier mag zwar der Gedanke des vertrauensvollen und vorbehaltlosen Annehmens der Gnade Gottes anklingen. Im Kontext von 9,36f geht es hier aber um Statusverzicht: Im Verhältnis zum Reich Gottes soll der Mensch jegliches Status- und Hierarchiedenken von sich weisen. Jemand, der auf seinen gesellschaftlichen Status keinen Wert legt, handelt nach den Wertmaßstäben der Gesellschaft unvernünftig. Er steht dann so wie die Kinder da, die in den Augen der Gesellschaft als unfertig und unvernünftig gelten und keinen anerkannten und wertgeschätzten Rang in der Gesellschaft haben. Diese herrschaftskritische Spitze darf durch das Insistieren auf der vorbehaltlosen Gnade Gottes nicht abgebrochen werden.[128] Die Buße, von der Schmithals spricht,[129] äußert sich gerade in dem Verzicht auf Besitz, Macht und

---

[124] Vgl. Ebner, Kinderevangelium, 331.
[125] Die Erzählung bringt zwar keine direkte sprachliche Äußerung zur Motivation, warum sie die Kinder zu Jesus bringen. Das ἵνα αὐτῶν ἅψηται ist zur Klärung ihrer Intention allerdings klar genug.
[126] Ebner, Kinderevangelium, 333 sieht hier eine nonverbale Reaktion.
[127] Vgl. ebd.
[128] Gnilka, Markus II, 81 schafft es, beide theologische Anliegen zusammenzuhalten.
[129] Vgl. Schmithals, Markus, 444.

Prestige. Für die Jünger in 10,13–16 heißt das auch, dass sie die von Jesus verliehene Vollmacht nicht missbrauchen. Die ἐξουσία ist nichts, was sie vor anderen auszeichnet und über sie stellt. Sie soll vielmehr für die anderen eingesetzt werden.

Der Gedanke, dass ein menschlicher Zustand wie Armut und Unterdrückung und menschliches Handeln für das Reich Gottes qualifizieren, mag zwar mit einer Theologie, die sich auf die Rechtfertigung der Sünder allein durch Gott konzentriert,[130] nicht in vollem Umfang kompatibel sein. Allerdings ist dieser Ansatz der synoptischen Tradition und dem biblischen Denken insgesamt nicht fremd: In Mk 13,13 wird denen, die für das Bekenntnis zu Christus Verfolgungen und Anfeindungen bis zum Tode auf sich nehmen, die endzeitliche Rettung verheißen. Denen, die Unrecht und Gewalt erleiden, wird es im Reich Gottes besser ergehen. Für die künftige Welt sagt Jesus seiner Nachfolgegemeinschaft das ewige Leben als Lohn zu. Auch der Reiche in 10,17ff wird auf der Handlungsebene angesprochen: Wenn er das ewige Leben ererben will, soll er seinen Reichtum verkaufen, d. h. er soll auf das, was sein gesellschaftliches Ansehen ausmacht, und auf seine wirtschaftliche Sicherheit verzichten. Dies ist die Voraussetzung für das Eingehen in die Gottesherrschaft. Die Verweigerung des Reichen wird damit zum Gegenbild für die, die in der Gegenwart des Reiches Gottes auf alles verzichten und es damit in der Logik des Mk wie ein Kind annehmen.

Das ὡς παιδίον in 10,15 kann des Weiteren auch akkusativisch verstanden werden, womit der zentrale Gedanke von 9,37 wieder auftaucht. Die Annahme der Gottesherrschaft realisiert sich dort, wo Kinder aufgenommen werden.[131] Aufnahme von Kindern bedeutet hier fürsorgliches Handeln von heimatlos gewordenen Kindern. Im konkreten Fall des Mk kann hier auch an Kinder, die aus dem Kriegsgebiet in Israel geflohen sind, oder an Kinder, die ihre Familie in einem der Pogrome in Syrien verloren haben, gedacht werden. Aufnahme von Kindern meint Versorgung, Gewährung von Schutz und – wie 10,16 zeigt – emotionaler Nähe: Die Erzählung schließt mit der Umarmung und Segnung der Kinder. Wie in 9,36f umarmt Jesus die Kinder. Das drückt Emotionalität aus, die über eine reine Versorgung von Kindern hinausgeht. Darüber hinaus segnet Jesus sie. Er reagiert positiv auf das Anliegen derjenigen, die die Kinder bringen. In seinen Reaktionen auf die Abwehrhaltung der Jünger zeigt er, dass er ihre Geltungsansprüche gutheißt.

In den folgenden Teilen soll untersucht werden, wie die anthropologischen Aussagen im Mk theologisch eingebettet sind. Die Beziehung der Anthropologie zur Christologie wird hier im Vordergrund stehen. Dass zwischen diesen beiden Themen eine enge Verbindung besteht, wird schon auf der begrifflichen Ebene deut-

---

[130] Vgl. den Ansatz von Schmithals, Markus, 444: Das Kindsein steht für die totale Bedürftigkeit und beschreibt so die Lage des sündigen Menschen vor Gott. Ebenso Lohmeyer, Markus, 205: 10,15 meint keine „vom Menschen zu leistende Bedingung, sondern die ‚kindliche' Bereitschaft des Empfangens, die nur Gott geben kann."
[131] Vgl. Ebner, Kinderevangelium, 334.

11.4 Jesu Zuwendung zu den Niedrigsten der Gesellschaft

lich: Einer der zentralen christologischen Titel im Mk ist der „Menschensohn". Anhand der Untersuchung dieses christologischen Titels werde ich zeigen, wie stark anthropologische Fragestellungen die Ausformulierung der Christologie im Mk beeinflusst haben. Gleiches gilt für die mk Rede von der Auferstehung Jesu Christi. Ihr theologisches Profil gewinnt erst im Kontext der anthropologischen Aussagen an Kontur.

12 Der Menschensohn im Markusevangelium

12.1 Der Menschensohn im Gegenüber zur Herrschaft der Menschen

Der Begriff ‚Menschensohn' ist – wie Karrer treffend feststellt – „für die neutestamentliche Forschung ebenso attraktiv wie in ihr umstritten."[1]

Entweder – wenn man ein grobes Schema anlegt – wird der Ausdruck ‚Menschensohn' aus der jüdischen Apokalyptik hergeleitet oder er wird als eine sprachliche Besonderheit des Hebräischen bzw. Aramäischen verstanden.[2] Ὁ υἱὸς τοῦ ἀνθρώπου wird bei der letzteren Variante als Übersetzung des aramäischen בר־נשא bzw. hebräischen בן־אדם gesehen. Diese Ausdrücke meinen entweder den Menschen als Gattung, irgendeinen Menschen, oder sie sind eine Umschreibung für die 1. Person Singular. Damit wäre ὁ υἱὸς τοῦ ἀνθρώπου eine Selbstbezeichnung Jesu, mit der er – oder die spätere Gemeinde – seine Menschlichkeit unterstreicht.[3]

Die religionswissenschaftliche Herleitung aus der jüdischen Apokalyptik nimmt an, dass mit dem Menschensohn die apokalyptische Gestalt gemeint ist, die beim Einbrechen des Reiches Gottes eine richterliche Funktion hat. Dan 7,13ff war hier im antiken Judentum traditionsbildend und hat andere apokalyptische Texte (Hen 46,1–10; 48,10; 52,4 und IV Esr 13) beeinflusst. Eine solche Herleitung geht davon aus, dass ὁ υἱὸς τοῦ ἀνθρώπου in den neutestamentlichen Texten zum großen Teil titular gebraucht wird. Damit verbindet sich die Erwartung, dass Jesus als der endzeitliche Richter wiederkommen wird, um das Reich Gottes aufzurichten und Gericht über die Schöpfung zu halten. Innerhalb der Exegese zum Mk wird ὁ υἱὸς τοῦ ἀνθρώπου häufig titular gedeutet. Jesus wird als die endzeitliche Richtergestalt verstanden (Mk 13,26). Die Hoffnung auf seine Wiederkunft trägt die Gemeinde in den Zeiten der Bedrängnis.

Hier soll nicht der Versuch unternommen werden, die Berechtigung des titularen Verständnisses von Menschensohn zu bestreiten. Vielmehr möchte ich fragen, warum die frühchristliche Gemeinde den Titel ὁ υἱὸς τοῦ ἀνθρώπου auf Jesus Christus übertragen hat. Die Annahme, dass mit dem Titel ὁ υἱὸς τοῦ ἀνθρώπου Jesu Vollmacht ausgesagt werden soll und in seinem Handeln das Reich Gottes durchgesetzt wird,[4] ist berechtigt, aber unzureichend. Es bleibt die Frage nach dem Warum.

Die Herleitung aus der apokalyptischen Tradition muss nach dem konkreten Profil der Menschensohnerwartung in Dan 7 fragen.[5] Erst so wird klar, warum ge-

---

[1] Jesus Christus, 291.
[2] Für Forschungsüberblicke zum Menschensohn vgl. Karrer, Jesus Christus, 291ff; Marcus, Mark, 528–532; Theißen/Merz, Jesus, 471ff.
[3] Vgl. Theißen/Merz, Jesus, 477ff.
[4] Vgl. Kmiecik, Menschensohn, 294.
[5] Zur Forschungsgeschichte von Dan 7 und der Vorstellung vom Menschensohn vgl. u. a. Koch, Daniel, 216–239; Kvanvig, Roots, 345ff; Vögtle, Menschensohn.

12.1 Der Menschensohn im Gegenüber zur Herrschaft der Menschen

rade dieser Ausdruck geeignet war, Jesus Christus und sein Werk zu umschreiben. Damit wird die Berechtigung des Verständnisses des Ausdruckes ὁ υἱὸς τοῦ ἀνθρώπου als sprachliche Besonderheit wieder deutlich.

Koch hat jüngst wieder die Berechtigung einer individuellen Deutung des Menschensohns in Dan 7 vertreten. Durch die Analyse des Ausdrucks בר־נשא in aramäischen Texten vor der Zeitenwende kommt er zu der Annahme, בר־נשא meine ein konkretes menschliches Einzelwesen.[6] Wichtig ist, dass dieses menschliche Wesen im Kontrast zu den vier Tieren gesehen wird, die in Dan 7 für vier Weltreiche stehen.[7] Bei den Tieren handelt es sich um für den Menschen äußerst gefährliche Lebewesen (vgl. Hos 13,7). Damit wird das Reich Gottes, dessen Durchsetzung in Dan 7 geschildert wird, den Reichen dieser Welt gegenübergestellt und als wahrhaft menschlich gekennzeichnet. Der Menschensohn, der zur Herrschaft eingesetzt wird, steht so für das Besondere des Reiches Gottes. Die Machthaber dieser Welt führen ihre Herrschaft wie Bestien aus, das Reich Gottes trägt „zutiefst humane Züge".[8]

Die Herrschaft des Menschensohnes wird in Dan 7 noch eingehender charakterisiert: „Und ihm wurde gegeben Macht, Herrlichkeit und Königsherrschaft" (7,14). Macht, Herrlichkeit und Königsherrschaft zeichnen auch die Regierung des Nebukadnezar aus (vgl. 2,37f). Allerdings fehlen dem Menschensohn und seiner Herrschaft Gewalt und Verfügungsrecht, die gerade für die irdische menschliche Herrschaft kennzeichnend sind.[9] Genau dies unterscheidet die Reiche der Welt vom Reich Gottes. Der Menschensohn agiert nicht mit den Machtmitteln der Menschen, insofern ist seine Herrschaft human. Der Menschensohn ist hier in Dan 7 der Repräsentant des wahrhaft menschlichen Reiches Gottes.[10] Die Verheißung des Menschensohnes ist, dass Menschen nicht mehr unter unmenschlicher Herrschaft leiden müssen.

Geschichtlicher Hintergrund der Menschensohn-Vorstellung in Dan 7 sind die leidvollen Erfahrungen unter den hellenistischen Königreichen.[11] Die Menschen in Israel erfuhren die Herrschaft der hellenistischen Königreiche (insbesondere die des Antiochos IV.) als ausbeuterisch. Die Königreiche plünderten Israel aus[12] und über-

---

[6] Vgl. Koch, Reich, 157ff.
[7] Vgl. Albertz, Religionsgeschichte, 662f.
[8] Albertz, Religionsgeschichte, 663; vgl. Marcus, Mark, 529.
[9] Vgl. Koch, Reich, 169.
[10] Albertz, Religionsgeschichte, 662f: „In der Bilderwelt repräsentiert der ‚Menschengestaltige' zunächst nur das Menschliche gegenüber den unmenschlichen Bestien."
[11] Albertz, Religionsgeschichte, 651 sieht Dan 7* als Bestandteil des aramäischen Danielbuches (ca. 221–200). Haag, Zeitalter, 133ff geht von einem vormakkabäischen Danielbuch aus. Diese herrschaftskritische Schrift wurde unter den Erfahrungen mit den hellenistischen Reformern und der Politik des Antiochos erweitert und ausgebaut. Zur Diskussion um die Entstehung von Dan vgl. zusammenfassend Niehr, Daniel, 461f.
[12] Hier ist besonders auf die ptolemäische Steuerpolitik zu verweisen. Vgl. insgesamt zur Geschichte Israels in hellenistischer Zeit Albertz, Religionsgeschichte, 591–605; Haag, Zeitalter, 43–87.

zogen es mit Krieg. Die Herrschaft der Ptolemäer und Seleukiden war nicht – wie es ihr eigenes Programm war – Heil für die Völker,[13] sie wurde als bestialisch erfahren. Die Entwicklung von theologischen Vorstellungen wie des Menschensohnes, durch dessen Ankunft die Reiche der Bestien zerstört und abgelöst werden, kann als Protest gegen die menschliche Herrschaft verstanden werden.[14]

Das Markusevangelium adaptiert eine so gelagerte Vorstellung vom Menschensohn.[15] Es übernimmt diesen apokalyptischen Titel u. a. deswegen, da die mit ihm verbundenen theologischen Vorstellungen helfen, Erfahrungen mit fremder Gewaltherrschaft theologisch zu deuten. Die Vorstellung vom Menschensohn im Mk ist, wie Dan 7, von der scharfen Gegenüberstellung der unmenschlichen Herrschaft dieser Welt und des zutiefst humanen Handelns des Menschensohnes geprägt.[16] Der Menschengestaltige – Jesus von Nazareth – steht im Kontrast zur erfahrenen unmenschlichen Wirklichkeit.[17] Dabei werden jedoch bestimmte Themen wie die Solidarität mit den Leidenden, die in Dan 7 so nicht zu finden sind, im Mk besonders betont.

Im Folgenden soll zunächst das Gegenüber des Menschensohnes zur Welt im Mk herausgearbeitet werden. In diesem Kontext werden wesentliche Aspekte der markinischen Kreuzestheologie erläutert und eine Verbindung zwischen der Menschensohn-Vorstellung und dem Motiv des leidenden Gerechten im Mk aufgezeigt. Zuvor soll das Dienen des Menschensohnes im Kontext der alttestamentlichen Löservorstellung interpretiert werden.

---

[13] Hellenistische Herrscher ließen sich im Herrscherkult als Wohltäter verehren, ebenso betonten sie ihre Menschenfreundlichkeit gegenüber ihren Untertanen. Vgl. Gehrke, Geschichte, 187f.

[14] Leidvolle Erfahrungen anhand von einzelnen Figuren theologisch zu deuten – das ist kein singuläres Phänomen, das nur in Dan 7 auftaucht. Auch in Sach 9,9 wird das Erleben von Gewalt und Unterdrückung theologisch reflektiert. Der dort angekündigte Heilsbringer ist selbst ein Opfer der Gewalt. Er wird zum Symbol der gewaltfreien Herrschaft Gottes. Vgl. Albertz, Religionsgeschichte, 639.

[15] Theißen, Jesusbewegung, 91ff, hebt hervor, dass der Ausdruck Menschensohn sehr klar die Innenperspektive der Jesusbewegung beleuchtet, da er – im Gegensatz zum Messias-Titel – von Jesus selbst verwendet wird. Dies trifft gerade für das Mk zu. Des Weiteren macht Theißen darauf aufmerksam, dass der Menschensohn als Außenseiter der Gesellschaft dargestellt wird. Der Menschensohn wird von den Machthabern abgelehnt und ermordet. Inwieweit sich seine Außenseiterrolle z. B. an der Haltung zur Tora zeigt, ist fraglich.

[16] Deswegen ist es problematisch, das machtvolle Handeln des Menschensohnes und die Leidensthematik einander gegenüberzustellen, wie Marcus, Mark, 77 es tut. In der Gestalt des Menschensohnes sind beide Themen auf das Engste aufeinander bezogen.

[17] Vgl. Reinmuth, Anthropologie, 78.

12.2 Die Deutung des Todes Christi im Markusevangelium

12.2.1 Mk 10,45: „sein Leben zu geben als Lösegeld" – Christi Tod als solidarisches Handeln für die Menschen

Die Kontrastierung von Menschensohn und menschlicher Herrschaft wird in Mk 10,42–45 besonders deutlich. Der Dienst des Menschensohnes für alle steht im deutlichen Kontrast zur Ausbeutung und Unterdrückung der Völker durch ihre Herrscher, d. h. durch Rom und seine Verbündeten. Der Menschensohn kommt nicht, damit ihm – wie das bei menschlichen Herrschern normal ist – gedient wird. Er kommt, damit er allen anderen diene. Auch die Art und Weise seines Dienstes steht im krassen Widerspruch zur menschlichen Herrschaft. Er dient, indem er sein Leben als Lösegeld gibt für die Menschen. Das Leben als Lösegeld geben – die exegetische Diskussion darüber ist ausufernd. Einige Grundlinien sollen hier aufgezeigt und diskutiert werden.

In der Vorstellung, dass jemand sein Leben für andere hingibt, sieht man eine Bezugnahme auf Jes 53,10–12.[18] Der Tod Christi wird hier vom sühnenden Sterben des Gottesknechtes her interpretiert. Jes 53,10 deutet das Sterben des Gottesknechtes als אשם (Schuldverpflichtung). Der Knecht übernimmt stellvertretend die Schuldverpflichtung der Menschen. In diesem Sinne wird in Mk 10,45 Jesu Sterben verstanden.[19] Dies interpretieren Janowski und Stuhlmacher im Rahmen einer bestimmten Sühnetheologie, die den Opferritus als Existenzstellvertretung deutet.[20] Ein solches Verständnis von Sühne ist in der alttestamentlichen Forschung stark umstritten,[21] die Argumente der Kritiker zeigen vor allem, dass mit dem Handaufstemmen nicht unbedingt der Gedanke der Stellvertretung verbunden sein muss.[22] Eine derart verstandene Sühnetheologie kann von daher nicht der dominierende Hintergrund der Deutung des Todes Christi sein. Des Weiteren kann die Vorstellung, dass der Menschensohn sein Leben als Lösegeld/λύτρον gibt, nicht von Jes 53,12 her interpretiert werden. Λύτρον wird in LXX nicht als Übersetzung von אשם (Jes 53,10) verwendet. Λύτρον ist zur Deutung des Todes aus einem anderen Kontext entlehnt worden.

---

[18] Vgl. Stuhlmacher, Theologie, 129f; France, Mark, 420f; Gnilka, Markus II, 104. Kritisch dazu G. Barth, Tod, 58.

[19] Vgl. Stuhlmacher, Theologie I, 129f.

[20] Das Opfer stirbt an der Stelle des Opfernden, durch das Opfer soll das verwirkte Leben des Sünders ausgelöst werden. In der Opferhandlung identifiziert sich der Opfernde durch Handaufstemmen mit dem Opfertier. Dem Opfernden ist klar, dass das Opfertier stellvertretend für ihn stirbt. Der Gedanke der Stellvertretung ist auch im Rechtsleben feststellbar. Ersatzzahlungen wie in Ex 21,29–30 dienen der Auslösung des verwirkten individuellen Lebens. Das Lösegeld (כפר) wird hier stellvertretend für den Täter als Lebensäquivalent gegeben. Vgl. Gese, Sühne; Janowski, Sühne, 179f. 355–362; Stuhlmacher, Theologie, 128–130.

[21] Vgl. die Zusammenfassung der Kritik bei G. Barth, Tod, 52–56

[22] Vgl. insbesondere Blum, Pentateuch, 315f; Rendtorff, Levitikus, 32ff.

Van Iersel verweist, um das Verständnis von λύτρον zu klären, auf den Zusammenhang, in dem Mk 10,45 steht.[23] Hier werden Herrschaftserfahrungen aus der antiken Gesellschaft thematisiert. Λύτρον sollte vor diesem Hintergrund verstanden werden. Im politisch-sozialen Kontext meint λύτρον das Lösegeld für den Freikauf von Sklaven oder Kriegsgefangenen (vgl. u. a. Jos Ant 12,46). In der alttestamentlich-jüdischen Tradition wird die Bedeutung von λύτρον noch spezifiziert. Es geht um den Loskauf im Rahmen der Löserinstitution. Λύτρα/גאלה meint in Lev 25,24.26.51.52 den Loskauf eines verarmten Israeliten aus der Schuldsklaverei bei einem Nichtisraeliten (25,51.52) und den Loskauf von Grund und Boden, den ein Israelit infolge von Verarmung verkaufen musste.[24] Λύτρα/גאלה ist eine Rechtsinstitution in Israel, die auf solidarischen Bindungen zwischen Angehörigen einer Verwandtschaftsgruppe basiert.[25] Die Verwandten sollen hier für den Verarmten einstehen. Aus den verwandtschaftlichen Bindungen erwachsen Verpflichtungen, den in Not Geratenen unter die Arme zu greifen.

Innerhalb der Religionsgeschichte Israels wird das Motiv der Lösung aus der Schuldknechtschaft theologisch transformiert. Gott wird zum Verwandten, der aus der Schuldknechtschaft befreit.[26] Diese Vorstellung basiert auf dem Verhältnis zwischen Gott und seinem Volk Israel. Gerade bei Deuterojesaja wird im Zusammenhang von Loskauf- bzw. Erlösungsaussagen die Beziehung Gottes zu seinem Volk betont (Jes 43,1; 44,6.21–23.24; 48,17.20).[27] Gott handelt hier „wie ein guter Verwandter mit seinem Volk",[28] er handelt solidarisch. In Ex 6,6 wird die Befreiung aus der Sklaverei in Ägypten als Lösung verstanden. Gott befreit sein Volk aus der Sklaverei, wie ein Israelit seinen Verwandten aus der Schuldsklaverei befreit. In Ex 6,2–8 wird die Loskauf-Vorstellung mit der Bundesvorstellung kombiniert. Im Bund geht Gott eine Bindung zum Volk Israel ein.[29] Die Verpflichtung Gottes zum solidarischen Handeln an Israel erwächst aus dem Bundesschluss. Gott handelt an Israel, weil er zu seiner Verpflichtung gegenüber dem Volk Israel steht. Er befreit es aus der Sklaverei in Ägypten. Mehr noch: Das Gottsein des Gottes Israels hängt an seinem fürsorglichen Verhalten gegenüber Israel.[30]

In Mk 10,45 wird der Tod Christi vom Exodus her gedeutet: Der Tod Christi wird als Befreiungsgeschehen verstanden. Im Kontext von 10,42–45 geht es um die Befreiung aus den Strukturen menschlicher Herrschaft.[31] Christus erlöst die Men-

---

[23] Vgl. van Iersel, Mark, 338.
[24] Vgl. Kessler, Löserinstitution, 43f.
[25] Stamm, Erlösen, 7–11 hebt den solidarischen und familienrechtlichen Hintergrund der גאלה hervor.
[26] Vgl. Jochum-Bortfeld, Stämme, 76ff.
[27] Vgl. Albertz, Loskauf, 368. Die enge Bindung zwischen Gott und Israel wird z. B. durch die Betonung, dass Gott „dein Erlöser" (44,24) ist, sehr deutlich.
[28] Ebd.
[29] Vgl. Rendtorff, Theologie II, 21f.
[30] Vgl. ebd., 29f mit Bezug auf die Bundesformel in Ex 6,2–8.
[31] Dass Menschen darunter leiden, zeigt Mk 5,1–20 eindrücklich. Röhser, Stellvertretung, 99 spricht hier unkonkret von „der allgemeinen menschlichen Schuld- und Unheilsverhaftung". Ein solches

12.2 Die Deutung des Todes Christi im Markusevangelium

schen aus Unterdrückung und Ausbeutung. Mk 10,45 versteht das Handeln Christi als Akt der Solidarität. Christus agiert wie ein solidarischer Verwandter. Diese Solidarität steht der Herrschaft der Kaiser in Rom und ihrer Statthalter und Clientelfürsten in den Provinzen und in den Ländern an den Grenzen des Reiches gegenüber. Die Betonung der Solidarität Christi macht den unterdrückerischen Charakter menschlicher Herrschaft deutlich.

Die Solidarität, die sich in Christi Sterben zeigt, umfasst das gesamte Wirken Christi. Röhser kritisiert, dass häufig nur der Tod Christi heilvoll verstanden wird.[32] Das Dienen Christi zeigt sich auf seinem Weg durch Galiläa und nach Jerusalem. Dort handelt er für die Menschen. Dort zeigt er sich mit denen, die ganz unten stehen, solidarisch. Jesu Tod muss aus seinem Leben heraus verstanden werden: Sein Leben wird im Mk als Leben für die Menschen verstanden. Dabei geriet er in Konflikt mit den Wertvorstellungen der antiken Gesellschaft, die er provokativ aufbrach und für seine Gemeinde als irrelevant hinstellte. Dieses Handeln gegen das hierarchische Unterdrückungssystem, das das Leben Jesu ausmachte, wird im Mk als heilvoll gedeutet. Im Konflikt mit den Mächtigen weicht Jesus – so erzählt es das Mk – nicht von seinem Weg der Konfrontation ab. Er geht den Weg konsequent zu Ende.

12.2.2 „für die Vielen" (Mk 10,45) – Jesus Christus als leidender Gerechter

Durch die Anspielung in Mk 10,45 auf den Gottesknecht, den leidenden Gerechten (Jes 53,10–12), wird das alttestamentliche Bild vom Menschensohn im Mk deutlich erweitert: Der Menschensohn ist nicht nur endzeitliche Herrschergestalt, sondern er ist der für Gott Leidende.

Auch der gerecht vor Gott lebende Mensch wird vom Leiden heimgesucht. Diese Erfahrung und das damit verbundene theologische Problem versucht die alttestamentliche Literatur zu bearbeiten: Wieso leidet ein Mensch, wenn er doch nach dem Willen Gottes lebt? Der leidende Gerechte ist eine literarische Figur, mit der unschuldiges Leiden theologisch gedeutet wird.[33] In den Psalmen ist der Topos, dass der Gerechte von den Feinden bedrängt wird, weit verbreitet (Ps 22; 31; 34; 37; 69; 140).[34] Der Gerechte steht den Frevlern und Gottlosen gegenüber.[35] Er formuliert in den Klagen die Bitte um Errettung von den Feinden. Auch in der prophetischen Tradition gibt es Texte, die in den Kontext des Motivs vom leidenden Ge-

---

Verständnis nimmt die konkreten Schuldverhältnisse, unter denen Menschen leiden und in denen sie schuldhaft handeln, nicht wahr.
[32] Vgl. Röhser, Stellvertretung, 99f.
[33] Vgl. Kleinknecht, Gerechte.
[34] Vgl. Ruppert, Jesus, 16ff; Kleinknecht, Gerechtfertigte, 56–66
[35] Vgl. Keel, Feinde, 118–129.

rechten gehören: die sog. Konfessionen des Jeremia und das 4. Gottesknechtslied (Jes 52,13–53,12).[36] Der Prophet als der Gerechte leidet, weil er für Gott eintritt. Ihm schlägt der Widerstand der Welt entgegen, da er sich an Gott hält (vgl. u. a. Jer 11,18–23; Ps 69,8–10.13).[37] Gleichzeitig wird Gott hier aufgefordert, die Not des Gerechten zu wenden (Jer 11,20–23; Ps 69,14ff;).[38] In IV Makk 18,6–19 wird das Martyrium der sieben Brüder mit den Motiven des leidenden Gerechten gedeutet.[39] In diesem Zusammenhang wird die Hoffnung auf die Auferstehung der Gerechten laut. Entsprechendes ist in Weish 2,12–20; 5,1–7 zu finden: Der leidende Gerechte wird von Gott erhöht und die Frevler werden zur Verantwortung gezogen.[40] Die Frage, wieso Gerechte Leiden ertragen müssen, zielt auf die Erhöhung des Leidenden ab. Der ungerechtfertigt Leidende wird – so die Hoffnung, die sich in den genannten Schriften ausdrückt – von Gott wieder ins Recht gesetzt.[41]

Durch den Topos des Leidenden entsteht allerdings auch eine bestimmte Sicht auf die Welt: Was ist das für eine Welt, in der Menschen, die für Gott eintreten oder die nichts Unrechtes getan haben, so leiden müssen? Die Schilderung der eigenen Not wird zu einer Anklage der Wirklichkeit, in der der Gerechte lebt: Sie ist gottlos und menschenverachtend.[42]

Ein mit dem des leidenden Gerechten eng verwandtes Motiv ist das des verfolgten Propheten.[43] Jesus, der Bote des Reiches Gottes, erleidet dasselbe, was die Propheten vor ihm erlitten haben. Die Boten Gottes wurden in Israel nicht gehört, darüber hinaus wurden sie verfolgt und ermordet. Dieses Motiv wird im Mk in 12,1–12 und in 6,1–6 aufgenommen. Im Winzergleichnis und beim Auftritt Jesu in Nazareth wird die Zurückweisung Jesu in Israel reflektiert, und zwar mit Elementen aus dem Bereich der deuteronomistischen Prophetenaussagen.[44] Jesus muss leiden, weil es Gruppen in Israel gibt, die seine Botschaft vom Reich Gottes nicht hören und sie

---

[36] Vgl. Ruppert, Jesus, 19f; Lührmann, Biographie, 38. Gunneweg, Konfession hat die Nähe der Konfessionen des Jeremia zu den Klagepsalmen des Einzelnen deutlich herausgearbeitet, so dass der Prophet hier als der leidende Gerechte verstanden werden kann. Vgl. auch Werner, Jeremia, 127–130. In Jes 53,11 wird der Knecht explizit als Gerechter bezeichnet.

[37] Vgl. Kleinknecht, Gerechte; ders., Gerechtfertigte, 64f. In Jes 53,9 wird betont, dass der Knecht niemandem Unrecht getan hat. Trotzdem wird er bei den Gottlosen begraben.

[38] Werner, Jeremia, 128 betont, dass der Prophet auf Gottes Gericht hofft.

[39] Vgl. Ruppert, Jesus, 24; Kleinknecht, Gerechtfertigte, 122–129.

[40] Vgl. Ruppert, Jesus, 23f.

[41] Vgl. Kleinknecht, Gerechtfertigte, 163ff: Es geht darum, dass Gott dem Leidenden seine rettende Gerechtigkeit zuteil werden lässt (Ps 31,2; 35,24). In den jüngeren Texten wie Weish 2 zeigt sich dies in der Hoffnung auf Auferstehung.

[42] Albertz, Religionsgeschichte, 543ff legt dar, dass die Schilderung und Charakterisierung des Frevlers keineswegs allgemein menschliche Züge zeichnet, sondern dass hier häufig die unsozialen Angehörigen der Oberschicht in Israel gemeint sind, die die Armen unterdrücken und ausplündern.

[43] Vgl. Weihs, Deutung, 468ff. Vgl. auch die klassische Studie von Steck, Israel. In eine ähnliche Richtung weist Gundry, Mark, 151.

[44] Weihs, Deutung, 468 Anm. 37 nennt hier als Motive den Ungehorsam Israels, den Langmut Gottes, der sich in der Sendung der Boten zeigt, die Zurückweisung bzw. Tötung des Propheten und das göttliche Gericht.

12.2 Die Deutung des Todes Christi im Markusevangelium

aus der Welt schaffen wollen. Das Leiden Jesu ist eine Reaktion der Mächtigen auf seine Botschaft.

Das Ergehen Jesu wird in den drei Leidensankündigungen mit dem Motiv des leidenden Gerechten gedeutet.[45] Wie der Gerechte in Weish 2,12–20; 5,1–7 nimmt Jesus die Anfeindung seiner Gegner auf sich und geht seinen Weg nach Jerusalem zu Ende, wobei er keinen Versuch unternimmt, sein Leben vor den Anfeindungen zu retten. Weish 5,1–7 geht von einer Rehabilitierung des Gerechten durch Gott aus. Dies drückt sich in den Leidensankündigungen jeweils durch die Aussage zur Auferstehung aus. Das δεῖ in 8,31 bringt zum Ausdruck, dass Menschen wie Jesus, die zum Wort Gottes stehen, dadurch in Konflikt mit den Mächtigen geraten.[46] Auffallend an allen drei Ankündigungen ist, dass der Menschensohn hier nicht der Handelnde ist, sondern dass an ihm gehandelt wird.[47] Er ist passives Objekt in den Händen der jüdischen Tempelaristokratie und der römischen Besatzungsmacht.[48] Der Menschensohn wird zum Opfer der Mächtigen. Das Ergehen des Menschensohnes ist somit zunächst nichts Außergewöhnliches in der Welt: Jemand, der so wie Jesus für Gott eintritt, muss fast zwangsläufig mit dem Widerstand der Mächtigen rechnen. Ihre Herrschaft wird so als Ursache von Leid und Unterdrückung entlarvt und damit indirekt als unmenschlich angeklagt. Das Schicksal des Menschensohnes deckt die Machtverhältnisse in der Welt auf.[49]

Das Leid der Verfolgten hat an sich keine besondere Wirkung, nicht das Leiden Jesu selbst sühnt. Das Leiden Jesu bedeutet nur Heil für die Menschen, indem es Gott auffordert, auf der Seite des Entrechteten einzugreifen und sein Geschick zu wenden. Das Leiden appelliert an Gott.[50] Innerhalb der Leidensankündigungen des Mk schließt sich beinahe bruchlos an die Aussage der Ermordung die Auferstehung

---

[45] Vgl. Lührmann, Biographie, 38f; Weihs, Deutung, 485ff. Dazu Söding, Evangelist, 51: Er äußert kritisch, dass hier der herrschaftliche Aspekt der Christologie des Mk nicht angemessen berücksichtigt wird. Die hier vorgeschlagene Deutung versucht die Interdependenz beider Themen zu verdeutlichen.

[46] Traditionell wird δεῖ als passivum divinum verstanden. Leben und Sterben Jesu wird als Teil des – für Menschen undurchschaubaren – Planes Gottes verstanden. Es ist Gottes Plan, dass Christus leiden muss und danach vom Tode auferstehen wird. Damit – so diese Deutung – wird die Weltgeschichte unter der Herrschaft Gottes und nicht unter der Herrschaft eines blinden Schicksals gesehen. Vgl. u. a. Backhaus, Lösepreis, 99. Feldmeier, Krisis, 216–244 betont in Bezug auf die ganze Passionsgeschichte, dass es hier um die Preisgabe Jesu durch Gott selbst geht.

[47] 8,31: ἀποδοκιμασθῆναι, 9,31: παραδίδοται, 10,33: παραδοθήσεται.

[48] Zwar liegt nach den Leidensankündigungen die Hauptverantwortung bei der jüdischen Tempelaristokratie. Berücksichtigt man aber die antirömischen Aussagen im Mk, so kann es hier eigentlich nicht mehr um eine Entlastung der Römer gehen.

[49] Die Ausführungen Weihs' zum δεῖ und zum Handeln der Menschen (Deutung, 273ff) geraten hier deutlich zu unkonkret. Bei ihm scheint es quasi eine anthropologische Konstante zu sein, dass Menschen wie Jesus unter Menschen leiden müssen. Die Frage von Macht und Herrschaft blendet er aus. Es sind eben nicht *die* Menschen, die so handeln. Die jüdischen Tempelaristokraten mit ihren Unterstützern aus der Jerusalemer Bevölkerung und der römische Prokurator mit seinem Machtapparat sind es.

[50] Vgl. Jochum-Bortfeld, Stämme, 151–155.

an. Das Sterben des Menschensohnes löst hier keine Krise aus. Die Gesamterzählung des Mk füllt diese Leerstelle der Leidensankündigungen aus und schildert die Qualen und die Ermordung Jesu deutlich (15,21ff).

Hintergrund für die Kreuzigungsszene bildet wieder das Motiv des leidenden Gerechten, zahlreiche Motive aus Ps 22 und 69 sind in diesen Teil der Erzählung verwoben.[51] Die Klage Jesu am Kreuz zielt darauf ab, dass Gott sich auf die Seite seines Sohnes stellt.[52] Unter Berücksichtigung der Komposition des Mk steht an dieser Stelle des Evangeliums Gottes Wort aus 1,11 infrage: Wenn Jesus der geliebte Sohn ist, kann Gott ihn nicht so sterben lassen. Der Gebetsruf (15,34) steht zwar noch eindeutig in der Gottesbeziehung, allerdings ist diese Gottesbeziehung in die Krise geraten.[53] Der Schrei Jesu ist ein verzweifelter Appell an Gott, ihn zu retten.[54] Auch an dieser Stelle zeigt die Erzählung des Mk deutlich, von welcher Qualität die Herrschaft in Israel ist: Sie ermordet auf qualvolle und brutale Weise Menschen.

Die Auferweckung Jesu ist im Duktus des Mk Gottes Antwort auf Jesu Schrei am Kreuz. Die Auferweckung ist die Bestreitung und Widerlegung der Macht der menschlichen Herrscher, die Jesus ans Kreuz geschlagen haben. Sie haben keine Verfügungsgewalt über den Sohn Gottes. Damit steht Gott auch zu seiner Zusage von 1,11: Er hat sich in der Auferweckung als Vater des geliebten Sohnes gezeigt.

Anhand der Kreuzestheologie kann das Gegenüber von Menschensohn und Welt deutlich herausgearbeitet werden: Der Menschensohn leidet unter den Mächtigen dieser Welt, seine Klage an Gott wird zur Anklage. Das Ergehen des Menschensohnes entlarvt die Herrschaft der Römer und der jüdischen Aristokratie als unmenschlich. Insofern übernimmt Markus einen wesentlichen Bedeutungsaspekt der alttestamentlichen Menschensohnerwartung.[55]

---

[51] Vgl. u. a. Janowski, Konfliktgespräche, 355; detailliert: ders., Psalmen. Z. B.: Ps 22,8f in Mk 15,29ff; Ps 22,2 in Mk 15,34; Ps 69,22 in Mk 15,36.

[52] Gese, Psalm, 180.193–196 geht davon aus, dass in Mk 15,34 der gesamte Ps 22 im Blick ist, ganz im Sinne antiken Textverständnisses, dass mit der Zitierung des Textanfanges der gesamte Text gemeint ist. Das Gotteslob am Schluss des Psalms verweist schon auf die noch ausstehende Auferweckung Jesu. Ebner, Klage, 76ff hat unter Berücksichtigung der Analysen von Zenger, Gott, 151 gezeigt, dass die Aufnahme von Ps 22 im Mk so angelegt ist, dass sie auf den Anfang von Ps 22 zusteuert. In Mk 15,24 wird mit Aufnahme von Ps 22, 17.19 begonnen, Mk 15,29.31 verarbeiten Ps 22,8 und Mk 15,34 Ps 22,2–3. Von der Feindklage in Ps 22 ausgehend wird der Psalm rückwärts zum Beginn des Psalms hin gelesen.

[53] Vgl. Bieberstein/Bieberstein, Leben, 30.

[54] Fuchs, Klage, 489: „Der Anspruch auf Rettung, wie er im Kontext des Heilsversprechens Gottes gegeben ist, wird vom Menschen – hier vom sterbenden Jesus – aufrechterhalten und eingeklagt." Insofern ist es schwierig, – so wie Gese es tut – in der Zitierung von Ps 22 eine Hoffnungsaussage zu sehen.

[55] Tödts Verständnis des Menschensohns im Mk steht im Gegensatz zu der hier entwickelten Deutung. Tödt, Menschensohn, 203 versteht den Menschensohn nicht als den Leidenden, sondern als denjenigen, der um seine Zukunft und um seine Vollmacht weiß. Die Vollmacht des Menschensohns in der Passion zeigt sich nach Tödt in der Gewissheit, in der er von der Auferstehung spricht. Tödt betont dabei, dass die Auferstehung aus eigener Vollmacht geschieht. In 8,31; 9,31 und 10,34 ist die Auferstehung Tat des Menschensohns. (Vgl. ebd., 167–172). Tödts Deutung

Im Rückblick auf das Alte Testament kombiniert der Evangelist die Menschensohnerwartung aus Dan 7 mit Sach 9,9: Der Heilsbringer ist selbst ein Opfer der menschlichen Gewalt geworden.[56] Markus selbst adaptiert bei der Schilderung des Einzuges Jesu in Jerusalem Motive aus Sach 9,9.[57] Interessant ist, dass auch der Einzug Jesu im Kontrast zur römischen Macht steht. Theißen versteht die Inszenierung des Einzuges als Gegenentwurf zum Einmarsch römischer Truppen, die die Garnison in Jerusalem zum Pessach-Fest verstärkte.[58] Der römische Präfekt zog mit seinen Truppen aus Caesarea kommend von Westen in Jerusalem ein (Jos Bell 2,224). Jesus kam von Osten. Weitere Aufmärsche, die der Demonstration der Stärke dienten, waren der des Florus (2,297) und des Königsprätendenten Menahem (2,434f). Jeweils stand die Zurschaustellung von Macht und Stärke im Mittelpunkt. Darauf verzichtet die in Mk 11 geschilderte Aktion Jesu völlig. Sein Einzug ist eine symbolpolitische Aktion, die ein Gegenbild zur römischen Herrschaft oder anderer Potentaten entwirft. Das Heil kommt nicht durch Macht und Stärke, sondern durch den Erniedrigten.[59]

12.3 Der Menschensohn handelt für die Menschen

Das Bild des Menschensohnes im Mk beinhaltet aber auch noch andere Dimensionen. Innerhalb der synoptischen Apokalypse in Mk 13 ist der Menschensohn nicht das Opfer der weltlichen Herrscher, sondern der endzeitliche Richter. Die Passagen in Mk 13 zeigen sehr deutlich, wie die Welt aussieht, in die der Menschensohn kommt: Der Menschensohn beendet mit seinem Kommen die inhumane Herrschaft der Reiche dieser Welt.[60]

Auch das Handeln des Menschensohnes an den Menschen dient im Mk dazu, seine wahrhafte Menschlichkeit zu zeigen und so die Unmenschlichkeit der Welt aufzudecken. Die Vergebung der Sünden in Mk 2,1–12 und das Ährenraufen am Sabbat (2,23–28) werden mit der Autorität und Vollmacht des Menschensohnes begründet. Der Menschensohn vergibt Sünden, und er verhilft der Intention des

---

überdeckt die im Mk bearbeiteten Leidenserfahrungen beinahe triumphalistisch. Die Deutung Jesu Christi durch die Adaption der Menschensohnvorstellung entlarvt die Herrschaft als unmenschlich. Die Leiden Christi sind hier keine Durchgangsstationen auf dem Weg zur vollen Herrschaftsdurchsetzung. Tödt und Scholtissek, Vollmacht, 253 ist insoweit Recht zu geben, dass Jesus als Menschensohn seinen Weg im Vertrauen auf Gottes Heilswillen geht.

[56] Vgl. Albertz, Religionsgeschichte, 638f.
[57] Vgl. France, Mark, 429; Pesch, Markusevangelium II, 177.
[58] Vgl. Theißen, Konflikte, 186.
[59] Dieses christologische Konzept beinhaltet eine massive Kritik an triumphalistischen Vorstellungen vom Kommen Christi. Christus ist ein Gegenbild zur erfahrenen Herrschaft, er ist kein Triumphator wie der römische Kaiser. Vgl. Myers, Binding 248.
[60] Vgl. Theißen, Lokalkolorit, 281. Dass die Menschen in der markinischen Gemeinde die römische Herrschaft als menschenfeindlich erlebt haben, dazu vgl. Kap. 9.1.

Sabbats zu seinem Recht. Menschen erfahren durch das Handeln des Menschensohnes Befreiung und erlangen neue Handlungsperspektiven: Dem Gelähmten werden seine Sünden vergeben; die Jünger können sich am Sabbat mit Essen versorgen; der Mann mit der verdorrten Hand erlangt am Sabbat seine Handlungsfreiheit.

Dass der Menschensohn als Herr über den Sabbat (2,28) diesen Tag als Gabe für die Menschen versteht, hebt eines hervor: Das Handeln des Menschensohnes will den Sabbat und seine theologische Intention bewahren. Der Tag der Unterbrechung, an dem der Ruhe Gottes und der Befreiung aus Ägypten gedacht wird, soll für den Menschen da sein, zu seinem Wohl (2,27). Damit wird eben nicht nur geregelt, dass das Wohlergehen des Menschen über dem Gebot steht, den Sabbat zu halten, sondern damit wird auch am unterbrechenden und Freiraum schaffenden Charakter des Sabbats festgehalten.[61] Damit werden umgekehrt gesellschaftliche Prozesse und Strukturen angeklagt, die Menschen versklaven und sie nicht zur Ruhe kommen lassen. Die Bedeutung des Sabbats muss im Kontext des Wirtschaftssystems der Antike gesehen werden. Tagelöhner z. B. waren in der Antike darauf angewiesen, an möglichst vielen Tagen zu arbeiten. Der tägliche Lohn reichte oft kaum zur Deckung des Lebensnotwendigen. Sie mussten ständig arbeiten und Geld verdienen. Wie wenig Rücksicht Gutsbesitzer auf die Gesundheit und das Leben von Tagelöhnern nahmen, das ist z. B. in den Ausführungen Varros (Res rust. 1,17,2–3) zu lesen. Das Leben eines einzelnen Arbeiters hatte keinen Wert, es war bei der Masse von bereitstehenden Arbeitskräften einfach ersetzbar.[62]

Der unterbrechende und Freiraum schaffende Charakter wird im Mk zwar nicht weiter ausgeführt, aber er darf vorausgesetzt werden, wenn der Evangelist feststellt, dass der Sabbat für (im Sinne von „zum Wohl") den Menschen geschaffen ist.[63] Der Evangelist legt in seiner Erzählung den Schwerpunkt auf die Ernährung der Jünger am Sabbat und die Wiedergewinnung der Handlungsfähigkeit des Mannes mit der verdorrten Hand. Hier zeigt sich konkret, inwieweit der Sabbat für die Menschen da ist. Jesus wendet sich den Bedürfnissen und Nöten eines einzelnen Menschen zu. Diese sabbatliche Praxis Jesu steht im Kontrast zur wirtschaftlichen Praxis, wie Varro sie favorisiert. Der Sabbat ist der Ort, an dem Einzelne mit ihren Bedürfnissen in den Blick kommen.

Wie wenig innerhalb der hellenistisch-römischen Gesellschaft von der Intention des Sabbats wahrgenommen wurde, zeigt die judenfeindliche Polemik, die den Sabbat als Ausdruck jüdischer Faulheit versteht.[64] Seneca meint, Juden verschwendeten

---

[61] Insofern zeigt Jesu Haltung zur Tora im Mk nicht, wie Theißen, Jesusbewegung, 92f es darstellt, dass Jesus außerhalb der jüdischen Gesellschaft steht.
[62] Vgl. L. Schottroff, Gleichnisse, 278f.
[63] Vgl. France, Mark, 147. Besonders für die jüdischen Menschen in der Gemeinde darf ein solches Verständnis des Sabbats angenommen werden.
[64] Vgl. Schäfer, Judeophobia, 86ff.

ein Siebtel ihres Lebens mit Faulheit.[65] Die Notwendigkeit von Ruhe, die die Oberen der römischen Gesellschaft gern für sich Anspruch nahmen, wird hier einfach abgetan.

Das Thema Sündenvergebung durch den Menschensohn erfährt in der Verortung des Mk in die Zeit nach dem jüdischen Aufstand gegen Rom eine besondere Zuspitzung. Das Judentum stand in dieser Zeit vor der Aufgabe, wie nach der Zerstörung des Tempels Sündenvergebung gottesdienstlich gestaltet werden kann. Bisher war der Gottesdienst im Tempel ein zentraler Ort, an dem Opfer und Gebete zur Vergebung der Sünden dargebracht wurden. Genau dieser zentrale Aspekt der jüdischen Religion[66] musste eine neue Form finden. Eine rituelle Gestaltung der Sündenvergebung war entscheidend für das Leben Israels vor Gott. Nur die Zusprechung der Vergebung machte ein Leben überhaupt möglich.

Die Situation nach 70 n. Chr. war insgesamt dadurch gekennzeichnet, dass die unterschiedlichen Gruppen im Judentum auf die verschiedenen Fragen und Probleme abweichende Antworten fanden. Die Gruppe, die in Jesus den Messias sah, füllte die Lehrstelle, die durch den zerstörten Tempel entstanden war, durch Jesus Christus, den Menschensohn. Sein Zuspruch sicherte die Vergebung der Sünden zu. Sein vergebendes Handeln ermöglichte, dass menschliches Leben vor Gott weiter gehen kann. Die Vorstellung, dass der Menschensohn Sünden im Auftrage Gottes vergibt, ist ein wichtiges Element, um die Unsicherheiten und Schwierigkeiten, die durch die Folgen des Krieges entstanden sind, zu meistern. Sein Handeln, ermöglicht ein Leben trotz Schuld und Sünden.

12.4 Die theologische Bedeutung des Menschensohnes im Markusevangelium

Der Menschensohn (ὁ υἱὸς τοῦ ἀνθρώπου) ist im Mk ein von den Mächtigen verfolgter und gepeinigter Mensch. Insofern unterscheidet sich sein Ergehen nicht von dem vieler Menschen in der Antike. Menschen wurden Opfer menschlicher Gewalt. Dies stellt die Geschichte Jesu noch einmal deutlich heraus. Jesus ist allerdings nicht nur ein Mensch, für die frühe christliche Gemeinde ist er der Sohn Gottes, der Christus. Im Menschensohn werden menschliches Leid und Gott auf Engste aufeinander bezogen: Der Sohn Gottes erfährt als Menschensohn menschliches Leid. Die Menschensohn-Christologie (in Verbindung mit der Tradition vom leidenden Gerechten) dient dazu, menschliches Leid zu thematisieren und die Gewalt der herr-

---

[65] Seneca zitiert nach Aug. civ. 6, 11.
[66] Gerade die priesterliche Tradition innerhalb der Tora thematisiert, wie ein Leben, das schuldig geworden ist, weiterhin vor Gott existieren kann. „Ein Leben in der Präsenz des heiligen Gottes, wie es die priesterlichen Texte in der Sinaiperikope entwerfen, ist nur möglich, wenn Versagen und Sünde immer wieder gesühnt und vergeben werden. Deshalb steht die Gott gewährte Aufhebung von Schuld im Zentrum der priesterlichen Kultgesetze." Crüsemann, Tora, 360. Dieses Verständnis ist prägend für den Tempel in Jerusalem.

schenden Mächte als Ursache herauszustellen. Die Menschensohn-Christologie deckt auf, von welcher Qualität menschliche Herrschaft ist.[67] Gleichzeitig bietet der leidende Menschensohn Identifikationsmöglichkeiten für die Menschen in den Gemeinden. Er leidet wie sie. Dadurch wird ihr Leiden wahrgenommen. Werden die vielen Opfer der Eroberungskriege Roms in den historischen Berichten meist nur erwähnt, um die Größe des Sieges zu zeigen, so werden hier die menschlichen Opfer der Gewaltgeschichte in ihrer Individualität zur Sprache gebracht. Die Geschichte eines ungerecht Leidenden wird erzählt. Die Leserinnen und Leser können sich in ihren Erfahrungen mit Herrschaft und Unterdrückung angenommen fühlen. Die Gestalt Jesu zeigt ihnen, dass da jemand ist, der weiß, was sie erleiden müssen.

Damit erhalten die Hoffnungsaussagen des Mk ein besonderes Fundament. Der Menschensohn kommt nicht einfach vom Jenseits menschlicher Geschichte. Er kennt die Leiden der Menschen genau, er selbst hat sie erlitten bis in die tiefste Gottesverlassenheit hinein. Nicht irgendeine herrschaftliche Lichtgestalt ist der Grund der Hoffnung der Menschen, sondern der Menschensohn, der ein menschliches Leben gelebt hat und weiß, worunter die Menschen leiden. Im Titel Menschensohn drückt sich so eine besondere Wertschätzung der Menschen aus.[68] Derjenige, der das Reich Gottes bringt und die Gewaltgeschichte damit beendet, ist ein Mensch. Der Evangelist entwickelt nicht das Bild einer endzeitlichen Herrschergestalt, die sich über die Menschen erhebt und von ihnen trennt.[69] Der Titel Menschensohn schafft eine enge Bindung zu den Menschen.

Die Menschensohn-Tradition konstruiert ihrerseits ein bestimmtes Menschenbild und setzt sich kritisch mit den bestehenden auseinander. Die Menschensohn-Christologie im Mk thematisiert wahrhaft menschliches Leben im Protest gegen Leiden unter Gewalt und Ausbeutung. Der Menschensohn lebt solidarisches Handeln vor: Menschen sollen für einander da sein, wie es der Menschensohn ist. Im Kontext der Menschensohn-Christologie wird ein partnerschaftliches Menschenbild entworfen, das sich gegen das hierarchische in der römisch-hellenistischen Gesellschaft abgrenzt. Deswegen versieht der Evangelist die endzeitliche Erlösergestalt auch mit so wenigen Herrschaftsattributen und stellt den Titel ὁ υἱὸς τοῦ ἀνθρώπου ins Zentrum seiner Christologie. Durch die Christologie soll keine neue Hierarchie etabliert werden, die Menschen klein macht.

Das Handeln des Menschensohnes ermöglicht menschliches Handeln, wo es innerhalb der römisch-hellenistischen Gesellschaft verhindert und zunichte gemacht wird. Im Begriff Menschensohn verschränken sich Christologie und Anthropologie.

---

[67] Insofern ist die Christologie des Mk apokalyptisch. Sie deckt auf, was im Dunkeln bleiben soll. Zu diesem Verständnis von Apokalyptik vgl. Ebach, Apokalypse.
[68] Vgl. Theißen/Merz, Jesus, 487. „Jesus hat den Ausdruck ‚Mensch' zum entscheiden Hoheitstitel gemacht. Er hat dem Menschen schlechthin seine Würde gegeben, die alle anderen Hoheitstitel transzendierte: Messias, Sohn Gottes und Kyrios." Vgl. Theißen/Merz, Jesus, 487.
[69] Vgl. Myers, Binding, 64.

12.5 Die Bedeutung der Auferstehung

Der Evangelist thematisiert hier die Bedeutung Christi für die Menschen in seiner Gemeinde in ihrer speziellen Situation. Die Proexistenz Christi wird hier nicht individualistisch verkürzt. Das Pro Me meint einen Menschen in einer ganz bestimmten historischen Situation, mit Unterdrückungs- und Gewalterfahrungen. Im Mk geht es zentral um die Beziehung Christi zu den Menschen, die an ihn glauben und auf ihn hoffen.

12.5 Die Bedeutung der Auferstehung im Markusevangelium

Die Aussage, dass der Auferstandenen den Nachfolgenden vorangehen wird (Mk 16,6), soll genauso wie die Ankündigung des Kommens des Menschensohnes den Menschen auf dem Weg der Nachfolge Hoffnung geben. Die Auferstehung Christi hat für die Nachfolge, zu der der Evangelist seine Gemeinde auffordert, eine tragende Bedeutung.

In der systematisch-theologischen Diskussion um die Auferstehung Christi wird die Auferstehung als Begründung des Glaubens der Jünger verstanden. Gerade Ebeling betont die Einheit von Ostereignis und Osterglaube so sehr, dass für ihn die Erscheinung des Auferstandenen und das Zum-Glauben-Kommen „ein und dasselbe"[70] sind. Barth hingegen betont die Tatsächlichkeit der Auferstehung Christi, um sie von dem Glauben der Jünger, der durch Ostern geweckt wird, zu differenzieren.[71] Diese Diskussion lässt das besondere Profil der markinischen Rede von der Auferstehung Christi außer Acht. Das Markusevangelium kommt im Rahmen der kurzen Ostererzählung ohne eine Erscheinung Christi aus. Es wird nicht, wie in den anderen Evangelien, von einer Erscheinung Christi vor seiner Anhängerschaft erzählt. Der Evangelist distanziert sich gewissermaßen von der für die ersten christlichen Gemeinden charakteristischen Tradition der Visionsberichte (vgl. I Kor 15,5ff). Von einer Betonung der Tatsächlichkeit der Auferstehung Christi sieht man auf den ersten Blick nichts. Statt mit der Erscheinung des Sohnes Gottes endet das Evangelium mit Furcht und Zittern, das die Frauen verstummen lässt (Mk 16,8). Die Leserinnen und Leser werden vom Evangelisten durch die offene und provozierende Gestalt des Schlusses aufgefordert, ihrerseits die Botschaft von der Auferweckung weiterzutragen. Gleichzeitig wird die Leserschaft auf den Beginn des Evangeliums verwiesen und zur erneuten Lektüre des Evangeliums aufgefordert. Die Relektüre dient der erneuten Unterrichtung in der Nachfolge. Spricht dies nicht für eine besondere Betonung des Glaubens der Gemeinde, der aus der Auferstehung erwächst, und zwar so sehr, dass auf eine Vision Christi ganz verzichtet wird?

Bevor man hier zustimmt, muss man jedoch die besondere Gestalt der markini-

---

[70] Vgl. Ebeling, Wesen, 81.
[71] Vgl. K. Barth, KD IV/1, 368ff.

schen Passionserzählung berücksichtigen. Sie gipfelt in 15,34 in der totalen Krise des Gottessohnes: Die Zusage Gottes „Du bist mein geliebter Sohn" (1,11) scheint von Seiten Gottes nicht eingehalten zu werden. Der klagende Ruf „Mein Gott, mein Gott, warum hast du mich verlassen?" ist ungehört verhallt. Die Hoffnung, Gott möge das Geschick noch wenden, hat sich nicht erfüllt. Der Sohn Gottes ist tot (15,37).

Innerhalb der Dramatik des Evangeliums ist die Auferweckung Christi Gottes Antwort auf den Schrei seines Sohnes am Kreuz und die Bestätigung seiner Zusage, dass er sein geliebter Sohn ist. Wenn der junge Mann in 16,6 davon spricht, dass Jesus, der Gekreuzigte, auferstanden ist, dann beinhaltet das die Antwort Gottes. Auch wenn der Auferstandene selbst nicht mehr in Aktion tritt: Innerhalb der Erzählung wird die Auferweckung Christi vorausgesetzt. Sie ist als Antwort Gottes die sachliche Voraussetzung für die Aufforderung nach Galiläa zu gehen, dem Ruf in die Nachfolge also auch jetzt weiter nachzukommen. Es geht nicht sofort um den Glauben der Jünger. Vielmehr steht innerhalb der Erzählung Gottes Glaubwürdigkeit auf dem Spiel. Die Mächtigen dieser Welt scheinen stärker zu sein, als Jesus gefangen genommen, gefoltert und hingerichtet wird. Wenn dem so ist, dann sind die römischen Machthaber und ihre jüdischen Vasallen stärker als Gott, der Vater Jesu. Die Tat der Auferweckung bestreitet den Sieg dieser Welt über den Beginn des Reiches Gottes. Durch die Auferweckung lässt Gott – in der Sicht des Evangelisten – nicht die Macht der Gewalt über Jesus triumphieren.

Die Erzählung und Schilderung der Antwort Gottes fällt im Markusevangelium sehr zurückhaltend aus: Nur ein Bote berichtet mit einem dürren Satz davon, dass der Gekreuzigte auferstanden ist: „Er ist auferweckt worden, er ist nicht hier." (16,6) Dies zeigt deutlich, worauf es dem Evangelisten ankommt. Er strebt hier keine tiefgründige Erörterung zum Vorgang der Auferstehung an, er bleibt auch nicht bei der puren Konstatierung von Gottes rettender Tat stehen – quasi als theologische Antwort auf die Krise, die die Hinrichtung Jesu hervorgerufen hat. Der Evangelist will nicht mit der Aussage der Auferweckung Jesu die Zweifel und Ängste aus der Welt räumen, als ob sie die Gründe für Verzweiflung und Furcht einfach wegwischen könnte. Vielmehr geht es darum, was die Auferweckung Jesu für die Jüngerinnen und Jünger in ihrer Situation bedeutet. Es ist die Frage, wie die Rede von der Auferstehung das Leben der Christinnen und Christen veränderte und ihrem Reden und Handeln eine neue Richtung gab. Diese Frage führt weg vom Grab, hin zur Lebenswelt der Gefolgschaft Jesu in Galiläa.[72] „Er ist nicht hier." – Nicht dem leeren Grab soll man sich zuwenden – der Weg soll wieder nach Galiläa führen. Die Leserinnen und Leser sind aufgerufen, die Botschaft der Auferstehung weiterzusagen. Dabei steht ihnen der Auferstandene bei. Die Erinnerung an seine Taten und Worte sind Richtschnur und Wegweisung. Die Frage, ob die Botschaft

---

[72] Vgl. Kap. 10.4.

12.5 Die Bedeutung der Auferstehung

von der Auferweckung auf dem Weg der Nachfolge trägt, kann nicht schon am Beginn des Weges beantwortet werden. Nur wenn Menschen sich auf den Weg gemacht haben, können sie sehen, ob die Botschaft trägt, ob Jesus Christus als der Auferstandene mit dabei ist.

Dass die Auferstehung Jesu nicht in Vergessenheit geriet, liegt daran, dass nicht Furcht und Zittern die Oberhand behielten. Christinnen und Christen setzten den Auftrag aus Mk 16,7 in die Tat um. Von der Auferstehung wird berichtet, weil Menschen sich im Vertrauen auf den Auferstandenen auf den Weg gemacht haben. Die Rede von der Auferstehung ist sachlich eng an die Glaubenspraxis der Nachfolgegemeinschaft gebunden.[73]

Der Ansatz Bultmanns, Jesus sei ins Kerygma auferstanden und in ihm gegenwärtig,[74] muss im Hinblick auf das Markusevangelium zugespitzt werden. Der auferstandene Christus ist erfahrbar im gesamten Leben der Gemeinde, die sich auf den Weg in die Nachfolge Christi begeben hat.[75] Glauben meint hier im Markusevangelium das Vollziehen der Nachfolge.[76] In dieser Praxis erkennen Menschen die Bedeutung der Auferweckung Christi. Eine andere Art, Auferstehung zu erfahren und zu begreifen, kennt der Evangelist nicht. Die Rede von der Auferstehung Christi steht im Mk in einem unauflösbaren Zusammenhang mit der Praxis der Menschen in den Gemeinden.

Um das hier entwickelte Verständnis von Auferstehung zu verdeutlichen, möchte ich kurz auf die Bedeutungstheorie Wittgensteins verweisen. Wittgensteins Formulierung „Die Bedeutung eines Wortes ist sein Gebrauch in der Sprache"[77] beschreibt die pragmatische Wende in der Bedeutungstheorie.[78] Das Verstehen einer Sache ist das Wissen von ihrem Gebrauch – das ist Wittgensteins zentrale Einsicht.[79] In den „Philosophischen Untersuchungen" entwickelt er diesen Gedanken am Verstehen einer Sprache.[80] Eine Sprache versteht man, wenn man sie gebrauchen kann. Verstehen ist „die Beherrschung ... einer Praxis".[81] Diesen Vorgang zu deuten, ohne einen Bezug zum menschlichen Handeln herzustellen, führt nach Wittgenstein in die Irre. Wittgenstein geht es also nicht darum, das wahre Wesen eines Dinges zu

---

[73] Osterglaube und Ostereignis dürfen also auf keinen Fall beziehungslos nebeneinander stehen.
[74] Vgl. Bultmann, Mythologie, 46f; ders., Christusbotschaft, 27. Schmithals, Markus, 712 hebt hervor, dass Jesus Christus dort zu finden sei, „wo bis heute das christliche Bekenntnis gesprochen, wo der Glaube der Christenheit bezeugt, wo im Sinne dieses Bekenntnisses der Auferstandene verkündigt wird."
[75] Theologische Ansätze in der Tradition der Dialektischen Theologie sind viel zu sehr auf den Verkündigungsbegriff fixiert, so dass andere Lebensbereiche des Menschen in der theologischen Reflexion außen vor bleiben.
[76] Vgl. Schweizer, Markus, 224.
[77] Wittgenstein, Untersuchungen, 41.
[78] Vgl. Kippenberg, Erlösungsreligionen, 45ff.
[79] Vgl. Grayling, Wittgenstein, 94f.
[80] Vgl. ebd., 91ff.
[81] Ebd., 100.

erfassen,[82] ihn interessiert allein der Gebrauch in der Praxis. Dies klärt die Bedeutung und das Verstehen.

Des Weiteren verknüpft Wittgenstein Verstehen mit menschlichen Lebensformen: Das Verstehen einer Sprache zeigt sich im Sprechen einer Sprache, d. h. ich kenne die Regeln der Sprache und befolge sie. Die Regeln sind jedoch nicht naturhaft vorgegeben, sondern beruhen auf menschlicher Übereinkunft, auf menschlichen Neigungen, Traditionen etc. Die eigene Praxis findet ihren Grund in bereits vorfindlicher menschlicher Praxis. Verstehen ist also in den Kontext menschlicher Gemeinschaft eingebunden und auf sie bezogen. Eine menschliche Gruppe verstehen kann heißen: nach ihren Regeln leben.[83]

Für das Verstehen von Auferstehung heißt das: Es kann nur im Kontext christlicher Glaubenspraxis geschehen, in der Sprache des Mk: in der Praxis der Nachfolge. Glauben an die Auferstehung Jesu Christi heißt für das Mk, sich auf den Weg der Nachfolge zu begeben. Verstehen der Auferstehung ist dann die Befolgung und der Gebrauch dieser Regeln, die in der christlichen Glaubensgemeinschaft gelten. Wittgensteins Ausführungen zum Verstehen durch Gebrauch bewahren davor, die Rede von der Auferstehung und christliche Nachfolgepraxis getrennt voneinander zu betrachten. Was Auferstehung heißt, erfahren Menschen im Zusammenhang christlicher Praxis und nicht aus der sicheren Distanz des Beobachters. Im solidarischen Miteinander in den Gemeinden können die Christinnen und Christen erleben, was Auferstehung bedeutet. Auferstehung kann nicht abseits von der Glaubenspraxis erklärt und gedeutet werden.

„Dort werdet ihr ihn sehen" (16,7) – Markus gibt in diesem Satz deutlich zu verstehen, dass es außerhalb der Nachfolge kein wirkliches Begreifen der Auferstehung Christi gibt. Die Botschaft von der Auferstehung ist eine Botschaft, die in die Praxis führt. Markus hat – modern gesprochen – ein pragmatisches Verständnis von Auferstehung.

Zur Praxis der Nachfolge gehört das Aufschreiben und Erzählen des Evangeliums. Seine Geschichten zeigen konkret und anschaulich, wie die Botschaft von Jesus Christus menschliches Leben verändern kann. Das Evangelium tradiert Geschichten von Christus, der Menschen in die Nachfolge ruft und der Menschen heilt. Er spricht ihnen Handlungskompetenz zu oder stellt Handlungsfähigkeit her, indem er Menschen aufrichtet. Auferstehung ist erfahrbar, wo Menschen diese Geschichten

---

[82] Abel, Zeichen, 106 spricht hier von „Bedeutungs-Platonismus".
[83] Abel, Zeichen, 115 führt deutlich aus, dass zum Verstehen von fremden Lebensformen das Teilen z. B. von Erfahrungen und Einstellungen gehört. Man muss sich in die Welt eines Anderen einleben, um ihn zu verstehen. Abel verweist hier auf Wittgensteins Aussage: „Wenn ein Löwe sprechen könnte, wir könnten ihn nicht verstehen." Untersuchungen, 358. In dem Zusammenhang der Lebensformen entwickelt Wittgenstein seinen Begriff Sprachspiel. Sprachspiele beziehen sich zum einen auf den Gebrauch von Sprache in bestimmten Lebenssituationen. Darüber hinaus kann Wittgenstein Lebensformen als Sprachspiele bezeichnen (Untersuchungen, 250). Vgl. Grayling, Wittgenstein, 93ff.

12.5 Die Bedeutung der Auferstehung

als wahr ansehen und zur Grundlage ihres Lebens machen. In diesem Sinne können die Wundergeschichten im Mk zu Auferstehungsgeschichten werden.[84]

Das Evangelium erzählt Geschichten von Menschen, die im Vertrauen auf Jesus sich gegen heftigen Widerstand Handlungsräume erstreiten und erarbeiten. Es sind Menschen, denen von Seiten der antiken Gesellschaft keine Handlungskompetenz zugesprochen wird. Auferstehung ist auch hier erfahrbar, wo Menschen im Lichte dieser Geschichten sich gegen Widerstände durchsetzen und sich Handlungsräume schaffen.

Der Ruf in die Nachfolge ist dergestalt, dass erst auf dem Weg Jesu Christi die Kraft der Auferstehung erlebt werden kann. Die Lektüre des Evangeliums – als Tat der Nachfolge – spricht Menschen Handlungskompetenz zu. Menschen wird zugemutet, Jesus Christus nachzufolgen. Ihnen wird die Fähigkeit zu handeln und zu kommunizieren zugesprochen. „Folgt mir nach" (1,17) ist nicht ausschließlich der Anspruch Jesu Christi an die Menschen, sondern gerade auch sein Zuspruch. Die Frauen und Männer, denen in der antiken Gesellschaft niemand etwas zugetraut hat, macht Jesus Christus zu Botinnen und Boten des Reiches Gottes. Sie erfahren in seinem Ruf die Anerkennung, die ihnen von der Gesellschaft versagt wird. Der Zuspruch erfolgt jedoch nicht allein durch Christi Handeln. Die Geschichten von den Menschen, die sich ihren Handlungsraum erstreiten, sind eine Zumutung für die Leserinnen und Leser, sich selbst Kommunikations- und Handlungsmöglichkeiten zu verschaffen und diese zu ergreifen. Diese Erzählungen sollen Menschen in ihrem Handeln bestärken.[85]

Diese Geschichten können eine derartige Kraft entfalten, indem sie an die Glaubenspraxis von Menschen in der Nachfolgegemeinschaft erinnern. Das Mk erinnert an Menschen, die im Vertrauen auf Jesus gehandelt haben: Die Erzählung von der namenlosen Frau, die Jesus salbt, wird bei der weltweiten Mission erzählt (14,9). Erinnerung hat – so Assmann – für soziale Gruppe eine verbindende Funktion.[86] Bemerkenswert ist beim Mk, dass diejenigen, die gesellschaftliche Konstruktionen aufbrechen, zu Orientierungspunkten der Gemeinde werden. Die Erinnerung an sie trägt zur Stabilisierung der Identität der Gruppe bei. Insofern ist die Erinnerung an die, die gesellschaftliche Grenzen überschreiten, kontrapräsentisch.[87] Die Erinnerung an Menschen, die sich durch vorgegebene Handlungsmuster bzw. -räume

---

[84] Vgl. Kosch, Auferstehung, 52f.
[85] In diesem Fall kann man davon sprechen, dass „der Auferstehungsglaube ... eine lebendige Kraft ist, die Menschen aufrichtet." So Moltmann, Weg, 263. Besser wäre es, nicht vom Glauben als Substantiv zu sprechen, sondern den Handlungscharakter zu betonen: Das Glauben an die Auferstehung, die Handlungen und Erzählungen von Menschen, in denen sich ihr Glaubenshandeln zeigt, können andere bestärken.
[86] Vgl. Religion, 15ff. Grundlegend vgl. ders., Gedächtnis.
[87] Zum Begriff kontrapräsentisch vgl. Theißen, Tradition, 171. Das kulturelle Gedächtnis hält das fest, „was ohne die bewußte Anstrengung verloren ginge. Das von ihm Erinnerte muß nicht aktuell sein, kann aber immer wieder aktuell werden."

nicht einengen ließen, wird so selbst zu einer Handlung, die sich gegen die römisch-hellenistische Gesellschaft und ihre Konstruktionen vom Menschen wendet. Kontrapräsentische Erinnerung eröffnet Handlungsräume.[88]

Dass Erzählungen eine derartige Bedeutung zugesprochen wird, impliziert wieder ein bestimmtes Menschenbild. Die Leserinnen und Leser bzw. Hörerinnen und Hörer sind in den Augen des Erzählers in der Lage, das Potential der Geschichten zu ergreifen und daraus Kraft und Wegweisung für ihre Glaubenspraxis zu ziehen. Der Erzähler konstruiert so seine Hörerschaft als handlungsfähige Menschen.

Als Ergebnis ist zunächst festzuhalten: Durch die Rede von der Auferstehung Christi wird ein Menschenbild entworfen, das Menschen als nachfolgefähig ansieht.

Die hier skizzierte Gestalt der Rede von der Auferstehung Christi in pragmatischer Perspektive kann jedoch die Betonung der Tatsächlichkeit der Auferweckung *Jesu in der Sicht des Mk* nicht außer Acht lassen. Dass Christus von den Toten auferweckt wurde, ist für den Evangelisten und für die Glaubenspraxis der christlichen Gemeinden die sachliche Voraussetzung. Auf diese Tat Gottes beziehen sich die Menschen, die sich in der Hoffnung auf Christi Mitsein auf den Weg der Nachfolge machen. Sachlich gibt es nach dem Mk zwischen der Tat der Auferweckung und dem Handeln der Menschen eine Entsprechung: In der Auferweckung durchbricht Gott die Gewaltgeschichte der Menschen. Die römische Militärregierung, die jüdische Aristokratie und deren Anhängerschaft triumphieren nicht über den Sohn Gottes. Jesus bleibt nicht im Tod. Ebenso durchbrechen Menschen – so erzählt es das Mk – im Vertrauen auf Jesus Strukturen, die Menschen unterdrücken und lähmen. Die erfahrbare Seite der Auferstehung – das Aufstehen und Aufbrechen von Menschen – gründet sich im rettenden Handeln Gottes an Jesus, dem Gekreuzigten.

Auferstehung als Durchbrechung von lebenszerstörenden Verhältnissen zu verstehen, hat einen zukunftseröffnenden Charakter. Was Auferstehung ist, das ist zum einen erfahrbar in der Erinnerung an die Glaubenspraxis von Menschen und es zeigt sich in immer wieder neuen Aufbrüchen von Menschen.[89] Damit werden auch die Ausrichtung und die Perspektive der Rede von der Auferstehung im Markusevangelium klar. Die Auferstehung Christi geht nicht auf in der Glaubenspraxis der Gemeinde. Die Gemeinde wird durch ihr Tun und Handeln nicht das Reich Gottes, das in Jesu Handeln sichtbar geworden ist, vollenden. Dies bleibt dem Auferstandenen selbst vorbehalten: Der Menschensohn kommt, damit das Reich Gottes umfassende Wirklichkeit wird.

Dies ist für die Gläubigen eine zentrale und entlastende Aussage. Die Welt, so wie sie sich der Leserschaft des Mk darstellt, ist weit entfernt vom Reich Gottes. Nicht Gott, sondern Vespasian und die Macht Roms beherrschen die Welt und sind für

---

[88] Vgl. Theißen, Tradition, 171.
[89] Die Rede von der Auferstehung Christi hat hier geschichtseröffnenden Charakter. Vgl. Moltmann, Weg, 264.

12.5 Die Bedeutung der Auferstehung

vieles, worunter Menschen leiden müssen, verantwortlich. Dass allein durch das Handeln der Gemeinden das Reich Gottes sich durchsetzt, wäre eine heillose Überforderung der Gläubigen. Die Auferstehung bleibt auf die eschatologische Verifikation angewiesen.[90] Das Kommen des Menschensohnes bestätigt die Auferweckung Christi.

Dieser Gedanke nimmt wahr, dass die Welt unerlöst ist und dass deswegen die Menschen in ihr Angst haben. Dies kann nicht durch den Verweis auf die Botschaft der Auferweckung aus der Welt geschafft werden. Die Rede von der Auferstehung ist keine Beschwörungsformel, die Furcht und Zittern sofort bannt. Innerhalb des Mk wird der Blick in die Zukunft gerichtet, in der Hoffnung, dass Gott seine Herrschaft auf Erden antreten wird. Die Angefochtenen und Verängstigten sollen nicht in ihrer Lage verharren. Im Licht der Verheißung vom kommenden Reich Gottes sollen sie sich auf den Weg der Nachfolge machen.

Die eschatologische Ausrichtung wird unterstützt durch eine Anspielung auf die Schöpfungstradition (Mk 16,2). Im Mk ist zwar nicht, wie in II Kor. 5,17, von der Neuschöpfung in Christus die Rede, allerdings wird in der Erzählung Mk 16,1–8 eine wichtige Brücke zur alttestamentlichen Schöpfungsgeschichte geschlagen: Die aufgehende Sonne am ersten Tag der Woche (16,2) verweist auf die Erschaffung des Lichts am ersten Tag der Schöpfung (Gen 1,3f).[91] Auferstehung und Schöpfung werden so ins Verhältnis zueinander gesetzt. Auferstehung ist auch hier im Mk neue Schöpfung. In der Auferweckung zeigt sich Gottes schöpferisches Handeln, das Chaos bannt und Leben schafft und erhält. Die Auferweckung Jesu kann als Neuanfang Gottes in der Welt des Todes verstanden werden. Die Auferweckung zielt ja nicht einfach auf die Fortsetzung der irdischen Tätigkeit Jesu. Hier beginnt etwas Neues. Das Motiv der aufgehenden Sonne hat aber auch eine herrschaftskritische Spitze. Nach Sueton (Nero 6,1) wurde Nero geboren, als die Sonne aufging. So sollte die Göttlichkeit des Jungen, der später als Sonnengott dargestellt wurde (Cass. Dio 63,6,2), zum Ausdruck gebracht werden.[92] Die Antithese zum Herrschaftsanspruch römischer Kaiser schlägt sich bis in die Details der Ostergeschichte nieder.

Arendt versteht Handeln als Einen-Anfang-machen. Der Evangelist scheint in diesem Sinne die Auferweckung Jesu zu deuten, wenn er diese Tat Gottes mit der Schöpfung in Beziehung setzt. Dass mit Jesus Christus ein neuer Anfang gemacht wird, zeigt schon die Überschrift über das Evangelium „ἀρχὴ τοῦ εὐαγγελίου Ἰησοῦ Χριστοῦ" (1,1). Das Wirken Jesu insgesamt ist ein neuer Anfang, der seinen besonderen Ausdruck in der Auferstehung findet. Ἀρχή meint die Fähigkeit anzufangen, aber auch zu führen und zu herrschen.[93] Hier deutet sich die abwehrende Haltung

---

[90] Vgl. Moltmann, Weg, 245.
[91] Vgl. Klumbies, Mythos, 285–287.
[92] Vgl. Clauss, Kaiser, 104; Klumbies, Grab, 152 Anm. 30.
[93] Vgl. Delling, ἀρχή, 477.479. Ἀρχή kann parallel zu ἐξουσία gebraucht werden (Lk 12,11; 20,20). Vgl. ebd., 481.

gegen den Herrschaftsanspruch Vespasians an, der für sich die alleinige Herrschaft im Reich beansprucht.

Wenn Menschen ihrerseits im Vertrauen auf Gottes neuen Anfang aus versklavenden Strukturen aufbrechen, entsprechen sie so Gottes schöpferischem Handeln. Anthropologie und Schöpfungstheologie stehen hier in einem engen Zusammenhang, der noch zu erläutern ist.[94] Hier muss im Folgenden kurz der Zusammenhang von Schöpfung und Auferstehung vertieft werden.

Der alttestamentliche Schöpfungsglaube, so wie er sich in den verschiedenen Schöpfungstexten zeigt, hat eine zentrale eschatologische Ausrichtung.[95] Die Rede von Gottes schöpferischem Handeln im Anfang zielt auf die Zukunft ab. In der Situation der Niederlage und der Katastrophe erhofften der sog. Deuterojesaja und die Autoren der Priesterschrift Gottes schöpferisches Handeln, das ihnen eine Zukunft eröffnen sollte. Eine ähnliche Stoßrichtung hat der Verweis auf die Schöpfung in Mk 16,2: Nach der Katastrophe von 70 n. Chr. und während der Verfolgungen, unter denen die Nachfolgerinnen und Nachfolger Christi zu leiden hatten, hofften sie auf Gottes Handeln. Der Evangelist bindet diese Hoffnung an die Schöpfung. Die schöpfungstheologische Anspielung dient zum einen der Vergewisserung, indem sie auf Gottes bewahrendes Handeln in der Schöpfung verweist, zum anderen – und das ist das Entscheidende – öffnet sie den Horizont für die Erwartung, dass Gott, der die Welt erschaffen hat, sie auch in Zukunft nicht dem Chaos überlassen wird. Der Evangelist macht deutlich, wer die Erde erhält und sie regiert.

Das hier dargestellte pragmatische Verständnis der Auferstehung hat zwar einige deutliche Berührungspunkte zur existentialen Interpretation in der Tradition Bultmanns. Dass der auferstandene Christus im Glauben der Gemeinde und ihrem verkündigenden Handeln gegenwärtig ist, ist eine wichtige Beobachtung, auf der das pragmatische Verständnis von Auferstehung aufbaut. Die Wirklichkeit der Auferstehung begegnet in der Glaubenspraxis der Menschen in den Gemeinden. Allerdings fragt Bultmann nicht danach, warum sich die Gemeinde zur Verkündigung herausgefordert fühlte.[96] Für Bultmann geht es bei der Verkündigung der Auferstehung um den Ruf in die Entscheidung. Ist der Mensch bereit, auf die falschen Sicherheiten dieser Welt zu verzichten und allein im Vertrauen auf Gott in Distanz zur Welt zu leben? Vor diese Entscheidung sieht Bultmann den Menschen gestellt. Diese Frage ist allerdings nicht die der Menschen, für die Markus schrieb. Das Existenzverständnis, das Bultmanns Theologie zugrunde liegt, passt nicht in die Situation der verfolgten Gemeinden während der Nachwehen des jüdischen Aufstandes. Auch die Strukturen der hellenistisch-römischen Gesellschaft mit ihren Normen und Wertvorstellungen bleiben bei Bultmanns Existenzverständnis unberücksichtigt. Die Frauen und Männer, die Mädchen und Jungen in den Gemeinden

---

[94] Vgl. Kap. 13 und 14.1.
[95] Vgl. Ebach, Ursprung, 19f. Vgl. dazu Kap. 14.2.
[96] So die Kritik Moltmanns an Bultmanns Ansatz. Vgl. Moltmann, Hoffnung, 171.

12.5 Die Bedeutung der Auferstehung

in Syrien standen nicht vor dem Problem, sich nur auf das Sichtbare dieser Welt und ihr eigenes Handeln zu verlassen. Die konkrete Flüchtlings- und Verfolgungssituation sprach eine ganz andere Sprache: Es ging darum, dass andere – die römischen Machthaber mit ihren Truppen und aufgebrachte Bevölkerungsgruppen – ihnen nach dem Leben trachteten. Die Frage der Endlichkeit der Existenz ist angesichts des Krieges und der Verfolgungssituation eine bedrängende und aktuelle Frage geworden.[97] Das Sichtbare dieser Welt ist in vieler Hinsicht zum Feind der Christinnen und Christen geworden und nicht etwas, was ihnen eine falsche Sicherheit anbietet. Das Leben war durch Krieg und Gewalt bedroht. Die hellenistisch-römische Gesellschaft engte die Lebensräume von Menschen aus unteren sozialen Schichten massiv ein. Dieses Problem trieb die Menschen in den Gemeinden um, und darauf musste der Evangelist eine Antwort finden, wenn er gehört werden wollte. Hier liegt der Grund für die Gestalt der Osterverkündigung im Mk. Es geht um einen Weg aus der Angst und Unterdrückung, einen Weg, der über das Entdecken und Ausprobieren bzw. -üben der eigenen Handlungsmöglichkeiten geht. Auferstehung heißt für die Leser- und Hörerschaft des Mk Aufbrechen aus ihrer Lage und einen neuen Anfang machen.

---

[97] Und dabei geht es nicht darum, dass jedes Leben einmal enden muss, sondern um den gewaltsamen Tod von Menschen.

13 Die theologische Einbettung der Menschenbilder im Markusevangelium – Schöpfung und Tora

Die Textanalysen dieser Studie haben gezeigt, dass innerhalb des Mk Menschen in je unterschiedlichen Situationen als handlungs- und kommunikationsfähig dargestellt werden. Neben der Menschensohn-Christologie bildet die alttestamentliche Schöpfungstheologie die theologische Basis für die mk Konstruktion vom Menschen. In der Diskussion um die Ehescheidung (10,1–12 mit Bezug auf Gen 1,27; 2,24), bei der Heilung des Taubstummen (7,31–37 mit Bezug auf Gen 1,31) und beim ersten Sabbatkonflikt (2,23–28) verarbeitet der Evangelist Elemente alttestamentlicher Schöpfungstheologie, insbesondere aus dem priesterlichen Text (Gen 1,1–2,4a). Dieser Analyseschritt wird zeigen, dass die Anthropologie des Mk mit einem weiteren theologischen Thema verwoben ist – mit der Tora.

13.1 Schöpfung im Markusevangelium

13.1.1 Wider die patriarchale Ehe – Mk 10,1–12

Die kurze Erzählung ist auf dem Weg nach Jerusalem verortet, sie dient somit, wie die Nachfolgelogien, der Unterweisung der Nachfolgegemeinschaft. In den Untersuchungen zu Mk 10,1–12 wird diskutiert, ob sich Jesus gegen eine allgemein anerkannte und weit verbreitete Scheidungspraxis im Judentum wandte, um so Frauen vor den negativen Folgen dieses Scheidungsrechts zu beschützen, oder nicht.[1] Die Quellen aus dem antiken Judentum zeigen, soweit sie von Männern verfasst wurden, ein ziemlich klares Bild. Männern war es erlaubt, ihre Frauen ohne sonderlich schwerwiegende Gründe aus der Ehe zu entlassen.[2]

Die Arbeiten von Bammel, Brooten und Fander zeigen jedoch, dass es innerhalb des antiken Judentums auch ein Scheidungsrecht gab, das es auch den Frauen ermöglichte, die Scheidung zu fordern und durchzusetzen (vgl. u. a. Ant 15,7.10; 18,5.4; 20,7,2; yKet 30b und yBB 16c).[3] Das jüdische Scheidungsrecht im 1. Jh. n. Chr. stellt sich nicht so einheitlich und klar strukturiert dar, wie es einige Forscher gern hätten. In Mk 10,1–12 eine Kontroverse mit dem Judentum zu sehen,[4] trifft nicht – wie gleich zu zeigen sein wird – den Kern der Geschichte.

---

[1] Vgl. zur Diskussion Fander, Stellung, 106.200ff.
[2] Hier wird auf Hillels Position zur Scheidung verwiesen, der eine Scheidung erlaubte, wenn die Frau gegen die guten Sitten verstoßen hat. Dazu gehört das viel zitierte angebrannte Essen (mGitt IX 10). Vgl. Schrage, Ethik, 101.
[3] Vgl. Bammel, Scheidungsrecht; Brooten, Debatte; dies., Frauen; Fander, Stellung, 200ff.
[4] Vgl. Gnilka, Markus II, 71.

13.1 Schöpfung im Markusevangelium

Der Konflikt wird – wie so oft im Mk – von Pharisäern ausgelöst. Sie fragen nach der Rechtmäßigkeit der Scheidungspraxis, dass nämlich ein Mann seine Frau wegschicken kann. Jesu Antwort ist nun nicht einfach eine Herabsetzung der Toragebote (hier konkret Dtn 24,4), indem er auf den ursprünglichen Gotteswillen verweist.[5] Wichtig an Jesu Antwort ist zunächst, dass er die rein männliche Perspektive der Frage verlässt und das Handeln beider Geschlechter in den Blick nimmt (10,11f). Jesus kritisiert hier nicht einfach eine jüdische Scheidungspraxis, sondern insgesamt ein patriarchales Verständnis von Ehe.[6] Beide Geschlechter sind für Jesus die potentiell Agierenden, d. h. sie sind beide für die Ehe verantwortlich. Sowohl das Handeln der Frau als auch das des Mannes entscheiden über das Gelingen der Ehe. Ein Eheverständnis, das der Frau die untergeordnete Rolle zuweist, ist jedoch kein rein jüdisches Problem. Auch wenn im römisch-hellenistischen Kulturraum die Frau ein eigenes Scheidungsrecht hatte, ändert das nichts an dem patriarchalen Charakter der Ehe. Jesus attackiert hier in Mk 10, 1–12 ein allgemein antikes Verständnis von Ehe.

Die Bewertung, die Jesus in Bezug auf Dtn 24,4 vornimmt, ist keine grundsätzliche Herabsetzung der Tora durch die Konfrontation mit dem Willen Gottes.[7] Jesus wendet sich nicht gegen die Tora, sondern interpretiert sie von ihrem Beginn her. Dabei wendet er sich gegen eine Interpretation der Toragebote, die die Eheführung und Scheidung allein zu einer Frage für Männer macht. Eine solche Kritik an einzelnen Geboten der Tora ist ein Element, das zur Tora selbst dazugehört. Die Tora ist nicht widerspruchsfrei. Jesus selbst betreibt in der Erzählung des Mk Auslegung der Tora.

Indem der Evangelist bei der Scheidungsfrage die nur-männliche Perspektive durchbricht, nähert er sich der Intention von Gen 1,27.[8] Männer sind nicht allein für das Gelingen des Zusammenlebens verantwortlich, der Frau wird hier ebenso verantwortliches Handeln in der Ehe zugetraut und zugemutet. Beide sind gleichermaßen verantwortlich handelnde Subjekte, nicht allein der Mann. Der Vorstellung, in Frauen keine handlungsfähigen Subjekte zu sehen, tritt der Erzähler des Mk hier entgegen. Die Kombination von Gen 1,27 und 2,24 in Mk 10,6f kann somit als Auslegung von 1,27 in Bezug auf das eheliche Zusammenleben von Mann und Frau verstanden werden. Gen 2,24 zielt auf die Verbundenheit von Mann und Frau ab. Gen 1,27 (im Zusammenhang von 1,28) spricht davon, wie diese Verbundenheit gelebt werden soll. Die Ebenbildlichkeit Gottes gilt für Mann und Frau gleichermaßen. Im priesterlichen Schöpfungsbericht gibt es keine Überordnung der Män-

---

[5] Vgl. ebd. Berger, Gesetzesauslegung, 541 spricht sogar von widergöttlicher Menschensatzung.
[6] Vgl. Ebner, Kinderevangelium, 323f.
[7] Vgl. Gnilka, Markus II, 71, ebenso u. a. Fander, Stellung, 103.
[8] Gegen Fander, Stellung, 104, die davon ausgeht, dass die Grundbedeutung von Gen 1,27 durch die Kombination mit Gen 2,24 hier nicht zutage kommt.

ner über die Frauen.⁹ Für das Verständnis der Ehe heißt das: In der Ehe soll niemand über den anderen herrschen.

Es geht hier in Mk somit nicht nur um die Begründung der Einehe,¹⁰ der Evangelist stellt weiterhin eine klare Forderung auf, wie diese Ehe zu leben sei. Die Frau wird nämlich nicht auf Gedeih und Verderb an den Ehemann gekettet. Die Ehe soll als eine Beziehung zwischen einem Mann und einer Frau gelebt werden, wobei beide für das Gelingen des Miteinanders verantwortlich sind. Die Beziehung ist für beide Seiten der Raum, in dem sie handeln und kommunizieren können. Die Einrichtung der Ehe spricht Menschen auf ihre Fähigkeit zur sozialen Interaktion an. Die Handlungsfähigkeit von Menschen steht hier in Mk 10,1–12 eindeutig im Kontext schöpfungstheologischer Aussagen. Das eheliche Miteinander von Männern und Frauen ist Bestandteil der Schöpfung, ebenso auch die Fähigkeit der Menschen, dieses Miteinander mit Leben zu erfüllen und an- und miteinander zu handeln und zu kommunizieren.

13.1.2 Der Mensch als kommunikationsfähiges Wesen – Mk 7,31–37

Die Geschichte von der Heilung des Taubstummen ist im Gebiet der Dekapolis, dem hellenistischen Siedlungsgebiet in der Nachbarschaft zu Israel¹¹, verortet. Dies kann als Hinweis verstanden werden, dass das Evangelium von Jesus Christus auch den Menschen aus den Völkern gilt. Die Heilung wird damit zur öffnenden und bereitmachenden Handlung an den Menschen aus den Völkern verstanden, damit sie die Botschaft aufnehmen und auch weitergeben können. Die Erzählung führt damit ein Thema aus 7,24–30 weiter, wo es u. a. um die Rechtfertigung der sog. Heidenmission geht.¹²

Die Durchführung der Wunderheilung (7,33: Finger in die Ohren legen und Berühren der Zunge mit Speichel) erinnert an magische Praktiken in der Antike, die häufig im Zusammenhang mit Wunderheilungen vorkamen.¹³ Die bekannteste literarische Erwähnung einer solchen magischen Handlung ist die Heilung eines Blinden in Alexandria durch Vespasian (Tac. hist. 4,81). Dort werden dem Blinden Wange und Augenlider mit Speichel des Vespasian bestrichen, worauf der Blinde wieder sehen kann. France betont, dass nicht der Speichel an sich heilende Wirkung hätte, sondern dass nur der Speichel des Kaisers Heilung bringt.

---

⁹ Vgl. dazu Kap. 14.2.
¹⁰ Vgl. Fander, Stellung, 104 in Bezug auf die Verwendung von Gen 1,27 und 2,24 in Mk 10.
¹¹ Vgl. Eckey, Markusevangelium, 209.
¹² Vgl. Gnilka, Markus, 298.
¹³ Vgl. u. a. France, Mark, 303. Von einer exorzistischen Dimension, wie Schmithals, Markus, 360 sie annimmt, ist hier nichts feststellbar. Die Geschichte unterscheidet sich doch deutlich von Mk 9,14ff.

13.1 Schöpfung im Markusevangelium

Der Chorschluss in 7,37, der auf die Demonstration der Heilung in 7,35 und das Schweigegebot in 7,36 folgt, verweist wiederum auf die Schöpfungsgeschichte in Gen 1. Der Ausruf, dass er alles wohl geordnet hat, erinnert an Gen 1,31.[14] Das heilende Wirken Jesu wird in Beziehung zum Schöpfungshandeln Gottes gesetzt. Durch die Kombination mit Elementen aus Jes 35,5f, die Markus in der zweiten Hälfte von 7,37 aufnimmt („sowohl die Tauben macht er hören als auch die Stummen reden."), bekommt die Schöpfungsaussage eine klare eschatologische Ausrichtung. Im Wunderhandeln Jesu zeigt sich das Kommen Gottes, das Hereinbrechen seines Reiches.[15]

Damit partizipiert das Mk an der eschatologischen Dimension alttestamentlicher Schöpfungstheologie.[16] Das „sehr gut" in Gen 1,31 ist eine Hoffnungsaussage, dass Gott sehr gut an dieser Welt handeln wird. In den Wundern Jesu ist das schöpferische Handeln Gottes präsent. Mit Hilfe der prophetischen Tradition wird in Mk 7,31–37 konkret gesagt, was das „sehr gut" aus Gen 1,31 heißen kann: Gott macht die Tauben hören und die Stummen sprechen.

Hören und Sprechen sind hier konstitutive Aktionsarten des Menschen.[17] Hören ist in der Weisheitstradition die Wurzel des Weisheit (Prov 15,31). Auch in der dtr Literatur wird der hohe Stellenwert des Hörens deutlich: Israel lebt hier von der Ansprache durch Gott (Dtn 8,3), durch die direkte Anrede wird Israel an Gott erinnert: „Höre Israel ..." (Dtn 6,4). Das Verschließen des Ohres kann so auch als Abschotten von Gott gedeutet werden.[18] Das Hören ist eine Handlungsweise von Menschen, die charakteristisch für ihre Gottesbeziehung ist. Menschen sind im Gegenüber zu Gott häufig Hörende.[19]

Das Hören ist des Weiteren eine zentrale Tätigkeit des Menschen in der sozialen Interaktion. Weisheitliche Texte heben das Hören von Menschen hervor. Das Ohr ist gewissermaßen das Organ des Erkennens und Verstehens (Hi 12,11; 13,1; Prov 2,2; 5,1.13; 18,15).[20] Es geht hier um die Weitergabe von Traditionen, von Wissen und Weisheit. Derjenige, dem dies weitergegeben wird, nimmt es durch das Hören auf. Die Tradierung der Tora an die Kinder wird im Alten Testament als Gespräch zwischen Vater und Sohn[21] verstanden, indem der Sohn auf die Erklärungen des Vaters zur Tora und auf die Erzählung vom Exodusereignis hört (Dtn 6,7.20–25). Hören ist die Fähigkeit, etwas Neues, was man noch nicht weiß etc., von einem Gegenüber zu empfangen und es aufzunehmen. Hören dient dem Hineinwachsen

---

[14] Vgl. Gnilka, Markus, 298; Schenke, Markusevangelium, 127.
[15] Vgl. Marcus, Mark, 481: Die Wunder sind Zeichen Gottes neuer Welt.
[16] Vgl. u. a. Ebach, Bild, 19f; Rendtorff, Theologie II, 11f; Zenger, Bogen, 43ff.
[17] Vgl. Wolff, Anthropologie, 117ff. Das Primat des Hörens ist von Janowski, Konfliktgespräche, 86ff mit guten Gründen hinterfragt und durch die Fähigkeit des Sehens ergänzt worden.
[18] Vgl. ebd., 119.
[19] Vgl. Liedke, אזן, 97.
[20] Vgl. ebd.
[21] Dtn 6 hat hier eindeutig eine androzentrische Perspektive.

in die Tora und dem Vertrautwerden mit ihr. Es geht darum, dass die Heranwachsenden die Tora als Weisung für ihr Leben und Handeln annehmen. Indem sie auf die Worte der Väter hören, werden sie verlässliche Glieder Israels, da sie so die Regeln der sozialen Interaktion lernen. Über das Hören lernen Menschen mit anderen zusammenzuleben, mit ihnen Handlungen abzustimmen und Konflikte zu regeln. Es geht hier allerdings nicht um eine kritiklose Rezeption des Gehörten: Das Ohr – so Hi 12,11 – soll das Gehörte prüfen.

Der Hörsinn kann somit – wie Wulf es tut – als „sozialer Sinn" verstanden werden: „Keine soziale Gemeinschaft entsteht, ohne dass ihre Mitglieder lernen einander zuzuhören. Über die Wahrnehmung von Geräuschen, Lauten, Tönen und Wörtern wachsen wir in eine Kultur hinein."[22]

Auch das Sprechen verweist auf die soziale Interaktion von Menschen. Sprechen ist eine der vielen Funktionen des menschlichen Mundes, von denen im Alten Testament die Rede ist.[23] Sprechen ist allerdings nur eine von den vielfältigen verbalen Kommunikationsformen. In Bezug auf die Weitergabe von Tradition und Wissen dient Sprechen dem Lehren und Unterweisen. Durch Worte geben Menschen Wissen u. ä. weiter. Der Vater soll dem Sohn auf die Frage nach dem Sinn der Gebote von der Befreiung aus der Sklaverei in Ägypten erzählen (Dtn 6,20–24). Die Antwort und Erzählung des Vaters soll den Fragenden von der Tora überzeugen, dass die Tora Wegweisung für das Volk Israel und Grundlage für dessen Zusammenhalt ist. Verbale Kommunikation kann so Sozialität schaffen und erhalten.

Durch verbale Äußerungen kann ein Mensch Emotionen ausdrücken. Es können Gefühle sein, die die Gottesbeziehung betreffen (Lob oder Klage)[24], es können aber auch Gefühle sein, die sich auf Mitmenschen beziehen: Noomi sorgt sich um die soziale Absicherung von Rut, und deswegen rät sie ihr, sich an Boas zu wenden (Rut 3,1ff)[25]. Auch Rebekka drückt in den Worten, mit denen sie Jakob zur Flucht vor Esau auffordert, ihre Sorge um sein Wohlergehen aus (Gen 27,42–45).[26] Abraham spricht Lot als Bruder an (Gen 13,8), er bringt damit die Bedeutung der Beziehung zwischen ihm und Lot zum Ausdruck.[27] Ziel Abrahams ist es, den beginnenden Konflikt zwischen ihm und Lot zu beenden und für die Zukunft einen Weg für die Konfliktvermeidung zu finden. Mit Worten drücken Menschen aus, was ihnen bestimmte soziale Bindungen bedeuten. Verbale Kommunikation ist hier ein wichtiges Element zur Pflege und Gestaltung sozialer Beziehungen.

Hören und Sprechen sind wichtige Tätigkeiten für die soziale Interaktion von Menschen. Wenn die Wiederherstellung der organischen Fähigkeit zur Interaktion

---

[22] Wulf, Ohr, 459.
[23] Vgl. Schroer/Staubli, Körpersymbolik, 151ff.
[24] Zu Klage vgl. Kap. 12.2.2; zum Lob vgl. Schroer/Staubli, Körpersymbolik, 165–169.
[25] Vgl. Fischer, Gottesstreiterinnen, 190.
[26] Vgl. ebd., 93.
[27] Sei es der emotionale oder der solidarische Charakter der Beziehung, beides drückt sich in der Bruder-Anrede aus. Vgl. Jenni, אח, 99–102.

13.1 Schöpfung im Markusevangelium

mit dem „sehr gut" aus Gen 1,31 qualifiziert wird, dann zeigt dies eines deutlich: In den Augen des Evangelisten ist die menschliche Fähigkeit zur sozialen Interaktion ein wesentlicher Bestandteil des Schöpfungswerks Gottes. Der Evangelist versteht Menschen von der Schöpfung her: fähig zur sozialen Interaktion und Kommunikation.

13.1.3 Der Sabbat und die Schöpfung – Mk 2,27

In Mk 2,27 wird der Sabbat von der Schöpfung her verstanden. Das Schöpfungswerk Gottes ist zum Wohle der Menschen da. Gottes Schöpfung wird hier durch und durch soteriologisch gedeutet. In beiden Sabbatperikopen zeigt der Evangelist, inwiefern der Sabbat für die Menschen da ist. Er zeigt das Befreiende des Sabbats für die Menschen auf.[28] Der Mann mit der verdorrten Hand erfährt Befreiung, indem er die Arbeitsfähigkeit, d. h. die Möglichkeit erhält, durch Arbeit seinen Lebensunterhalt zu verdienen und nicht auf Betteln angewiesen zu sein. Die Jünger, mit Jesus auf dem Weg, ohne festen Ort und sichere Nahrungsmittelquellen, bekommen zu essen. Mk 2,22–27 reflektiert darüber, wie Menschen, die wie die Jünger auf der Straße leben, den Sabbat heiligen können. Für den Evangelisten jedenfalls ist klar: Dies darf auf keinen Fall mit leerem Magen geschehen. Nichts anderes drückt die Erzählung in Ex 16 aus: Gott gibt dem Volk Israel genug Manna, damit sie am siebten Tag nicht hungern müssen. Mk 2,23ff ist nicht nur auf die Lebensweise von Wandercharismatikern gemünzt,[29] sondern nimmt die Lebenssituation von sozial entwurzelten Menschen auf, derer es nach dem Ende des Krieges in Israel und den umliegenden Ländern viele gegeben hat. Den Sabbat zu heiligen und zu hungern – das geht nicht zusammen. Die in Mk 2,23 beschriebene Praxis stellt die materielle Basis des Menschen sicher. Menschen werden aus materieller Not befreit.

Der Evangelist thematisiert im Kontext des Sabbats Erfahrungen von Hilflosigkeit und Hunger. Jesus heilt den Mann mit der verdorrten Hand und beseitigt so eine Ursache der Hilflosigkeit. Jesus heißt das Ährensammeln seiner Jünger gut und damit den Wunsch, ihren Hunger zu stillen. Der geheilte Mann muss sich nicht mehr der Wohltätigkeit anderer ausliefern, sondern kann die Frage der Existenzsicherung selbst in die Hand nehmen. Er hat seine Handlungsfähigkeit wieder erlangt. Die Jünger müssen nicht mehr hungern. In beiden Geschichten geht es um Befreiungserfahrungen: Befreiung von Hunger, sozialer Unsicherheit und Abhängigkeit. Der Sabbat wird hier als positive Schöpfung Gottes verstanden, die für die Menschen Freiheit bedeuten kann.

In drei Erzählzusammenhängen nimmt der Evangelist deutlich auf die Schöpfung Bezug und erörtert in diesem Zusammenhang anthropologische Aussagen.

---

[28] Vgl. dazu Kap. 11.3.
[29] So Theißen/Merz, Jesus, 329f.

In Mk 10,1–12 stellt er dar, dass Mann und Frau gleichermaßen für eine gelingende Ehe verantwortlich sind. Beide Geschlechter sind in Bezug auf ihre Verantwortlichkeit und Handlungskompetenz gleichberechtigt. Mit dem Streitgespräch um die Ehescheidung führt Markus aus, wie die Sozialität der Menschen gelebt werden soll. Beide Geschlechter sind gleichermaßen für das Miteinander verantwortlich, es geht um ein gleichberechtigtes Miteinander, das nicht von Herrschaft geprägt wird. Mit der Erzählung in Mk 10,1–12 partizipiert der Evangelist an der herrschaftskritischen Tradition von Gen 1,27f. Von der Schöpfungstheologie her konstruiert Markus ein Menschenbild, für das Herrschaft nicht kennzeichnend ist.

Jesu Handeln in Mk 7,31–37 wird vom Evangelisten in den Kontext des göttlichen Schöpfungshandelns gestellt. Es ist wie Gottes Schöpfung „sehr gut". Jesus ermöglicht, dass der Mann in dieser Geschichte sich mitteilen und andere wahrnehmen kann, um so wieder soziale Beziehungen aufzubauen und zu festigen. Die soziale Dimension menschlicher Existenz von der schon die alttestamentliche Tradition spricht, wird unterstrichen,

Vom Sabbat her entwirft der Evangelist weitere wichtige Züge seines Menschenbildes: Durch den Sabbat ist nach alttestamentlicher Tradition für die Menschen ein Raum geschaffen, in dem sie als Gottes Geschöpfe Freiheit erleben In den Geschichten des Mk wird der Freiheitscharakter des Sabbats durch Erzählungen von Befreiungserfahrungen zur Geltung gebracht.

13.2 Die Tora im Markusevangelium

Bei der Analyse der schöpfungstheologischen Aspekte im Mk und deren Verbindung zu alttestamentlichen Texten und Traditionen fiel auf, dass in diesem Kontext der Evangelist auch auf die Tora zurückgreift:[30] Jesus legt das Sabbatgebot aus, ebenso kommentiert er die Regelung des Scheidebriefes. Gerade das Sabbatgebot hat für die Anthropologie im Mk eine wichtige Bedeutung. Von daher stellt sich die Frage, inwieweit zwischen Tora und Menschenbild im Mk theologische Bezüge bestehen.

Am Sabbatgebot habe ich gezeigt, dass es im Rahmen des Mk darum geht, die Freiheit, die der Sabbat zum Thema hat, zu erleben. Die Tora hat hier befreienden Charakter, sie ermöglicht Handlungsräume jenseits ökonomischer Zwänge und verschafft so Freiheit für die Menschen. Gerade der Schwerpunkt des mk Men-

---

[30] Guttenberger, Gott, 117–125 betont, dass der Evangelist die Tora Gottes anerkennt. Die Konflikte bei der Interpretation der Tora enden in Mk 12,28–34 mit einem Konsens. Die Tora hat im Mk eine besondere Autorität, die nicht angetastet wird. Ob es sinnvoll ist, wie Horsley, Story, 156ff mündliche Traditionen und die an den Tempel angebundene Torainterpretation gegenüberzustellen, halte ich für fraglich. Die Gegenüberstellung ist idealtypisch und berücksichtigt nicht, dass Überlieferung und Interpretation der Tora nicht nur in Jerusalem stattfand, ansonsten wäre das Judentum nach der Zerstörung des Tempels untergegangen.

13.2 Die Tora im Markusevangelium

schenbildes – die Handlungsfähigkeit von Menschen – kann so zur mk Torarezeption in Beziehung gesetzt werden. In Mk 12,28–34 wird erzählt, wie Jesus und ein Schriftgelehrter in Bezug auf die Frage nach dem höchsten Gebot eine Übereinkunft erzielen.[31] Der Liebe zu Gott (Dtn 6,4f) wird das Gebot der Nächstenliebe (Lev 19,18) an die Seite gestellt. Das Markusevangelium partizipiert an der jüdischen Tradition, die Tora mit dem Gebot der Nächstenliebe zusammenzufassen (z. B. bSchab 31a).[32] Auch die Verknüpfung von Gottes- und Nächstenliebe ist im Judentum fest verankert (TestDan 5,3; Philo SpecLeg 2,63).

Das Verhalten zum Nächsten und zur Nächsten hat im Mk höchste Priorität und wird erzählerisch im Evangelium entfaltet. Das Gebot, den Nächsten zu lieben, bleibt nicht abstrakt, sondern wird an verschiedenen Stellen im Evangelium genauer ausgeführt. Es erfährt eine Konkretisierung in der Aufforderung zum gegenseitigen Dienst und Statusverzicht. Durch Dienst und Statusverzicht bricht die Nachfolgegemeinschaft mit den Handlungsmustern der römisch-hellenistischen Gesellschaft und schafft so Raum für ein solidarisches Leben nach dem Gebot der Nächstenliebe, das allen hilft. Damit unterbricht ein Handeln nach der Tora eingefahrene gesellschaftliche Prozesse, die Handlungsmöglichkeiten von Menschen beschneiden und sie klein machen. Solidarität verschafft dem anderen Freiheit. In diesem Zusammenhang ist auch Mk 10,17–27 zu sehen: Die Aufforderung Jesu an den Reichen[33] zielt auf einen Statusverzicht zum Wohl der Armen ab. Der ganze Besitz soll verkauft werden, damit der Erlös den Armen zugute kommt (10,21). Dies zeigt das radikale Verständnis des Nächstenliebegebotes im Mk.

Das Gebot der Nächstenliebe traut und mutet allen zu, zum Wohle der und des Nächsten zu handeln. Das Gebot ist nicht auf bestimmte Menschen beschränkt, es gilt allen. Alle ohne Ausnahme werden für fähig gehalten, danach zu handeln. Die Geschichte von der Witwe, die alles gibt (12,41–44), zeigt dies eindrucksvoll. Im Gebot der Nächstenliebe schwingt deutlich eine Befähigung zum Handeln mit.

Die Verortung der markinischen Konstruktionen vom Menschen in alttestamentlicher und jüdischer Tradition bekommt vor dem Hintergrund der antiken Judenfeindlichkeit ein besonderes Gewicht. Der Evangelist verortet seine Menschenbilder in einer Tradition, die von der hellenistisch-römischen Gesellschaft kritisch betrachtet oder massiv abgelehnt wird. Die jüdische Religion wird als moralisch ver-

---

[31] Gegen die Ansicht, dass der Schriftgelehrte nicht bereit sei, die Nähe des Reiches Gottes anzuerkennen, wie Lührmann, Markusevangelium, 207 sie vertritt.
[32] Vgl. Theißen/Merz, Jesus, 342f.
[33] Horsley, Story, 190ff hat hier darauf aufmerksam gemacht, dass Reichtum in agrarischen Gesellschaften auf der Ausbeutung von Bauern basiert. Verzicht auf Reichtum kann in diesem Zusammenhang dann auch Unterbrechung der ausbeuterischen Praxis bedeuten. Jesus erkennt in 10,18f allerdings die Praxis des Mannes entsprechend den Geboten an. Der Mann scheint also in den Augen Jesu nach den Geboten der Tora gelebt zu haben. Diese Wertschätzung des Reichen durch Jesus findet sich so nicht bei Lk und Mt. Gerade Lk betont in 19,23, dass der Mann besonders großes Vermögen besitzt. Dies rückt den Mann innerhalb des Lk in die Nähe der Reichen, die mit ihrer unsolidarischen Lebensweise die Armen ausbeuten oder sie in ihrer Armut allein lassen.

werflich und als Störung der Gesellschaft bewertet. Dies zeigt deutlich, in welchem Verhältnis die Werte der hellenistisch-römischen Gesellschaft und die Vorstellungen des Mk, das jüdische Traditionen adaptiert, zueinander stehen.

14 Die Gegenentwürfe des Markusevangeliums – Ergebnisse der Untersuchung

Die Analyse des Mk hat gezeigt, dass die gesellschaftlich konstruierten Menschenbilder im Evangelium durchbrochen werden. Unter Zurückweisung der gesellschaftlich etablierten Werte entwickelt der Evangelist in seinen Erzählungen eine andere Konstruktion vom Menschen. Im Mittelpunkt der mk Anthropologie steht die Würdigung der Handlungs- und Kommunikationsfähigkeit von Menschen, die gesellschaftlich nicht anerkannt werden. Markus stellt seine Konstruktion vom Menschen in den Kontext der Christologie und schöpfungstheologischer Aspekte. Darüber hinaus gibt es inhaltliche Verbindungen zu theologischen Aspekten der Tora.

14.1 Die Christologie des Markusevangeliums als Antwort auf die Lebenswirklichkeit von Menschen

Christologie und Anthropologie sind im Mk sachlich aufeinander bezogen und bedingen einander. Die Christologie des Mk ist deutlich vom Traditionskomplex des Menschensohnes und des leidenden Gerechten geprägt. Die Intention dieses Aspektes der Christologie ist, dass der Leser seine eigenen Leidenserfahrungen im Ergehen Jesu wieder finden kann.[1] Das Evangelium verschweigt die Leiden von Menschen nicht, sondern bringt sie zur Sprache. Der Evangelist erzählt, wie Menschen andere erniedrigen, quälen und umbringen: Der Sohn Gottes wird zum Opfer menschlicher Gewalt. Diese Erfahrung von Erniedrigung und Leid verbindet Christus und die Menschen in den Gemeinden. Das Leiden von Menschen wird sichtbar und prangert so die Gewalttäter an. Das Ergehen des leidenden Gerechten deckt auf, von welcher Qualität menschliche Sozialität ist, das Ergehen des Menschensohnes entlarvt menschliche Herrschaft als unmenschlich.

Innerhalb der Christologie wird so ein realistisches Bild von Menschen gezeichnet: Menschen machen ihre Mitmenschen zu Opfern ihres Handelns. Der Evangelist entwirft keine allgemeine Theorie zum sündhaften Wesen des Menschen, der am Willen Gottes scheitert. Er erzählt konkret, wozu Menschen fähig sind und worin ihre Sünden bestehen. Markus weiß genau, dass keiner bzw. keine vor dem Scheitern an Gottes Willen gefeit ist, allerdings betreibt er keine Gleichmacherei von Opfern und Tätern durch eine Theorie vom sündigen Wesen des Menschen. Durch die Erzählung von Jesus, dem leidenden Gerechten, ergreift der Evangelist

---

[1] Vgl. Lührmann, Biographie, 44; Reinmuth, Anthropologie, 86.

Partei für die Opfer. Das Motiv des Menschensohnes dient hier zur Thematisierung des Leidens von Menschen unter Menschen. Der Sohn Gottes als Menschensohn erleidet das gewaltsame Geschick wie viele vor ihm und nach ihm. Die Bezeichnung Menschensohn zeigt die Solidarisierung Gottes mit den Menschen. In der Sprache der altkirchlichen Dogmatik: Hier zeigt sich das wahre Menschsein Jesu Christi.

Die Versprachlichung von Leidenserfahrungen ist ein erster Schritt, sich nicht dem scheinbar übermächtigen Leid zu ergeben.[2] Innerhalb des Erzählens vom leidenden Christus kommen menschliche Leiderfahrungen zur Sprache. Das Erzählen vom Leid führt zur Klage über die erfahrene Gewalt, die sich auch gegen Gott richtet. Anhand der Christologie entwickelt der Evangelist das wichtige Thema des Leidens, des Leidens von Menschen unter Menschen.

Bei dieser Klage bleibt die Erzählung jedoch nicht stehen. Die Rede von der Auferweckung des Gekreuzigten bestreitet, dass die Täter über ihr Opfer gesiegt haben. Sie bringt die Hoffnung zum Ausdruck, dass die Gewalt nicht das letzte Wort hat. Insofern können die Leserinnen und Leser ihre eigene Geschichte – wie Lührmann es formuliert – „in die Geschichte Jesu bergen".[3] Der leidende Gerechte Jesus von Nazareth, der Sohn Gottes, ist nicht im Tod geblieben, deswegen haben seine Nachfolgerinnen und Nachfolger die Hoffnung, dass Gewalt und Leid nicht siegen werden.[4]

In der Christologie wird die Hoffnungsperspektive für Menschen, die sich in den politischen und gesellschaftlichen Umständen als Opfer erleben, entwickelt, indem die Macht der Herrscher der Welt bestritten wird. Markus entwickelt eine Vision vom Reich Gottes, in dem Menschen nicht mehr willenlose Objekte in den Händen anderer sind, sondern handlungsfähige Subjekte. Aus dem leidenden Menschensohn, der der Gewalt seiner Gegner ausgeliefert ist, ist der Menschensohn geworden, der kommen wird, die Gewaltgeschichte zu beenden und das Reich Gottes endgültig durchzusetzen. Die Hoffnung auf den kommenden Menschensohn ist die Hoffnung auf die wahrhaft menschliche Herrschaft Gottes. Diese Hoffnung ist ein Gegenbild zur real erfahrbaren menschlichen Herrschaft.[5]

Markus zeichnet in seinem Evangelium ein Bild vom menschlichen Reich Gottes, indem er erzählt, wie Jesus Menschen begegnet, wie er an und mit ihnen zusammen handelt. Dabei gilt es festzuhalten, dass die Initiative zur Interaktion nicht immer

---

[2] Crüsemann, Diakonie, 76: „Klage wirkt, weil die Not, weil Ängste, Haß, Zwänge, Befürchtungen, Schuld, Verzweiflung bis zur Radikalität offen ausgesprochen, damit durchgearbeitet und die Leidenden so Subjekt des Geschehens werden konnten". Menschen können sich durch Klage inmitten eines Prozesses, der sie häufig zum Objekt macht, als Subjekt erfahren. Klage kann aus Passivität herausführen.
[3] Lührmann, Biographie, 44.
[4] Lührmann, ebd. hebt diesen Aspekt der Nachfolge noch einmal deutlich hervor. Es geht um *volle* Teilhabe am Geschick Jesu.
[5] Vgl. Reinmuth, Anthropologie, 79: „Seine Geschichte (des Menschensohnes, CJB) zeigt einen Kontrast zu dem, was unter Menschen gilt."

14.1 Die Christologie des Markusevangeliums

allein von Jesus ausgeht. Das Beeindruckende am Mk ist, dass hier eine Vielzahl von Menschen selbstständig die Initiative ergreift. Menschen machen hier einen neuen Anfang. Die Handlungstheorie Hannah Arendts[6] hat den Blick hierfür geschärft. Sie charakterisiert Handeln als etwas Neues Beginnen. Dieser neue Anfang kann, da er Bestehendes unterbricht, als Wunder verstanden werden. Hier muss noch einmal die neutestamentliche Diskussion um den Wunderbegriff kritisch reflektiert werden. Gerade im Hinblick auf die sog. Heilungswunder liegt der Fokus zu sehr auf der medizinischen Seite. Die soziale Komponente der Krankheit wird entweder nicht gesehen oder, wie im Falle der blutflüssigen Frau, falsch ins Spiel gebracht. Bartimäus ist nicht nur blind, sondern auch ein Bettler. Dass er sich nicht in sein Schicksal ergibt und am Straßenrand sitzen bleibt, sondern die Initiative ergreift – das ist ein Wunder.[7] Indem er auf Jesus zugeht und sich gegen die Widerstände der Umstehenden durchsetzt, kann er einen neuen Anfang machen.[8]

Einen neuen Anfang machen – dies ist ein entscheidender Punkt der Anthropologie des Mk. Menschen, die hierfür in den Augen der Gesellschaft völlig ungeeignet sind, erlangen Handlungskompetenz, indem sie selbst das Handeln in die Hand nehmen. Dies wird innerhalb der Erzählungen von Jesus wertgeschätzt und gewürdigt. Darin zeigt sich ein wesentlicher Zug der Proexistenz Christi im Mk. Jesus bewertet den Ausbruch aus gesellschaftlich festgelegten Rollen und Handlungsräumen positiv. Durch Jesus erfahren die Menschen Anerkennung. Das Mk thematisiert die Intersubjektivität von Menschen. Menschen sind, um sich als handlungs- und kommunikationsfähig zu sehen, auf die Anerkennung und Wertschätzung von anderen angewiesen.[9] Die Anerkennung Jesu befreit Menschen von sozialer Missachtung.

Die Proexistenz Christi zeigt sich in einem weiteren Punkt: Durch sein Handeln fordert er Menschen zu eigenem Handeln auf. Im Ruf in die Nachfolge spricht Jesus den Menschen Handlungskompetenzen zu, die ihnen sonst nicht zugebilligt werden. Menschen aus den unteren Schichten der Gesellschaft – sonst nur Objekte wirtschaftlicher und politischer Ausbeutung und kulturell geprägter Missachtung – werden zu Boten des Reiches Gottes. Auch hier wird deutlich, dass die Selbsteinschätzung von Menschen von den Aktionen ihrer Mitmenschen abhängt. Jesus traut den Jüngerinnen und Jüngern zu, Botinnen und Boten des Gottesreiches zu sein, und deswegen können sie diesen neuen Anfang machen.

---

[6] Vgl. Kap. 3.
[7] Vgl. Jochum-Bortfeld, Bartimäus, 95ff.
[8] Theißen, Wundergeschichten, 274–277 versteht Wunder als Hoffnungsgeschichten. Die Erzählungen von Menschen, die einen neuen Anfang schaffen, können ein Hoffnungspotential für andere Menschen in vergleichbaren Ausgangssituationen sein.
[9] Der Ansatz von Habermas hat den Blick für die Prozesse von Anerkennung und Wertschätzung in der Kommunikation zwischen Menschen geschärft, wodurch er sich als hilfreiches Analyseinstrument erwiesen hat.

Die Wundertätigkeit Jesu befreit Menschen aber auch aus Zuständen, in denen sie sich selbst nicht mehr helfen können. Sein Handeln bewirkt, dass Menschen wieder handeln und kommunizieren können.

Wer Jesus Christus ist – das erfährt man im Markusevangelium nicht nur im Zusammenhang der ‚klassischen' Themen von Kreuz und Auferstehung. Gerade an Jesu Interaktion mit Menschen zeigt sich, wer er ist und was er für die Menschen bedeutet. Sein Handeln befreit und vermittelt Anerkennung. Hier wird die Notwendigkeit deutlich, Christologie nicht allein anhand der Themen Kreuz und Auferstehung zu entwickeln, sondern das Handeln Jesu, so wie es die Evangelien erzählen, als eigenständige Form der neutestamentlichen Verkündigung zu berücksichtigen und zur Botschaft von Kreuz und Auferstehung in Beziehung zu setzen.[10]

In der neutestamentlichen Forschung wurden seit Wredes Studien Jesu Wunderhandeln und die Botschaft von Kreuz und Auferstehung in Kontrast zueinander gesehen. Erst von Kreuz und Auferstehung her sei – so Wredes Ergebnis – die volle Erkenntnis Jesu Christi möglich.[11] Viele sind in Grundzügen dem Ansatz Wredes gefolgt. Dabei wird die theologische Bedeutung der Wundergeschichten in Bezug auf Kreuz und Auferstehung relativiert: Eine wahre Erkenntnis des Gottessohnes ist durch die Wunder Jesu nicht möglich.[12]

Die hier vorliegende Studie hat einen anderen Weg eingeschlagen. Sie begreift die Erzählungen vom Handeln und Wirken Jesu Christi in Galiläa und auf dem Weg nach Jerusalem nicht nur als ausführliche Einleitung zur Passionsgeschichte.[13] Die Erzählungen vom Wirken Christi bringen zum Ausdruck, inwieweit Christus für die Menschen da ist und handelt.[14] Damit ist klar, dass die soteriologische Bedeutung des Sterbens und Todes Christi und die Erzählungen vom Handeln Christi sachlich aufeinander bezogen sind: Es geht in beiden Fällen um die Proexistenz Christi. Dabei haben die Erzählungen die Funktion, das „für die vielen" (Mk 10,45)

---

[10] Zur Diskussion vgl. u. a. Karrer, Christus, 15ff; 174ff.
[11] Vgl. Wrede, Messiasgeheimnis, 66f: Nach Mk 9,9 gilt das Schweigegebot nur bis zur Auferstehung. Dann ist die volle Erkenntnis Christi möglich. Das Christusbekenntnis des Petrus (8,29) ist nur vorläufig. Vgl. Schnelle, Einleitung, 229f.
[12] Vgl. Schnelle, Einleitung, 228. Das Markusevangelium wird von einigen Forschern als der Versuch verstanden, die Wunderüberlieferung und den Osterglauben in einem Werk zu integrieren, wobei deutlich wird, dass die Wunder erst von Ostern her verstehbar sind. Vgl. vor allem Kertelge, Wunder, 194–197; ähnlich bei Schille, Wundertradition, 45–50. Koch betont, dass in den Wundern sich zwar die besondere Stellung und Würde Jesu zeigt, dies sei aber nur vorläufig. Das Mk zielt auf Kreuz und Auferstehung ab, wo sich die wahre Bedeutung Jesu Christi zeige. Damit sei klar, dass im Mk die Wundertradition von Kreuz und Auferstehung her kritisch beleuchtet werde. Vgl. Koch, Bedeutung, 190ff. Schenke hat in seinen Studien zu den Wunderzählungen noch die Ansicht vertreten, dass das Mk sich polemisch gegen die Wundertradition abgrenzt. Anders jetzt ders., Markusevangelium, 121ff.
[13] Schmücker, Funktion, 2f hat klar gezeigt, welch großen Umfang die Wundergeschichten im Mk einnehmen: Ein Viertel des Textes entfällt auf die Wundertätigkeit Jesu, mehr als die Passionsgeschichte.
[14] Vgl. Dormeyer, Markusevangelium, 144. Röhser, Stellvertretung, 99f.

14.1 Die Christologie des Markusevangeliums

zu konkretisieren.[15] Ohne diese Geschichten wäre die Botschaft vom Kreuz merkwürdig unkonkret und leer. Die Rede vom Kreuz Christi erhält somit erst von den Erzählungen her ihr charakteristisches Profil:[16] Der, der für die Menschen da gewesen ist, weicht dem Konflikt mit den Mächtigen nicht aus und erleidet die Folter und den Tod am Kreuz. Wie seine Taten gegen gesellschaftliche Strukturen und Hierarchien protestieren, so ist sein Leiden und Sterben Anklage und Protest gegen menschliche Herrschaft.

Dabei muss allerdings immer berücksichtigt werden, dass auch die Erzählungen vom Handeln Jesu Christi theologische Interpretationen der frühen christlichen Gemeinden darstellen, die ohne die Rede von der Auferstehung Christi nicht denkbar sind. Die Rede vom Auferstandenen darf jedoch sein irdisches und geschichtliches Wirken nicht einfach überlagern oder verdrängen. Die Erzählungen des Mk zeigen konkret, was Jesus Christus für die Menschen in den frühen Gemeinden bedeutet hat.

Die menschliche Existenz rückt im Mk nicht allein unter dem Aspekt des sündigen Wesens von Menschen in den Mittelpunkt des Interesses. Sie wird in vielfältigen Facetten und Dimensionen thematisiert, von denen das sündhafte Scheitern eine ist. Menschliches Leben wird im Mk als gefährdet dargestellt, als eingeengt und beschränkt, es ist in der Erfahrung des Mk defizitär. Die einzelnen Erzählungen des Mk beschreiben die Lage von Menschen noch differenzierter, als der dogmatische locus von der Sünde des Menschen es tut. Innerhalb der Erzählungen des Mk nimmt sich Jesus Christus der negativen menschlichen Erfahrungen an. Das Heilswerk Christi umfasst die *ganze* – und damit vielfältige und differenzierte – Wirklichkeit menschlichen Lebens. Die Christologie braucht eine differenzierte Anthropologie, um zu zeigen, wer Christus für die Menschen ist. Die existentiale Interpretation Bultmanns hatte sich zum Ziel gesetzt, die Bezüge der Christologie zur Existenz des Menschen in den Mittelpunkt zu stellen und das pro me/pro nobis des Handelns Christi herauszustellen. Dabei wird jedoch ein generalisiertes Verständnis vom Menschen und seiner Existenz entworfen, das undifferenziert ist und damit an der vielfältigen Wirklichkeit menschlichen Lebens vorbeigeht. Christus befreit Menschen aus ihren konkreten Nöten. Erst durch einen umfassenden Blick auf die Verschiedenartigkeit menschlichen Lebens kann gezeigt werden, inwieweit und in welcher Hinsicht Christus Menschen erlöst.

Die Erzählungen des Mk werfen auf die dogmatischen Diskussionen um den Synergismus ein interessantes Licht. Im Anschluss an die Theologie Luthers ist dem Menschen im Heilsgeschehen lediglich eine passive Rolle zugedacht: Er muss das

---

[15] Dies darf jedoch nicht als reine Veranschaulichung verstanden werden. In rezeptionsästhetischer Perspektive nimmt eine Erzählung den Leser/die Leserin mit in das Geschehen hinein.

[16] Die Funktion der Wundergeschichten sehe ich von daher nicht so sehr in der Bestätigung der Auferstehungsbotschaft, wie Schmücker, Funktion, 16–22, es darstellt.

Heilswirken Christi an sich geschehen lassen.[17] Er kann nichts dazu beitragen. Theologischen Ansätzen, die die existentielle Beteiligung der Menschen beim Heilswerk betonen (bis in die Ethik hinein), wird deswegen oft eine latente Form des Synergismus vorgeworfen.[18] Das Mk denkt gar nicht in den Kategorien dieser dogmatischen Debatten. Relativ unbefangen erzählt der Evangelist davon, dass Männer und Frauen sich für ihr Heil engagieren. Christus wird hier nicht als derjenige geschildert, der ohne seine Mitmenschen wahr und ernst zu nehmen an ihnen handelt, quasi über ihre Köpfe hinweg. Verführe Christus so, dann unterschiede ihn nichts vom herrschaftlichen Gebaren der Caesaren Roms, die auf die Menschen in ihrem Reich nur bedingt Rücksicht genommen haben. Der Kontrast zum Imperium Romanum zeigt sich auch in der Art und Weise, wie der Gottessohn mit anderen Menschen umgeht. Er bringt ihnen Anerkennung entgegen. D. h.: Er würdigt ihren Einsatz für ihre Befreiung: „Dein Glaube hat dir geholfen." (Mk 10,52) Diese Würdigung darf nicht unter rechtfertigungstheologischen Argumenten begraben werden. Dies kann Menschen, die sich schon klein fühlen, noch kleiner machen.[19] Die Art und Weise, wie Menschen das Heil durch Christus erfahren, ist durch und durch partnerschaftlich und nicht herrschaftlich.[20]

Nun dürfen die Positionen einer Theologie der Rechtfertigung nicht einfach leichtfertig vom Tisch gewischt werden. Dort geht es gerade vor dem Hintergrund der Erfahrungen menschlicher Hybris im 20. Jh. darum, dass Menschen davor bewahrt werden, alles in die eigene Hand nehmen zu wollen. Darin ist das Scheitern vieler Menschen begründet. Im Mk wird nicht menschlichen Allmachtsphantasien das Wort geredet. Gerade mit Blick auf den Zwölferkreis reflektiert Markus das Scheitern von Menschen und die Notwendigkeit der Vergebung durch Gott. Inhalt der Auferstehungsbotschaft ist auch, dass diejenigen, die Jesus im Stich gelassen haben, wieder zu ihm zurückkehren können. Diese Möglichkeit des Neuanfangs eröffnet allein Gott. Dass sich die Männer und Frauen auf den Weg der Nachfolge machen, hat seinen Grund des Weiteren in der Hoffnungsperspektive der Auferstehungsbotschaft. Nicht aus sich selbst heraus erhalten sie die Kraft für den Weg der Nachfolge. Die Christologie des Mk setzt sich hier mit dem Problem des Scheiterns von Menschen auseinander. Menschen werden im Handeln, das in die Irre geht, nicht allein gelassen. Das Mk erzählt von der Vergebung, die es Menschen ermöglicht, sich wieder neu auf den Weg Christi zu begeben.

---

[17] Vgl. Lohse, Theologie, 277f.
[18] So z. B. Pöhlmann, Dogmatik, 188 zu Sölles Verständnis der Stellvertretung.
[19] Vgl. Ebach, Markus, 118f.
[20] Auf den Beziehungscharakter des erlösenden Handelns Jesu Christi haben verschiedene Theologinnen aus dem Bereich der Feministischen Theologie bereits nachdrücklich hingewiesen. Vgl. u. a. Heyward, Theologie, 73–82; Moltmann-Wendel, Beziehung.

14.2 Das Markusevangelium und die Menschenbilder in der Schöpfungstheologie und der Tora

Innerhalb seines Evangeliums entwickelt Markus eine Utopie vom Menschen. Er stellt seine anthropologischen Aussagen in den Kontext schöpfungstheologischer Aspekte. Die mk Konstruktion vom Menschen hat ihre Wurzeln zum Teil in der alttestamentlichen Schöpfungstheologie. Gerade die eschatologische Dimension alttestamentlicher Schöpfungstheologie wirkt sich auf die Anthropologie des Mk aus. In Mk 7,37 (durch die Kombination von Gen 1,31 und Jes 35,5) wird deutlich, dass der Evangelist Schöpfung nicht allein als Gottes Handeln am Anfang der Zeiten versteht, sondern dass für ihn Schöpfung eine zukunftszugewandte Ausrichtung hat. Schöpfung hat für ihn utopischen Charakter. Das „sehr gut" der Schöpfung ist für ihn ein Zeichen des Reiches Gottes. Die Betonung des utopischen Charakters der Schöpfung ist genuin alttestamentlich. Die priesterliche Schöpfungstheologie und die des Deuterojesaja entstanden in der Krisensituation des babylonischen Exils. Ihre Entwürfe von der Schöpfung Gottes sind nicht einfach eine Erinnerung an eine paradiesische Urzeit, die einmal war.[21] In den Schöpfungstexten drückt sich vor allem die Hoffnung, wie es einmal sein möge, aus.[22] In der Situation des babylonischen Exils konnten die Autoren von P und die prophetischen Kreise um Deuterojesaja nicht auf eine ausformulierte und anerkannte Schöpfungstheologie zurückgreifen. Diese wurde unter Verwendung alter Traditionen in der Krisenzeit des Exils entwickelt.[23] In dieser Situation entstanden Schöpfungstheologien mit utopischen Zügen.[24] Im Rahmen der Aussagen über das schöpferische Handeln Gottes konnten die Hoffnungen für die Zukunft Israels thematisiert werden. Die Hoffnungen für die Zukunft bestimmten so die Vorstellungen vom Anfang.[25] Die Aussage, dass alles „sehr gut" ist, hat eine eschatologische Dimension. Es geht um die Hoffnung, dass nicht mehr das Chaos in der Schöpfung regiert, sondern dass die von Gott geordneten Lebensräume ein sehr gutes Leben ermöglichen.

Die eschatologische Ausrichtung der Schöpfung zeigt sich sehr klar in den alttestamentlich-jüdischen Traditionen zum Sabbat. Der Sabbat wird als Abbild der kommenden Welt gesehen (Bereschit Rabba 17,5 zu Gen 2,21). Er ist der „Vor-

---

[21] Ebach, Ursprung, 18f führt hier Gressmanns Position an, der davon ausgeht, dass die Vorstellung von der Endzeit durch die Urzeit bestimmt wird. Es wird einmal so werden, wie es am Anfang aller Dinge gewesen ist. Vgl. Gressmann, Ursprung, 197.
[22] Vgl. Ebach, Ursprung, 19f.
[23] Zenger, Werk, 157: „Der erste Satz (Gen 1,1) mit dem Pg (priesterliche Grundschrift, CJB) ihr Werk wie mit einem Motto beginnt, formuliert demnach bündig das Fundament, auf welches das nachstaatliche Israel seine Hoffnung setzen kann: Wer in der Schöpfungsmacht des lebendigen Gottes gründet, braucht ob der scheinbaren Übermacht der Geschöpfe nicht zu resignieren; der den Anfang des Lebens gesetzt hat, gibt dieses Leben nicht aus seiner Hand."
[24] Vgl. Zenger, Bogen, 43ff.
[25] Vgl. Ebach, Ursprung, 20

geschmack"²⁶ auf das Reich Gottes. Wenn Markus im Kontext der Wunderheilungen Jesu vom „sehr gut" der Schöpfung spricht, dann zeigt das seine Hoffnung, dass das Chaos gebannt wird. Gleichzeitig entwirft er in diesem Zusammenhang seine Utopie vom Menschen.

Im Kontext der Schöpfungsaussagen formuliert der Evangelist zentrale Aspekte seiner Anthropologie: die Fähigkeit der Menschen zu handeln (d. h. einen Anfang zu machen) und zu kommunizieren, die Fähigkeit zur sozialen Interaktion, menschliches Miteinander ohne Herrschaft zu gestalten, und die Freiheit von Menschen. Genau diese Punkte finden die Menschen, für die Markus sein Evangelium schreibt, häufig genug nicht in ihrem Alltag wieder. Dort werden Handlungsmöglichkeiten massiv beschnitten, Menschen beherrschen Menschen, Menschen sprechen anderen das volle Menschsein ab und betrachten sie als minderwertige Menschen. Geschichten von Frauen und Bettlern, die sich durchsetzen und die anerkannt werden – das sind Utopien, Hoffnungsbilder, Widerworte gegen gesellschaftlich konstruierte Menschenbilder.

Die im Mk rezipierte Schöpfungstheologie unterscheidet sich hier von der naturphilosophischen Ausrichtung der Stoa: Leben gemäß der Natur bedeutet in der Stoa die Hierarchien in der Welt so anzuerkennen, wie sie sind. Die Strukturen der Welt werden theologisch sanktioniert. Eine Konstruktion vom Menschen, die von der alttestamentlichen Schöpfungstheologie wichtige Impulse empfängt, geht nicht davon aus, dass der Mensch sich in sein Schicksal fügen muss. Menschen – und davon erzählt das Mk – können gegen das, was sie klein macht und ihr Leben zu zerstören droht, aufstehen. Sie müssen es nicht als gottgewolltes Schicksal akzeptieren.

Die Konstruktion von Menschen als selbstständig Handelnde und Kommunizierende im Mk ist kein Novum in der alttestamentlich-jüdischen Tradition und findet u. a. ihre sachliche Entsprechung in den Aussagen über die Menschen in den Schöpfungstexten in Gen 1–3. Zentraler Punkt ist hier die Gottesebenbildlichkeit der Menschen. Im Mk wird dieser Topos zwar nicht thematisiert, die anthropologischen Aussagen aber, die damit verbunden sind, zeigen eine deutliche Nähe zur Anthropologie des Mk. Hier geht es nicht um eine traditionsgeschichtliche Herleitung der Anthropologie des Mk, sondern es gilt kurz aufzuzeigen, wo sich im Alten Testament bzw. antiken Judentum parallele Vorstellungen entwickelt haben.

Die Forschungsgeschichte zur Gottesebenbildlichkeit ist lang.²⁷ Nachdem Gunkel²⁸ die Ebenbildlichkeit auf das Aussehen bezog, hat sich in neuerer Zeit die Deutung durchgesetzt, die Ebenbildlichkeit als Repräsentanz zu verstehen.²⁹ Israel partizipiert hier an den Vorstellungen seiner Umwelt. Sowohl in Ägypten als auch im

---

[26] K. Müller, Diakonie, 479.
[27] Vgl. den Forschungsüberblick u. a. bei Westermann, Genesis I, 203–214; Seebass, Genesis, 79–84.
[28] Vgl. Gunkel, Genesis, 112.
[29] Vgl. Wildberger, Abbild Gottes; Zenger, Gottes Bogen, 84–96.

14.2 Menschenbilder in der Schöpfungstheologie und der Tora 303

Zweistromland wird der Herrscher häufig als Repräsentant der Gottheit, als sein Abbild, verstanden. In der biblischen Erzählung ist jedoch nicht ein einzelner Mensch Abbild der Gottheit. Alle Menschen werden hier als Ebenbild Gottes angesehen. Die altorientalische Vorstellung wird demokratisiert.

Wichtig für das Verständnis von Gen 1,26ff ist, dass dem Menschen in der Schöpfung eine Funktion zugedacht ist. Hier zeigt sich eine große Differenz zu den Schöpfungsmythen der Umwelt Israels.[30] Verstand man dort die Arbeit des Menschen als Ersatz für die Arbeit der Götter, die genau diese Arbeit nicht mehr verrichten wollten,[31] so steht die Tätigkeit der Menschen nach Gen 1 unter dem Segen Gottes. Dass die Menschen Bild Gottes sind, ist somit auch keine seinsmäßige Qualität, sondern dies realisiert sich erst in der Wahrnehmung des Auftrages, zu der Gott durch seinen Segen die Menschen befähigt. Der Segen Gottes über die Menschen lehnt sich in den ersten Motiven an den Segen über die Wassertiere und Vögel an (Fruchtbarkeit, Mehrung und Füllung der Erde).[32] Der Segen Gottes ermöglicht den Tieren, ihre Geschöpflichkeit zu leben. Zur Erhaltung der Art ist nicht eine immerwährende Neuschöpfung durch Gott erforderlich. Die Geschöpfe sind durch ihre natürlichen Anlagen in der Lage, sich selbst fortzupflanzen. Sie sind durch Gottes schöpferisches Handeln mit bestimmten Anlagen und Fähigkeiten ausgestattet, die ihnen ein selbsttätiges und selbstständiges Leben vor Gott ermöglichen. Dies gilt insbesondere den Menschen und ihrem Handeln in der Schöpfung Gottes. Die Bestimmung des Menschen ist es, gemäß Gottes Schöpfungswillen zu handeln.

Das Handeln der Menschen wird konkret als Herrschaftsauftrag verstanden. Dass damit keine gnadenlose Ausbeutung der Natur gemeint ist, zeigt allein schon die Nahrungszuweisung in 1,28. Menschen sollen sich nicht durch tierisches Leben ernähren. Leben und Erhaltung von Leben soll nicht auf Töten aufbauen. Allerdings soll der Mensch sich gegen feindliche Kräfte in der Natur verteidigen.[33] Das menschliche Handeln findet seine Grenze in der grundsätzlichen Lebensberechtigung aller Geschöpfe.

Die Herrschaft über die Tiere hat nach Ebach[34] noch eine weitere Dimension. Götter in der Umwelt Israels wurden häufig als Tiere dargestellt. Ihnen zu dienen, den Herrschern der Völker, in denen solche Götter verehrt wurden, untertan zu

---

[30] Vgl. Ebach, Ursprung, 29f.
[31] Der Mensch wird hier gewissermaßen als Lückenbüßer verstanden.
[32] Vgl. zum Folgenden Frettlöh, Theologie, 355f.
[33] Vgl. zum traditionsgeschichtlichen Hintergrund von כבש u. a. Zenger, Bogen, 90ff. Das Untertan-Machen von 1,28 spielt auf die Funktion eines Hirten an und meint somit zum einen die fürsorgende Pflege des Hirten gegenüber seiner Herde, zum anderen die Verteidigung der Herde gegenüber Raubtieren. Die natürliche Umwelt wurde in der Antike von Menschen durchaus als lebensfeindlich erfahren. Ihr musste menschlicher Lebensraum häufig erst abgerungen werden. Dies ist beim Herrschaftsauftrag im Blick und nicht eine hemmungslose und zerstörerische Ausbeutung der Natur. Das Leben der anderen Geschöpfe steht unter dem Segen Gottes.
[34] Vgl. Ebach, Ursprung, 35f.

sein – das war die Erfahrung des Volkes Israel. Die Erzählung in Gen 1 spricht nun davon, dass Menschen über diese Tiere herrschen, d. h. dass sie allein dem Schöpfergott dienen. Die Herrschaft, zu der die Menschen geschaffen sind, steht im krassen Widerspruch zu der Herrschaft der Tiere in Dan 2 und 7. Es ist eine menschliche Herrschaft und keine bestialische.[35]

Auch die Beauftragung gilt dem Menschen als Gattungswesen. Unter Berücksichtigung von Gen 1 ist keine Herrschaft von Menschen über Menschen zu begründen, insbesondere nicht die Herrschaft von Männern über Frauen. Beide Geschlechter sind von Gott gleichermaßen beauftragt.[36] Das Menschenbild in Gen 1 ist herrschaftskritisch aufgeladen. Das Leben von Menschen soll – so die Sicht des priesterlichen Schöpfungstextes – nicht von Herrschaft von Menschen über Menschen geprägt sein. Menschen sollen gleichberechtigt den Auftrag Gottes in der Schöpfung ausüben können.

Zusammenfassend kann man sagen: Die Gottesebenbildlichkeit des Menschen beinhaltet, die Beauftragung des Menschen in der Welt wahrzunehmen. Dem Handeln der Menschen in Gottes Auftrag sind Grenzen gesetzt, insofern kann רדה/כבש nicht als schrankenloses Verfügen der Menschen über die Welt verstanden werden.[37] Menschen werden in Gen 1 als Handelnde und Gestaltende gesehen. Menschen können, da sie alle Ebenbild Gottes sind, in Freiheit handeln. כבש zielt auf die kulturelle Nutzung der Welt ab,[38] רדה u. a. auf die Verteidigung der menschlichen Lebensressourcen gegen die feindliche Umwelt. Das Handeln nach dem Schöpfungsauftrag Gottes bedeutet für die Menschen ein Ausleben ihrer Geschöpflichkeit.

Die Vorstellung von der Gottesebenbildlichkeit des Menschen wurde im antiken Judentum aufgenommen und unter veränderten Bedingungen immer wieder neu interpretiert. Aber auch hier werden Menschen klar als Handelnde gesehen. In hellenistischer Zeit wurde die Ebenbildlichkeit in Bezug auf die Fähigkeiten – insbesondere auf die intellektuellen Fähigkeiten – des Menschen gedeutet (Sir 17,1–10; Hen 65,2).[39] Der Einfluss griechischer Philosophie ist hier unübersehbar.[40] Das rabbinische Judentum schließt sich dieser Interpretation insoweit an, als die Ebenbildlichkeit als Fähigkeit zum ethischen Handeln gedeutet wird. In bTan 7,8a ist von der Gerechtigkeit und Aufrichtigkeit des Menschen die Rede. Der Mensch ist gerecht und aufrichtig, da Gott gerecht und aufrichtig ist. Menschen sind deswegen in den Augen der Rabbinen auch in der Lage, Gutes und Böses zu unterscheiden.

---

[35] Vgl. ebd.
[36] Vgl. ebd.
[37] Vgl. Frettlöh, Theologie, 361.
[38] Dieser Nutzung der Welt wohnt eben immer ein gewaltsames Moment inne. Vgl. Frettlöh, Theologie, 361.
[39] In Sir 17,1ff wird besonders auf Wissen, Einsicht und Verstand des Menschen hingewiesen.
[40] Vgl. Grözinger, Denken, 209–211.

14.2 Menschenbilder in der Schöpfungstheologie und der Tora

Ebenbildlichkeit wird hier als imitatio Dei verstanden. Die Ebenbildlichkeit realisiert sich in der imitatio Dei (bSot 14a).[41]

Der Handlungsaspekt des Menschenbildes bleibt innerhalb des antiken Judentums ein zentraler Punkt der Anthropologie. Menschen werden wegen ihrer Handlungsfähigkeit wertgeschätzt. Menschen werden als verantwortlich Handelnde gesehen. Den Menschen als Ebenbild Gottes gelten die noachitischen Gebote, sie sind im Hinblick auf die Gebote für das Tun und Handeln verantwortlich.[42]

Gleichzeitig drückt sich in der Gottesebenbildlichkeit eine besondere Würde des Menschen aus. In Gen 9,6 wird der Schutz menschlichen Lebens mit der Ebenbildlichkeit begründet. Dies findet sich auch in der rabbinischen Tradition wieder. Diese Vorstellung wird jedoch im Hinblick auf den fürsorglichen Umgang mit anderen Menschen und seinem eigenen Leib und Leben weiterentwickelt (Schutz des Menschen, aber auch Pflicht zur Vermehrung):[43] Hillel der Ältere konnte deswegen auch ein Bad (die Pflege des eigenen Körpers) als gutes Werk verstehen, da hier dem Bilde Gottes Achtung entgegengebracht wird und es gepflegt wird (WaR 34,3).[44]

Menschen werden in Gen 1 und 2 als Handelnde gesehen: Gott gibt den Menschen eine begrenzte Verfügungsgewalt über die Schöpfung, in Gen 2,15 gehört Arbeit zum Leben im Paradiesgarten. Auch hier zeigt sich die herrschaftskritische Sicht alttestamentlicher Schöpfungstheologie. Ebach betont, dass das alttestamentliche Menschenbild ganz selbstverständlich die Arbeit beinhaltet, auch und gerade in seinen utopischen Partien.[45] Während z. B. Aristoteles Arbeit als eine dem Weisen unwürdige Tätigkeit bewertet,[46] gehört sie für die priesterlichen Autoren und die prophetischen Kreise unabdingbar dazu. In Jes 65,21–23 wird deutlich, dass hier nicht jede Form von Arbeit gemeint ist: Es geht um die Arbeit, die genügend Mittel zum Leben schafft, es geht um die Arbeit, deren Früchte der eigenen Person zugute kommen und nicht die Schatzkammern anderer voller werden lassen. Hier wird weder einer grenzenlosen Ausbeutung der Welt durch menschliche Arbeit das Wort geredet noch die Arbeit an sich zum hohen Wert stilisiert.

Im Auftrag Gottes an die Menschen zeigt sich eine Grundkonstante menschlicher Existenz: Menschen sollen in Freiheit handeln, sie sollen ihre vom Schöpfer gegebene Geschöpflichkeit leben können. Dazu gehört auch die Fortpflanzung und Erziehung des Nachwuchses. Kinder erhalten damit im Kontext der alttestamentlichen Schöpfungstheologie eine besondere Würde. Diejenigen, die den Auftrag, die

---

[41] Vgl. ebd., 280ff. Grözinger beruft sich hier auf Heschel, Man, 237, der die Gottesebenbildkeit als Auftrag an den Menschen versteht wie Gott zu handeln (vgl. Grözinger, Denken, 284). Zu bTan 7,10a vgl. ebd., 281.
[42] Vgl. K. Müller, Diakonie, 245f.
[43] Vgl. ebd.
[44] Vgl. ebd., 300.
[45] Vgl. Ebach, Utopie, 42–46 in Bezug auf Jes 65,21ff.
[46] Vgl. Kap. 5.4.

Möglichkeit ihrer Geschöpflichkeit auszuleben, noch nicht umsetzen können, leben trotzdem unter dem Schutz der Zusage, dass der Mensch Abbild Gottes ist. Die Anerkennung und Wertschätzung von Kindern im Mk ist eingebettet in die alttestamentliche Schöpfungstheologie.

Dass der Mensch als männlich und weiblich erschaffen wurde, zeigt eine weitere Grundkonstante des Menschen: Menschen sind zur Sozialität hin angelegt – ein anthropologischer Zug, den der priesterliche Text in Gen 1 mit der zweiten Schöpfungserzählung ab Gen 2,4b gemeinsam hat. Der Mensch ist als soziales Wesen geschaffen. Er ist sich als Einzelwesen nicht genug, er bedarf des Gegenübers. Der Mensch als Einzelwesen wird in Gen 2 als unvollständig angesehen. Er ist mit diesem Alleinsein unzufrieden. Für ein erfülltes Leben braucht der Mensch ein Gegenüber. Die Frau wird aus der Rippe als Gegenüber und als Hilfe geschaffen. Schüngel-Straumann weist nachdrücklich darauf hin, dass עצר (2,20) keine untergeordnete Hilfe ist, sondern eine qualifizierte.[47] Auch hier werden – wie in dem priesterlichen Text – Frau und Mann auf einer Stufe gesehen.

Menschen sind in alttestamentlicher Tradition insgesamt keine auf sich bezogenen Personen, sondern in soziale Beziehungen eingebunden. Janowski spricht in Aufnahme eines Begriffes von Assmann von einem konstellativen Personenbegriff.[48] Menschen sind in vollem Sinne lebendige Menschen, wenn sie zusammen mit anderen Menschen in familiären oder beruflichen Beziehungen leben.[49] Menschsein ist für Assmann ein konnektives Phänomen.[50] Dass dies auch in Israel der Fall war, zeigt ein Blick auf die Sozialgestalt Israels. Innerhalb der tribalen Struktur war z. B. der einzelne Bauer nicht Besitzer des Landes, sondern lediglich Nutznießer. Die Sippe insgesamt besaß das Land. Nur durch die Zugehörigkeit zu einer sozialen Gruppe hatte der Einzelne Zugang zur Nutzung des Landes. Menschsein meint im Alten Testament, und insbesondere in den Schöpfungstexten, in Sozialität leben und diese Sozialität gestalten. Die Schöpfungstexte entwickeln eine Utopie von einem menschlichen Leben. Die mk Anthropologie weist dazu inhaltliche Parallelen auf.

Auch in verschiedenen Teilen der Tora wird die Handlungsfähigkeit oder die Wiederherstellung der Handlungsfähigkeit von Menschen als zentraler Punkt der Gesetze gesehen. Das möchte ich beispielhaft an zwei Punkten zeigen.

In den Regelungen zum Schuldenerlass und zur Freilassung von Schuldsklaven im Sabbatjahr (Dtn 15,1–18) wird die Streichung von Schulden im Sabbatjahr festgesetzt.[51] Verschuldete erhalten durch die Streichung von Schulden Handlungs-

---

[47] Vgl. Schüngel-Straumann, Genesis, 4.
[48] Vgl. Konflikt, 43; ders., Weltbild, 5f. Konstellativ meint dieses Eingebundensein des Einzelnen in soziale Beziehungen.
[49] In den Weisheitslehren des Ani heißt es: „Ein Mensch entsteht, wenn er von Menschen umgeben ist." Vgl. Assmann, Tod, 75.
[50] Vgl. ebd.
[51] Vgl. Crüsemann, Tora, 264ff.

14.2 Menschenbilder in der Schöpfungstheologie und der Tora

und Bewegungsfreiheit. Dtn 15,13f nimmt sich des Problems an, vor dem aus der Schuldknechtschaft Freigelassene stehen: Wie ist nach jahrelanger Schuldsklaverei[52] überhaupt ein Neuanfang möglich? Ohne eine halbwegs gesicherte wirtschaftliche Grundlage landet der frisch Freigelassene wieder in der Verschuldungsfalle. Deswegen wird in 15,13f dazu aufgefordert, den Freizulassenden nicht mit leeren Händen gehen zu lassen. Der Neuanfang soll materiell abgesichert werden. Die Regelung in Dtn 15,13f schafft für den Neuanfang von Menschen einen rechtlichen Rahmen. Dass Menschen neu beginnen können, dass sie ihre Existenz wieder auf das eigene Handeln gründen können, wird in der Tora hoch geachtet.

Wie innerhalb der Tora sozial deklassierten Menschen Handlungsmöglichkeiten und -räume eröffnet werden, zeigt auch die Bedeutung des Segens oder des Hilfeschreis der Armen.[53] Arme werden in Dtn 24,13 nicht nur als Objekte sozialen Handelns gesehen,[54] sondern sie segnen den, der das Pfand erlässt, wodurch der Reiche Gerechtigkeit vor Gott erlangt. In der Sicht des Dtn ist soziales Handeln kein einseitiges Geschehen, sondern umfasst beide Parteien – den Reichen und den Armen, die beide das Geschehen aktiv gestalten. Es reicht nicht, dass das Pfand zurückgegeben wird. Der wirtschaftlich Mächtige bedarf für seine Gerechtigkeit vor Gott des Segens des Armen. Parallele Vorstellungen lassen sich bei Hiob finden: „Der Segen des Verlassenen kam über mich, und ich erfreute das Herz der Witwe." (Hi 29,13)[55] Der sozial und wirtschaftlich Schwache handelt hier am Starken. Die traditionellen Rollen im Rahmen sozialen Handelns, die in der altorientalischen wie der griechisch-römischen Kultur zu beobachten sind, werden hier vertauscht. Folgerichtig hat auch der Hilferuf des Armen Folgen bei dem, der soziale Hilfeleistungen unterlässt: Der Hilferuf des Schwachen zu JHWH führt dazu, dass beim Mächtigen Sünde sein wird (Dtn 15,9). Kessler betont, dass der Schrei des Opfers „konstitutiv für die Sünde des Täters",[56] der die Hilfe versagt hat, ist. Diese Vorstellung lässt sich traditionsgeschichtlich nicht einfach auf den Tun-Ergehen-Zusammenhang reduzieren oder von der Vorstellung, dass JHWH auf Seiten der Entrechteten einschreitet (Ex 22,22f.26), herleiten.[57] Der, dem Hilfe nicht gegeben wurde, wird als aktiver Part im Geschehen verstanden.

Dass die Schwachen innerhalb der Tora eine aktive Rolle erhalten, ist erzählerisch im Buch Rut entfaltet. Die beiden Witwen Noomi und Rut[58] werden nicht als Empfängerinnen sozialer Hilfeleistungen geschildert. Sie sind aktiv handelnde

---

[52] Im schlimmsten Fall nach dem Gesetz sechs Jahre.
[53] Vgl. dazu grundlegend Kessler, Rolle.
[54] Kessler, Rolle, 153 macht darauf aufmerksam, dass innerhalb der reformatorischen Literatur des 16. Jh. der Nächste „völlig in der passiven Rolle des Objekts der (guten, CJB) Werke verbleibt."
[55] Vgl. ebd., 156. Dort weitere Beispiele zum Thema.
[56] Ebd., 160.
[57] Vgl. ebd., 158ff.
[58] Die beiden Witwen sind Prototypen der Schutzlosigkeit in einer männerdominierten Gesellschaft. Vgl. W. Schottroff, Witwen.

Frauen, die durch ihren Einsatz Männer dazu bringen, ihre rechtlichen Handlungsmöglichkeiten zum Wohle der beiden Frauen zu nutzen.[59] Ohne ihr Handeln wäre Boas nicht als Löser aufgetreten (3,1–13). Sie haben nicht darauf gewartet, dass ihnen jemand hilft, sondern haben das Geschehen selbst in die Hand genommen.

Insgesamt kann man die Tora so charakterisieren, dass ihre Gebote Handlungsmöglichkeiten eröffnen. Ihr zentrales Anliegen ist, dass Israel nach den Geboten der Tora lebt und handelt.[60] In Bezug auf Jos 1,7f stellt Grözinger fest: „Das Bewahren der Tora ist der gemeinsame cantus firmus im Judentum der persischen und hellenistisch-römischen Epoche."[61] Durch die Tora wird jüdischen Menschen ein Handlungsfeld eröffnet, in dem sie sich – ganz im Sinne von Gen 1 – als Handelnde und Gestaltende erleben können. Im Leben nach der Tora realisiert sich die Gottesebenbildlichkeit des Menschen.[62]

Tora und die Rede von Gottes Schöpfung sind in diesem Punkt aufeinander bezogen. Häufig wird jedoch bei Exegesen zum Mk zwischen Tora und dem Schöpfungswillen Gottes ein Gegensatz aufgebaut. Nach Gnilka bringt Jesus in Mk 2,27f „den ursprünglichen Gotteswillen, den die schon in der Mosetora einsetzende Kasuistik verdunkelte, wieder zur Geltung."[63] Richtig ist, dass im Mk mit Berufung auf die Schöpfung Einspruch gegen Gebote der Tora erhoben wird (vgl. Mk 10,3ff).[64] Die simple Gegenüberstellung von Tora und Schöpfungswillen fragt nicht nach dem inneren Zusammenhang von Schöpfung und Tora, der in Gen (besonders im Rahmen von P) reflektiert wird. Der dort hergestellte Zusammenhang ist für das Mk von einiger Relevanz. In Gen 9,1ff werden wichtige Aspekte aus Gen 1 abgeändert bzw. es tauchen neue Aspekte im Gegensatz zu Gen 1 auf: Die Tiere bilden nun eine Nahrungsquelle für die Menschen (9,3). Dass Menschen einander Gewalt antun (9,6), wird hier reflektiert. Wie bei der Ermordung von Menschen zu verfahren ist, das wird hier rechtlich geregelt.[65] Es scheint so, als ob Gen 9,1ff an die Stelle von Gen 1 tritt. Nach der Flutgeschichte ist das „sehr gut" der Schöpfung Vergangenheit und allenfalls Bestandteil von blumigen Wunschvorstellungen, wie die Welt sein könnte – wenn der Mensch nicht so wäre, wie er ist. Ebach hat die

---

[59] Vgl. Fischer; Gottesstreiterinnen, 181–203.
[60] Dass dies nicht möglich sei, ist die Lesart Luthers. Vgl. WA 7,23: „Die gebott leren und schreyben uns mancherley gutte werck, aber damit sey sie noch nicht geschehen. Sie weyßen wol, sie helfen aber nit leeren was man thun sol, geben aber keyn sterck darzu." Ob dem wirklich so ist, wie Luther es behauptet, ist im Hinblick auf die Vielzahl von Untersuchungen zur Theologie der Tora inzwischen mehr als fraglich.
[61] Grözinger, Denken, 161.
[62] Vgl. ebd., 282ff. Grözinger benennt hier Tendenzen im rabbinischen Judentum, für die die Gottesebenbildlichkeit nur da ist, wo Toragehorsam gelebt wird. Damit konnte die Ebenbildlichkeit auf Israel eingegrenzt werden.
[63] Gnilka, Markus I, 123.
[64] Dabei handelt es sich allerdings nicht, wie oben erläutert, um einen genuin christlich motivierten Tatbestand.
[65] Vgl. Ebach, Noah, 128f.

14.2 Menschenbilder in der Schöpfungstheologie und der Tora

inhaltlichen Beziehungen zwischen Gen 1 und 9 treffend herausgestellt.[66] Gen 1 mit der Bestimmung des Menschen zum Bilde Gottes und dem abschließenden „sehr gut" Gottes über die ganze Schöpfung bildet den utopischen Beginn seiner Geschichte mit den Menschen. Die Bedeutung dieser Utopie ist, den Anspruch der täglich erfahrenen Realität auf totale Wahrheit zu bestreiten. Dass Menschen über andere Menschen herrschen, das soll nach Gen 1,28 nicht für alle Zeit gelten. Gen 1 entwickelt eine andere Sicht auf das Miteinander von Menschen.

In Gen 9,1ff wird nun auf den Einbruch der Gewalttat reagiert (Gen 6,1–13): In 9,3.6 werden rechtliche Regelungen für gültig und bindend erklärt, die – ganz im Sinne von Gen 1,28 – an der Besonderheit des Menschen als Bild Gottes festhalten: Menschenblut darf nicht vergossen werden. Die Gebote in Gen 9 stellen nach der Chronologie der biblischen Erzählung den ersten Versuch dar, menschliches Miteinander angesichts erfahrener Gewalt zu regeln. Gen 9 will wichtige Bestandteile der Utopie von Gen 1 nicht einfach der Realität überantworten. Ebach versteht die noachitischen Gebote auch als Protest gegen die gewaltsame Realität.[67]

Der Bezug von Gen 9 zu Gen 1 ist für das Verständnis der noachitischen Gebote von entscheidender Bedeutung. Ohne den Bezug auf Gen 1 ist nicht klar, warum Menschenblut nicht vergossen werden darf. Die Gebote würden ohne Einbindung in die Utopie zur reinen Verwaltung und Regelung des nicht-perfekten Zustandes dieser Welt. Sie wären dann nicht mehr Weisung zum Leben, sondern reines Regelwerk. Die utopischen Elemente des Alten Testaments beinhalten eine Zielperspektive für das Leben nach den Geboten der Tora.[68]

Im Mk soll genau dieser Bezug wach gehalten werden: Die Gebote sollen im Kontext des hereinbrechenden Reiches Gottes verstanden werden. Jesus Christus erinnert damit nicht an den ursprünglichen Gotteswillen in der Schöpfung, sondern er ruft die Utopie der Schöpfung in Erinnerung. Das ganze menschliche Leben und Handeln soll sich – so die zentrale Botschaft des Mk – auf das Reich Gottes ausrichten. Das ist für den Evangelisten der Maßstab. Jesus Christus ist als Sohn Gottes, als Bote und Täter des Reiches Gottes, der vollmächtige Interpret der Tora. Dies ist keine prinzipielle Abwertung der Tora. Dem Evangelisten geht es um die Frage, mit welchem Ziel nach den Geboten gelebt wird.[69] Für ihn ist das Ziel klar. Es ist das Reich Gottes, in dem Frauen sich nicht mehr den Männern unterordnen müssen, in dem Menschen nicht mehr die Verachtung anderer spüren müssen, in dem

---

[66] Vgl. Ebach, Ursprung, 37–47.
[67] Vgl. ebd., 44f.
[68] Das Sabbatgebot wäre ohne den Bezug zur Ruhe Gottes als Abschluss der Schöpfung oder zur Befreiung aus dem Sklavenhaus auch nicht verständlich. Ohne die jeweiligen Begründungen wäre das Gebot genau das, wofür es im Christentum oft gehalten wird: eine rein willkürliche Setzung. Das Sabbatgebot lebt jedoch von der Hoffnung auf Ruhe und Freiheit. Die Utopie gibt das Ziel vor.
[69] Beim reichen Mann fehlt das Ziel des Reiches Gottes. Er lebt nach den Geboten, aber vor der radikalen Veränderung, seinen Reichtum für das Reich Gottes wegzugeben, schreckt er zurück.

Menschen füreinander da sind.[70] Die Gebote der Tora sind somit eine wichtige Basis für die Einsprüche und Gegenentwürfe des Evangelisten. Sie sind ein unaufgebbarer Nährboden für seine Konstruktionen vom Menschen.

Im Hinblick auf die verschiedenen Konstruktionen vom Menschen in der antiken Gesellschaft gilt es festzuhalten, dass die alttestamentlich-jüdischen Traditionen dazu im krassen Gegensatz stehen.[71] Theißen spricht in seiner Soziologie der Jesusbewegung von einer „Werterevolution".[72] Die Jesusbewegung füllt bestimmte Werte der antiken Gesellschaft radikal neu. Ob der Begriff der Werterevolution zur Beschreibung der Anthropologie und des Ethos im frühen Christentum wirklich geeignet ist, sei dahingestellt. Der Rekurs auf die alttestamentlich-jüdischen Schöpfungstraditionen und die inhaltlichen Parallelen zu Aspekten der Tora zeigt deutlich, dass das frühe Christentum hier von der jüdischen Tradition her lebt. Die kritische Auseinandersetzung mit römisch-hellenistischer Menschenbildern und deren Ablehnung ist nicht etwas genuin Christliches.[73]

Anders als Theißen möchte ich davon sprechen, dass der Markusevangelist die alttestamentlich-jüdischen Traditionen (natürlich in seiner Lesart, die davon geprägt ist, dass Jesus der Christus ist) den hierarchischen Menschenbildern seiner Umwelt entgegensetzt. Hier werden nicht nur Wertvorstellungen der Oberschicht von Christen „neu definiert"[74], sondern durch anders gegründete Menschenbilder ersetzt. Seine Geschichten sind Widerworte zu den großen Erzählungen der römisch-hellenistischen Kultur. Das Mk adaptiert im Gegenüber zur hellenistisch-römischen Gesellschaft Utopien vom Menschen aus der jüdischen Tradition und formuliert sie in der krisenhaften Zeit nach Kriegsende in Bezug auf die Problemlage seiner Gemeinde neu. Der Evangelist erzählt Geschichten, in denen Menschen ihre Handlungsfähigkeit und -freiheit selbstständig erlangen, in denen Jesus Christus Menschen zum Menschsein befreit, in denen er Menschen Handlungsräume eröffnet und Handlungen zumutet. Markus erzählt Geschichten von verachteten Menschen, die aufstehen, sich gegen Unterdrückung und Herabsetzung zur Wehr setzen und einen neuen Anfang machen. Er breitet diese Utopien vor seinen Leserinnen und Lesern aus mit der klaren Erwartung, dass sie sich an diesen Geschichten abarbeiten, dass sie in ihnen Hilfe für den Weg in der Nachfolge finden können

---

[70] Genau dieses Ziel scheint er bei denen vermisst zu haben, die er in Mk 7,15ff und 10,4ff angreift. Ein einfaches Nachsprechen der mk Kritik sollte schon aus Gründen der Fairness vermieden werden. Was die Angegriffenen dachten und was ihre Motive waren, bleibt im Dunkeln.

[71] Im Hinblick auf das Frauenbild stehen allerdings gerade konservative Kreise im Judentum der Bewertung Frauen in der hellenistisch-römischen Kultur sehr nahe.

[72] Theißen, Jesusbewegung, 248.

[73] In seinem Aufsatz „Mythos und Wertrevolution" bezieht sich Theißen auf das Verhältnis zwischen frühchristlicher Bewegung und Judentum nur am Rande. In seiner überarbeiteten Soziologie der Jesusbewegung geht er explizit auf den traditionsgeschichtlichen Hintergrund des Gedankens der Demut und der Nächstenliebe ein, um deren Verwurzelung im Judentum zu zeigen. Vgl. Jesusbewegung, 259ff.

[74] Theißen, Mythos, 68.

14.2 Menschenbilder in der Schöpfungstheologie und der Tora

und dass sie sich durch die Erzählungen zu freiem und selbstständigem Handeln ermutigen lassen. Sie sollen seine Geschichten interpretieren und auf ihr Leben anwenden. Auch damit mutet Markus ihnen Handlungen zu.

15 Literaturverzeichnis

Die Abkürzungen richten sich nach Siegfried M. Schwertner: Theologische Realenzyklopädie. Abkürzungsverzeichnis, ²1994. Die Abkürzungen der antiken Autoren nichtjüdischer Herkunft basieren auf dem Abkürzungsverzeichnis des Neuen Pauly. Enzyklopädie der Antike, hg. von Hubert Cancik und Helmuth Schneider, 1996.

15.1 Quellen

15.1.1 Bibel

Biblia Hebraica Stuttgartensia, hg. von Karl Elliger/Wilhelm Rudolph, ³1987.
Novum Testamentum Graece, hg. von Barbara u. Kurt Aland u. a., ²⁷1993.
Septuaginta Vol I–II, hg. von Alfred Rahlfs, 1935.

15.1.2 Antike jüdische Quellen

Der babylonische Talmud, neu übertragen durch Lazarus Goldschmidt, 1929–36.
Becker, Jürgen: Testament der zwölf Patriarchen, JSHRZ III/1, 1974.
Burchard, Christoph: Joseph und Aseneth, JSHRZ II/4, 1983.
Böttrich, Christfried: Das slavische Henochbuch, JSHRZ V/7, 1995.
The Dead Sea Scrolls. Study Edition. Vol I–II, ed. by Florentino G. Martinez/ Eibert J. C. Tigchelaar, 1997–1998.
Georgi, Dieter: Weisheit Salomos, JSHRZ III/4, 1980.
Josephus, Flavius: De Bello Judaico, Griechisch-Deutsch, hg. u. übers. von Otto Michel/Otto Bauernfeind, Bd. 1–3, 1959–69.
Ders.: The Life. Against Apion, with an English Translation by H. St. J. Thackeray, LCL 186, 1993 (Nachdruck der 1. Aufl. von 1926).
Ders.: Jewish Antiquities I–IV, with an English Translation by H. St. J. Thackeray, LCL 242, 1993 (Nachdruck der 1. Aufl. von 1930).
Ders.: Jewish Antiquities V–VIII, with an English Translation by H. St. J. Thackeray and Ralph Marcus, LCL 490, 1993 (Nachdruck der 1. Aufl. von 1934).
Ders.: Jewish Antiquities IX–XI, with an English Translation by Ralph Marcus, LCL 365, 1993 (Nachdruck der 1. Aufl. von 1937).
Ders.: Jewish Antiquities XII–XIV, with an English Translation by Ralph Marcus, LCL 489, 1993 (Nachdruck der 1. Aufl. von 1961).
Ders.: Jewish Antiquities XV–XVII, with an English Translation by Ralph Marcus, LCL 433, 1993 (Nachdruck der 1. Aufl. von 1963).
Ders.: Jewish Antiquities XVIII–XX, with an English Translation by Louis H. Feldman, LCL 456, 1993 (Nachdruck der 1. Aufl. von 1965).
Ketubot. Talmud of the Land of Israel Vol. 22, Chicago studies in the History of Judaism, translated by Jacob Neusner, 1994.
Klauck, Hans-Josef: Das 4. Makkabäerbuch, JSHRZ III/6, 1989.

Kommentar zum Neuen Testament, Bd. 1: Das Evangelium nach Matthäus, erläutert aus Talmud und Midrasch, hg. von. Hermann L. Strack und Paul Billerbeck, ¹⁰1994.

Kommentar zum Neuen Testament, Bd. 2: Das Evangelium nach Markus, Lukas und Johannes und die Apostelgeschichte, erläutert aus Talmud und Midrasch, hg. von. Hermann L. Strack und Paul Billerbeck, ⁹1989.

Mechiltha. Ein tannaitischer Midrasch zu Exodus. Erstmals ins Deutsche übersetzt und erläutert von Jakob Winter/August Wünsche, 1990 (Nachdruck der 1. Aufl. 1909).

Der Midrasch Bereschit Rabba, hg. u. übers. von August Wünsche, Bibliotheca Rabbinica Bd. 2, 1967 (Nachdruck der 1. Aufl. von 1881).

Der Midrasch Bemidbar Rabba, hg. u. übers. von August Wünsche, Bibliotheca Rabbinica Bd. 4, 1967, (Nachdruck der 1. Aufl. von 1881).

Der Midrasch Wajikra Rabba/Die Pesikta des Rab Kahana, hg. u. übers. von August Wünsche, Bibliotheca Rabbinica Bd. 5, 1967 (Nachdruck der 1. Aufl. von 1883/84).

Midrasch Seder Olam, hg. von Alexander Marx, 1903.

Die Mischna. Texte, Übersetzungen und ausführliche Erklärungen.1. Seder: Seraim. 5. Traktat: Schebiit, übers. u. erl. von Dietrich Correns, 1960.

Die Mischna. Texte, Übersetzungen und ausführliche Erklärungen. 2. Seder: Moed. 1. Traktat: Schabbat, übers. u. erl. von Wilhelm Nowack, 1924.

Die Mischna. Texte, Übersetzungen und ausführliche Erklärungen. 2. Seder: Moed. 5. Traktat: Joma, übers. u. erl. von Johannes Meinhold, 1913.

Die Mischna. Texte, Übersetzungen und ausführliche Erklärungen. 3. Seder: Naschim. 5. Traktat: Gittin, übers. u. erl. von Dietrich Correns, 1991.

Die Mischna. Texte, Übersetzungen und ausführliche Erklärungen. 4. Seder: Toharot. 7. Traktat: Nidda, übers. u. erl. von Benyamin Z. Barlai, 1980.

Philo von Alexandria: Die Werke in deutscher Übersetzung, hg. von Leopold Cohn u. a., Bd. 1-6, ²1962.

Ders.: Die Werke in deutscher Übersetzung, hg. von Leopold Cohn u. a., Bd. 7, 1964.

Sauer, Georg: Jesus Sirach, JSHRZ III/5, 1981.

Schreiner, Josef: Das 4. Buch Esra, JSHRZ V/5, 1981.

The Tosefta. Translated from the Hebrew. Second Division: Moed, ed. by Jacob Neusner, 1981.

Übersetzung des Talmud Yerushalmi Bd. 4/1-3. Bavot - Pforten, übers. von Gerd A. Wewers, 1982.

Uhlig, Siegbert : Das äthiopische Henochbuch, JSHRZ V/6, 1984.

15.1.3 Antike nichtjüdische Quellen

Aristoteles: Generation of Animals, with an English Translation by A. L. Peck, LCL 366, 1990, (Nachdruck der 1. Aufl. von 1942).

Ders.: Historia Animalium, Vol. 1-2, with an English Translation by A. L. Peck, LCL 437/438, (Nachdruck der 1. Aufl. von 1965-1970).

Ders.: Historia Animalium, Vol. 3, with an English Translation by D. M. Balme, LCL 439, 1991.

Ders.: Die Nikomachische Ethik, hg. u. übers. von Olof Gigon, ⁵2002.

Ders.: The Nicomachean Ethics, with an English Translation by Harris Rackham LCL, 73, 1990 (Nachdruck der 1. Aufl. von 1926).

Ders.: Parts of Animals, with an English Translation by A. L. Peck, LCL 323, 1983 (Nachdruck der 1. Auflage von 1937).

Ders.: Politics, with an English Translation by Harris Rackham, LCL 264, 1977 (Nachdruck der 1. Aufl. von 1932).
Ders.: Politik, hg. u. übers. von Olof Gigon, ⁸1998.
Athenaios Naukratikos: Das Gelehrtenmahl, hg. von Peter Wirth, 1998.
Augustus: Res gestae, lateinisch-griechisch-deutsch, hg. u. übers. von Marion Giebel, 1975.
Augustinus, Aurelianus: De civitate dei, lateinisch-deutsch, hg. u. übers. von Carl. Johann Perl, Deutsche Augustinus Ausgabe Bd. 18/1–2, 1979.
Caesar, Gaius Julius: Bürgerkrieg, lateinisch-deutsch, hg. u. übers. von Otto Schöneberger, ³1999.
Ders.:De bello Gallico, lateinisch-deutsch, hg. u. übers. von Marieluise Deissmann, 1980.
Cassius Dio: Dio's Roman history, Vol 8, Books LXI–LXX, with an English Translation by Herbert B. Forster, LCL 176, 1982 (Nachdruck der 1. Aufl. Von 1914).
Cicero, Marcus Tullius: De finibus bonorum et malorum, lateinisch-deutsch, hg. u. übers. von Harald Merklin, ²2003.
Ders.: De legibus, lateinisch-deutsch, hg. u. übers. von Rainer Nickel, 1994.
Ders.: De re publica, lateinisch-deutsch, hg. u. übers. von Harald Merklin, 1999.
Ders.: De officiis, lateinisch-deutsch, hg. u. übers. von Heinz Gunnermann, 1992.
Ders.: De oratore, lateinisch-deutsch, hg. u. übers. von Harald Merklin, ⁴2001.
Ders.: Sämtliche Reden, hg. u. übers. von Manfred Fuhrmann, 1978–85.
Ders.: Epistulae ad Atticum, lateinisch-deutsch, hg. u. übers. von Helmut Kasten, ⁵1998.
Ders.: Epistulae ad familiares, lateinisch-deutsch, hg. u. übers. von Helmut Kasten, ⁵1997.
Ders.: Ad Quintus fratrem, lateinisch-deutsch, hg. u. übers. von Hans Kasten, 1965.
Ders.: Cato Maior/Laelius, lateinisch-deutsch, hg. von Max Faltner, 1988.
Ders.: Tusculanae disputationes, hg. von Max Pohlenz, ²1982 (Nachdruck der 1. Aufl. 1918).
Der Codex Hammurapi, in: TUAT I/1: Rechts- und Wirtschaftsurkunden, 1982, 39–80.
Columella, Lucius Iunius M.: De re rustica Bd. 1–3, lateinisch-deutsch, hg. u. übers. von Will Richter, 1981–1983.
Diels, Hermann/Kranz, Walther: Die Fragmente der Vorsokratiker. Griechisch und Deutsch, Bd. 1–3, ⁶1951.
Digesta Iustiniani Augusti (editio maior), 2 Bde, hg. von Theodor Mommsen/Paul Krüger, 1962–1963 (Nachdruck der 1. Aufl. von 1868–70).
Epictetus: The Discourses as reported by Arria, the manual an fragments, with an English Translation by W.A. Oldfather, Vol 1–2, LCL 131, 2000 (Nachdruck der 1. Aufl. von 1925–28).
Eusebius von Caesarea: Kirchengeschichte, hg. von Heinrich Kraft, übers. von Philipp Haeuser, ³1989.
Gai Institutionum commentariii IV, hg. von M. David/H. L. W. Nelson, Text Bd. 1–3, Kommentar Bd. 1–3, 1954–1968.
Hengstl, Joachim: Griechische Papyri aus Ägypten als Zeugnisse des öffentlichen und privaten Lebens, griechisch-deutsch, 1978.
Musonius, Gaius Rufus: C. Musonii Rufi Reliquiae, hg v. Otto Hense, 1990 (Nachdruck der 1. Aufl. von 1905).
Herodian: Geschichte des Kaisertums nach Marc Aurel, griechisch-deutsch, hg. u. übers. von Friedhelm Müller, 1996
Herodot: Historien, griechisch-deutsch, 2 Bde, hg. u. übers. von Josef Feix, ³1980.
Hippokrates: Sämtliche Werke, 3 Bde, hg. u. übers. von R. Fuchs, 1895–1900.
Homer: Ilias. Griechisch-deutsch, ⁸1983.
Horatius Flaccus, Quintus: Sämtliche Werke, lateinisch-deutsch, hg. von Hans Färber, ¹⁰1985.

15.1 Quellen

Jacoby, Felix: Die Fragmente der Griechischen Historiker, 1923ff.
Iuvenalis, Decimus Iunius: Satirae. Lateinisch-deutsch, hg. u. übers. von Joachim Adamietz, 1993.
Livius, Titus: Ab urbe condita, Liber 1, lateinisch-deutsch, hg. u. übers. Robert Feger, 1981.
Ders.: Ab urbe condita, Liber 21–23, lateinisch-deutsch, hg. u. übers. von Hans Jürgen Hillen, ³1986.
Ders.: Ab urbe condita, Liber 31–34, lateinisch-deutsch, hg. u. übers. von Hans Jürgen Hillen, 1978.
Petronius, Titus Arbiter: Satyrica, lateinisch-deutsch, hg. u. übers. von Konrad Müller und Wilhelm Ehlers, ³1983.
Plato: Werke, griechisch-deutsch, hg. von Gunther Eigler unter Mitarbeit von Heinz Hofmann u. a., ⁵2005.
Plinius, Gaius Ceacilius Secundus: Epistularum libri decem, hg. u. übers. von Helmut Kasten, ⁵1984.
Ders.: Panegyricus, hg. u. übers. von Werner Kühn, 1983.
Plinius, Gaius Secundus: Historia Naturalis, Buch 6, lateinisch-deutsch, hg. u. übers. von Roderich König, 1996.
Plutarchus: Plutarch's Lives, Vol 9: Demetrius and Anthony. Pyrrhus and Caius Marius, with an English Translation by Bernadotte Perrin, LCL 101, 2000, (Nachdruck der 1. Aufl. von 1920).
Ders.: Plutarch's Lives, Vol. 10: Agis and Cleomenes, Tiberius and Caius Gracchus. Philopoemen and Falminius, with an English Translation by Bernadotte Perrin, LCL 102, 2000 (Nachdruck der 1. Aufl. von 1920).
Polybius: The Histories, Vol. IV., with an English Translation by W. R. Platon, LCL 159, 2000 (Nachdruck der 1. Aufl. von 1925).
Propertius: with an English Translation by Harold E. Butler LCL 18, 1976 (Nachdruck der 1. Aufl. von 1912).
Qunitilianus, Marcus Fabius: Ausbildung des Redners, Teil 1: Buch I–VI, lateinisch-deutsch, hg. u. übers. von Helmut Rahn, Texte zur Forschung Bd. 2, 1972.
Sallustius, Gaius Crispus: De coniuratione Catilinae, lateinisch-deutsch, hg. u. übers. von Karl Büchner, 1986.
Seneca, Lucius Annaeus: Philosophische Schriften Bd. 1–5, lateinisch-deutsch, hg. von Manfred Rosenbach, ²1995.
Suetonius C. Tranquillus: Die Kaiserviten/Berühmte Männer, lateinisch-deutsch, hg. u. übers. von Hans Martinet, 1997.
Stoicorum veterum fragmentum, 4 Bde, hg. von Hans von Arnim, 1964 (Nachdruck der 1. Aufl. von 1903).
Strabo: The geography of Strabo, Vol III, LCL 182, with an English Translation by Horace L. Jones, 1983.
Tacitus, Publius Cornelius: Agricola/Germania, Lateinisch-deutsch, hg. u. übers. von Alfons Städele, 1991.
Ders.: Annales, lateinisch-deutsch, hg. u. übers. von Erich Heller, 1982.
Ders.: Historien, lateinisch-deutsch, hg. u. übers. von Helmuth Vretska, 1984.
Thukydides: Geschichte des Peloponnesischen Krieges, hg. u. übers. von Georg Peter Landmann, 1991.
Valerius Maximus: Memorable doings and sayings, with an English Translation by D. R. Shackelton, 2 Bde, LCL 492/493, 2000.

Varro, Marcus Terentius: Gespräche über die Landwirtschaft Bd. 1-3, Texte zur Forschung 65, hg. u. übers. von Dieter Flach, 1996/1997/2002.
Velleius Paterculus: Historia Romana, lateinisch-deutsch, hg. u. übers. von Marion Giebel, 1989.
Vergilius Maro, Publius: Aeneis, hg. u. übers. von Johannes Götte, [6]1983.
Ders.: Landleben. Catalepton, Bucolica, Georgica, lateinisch-deutsch, hg. u. übers. von Johannes und Maria Götte, [5]1987.
Xenophon: Xenophon Vol 4: Memorabilia. Oeconomicus. Symposium. Apology, with an English Translation by E. C. Merchant, LCL 168, 1992.

15.2 Sekundärliteratur

Abel, Günter: Zeichen der Wirklichkeit, 2004.
Albertz, Rainer: Loskauf umsonst? Die Befreiungsvorstellungen bei Deuterojesaja, in: Christof Hardmeier u. a. (Hg.): Freiheit und Recht, 2003, 360-379.
Ders.: Religionsgeschichte Israels in alttestamentlicher Zeit, GAT 8/1-2, 1992.
Andreau, Jean: Der Freigelassene, in: Andrea Giardina (Hg.): Der Mensch der römischen Antike, [2]1998, 200-225.
Arendt, Hannah: Macht und Gewalt, [14]2000.
Dies.: Vita activa oder Vom tätigen Leben, 2002.
Dies.: Vom Leben des Geistes. Das Denken. Das Wollen, [2]2002.
Dies.: Zwischen Vergangenheit und Zukunft. Übungen im politischen Denken I, [2]2000.
Assmann, Jan: Das kulturelle Gedächtnis. Schrift, Erinnerung und politische Identität in frühen Hochkulturen, [2]1999.
Ders.: Religion und kulturelles Gedächtnis, 2000.
Ders.: Tod und Jenseits im Alten Ägypten, 2001.
Austin, John L.: Zur Theorie der Sprechakte, [2]1979.
Avemarie, Friedrich: Die Formierung des rabbinischen Judentums, in: Neues Testament und Antike Kultur Bd. 1, hg. von Kurt Erlemann u. a., 2004, 194-198.
Backhaus, Knut: „Lösepreis für viele" (Mk 10,45), in: Thomas Söding (Hg.): Der Evangelist als Theologe. Studien zum Markusevangelium, SBS 163, 1995, 91-118.
Bammel, Ernst: Markus 10,11f und das jüdische Scheidungsrecht, ZNW 61, 1970, 95-101.
Barth, Gerhard: Der Tod Jesu Christi im Verständnis des Neuen Testaments, 1992.
Barth, Karl: Kirchliche Dogmatik, Bd. IV/1, 1953.
Baudy, Dorothea: Art. Lupercalia, DNP 7, 1999, 509-510.
Baumgarten, Albert I.: Art. Pharisäer, RGG Bd. 6, [4]2003, 1262-1264.
Beauvoir, Simone de: Das andere Geschlecht. Sitte und Sexus der Frau, [3]1992.
Bedford-Strohm, Heinrich: Art. Armut, Evangelisches Sozialexikon, 2001, 113-116.
Berger, Klaus: Die königlichen Messiastraditionen des NT, NTS 20, 1973/1974, 1-44.
Ders.: Die Gesetzesauslegung Jesu. Ihr historischer Hintergrund im Judentum und im AT. Teil I: Markus und Parallelen, WMANT 40, 1972.
Berger, Peter L./Luckmann, Thomas: Die gesellschaftliche Konstruktion der Wirklichkeit. Eine Theorie der Wissenssoziologie, 1980.
Bieberstein, Klaus/Bieberstein, Sabine: Angesichts des Todes das Leben formulieren. Abschiedsworte Sterbender in der biblischer Literatur, JBTh 19, 2005, 3-48.
Binder, Gerhard: Aeneas und Augustus. Interpretationen zum 8. Buch der Aeneis, Beiträge zur klassischen Philologie 38, 1972.

15.2 Sekundärliteratur

Bleckmann, Bruno: Die römische Nobilität im Ersten Punischen Krieg. Untersuchungen zur aristokratischen Konkurrenz in der Republik, Klio NF 5, 2002.
Bleicken, Jochen: Die athenische Demokratie, ^{4}1995.
Ders.: Augustus. Eine Biographie, 2000.
Ders.: Die Nobilität der römischen Republik, in: Ders.: Gesammelte Schriften Bd. 1, 1998, 466–483.
Ders.: Die Verfassung der römischen Republik, ^{7}1995.
Ders.: Verfassungs- und Sozialgeschichte des Römischen Kaiserreiches, Bd. 1, ^{4}1995.
Ders.: Verfassungs- und Sozialgeschichte des Römischen Kaiserreiches, Bd. 2, ^{3}1994.
Bloch, René S.: Antike Vorstellungen vom Judentum. Der Judenexkurs des Tacitus im Rahmen der griechisch-römischen Ethnographie, Historia 160, 2002.
Blösel, Wolfgang: Die Geschichte des Begriffes Mos Maiorum. Von den Anfängen bis Cicero, in: Bernhard Linke/Michael Stemmler (Hg.): Mos Maiorum. Untersuchungen zu den Formen der Identitätsstiftung und Stabilisierung in der römischen Republik, Historia 141, 2000, 25–97.
Blum, Erhard: Studien zur Komposition des Pentateuch, BZAW 189, 1990.
Böckenförde, Ernst-Wolfgang: Geschichte der Rechts- und Staatsphilosophie. Antike und Mittelalter, 2002.
Bourdieu, Pierre: Antworten auf einige Einwände, in: Klaus Eder (Hg.): Klassenlage, Lebensstil und kulturelle Praxis. Theoretische und empirische Beiträge zur Auseinandersetzung mit Pierre Bourdieus Klassentheorie, 1989, 395–410.
Ders.: Entwurf einer Theorie der Praxis auf der ethnologischen Grundlage der kabylischen Gesellschaft, 1976.
Ders.: Mechanismen der Macht, 1992.
Ders.: Meditationen. Zur Kritik der scholastischen Vernunft, 2001.
Ders: Ökonomisches Kapital, kulturelles Kapital, soziales Kapital; in: Reinhard Kreckel (Hg.): Soziale Ungleichheiten. Sonderband 2 der Sozialen Welt, 1983, 183–198.
Ders.: Praktische Vernunft. Zur Theorie des Handelns, 1998.
Ders.: Sozialer Sinn. Kritik der theoretischen Vernunft, 1987.
Boyarin, Daniel: Als Christen noch Juden waren, KuI 16, 2001, 112–129.
Ders.: Dying for God, 1999.
Braun, Christina von/Inge Stephan (Hg.): Gender-Studien. Eine Einführung, 2000.
Braun, Christina von: Gender, Geschlecht und Geschichte, in: Dies./Inge Stephan (Hg.): Gender-Studien. Eine Einführung, 2000, 16–57.
Brentano, Mario: Geschichte des römischen Rechts. Von den Anfängen bis zu Justinian, ^{2}1998.
Breytenbach, Cilliers: Nachfolge und Zukunftserwartung nach Markus. Eine redaktionsgeschichtliche Studie, AThANT 71, 1984.
Bringmann, Klaus: Art. Semproni Gracchi, DNP 11, 2001, 388–391.
Ders.: Geschichte der römischen Republik. Von den Anfängen bis Augustus, 2002.
Brooten, Bernadette: Konnten Frauen im alten Judentum die Scheidung betreiben? Überlegungen zu Mk 10,1–12 und 1 Kor 7,10–11, EvTh 42, 1982, 65–80.
Dies.: Zur Debatte um das Scheidungsrecht der jüdischen Frau, EvTh 43, 1983, 466–478.
Brunkhorst, Hauke: Hannah Arendt, 1999.
Bultmann, Rudolf: Die Geschichte der synoptischen Tradition, FRLANT 12, ^{10}1995.
Ders.: Geschichte und Eschatologie, ^{2}1958.
Ders.: Jesus, ^{3}1964.
Ders.: Neues Testament und Mythologie. Das Problem der Entmythologisierung der neu-

testamentlichen Verkündigung, Beiträge zur evangelischen Theologie Bd. 96, ²1985 (Nachdruck der Fassung von 1941).

Ders.: Römer 7 und die Anthropologie des Paulus, in: Ders.: Exegetica. Aufsätze zur Erforschung des Neuen Testaments, hg. von Erich Dinkler, 1967, 198–209.

Ders.: Theologie des Neuen Testaments, ⁸1980.

Ders.: Das Verhältnis der urchristlichen Christusbotschaft zum historischen Jesus, 1962.

Ders.: Welchen Sinn hat es, von Gott zu reden?, Glaube und Verstehen Bd. 1, ⁷1972, 26–37.

Ders.: Wissenschaft und Existenz, Glauben und Verstehen Bd. 3, ³1965, 107–121.

Ders.: Zum Problem der Entmythologisierung, Kerygma und Mythos Bd. 2, 179–208.

Ders.: Zur Frage des Wunders, Glauben und Verstehen Bd. 1, ⁷1972, 217–228.

Burckhardt, Leonhard/Ungern-Sternberg, Jürgen: Cornelia, Mutter der Gracchen, in: Maria Dettenhofer (Hg.): Reine Männersache? Frauen in Männerdomänen der antiken Welt, 1996, 97–132.

Burmeister, Hans-Peter (Hg.): Wie viel Ehre braucht der Mensch? Maßstäbe der Selbstachtung und Formen der Anerkennung, Loccumer Protokolle 17/02, 2003.

Butler, Judith: Das Unbehagen der Geschlechter, ²1991.

Butting, Klara: Die Buchstaben werden sich noch wundern. Innerbiblische Kritik als Wegweisung feministischer Hermeneutik, ³2003.

Dies.: Das Buch Ester. Vom Widerstand gegen Antisemitismus und Sexismus, in: Luise Schottroff/Marie-Theres Wacker (Hg.): Kompendium Feministische Bibelauslegung, ²1999, 169–179.

Cambiano, Guiseppe: Mensch werden, in: Jean-Pierre Vernant (Hg.): Der Mensch der griechischen Antike, 1996, 98–139.

Christ, Karl: Geschichte der römischen Kaiserzeit. Von Augustus bis Konstantin, ⁴2002.

Ders.: Krise und Untergang der Römischen Republik, ³1993.

Clauss, Manfred: Kaiser und Gott. Herrscherkult im römischen Reich, 2001.

Cohen, Shaye J. D.: Menstruants and the Sacred in Judaism and Christianity, in: Sarah B. Pomeroy: Women's History and Ancient History, 1991, 273–299.

Conzelmann, Hans: Grundriß der Theologie des Neuen Testaments, ⁴1987.

Corley, Kathleen E.: Private Women, Public Meals. Social Conflict in the Synoptic Tradition, 1993.

Crossan, John D.: Der historische Jesus, 1994.

Crüsemann, Frank: Das Alte Testament als Grundlage der Diakonie, in: Gerhard K. Schäfer/Theodor Strohm (Hg.): Diakonie – biblische Grundlagen und Orientierungen, ³1998, 67–93.

Ders.: Bewahrung der Freiheit. Das Thema des Dekalogs in sozialgeschichtlicher Perspektive, ²1998.

Ders.: Der Gewalt nicht glauben. Hiobbuch und Klagepsalmen – zwei Modelle theologischer Verarbeitung traumatischer Gewalterfahrungen, in: Ders. u. a. (Hg.): Dem Tod nicht glauben. Sozialgeschichte der Bibel, 2004, 251–269.

Ders.: Gott als Anwalt der Kinder!? Zur Frage von Kinderrechten in der Bibel, JBTh 17, 183–198.

Ders.: Die Tora. Theologie und Sozialgeschichte des alttestamentlichen Gesetzes, 1992.

Ders.: „… wie wir vergeben unseren Schuldigern". Schuld und Schulden in der biblischen Traditionen, in: Marlene Crüsemann/Willy Schottroff (Hg.): Schuld und Schulden. Biblische Traditionen in gegenwärtigen Konflikten, 1992, 90–103.

Dahlheim, Werner: Geschichte der römischen Kaiserzeit. OGG 3, ³2003.

Ders.: Julius Caesar. Die Ehre des Kriegers und die Not des Staates, ²2006.

15.2 Sekundärliteratur

Daniel, Ute: Kompendium Kulturgeschichte. Theorien, Praxis, Schlüsselwörter, 2001.

Dannemann, Irene: Aus dem Rahmen fallen. Frauen im Markusevangelium. Eine feministische Re-Vision, 1996.

Dautzenberg, Gerhard: Sein Leben bewahren. Ψυχὴ in den Herrenworten der Evangelien, StANT 14, 1966.

Dawson, Anne: Freedom as Liberating Power. A socio-political reading of the ἐξουσία texts in the Gospel of Mark, NTOA 44, 2000.

Dechow, Jens: Gottessohn und Herrschaft Gottes. Theozentrismus des Markusevangeliums, WMANT 86, 2000.

Deissmann-Merten, Marieluise: Zur Sozialgeschichte des Kindes im antiken Griechenland, in: Zur Sozialgeschichte der Kindheit, hg. v. Jochen Martin und Agust Nitschke, Historische Anthropologie Bd. 4, 267–316.

Delling, Gerhard: Art. ἄρχω, ἀρχὴ κτλ., in: ThWNT I, 1933, 476–488.

Dibelius, Martin: Formgeschichte des Evangeliums, [6]1971.

Dierichs, Angelika: Erotik in der römischen Kunst, 1997.

Dormeyer, Detlev: Das Markusevangelium als Idealbiographie von Jesus Christus, dem Nazarener, SBB 43, 1999.

Ders.: Die Passion Jesu als Verhaltensmodell. Literarische und theologische Analyse der Traditions- und Redaktionsgeschichte der Markuspassion, NTA 11, 1974.

Dschulnigg, Peter: Sprache, Redaktion und Intention des Markus-Evangeliums. Eigentümlichkeiten der Sprache des Markusevangelium und ihre Bedeutung für die Redaktionskritik, SBB 11, 1984.

Ebach, Jürgen: Art. Antisemitismus, HRWG Bd. 1, 1995, 495–504

Ders.: Apokalypse. Zum Ursprung einer Stimmung, Einwürfe Bd. 2, 1985, 5–61.

Ders.: Art. Bodenrecht, NBL I, 1991, 413–414.

Ders.: Gegen ein zu kleines „ich" und gegen ein zu großes „ICH". Bibelarbeit zu Markus, 5,21–43, in: Ders.: Ein weites Feld – ein zu weites Feld, Theologische Reden 6, 2004, 101–125.

Ders.: Bibelarbeit über Markus 9,14–29, in: „Arbeitsgemeinschaft Juden und Christen" beim Deutschen Evangelischen Kirchentag. Ruhrgebietskirchentag 5.–9. Juni 1991 in der ALTEN SYNAGOGE Essen, hg. von der ALTEN SYNAGOGE Essen, 1991, 29–50.

Ders.: Noah. Die Geschichte eines Überlebenden, Biblische Gestalten Bd. 3, 2001.

Ders.: Ursprung und Ziel. Erinnerte Zukunft und erhoffte Vergangenheit, 1986.

Ders.: Die Utopie hat einen Ort. Bibelarbeit über Jesaja 65,17–25, Theologische Reden 5, 2002, 34–56.

Ebeling, Gerhard: Das Wesen des christlichen Glaubens, 1959.

Ebner, Martin: „Kinderevangelium" oder markinische Sozialkritik? Mk 10,13–16 im Kontext, JBTh 17, 2002, 315–336.

Ders.: Klage und Auferstehungshoffnung im Neuen Testament, JBTh 16, 2001, 73–87.

Ders.: Kreuzestheologie im Markusevangelium, in: Andreas Dettwiler/Jean Zumstein (Hg.): Kreuzestheologie im Neuen Testament, WUNT 151, 2002, 151–168.

Eck, Werner: Elite und Leitbilder in der römischen Kaiserzeit, in: Jürgen Dummer/Meinolf Vielberg (Hg.): Leitbilder der Spätantike – Eliten und Leitbilder, Altertumswissenschaftliches Kolloquium Bd. 1, 1999, 31–55.

Eckey, Wilfried: Das Markusevangelium. Orientierung am Weg Jesu. Ein Kommentar, 1998.

Eckstein, Hans-Joachim: Glauben und Sehen. Markus 10,46–52 als Schlüsseltext des Markusevangeliums, ZNW 87, 1996, 33–50.

Eltrop, Bettina: Denn solchen gehört das Himmelreich. Kinder im Matthäusevangelium. Eine feministisch-sozialgeschichtliche Untersuchung, 1996.

Fander, Monika: Das Evangelium nach Markus: Frauen als wahre Nachfolgerinnen Jesu, in: Kompendium Feministische Bibelauslegung, hg. von Luise Schottroff/Marie-Theres Wacker, ²1999, 499–512.

Dies.: Die Stellung der Frau im Markusevangelium. Unter besonderer Berücksichtigung kultur- und religionsgeschichtlicher Hintergründe, MThA 8, ³1992.

Fanon, Franz: Die Verdammten dieser Erde, 1966.

Feldmeier, Reinhard: Die Krisis des Gottessohnes. Die Gethsemaneerzählung als Schlüssel der Markuspassion, WUNT II/21, 1987.

Feneberg, Rupert: Der Juden Jesus und die Heiden. Biographie und Theologie im Markusevangelium, HBS 24, 2000.

Fischer, Irmtraud: Gottesstreiterinnen. Biblische Erzählungen über die Anfänge Israels, ²2000.

Finley, Moses I.: Die Sklaverei in der Antike. Geschichte und Probleme, 1981.

Finsterbusch, Karin: Die kollektive Identität und die Kinder. Bemerkungen zu einem Programm im Buch Deuteronomium, in: Gottes Kinder, JBTh 17, 99–120.

Fohrer, Georg: Die symbolischen Handlungen der Propheten, AThANT 25, 1953.

Forschner, Maximilian: Die stoische Ethik, ²1995.

Ders.: Über das Handeln im Einklang mit der Natur. Grundlagen ethischer Verständigung, 1998.

France, R. T.: The Gospel of Mark, NIGTC, 2002.

Fowler, Robert M.: Let the Reader understand. Reader-response-criticism and the gospel of Mark, ²2001.

Frankemölle, Hubert: Frühjudentum und Urchristentum. Vorgeschichte – Verlauf – Auswirkungen (4. Jahrhundert v. Chr. bis 4. Jahrhundert n. Chr.), 2006.

Frettlöh, Magdalene L.: Theologie des Segens. Biblische und dogmatische Wahrnehmungen, ²1998.

Frevel, Christian/Wischmeyer, Oda: Menschsein. Perspektiven des Alten und Neuen Testaments, NEB Themen 11, 2003.

Fuchs, Ottmar: Art. Klage, NBL Bd. 2, 1995, 489–495.

Fuhrmann, Manfred: Cicero und die römische Republik. Eine Biographie, ⁴2000.

Ders.: Seneca und Kaiser Nero. Eine Biographie, 1999.

Füssel, Kuno: Drei Tage mit Jesus im Tempel. Einführung in die materialistische Lektüre der Bibel, 1987.

Gardner, Jane F.: Frauen im antiken Rom. Familie, Alltag, Recht, 1995.

Garnsey, Peter/Saller, Richard: Das Römische Kaiserreich. Wirtschaft, Gesellschaft, Kultur, 1989.

Garnsey, Peter: Social Status and legal privilege in the Roman Empire, 1970.

Gehrke, Hans-Joachim: Bürgerliches Selbstverständnis und Polisidentität im Hellenismus, in: Karl-Joachim Hölkeskamp u. a. (Hg.): Sinn (in) der Antike. Orientierungssysteme, Leitbilder und Wertkonzepte im Altertum, 2003, 225–254.

Ders.: Geschichte des Hellenismus, OGG 1A, ²1995.

Ders.: Hellenismus (336–30 v. Chr.), in: Ders./Helmuth Schneider (Hg.): Geschichte der Antike. Ein Studienbuch, 2000, 229–300.

Ders.: Die klassische Antike als Kulturepoche – Soziokulturelle Milieus und Deutungsmuster in der griechisch-römischen Welt, in: Handbuch der Kulturwissenschaften Bd. 1: Grundlagen und Schlüsselbegriffe, hg. von Friedrich Jaeger /Burkhard Liebsch, 2004, 471–489.

Gese, Hartmut: Psalm 22 und das Neue Testament. Der älteste Bericht vom Tode Jesu und die Entstehung des Herrenmahls, in: ders: Vom Sinai zum Zion. Alttestamentliche Beiträge zur Biblischen Theologie, 1974, 180–201.

Ders.: Sühne, in: Ders.: Alttestamentliche Vorträge, ³1989, 85–106.

Giardina, Andrea (Hg.): Der Mensch der römischen Antike, ²1998.

Ders.: Der Kaufmann, in: Ders. (Hg.): Der Mensch der römischen Antike, ²1998, 276–304.

Ders.: Der Mensch der römischen Antike, in: Ders. (Hg.): Der Mensch der römischen Antike, ²1998, 9–26.

Gilmore, David D. (Hg.): Honor and Shame and the Unity of the Mediterrean, American Anthropological Association Special Publication 22, 1987.

Gnilka, Joachim: Das Evangelium nach Markus, EKK II/1–2, ⁴1994.

Ders.: Theologie des Neuen Testaments, HThK Suppl. Bd. 5, 1994.

Goertz, Hans Jochen: Umgang mit Geschichte. Eine Einführung in die Geschichtstheorie, 1995.

Ders.: Unsichere Geschichte. Zur Theorie historischer Referentialität, 2001.

Goffman, Erving: Stigma. Über Techniken der Bewältigung beschädigter Identität, ⁸1988.

Goodman, Martin: The First Jewish Revolt: Social Conflict and the Problem of Debt, in: Geza Vermes/Jacob Neusner (eds.): Essays in Honor of Yigal Yadin, 1983, 417–427.

Ders.: The ruling class of Judaea. The origins of the Jewish revolt against Rome A.D. 66–70, 1987.

Grant, Michael: Klassiker der antiken Geschichtsschreibung, 1981.

Grayling, Anthony C.: Wittgenstein, 1999.

Greßmann, Hugo: Der Ursprung der israelitischen Eschatologie, 1905.

Grözinger, Karl Erich: Jüdisches Denken. Theologie-Philosophie-Mystik, Bd. 1: Vom Gott Abrahams zum Gott des Aristoteles, 2004.

Gugg, Karl H.: Cicero, in: Hans Maier u. a. (Hg.): Klassiker des politischen Denkens Bd. 1: Von Plato bis Hobbes, ⁶1986, 70–93.

Guijaro, Santiago: Die politische Wirkung der Exorzismen Jesu – Gesellschaftliche Reaktionen und Verteidigungsstrategien in der Beelzebub-Kontroverse, in: Wolfgang Stegemann u. a. (Hg.): Jesus in neuen Kontexten, 2002, 64–74.

Gumbrecht, Hans Ulrich: Tod im Kontext. Heideggers Umgang mit einer Faszination der 1920er Jahre, in: Dieter Thomä (Hg.): Heidegger-Handbuch. Leben –Werk – Wirkung, 2003, 98–103.

Gundry, Robert H.: Mark. A Commentary on His Apology for the Cross, 1993.

Gunkel, Hermann: Genesis übersetzt und erklärt, HK I/1, ⁹1977.

Gunneweg, Antonius H.: Konfession oder Interpretation im Jeremiabuch, ZThK 67, 1970, 395–416.

Guttenberger, Gudrun: Die Gottesvorstellung im Markusevangelium, BZNW 123, 2004.

Guttenberger-Ortwein, Gudrun: Status und Statusverzicht im Neuen Testament und seiner Umwelt, NTOA 39, 1999.

Haag, Ernst: Das hellenistische Zeitalter. Israel und die Bibel im 4. bis 1. v. Chr., BE 9, 2003.

Habermas, Jürgen: Philosophisch-politische Profile, 1987.

Ders.: Theorie des kommunikativen Handelns, 2 Bde, 1995 (1. Aufl. 1981).

Ders.: Theorie und Praxis. Sozialphilosophische Studien, ⁵1988.

Ders.: Vorstudien und Ergänzungen zur Theorie des kommunikativen Handelns, 1995.

Hanson, Kenneth C./Oakman, Douglas E.: Palestine in the time of Jesus. Social Structures and Social Konflicts, 1998.

Hänchen, Ernst: Der Weg Jesu. Eine Erklärung des Markus-Evangeliums und der kanonischen Parallelen, ²1968.

Harris, William V.: War and imperialism in Republican Rome, 327–70 B.C., 1979.
Hauskeller, Michael: Geschichte der Ethik: Antike, 1997.
Heider, Ulrich: Lucius Sergius Catilina – ein Verbrecher aus verlorener Ehre?, in: Karl-Joachim Hölkeskamp/Elke Stein-Hölkeskamp (Hg.): Von Romulus zu Augustus. Große Gestalten der römischen Republik, 2000, 268–278.
Heinimann, Felix: Nomos und Physis. Herkunft und Bedeutung einer Antithese im griechischen Denken des 5. Jh., ^{5}1987 (Nachdruck der 1. Aufl. von 1945).
Helferich, Christoph: Geschichte der Philosophie. Von den Anfängen bis zur Gegenwart und Östliches Denken, ^{2}1992.
Hengel, Martin: Entstehungszeit und Situation des Markusevangeliums, in: Hubert Cancik (Hg.): Markus-Philologie. Historische, literargeschichtliche und stilistische Untersuchungen zum zweiten Evangelium, WUNT 33, 1984, 1–45.
Ders.: Maria Magdalena und die Frauen als Zeugen, in: Otto Betz u. a. (Hg.): Abraham, unser Vater. Juden und Christen im Gespräch über die Bibel, AGSJU 5, 1963, 243–256.
Hengelbrock, Mathias: Das Problem des ethischen Fortschritts in Senecas Briefen, Beiträge zur Altertumswissenschaft Bd. 13, 2000.
Herrenbrück, Fritz: Jesus und die Zöllner, WUNT II/41, 1990.
Herz, Peter: Die römische Kaiserzeit (30 v. Chr.–284 n. Chr.), in: Hans-Joachim Gehrke/Helmuth Schneider (Hg.): Geschichte der Antike. Ein Studienbuch, 2000, 301–375.
Heschel, Abraham Yehoschua: Between God and Man, 1959. An interpretation of Judaism from the writings by Abraham Yehoschua Heschel, hg. von Fritz A. Rotschild, 1959.
Heyward, Carter: Und sie rührte sein Kleid an. Eine feministische Theologie der Beziehung, 1986.
Höffe, Ottfried: Aristoteles, ^{2}1999.
Hölkeskamp, Karl-Joachim: „Senat und Volk von Rom" – Kurzbiographie einer Republik, in: Ders./Elke Stein-Hölkeskamp: Von Romulus zu Augustus. Große Gestalten der römischen Republik, 2000, 11–35.
Ders.: Senatus populusque Romanus. Die politische Kultur der Republik – Dimensionen und Deutungen, 2004.
Hollenbach, Paul W.: Jesus, Demoniacs and Public Authorities. A Socio-Historical Study; JAAR 99, 1981, 567–588.
Honneth, Axel: Kampf um Anerkennung. Zur moralischen Grammatik sozialer Konflikte, 1994.
Horsley, Richard: Hearing the Whole Story. The Politics of Plot in Mark's Gospel, 2001.
Hossenfelder, Malte: Stoa, Epikureismus und Skepsis, Die Philosophie der Antike 3, Geschichte der Philosophie Bd. III, ^{2}1995.
Iersel, Bas M.F. van: Mark. A Reader-Response Commentary, JSNT Suppl. Series 164, 1998.
Iser, Wolfgang: Der Akt des Lesens, ^{4}1994.
Ittel, Gerhard Wolfgang: Der Einfluss der Philosophie M. Heideggers auf die Theologie R. Bultmanns, KuD 2, 1956, 90–108.
Janowski, Bernd: Das biblische Weltbild. Eine methodologische Skizze, in: Ders./Beate Ego (Hg.): Das biblische Weltbild und seine altorientalischen Kontexte, FAT 32, 2001, 3–26.
Ders.: Die jüdischen Psalmen in der christlichen Passionsgeschichte. Eine rezeptionsgeschichtliche Skizze, in: Christof Hardmeier u. a. (Hg.): Freiheit und Recht, 2003, 397–413.
Ders.: Konfliktgespräche mit Gott. Eine Anthropologie der Psalmen, 2003.
Ders.: Der Mensch im alten Israel. Grundfragen alttestamentlicher Anthropologie, ZThK 102, 2005, 143–175.

Ders.: Stellvertretung. Alttestamentliche Studien zu einem theologischen Grundbegriff, SBS 165, 1997.
Ders.: Sühne als Heilsgeschehen. Traditions- und religionsgeschichtliche Studien zur priesterlichen Sühnetheologie, WMANT 55, ²2000.
Jenni, Ernst: Art. אח, THAT I, ⁴1981, 98–104.
Joas, Hans/Knöbl, Wolfgang: Sozialtheorie. Zwanzig einführende Vorlesungen, 2004.
Jochum-Bortfeld, Carsten: „Alle Menschen haben mich verachtet, ausgeschimpft und geprügelt." Fünftklässler nähern sich dem Bettler Bartimäus (Mk 10,46–52), in: Gerhard Büttner/Martin Schreiner (Hg.) „Man hat immer ein Stück Gott in sich". Mit Kindern biblische Geschichten deuten. Teil 2: Neues Testament. Jahrbuch für Kindertheologie Sonderband, 2005, 95–106.
Ders.: Die zwölf Stämme in der Offenbarung des Johannes. Zum Verhältnis von Ekklesiologie und Ethik, Münchner Theologische Beiträge, 2000.
Kahl, Brigitte: Jairus und die verlorenen Töchter Israels. Soziliterarische Überlegungen zum Problem der Grenzüberschreitung in Mk 5,21–43, in: Luise Schottroff/Marie-Theres Wacker (Hg.): Von der Wurzel getragen. Christlich-feministische Exegese in Auseinandersetzung mit Antijudaismus, BIS 17, 1996, 61–78.
Kampling, Rainer: Das Gesetz im Markusevangelium, in: Thomas Söding (Hg.): Der Evangelist als Theologe. Studien zum Markusevangelium, SBS 163, 1995, 119–150.
Ders.: Israel unter dem Anspruch des Messias. Studien zur Israelthematik im Markusevangelium, SBB 25, 1992.
Kant, Immanuel: Kritik der reinen Vernunft, Werke in zehn Bänden, Bd. 3–4, hg. von Wilhelm Weischedel, 1983.
Karrer, Martin: Jesus Christus im Neuen Testament, GNT 11, 1998.
Ders.: Der Gesalbte. Die Grundlagen des Christustitel, FRLANT 151, 1990.
Keel, Otthmar: Feinde und Gottesleugner. Studien zum Image der Widersacher in den Individualpsalmen, SBM 7, 1969.
Kertelge, Karl: Die Wunder Jesu im Markusevangelium. Eine redaktionsgeschichtliche Untersuchung, StANT 23, 1970.
Kessler, Rainer: Zur israelitischen Löserinstitution, in: Marlene Crüsemann/Willy Schottroff (Hg.): Schuld und Schulden. Biblische Traditionen in gegenwärtigen Konflikten, 1992, 40–53.
Ders.: Die Rolle des Armen für Gerechtigkeit und Sünde des Reichen. Hintergrund und Bedeutung von Dtn 15,9; 24,13.15, in: Frank Crüsemann u. a. (Hg.): Was ist der Mensch …? Beiträge zur Anthropologie des Alten Testaments, 153–163.
Ders.: Sozialgeschichte des alten Israel. Eine Einführung, 2006.
Keuls, Eva C.: The Reign of the Phallus. Sexual Politics in Ancient Athens, 1993.
Kienast, Dietmar: Augustus. Prinzeps und Monarch, ³1999.
Kippenberg, Hans G.: Agrarverhältnisse im antiken Vorderasien und die mit ihnen verbundenen politischen Mentalitäten, in: Max Webers Sicht des antiken Christentums. Interpretation und Kritik, hg. von Wolfgang Schluchter, stw 548, 1985, 151–204.
Ders.: Religion und Klassenbildung im antiken Judäa, ²1982.
Ders.: Die vorderasiatischen Erlösungsreligionen in ihrem Zusammenhang mit der antiken Stadtherrschaft, 1988.
Ders.: „Dann wird der Orient herrschen und der Okzident dienen." Zur Begründung eines gesamtvorderasiatischen Standpunktes im Kampf gegen Rom, in: Nobert W. Bolz (Hg.): Spiegel und Gleichnis, 1983, 40–48.
Kirchhoff, Renate: Die Testamente der zwölf Patriarchen. Über Techniken männlicher

Machtausübung, in: Luise Schottroff/Marie-Theres Wacker (Hg.): Kompendium Feministische Bibelauslegung, ²1999, 474–482.
Kleinknecht, Karl Theodor: Art. Gerechte, leidende, in: NBL I, 1991, 793–794.
Ders.: Der leidende Gerechtfertigte. Die alttestamentlich-jüdische Tradition vom ‚leidenden Gerechten‘ und ihre Rezeption bei Paulus, WUNT II/18, ²1988.
Kloft, Hans: Mysterienkulte der Antike. Götter – Menschen – Rituale, 1999.
Klumbies, Paul-Gerhard: Der Mythos bei Markus, BZNW 108, 2001.
Ders.: Weg vom Grab! Die Richtung der synoptischen Grabeserzählungen und das „heilige Grab", JBTh 19, 2005, 143–170.
Kmiecik, Ulrich: Der Menschensohn im Markusevangelium, fzb 81, 1997.
Koch, Dietrich-Alex.: Die Bedeutung der Wundererzählungen für die Christologie des Markusevangelium, BZNW 42, 1975.
Koch, Klaus: Das Buch Daniel, EdF 144, 1980.
Ders.: Das Reich der Heiligen und des Menschsohns. Ein Kapitel politischer Theologie, in: Ders.: Gesammelte Aufsätze Bd. 2: Die Reiche der Welt und der kommende Menschensohn. Studien zum Danielbuch, 1995, 140–171.
Kolendo, Jerzy: Der Bauer, in: Andrea Giardina (Hg.): Der Mensch der römischen Antike, ²1998, 226–242.
Kollmann, Bernd: Neutestamentliche Wundergeschichten. Biblisch-theologische Zugänge und Impulse für die Praxis, 2002.
Kosch, Dieter: Auferstehung mitten am Tage, in: Sabine Bieberstein/ders. (Hg.): Auferstehung hat einen Namen. Biblische Anstöße zum Christsein heute, 1998, 47–57.
Kraemer, Ross S.: Her Share of the Blessings. Women´s Religions among Pagans, Jews, and Christians in the Greco-Roman World, 1992.
Kuhn, Helmut: Plato, in: Hans Maier u. a. (Hg.): Klassiker des politischen Denkens Bd. 1: Von Plato bis Hobbes, ⁶1986, 15–45.
Kümmel, Werner Georg: Einleitung in das Neue Testament, ²¹1983.
Küster, Volker: Jesus und das Volk im Markusevangelium. Ein Beitrag zum interkulturellen Gespräch in der Exegese, BThSt 28, 1996.
Kvanvig, Helge S.: Roots of Apocalyptic. The Mesopotamian Background of the Enoch Figure and the Son of Man, WMANT 81, 1988.
Lehnert, Volker A.: Die Provokation Israels. Die Paradoxe Funktion von Jes 6,9–10 bei Markus und Lukas. Neukirchener Dissertationen und Habilitationen Bd. 25, 1999.
Leutzsch, Martin: Die Bewährung der Wahrheit. Der dritte Johannesbrief als Dokument urchristlichen Alltags, 1994.
Ders.: Konstruktionen von Männlichkeit im Urchristentum, in: Frank Crüsemann u. a. (Hg.): Dem Tod nicht glauben. Sozialgeschichte der Bibel, 2004, 600–618.
Ders.: Verschuldung und Überschuldung, Schuldenerlaß und Sündenvergebung. Zum Verständnis des Gleichnisses Mt 18,23–35, in: Marlene Crüsemann/Willy Schottroff (Hg.): Schuld und Schulden. Biblische Traditionen in gegenwärtigen Konflikten, 1992, 104–131.
Ders.: Zeit und Geld im Neuen Testament, Jabboq 1, 2001, 44–104.
Ley, Anne: Art. Mars, DNP 7, 1999, 946–951.
Lewis, Ioan M.: Ecstatic Religion. An Anthropological Study of Spirit Possession and Shamanism, 1971.
Liedtke, Gerd: Art. אוֹן, THAT I, ⁴1981, 95–98.
Lipp, Werner: Stigma und Charisma. Über soziales Grenzverhalten, Schriften zur Kultursoziologie Bd. 1, 1985.
Litott, A. W.: Art. Cliens, clientes, DNP 3, 1997, 32–33

15.2 Sekundärliteratur

Lohmeyer, Ernst: Das Evangelium nach Markus, KEK 2, ⁸1967.
Lohse, Bernhard: Luthers Theologie in ihrer historischen Entwicklung und ihrem systematischen Zusammenhang, 1995.
Loyd-Jones, Hugh: Ehre und Schande in der griechischen Kultur, AuA 33, 1987, 1–28.
Lücking, Stefan: Mimesis der Verachteten. Eine Studie zur Erzählweise von Mk 14,1–11, SBS 152, 1992.
Lührmann, Dieter: Biographie des Gerechten als Evangelium, WuD 14, 1977, 25–50.
Ders: Das Markusevangelium, HNT 3, 1987.
Luther, Martin: In epistolam Pauli ad Galatas M. Lutheri commentarius. 1519, WA 2,436–620, 1966.
Ders.: Von der Freyheyt eynsz Christen menschen, WA 7,20–38, 1897.
MacMullen, Ramsay: Roman Social Relations 50 B.C. to A.D. 284, 1974.
Malina, Bruce J.: Die Welt des Neuen Testaments. Kulturanthropologische Einsichten, 1993.
Marcus, Joel: Mark 1–8. A new translation with Introduction and Commentary, AnchB 27, 2000.
Marx, Karl: Das Kapital Bd. 1, MEW Bd. 23, 1962.
Marxen, Willi: Einleitung in das Neue Testament, ⁴1978.
Mattern, Susan P.: Rome and the Enemy. Imperial Strategy in the Principate, 2002.
Mauch, Mercedes: Senecas Frauenbild in den philosophischen Schriften, Studien zur klassischen Philologie 106, 1997.
Mayer-Schärtel, Bärbel: Das Frauenbild des Josephus. Eine sozialgeschichtliche und kulturanthropologische Untersuchung, 1995.
McCarthy, Thomas: Kritik der Verständigungsverhältnisse. Zur Theorie von Jürgen Habermas, 1989.
Mead, Georg H.: Geist, Identität, Gesellschaft, 1968.
Meier, Christian: Caesar, ⁴1997.
Metternich, Ulrike: „Sie sagte ihm die ganze Wahrheit". Die Erzählung von der „Blutflüssigen" – feministisch gedeutet, 2000.
Mittmann-Richert, Ulrike: Die Dämonen und der Tod des Gottessohns im Markusevangelium, in: Hermann Lichtenberger (Hg.): Dämonen/Demons. Die Dämonologie der israelitisch-jüdischen Literatur im Kontext ihrer Umwelt, 2003, 476–504.
Mödritzer, Helmut: Stigma und Charisma im Neuen Testament und seiner Umwelt. Zur Soziologie des Urchristentums, NTOA 28, 1994.
Moltmann, Jürgen: Theologie der Hoffnung, Untersuchungen zur Begründung und zu den Konsequenzen einer christlichen Eschatologie, ¹²1985.
Ders.: Der Weg Jesu Christi. Christologie in messianischen Dimensionen, 1989.
Moltmann-Wendel, Elisabeth: Beziehung – die vergessene Dimension der Christologie. Neutestamentliche Ansatzpunkte feministischer Christologie, in: Doris Strahm/Regula Strobel (Hg.): Vom Verlangen nach Heilwerden. Christologie in feministisch-theologischer Sicht, 1991, 100–110.
Mommsen, Wolfgang: Max Weber. Gesellschaft, Politik und Geschichte, 1974.
Moore, Barrington: Ungerechtigkeit. Die sozialen Ursachen von Unterordnung und Widerstand, 1987.
Müller, Klaus: Diakonie im Dialog mit dem Judentum. Eine Studie zu den Grundlagen sozialer Verantwortung im jüdisch-christlichen Gespräch, 1999.
Müller, Klaus E.: Geschichte der antiken Ethnologie, 1997.
Müller, Peter: In der Mitte der Gemeinde. Kinder im Neuen Testament, 1992.
Ders.: „Verstehst du auch, was du liest?" Lesen und Verstehen im Neuen Testament, 1994.

Ders.: „Wer ist dieser?" – Jesus im Markusevangelium. Markus als Erzähler, Verkündiger und Lehrer, BThS 27, 1995.

Müller, Reimar: Die Entdeckung der Kultur. Antike Theorien über Ursprung und Entwicklung der Kultur von Homer bis Seneca, 2003.

Ders.: Menschenbild und Humanismus der Antike. Studien zur Geschichte der Literatur und Philosophie, 1980.

Myers, Ched: Binding the Strong Man. A Political Reading of Marks's Story of Jesus, ^{13}2002.

Neusner, Jacob: From Scripture to Mishnah, The Origins of Tractate Niddah, Journal of Jewish Studies XXIX, 1978, 135–148.

Ders.: From Scripture to Mishnah, The Origins Mishnah's Division of Woman, Journal of Jewish Studies XXX, 1979, 138–153.

Niehr, Herbert: Das Buch Daniel, in: Erich Zenger u. a.: Einleitung in das Alte Testament, ^{4}2001, 458–467.

Niehues-Pröbsting, Heinrich: Der Kynismus des Diogenes und der Begriff des Zynismus, 1988.

Nippel, Wilfried: Ethnographie und Anthropologie bei Herodot, in: ders.: Griechen, Barbaren und ‚Wilde'. Alte Geschichte und Sozialanthropologie, 1990, 11–29.

Nollé, Johannes: Frauen wie Omphale. Überlegungen zu politischen Ämtern von Frauen im kaiserzeitlichen Kleinasien, in: Maria Dettenhofer (Hg.): Reine Männersache? Frauen in Männerdomänen der antiken Welt, 1996, 229–259.

Oppermann, Irene: Zur Funktion historischer Beispiele in Ciceros Briefen, BzA 138, 2000.

Pasero, Ursula: Wahrnehmung – ein Forschungsprogramm für Gender-Studies, in: Dies./Braun, Friederike: Wahrnehmung und Herstellung von Geschlecht. Perceiving und Performing Gender, 1999, 13–20.

Pasthory, Emmerich: Salben, Schminken und Parfüme im Altertum, Zaberns Bildbände zur Archöologie Bd. 4, 1992.

Patzek, Barbara (Hg.): Quellen zur Geschichte der Frauen, Bd. 1: Antike. Mit einer Einleitung der Hg., 2000.

Peuckert, Rüdiger: Art. Stigma, in: Bernhard Schäfers (Hg.): Grundbegriffe der Soziologie, ^{6}2000, 383–385.

Pesch, Rudolf: Das Markusevangelium, HThK II/1-2, 1976.

Pitt-Rivers, Julian: The Fate of Shechem or the Politics of Sex. Essays in the Anthroplogy of the Mediterrean, 1977.

Plietzsch, Susanne: Kontexte der Freiheit. Konzepte der Befreiung bei Paulus und im rabbinischem Judentum, Judentum und Christentum Bd. 16, 2005.

Pohlenz, Max: Die Stoa. Die Geschichte einer geistigen Bewegung, Bd. 1-2, ^{3}1964.

Pomeroy, Sarah B.: Frauenleben im klassischen Altertum, 1985 (engl. ^{9}1984).

Pöhlmann, Horst Georg: Abriß der Dogmatik, ^{2}1975.

Pöschl, Viktor: Der Begriff der Würde im antiken Rom und später. Sitzungsberichte der Heidelberger Akademie der Wissenschaften. Philosophisch-Historische Klasse, 1989.

Ders.: Römischer Staat und griechisches Staatsdenken bei Cicero. Untersuchungen zu Ciceros Schrift De re publica, 1962 (Nachdruck der 1. Aufl. von 1936).

Prescendi, Francesca: Weiblichkeitsideale in der römischen Welt: Lucretia und die Anfänge der Republik, in: Thomas Späth/ Beate Wagner-Hasel (Hg.): Frauenwelten in der Antike. Geschlechterordnung und weibliche Lebenspraxis, 2000, 217–227.

Dies.: Feste von Frauen in der römischen Religion, in: Thomas Späth/ Beate Wagner-Hasel (Hg.): Frauenwelten in der Antike. Geschlechterordnung und weibliche Lebenspraxis, 2000, 123–131.

15.2 Sekundärliteratur

Rad, Gerhard von: Theologie des Alten Testaments Bd. 2: Die Theologie der prophetischen Überlieferungen Israels, ⁹1987.
Rakel, Claudia: Das Buch Judit. Über eine Schönheit, die nicht ist, was sie zu sein vorgibt, in: in: Luise Schottroff/Marie-Theres Wacker (Hg.): Kompendium Feministische Bibelauslegung, ²1999, 410–421.
Reibniz, Barbara von: Art. Freundschaft, DNP 4, 1998, 669–674.
Reinmuth, Eckart: Anthropologie im Neuen Testament, 2006.
Rendtorff, Rolf: Levitikus, BK 3/1, 1985.
Ders.: Theologie des Alten Testament. Ein kanonischer Entwurf. Bd. 1: Kanonische Grundlegung, 1999.
Ders.: Theologie des Alten Testament. Ein kanonischer Entwurf. Bd. 2: Thematische Entfaltung, 2001.
Ricken, Norbert: Menschen – Zur Struktur anthropologischer Reflexionen als einer unverzichtbaren kulturwissenschaftlichen Dimension, in: Handbuch der Kulturwissenschaften Bd. 1: Grundlagen und Schlüsselbegriffe, hg. von Friedrich Jaeger/Burkhard Liebsch, 2004, 152–172.
Roh, Taesong: Die familia dei in den synoptischen Evangelien. Eine redaktions- und sozialgeschichtliche Untersuchung zu einem urchristlichen Bildfeld, NTOA 37, 2001.
Röhser, Günter: Stellvertretung im Neuen Testament, SBS 195, 2002.
Roller, Matthew B.: Constructing Autocracy. Aristocrats and Emperors in Julio-Claudian, 2000.
Roloff, Jürgen: Das Kerygma und der irdische Jesus, 1970.
Ders.: Die Kirche im Neuen Testament, GNT 10, 1993.
Rostovtzeff, Michael: Gesellschafts- und Wirtschaftsgeschichte der hellenistischen Welt, Bd. 1–3, 1955.
Ruppert, Lothar: Jesus als der leidende Gerechte. Der Weg Jesu im Lichte eines alt- und zwischentestamentlichen Motivs, SBS 59, 1972.
Safranski, Rüdiger: Ein Meister aus Deutschland. Heidegger und seine Zeit, 1994.
Schaller, Berndt: Jesus und der Sabbat, Franz-Delitzsch-Vorlesung, 1992.
Schalit, Abraham: König Herodes. Der Mann und sein Werk, 1968.
Sanders, Ed P.: Sohn Gottes. Eine historische Biographie Jesu, 1996.
Ders.: Judaism. Practise and Belief 63BCE–66CE, ²1994.
Schäfer, Peter: Judeophobia. Attitudes toward the Jews in the Ancient World, 1997.
Scheid, John: Die Rolle der Frauen in der römischen Religion, Geschichte der Frauen hg. von Georges Duby/Michelle Perrot, Bd. 1: Antike, hg. von Pauline Schmitt Pantel, 1993, 417–449.
Schenke, Ludger: Das Markusevangelium, 1988.
Ders.: Studien zur Passionsgeschichte des Markus. Tradition und Redaktion in Markus 14,1–42, FzB 4, 1971.
Ders.: Die Wundererzählungen des Markusevangeliums, SBB 5, 1974.
Schille, Gottfried: Die urchristliche Wundertradition. Ein Beitrag zur Frage nach dem irdischen Jesus, AzTh I/29, 1967.
Schlesier, Renate: Art. Kulturanthropologie, DNP 14, 1999, 1131–1147.
Schluchter, Wolfgang: Max Webers Religionssoziologie. Eine werkgeschichtliche Rekonstruktion, in: Ders. (Hg.): Max Webers Sicht des antiken Christentums, 1985, 525–556.
Ders.: Religion und Lebensführung. Bd. 1: Studien zu Max Webers Kultur- und Werttheorie, 1991.

Schmithals, Walter: Das Evangelium nach Markus, ÖTK 2/1–2, ²1981.
Ders.: Die Theologie Rudolf Bultmanns. Eine Einführung, 1966.
Schmücker, Reinold: Zur Funktion der Wundergeschichten im Markusevangelium, ZNW 84, 1993, 1–26.
Schnelle, Udo: Anthropologie. Jesus – Paulus – Johannes, BThSt 18, 1991.
Ders.: Einleitung in das Neue Testament, ³1999.
Ders.: Neutestamentliche Anthropologie. Ein Forschungsüberblick, ANRW 26,3, 1996, 2659–2884.
Schneider, Helmuth: Rom von den Anfängen bis zum Ende der Republik (6. Jh. bis 30. v. Chr), in: Hans-Joachim Gehrke/ders. (Hg.): Geschichte der Antike. Ein Studienbuch, 2000, 229–300.
Schniewind, Joachim: Das Evangelium nach Markus, NTD 1, ⁶1952.
Scholtissek, Klaus: Der Sohn Gottes für das Reich Gottes, in: Thomas Söding (Hg.): Der Evangelist als Theologe. Studien zum Markusevangelium, SBS 163, 1995, 63–91.
Ders.: Die Vollmacht Jesu. Traditions- und redaktionsgeschichtliche Analysen zu einem Leitmotiv markinischer Christologie, NA NF 25, 1992.
Schöllgen, Gregor: Max Weber, 1998.
Schottroff, Luise: Der erste Brief an die Gemeinde in Korinth. Wie Befreiung entsteht, in: Dies./Marie-Theres Wacker (Hg.): Kompendium Feministische Bibelauslegung, ²1999, 574–592.
Dies.: Die Gleichnisse Jesu, 2005.
Dies.: Lydias ungeduldige Schwestern. Feministische Sozialgeschichte des frühen Christentums, 1994.
Dies.: Maria Magdalena und die Frauen am Grab, in: Dies.: Befreiungserfahrungen. Studien zur Sozialgeschichte des Neuen Testaments, 1990, 134–159.
Schottroff, Willy: Die Armut der Witwen, in: Marlene Crüsemann /ders. (Hg): Schuld und Schulden. Biblische Traditionen in gegenwärtigen Konflikten, 1992, 54–89.
Schrage, Wolfgang: Ethik des Neuen Testaments, GNT 4, ²1989.
Schreiner, Stefan: Art. Vergebung der Sünden II. Judentum, TRE Bd. 34, 2002, 665–668.
Schroer, Silvia/Staubli, Thomas: Die Körpersymbolik der Bibel, 1998.
Schulz von Thun, Friedemann: Miteinander Reden. Bd. 1: Störungen und Klärungen. Allgemeine Psychologie der Kommunikation, 1981.
Schüngel-Straumann, Helen: Genesis 1–11. Die Urgeschichte, in: Kompendium Feministische Bibelauslegung, hg. von Luise Schottroff/Marie-Theres Wacker, ²1999, 1–11.
Schüssler Fiorenza, Elisabeth: Zu ihrem Gedächtnis ... Eine feministisch-theologische Rekonstruktion der christlichen Ursprünge, 1988.
Schweizer, Eduard: Das Evangelium nach Markus, NTD 1, ²1968.
Schwier, Helmut: Tempel und Tempelzerstörung. Untersuchungen zu den theologischen und ideologischen Faktoren im ersten jüdisch-römischen Krieg (66–74 n. Chr.), NTOA 11, 1989.
Searle, John R.: Sprechakte. Ein sprachphilosophischer Essay, 1973.
Seebass, Horst: Genesis I, Urgeschichte (1,1–11,28), 1996.
Sissa, Giulia: Platon, Aristoteles und der Geschlechterunterschied, in: Geschichte der Frauen, hg. von Georges Duby/Michelle Perrot, Bd. 1: Antike, hg. von Pauline Schmitt Pantel, 1993, 67–102.
Sölle, Dorothee: Stellvertretung. Ein Kapitel Theologie nach dem Tode Gottes, 1967.
Söding, Thomas (Hg.): Der Evangelist als Theologe. Studien zum Markusevangelium, SBS 163, 1995.

Ders.: Der Evangelist in seiner Zeit, in: Ders.(Hg.): Der Evangelist als Theologe. Studien zum Markusevangelium, SBS 163, 1995, 11–62.

Ders.: Glaube bei Markus. Glaube an das Evangelium, Gebetsglaube und Wunderglaube im Kontext der markinischen Basileiatheologie und Christologie, SBB 12, ²1987.

Sommer, Michael: Der römische Orient. Zwischen Mittelmeer und Tigris, 2006.

Späth, Thomas: Männlichkeit und Weiblichkeit bei Tacitus. Zur Konstruktion der Geschlechter in der römischen Kaiserzeit, Geschichte und Geschlechter Bd. 9, 1994.

Ders./Wagner-Hasel, Beate (Hg.): Frauenwelten in der Antike. Geschlechterordnung und weibliche Lebenspraxis, 2000.

Stamm, Johann Jakob: Erlösen und Vergeben im Alten Testament. Eine begriffgeschichtliche Untersuchung, 1940.

Standhartinger, Angela: Das Frauenbild im Judentum der hellenistischen Zeit. Ein Beitrag anhand von ‚Joseph und Aseneth', AGAJSU 24, 1995.

Steck, Odil Hannes: Israel und das gewaltsame Geschick der Propheten. Untersuchungen zur Überlieferung des deuteronomistischen Geschichtsbildes im Alten Testament, Spätjudentum und Urchristentum, WMANT 23, 1967.

Stegemann, Ekkehard W./Stegemann, Wolfgang: Urchristliche Sozialgeschichte. Die Anfänge im Judentum und die Christusgemeinden in der mediterranen Welt, 1995.

Stegemann, Wolfgang: Kontingenz und Kontextualität der moralischen Aussagen Jesu – Plädoyer für eine Neubesinnung auf die sogenannte Ethik Jesu, in: Ders. u. a. (Hg.): Jesus in neuen Kontexten, 2002, 167–184.

Ders.: Kulturanthropologie des Neuen Testaments, VuF 44, 1999, 28–54.

Stein, Michael: Die Frau in den gynäkologischen Schriften des „Corpus Hippocraicum", in: Maria Dettenhofer (Hg.): Reine Männersache? Frauen in Männerdomänen der antiken Welt, 1996, 69–95.

Stein-Hölkeskamp, Elke: Marcus Porcius Cato – der stoische Streiter für die verlorene Republik, in: Karl-Joachim Hölkeskamp/dies.: Von Romulus zu Augustus. Große Gestalten der römischen Republik, 2000, 292–306.

Dies.: Das römische Gastmahl. Eine Kulturgeschichte, 2005.

Stephan, Inge: Gender, Geschlecht und Theorie, in: Christina von Braun/Dies. (Hg.): Gender-Studien. Eine Einführung, 2000, 58–96.

Stern, Menachem: Die Zeit des Zweiten Tempels, in: Haim Hillel Ben-Sasson (Hg.): Die Geschichte des jüdischen Volkes. Von den Anfängen bis zur Gegenwart, 1992, 231–373.

Stemberger, Günter: Kinder lernen Tora. Rabbinische Perspektiven, in: Gottes Kinder, JBTh 17, 121–137.

Stoebe, Hans Joachim: Art. רחם, THAT II, ³1984, 761–768.

Strecker, Christian: Jesus und die Besessenen – Zum Umgang mit Alterität im Neuen Testament am Beispiel der Exorzismen Jesu, in: Wolfgang Stegemann u. a. (Hg.): Jesus in neuen Kontexten, 2002, 53–63.

Ders.: Kulturelle Performanzen, Theater, Spiel und Sport, in: Neues Testament und Antike Kultur Bd. 2, hg. von Kurt Erlemann u. a., 2005, 123–127.

Ders.: Die liminale Theologie des Paulus. Zugänge zur paulinischen Theologie in kulturanthropologischer Perspektive, FRLANT 185, 1999.

Strotmann, Aneglika: Das Buch Jesus Sirach. Über die schwierige Beziehung zwischen göttlicher Weisheit und konkreten Frauen in einer androzentrischen Schrift, in: Luise Schottroff/Marie-Theres Wacker (Hg.): Kompendium Feministische Bibelauslegung, ²1999, 428–440.

Stuhlmacher, Peter: Biblische Theologie des Neuen Testaments, Bd. 1: Grundlegung. Von Jesus zu Paulus, 1992.

Taeger, Jens-W.: Der Mensch und sein Heil. Studien zum Bild des Menschen und zur Sicht der Bekehrung bei Lukas, StNT 14, 1982.

Thebert, Yvon: Der Sklave, in: Andrea Giardina (Hg.): Der Mensch der römischen Antike, ²1998, 158–199.

Theißen, Gerd: Jesus und die symbolpolitischen Konflikte seiner Zeit, in: Ders.: Jesus als historische Gestalt. Beiträge zur Jesusforschung, FRLANT 202, 2003, 169–193.

Ders: Die Jesusbewegung. Sozialgeschichte einer Revolution der Werte, 2004.

Ders.: Lokalkolorit und Zeitgeschichte in den Evangelien. Ein Beitrag zur Geschichte der synoptischen Tradition, ²1992.

Ders.: Mythos und Wertrevolution im Urchristentum, in: Dietrich Harth/Jan Assmann (Hg.): Revolution und Mythos, 1992, 62–81.

Ders.: Die Religion der ersten Christen. Eine Theorie des Urchristentums, 2000.

Ders.: Tradition und Entscheidung. Der Beitrag des biblischen Glaubens zum kulturellen Gedächtnis, in Jan Assmann/Tonio Hölscher (Hg.): Kultur und Gedächtnis, 1988, 170–196.

Ders.: Urchristliche Wundergeschichten. Ein Beitrag zur formgeschichtlichen Erforschung der synoptischen Evangelien, ⁷1998.

Ders.: Wer sind die Mühseligen und Beladenen in Mt. 11,28–30. Befreiungstheologische Motive im Heilandsruf Jesu, in: Frank Crüsemann u. a. (Hg.): Dem Tod nicht glauben. Sozialgeschichte der Bibel, 2004, 49–66.

Ders.: Wert und Status des Menschen im Urchristentum, Humanistische Bildung 12, 1988, 61–93.

Ders./Merz, Annette: Der historische Jesus, ²1997.

Thüsing, Wilhelm: Die neutestamentlichen Theologien und Jesus Christus. Grundlegung einer Theologie des Neuen Testaments, Bd. 1: Kriterien auf Grund der Rückfrage nach Jesus und des Glaubens an seine Auferweckung, ²1996.

Troeltsch, Ernst: Art. Erlösung II, RGG Bd. 2, 1910, 481–488.

Truschnegg, Brigitte: Die Semantik wichtiger Termini zur Bezeichnung für Personen weiblichen Geschlechts bei T. Livius, in: Robert Rollinger/Christoph Ulf (Hg.): Geschlechterrollen und Frauenbild in der Perspektive antiker Autoren, 1999, 299–344.

Thomas, Yan: Die Teilung der Geschlechter im römischen Recht, in: Geschichte der Frauen, hg. von Georges Duby/Michelle Perrot, Bd. 1: Antike, hg. von Pauline Schmitt Pantel, 1993, 105–171.

Tödt, Heinz Eduard: Der Menschensohn in der synoptischen Überlieferung, ²1963.

Tuor-Kurth, Christina: „Dein Leben verachtend". Antike Stellungnahmen zur Aussetzung von Neugeborenen, KUI 19, 2004, 47–60.

Dies.: Geboren werden, um etwas Neues anzufangen, in: Ekkehard W. Stegemann/Klaus Wengst (Hg.): „Eine Grenze hast du gesetzt". Edna Brocke zum 60. Geburtstag, Judentum und Christentum Bd. 13, 2003, 263–280.

Ungern-Sternberg, Jürgen v.: Art. Catilina, DNP 2, 1999, 1029–1031.

Vermes, Geza: Jesus der Jude. Ein Historiker liest die Evangelien, 1993.

Veyne, Paul: Brot und Spiele. Gesellschaftliche Macht und politische Herrschaft in der Antike, 1988.

Ders.: Humanitas. Die Römer und die anderen, in: Andrea Giardina (Hg.): Der Mensch der römischen Antike, ²1998, 382–412.

Ders.: Die römische Gesellschaft, 1995.

15.2 Sekundärliteratur

Ders.: Das Römische Reich, in: Philippe Aries/Georges Duby (Hg.): Geschichte des privaten Lebens Bd. 1: Vom römischen Imperium bis zum byzantinischem Reich, 1989, 19–228.
Vielberg, Meinolf: Pflichten, Werte, Ideale. Eine Untersuchung zu den Wertvorstellungen des Tacitus, Hermes 52, 1987.
Vielhauer, Philipp: Geschichte der urchristlichen Literatur. Einleitung in das Neue Testament, die Apokryphen und die Apostolischen Väter, 1975.
Vögtle, Anton: Art. Menschensohn, NBL Bd. 2, 1995, 760–764.
Vogt, Thea: Angst und Identität im Markusevangelium. Ein textpsychologischer und sozialgeschichtlicher Beitrag, NTOA 26, 1993.
Weber, Max: Wirtschaft und Gesellschaft, ^{5}1972.
Ders.: Politik als Beruf, in: Ders.: Gesammelte politische Schriften, hg. von Johannes Winckelmann, 1921, 505–560.
Ders.: Die protestantische Ethik und der Geist des Kapitalismus. Gesammelte Aufsätze zur Religionssoziologie Bd. 1, 1920.
Weber-Schäfer, Peter: Aristoteles, in: Hans Maier u. a. (Hg.): Klassiker des politischen Denkens Bd. 1: Von Plato bis Hobbes, ^{6}1986, 45–69.
Wehler, Hans-Ulrich: Die Herausforderung der Kulturgeschichte, 1998.
Ders.: Deutsche Gesellschaftsgeschichte, Bd. 1: Vom Feudalismus des Alten Reiches bis zur defensiven Modernisierung der Reformära (1700–1815), 1987.
Weihs, Alexander: Die Deutung des Todes Jesu im Markusevangelium. Eine exegetische Studie zu den Leidens- und Auferstehungsaussagen, fzb 99, 2003.
Wengst, Klaus: Babylon the Great and the New Jerusalem, in: Yair Hoffmann/ Benjamin Uffenheimer (Hg.): Politics and Theopolitics in the Bible and Postbiblical Literature, JSOT.S 171, 1994, 189–202.
Ders.: Der Brief an Philemon, ThKNT 16, 2005.
Ders.: Demut – Solidarität der Gedemütigten. Wandlungen eines Begriffes und seines sozialen Bezuges in griechisch-römischer, alttestamentlich-jüdischer und urchristlicher Zeit, 1987.
Ders.: Jesus zwischen Juden und Christen, 1999.
Ders.: Ostern. Ein wirkliches Gleichnis, eine wahre Geschichte, 1991.
Ders.: Pax Romana. Anspruch und Wirklichkeit. Erfahrungen und Wahrnehmungen des Friedens bei Jesus und im Urchristentum, 1986.
Werner, Wolfgang: Das Buch Jeremia. Kapitel 1–25, NStK.AT 19/1, 1997.
Wesel, Uwe: Geschichte des Rechts. Von den Frühformen bis zum Vertrag von Maastricht, 1997.
Westermann, Claus: Genesis 1–11, BK I/1, 1974.
Ders.: Die Rolle der Klage in der Theologie des Alten Testaments, in: Ders.: Forschung zum Alten Testament. Gesammelte Studien 2, TB 73, 1974, 250–268.
Weyer, Adam: Art. Gewissen IV., TRE Bd. 13, 1984, 225–234.
Whittaker, Charles R.: Der Arme, in: Andrea Giardina (Hg.): Der Mensch der römischen Antike, ^{2}1998, 305–336.
Wick, Peter: Die urchristlichen Gottesdienste. Entstehung und Entwicklung im Rahmen der frühjüdischen Tempel-, Synagogen und Hausfrömmigkeit, BWANT 150, ^{2}2003.
Wiedemann, Thomas: Kaiser und Gladiatoren. Die Macht der Spiele im antiken Rom, 2001.
Wildberger, Hans: Das Abbild Gottes, Gen 1,26 30, ThZ 21, 1965, 481–501.
Wittgenstein, Ludwig: Philosophische Untersuchungen, 1974.
Woude, A.S. van de: Art. יד, THAT Bd. 1, ^{4}1984, 667–674.

Wrede, William: Das Messiasgeheimnis in den Evangelien. Zugleich ein Beitrag zum Verständnis des Markusevangeliums, ⁴1969.
Wulf, Christoph (Hg.): Vom Menschen. Handbuch Historische Anthropologie, 1997.
Ders.: Ohr, in: Ders.: Vom Menschen. Handbuch Historische Anthropologie, 1997, 459–464.
Yavetz, Zvi: Judenfeindschaft in der Antike. Die Münchener Vorträge. Eingeleitet von Christian Meier, 1997.
Zanker, Paul: Grabreliefs römischer Freigelassener, Jahrbuch des deutschen archäologischen Instituts 90, 1975, 267–315.
Zehnpfennig, Barbara: Platon zur Einführung, ²2001.
Zenger, Erich: Gottes Bogen in den Wolken. Untersuchungen zur Komposition und Theologie der priesterschriftlichen Urgeschichte, SBS 112, 1983.
Ders.: Ein Gott der Rache. Feindpsalmen verstehen. Biblische Bücher 1, 1994.
Ders.: Das priester(schrift)liche *Werk* (»P«), in: Ders. u. a. (Hg.): Einleitung in das Alte Testament, ⁴2001, 142–162.

Stellenregister

(in Auswahl: Stellen, die über die Kapitelüberschrift gefunden werden können, sind hier nicht aufgenommen.)

Altes Testament

Genesis
1: 308
1,3f: 283
1,26: 150
1,26ff: 303
1,27: 287
1,27f: 292
1,28: 259 287 303
1,31: 289 291
2,15: 305
2,2: 254
2,4b: 306
2,20: 306
2,24: 287
6,1–13: 309
8,21: 194 251
9,1ff: 308
9,6: 305
17,10–14: 213
27,42–45: 290

Exodus
6,2–8: 268
20,11: 254
20,8–11: 254
22,21: 179 195
22,22: 310
22,25f: 193
23,6ff: 184
28,41: 187
31,34: 253

Levitikus
1,9: 195
12: 173
14: 173
15,20–30: 173
19,18: 293
25: 267
25,2: 141
25,25: 208

Numeri
27: 141
36: 141

Deuteronomium
5,13–14: 253
5,15: 254

6,21: 259
5,66: 208
6,4: 289 293
6,20–24: 290
6,21: 259
8,3: 289 293
15,1–18: 306
24,4: 287
24,13: 307
24,17: 259

Josua
1,7f: 308
15,17–19: 141

Ruth
3,1ff: 290

1. Samuel
16,3: 187
16,12f: 187

Ester
1,11: 146
1,12: 146
1,17f: 146
4,4–17: 147
8,33: 147
9,11: 148
9,13: 147

Sprüche
2,2: 289
5,1: 289
15,31: 289
18,15: 289

Psalmen
4,12: 246
6,3: 185
8: 19
22: 269 272
24,16: 185
25,6: 246
31: 269
34: 269
37: 269
51,3: 246
69: 269 272
69,8–10: 226
140: 269

Hiob
12,11: 289 270
13,1: 289
29,13: 307

Jesaja
1,7.23: 195
10,2: 195
23: 179
29,13: 219
35,5: 301
43,1: 268
52,13–53,12: 270
53,10: 267
53,12: 267
56,7: 223
58,13: 237
65,21–23: 305

Jeremia
7,11: 223
11,18–23: 270
16,16: 203

Ezechiel
13,18: 203

Daniel
2: 304
2,34: 234
7: 248 265 266 273 304
7,13: 264
7,14: 250 265
9,27: 166

Sacharja
9,2: 179
9,9: 273

Joel
4,4–6: 177

Amos
5,21ff: 195

Jesus Sirach
1,11: 142
4,13: 142
9,1–9: 143
17,11: 304
25,13ff: 143

42,9–11: 144
44,13ff: 142 143

Neues Testament

Matthäus
5,25f: 200
5,40: 201
10,10: 207
15,21ff: 207
15,28: 179
18,21–35: 17 201

Markus
1,1: 283
1,10: 191 239
1,11: 272 278
1,12: 239
1,15: 17 204 206 251
1,16-20: 198
1,17: 198 281
1,18: 198
1,21ff: 172 240
1,21.27: 239 257
1,22: 217
1,27: 217
1,29–31: 199
1,30: 175
1,36ff: 230
1,40ff: 172
1,44: 223
2,1–12: 11 18 221 273
2,6: 215
2,10: 221
2,13ff: 201
2,13–17: 2221
2,14: 198 233
2,15: 201
2,17: 222 221
2,22–27: 291
2,23–28: 215 273
2,24: 216
2,27: 253
2,27f: 308
3,1–6: 215 216
3,2: 216
3,4: 217
3,5: 2231
3,7ff: 256
3,7–10: 217
3,13–19: 206
3,14: 237
3,31–35: 208 257
4,15: 231
4,40f: 231
5,1–20: 239 244

5,17–19: 244
5,24–34: 11 22 164
5,36: 182
5,34: 182 195
6,1–6: 270
6,2: 252
6,3: 202
6,7–11: 206
6,37: 206
6,37.42: 257
7,1ff: 172 178
7,24–30: 11 22
7,26: 175
7,31–37: 292
7,37: 301
8,2: 256
8,17: 231
8,18: 183
8,21: 183
8,22: 175
8,27ff: 186
8,31: 226 271
8,32: 186 192 226 231 232
8,34: 233
9,14–29: 239
9,30–32: 225
9,33–37: 226 231 243
9,34: 226
9,35: 226
9,36: 226 262
9,37: 262
9,38–41: 261
10,1ff: 141 292
10,3ff: 308
10,13–16: 227 257 260 261
10,14: 227
10,17–27: 190 201 204 227
10,21: 204 232
10,28: 198
10,28–31: 273
10,30: 229
10,32: 231 233
10,35–45: 260
10,37: 226
10,42: 209 227
10,42–45: 267 268
10,43f: 209
10,45: 227 250 268 298
10,46–52: 11 22 186 261
10,52: 19 182
11: 273
11,15–18: 222
11,18: 224
11,25: 207
12,1–12: 270
12,13–17: 204
12,38–40: 194

13: 165 166 273
13,7–11: 229
13,9–13: 228
13,9: 228
13,10: 203
13,11: 230
13,13: 228 262
13,14ff: 166
13,26: 264
13,26f: 229
14,1–2: 189 187 224
14,1f: 231
14,3–9: 22 196 230 233
14,3: 224
14,8: 224
14,9: 203 281
14,10–11: 189 187
14,22: 225
14,24: 234
14,28: 234
14,29: 232
14,37: 232
14,46: 224
14,61: 224
14,61ff: 191
14,62: 224
14,66–72: 232
15,2: 191
15,21ff: 272
15,34: 272
15,37: 278
15,39: 191 189 232
15,40: 232
15,40f: 230
15,41: 232
16,1–8: 234 283
16,2: 283
16,6: 235 236 278
16,7: 18 279 280
16,8: 230 234 277

Lukas
5,1–11: 199
5,6: 203
7,33: 17
12,58: 200
13,1–5: 249
15,14ff: 17
19,1ff: 201
20,20: 240

Johannes
9,2–3: 249
21,6: 203

Stellenregister

Apostelgeschichte
2,23: 252
5,12: 252
11,30: 252

Römerbrief
6,12f: 15
7,25: 11
13,1–7: 205

1. Korintherbrief
11,2ff: 142
15,5ff: 277

2. Korintherbrief
5,17: 283

Offenbarung des Johannes
17,12   240

Rabbinische Schriften

Mischna
mSchebitt 10,2–4: 200
mYom 8,6: 216

Talmud Jeruschalmi
yKet 30b: 286
yKetBB16c: 286

Talmud Babli
bSchab119b: 259
bNid 16a: 173

Weitere jüdische Schriften

Testamente der Zwölf Patriarchen
Test Rub
2,3–3,7: 145

Test Iss
1–2: 145

Psalmen Salomos
17: 188

Qumran
IQS 9,10f: 188
CD: 188

1. Henoch
46,1–10: 264
48,10: 264
52,4: 264
65,2: 304

4. Esra
13: 264

Weisheit
2,12–20: 270 271
5,1–7: 270 271

4. Makkabäer
18,6-19: 270

Josephus
Antiquitates
15,273f: 184
17,28: 201
17,161: 184
18,256ff: 165
19,336f: 184

Bellum Judaicum
2,224: 273
2,427: 200
2,434f: 273
2,459: 180
2,461–664: 168
2,559–561: 169
3,400: 167
4,618.656: 167
4,623ff: 167
6,316: 167
7,218: 167
7,457ff: 169

Vita
66: 199

Philo von Alexandrien
De specialibus legibus
3,169ff: 149

De opificio mundi
16ff: 150
29–35: 150
76: 150
139: 151
165: 151

Legum allegoriae
2,24: 151
2,38: 151

Weitere Titel zum Thema aus unserem Programm

Peter Dschulnigg

Das Markusevangelium

2007. 430 Seiten, Kart. € 35,–
ISBN 978-3-17-019770-1

Theologischer Kommentar zum Neuen Testament (ThKNT), Band 2

Wolfgang Fritzen

Von Gott verlassen?

 Neu!

Das Markusevangelium als Kommunikationsangebot für bedrängte Christen

2008. 432 Seiten, Kart. € 39,–
ISBN 978-3-17-020160-6

Ludger Schenke

Das Markusevangelium

Literarische Eigenart – Text und Kommentierung

2005. 358 Seiten, Kart. € 32,–
ISBN 978-3-17-018938-6

W. Kohlhammer GmbH · 70549 Stuttgart
Tel. 0711/7863 - 7280 · Fax 0711/7863 - 8430 · www.kohlhammer.de